GAOXIAO SIXIANG ZHENGZHI LILUNKE

SANXUNHUAN JIAOXUE GAIGE YANJIU

高校思想政治理论课
"三循环"教学改革研究

主　编　沈大光　张高臣

副主编　闫　杰　王　敏　王　广　许艳华

中国政法大学出版社

2021·北京

图书在版编目（ＣＩＰ）数据

高校思想政治理论课"三循环"教学改革研究/沈大光, 张高臣主编. —北京:中国政法大学
出版社,2021.12
ISBN 978-7-5764-0193-6

Ⅰ.①高… Ⅱ.①沈… ②张… Ⅲ. ①高等学校－思想政治教育－教学研究－中国
Ⅳ.①G641

中国版本图书馆 CIP 数据核字(2021)第 269249 号

出 版 者	中国政法大学出版社
地 址	北京市海淀区西土城路 25 号
邮寄地址	北京 100088 信箱 8034 分箱　邮编 100088
网 址	http://www.cuplpress.com（网络实名：中国政法大学出版社）
电 话	010-58908586（编辑部） 58908334（邮购部）
编辑邮箱	zhengfadch@126.com
承 印	固安华明印业有限公司
开 本	720mm×960mm　1/16
印 张	37
字 数	610 千字
版 次	2021 年 12 月第 1 版
印 次	2021 年 12 月第 1 次印刷
定 价	149.00 元

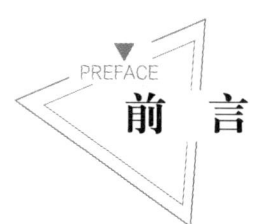

PREFACE

前　言

　　大学生是祖国的未来，是建设和发展中国特色社会主义、实现中华民族伟大复兴中国梦的生力军。大学生的素质高低，关乎民族的繁荣昌盛和国家的兴旺发达。

　　对于大学生应该具备怎样的素质才能成为社会主义事业的合格建设者和可靠接班人，中华人民共和国成立以后的历代领导人均有精妙的叙述。早在20世纪50年代，毛泽东便提出了培养德、智、体全面发展的社会主义事业接班人的战略任务。在改革开放新时期，邓小平提出要按有理想、有道德、有文化、有纪律的"四有"标准来培养社会主义事业接班人。江泽民结合新时期的特点，强调从德、智、体、美各方面促进青年一代的全面发展。胡锦涛希望广大青年努力成为理想远大、信念坚定的新一代，品德高尚、意志顽强的新一代，视野开阔、知识丰富的新一代，开拓进取、艰苦创业的新一代。在中国特色社会主义新时代，习近平总书记勉励广大青年要勇敢肩负起时代赋予的重任，坚定理想信念、练就过硬本领、勇于创新创造、矢志艰苦奋斗、锻炼高尚品格，努力在实现中华民族伟大复兴中国梦的生动实践中放飞梦想。

　　上述国家领导人的叙述，表达了他们对不同时期广大青年的一种殷切期望，希望他们能够发展成为具备全面素质的人，即思想道德素质和科学文化素质全面发展的人。

思想道德素质包括政治素质、思想素质、道德素质，涵盖了人生观、价值观、道德观、法制观、人生理想、社会理想等内容。思想道德素质教育具有对大学生进行价值引导和政治导向的功能。科学文化素质包括科学素质、文化素质，是指人们的科学知识、文史知识、艺术欣赏等方面的综合素质，是由能力、观念、情感、意志等因素综合而成的一个人的内在品质。相对于思想道德素质而言，科学文化素质涵盖了大学生的人文素养、科学素质、文化品位及审美情趣等。

思想道德素质和科学文化素质密切联系，不可分割。其中，思想道德素质是根本、是灵魂，主导着科学文化素质的发展，没有良好的思想道德素质科学文化素质的提升就会缺乏正确的方向。科学文化素质是基础，没有良好的科学文化素质的支撑，思想道德素质难以提升。二者必须全面发展，不能偏废。

在大学教育中，对大学生实施两个素质的全面培养是一个综合的、系统性的工程，各个方面均承担着全面培养大学生素质的责任。当然，这些方面也是各有侧重的。毋庸置疑，高校开设思想政治理论课的首要目的是加强对大学生思想道德素质的培养。

中共中央宣传部、教育部强调，高校思想政治理论课是对大学生进行马克思主义理论与思想品德教育的主渠道。要通过思想政治理论课的开设，引导和帮助大学生确立马克思主义信仰，坚定中国特色社会主义的理想信念，树立正确的世界观、人生观和价值观。

当前，高校思想政治理论课开设了"思想道德修养与法律基础""中国近现代史纲要""马克思主义基本原理概论""毛泽东思想和中国特色社会主义理论体系概论""形势与政策"五门必修课程，分别担负着不同的价值使命。"思想道德修养与法律基础"以人生观、价值观、道德观、法制观为主线，以教育和引导大学新生适应大学生活，培养综合素质为切入点，教育引导大学生加强自身思想道德修养，增强法律意识。"中国近现代史纲要"主要帮助学生了解国史、国情，深刻领会历史和人民怎样选择了马克思主义，怎样选择了中国共产党，怎样选择了社会主义道路，怎样选择了改革开放。"马克思主义基本原理概论"则是要提高大学生的马克思主义理论素养，使他们学会运用马克思主义的立场、观点、方法去观察和分析问题。"毛泽东思想和中国特色社会主义理论体系概论"主要对学生进行系统的马克思主义中国化理论教育，坚定他们在党的领导下走中国特色社会主义道路的理想信念，增强其投身到我国社会主义现代化建设中的自觉性、主动性和创造性。"形势与政策"是对大学生适时地进行形势政策、世界政治经济与国际关系基本知识的教育，帮助他们及时了解和正确对待国内外重大时事，使大学生在改革开放的环境下有坚定的立场、有较强的分析能力和适应能力。

习近平总书记在全国高校思想政治工作会议上强调："要用好课堂教学这个主渠道，思想政治理论课要坚持在改进中加强，提升思想政治教育亲和力和针对性，满足学生成长发展需求和期待。"[1]为了达到这个目的，国家对于高校思想政治理论课教材内容进行了精心设计，高等教育主管部门和高校从事思想政治理论课教学的教师和管理人员也投入了大量精力，对大学生思想道德素质的提升发挥着重要作用。

然而，毋庸置疑，当前高校思想政治理论课的教学目的与实际教学效果之间仍然存在不小差距。尽管众多学者和从事思想政治理论课教学的一线教师从理念把握、目标定位、课程结构、教学心态、教学方法、教学途径、考核模式、外部环境和队伍建设等多个层面入手，进行了大量的改革创新，但高校思想政治理论课教学存在的困境始终未能从根本上得到改变，教学改革任重而道远。

高校思想政治理论课教学改革是一个"历久弥新"的命题。近十年来，我们也在实际教学过程中，依据调研发现的问题，持续进行教改探索。根据实际调研，我们认为高校思想政治理论课教学存在着明显的"三

---

〔1〕　吴晶、胡浩："习近平在全国高校思想政治工作会议上强调　把思想政治工作贯穿教育教学全过程　开创我国高等教育事业发展新局面"，载新华网，http://www.xinhuanet.com//politics/2016-12/08/c_ 1120082577.htm，2021年10月10日访问。

个弱化"问题：一是课本难度性的弱化，即教师固守刻板课件，倾向于讲授简单化的教材内容。不少教师对教材缺乏深度研究，只是固守刻板课件，上课时充当"操作工"，对学生进行"机灌"，从原先的"照本宣科"演变为"照课件宣科"。二是课堂生动性的弱化，即师生双方满足于自我陶醉式的"我讲你听"的授课方式。在课堂教学过程中，讲授内容的针对性和时效性不强，枯燥乏味的东西多、生动有趣的东西少。不少教师在理论讲授同大学生切身利益和关心的问题的契合点上把握不足。空洞说教的结果必然是师生双方均感无趣。三是教学效果性的弱化，即学生缺乏参与教学过程的主动性，仅仅满足于到课或者考试及格。"机灌"及理论讲授和实践感染的脱节导致学生对思想政治理论课产生厌倦情绪和逆反心理，进而降低了听课的主动性和主动参与教学过程的热情，反映在教学效果上就是思想政治理论课的内在育人功能不能有效地发挥出来。

基于上述调研情况，我们在教改探索过程中，从知识传授、情感提升和信仰确立三个维度出发，抓住教材、教师、教学三大关键要素，大力推进教材内容的研讨、授课模式的探索和教学方法的改革，力求使教学效果由表层向深层转化，使大学生由被动接受转为主动要求接受，使思想政治理论课提升大学生"三观"的主渠道作用真正发挥出来。

本书推出的"三循环"教学即是我们近几年的教改探索成果之一。"三循环"教改由3次循环的形式和6个模块的内容构成，即教学运行上采用"三循环"模式，教学内容上围绕"六模块"展开。

我们首先通过调研，把握青年学生特点，了解青年学生需求，进而组织骨干教师精研教材，将四门主干课程概括归纳出以育人为目标的24个教学模块（每门课6大模块），构建主题突出、内容精当、层次分明的教学体系，实现教材体系向教学体系的有序过渡、教育对象与教学内容的有机衔接，有效避免纵向和横向教学内容的重复。在此基础上，分别以6大模块为主线，实施"三循环"教学。第一循环，实施主题教案讲授；第二循环，开展红色文化融课；第三循环，进行经典著作研读。"三循环"采取主辅补重难点兼顾原则，采取教材学习为主、红色文化为辅、经典著作导读为补的"主、辅、补"相结合的教学模式，立足教材、注重嫁接、强调延伸，围绕某一育人目标展开循环讲授。课时依次按照 6：2：1 比例进行安排，即分别为 6 次至 12 次、2 次至 4 次、1 次至 2 次课时。具体实施时间为春季学期 4 月份的第二周安排第二循环，5 月份的第三周安排第三循环；秋季学期 11 月份的第二周安排第二循环，12 月份的第三周安排第三循环。

经过几年的实践，我们认为，"三循环"教学能够较为理想地实现知识传授、情感提升、信仰确立的有机融合。

总的来看，本书具有以下几个明显的特点：一是整体性；二是针对性；三是创新性；四是实效性。我们希望通过思想政治理论课"三循环"教学的实施，切实改变以往四门课程各自为政、内容重叠、口号式说教、脱离大学生基本素质教育需求的局面，也期望本书能为从事思想政治理论课教学的单位和个人提供有益的借鉴。

需要特别说明的是，本书是以四门主干必修课的基本内容为基础展开编写的，同时也借鉴了众多学者的研究成果。书中的引文，凡属未做页下注说明出处的，皆引自《马克思主义基本原理概论》《毛泽东思想和中国特色社会主义理论体系概论》《思想道德修养与法律基础》《中国近现代史纲要》这 4 部教材。

本书在编写过程中，错漏难免，恳请同行批评指正！

编　者

2021 年 3 月

目 录

CONTENTS

第一章

"三循环"教学改革实施方案

　　高校思想政治理论课（以下简称"思政课"）教学改革是一个"历久弥新"的命题。长期以来，众多学者和从事思想政治理论课教学的一线教师从理念把握、目标定位、课程结构、教学心态、教学方法、教学途径、考核模式、外部环境和队伍建设等多个层面入手，进行了大量的改革创新，但思政课教学方法和教学效果始终未能从根本上得到改变，教学过程中知识传授与价值引领脱节的现象仍较为突出，思政课在价值观引导中"群舞中领舞"的作用没有充分展示出来。如何有效发挥出思政课的育人功能始终是思想政治教育工作者持续思索的问题。

　　习近平总书记在全国高校思想政治工作会议上强调："要用好课堂教学这个主渠道，思想政治理论课要坚持在改进中加强，提升思想政治教育亲和力和针对性，满足学生成长发展需求和期待。"这句话为高校思政课教学改革指明了方向。"三循环"教学改革就是以此为导向展开的。

　　"三循环"教学改革是按照发现问题、提出问题、解决问题的逻辑思路，从高校思政课教学存在的三大问题（教材体系向教学体系过渡失序；教学对象与教育内容顾此失彼；纵向和横向教学内容缺乏有序衔接）入手，以大学生"三观"培育为目标，立足于整体性视域展开的改革。"三循环"教学以四门主干课程为核心，立足教材、注重嫁接、强调延伸，主要从主题教案讲授、红色文化融课、经典著作导读三个方面进行，实施以教材内容学习为主、红色文化感染为辅、经典著作导读为补的主辅补相结合的教学模式。

一、"三循环"教学改革内涵

　　"三循环"教学改革是由三次循环的形式和六个模块的内容构成的。具体而言,"三"即"三循环",强调在教学运行上采取"三循环"模式。此为形式。"六"即"六模块",强调在教学内容上始终围绕"六模块"来展开。此为内容。在推进思政课教学改革探索的过程中,学院始终强调从知识、情感和信仰三个维度上对人才进行培养。

（一）认知培养

强调在教学内容的选择上必须坚持正确的政治导向,传递正能量,弘扬红色文化,走好新时代长征路。强调要深化课程的理解深度,以山东省内红色文化资源为切入点进行教学内容的构建和扩展,以深入浅出、点面结合的理论讲授实现传递信息、启迪智慧的目的,以最大限度地丰富课堂教学。

（二）情感培育

强调在思政课的教育教学过程中,必须充分引起学生的情感共鸣。通过穿插齐鲁红色人物和红色事件,传递思政课的人文关怀,把鲜活的情绪、情感带入课程,陶冶学生的情操,强化学生的人格塑造,提升学生的道德水平和人文素养。

（三）信仰确立

强调在思政课教学中大力继承和弘扬红色精神,增强当代青年学生的四个"自信",从信心的养成、信念的培育中升华出坚定的信仰。从源起于山东的红色精神中找到突破口,加强对学生反馈信息的分析和跟进,强化过程管理,形成具有实效性的教学过程,把思政课真正打造成关乎理想信念、立德树人的关键性课程。

二、"三循环"教学改革原则

在"三循环"教学改革探索的过程中,我们始终坚持三个原则不动摇。

（一）坚持正确的意识形态引领

强调在教学内容的选择上必须坚持正确的政治导向,必须与国家的路线方针政策保持一致。

（二）坚持正能量引导

要求教师在组织课堂教学过程中,在课堂言论、教学内容上必须坚定不移地坚持正能量引导。

（三）坚持过程化管理

改变学生的关注点，不遗余力地引导学生由对最后考试的关注转化到对日常教学过程的关注。

通过强化日常教学过程，加强师生之间的沟通交流，提升课堂教学的实际效果，达到使大学生尊重教师、敬畏课堂、关注思想、确立信念之目的。

三、"三循环"教学改革目的

（一）提升思政课教学实效性

充分、有效地发挥高校思政课对大学生进行马克思主义理论和思想品德教育的主渠道和主阵地作用，帮助大学生坚定马克思主义信仰，坚定中国特色社会主义的理想信念，树立正确的世界观、人生观、价值观。

（二）推出金课，淘汰水课

第一循环的主要目的是最大限度地减轻教师滔滔讲课的压力，让学生享受 10 个左右精彩而非注水的教案；并借此推出一批金课和教学名师，为参加高层级教学比赛和教学名师遴选做好准备。

（三）满足学生需求，提升学生能力

第二循环通过红色文化的培育和对具体人物、事件的学习，提高学生学习党史的能力，增强体验感，增强爱党、爱国、爱社会主义的现实感受。

（四）增强学生参与度

第三循环主要目的是提高学生学习原著的能力和教师解答原著的能力。本学院围绕 24 个教学模块，选出对应的 24 篇经典文献，撰写 24 个辅助教案。要求师生共同确定至少阅读和讲授 1 篇经典。

四、"三循环"教学改革方案

学院通过针对教师、学生两个维度的调研，发现高校思政课教学在授课内容、授课方法、授课效果三个方面存在着明显的"三个弱化"问题（授课内容的弱化、授课方法的弱化、教学效果的弱化）。针对教学过程中的"三个弱化"，笔者认为，"三循环"教学改革可以实现"三个激活"，即课本的激活、课堂的激活、学生的激活，通过"三个激活"达到对大学生知识、能力、信仰三兼顾培养的目的。

"三循环"教学改革是围绕《中国近现代史纲要》《思想道德修养与法律

基础》《马克思主义基本原理概论》《毛泽东思想和中国特色社会主义理论体系概论》四门主干示范课程来展开的。

（一）第一循环：主题教案讲授

本循环约用 12 周时间完成。通过组织教学团队、精研教材、理清四门主干课程的基本脉络，以实现教材体系向教学体系的有序过渡，教育对象与教学内容的有机衔接，避免纵向和横向教学内容的重复为目的，提炼出 24 个专题教学模块。每个模块均围绕大学生基本素质的培养确定 1 个至 3 个主题教案。

在教案确定以后，确定统一的教案模板，围绕"教案目标""授课内容""育人需求""三统一"要求实施集体备课，备出深度教案。备课结束后，组织教师试讲，进一步完善教案内容。可以说，这是第一循环顺利实施的关键。

在以上工作做好后，开展主题教案讲授工作。本循环教学内容由绪论加上 6 个至 10 个主题教案组成。绪论，主要进行班级分组、教学任务安排、课程简介等；主题教案讲授，四门课程各按照六大模块选择的主题教案展开深度讲授。深度教案讲授完毕，第一循环结束。

（二）第二循环：辅助讲授

本循环主要实施红色文化融课，约用 2 周至 4 周时间完成。红色文化融课旨在对学生进行定向培育，促使学生扎根齐鲁红色文化，不断提高思政课学习的获得感和满意度。

本循环仍以四门主干课程为核心，通过集体备课、集中讲授、征文比赛、有奖考察四个环节，努力打造以学生为主体、以齐鲁红色文化为切入点的融入式课堂教学方法，形成齐鲁红色文化有机融入思政课的具有山东特色的教学模式。

1. 集体备课：搭建齐鲁红色文化模块课件

第一，开展深度调研。理清四门主干课程的内在逻辑及其与齐鲁红色文化之间的关联和衔接。一方面，依据山东省 16 个地市具体划分为不同类型的红色调研片区，从与思政课教学关联密切的近 300 个红色景点、红色事件、红色人物、红色精神中按照点、线、圈的调研路线，分阶段、有重点地加以调研，获取大量第一手原始资料，为备课和讲授做好准备。另一方面，按照思政课建设的内在规律具体概括出以育人为目标的 6 个教学模块。两方面有机结合，逐步实现教材体系向教学体系的过渡，教育对象与教学内容的有机衔接。

第二，组织统一备课。为推动山东红色基因传承，我们组织教师开展齐鲁红色文化集体备课活动，共同备出不同主题的课件和教案，建成齐鲁红色文化教学案例库。目前，学院已储备了200多个齐鲁红色文化课件，并打造、建立了省内四个红色调研基地。

第三，进行学术研讨。组织教研骨干在深度调研和备课的基础上，多次召开学术研讨会对红色文化传播和红色基因传承问题进行研讨，课件内容不断完善，教师可供选取的红色课件资源日渐丰富。

2. 集中讲授：把"同城大课堂"具体化

第一，学院认真落实山东省教育厅关于"同城大讲堂"的相关要求，努力打造学校版的"同校大课堂"。每门课均结合一红色文化确定一教案，于学期中段的统一时间集中授课。通过同上一堂齐鲁红色文化课程，实现对课本理论知识的有机补充和有效解读。

第二，学院组织教师进行听课和观摩活动。每年挑选优秀教师开展红色文化"示范课"邀请听课活动，组织教师集体听课和集体观摩。

3. 征文比赛和奖励：调动青年学生参与意愿

为推动红色文化传播，促进红色基因传承，学院结合本循环红色文化融课活动，组织开展"红色文化"征文比赛。以个人自愿的原则实施和发动，参加作品以PPT（演示文稿软件）形式报送。

围绕全校范围内红色课件征集活动，学院联合教务处、学生处、团委等部门对获奖学生实行红色景点实地考察奖励，并推出了相关保障机制和措施。经过几个学期的实践和探索，每学期所评选出的30名优秀者分别到北京、上海、延安等地实地调研和考察，学生反映效果很好，参与征文比赛的积极性也不断提高。

（三）第三循环：补充讲评

本循环需1周至2周时间完成。教学内容按课后推荐文献组织教学，仍按六大模块的顺序展开。本循环旨在培养和提高学生阅读文献和分析问题的能力。学院围绕偶像孔子、偶像马克思、偶像毛泽东、偶像孙中山、偶像邓小平、偶像习近平六大思政偶像；红船精神、长征精神、爱国主义精神、艰苦奋斗精神、共产主义精神、宪法精神六大思政精神；井冈山、延安、西柏坡、台儿庄、韶山、上海六大思政圣地；被侵略的中国、资本主义新认识、中国改革开放、新时代、新制度、新视野六大思政格局选择了 24 篇经典文献，并组织教师围绕 24 篇文献集中备课。课堂教学中采用问答方式组织实施。

五、"三循环"教学改革效果

本学院思政课"三循环"教学模式的构建和实施，目的是抓住教材、教师、学生三大关键要素，推进授课模式和教学方法改革，提高课堂授课的精彩程度和实际效果，使学生能在一种轻松愉快的氛围中学到知识、提升能力、确立信仰，同时也在一定程度上提高教师的职业乐趣。就近几年的教改反馈来看，上述目的已基本达到。

第一，在一定程度上改变了教师的教学思维方式，大幅提升了思政课教学的实效性，教师的教学积极性和幸福感得到提升。山东思政课教学改革必须立足于山东实际，从本次齐鲁红色文化融课工程的实施和已经取得的效果来看，未来可以从红色文化的类型和演变中探索具有山东地域特色的教学改革模式。有信仰的教师讲信仰、有体验的教师讲体验可以增强思政课的针对性和说服力。思政课教师以实践体验组织思政课堂，教师通过亲身调研和感知可以把道理和知识说得更透、更深。教师对红色文化的理解和掌握可以推动思政课教改内容的补充和思政课教改方法的提升，对于教师的科研和学科建设也是一个很好的启示。

第二，满足了学生对思政课的多层次需求，改变了学生对思政课的态度和行为，全方位提升了学生的学习能力，增强了学生参与思政课课堂教学的热情，育人效果明显。红色文化的有奖征文和表彰活动极大地调动了学生参与的积极性。实践证明，学生对此非常感兴趣，能够充分彰显学生的综合素质和实践能力。

第三，齐鲁红色文化在大学生中得到充分弘扬，红色基因得到有效传承，了解了山东，也宣传了山东。

第四，学院齐鲁红色文化课件库的建设为未来各高校之间的协同和合作提供了一个基本的平台。

六、"三循环"教学改革表格

课程	教材24模块	对应章节	分类专题 (共73个)	对应文献
思想道德修养与法律基础(16)	模块一：大学与大学生	第一章	1. 大学与大学生活； 2. 人生观； 3. 人生价值	第一章 习近平：《在实现中国梦的生动实践中放飞青春梦想》
	模块二：理想是什么	第二章	1. 大学生的理想； 2. 中国梦	第二章 习近平：《在纪念红军长征胜利80周年大会上的讲话》
	模块三：中国精神	第三章	1. 中国精神； 2. 爱国主义； 3. 改革创新的时代精神	第三章 习近平：《大力弘扬伟大爱国主义精神 为实现中国梦提供精神支柱》
	模块四：核心价值观	第四章	1. 社会主义核心价值观	第四章 习近平：《培育和弘扬社会主义核心价值观》
	模块五：道德	第五章	1. 道德本质； 2. 社会公德； 3. 职业道德； 4. 家庭美德	第五章 习近平：《在纪念孔子诞辰2565周年国际学术研讨会暨国际儒学联合会第五届会员大会开幕会上的讲话》
	模块六：法治	第六章	1. 社会主义法律； 2. 法治思维； 3. 社会主义法治体系	第六章 习近平：《加快建设社会主义法治国家》
中国近现代史纲要(13)	模块一：近代中国现状	上编综述、第一章	1. 中国被侵略； 2. 中国的反抗	第一章 列宁：《对华战争》(1900年9-10月)
	模块二：早期探索与辛亥革命	第二~三章	1. 社会各阶级对中国出路的早期探索； 2. 辛亥革命	第三章 习近平：《在纪念孙中山先生诞辰150周年大会上的讲话》
	模块三：无产阶级新抉择	中编综述、第四~五章	1. 马克思主义的选择； 2. 中国共产党的诞生； 3. 中国革命新道路的探索	第四章 习近平：《弘扬"红船精神" 走在时代前列》

续表

课程	教材24模块	对应章节	分类专题 （共73个）	对应文献
	模块四：新民主主义革命胜利	第六～七章	1. 中流砥柱的中国共产党； 2. 中国诞生	第六章 习近平：《在纪念中国人民抗日战争暨世界反法西斯战争胜利70周年大会上的讲话》
	模块五：社会主义革命与社会主义初建	下编综述、第八～九章	1. 社会主义制度的确立； 2. 初期建设的理论建树	第九章 习近平：《在纪念毛泽东同志诞辰120周年座谈会上的讲话》
	模块六：中国特色社会主义	第十～十一章	1. 改革开放； 2. 习近平新时代中国特色社会主义思想	第十一章 《中国共产党章程》
马克思主义基本原理概论（22）	模块一：唯物论思想	第一章	1. 什么是马克思主义？ 2. 什么是哲学？ 3. 马克思主义的物质观？ 4. 世界物质统一性原理？	绪论 马克思、恩格斯：《共产党宣言》
	模块二：辩证法	第一章	1. 什么是辩证法？ 2. 对立统一规律？ 3. 质量互变规律？ 4. 否定之否定规律？	第一章 毛泽东：《矛盾论》
	模块三：认识论	第二章	1. 实践观； 2. 认识的发展规律； 3. 真理观； 4. 价值论	第二章 毛泽东：《实践论》
	模块四：历史观	第三章	1. 社会存在； 2. 社会意识； 3. 社会基本矛盾和规律； 4. 社会发展动力； 5. 群众史观	第三章 邓小平：《改革是中国的第二次革命》
	模块五：资本主义本质	第四～五章	1. 什么是资本主义； 2. 劳动价值论； 3. 剩余价值论	第五章 习近平：《共担时代责任 共促全球发展》

续表

课程	教材24模块	对应章节	分类专题 （共73个）	对应文献
	模块六：社会主义和共产主义	第六~七章	1. 什么是共产主义； 2. 社会主义必然胜利与资本主义必然灭亡	第六章　恩格斯：《共产主义原理》
毛泽东思想和中国特色社会主义理论体系概论（22）	模块一：中国革命理论	第一~二章	1. 马克思主义中国化； 2. 什么是毛泽东思想； 3. 什么是新民主主义革命； 4. 三大法宝	第二章　毛泽东：《星星之火，可以燎原》
	模块二：社会主义奠基	第三~四章	1. 从新民主主义到社会主义； 2. 社会主义建设初探	第三章　毛泽东：《在中国共产党第七届中央委员会第二次全体会议上的报告》
	模块三：中国特色社会主义的开创和发展	第五~七章	1. 什么是社会主义； 2. 中国特色社会主义的开创和发展	第五章　邓小平：《解放思想，实事求是，团结一致向前看》
	模块四：新时代新思想新征程	第八~九章	1. 中国特色社会主义进入新时代； 2. 习近平新时代中国特色社会主义思想； 3. 社会主义现代化建设的新征程	第八章　习近平：《决胜全面建成小康社会　夺取新时代中国特色社会主义伟大胜利——在中国共产党第十九次全国代表大会上的报告》
	模块五：总体布局和战略布局	第十~十一章	1. 五大发展理念； 2. 中国民主政治； 3. 文化强国战略； 4. 保障改善民生； 5. 建设美丽中国； 6. 全面建成小康； 7. 全面深化改革； 8. 全面依法治国； 9. 全面从严治党	第十章　习近平：《坚定对中国特色社会主义政治制度的自信》
	模块六：民族复兴的保障	第十二~十四章	1. 中国特色大国外交； 2. 坚持党对一切工作的领导	第十三章　习近平：《中国必须有自己特色的大国外交》

第二章

《思想道德修养与法律基础》"三循环"基本内容

通过"三循环"教学，助力大学生领悟人生真谛，坚定理想信念，践行社会主义核心价值观，做新时代的忠诚爱国者和改革创新的生力军；助力大学生形成正确的道德认知，积极投身道德实践，做到明大德、守公德、严私德；助力大学生全面把握社会主义法律的本质、体系和运行，理解中国特色社会主义法治体系和法治道路的精髓，增进法治意识、养成法治思维，做到尊法、学法、守法、用法。

第一循环　主题教案讲授

针对大学生成长中面临的思想道德和法律问题，开展马克思主义的世界观、人生观、价值观、道德观、法治观教育，引导大学生提高思想道德素质和法治素养，成长为自觉担当民族复兴大任的时代新人。

模块一主题教案：人生与人生观

本模块对应《思想道德修养与法律基础》第一章，主要包含人的本质、人生观、人生价值三方面内容。

【教学导入】人生小问卷。

【教学目的】通过本模块专题教学，帮助大学生认识人的本质、人与社会的辩证关系，培养学生马克思主义的人生观和价值观。

【教学重点】人的本质；人与社会的辩证关系；人生观。

【教案正文】

人生需要思考吗？是的。面对交织着复杂问题的人生，我们必须在投身生活实践的过程中，学会思考、善于分析；我们必须树立正确的人生观、价值观，才能不虚度光阴、创造有意义和有价值的人生。习近平总书记讲正确的世界观、人生观和价值观是我们能够明辨是非、作出正确判断和选择的"总钥匙"。"面对学业、情感、职业选择等多方面的考量，一时有些疑惑、彷徨、失落是正常的人生经历。关键是要学会思考、善于分析、正确抉择，做到稳重自持、从容自信、坚定自励。要树立正确的世界观、人生观、价值观，掌握了这把总钥匙，再来看看社会万象、人生历程，一切是非、正误、主次，一切真假、善恶、美丑，自然就洞若观火、清澈明了，自然就能作出正确判断、作出正确选择。"〔1〕

一、解读人的本质

人是什么，人的本质是什么？这是一个既古老又常新、让人困惑且让人着迷的问题。关于这个问题，中外思想家常常从人与动物根本不同的角度来寻找答案。亚里士多德认为："人是有理性的动物。"帕斯卡尔说："思想形成人的伟大""我们的全部尊严就在于思想"。〔2〕中国古代的孟子说："人之所以异于禽兽者几希；庶民去之，君子存之。舜明于庶物，察于人伦，由仁义行，非行仁义也。"〔3〕孟子的意思是人与动物的区别并不多，根本在于人能够遵从内心的仁义道德。

马克思主义认为人和动物的区别在于人能够进行有意识的实践活动。动物的捕猎、繁殖、迁徙等一切活动都在其求生的自然本能下进行，唯有人在有意识、有目的的实践活动中获得生存和发展。人的劳动、人的实践活动是有意识、有目的的，在这一点上，人的实践活动超越了本能，更加高明。马克思说："蜘蛛的活动与织工的活动相似，蜜蜂建筑蜂房的本领使人间的许多建筑师感到惭愧。但是，最蹩脚的建筑师从一开始就比最灵巧的蜜蜂高明的

---

〔1〕《习近平谈治国理政》（第 1 卷），外文出版社 2018 年版，第 173 页。

〔2〕［法］帕斯卡尔：《思想录——论宗教和其他主题的思想》，何兆武译，商务印书馆 1985 年版，第 158 页。

〔3〕（清）焦循撰：《孟子正义》（下），沈文倬点校，中华书局 1987 年版，第 567 页。

地方，是他在用蜂蜡建筑蜂房以前，已经在自己的头脑中把它建成了。"〔1〕蜜蜂制造的蜂房再精密灵巧，也仅是蜜蜂本能驱使的结果；人制造的蜂房即使比蜜蜂制造的差很多，却是在对蜂房进行有意识的研究、模拟、计划后的活动结果。因此，马克思说："有意识的生命活动把人同动物的生命活动直接区别开来。"〔2〕有意识的生命活动，就是说人能够对自己的存在和实践活动的内容、方式均有所认识和思考，并根据自己认识和思考的结果作出选择、采取行动，从而改造自然、社会和人自己。

人类在脱离动物状态、转变为人的过程中，这种有意识的劳动起到了决定性的作用。劳动促进古猿人大脑容量增加，使他们在制造工具的过程中相互协作、产生语言，劳动增强了古猿人改造自然的能力，促进古猿人进化为人。人的有意识劳动不仅创造了人，也创造了人类社会。人通过这种劳动和实践活动改造自然、社会和自己，提高社会生产力，促进交换和消费，逐渐形成家庭、阶级和国家，形成政治制度和社会秩序。马克思说，"全部社会生活在本质上是实践的"，人类社会的存在和发展来源于人的实践活动。

从人的实践活动出发，我们能够进一步认识人的本质。马克思运用辩证唯物主义和历史唯物主义的立场观点方法，揭开了人的本质之谜。他指出："人的本质不是单个人所固有的抽象物，在其现实性上，它是一切社会关系的总和。"〔3〕这一论断在人类历史上第一次科学说明了人的本质，为人们认识人生、形成正确的人生观提供了科学的方法论。"人的本质不是单个人所固有的抽象物"，这句话是针对费尔巴哈把宗教的本质归结为人的本质，认为具有宗教情感是人类普遍本质的观点。马克思强调对人的本质认识不应如费尔巴哈那样采用从单个人身上抽象并固定下来的方法，而应回到具有现实性、具体性的实践活动中去整体性地发现。

为什么认识人的本质不能采用对单个人进行抽象的方法？对单个人进行抽象的方法会导致对人的本质的认识出现一些错误。一是抽象出的本质是片面的。比如，在人是有理性的动物这个命题中，理性是从人的整体性存在中抽象出来的一个因素，抽象出理性的同时屏蔽了人的感性、情感等因素。二

---

〔1〕《马克思恩格斯文集》（第5卷），人民出版社2009年版，第208页。

〔2〕《马克思恩格斯全集》（第3卷），人民出版社2002年版，第273页

〔3〕《马克思恩格斯文集》（第1卷），人民出版社2009年版，第501页。

是抽象出的本质因素易被固定化为永恒不变的东西。理性被固定为永恒本质时，无法展现人在不同的社会形态和经济基础下的不断发展变化的内容。比如，在资本主义私有制下，人的理性表现为资本的理性，即获取最大利润，而在社会主义公有制基础上，人的理性的内容则变为，公共利益优先和促进所有人的自由、平等。三是抽象出的本质因素与非本质因素形成二元对立的关系。在人是有理性的动物命题界定下，理性是人的本质，因此是合理的，而情感、感性等是非理性、非本质因素，因此是不合理的，应当被理性控制和排斥，这导致人的整体性存在被割裂成两个对立的方面，进而形成内在的冲突与不和谐。

马克思主张从人的现实的、具体的生活实践活动入手，去整体性地认识人的本质，把经过人有意识的生命实践活动而形成的一切社会关系的总和界定为人的本质。一方面，人现实的生命实践活动形成和改变着人的社会关系，如家庭伦理关系、地缘关系、业缘关系、生产关系、经济交换关系、政治关系、法律关系等。其中，任何一种或部分关系都无法完整地概括人的本质，因此必须在一切社会关系总和上才能整体性地把握人的本质。另一方面，人的实践活动总是在某种社会条件下，在一定的、具体的社会关系中开展，任何人都处在一定的社会关系中从事社会实践活动。每一个人从来到人世的那天起就从属于一定的社会群体，同周围的人发生各种各样的社会关系，也在用自己的实践活动不断形成和改变着各种各样的关系。只有在社会关系和环境中成长，人才能发展出合理的情感意志，形成理智、道德和精神追求，从而拥有作为人的共性，同时也在自己具有特殊性的社会关系中发展出自己的个性。

从现实性上把握人的本质，我们会发现无论是个人还是人类群体，其本质都不是固定不变的，而是随着经济基础变化和社会的发展，基于人的生命实践活动不断发展变化的。人的生命实践活动从家庭、学校到社会、国家、世界不断外扩和拓展，会不断生成新的社会关系、改变已有的社会关系；从经济基础的发展历史来看，在从资本主义私有制到社会主义公有制的发展过程中，人的本质将产生从依赖于资本的虚假的独立与自由逐步走向摆脱资本的真正的平等、自由与解放的变化。

由于人类社会生活本质上是实践的，人的本质是社会关系的总和，因此我们要认识人的本质，只能立足于具体的、历史的社会关系中从事社会实践的人，而不能从抽象的人性论出发，更不能依靠神的启示。正是在一定的社会历史条件下，人们面对各种各样的境遇，在客观的不断变化的社会关系中实践人生，通过现实的生活逐渐感悟人生，形成了相应的人生观。

二、人生观的主要内容

人生观是人们经过慎重思考和选择形成对人与人生的总观点和总看法，包含人生目的、人生态度、人生价值三个主要内容，分别回答人为了什么活着、人应当如何活着、什么样的人生才有价值等问题，三者相互联系、相辅相成，构成有机整体。

人生目的是人生观的核心。人生目的是指生活在一定历史条件下的人在人生实践中关于自身行为的根本指向和人生追求。人生目的是人生观的核心，在人生实践中具有非常重要的作用：其一，决定人生道路。人生目的规定了人生的方向，对人们所从事的具体活动起着定向的作用，拥有正确的人生目的的人在面对人生重大课题时能作出正确的选择，始终朝着正确的人生发展方向前进。其二，决定人生态度。正确的人生态度让人积极地、乐观地面对人生道路上的顺逆曲直。其三，决定人生价值选择。正确的人生目的会使人懂得人生的价值首先在于奉献，从而在工作中尽心、尽力、尽责。错误的人生目的则会使人把人生价值理解为向社会或他人进行索取，从而把追逐个人私利视为有价值、有意义的人生，而漠视对国家、社会、集体和他人的义务与责任。我们以拜金主义为例看人生目的在人生观中的核心作用：拜金主义源于金钱万能观，是一种极度崇拜金钱的人生观，拜金主义者把拥有大量金钱作为个人人生的唯一目的，因此会贪婪地、不择手段地追求金钱，并把金钱作为评价个人人生价值的唯一标准。

人生态度是指人们通过生活实践形成的对人生问题的一种稳定的心理倾向和精神状态。人生态度是人生观的重要内容。正确的人生态度可以使人在追求有意义的人生中保持积极进取、乐观向上的精神状态，一个人如果满怀希望和激情、热爱生活、珍视生命、勇敢坚强就能战胜困难并不断开拓人生新境界。

人生价值是需要重点把握的内容。人生价值是指人的生命及其实践活动对于社会和个人所具有的作用和意义。人生价值内在地包含了自我价值和社会价值两个方面。人生的自我价值是个体的人生活动对自己的生存和发展所具有的价值，主要表现为对自身物质和精神需要的满足程度。比如，饮食可满足自己的物质需要，愉悦的阅读可满足自己的精神需要。而人生的社会价值则是个体的实践活动对社会和他人所具有的价值。比如，公交车上给老人让座，帮助老人坐稳，避免了老人可能发生摔伤的危险。在满足谁的需要上，人生的自我价值和社会价值是不同的，但二者又是密切联系、相互依存的，共同构成了人生价值的矛盾统一体。

人生的自我价值和社会价值的统一表现在两个方面：其一，人生的自我价值虽然是个体生存和发展的必要条件，但人生自我价值的实现是个体为社会创造更大价值的前提。因此，个体的人生活动不仅具有满足自我需要的价值属性，还必然地包含着满足社会需要的价值属性。而个体通过努力提高自我价值的过程同时也是其创造社会价值的过程。其二，人生的社会价值不仅是社会存在和发展的重要条件，同时也是个体自我完善、全面发展的保障。可以说，没有社会价值，人生的自我价值就无法存在。人是社会的人，这不仅意味着个体物质和精神的需要只有在社会中才能得到满足，还意味着这些需求以怎样的方式和在多大程度上得到满足也是由社会决定的。

马克思在青年时代就树立了个人价值和社会价值高度统一的价值观。他在中学毕业论文《青年在选择职业时的考虑》中讲道："人的本性是这样的：人只有为同时代人的完美、为他们的幸福而工作，才能使自己也过得完美。……如果我们选择了最能为人类而工作的职业，那么，重担就不能把我们压倒，因为这是为大家作出的牺牲；那时我们所享受的就不是可怜的、有限的、自私的乐趣，我们的幸福将属于千百万人，我们的事业将悄然无声地存在下去、但是它会永远发挥作用，而面对我们的骨灰，高尚的人们将洒下热泪。"[1]青年马克思把为他人的幸福、完美的奋斗作为自己达到幸福、完美的前提，认为自己的幸福、完美是在他人的幸福、完美中实现的，这是一种无私为他人奉献、在创造社会价值过程中实现自我价值的高尚人生观和价值观，确定了马克思自觉投身于为全世界人类自由而全面解放的伟大事业的精神内核。

三、人生观与世界观密切关联

世界观是人们对生活在其中的世界及人与世界的关系的总体看法和根本

---

〔1〕［德］马克思："青年在选择职业时的考虑"，载 https://www.marxists.org/chinese/marx/marxist.org-chinese-marx-1835-8.htm，2021 年 10 月 10 日访问。

观点。世界观决定人生观，一个人思考人生意义、选择人生道路、处理人与社会关系等都以其世界观为根据。

辩证唯物主义是马克思主义的世界观，其认为人和人类社会是自然界长期发展的产物，人的一切认识都是来自于实践，并在实践中不断发展。辩证唯物主义世界观决定了立足实践的人生观。马克思指出："哲学家们只是用不同的方式解释世界，而问题在于改变世界。"积极投身社会实践、改造人类社会是马克思的毕生追求，为我们指出了立足社会现实生活，客观对待人生，在人生道路上勇于拼搏，在实际社会生活过程中寻找解答人生问题的正确答案的人生之路。立足实践的人生目的以人的生命实践活动和生产劳动推动社会发展，追求人自由而全面的解放；立足实践的人生态度表现为积极、勇敢、乐观、坚韧；立足实践的人生价值是在为社会工作奉献、创造社会价值中实现自我价值。

四、个人与社会的辩证关系

正确认识个人与社会的辩证关系是处理人生问题的出发点。请学生们思考：个人能够离开社会单独存在吗？真的存在原子式的孤独存在的个人吗？答案是否定的。任何人都处在一定的历史阶段和一定的社会关系中，从事着社会生产和社会实践活动。一个人看似在单独吃饭、散步、学习，但这些活动无不处于与食物生产者、筑路劳动者、园林建造者、知识创造者、书本电脑生产者的关系当中，人没有任何一刻能够摆脱社会及其关系而孤独存在。因此，人始终以社会性的方式存在，纯粹个人的存在方式只存在于想象之中，并非真实的事实。

个人始终存在于社会之中，二者的关系是对立统一的。个人即单个人，是一、是个体；社会是由许多个人组成的，是多、是整体。个人与社会间不仅存在着一与多的对立，还存在某些具体利益的对立，但我们要进一步看到个人与社会之间的统一关系：两者相互依存、相互促进。

第一，个人与社会间存在着相互依存关系。一方面，社会是由每一个具体的人组成的，离开了个人就没有社会；另一方面，个人的生存与发展依赖社会，二者就像有机体和细胞一样密不可分。在个人与社会的相互依存关系中，我们着重强调社会对个人的基础和前提作用：个人必须在社会中才能发展出劳动本领、语言思维等人的特质和能力，成为人类的一员，社会不仅造就了真正意义上的人，而且为每个人从事生产和其他活动提供了现实条件。

第二，个人与社会之间是相互促进的。一方面，社会决定个人存在和促进个人发展。个人的社会本质、思想道德、知识和才能等皆由其所处的社会关系和环境决定。同时，社会的持续发展进步为个人提高素质、实现全面发展提供了更充分、更丰富的条件，从而推动和实现人的全面发展。另一方面，个人影响和促进社会的发展。个人运用从社会中获得的思想、知识和能力去影响和推动社会的物质生产和精神生产，并调整和改造人与人之间的社会关系，不断提高社会成员的素质是整个社会持续发展的重要基础和推动力量。

个人与社会的关系，最根本的还是个人利益与社会利益的关系。在社会主义社会中，社会利益和个人利益从根本上说是统一的：社会积极维护和满足每个社会成员物质、精神和生态等方面的正当需要，实现每个社会成员经济、政治、文化等各方面的正当利益。同时，每个社会成员也要积极维护和发展全社会的共同利益。还需要强调一点：相对于个人利益而言，社会利益具有前提和优先地位。社会利益不是个人利益的简单相加，而是所有人利益的有机统一。社会利益体现了作为社会成员的个人的根本利益和长远利益，是个人利益得以实现的前提和基础，同时它也保障着个人利益的实现，离开社会的整体利益，个人利益将无法得到保障和实现，因此在个人利益与社会利益发生矛盾冲突以至于无法调和的极端情况下，个人利益应当服从社会整体利益。在华北雾霾治理、打赢蓝天保卫战中，从治理华北地区严重大气污染、恢复华北良好生态环境、保障广大人民的身体健康出发，京、津、冀、鲁等各省市坚决行动，采取关停污染企业、搬迁工厂、增设符合废气净化排放标准的设备等措施，优先保障了社会整体利益。

基于人的生命实践活动形成的一切社会关系的总和本质、辩证唯物主义世界观以及个人与社会的辩证关系，马克思主义的人生观立足于人的实践活动和社会性存在，推崇、提倡服务人民奉献社会的科学、高尚的人生追求，积极进取的人生态度和在创造社会价值中实现自我价值的人生价值观。我们只有树立了正确的人生观、价值观才能真正把小我和大我更好地统一起来，把自己的人生追求同社会的发展进步紧密结合起来，在为社会做贡献的过程中成长进步，实现自己的人生价值。

模块二主题教案：理想是什么

本模块对应《思想道德修养与法律基础》第二章，主要包含大学生的理想和中国梦两方面内容。

【教学导入】 还记得你小时候的理想吗？你现在的理想是什么？

【教学目的】 通过本模块专题教学，帮助大学生树立正确的人生理想。

【教学重点】 理想信念的含义与特征；理想信念对大学生成长成才的重要意义。

【教案正文】

一、理想信念的含义与特征

（一）理想的含义与特征

1. 理想的含义

理想一词，最早来源于希腊语"ideal"，意即人生的奋斗目标。在中国古代，理想被称为"志"，即志向。

理想是人们在实践中形成的、有可能实现的、对未来社会和自身发展的向往与追求，是人们的世界观、人生观和价值观在奋斗目标上的集中体现。

在一般情况下，如果不特别指出，理想是指社会理想，也就是指社会主义、共产主义的社会理想。

理想不同于幻想和空想。

幻想：与生活愿望相结合并指向未来的一种想象，由于生产力和科学技术发展的历史局限，它与现实有很大距离，但在将来有实现的可能。如"嫦娥奔月"。

空想：人们对未来的一种想象，也反映了人一定的目标和追求，但是它缺乏客观根据，还不能把握自身发展的客观规律。其脱离实际，是一种主观臆想，没有实现的可能性。如"空想社会主义"。

2. 对理想的几种模糊认识

（1）无用论："人何必一定要有理想？我没有理想，不是也生活得很好吗？"

马加爵："没有理想，是我人生最大的失败。"

（2）实惠论："理想理想，有利就想；前途前途，有钱就图。""讲共产主义理想，解决不了当前的实际问题。""理想太空，还是实惠为好。"

分析：远大理想的追求与现实利益的获得并不矛盾，但只讲眼前"实惠"而忘记了对远大理想的追求则会损害长远利益。

（3）分离论："理想是明天，现实是今天。今天该玩就玩，何必想那么远?""凡是现实的都是合理的，凡是合理的都是现实的。"

分析：理想应建立在现实努力的基础之上。

徐特立："革命者应该有超出现实的要求和欲望，但就现实条件要分步走。"

（4）渺茫论："共产主义是'水中月''镜中花'，看得见，摸不着。""共产主义是美好，可惜太遥远了。"

分析：没有正确理解"共产主义"的科学内涵；对共产主义社会制度实现的长期性、艰巨性和曲折性缺乏足够认识；仅从个人角度出发。

3. 理想的特征

（1）阶级性：一定的社会群体理想具有共同性；

（2）时代性：同一定时代的生产发展水平相联系；

（3）现实可能性：经过努力可以实现；

（4）超越性：现实是不完美的，所以要追求理想，理想以预见方式反映未来。

4. 理想的类型

（1）科学理想与非科学理想、崇高理想与一般理想。

（2）长远理想和近期理想。

（3）个人理想与社会理想。

（4）社会政治理想、道德理想、职业理想、生活理想。

（二）信念的含义与特征

1. 信念的含义

信念是人们在一定认识基础上确立的对某种理论主张或思想见解及理想坚信无疑，并身体力行的精神状态。信念以认识为基础，以情感为关键，以意志为保证。

2. 信念的特征

（1）明确的认知。

（2）强烈的情感：志同道合，德同则相聚，道合须志同。

（3）相当的稳定性：一旦形成，终生不渝并具有巨大惯性。

我们的国家信仰的"马列主义"当然也是标准的"信仰"，而在这一信仰的感召下，我们的国家和民族在那个多灾多难而又充满激情和使命感的年代，层出不穷地涌现出了千千万万的楷模和英雄。这就是"信仰"的力量，为了自己信奉的理想，一个人可以抛头颅、洒热血，吃尽苦头，万劫而不悔。

"信仰"这个概念是很中庸的，是个标准的中性词，没有什么褒贬之分。我们的马列主义是"信仰"，而且在信仰它的人群中它就是"唯一的""伟大"的人生信条；慈悲为怀、普度众生的"佛"也是"信仰"，而在信仰它的人群中它同样是无可比拟的伟大存在和信条。这些明显符合我们广大人民利益和善良价值观的固然是毫无疑问的"信仰"，但是那些我们看起来不够善良，不能够符合大众利益的极端的诸如"纳粹主义""霸权主义""单边主义"甚至"某某"邪教又何尝不是那些信奉者们眼中奉行不悖的"信仰"呢？所以，"信仰"本身是一个没有什么褒贬性的绝对客观中性的词语。

《新华词典》对于"迷信"词条的解释有两条：(1) 相信神仙鬼怪。(2) 盲目地信仰和崇拜。对于第一条解释，我们不必去深究，孔子都说"六合之外，存而不论"，我们也无须耗费时间去求证到底有没有这些东西。我们应该注意的或者说我们必须注意的，也是我们唯一要注意的、真正让我们能够区分"迷"和"信"的是第二条解释："盲目地信仰和崇拜"。这中间的这个"盲目"，才是真正的重中之重。

我们说到"信仰"，不管高尚也好或者平庸也好，不管是有益于大众也好或者只是利己也好，我们应该都还能够分辨是非，懂得取舍，但凡真正值得去信仰的"信仰"，应该都是不会去煽惑、鼓动别人盲从的。而且，我们也能够利用这种信仰来调校言行，以使自己符合这个信仰的规范。

但是"迷信"则不同，笔者认为，"迷信"本身就是某些人或者团体通过有企图、有目的地打着"信仰"的旗号而炮制出来的似是而非的理论或者教条，进而愚弄大众，鼓动、煽惑更多的人盲目地跟从自己的旗帜的一种手段。

(三) 理想与信念：如影随形，相互依存

理想是信念的根据和前提，信念是实现理想的重要保障。

当理想作为信念时，它是人们确信的一种观点和主张；当信念作为理想时，它是与奋斗目标相联系的一种向往与追求。

二、理想信念对大学生成长成才的重要意义

拓展材料："平语"近人——习近平谈理想信念

95年来，共产主义远大理想激励了一代又一代共产党人英勇奋斗，成千上万的烈士为了这个理想献出了宝贵生命。"砍头不要紧，只要主义真"，"敌人只能砍下我们的头颅，决不能动摇我们的信仰"，这些视死如归、大义凛然的誓言生动表达了共产党人对远大理想的坚贞。理想之光不灭，信念之光不灭。

——2016年7月1日，习近平在庆祝中国共产党成立95周年大会上的讲话

长征胜利启示我们：心中有信仰，脚下有力量；没有牢不可破的理想信念，没有崇高理想信念的有力支撑，要取得长征胜利是不可想象的。

——2016年10月21日，习近平在纪念红军长征胜利80周年大会上的讲话

形象地说，理想信念就是共产党人精神上的"钙"，没有理想信念，理想信念不坚定，精神上就会"缺钙"，就会得"软骨病"。

——2012年11月17日，习近平在十八届中共中央政治局第一次集体学习时的讲话

理想信念是共产党人的精神之"钙"，必须加强思想政治建设，解决好世界观、人生观、价值观这个"总开关"问题。

——2014年1月20日，习近平在党的群众路线教育实践活动第一批总结暨第二批部署会议上强调

对马克思主义、共产主义的信仰，对社会主义的信念，是共产党人精神上的"钙"。没有理想信念，理想信念不坚定，精神上就会得"软骨病"，就会在风雨面前东摇西摆。

——2015年6月12日，习近平在纪念陈云同志诞辰110周年座谈会上的讲话

（一）理想信念的作用

1. 指引人生的奋斗目标

理想是指路明星，没有理想，就没有坚定的方向，没有方向，就没有真正的生活。

——列夫·托尔斯泰

小资料：

1910年，毛泽东的父亲毛顺生要他去做生意，毛泽东却立志走出韶山，

继续求学。经过自己的力争和亲友、老师们的一致劝说，父亲才答应他的要求。在离家赴湘乡县（今湘乡市）县立东山高等小学求学前夕，毛泽东提笔写了一首《赠父诗》，夹在父亲每天必看的账簿里。这就是："孩儿立志出乡关，学不成名誓不还。埋骨何须桑梓地，人生无处不青山。"

2. 提供人生的前进动力

李时珍踏遍青山，尝遍百草，写成《本草纲目》。

马克思呕心沥血 40 年，阅读 1500 种书籍，写出《资本论》。

我所想做的事，不过是要以我微弱的能力来为真理和正义服务，准备为此甘冒不为任何人欢迎的危险。

——爱因斯坦

为什么我们过去能在非常困难的情况下奋斗出来，战胜千难万险使革命胜利呢？就是因为我们有理想，有马克思主义信念，有共产主义信念。

——邓小平

在我们最困难的时期，共产主义的理想是我们的精神支柱，多少人牺牲就是为了这个理想。

——邓小平

3. 提高人生的精神境界

真正的人＝思维着的人的精神。

——马克思

（二）理想信念与大学生的成长成才

（1）引导大学生做什么人。在有理想、有道德、有文化、有纪律的四有新人的目标中，有理想放在突出的位置，做什么人，是同学们在学习生活中面对的人生课题，只有树立崇高的理想和信念，才能解答好这一重要的人生课题。

（2）引导大学生走什么路。大学时期，同学们普遍面临一系列人生的课题，这些问题的解决，需要一个总的原则和目标，这就要确立科学崇高的理想和信念。

（3）激励大学生为什么学。对当代大学生而言，为什么学习的问题，是与走什么路、做什么人的问题紧密联系在一起的。同学们要把个人的奋斗志向同祖国和民族的命运相联系，使理想信念之花结出丰硕的成才之果。

延伸阅读：

（1）广大青年一定要坚定理想信念。2013 年 5 月 4 日，习近平总书记同各界优秀青年代表座谈时强调"功崇惟志，业广惟勤"。理想指引人生方向，信念决定事业成败。没有理想信念，就会导致精神上"缺钙"。中国梦是全国各族人民的共同理想，也是青年一代应该牢固树立的远大理想。中国特色社会主义是我们党带领人民历经千辛万苦找到的实现中国梦的正确道路，也是广大青年应该牢固确立的人生信念。

（2）在选择职业时，我们应该遵守的主要指针是人类的幸福和我们自身的完美。不应认为这两种利益会彼此敌对、互相冲突，一种利益必定消灭另一种利益。相反，人的本性是这样的：人只有为同时代人的完美、为他们的幸福而工作，自己才能达到完美。

如果一个人只为自己劳动，他也许能够成为著名的学者、伟大的哲人、卓越的诗人，然而他永远不能成为完美的、真正伟大的人物。

历史把那些为共同目标工作因而自己变得高尚的人称为最伟大的人物；那些为大多数人带来幸福的人是最幸福的人；宗教本身也教诲我们，人人敬仰的典范，就曾为人类而牺牲自己，有谁敢否定这类教诲呢？

"如果我们选择了最能为人类而工作的职业，那么，重担就不能把我们压倒，因为这是为大家作出的牺牲；那时我们所享受的就不是可怜的、有限的、自私的乐趣，我们的幸福将属于千百万人，我们的事业将悄然无声地存在下去，但是它会永远发挥作用，而面对我们的骨灰，高尚的人们将洒下热泪。"[1]

模块三主题教案：中国精神

本模块对应《思想道德修养与法律基础》第三章；主要包括中国精神是兴国强国之魂、爱国主义的基本内涵、改革创新的时代精神三方面内容。

【教学导入】2016 年 10 月 21 日，习近平总书记在纪念红军长征胜利 80 周年大会上的讲话强调："人无精神则不立，国无精神则不强。精神是一个民族赖以长久生存的灵魂，唯有精神上达到一定的高度，这个民族才能在历史的洪流中屹立不倒、奋勇向前。"

【教学目的】通过本模块专题教学，帮助大学生理解中国精神的内涵和价值，掌握中国精神的主要内容和意义，掌握以爱国主义为核心的民族精神和

---

〔1〕〔德〕马克思："青年在选择职业时的考虑"，载 https://www.marxists.org/chinese/marx/marxist.org-chinese-marx-1835-8.htm，2021 年 10 月 10 日访问。

以改革创新为核心的时代精神的内容，把弘扬民族精神和弘扬时代精神有机结合起来。

【教学重点】中国精神的传承与价值；爱国主义的科学内涵及基本要求；做改革创新的生力军。

【教案正文】

一、中国精神的传承与价值

中华民族悠久辉煌的历史文化孕育了中国精神，涵养了伟大的民族精神和时代精神。中国精神作为兴国强国之魂，是实现中华民族伟大复兴不可或缺的精神支撑和精神动力。

（一）重精神是中华民族的优秀传统

中华民族能够在五千多年的历史长河中生生不息、薪火相传，很重要的一个原因就是拥有孕育于中华民族悠久辉煌历史文化之中的伟大的中国精神。在悠久的历史进程中，中华民族不仅创造出了光辉灿烂、享誉世界的中华文明，也塑造出了独特的精神气质和精神品格，形成了崇尚精神的优秀传统。

1. 对物质生活与精神生活相互关系的独到理解

古圣先贤认为，人之所以异于禽兽，在于人有道德，有精神追求。物质生活固然为人所必需，但如果只沉溺于物欲而不能自拔，则无异于禽兽。古人认为"不义而富且贵，于我如浮云"，强调"道德当身，故不以物惑"，崇尚"一箪食，一瓢饮，在陋巷，人不堪其忧，回也不改其乐"的精神追求。基于对精神生活重要性的认识，中国古人在义利观上主张以义为上、见利思义、以义制利、先义后利，即"先天下之忧而忧，后天下之乐而乐"；在理欲观上主张导欲、节欲，强调用道德理性和精神品格对欲望进行引导和控制，时刻对私欲、贪欲保持警惕。重视并崇尚精神生活是中国古代思想家们的主流观点。

2. 对理想的不懈追求

矢志不渝地坚守理想是中国古人崇尚精神的典型体现。如儒家把仁爱、和谐视为最高的道德理想，为实现"仁"的理想即使献出生命也在所不惜；墨家把"兼相爱，交相利"作为理想，提倡为兴天下之利、除天下之害而摩顶放踵。正是因为有了这种理想主义情怀，无数志士仁人"为天地立心，为生民立命，为往圣继绝学，为万世开太平"，他们心怀天下，利济苍生，为追求道义、实现理想而上下求索。

3. 对道德修养和道德教化的重视

中国传统文化十分强调道德修养和道德教化，将"立德"置于"三不朽"之首，重视人的精神品格的养成。中国古人认为，"自天子以至于庶人，壹是皆以修身为本"，认为教化的目的是"明人伦"，是培养有道德的人。古代思想家们不仅对道德修养和道德教化理论进行了系统论述，而且提出了修身养性的具体方法以及家箴家训、乡规民约等教化方式。如儒家的经典《礼记·大学》明确提出，"修身"是齐家、治国、平天下的前提和基础。孔子提倡"修己""克己"和"慎独"，提倡"见贤思齐焉，见不贤而内自省"；曾子提出"吾日三省吾身"；孟子更主张"善养吾浩然之气"。墨家也非常重视修身，强调"察色修身"和"以身戴行"。宋明道学家们在修养的"功夫"上更加用力，强调"自省""存养""克治""知耻""慎独"和躬行的重要。

4. 对理想人格的推崇

理想人格是该道德所认定的各种善的集合，因而也是它为人们树立的最高的行为标准。孔子讲："知之者不如好之者，好之者不如乐之者。"孟子谓："可欲之谓善，有诸己之谓信。充实之谓美，充实而有光辉之谓大，大而化之之谓圣，圣而不可知之之谓神。"这些思想都反映着古人对人生境界的看法，对高尚人生境界的尊崇和追求。儒家把"君子""圣人"作为自己的理想人格，道家推崇逍遥于天地之间的"真人""至人"，近代启蒙思想家梁启超呼吁树立"新民"的理想人格。

中国共产党是中华民族重视精神优秀传统的忠实继承者和坚定弘扬者。在革命、建设、改革的各个历史时期，中国共产党始终强调要处理好物质和精神的关系，重视发挥人的精神的能动作用，中华民族重视精神的优秀传统得到进一步发扬光大。

因此，在实现中华民族伟大复兴的征程中，大学生必须继承中华民族创造的一切精神财富，不断增强团结一心的精神纽带、自强不息的精神动力，大力弘扬中国精神，以朝气蓬勃的精神状态迈向未来。

（二）中国精神是兴国强国之魂

实现中国梦，必须弘扬中国精神。这就是以爱国主义为核心的民族精神和以改革创新为核心的时代精神。实现中华民族伟大复兴的中国梦，首先需要兴国魂、强国魄，以强大的精神支柱为支撑，以高扬的精神旗帜为指引，团结凝聚全体人民的智慧和力量，为实现中国梦而努力奋斗。

1. 实现民族复兴的精神引领

世界上没有一个民族能够亦步亦趋地走别人的道路实现自己的发展振兴，也没有一个民族会在心神不定、游移彷徨中成就自己的光荣和梦想。只有自觉弘扬中国精神，增强民族自尊心和自信心，坚定不移地走自己的路，才能使全体人民在实现复兴伟业的征途中拥有坚如磐石的精神和信仰力量，不为困难吓倒，不为诱惑所动，不为干扰迷惑，坚定不移地把我们的事业不断推向前进。

2. 凝聚中国力量的精神纽带

推进民族复兴的时代伟业，我们必须有万众一心、众志成城的强大精神凝聚力。人民群众是历史发展和社会进步的主体力量。坚持和发展中国特色社会主义、实现中华民族的伟大复兴，最根本的力量在人民。弘扬中国精神，对于维系中华民族的生存与发展、维护国家统一和民族团结发挥着重要的凝聚作用。在当代中国，必须用中国精神引领各族人民心往一处想、劲往一处使，用14亿人的智慧和力量汇集起不可战胜的磅礴之力，为实现中华民族伟大复兴的中国梦而努力奋斗。

3. 提升综合国力的重要保证

综合国力不仅包括经济实力、科技实力、国防能力和军事力量等硬指标，也包括政治、文化、教育、精神状态等软因素。大力弘扬中国精神，既是增强综合国力的内在要求，也是提升综合国力的重要思想保证和精神支撑。

大学生是民族的希望和祖国的未来，要努力弘扬以爱国主义为核心的民族精神和以改革创新为核心的时代精神，将中国精神转化为青春行动，勇做弘扬和践行中国精神的时代先锋，为国家富强、民族振兴、人民幸福贡献自己的智慧和力量。

（三）中国精神是民族精神与时代精神的统一

以爱国主义为核心的民族精神和以改革创新为核心的时代精神构成了中国精神的基本内容。大力弘扬中国精神，培育中华民族共同的精神家园，既需要大力弘扬以爱国主义为核心的伟大民族精神，也需要大力弘扬以改革创新为核心的伟大时代精神。

民族精神是一个民族在长期共同生活和社会实践中形成的，为本民族大多数成员所认同的价值取向、思维方式、道德规范、精神气质的总和，是一个民族赖以生存和发展的精神支柱。在五千多年的历史发展中，中华民族形成了以爱国主义为核心的伟大民族精神。

时代精神是一个国家和民族在新的历史条件下形成和发展的，是体现民族特质并顺应时代潮流的思想观念、价值取向、精神风貌和社会风尚的总和，是一种对社会发展具有积极影响和推动作用的集体意识。时代精神反映社会进步的发展方向，引领时代的进步潮流，是社会的主旋律和时代的最强音。

民族精神与时代精神紧密关联，都是一个民族赖以生存和发展的精神支撑。一切民族精神都是在一定历史阶段带动潮流、引领风尚、推动社会发展的时代精神。同时，一切时代精神都将随着历史的变迁而逐步融入民族精神的长河之中，不断丰富和发展民族精神的时代内涵。

二、爱国主义的科学内涵及基本要求

（一）爱国主义的科学内涵

课堂讨论：（1）请说出你对爱国主义的理解。（2）请谈谈个人与祖国之间的关系。

爱国主义体现了人民群众对自己祖国的深厚感情，反映了个人与祖国的依存关系，是人们对自己故土家园、种族和文化的归属感、认同感、尊严感与荣誉感的统一。它是调节个人与祖国之间关系的重要道德要求、政治原则和法律规范，也是民族精神的核心。

爱国主义是我们民族几千年来凝结、积淀起来的对祖国最纯洁、最高尚、最神圣的感情。说其纯洁，是因为爱国就是一种奉献。在爱国的问题上没有等价交换，没有讨价还价，祖国利益高于一切，只要祖国需要，就把自己的一切无条件、无保留地奉献出来。说其高尚，是因为爱国是一种尊严。在爱国的问题上没有懦弱、没有退缩，而且在对祖国的热爱中，产生了勇敢、智慧和忠诚。说其神圣，是因为爱国还是一种信念。在爱国的问题上没有选择，没有抱怨，我们生于斯、长于斯，不论祖国是贫弱还是富强，是遭受欺凌还是扬眉吐气，我们都深深地爱她。

个人与祖国之间相互依存、相互作用、生死相依。一方面，国家是个人的屏障与保护，祖国的前途和命运、祖国的强弱决定了个人的地位和尊严，国家、民族如果没有前途，个人就绝不会有出路。另一方面，每个人都对自己的祖国负有责任和义务，不充分发挥每个人的聪明才智，国家民族也不会有美好的未来。

案例一：一个名叫李立的中国留学生讲述了他在美国留学时的一段经历。李立的邻居是一个靠卖艺为生的吉卜赛人，叫阿卜杜拉。他开朗乐观、为人诚恳，很快就和李立成了好朋友。一个休息日，李立和阿卜杜拉一边喝咖啡一边聊天，谈到吉卜赛人四海为家的习俗。李立真诚地对阿卜杜拉说："我很钦佩你们吉卜赛人的才华和生存能力，无论世界的哪个角落，几乎都有你们吉卜赛人。"阿卜杜拉也高兴地说："不错，我们吉卜赛人无论到哪里，都能被那里的人民所接纳。"但突然，阿卜杜拉的声音变得低沉了许多："但这也正是我们吉卜赛人的悲哀，因为我们没有祖国。"说到这里，一向乐观粗犷的阿卜杜拉，眼里噙满了泪水。李立被深深地震撼了，他突然感到，与阿卜杜拉相比，自己是多么的幸福，因为在自己的身后，有一个历史悠久的伟大祖国。

案列二：一位原为记者的中国留学生，赴法国巴黎十二大学就读，第一堂对话课时就受到了教授的"挑战"。

教授："作为记者，请概括一下你在中国是如何工作的。"

留学生："概括来讲，我可以写我愿意讲的东西。"

教授精心设计了一个陷阱："我可以知道您来自哪个中国吗?"

"先生，我没听清楚您的问题。"

"我是想知道，您是来自台湾中国还是北京中国。"

霎时，全班几十双不同颜色的眼睛一齐扫向了中国留学生和一位我国台湾地区同学。中国留学生沉静地说："只有一个中国，教授先生，这是常识。"

随后，那位台湾同学在教授和同学们的注视下也重复一遍说："只有一个中国，教授先生，这是常识。"

教授似乎不甘心，提出了一个难度更大的问题："我实在愿意请教，中国富强的标志是什么，这儿坐了二十几个国家的学生，我想大家都有兴趣弄清楚这一点。"

中国留学生站起来，一字一板地说："最起码的一条是：任何一个离开祖国的我的同胞，再不会受到像我今日承受的这类刁难。"

教授离开了讲台走向中国留学生，一只手放到他的肩上，轻轻地说："我丝毫没有刁难你的意思。我只是想知道，一个普通的中国人是如何看待他们自己国家的问题的。"然后，他大步走到教室中央大声宣布："我向中国人脱帽致敬。"

讨论：这件事情告诉我们一个什么道理？

总结：这个世界对中国的评价就是从我们自己的表现得来的。我们自尊、自强，并且深深地热爱自己的国家，才会赢得世界人民对中国和中国人民的尊重。

（二）爱国主义的基本要求

1. 爱祖国的大好河山（重要内容）

特定的地理环境是人们赖以生存的先决条件。爱国主义首先表现为对祖国山河的热爱和眷恋。

我们中国是世界上最大的国家之一……在这个广大的领土之上，有广大的肥田沃地，给我们以衣食之源；有纵横全国的大小山脉，给我们生长了广大的森林……秀丽的长江像一条系在祖国母亲腰间的蓝色飘带，铺展于云山天海之间；奔腾的黄河似一条生机勃勃的飞龙，舞动于锦绣大地之上。

——毛泽东《中国革命和中国共产党》

这种爱不仅体现为因拥有大好河山而感到自豪，更应体现为维护祖国领土的完整与统一；因国土存在不足之处，而去改善它、建设它，协调、平衡人与自然的关系，使家园故土更加美好。

2. 爱自己的骨肉同胞（集中表现）

正由于各族人民在共同生活中创造了悠久的历史、灿烂的文明、进步的社会制度，才使得祖国源远流长，成为富有实际内容、富有生命活力的有机整体。爱人民是对祖国山河的爱的深化和拓展，是爱国主义更深层次的内容。民为邦本，本固邦宁。没有人民的土地，无论怎样富饶美丽，也只不过是一块未经开垦的蛮荒之地。各族人民是伟大祖国的根本所在，是伟大祖国的创造者。祖国和人民是不可分割的。

3. 爱祖国的灿烂文化（基本要求之一）

文化传统是一个民族群体意识的载体，是培养民族心理、民族个性、民族精神的"摇篮"，是民族凝聚力的重要基础。

4. 热爱自己的国家是爱国主义的必然政治要求

祖国和国家是两个不能完全等同的概念。祖国是由人民组成的社会共同体，国家是这种社会共同体的政治表现形式，是一个政治共同体。其职能的发挥对于其统治下的民族和人民具有十分明显的制约作用，它的兴亡盛衰与其统治下的民族和人民的生存发展息息相关、休戚与共。

三、做改革创新的生力军

创新是民族进步的灵魂，是一个国家兴旺发达的不竭源泉，也是中华民族最深沉的民族禀赋，正所谓苟日新，日日新，又日新。在历史的漫漫长河中，变通求新、因革损益、革故鼎新、与时俱进、与日偕新等思想观念逐渐积淀为中华民族最深沉的民族禀赋。

资料显示：16 世纪以前世界上最重要的 300 项发明和发现中，我国占173 项，远远超过同时代的欧洲。此外，在诗词歌赋、绘画、书法等文学艺术领域，中国也为世界奉献了唐诗、宋词、元曲等诸多人类文明宝库中的瑰宝。

2007 年，英国《独立报》评出了改变世界的 101 个发明。中国的四大发明（造纸术、印刷术、指南针、火药）及另一发明"算盘"在列。

在当代中国，社会发展更离不开改革创新。改革创新是社会发展的重要动力，坚持改革创新是新时代的迫切要求。

青年时期是创新创造的宝贵时期。新时代的大学生置身于实现中华民族伟大复兴的时代洪流之中，应当以时代使命为己任，把握时代脉搏，迎接时代挑战，增强创新创造的能力和本领，勇做改革创新的实践者，将弘扬改革创新精神贯穿于实践中、体现在行动上。

那么，当代青年如何争做改革创新的生力军呢？

（一）树立改革创新的自觉意识

1. 树立突破陈规陋习的自觉意识

陈规最易束缚人的思维和手脚，创新创造的过程往往充满艰辛。要创新就要有强烈的创新意识，凡事都要有"打破砂锅问到底"的劲头，敢于质疑现有定论，勇于开拓新的方向，攻坚克难，追求卓越。敢于大胆突破陈规甚至常规，敢于大胆探索尝试，善于观察发现、思考批判，不唯书、不唯上，只唯实。

2. 树立大胆探索未知领域的信心和勇气

创新就是要走前人没有走过的路。要创新，就要有强烈的创新自信。如果总是跟随模仿，既谈不上创新，也是没有出路的。未知领域可能是人类认识的盲区，也可能是人类实践的处女地。未知常常令人心生怯意，人们常常因充满未知的风险而停下探索和求新的脚步，但未知领域也往往蕴含着发现的沃土和创新的机遇。"路漫漫其修远兮"，最需要"上下而求索"的勇气。

3. 树立以创新创造为目标的志向

王安石在《游褒禅山记》中写道："而世之奇伟、瑰怪，非常之观，常在于险远，而人之所罕至焉，故非有志者不能至也。"青年应是常为新、敢创造的，理当锐意创新创造，不等待、不观望、不懈怠，勇做改革创新的生力军。

（二）培养改革创新的责任感

改革创新表现为一种不甘落后、奋勇争先、追求进步的责任感和使命感。在时代大潮中，有人选择安于现状、不思进取、随波逐流，有人则意气风发、力争上游、拼搏进取。这两种不同选择的根源，除了信心和勇气外，更在于是否具有为推动社会发展进步贡献力量的责任感和使命感。改革创新充满艰辛、奉献甚至牺牲，没有强烈的责任感和使命感，很难支撑人们克服和战胜改革创新过程中的艰难曲折。李大钊曾写下"铁肩担道义，妙手著文章"的警语，"铁肩""道义"讲的就是责任与使命。大学生要不断增强以改革创新推动社会进步，在改革创新中奉献服务社会、实现人生价值的崇高责任感和使命感，以时不我待、只争朝夕的紧迫感投身改革创新的实践。

（三）增强改革创新的能力本领

1. 夯实创新基础

牛顿曾经说过："如果说我看得比别人更远些，那是因为我站在了巨人的肩膀上。"缺乏深厚的专业知识积淀，盲目追求改革创新，往往容易流于不切实际的空想，或者是"无知者无畏"的蛮干。无视或轻视专业知识学习不可能担负改革创新的重任。大学生作为改革创新的生力军，应从扎实、系统的专业知识学习起步和入手，而不能好高骛远、空谈改革、坐论创新。

2. 培养创新思维

创新思维与守旧思维的区别在哪里呢？创新思维与守旧思维的区别在于，守旧思维往往求同、模仿，创新思维则注重求异、批判而不甘落入窠臼和俗套；守旧思维被动回答问题，创新思维善于发现问题；守旧思维往往机械、线性、封闭，创新思维则灵活而开放，发散而多维；对于守旧思维提出的观点，人们往往因熟悉而易于接受，创新思维则常常因"异想天开"而被怀疑甚至嘲讽。大学生在专业学习与社会实践中应自觉培养创新型思维，勤于思考、善于发现、勇于创新。

3. 投身创新实践

实践出真知，实践长才干。当代大学生既置身于全球新一轮科技革命和产业变革兴起的历史机遇期，又置身于我国迈向现代化强国的历史新征程，应当在全面深化改革的伟大实践中深深体悟改革创新精神，增强改革创新的意识，锤炼改革创新的意志，增强改革创新的能力和本领，勇做改革创新的实践者和生力军。

"聪者听于无声，明者见于未形。"改革创新永无止境。同学们应当珍惜人生中最具创新创造活力的宝贵时期，有敢为人先、开拓进取的锐气，有逢山开路、遇河架桥的意志，在创新创造中不断积累经验、取得成果、演绎精彩。

模块四主题教案：社会主义核心价值观

本模块对应《思想道德修养与法律基础》第四章，主要内容为社会主义核心价值观。

【教学导入】什么是价值观？为什么需要核心价值观？

【教学目的】通过本模块专题教学，帮助大学生深刻理解社会主义核心价值观的科学内涵和重要意义，坚定社会主义核心价值观自信，自觉践行社会主义核心价值观。

【教学重点】社会主义核心价值观的科学内涵和重要意义；社会主义核心价值观的自信从何而来；大学生如何践行社会主义核心价值观。

【教案正文】

一、什么是社会主义核心价值观

核心价值观是一定社会形态社会性质的集中体现，在一个社会的思想观念体系中处于主导地位，体现着社会制度、社会运行的基本原则和社会发展的基本方向。

核心价值观、承载着一个民族、一个国家的精神追求，体现着一个社会评判是非曲直的价值标准。

尼采指出，一个民族若没有能力先行评价价值就不能生存；一个民族要自我保存就不能依傍邻族的价值。

（一）社会主义核心价值观的基本内容

1. 社会主义核心价值观的时代背景

中华人民共和国成立以来特别是改革开放以来，中国共产党带领全国人民在经济、政治、文化和社会等方面建立了一套比较成熟的基本制度和体制，成功探索出了一条中国特色社会主义道路。与这些基本制度和体制相适应，必然要求有一个主导全社会思想道德观念和行为方式的核心价值观。党的十八大提出，要倡导富强、民主、文明、和谐，倡导自由、平等、公正、法治，倡导爱国、敬业、诚信、友善，积极培育和践行社会主义核心价值观。这与中国特色社会主义发展要求相契合，与中华优秀传统文化和人类文明优秀成果相承接，是中国共产党凝聚全党全社会价值共识作出的重要论断。社会主义核心价值观的提出，鲜明地确立了当代中国的核心价值理念，生动地展现了中国共产党和中华民族高度的价值自信与价值自觉。

2. 社会主义核心价值观与社会主义核心价值体系的关系

社会主义核心价值观和社会主义核心价值体系是紧密联系、互为依存、相辅相成的。社会主义核心价值观是社会主义核心价值体系的精神内涵，它体现了社会主义核心价值体系的根本性质和基本特征，反映了社会主义核心价值体系的丰富内涵和实践要求，是社会主义核心价值体系的高度凝练和集中表达。同时，社会主义核心价值观与社会主义核心价值体系具有内在的一致性，都体现了社会主义意识形态的本质要求，体现了社会主义制度在思想和精神层面的质的规定性，是建设中国特色社会主义现代化强国、实现中华民族伟大复兴中国梦的价值引领。

3. 社会主义核心价值观的三个倡导

富强、民主、文明、和谐。坚持和发展中国特色社会主义，实现中华民族伟大复兴的中国梦，凝结着中华民族和中国人民对富强、民主、文明、和谐的价值追求。这一价值追求回答了我们要建设什么样的国家的重大问题，揭示了当代中国在经济发展、政治文明、文化繁荣、社会进步等方面的价值目标，从国家层面标注了社会主义核心价值观的时代刻度。

自由、平等、公正、法治。反映了人们对美好社会的期望和憧憬，是衡量现代社会是否充满活力又和谐有序的重要标志。这一价值追求回答了我们要建设什么样的社会的重大问题，与实现国家治理体系和治理能力现代化的要求相契合，揭示了社会主义社会发展的价值取向。

爱国、敬业、诚信、友善。爱国才能承担时代赋予的使命，敬业才能创造更大的人生价值，诚信才能赢得良好的发展环境，友善才能形成和谐的人际关系。爱国、敬业、诚信、友善，这一价值追求回答了我们要培育什么样的公民的重大问题，涵盖了社会公德、职业道德、家庭美德、个人品德等各个方面，是每一个公民都应当遵守的道德规范。有了这样的价值追求，人们才能更好地处理个人与国家、社会、他人的关系，不断提升自己的人生境界。

（二）当代中国发展进步的精神指引

1. 坚持和发展中国特色社会主义的价值遵循

在全社会大力弘扬社会主义核心价值观，明确中国特色社会主义事业到底追求什么、反对什么，要朝着什么方向走、不能朝什么方向走，坚守我们的价值观立场，坚定中国特色社会主义的道路自信、理论自信、制度自信和文化自信，为社会的有序运行、良性发展提供明确价值准则，保证中国特色社会主义事业始终沿着正确方向前进，是中国特色社会主义的铸魂工程。

2. 提高国家文化软实力的迫切要求

现在，越来越多的国家把提升文化软实力确立为国家战略，价值观之争日趋激烈。培育和践行社会主义核心价值观，用最简洁的语言介绍和说明中国，有利于增进国际社会对中国的理解，扩大中华文化的影响力，展示社会主义中国的良好形象；有利于增强社会主义意识形态的竞争力，掌握话语权，赢得主动权，逐步打破西方的话语垄断、舆论垄断，维护国家文化利益和意识形态安全，不断提高我们国家的文化软实力。

3. 增进社会团结和谐的最大公约数

历史和现实一再表明，只有建立共同的价值目标，一个国家和民族才会有赖以维系的精神纽带，才会有统一的意志和行动，才会有强大的凝聚力、向心力。当前，我国正处在经济转轨和社会转型的加速期，思想领域日趋多元、多样、多变，各种思潮此起彼伏，各种观念交相杂陈，不同价值取向并存，所有这些表现出来的是具体利益、观念观点之争，但折射出来的是价值观的分歧。培育和践行社会主义核心价值观能够在具体利益矛盾、各种思想差异之上最广泛地形成价值共识，有效地引领、整合纷繁复杂的社会思想意识，有效避免利益格局调整可能带来的思想对立和混乱，形成团结奋斗的强大精神力量。

二、坚定价值观自信

"一个民族、一个国家，必须知道自己是谁，是从哪里来的，要到哪里去，想明白了、想对了，就要坚定不移朝着目标前进。"[1]这种坚定不移朝着目标前进的精神状态就是一个民族、一个国家高度自觉、自信的状态。坚定的核心价值观自信是中国特色社会主义道路自信、理论自信、制度自信和文化自信的价值内核。社会主义核心价值观丰厚的历史底蕴、坚实的现实基础、强大的道义力量为我们坚定核心价值观自信提供了充分的理由。

（一）社会主义核心价值观的历史底蕴

1988 年，75 位诺贝尔奖得主在巴黎集会，呼吁全世界：人类如果要在 21 世纪生存下去，就必须回到 2500 年前，去孔子那里汲取智慧。"软实力"的提出者约瑟夫·奈曾说："中国最强的软实力根植于自身文化之中。"

1. 中华优秀传统文化是涵养社会主义核心价值观的重要源泉

中华优秀传统文化是涵养社会主义核心价值观的重要源泉，是中华民族的精神命脉。在世界几大古代文明中，中华文明之所以没有中断并延续发展至今，一个重要原因就是中华民族有一脉相承的精神追求、精神特质、精神脉络。

2000 多年前，中国就出现过诸子百家的盛况，老子、孔子、墨子等思想家广泛探讨人与人、人与社会、人与自然的关系，提出了包括孝悌忠信、礼义廉耻、仁者爱人、与人为善、天人合一、道法自然、自强不息等诸多理念，至今仍然深深影响着中国人的生活。这样的思想和理念，不论过去还是现在，都有其鲜明的民族特色，都有其永不褪色的时代价值。正如习近平总书记所说的，要"深入挖掘和阐发中华优秀传统文化讲仁爱、重民本、守诚信、崇正义、尚和合、求大同的时代价值，使中华优秀传统文化成为涵养社会主义核心价值观的重要源泉"。[2]

2. 立足于中华优秀传统文化培育和践行社会主义核心价值观

今天，培育和弘扬社会主义核心价值观，必须从中华优秀传统文化中汲取丰富营养，深入中华民族历久弥新的精神世界，把长期以来我们民族形成

---

〔1〕《习近平谈治国理政》（第 1 卷），外文出版社 2018 年版，第 171 页。
〔2〕《习近平谈治国理政》（第 1 卷），外文出版社 2018 年版，第 164 页。

的积极向上、向善的思想文化充分继承和弘扬起来,坚持历史唯物主义立场,坚持古为今用、推陈出新,有鉴别地加以对待,有扬弃地予以继承;推动中华优秀传统文化的创造性转化和创新性发展,激活其生命力,增强其影响力和感召力,把跨越时空、超越国度、富有永恒魅力、具有当代价值的文化精神弘扬起来,把继承优秀传统文化又弘扬时代精神、立足本国又面向世界的当代中国文化创新成果传播出去。

(二) 社会主义核心价值观的现实基础

1. 社会主义核心价值观生成于中国特色社会主义伟大实践

中国特色社会主义建设是社会主义核心价值观的实践根据。建设富强、民主、文明、和谐、美丽的社会主义现代化强国,实现中华民族伟大复兴,是鸦片战争以来中国人民最伟大的梦想,是中华民族的最高利益和根本利益,承载着几代中国共产党人的理想和探索,寄托着无数仁人志士的意愿和期盼,凝聚着千千万万革命先烈的奋斗和牺牲,是近代以来中国社会发展的必然选择,是历史和人民的选择,凝聚着全国各族人民的奋斗和实践。事实证明,要发展中国、稳定中国,要全面建成小康社会、加快推进社会主义现代化,要实现中华民族伟大复兴,必须坚定不移地坚持和发展中国特色社会主义。推进中国特色社会主义建设,必然要求有自己鲜亮的精神旗帜,有明确、有力的价值引领。社会主义核心价值观生成于中国特色社会主义建设实践,同当今中国最鲜明的时代主题相适应,是当代中国精神的集中体现,是中国特色社会主义本质规定的价值表达。它从价值观的层面清晰地展现了我们所推进的中国特色社会主义建设的基本特征和根本追求,引领着中国特色社会主义建设铿锵前行。

2. 中国特色社会主义伟大实践彰显着价值观自信

中国特色社会主义建设也以无可辩驳的事实生动展示着社会主义核心价值观的生机活力。改革开放以来,我们坚持走中国特色社会主义道路,在复杂的国内外形势下,抓住和用好了我国发展的战略机遇期,我国的综合国力、人民的生活水平、国际竞争力和国际影响力都迈上了新台阶,彰显了中国特色社会主义的巨大优越性和强大生命力。中国特色社会主义建设的成功经验是对社会主义核心价值观正确性、可信性的检验。同时,中国特色社会主义建设的新推进不断为社会主义核心价值观注入丰富而鲜活的时代内涵,提出弘扬和践行社会主义核心价值观的新任务、新要求,并为社会主义核心价值观的弘扬和践行提供了广阔空间及有力的物质基础、制度保障和相应条件。

　　（三）社会主义核心价值观的道义力量

　　真理的力量加上道义的力量才能行之久远。社会主义核心价值观以其先进性、人民性和真实性而居于人类社会的价值制高点，具有强大的道义力量。

　　1. 先进性

　　社会主义核心价值观的先进性体现在它是社会主义制度所坚持和追求的核心价值理念。社会主义制度建立在生产资料公有制的基础之上，消灭了剥削制度，劳动人民成了国家的真正主人，是人类社会迄今为止最先进的社会制度。中国特色社会主义制度是科学社会主义原则与中国实际的创造性结合，至今仍在不断地改革、完善和发展之中。中国特色社会主义所取得的开创性成就使得科学社会主义在 21 世纪的中国焕发出了强大生机和活力，为人类探索更加美好的社会制度提供了宝贵的中国智慧和中国方案。

　　2. 人民性

　　社会主义核心价值观的人民性体现在它代表最广大人民的根本利益，反映最广大人民的价值诉求，引导着最广大人民为实现美好社会理想而奋斗。在引导中国特色社会主义建设的进程中，中国共产党反复强调，人民是历史的创造者，要践行全心全意为人民服务的根本宗旨，坚持以人民为中心、坚持人民当家作主，把人民对美好生活的向往作为奋斗目标；强调中国共产党人的初心和使命，就是为中国人民谋幸福，为中华民族谋复兴；强调中国共产党是为中国人民谋幸福的政党，也是为人类进步事业而奋斗的政党，始终把为人类做出新的更大贡献作为自己的使命。鲜明的人民性，使得社会主义核心价值观具有强大的道义感召力。

　　3. 真实性

　　社会主义核心价值观的道义力量还源于它的真实性。"名非天造，必从其实。"在人类社会的发展进程中，许多统治阶级都曾提出不少看上去非常美好的价值理念，其中有些在历史上也发挥了很大的积极作用，但由于其阶级和历史局限性，这些美好的价值理念并未能彻底、真正地实现。民主、自由、博爱等便是资产阶级时刻挂在嘴边的价值主张。人民当家作主的社会主义制度则为社会主义核心价值观的真正实现奠定了根本的制度前提和制度保障，使得自由、民主、公正等价值观"不是装饰品，不是用来做摆设的，而是要用来解决人民要解决的问题的"，成为真切、具体、广泛的现实。

三、大学生如何践行社会主义核心价值观

(一)"扣好人生的扣子"

青年的价值取向决定了未来整个社会的价值取向,而青年又处在价值观形成和确立的时期,抓好这一时期的价值观养成十分重要。

正确的价值观能够引导大学生把人生价值追求融入国家和民族事业,始终站在人民大众的立场上,同人民一道拼搏、同祖国一道前进,服务人民、奉献社会,努力成为中国特色社会主义事业的合格建设者和可靠接班人。

核心价值观的养成绝非一日之功。大学生要坚持由易到难、由近及远,从现在做起,从自己做起,努力把核心价值观的要求变成日常的行为准则,形成自觉奉行的信念理念,并身体力行地大力将其推广到全社会去,为实现国家富强、民族振兴、人民幸福的中国梦凝聚强大的青春能量。

(二)勤学、修德、明辨、笃实

对于大学生而言,要切实做到勤学、修德、明辨、笃实,使社会主义核心价值观成为一言一行的基本遵循。

1. 勤学

知识是树立社会主义核心价值观的重要基础。大学生正处于学习科学知识的黄金时期,要下得苦功夫,求得真学问,练就过硬本领。要努力掌握马克思主义理论,形成正确的世界观和科学的方法论,深化对社会主义核心价值观的认知认同。

2. 修德

道德之于个人、之于社会,都具有基础性意义,做人做事第一位的是崇德修身。一个人只有明大德、守公德、严私德,方能用得其所。修德,既要立意高远,又要立足平实。要立志报效祖国、服务人民,这是大德,养大德者方可成大业。同时,还得从做好小事、管好小节开始起步,"见善则迁,有过则改",踏踏实实修好公德、私德,学会劳动、学会勤俭,学会感恩、学会助人,学会谦让、学会宽容,学会自省、学会自律。

3. 明辨

培育和践行社会主义核心价值观,要增强自己的价值判断力和道德责任感,辨别什么是真善美、什么是假恶丑,自觉做到常修善德、常怀善念、常做善举。大学生一定要正视价值观选择和道德责任感,强化判断,善于明辨

是非，善于决断选择，旗帜鲜明地弘扬真善美、贬斥假恶丑，树立正确导向，澄清模糊认识，匡正失范行为，形成激浊扬清、抑恶扬善的思想道德舆论，自觉做良好道德风尚的建设者、社会文明进步的推动者。

4. 笃实

道不可坐论，德不能空谈。于实处用力，从知行合一上下功夫，核心价值观才能内化为人们的精神追求，外化为人们的自觉行动。青年要把艰苦环境作为磨炼自己的机遇，把小事当作大事干，一步一个脚印地往前走。滴水可以穿石。只要坚韧不拔、百折不挠，成功就一定在前方等你。

培育和践行社会主义核心价值观，既要目标高远，保持定力、不懈奋进，又要脚踏实地，严于律己、精益求精，将社会主义核心价值观转化为人生的价值准则，勤学以增智、修德以立身、明辨以正心、笃实以为功。

模块五主题教案：道德

本模块对应《思想道德修养与法律基础》第五章，主要包含道德本质、社会公德、职业道德、家庭美德四个方面的内容。

【教学导入】公交司机斑马线前礼让小学生，男孩拱手回礼彰显道德文明新高度。

【教学目的】通过本模块专题教学，帮助大学生理解道德的本质，激发大学生对社会公德、职业道德和家庭美德的内心认同，启示大学生积极主动地践行社会公德、职业道德和家庭美德。

【教学重点】理解道德的本质；掌握社会公德、职业道德、家庭美德具体的行为规范，并积极践行道德规范。

【教案正文】

"道"——自然运行与人世共通的真理；"德"——人世的德行、品行、王道。"道"本义为"道路"，后来被引申为"事物发展变化的规则和规律"。"德"在古代与"得"相通，是指人们在实行"道"的过程中内心有所"得"。道德是人们对"事物发展变化的规则和规律"的理解和把握。道德是以善恶为评价方式，主要依靠社会舆论、传统习俗和内心信念来发挥作用的行为规范的总和。

对"道德"含义的理解：道德的评价标准是对人们进行善恶区分。道德的作用方式是社会舆论、传统习俗和内心信念。道德的存在形式是各种行为规范。

一、道德的本质

道德是一种社会意识（道德的一般本质），道德的一般本质就是指道德与经济基础、与社会物质生活的区别。政治、法律、思想、道德、艺术、宗教、哲学等都属于上层建筑，属于社会意识形态。

道德规范是一种内化的规范。道德规范是一种非制度化的规范，在人们的长期共同生活过程中逐渐积累形成，表现在人们的视听言行之上，深藏于人的品格、习性和意向之中。道德规范没有也不使用强制性手段为自己开辟道路。传统习惯、社会舆论、内心信念、教育、宣传，道德规范是一种内化的规范，表现为良心、动机。道德更具稳定性，可以超越时代和阶级。道德是一种特殊的调节规范体系，道德规范是一种非制度化的规范。

一个人能力有大小，但只要毫无自私自利之心，就是一个高尚的人，一个纯粹的人，一个有道德的人，一个脱离了低级趣味的人，一个有益于人民的人。道德往往借助道德观念、道德准则、道德理想等形式，规范社会成员在职业领域、社会公共领域、家庭领域的行为，并规范个人品德的养成。

二、社会公德

社会公德与公共生活密切相关，公共生活需要道德规范来约束和协调。社会公德作为社会公共生活中应当遵守的行为准则，在维护公共秩序方面具有重要的作用。大学生应当自觉培养公德意识，养成遵守社会公德的良好行为习惯。

（一）公共生活与公共秩序

公共生活是相对于私人生活而言的。私人生活以家庭内部活动和个人活动为主要领域，私人空间里人们的行为是相对独立的，因而具有一定的封闭性和隐秘性。在公共生活中，一个人的行为必定与他人发生直接或间接的联系，具有鲜明的开放性和透明性，对社会的影响更为直接和广泛。

当今世界，公共生活的领域更为广阔，公共生活的重要性更加凸显。公共生活具有以下四个方面的特征：一是活动范围的广泛性。公共生活的场所和领域不断扩展、空间不断扩大，特别是网络使公共生活进一步扩展到虚拟世界。二是活动内容的开放性。公共生活是由社会成员共同参与、共同创造的公共空间，它涉及的活动内容是开放的。三是交往对象的复杂性。随着科学技术的迅猛发展，人们在公共生活中的交往对象不再局限于熟识的人，而是进入公共场所的任何人，这就增加了人际交往信息的不对称性和行为后果的不可预期性。四是活动方式的多样性。当代社会的发展使人们的生活方式发生了新的变化，人们可以根据自身的需要及年龄、兴趣、职业、经济条件等因素，选择和变换参与公共生活的具体方式。

公共生活需要公共秩序。秩序是由社会生活中的规范来制约和保障的，公共秩序是由一定规范维系的人们公共生活的一种有序化状态，如工作秩序、教学秩序、交通秩序、娱乐秩序、网络秩序等。公共生活领域越扩大，对公共秩序的要求就越高。有序的公共生活是社会生产活动的重要基础，是提高社会成员生活质量的基本保障，更是社会文明的重要标志。

（二）公共生活中的道德规范

公共生活中的道德规范，即社会公德，是指人们在社会交往和公共生活中应该遵守的行为准则，是维护公共利益、公共秩序、社会和谐稳定的起码的道德要求，涵盖了人与人、人与社会、人与自然之间的关系。包括大学生在内的每一个社会成员都应遵守以文明礼貌、助人为乐、爱护公物、保护环境、遵纪守法为主要内容的社会公德。

文明礼貌。文明礼貌是调整和规范人际关系的行为准则，与我们每个人的日常生活密切相关。文明礼貌是路上相遇时的微笑，是与人相处时的尊重，是沟通感情的桥梁。它反映着一个人的道德修养，体现着一个民族的整体素质。大学生应当自觉讲文明、懂礼貌、守礼仪，塑造真诚待人、礼让宽容的良好形象。

助人为乐。在公共生活中，每个人都会遇到困难和问题，总有需要他人帮助和关心的时候。把帮助他人视为自己应做之事是每个社会成员应有的社会公德，是有爱心的表现。"赠人玫瑰，手有余香。"大学生应当尽自己的努力帮助他人，积极参与公益事业，以力所能及的方式关心和关爱他人，并在对他人的关心和帮助中收获实现人生价值的快乐。

爱护公物。对社会共同劳动成果的珍惜和爱护是每个公民应该承担的社会责任和义务，它既显示出个人的道德修养水平，也是社会文明水平的重要标志。如果社会公共财物遭到破坏，社会的利益就会受到损害。大学生要增强社会主人翁意识，珍惜国家、集体财产，爱护公物，特别是要保护社会公用设施，坚决同损害公共财产、破坏公物的行为做斗争。

保护环境。生态环境保护是功在当代、利在千秋的事业。人类发展活动必须尊重自然、顺应自然、保护自然，否则就会遭到大自然的报复。大学生要像对待生命那样对待生态环境，身体力行，倡导简约适度、绿色低碳的生活方式，为留下天蓝、地绿、水清的生产生活环境，为建设美丽中国做出自己应有的贡献。

遵纪守法。遵纪守法是全体公民都必须遵循的基本行为准则，是维护公共生活秩序的重要条件。在社会生活中，每个社会成员既要遵守国家颁布的有关法律、法规，也要遵守特定公共场所和单位的有关纪律规定。全面依法治国需要每个人都遵纪守法，树立规则意识。大学生应当全面了解公共生活领域中的各项法律法规，熟知校纪校规，牢固树立法治观念，以遵纪守法为荣，以违法乱纪为耻，自觉遵守法律和纪律。

（三）网络生活中的道德要求

互联网是一个社会信息大平台，亿万网民在上面获得信息、交流信息，这既会影响人们的求知途径、思维方式、价值观念，也会影响人们对国家、社会、人生的看法。从本质上说，网络交往仍然是人与人的现实交往，网络生活也是人的真实生活。网络生活中的道德要求，是人们在网络生活中为了维护正常的网络公共秩序需要共同遵守的基本道德准则，是社会公德在网络空间的运用和扩展。"网络空间天朗气清、生态良好，符合人民利益。网络空间乌烟瘴气、生态恶化，不符合人民利益。"大学生应当遵守网络生活中的道德要求，成为营造清朗网络空间的正能量。

正确使用网络工具。当今世界，科技进步日新月异，互联网、云计算、大数据等现代信息技术深刻改变着人类的思维、生产、生活、学习方式，展示了世界发展的前景。人们通过网络获取信息的方式更加方便、多样，大部分人（特别是年轻人）越来越主要地依靠网络获取信息。与此同时，网上也充斥着越来越多的虚假、低俗甚至反动、淫秽和暴力等信息内容，特别是一些有组织的网上恶意攻击和思想渗透行为，更是严重地影响了网络生活秩序。大学生应当正确使用网络，提高信息的获取能力、辨识能力、应用能力，使网络成为开阔视野、提高能力的重要工具。

健康进行网络交往。网络已成为人际交往的重要媒介和工具。QQ、微信、微博、网络直播等各种应用为人们提供了邮件收发、实时聊天、网上交友等途径。大学生应通过网络开展健康有益的人际交往，树立自我保护意识，不要轻易相信网友，避免受骗上当，避免给自己的人身和财产安全带来危害。同时，网络虽然拉近了自己与陌生人的距离，却有可能使自己疏远家人、同学、朋友等身边的人，这也会在一定程度上弱化现实的人际交往能力，因此不能以网络交往代替现实交往。

自觉避免沉迷网络。大学生可以通过网络接触到前所未有的广阔空间，能更加有效和广泛地获取信息、学习知识、交流情感和了解社会。但是，现实中也存在着一些青少年上网成瘾，沉迷于网络（尤其是网络游戏）不能自拔，导致耽误学业甚至放弃学业的现象。每个人的时间和精力都是有限的，在网上消耗的时间多，在其他方面投入的时间就少。从网上得到的信息也并非越多越好，接受越多的信息越有可能干扰自己的思维和行动。大学生应当合理安排上网时间，约束上网行为，避免沉迷网络。

加强网络道德自律。网络空间同现实社会一样，既要提倡自由，也要保持秩序。网络的虚拟性以及行为主体的隐匿性，不利于发挥社会舆论的监督作用，使道德规范所具有的外在约束力明显降低。如果说享受互联网的自由是网民不可剥夺的权利，那么加强道德自律就应该成为网民不可推卸的义务。在这种情况下，个体的道德自律成了维护网络道德规范的基本保障。大学生应当在网络生活中培养自律精神，在缺少外在监督的网络空间里做到自律而"不逾矩"，促进网络生活的健康与和谐。

积极引导网络舆论。纷繁复杂的网络言论如果得不到正确引导，势必会引发各种社会问题。社会需要通过具有正能量的舆论来鼓舞温暖人心，网络舆论的引导更需要激浊扬清，弘扬正气。作为新时代的大学生，应当带头引导网络舆论，对模糊认识要及时廓清，对怨气怨言要及时化解，对错误看法要及时引导和纠正，积极营造清朗的网络空间。

三、职业道德

什么是职业？职业是指人们由于社会分工所从事的具有专门业务和特定职责，并以此作为主要生活来源的社会活动。职业生活则是人们参与社会分工，用专业的技能和知识创造物质财富或精神财富，获取合理报酬，丰富社会物质生活或精神生活的生活方式。

职业生活中的道德规范（即职业道德），是指从事一定职业的人在职业生活中应当遵循的具有职业特征的道德要求和行为准则，涵盖了从业人员与服务对象、职业与职工、职业与职业之间的关系。爱岗敬业、诚实守信、办事公道、服务群众和奉献社会是职业生活中的基本道德规范。

爱岗敬业。爱岗敬业反映的是从业人员对待自己职业的态度，也是一种内在的道德需要。它体现的是从业者热爱自己的工作岗位、对工作极端负责、敬重自己所从事职业的道德操守，是从业者对工作勤奋努力、恪尽职守的行为表现。爱岗敬业就是要干一行爱一行，爱一行钻一行，精益求精，尽职尽责。

诚实守信。诚实守信在我国思想道德建设中具有极为重要的作用，它既是中华民族的传统美德，也是我国公民道德建设的重点，还是社会主义核心价值观的一条重要准则。诚实就是真实无欺，既不自欺，也不欺人；守信就是重诺言、讲信誉、守信用。诚实和守信是统一的。就个人而言，诚实守信是高尚的人格力量；就社会而言，诚实守信是正常秩序的基本保证；就国家而言，诚实守信是良好的国际形象。在职业道德中，诚实守信是对从业者的道德要求。它不仅是从业者步入职业殿堂的通行证，体现着从业者的道德操守和人格力量，也是在行业中扎根立足的基础。职业道德中的诚实守信要求从业者在职业活动中诚实劳动、合法经营、信守承诺、讲求信誉。

办事公道。以公道之心办事，是职业活动所必须遵守的道德要求。办事公道，就是要求从业人员做到公平、公正，不损公肥私，不以权谋私，不假公济私。在社会主义制度下，从业者之间以及从业者与服务对象之间都是平等的。他们的职业差别只是所从事的工作不同，而不是个人地位高低贵贱的象征。在职业生活中，无论对人对己都要出于公心，遵循道德和法律规范来处事待人。

服务群众。为人民服务是社会主义道德的核心，各行各业的从业人员都要以服务群众为目标。在社会主义社会，每个人无论从事什么工作、能力如何，都应该在本职岗位上通过不同形式为群众服务。如果每一个从业人员都能自觉遵循服务群众的要求，社会就会形成人人都是服务者、人人又都是服务对象的良好秩序与和谐状态。

奉献社会。奉献社会就是要求从业人员在自己的工作岗位上兢兢业业地为社会和他人做贡献。这是社会主义职业道德中最高层次的要求，体现了社会主义职业道德的最高目标指向。爱岗敬业、诚实守信、办事公道、服务群众都体现了奉献社会的精神。

四、家庭美德

家庭是社会的基本细胞，是人生的第一所学校。不论时代和生活格局发生多大变化，都要重视家庭建设，注重家庭、家教、家风。在现代社会里，一个新家庭的理想诞生过程是男女经过恋爱产生爱情。

恋爱是男女双方培养爱情的过程或在爱情基础上进行的交往活动。爱情是一对男女基于一定的社会基础和共同的生活理想，在各自内心形成的相互倾慕并渴望对方成为自己终身伴侣的一种强烈、纯真、专一的感情。在恋爱中，男女双方需要恪守的道德规范主要有尊重人格平等、自觉承担责任和文明相亲相爱。

婚姻是指由法律所确认的男女两性的结合以及由此而产生的夫妻关系。家庭是指在婚姻关系、血缘关系或收养关系基础上产生的亲属之间所构成的社会生活单位。婚姻是家庭产生的重要前提，家庭是缔结婚姻的必然结果。婚姻的成功体现为家庭的幸福，家庭的美满又彰显出婚姻的意义。家庭美德以尊老爱幼、男女平等、夫妻和睦、勤俭持家、邻里团结为主要内容，在维系和谐美满的婚姻家庭关系中具有重要而独特的功能。其一，尊老爱幼。我国自古以来就倡导"老有所终，幼有所养"，形成了尊老爱幼的良好家庭道德传统。子女要孝敬、赡养父母及长辈，父母要抚育、爱护子女，这不仅是每个公民都必须遵守的道德准则，也是应尽的社会责任和法律义务。要保护老人、儿童的合法权益，坚决反对虐待、遗弃老人和儿童的行为。其二，男女平等。家庭生活中的男女平等既表现为夫妻权利和义务上的平等、人格地位上的平等，又表现为平等地对待自己的子女。坚持男女平等，特别要尊重和保护妇女的合法权益，反对歧视和迫害妇女的行为。其三，夫妻和睦。夫妻关系是家庭关系的核心。夫妻和睦是在男女平等基础上的互敬互爱、互助互让。其四，勤俭持家。勤俭是家庭兴旺的保证，也是社会富足的保证。勤俭持家既要勤劳致富，也要量入为出。大学生要尊重父母劳动所得，体谅父母的辛苦操劳，在日常生活中注意节俭，尽量减轻父母和家庭的生活负担，这就是对父母和家庭最实际的贡献。其五，邻里团结。邻里团结重要的是相互尊重，尊重对方的人格、民族习惯、生活方式、兴趣爱好等，做到互谅互让、互帮互助、宽以待人、团结友爱。

模块六主题教案：法治思维

本模块对应《思想道德修养与法律基础》第六章，主要内容为法治思维及内涵、怎样培养法治思维。

【教学导入】案例分析："表叔"受贿案。

【教学目的】通过本模块专题教学，培养大学生的法治思维。

【教学重点】法治思维及其内涵；如何培养法治思维。

【教案正文】

尊法、学法、守法、用法，必须养成良好的法治思维和行为方式，做到在法治之下，而不是法治之外，更不是法治之上。大学生要准确把握法治思维的基本含义和特征，正确理解法治思维的基本内容，逐步培养法治思维，提高运用法治思维分析、解决问题的能力。

一、法治思维及其内涵

法治思维内涵丰富、外延宽广，它将法律作为判断是非和处理事务的准绳，要求崇尚法治、尊重法律，善于运用法律手段协调关系和解决问题。

（一）法治思维的含义与特征

法治思维是指以法治价值和法治精神为导向，运用法律原则、法律规则、法律方法思考和处理问题的思维模式。法治思维包含以下几层含义：第一，法治思维以法治价值和法治精神为指导，蕴含着公正、平等、民主、人权等法治理念，是一种正当性思维；第二，法治思维以法律原则和法律规则为依据来指导人们的社会行为，是一种规范性思维；第三，法治思维以法律手段与法律方法为依托分析问题、处理问题、解决纠纷，是一种可靠的逻辑思维；第四，法治思维是一种符合规律、尊重事实的科学思维。因此，法治思维是一种集法律的价值属性和工具理性于一体的特殊的高级法律意识。

培养法治思维必须抛弃人治思维。法治思维与人治思维的区别集中体现在四个方面：一是在依据上，法治思维认为国家的法律是治国理政的基本依据，处理法律问题要以事实为根据、以法律为准绳；而人治思维的本质是主张人高于法或权大于法，它片面强调依赖个人的魅力、德性和才智来治国平天下。二是在方式上，法治思维以一般性、普遍性的平等对待方式调节社会关系，解决矛盾纠纷，坚持法律面前人人平等原则，具有稳定性和一贯性；

而人治思维漠视规则的普遍适用性，按照个人意志和感情进行治理，人治者以言代法、言出法随、朝令夕改，具有极大的任意性和非理性。三是在价值上，法治思维强调集中社会大众的意志来进行决策和判断，是一种"多数人之治"的思维，避免陷入无政府主义或以民主之名搞乱社会；而人治思维是个人说了算的专断思维。四是在标准上，法治思维与人治思维的分水岭不在于有没有法律或者法律的多寡与好坏，而在于最高的权威究竟是法律还是个人。法治思维以法律为最高权威，强调"必须使民主制度化、法律化，使这种制度和法律不因领导人的改变而改变，不因领导人的看法和注意力的改变而改变"，人治思维则奉个人的意志为最高权威，当法律的权威与个人的权威发生矛盾时，强调服从个人而非服从法律的权威。

对公民而言，法治思维就是当自己的理想目标、思想感情、行为方式、权利诉求和利益关系等与法律的价值、规则或要求发生冲突时，能够服从法律，作出符合法律的选择，按照法律的指引实施自己的行为。

（二）法治思维的基本内容

法治思维的内涵丰富、外延宽广，主要表现为价值取向和规则意识两个方面。价值取向是指如何看待和对待法律，规则意识是指如何用法律看待和对待自身。一般来讲，法治思维主要包括法律至上、权力制约、公平正义、权利保障、正当程序等内容。

法律至上。法律至上是指在国家或社会的所有规范中，法律是地位最高、效力最广、强制力最大的规范。现代国家有很多规范，如宗教规范、道德规范、团体规范和行业规范等。法律至上要求这些规范不得超越法律规范，不得与法律规范相抵触。这里的法律既包括宪法也包括其他一般法律。法律至上尤其指宪法至上，因为宪法具有最高的法律效力，是其他一切法律的依据。法律至上具体表现为法律的普遍适用性、优先适用性和不可违抗性。法律的普遍适用性，是指法律在本国主权范围内对所有人具有普遍的约束力。所有国家机关、社会组织和公民个人都必须遵守法律，依法享有和行使法定职权与权利，承担和履行法定职责与义务。法律的优先适用性是指当同一项社会关系同时受到多种社会规范的调整而多种社会规范又相互矛盾时，要优先考虑法律规范的适用。法律的不可违抗性是指法律必须被遵守，违反法律要受到惩罚。任何人不论权力大小、职位高低，只要有违法犯罪行为就要依法追究其法律责任。养成法律至上思维，对于自觉遵守法律、维护法律权威意义重大。

权力制约。权力制约是指国家机关的权力必须受到法律的规制和约束。在我国，国家权力是人民的，即一切权力为民所有；国家权力是为人民服务的，即一切权力为民所用。因此，只有依法对权力的配置和运行进行有效的制约和监督才能防止权力私用、权力滥用和权力腐败。国家工作人员就职时应当按照法律规定公开进行宪法宣誓。权力制约分为权力由法定、有权必有责、用权受监督、违法受追究四项要求。权力由法定，即法无授权不可为，是指国家机关的职权必须来自法律明确的授予。国家机关必须严格依照法律规定的权限范围行使职权，而不得行使法律未授予的权力。有权必有责是指国家机关在获得权力的同时必须承担相应的职责和责任。当发生了属于其职权范围内的事项时，国家机关必须履行相应的管理职责。用权受监督是指国家权力的运行和行使必须接受各种形式的监督，让人民监督权力，让权力在阳光下运行。违法受追究是指国家工作人员违法行使权力必须受到法律的追究和制裁。养成权力制约思维，要求自觉运用权力、勇于监督权力，同时自觉监督宪法、法律的实施。

公平正义。公平正义是指社会的政治利益、经济利益和其他利益在全体社会成员之间合理、公平分配和占有。一般来讲，公平正义主要包括权利公平、机会公平、规则公平和救济公平。权利公平包括三重含义：一是权利主体平等，国家对每个权利主体"不偏袒""非歧视"；二是享有的权利特别是基本权利平等；三是权利保护和权利救济平等。机会公平是指生活在同一社会中的成员拥有相同的发展机会和发展前景，反对任何形式的歧视。机会公平包括国家和社会要积极为社会成员的发展创造条件，并努力创造平等的起点；社会成员的发展进步权要受到同等尊重，不断拓展社会成员的发展领域；不仅要关注当代人的平等机会，还要考虑后代人的机会平等。规则公平是指对所有人适用同一的规则和标准，不得因人而异。包括法律规则面前人人平等、法律内容面前人人平等和法律保护面前人人平等，任何人都不得享有法律之外的特权，任何人也都不会被法律排除在保护之外。救济公平是指为权利受到侵害或处于弱势地位的公民提供平等、有效的救济。救济公平包括司法救济公平，即司法要公正对待每一个当事人，致力于实现司法公正；行政救济公平，即政府对需要救济的社会成员提供的救济服务要一律平等，不得区别对待；社会救济公平，即社会对需要救济的社会成员提供的社会救济服务要一律平等，不得厚此薄彼。养成公平正义思维，有利于增强实现公平正义的责任感，为促进全社会的公平正义而奋斗。

权利保障。权利保障主要是指对公民权利的法律保障，具体包括公民权利的宪法保障、立法保障、行政保护和司法保障。宪法保障是权利保障的前提和基础。宪法表明尊重和保障人权的鲜明态度，确立保障权利的有效机制，明确列出宪法保障的公民基本权利，能够推动整个国家和法律体系加强权利保障。立法保障是权利保障的重要条件。宪法有关基本权利的规定一般较为原则，各项具体权利的保障由立法机关通过立法作出明确规定。行政保护是权利保障的关键环节，行政机关在行使行政管理权的过程中必然要涉及处置社会成员的利益问题，很容易发生损害或侵犯公民权利的现象。行政机关是否能够有效地保护公民权利可以直接反映出一个国家的权利保障状况。司法保障是公民权利保障的最后防线，既是解决个人之间权利纠纷的有效渠道，也是纠正和遏制行政机关侵犯公民权利的有力机制。

正当程序。做一件事情，往往需要按照一定的程序，只有按照程序做，才能防止主观任性、无序混乱。只有严格按照法律程序办事办案，处理结果才可能公正并具有公信力和权威性。程序的正当表现在程序的合法性、中立性、参与性、公开性、时限性等方面。合法性是指程序运行合乎法律的规定，有关机关或个人不得违反或变相违反；中立性是指程序设计和运行应平等地对待双方当事人，不得偏向任何一方；参与性是指案件或纠纷的利害关系人都有机会进入办案程序，充分表达自己的利益诉求和意见主张，为解决纠纷发挥作用；公开性是指程序运行的过程和结果应当向当事人和社会公开，以接受各方监督，防止办案不公和暗箱操作，让正义以人们看得见的方式实现；时限性是指程序的运行必须有合理的期限，符合时间成本和效率原则的要求，不得无故拖延或没有终结。如诉讼案件应当在法定的期限内作出裁判，如无法定事由，诉讼期限不得延长。正义不应缺席，也不应迟到，迟到的正义是有瑕疵的正义。

二、怎样培养法治思维

在日常生活中，大学生可以通过各种途径学习法律知识、掌握法律方法、参与法律实践、养成守法习惯、守住法律底线等，在学习和生活中逐渐提高法治思维能力，培养法治思维方式。

案例分析："北京大学撤销于某博士学位案"。于某，北京大学历史学系2008级博士研究生，2013年7月毕业并取得博士学位。2014年8月，其2013年发表的《××运动》一文被指涉嫌抄袭。2015年1月，北京大学决定撤销于某博士学位。法院终审判决，撤销之前北京大学作出的撤销学位的决定，同时驳回于某要求恢复其博士学位证书法律效力的诉讼请求。

培养法治思维需要从以下五个方面进行：

学习法律知识。学习和掌握基本的法律知识，是培养法治思维的前提。一个对法律知识一无所知的人不可能形成法治思维。学习法律知识就要求弄明白享有哪些权利和应当履行哪些义务，什么事能干、什么事不能干，心中高悬法律的明镜，手中紧握法律的戒尺。法律知识通常包括法律法规条文方面的知识和法律法治基本原理方面的知识，这两部分法律知识对于培养法治思维都很重要。只有既了解法律法规在某个问题上的具体规定，又了解法律的原理、原则才能更好地领会法律精神，养成法治思维。除了从书本上获取法律知识外，还可以通过收听收看法制广播电视节目、阅读法律类报纸杂志、运用网络等途径学习法律知识。

掌握法律方法。法治思维的过程就是运用法律方法思考、分析和解决法律问题的过程。法律方法主要包括两个方面：一是正确理解法律的方法，包括理解法律条文的含义、内容和精神等。例如，对抢劫与抢夺、定金与订金、合同的完全不履行与不完全履行等相近易混概念的理解。二是正确运用法律的方法。例如，债权人向对方债务人要债，而债务人未按约定清偿归还，经协商无效，债权人可以通过调解、仲裁和诉讼等途径解决，这就是运用法律方法，而拘禁债务人、哄抢物品就不是运用法律方法。理解和运用法律的基本方法有助于培养法治思维。

参与法律实践。法治思维是在丰富的法律实践中训练、培养和应用的思维方式。脱离法治建设的生动实践，难以养成法治思维方式。只有通过参与各种法律活动，在法律实践中运用法律知识和方法思考、分析、解决法律问题才能养成自觉的法治思维习惯。现在，人们参与法律实践的方式和途径越来越多。一是参与立法讨论。我国国家或地方的很多立法都要广泛征求意见或者进行听证，大学生可以参与这些立法的讨论，发表自己的有关意见。二是依法行使监督权。宪法和法律赋予公民对国家机关及其工作人员的行为是否合法进行监督的权利，包括提出批评、建议和申诉、控告、检举。大学生可以通过行使这些权利，进行法律监督。三是旁听司法审判。凡是人民法院公开审判的案件都允许公民旁听，大学生可以向人民法院申请旁听法院庭审，了解案件的审判过程。四是参与模拟法庭、法律诊所、法律辩论等校园法治文化活动，增长法律知识，锻炼法治思维。

养成守法习惯。法治思维是一种习惯性思维，与长期自觉养成的生活习惯有很大关系。办事遇事习惯找"关系"，有问题习惯找政府，指望行政化手段干涉等，都是缺乏法治思维的具体表现，说明没有养成用法解决问题、依法办事的习惯。相反，在生产生活中养成遇到纠纷去查找法律的习惯，就是具备法治思维的具体表现。公民只有自觉遵守宪法和法律，坚持从具体事情做起才能养成守法的习惯和法治思维。

守住法律底线，法律红线不可逾越、法律底线不可触碰。法律不能成为"橡皮泥""稻草人"，触犯法律底线就要受到追究。如国家公职人员以权谋私、徇私枉法是触犯法律底线的具体表现；公民应当依法纳税，而偷税漏税也是触犯法律底线的具体表现。因此，大学生应当坚持从我做起，从身边做起，形成底线思维，严守法律底线，带头遵守法律。

第二循环　红色文化融课

"历尽天华成此景，人间万事出艰辛。"本循环通过山东红色文化融课，培育大学生的担当精神，自觉树立国家意识、民族意识、责任意识，把个人前途命运与国家、民族的前途命运紧紧地联系在一起，知行合一，在尽责集体、服务社会、贡献国家中实现人生理想和人生价值。

模块一红色文化：乳山胶东育儿所纪念馆

【教学导入】欣赏视频：舞剧《乳娘》片段。

【教学目的】通过本模块专题教学，理解乳山胶东育儿所的发展过程、历史作用。

【教学重点】理解军民鱼水情深的意义。

【教案正文】

乳山因山得名，以母爱闻名。80年前，中共胶东区委在牟海县（1945年更名"乳山县"，即今乳山市，下同）成立了胶东育儿所。10年间，300多名乳娘和保育员秘密养育了 1223 名革命后代，在多次"日军"扫荡和迁徙中，乳儿无一伤亡，乳娘们用实际行动诠释了"忠心向党，大爱无疆"的伟大精神。

一、历史背景

（一）育儿所发展过程

1937 年，卢沟桥事变后，日军入侵山东，不久山东全境被日军占领，胶东地区的八路军主力和党政军机关在突破日寇层层封锁中被迫频繁转移。时刻准备行军打仗，孩子无法养在身边，有的只能将孩子送给老乡，有的忍痛直接把孩子放在路边，祈求能被好心人收养。

为保全革命后代，中共胶东区委指示胶东区妇女抗日救国会筹办一处战时育儿所。1941 年 11 月，育儿所在荣成县（今荣成市，下同）岳家村依托胶东医院筹备成立。1942 年，因形势所迫，育儿所必须找个更安静、更可靠的地方。

1942 年 4 月，育儿所秘密迁移到了牟海县环境隐蔽、群众基础好的东凤凰崖村。1942 年 7 月，随着孩子的逐渐增多，胶东育儿所又被转移至交通相对便利的田家村。1952 年 7 月，胶东育儿所彻底完成养育革命后代的使命，整体移交给乳山县（今乳山市，下同）人民政府，更名为乳山县育儿所。1955 年 8 月，乳山县育儿所撤销。9 名找不到父母的孩子由乳山县机关工作人员领养。

（二）胶东育儿所建在乳山的自然和政治条件

第一，东凤凰崖村具备四面环山、环境隐蔽的良好条件，不易被敌人发现。

第二，中共胶东区委划定的红色政权牟海行署已于 1941 年 2 月建立，这一年的 3 月 22 日，盘踞在十几里地外的崖子集的国民党顽固派苗占魁部也被消灭，附近的村子都有党的基层组织，这一带的形势已经较为稳定了。

第三，自 1932 年开始东凤凰崖村就有了共产党的活动，1938 年 1 月成立党支部。1938 年春"三军"西上抗日经过这一带时该村就建立了胶东第一个村级妇女抗日救国会。到育儿所在该村成立时，村里已经有十多名共产党员了。而且，在战争年代，只有不到 200 户人家的东凤凰崖村，几乎每家每户都有人参军或当民兵，先后有 25 名革命烈士。至中华人民共和国成立后，有十几名处厅级以上干部在全国各地党政军部门工作，其中副省长 2 人、军级干部 1 人。

1942 年 11 月，日寇对马石山一带实行了惨无人道的拉网大"扫荡"，育儿所分散在各个村庄的二三十个孩子被拉入"网内"却无一伤亡。为了保住孩子们的安全，乳娘们把自己的生死置之度外，背着孩子翻山越岭与敌周旋。马石山惨案中，中国军民伤亡近千人，其中民众伤亡至少 826 人。在枪林弹雨中抱着乳儿突围的乳娘大都没有留下名字，但她们心中只有一个信念："人在，孩子在，宁可牺牲自己，也要保住孩子!"

战争年代里，300 多名乳娘和保育员先后哺育革命后代 1223 名，在日军"扫荡"和多次迁徙中，孩子们无一伤亡，这在那个新生儿死亡率高达 24% 的年代，堪称奇迹。

二、乳娘典型代表

（一）宫元花

当时，23 岁的宫元花成了第一批保育员。彼时，她的丈夫在前线抗日。妇救会会长登门说明来意后，宫元花将 8 个月大的女儿放到亲戚家照看，来到育儿所。1944 年，胶东育儿所编印了一本名为《在战斗中生长壮大起来的育儿所》的小册子，封面上有一位妇女抱着孩子坐在雪地上躲避日军的扫荡，其原型就是宫元花。

（二）姜明真

1942 年 9 月，东凤凰崖村姜明真给自己刚满 8 个月的孩子断了奶，从育儿所接来刚满月的婴儿福星。9 月底的一天，乳母姜明真和婆婆抱着福星和自己的孩子跑到山上，姜明真找了一个隐蔽的山洞把福星藏在里面，为了避免暴露目标，把自己的孩子送到另一个山洞。她刚返回婆婆和福星藏身的山洞，敌机就开始轰炸了。在轰炸间隙中，她清楚地听到了自己孩子的哭声。婆婆忍不住要过去看看，姜明真忍痛对婆婆说："娘，千万别过去，要是被搜山的鬼子发现，福星的性命就难保了。"鬼子走后，她扒开洞口，发现自己孩子的手脚磨得鲜血淋漓，小肚子哭得胀鼓鼓的，回家不几天就死了。过了几天，鬼子搜到他们藏身的山洞附近，姜明真的一个儿子突然哭起来。为了不被鬼子发现，她用力捂住儿子的嘴，因过度惊吓、窒息，这个孩子几天后也不幸夭折。接连失去孩子就像一次次割掉自己身上的肉，姜明真强忍着丧子之痛，把全部的爱倾注到福星身上,一直抚养到4岁,福星才被生身父母领走。随后,姜明真又先后收养过3个八路军子女,没有一个伤亡,而她自己6个孩子因战乱、饥荒和疏于照顾夭折了4个。

(三)肖国英

1942年初冬,23岁的肖国英收养了刚刚出生12天的八路军后代——小远落。在日寇扫荡时,为了保护乳儿小远落,她将自己的亲生女儿丢在柴草堆里,自己则抱着小远落跑进深山。肖国英老人一直到生命的最后还记得送走小远落时的情景。"他出生12天来的,3岁时走的。跑鬼子,我家他爹挖了个洞,比自己的孩子都贵重……孩子走了,我病了一个多月,每天都非常想他。看别人抱着孩子,俺就想俺的小远落,比我自己亲生的都亲。"

(四)宫玉英

一份承诺千钧重。在那艰苦的岁月里,乳娘宫玉英用奶水精心喂养着龙儿,却苦了自己刚满月的儿子。汉奸向鬼子告发了宫玉英收养婴儿之事。为救婴儿,宫玉英痛心将自己亲生儿子交给鬼子。乡亲们误解,大骂宫玉英是汉奸。为了保全龙儿的性命,宫玉英忍辱负重,背负着汉奸的骂名,承受着乡亲的指责,十几年含辛茹苦地把孩子抚养大。中华人民共和国成立后,众乡亲在准备拉宫玉英游街时,却意外地得知宫玉英舍亲救婴的壮举。宫玉英找到了龙儿的亲生母亲,并毅然将龙儿交给她,兑现了自己"有俺在就有孩子在"的承诺。

三、血脉相连,乳儿报恩

乳名叫麦勤的毛学俭甘心在乳娘身边当了一辈子农民。1955年,生身父母来接他,年幼的麦勤抱着乳娘王聪润不撒手,坚决不走。为此,麦勤的父亲说:"大姐,你把孩子带得这么好,我一百个放心,还是把他留下吧。"王聪润抱着麦勤潸然泪下,为了对得起这份情,王聪润一生没有再生养。

麦勤长大成亲后,王聪润对他说:"麦勤,到城里去找你的父母吧,我们也不能太自私,你得回去尽孝。"在王聪润的一再坚持下,麦勤带着妻子回到了安徽,找到了生身父母。相比于农村的简陋生活,城里的生活安逸舒适,但他心里却一刻没有踏实过。养父母为了自己连孩子都不要,自己这一走,他们将来老了连个烧纸的人都没有……想到这里,他带着妻子又返回乳山给养父母尽孝。就这样,五十多年过去了,他在对养父母的感恩中坚守到老,一辈子当普普通通的农民。当记者采访麦勤时，他很平淡地说："爹娘为我付出了一辈子，我就要用一生来回报！"乳儿们也想见当年的乳娘，回到当年的家。几年前，八十多岁的胶东军区元干部王儒林带着长女王永胜来到马石店村，乳娘佟玉英在他们回家寻亲的前一天去世了。北京航空航天大学高级工程师徐永斌在乳山养父、乳娘的坟前久跪不起："爸、妈，孩子不孝，我来晚了，到今天才回来看你们！"已经退休的宋玉芳在报纸上看到育儿所的报道便顺藤摸瓜找到了家，当时姜淑珍老人已经瘫痪在床说不出话。宋玉芳问老人是否还记得她们时，姜淑珍老人只是流着眼泪含糊念叨着"知道，知道"。一周后，老人安详离世……

乳儿王庆林的生身父母为他在广州安排好了一切，但他一口回绝，选择留在乳山这片乡土，一生教书育人，回报乳娘的恩情和乡亲的关爱，退休后仍住在乳山崖子镇哨里村。

乳儿李建英参加工作后将第一个月的工资全部寄给了乳娘；逢年过节常"回家"看望乳娘；退休后每年都回乳山陪乳娘住上一段时间，为老人洗澡梳头、洗衣做饭，老人逢人便夸"女儿好"。

2019年4月4日清晨，在乳山市东凤凰崖村东北方向的山坡上，6位古稀老人跪在一块墓碑前，哭得像个孩子。70多年前，他们是被胶东育儿所的乳娘和保育员精心抚育过的乳儿，在清明节来临之际，特意从四面八方赶回乳山，表达对乳娘们的深切问候与思念。司晓星就是乳娘姜明真在日军扫荡时牺牲了自己的亲生儿子才保住的革命后代福星。已经77岁的她不仅身患癌症，而且半个月前刚动完脚部手术。她不顾身体劳累，从聊城坐了7个多小时的大巴，来乳山为乳娘扫墓。在田家村胶东育儿所旧址，再见到当年的土炕、煤油灯，乳儿们倍加怀念和感恩当年哺育过自己的乳娘。2019年7月28日晚，央视《等着我》栏目迎来了两位古稀老人司晓星和李丽惠，她们是当年山东乳山"乳娘"抚育过的乳儿，来到节目现场寻找当年胶东育儿所的"小伙伴"，《等着我》爱心寻人团找到了4位当年的乳儿，其中一位来到了节目现场。乳儿司晓星出生于1942年，从记事起，她就一直和乳娘生活在一起。她的乳娘姜明真有6个孩子，还先后照顾了4个乳儿。

四、愿红色传遍神州，让历史告诉未来

乳娘们用自己的乳汁将孩子们哺育养大，用自己的生命保护乳儿。而生

活在胶东育儿所的乳儿们，他们因为彼此之间相同的身世经历和成长环境，亦成了情同手足的兄弟姐妹。曾被乳娘肖国英抚养的"小远落"的名字已经成了乳儿们的代名词。2019 年 2 月 26 日，"小远落——你在哪里？"寻访乳儿活动启动仪式举行，央视《等着我》栏目发布了首批胶东育儿所"乳儿"线索和线索收集平台，在全国寻找当年胶东育儿所的"乳儿"。

2019 年，由山东青年政治学院主创的红色舞剧《乳娘》在济南进行了公演。随着舞剧《乳娘》的一次次公演，这一段鲜为人知的历史也再次呈现在人们面前。

一份挂在墙上的乳娘和保育员名单，一直在不断拉长——已查访到乳娘130 人、保育员 195 人。然而，另一张名单正在不断缩短。目前仍在世的乳娘仅有 6 人，有的常年卧病在床。乳娘们放下自己嗷嗷待哺的亲生儿女去哺育革命后代，保护革命"火种"，这种博大的爱突破生命界限、超越灵魂。乳娘们把最后一滴奶留给乳儿吮，最后一口粮留给乳儿吃，最后一件衣留给乳儿穿……根据地的父老乡亲，就是养育"八路军的孩子"的再生爹娘，就是保护"八路军的孩子"的铁壁铜墙！他们共同为我们民族的解放事业做出了不可磨灭的贡献。在胶东育儿所的历史上，我们看不到党群关系、干群关系的对立，看到的是共产党和共产党领导的八路军、根据地的民主政府与老百姓亲密无间，老百姓死心塌地、义无反顾地跟着共产党走。共产党与民众的骨肉深情是靠时刻都把人民利益放在首位的思想和行动建立起来的。胶东育儿所的历史也是抗日战争和解放战争时期的共产党、八路军、解放军、人民政府与人民群众之间骨肉深情的见证。那时候老百姓说到"八路军的孩子"就像是在说"张家的娃""李家的嫚"一样。这种骨肉深情就是共产党赖以生存、发展、胜利的根本所在，就是中华人民共和国得以建立的基础。从这个意义上讲，胶东育儿所就是我们的人民共和国这个宏伟大厦的一块基石！应该永载于人民共和国的史册！我们回顾胶东育儿所的历史也是有现实意义的。"十八大"以后，习近平总书记提出要对党员、干部开展"群众路线"教育，在这方面，胶东育儿所的历史就是一份极好的"教材"。

模块二红色文化：日照市五莲县李崮寨"公字沟"

【**教学导入**】你知道"共产主义第一村"在哪里吗？你设想的共产主义社会是什么样子？

【教学目的】通过本模块专题教学，帮助大学生了解五莲县李崮寨"公字沟"的基本情况，树立为中国特色社会主义建设奉献自己青春和力量的目标，培育当代大学生的共产主义信仰。

【教学重点】"公字沟"的价值启示。

【教案正文】

一、场馆简介

李崮寨隶属于山东省日照市五莲县西南部的街头镇，坐落于一个叫作尖埃山的深沟里。这里四面环山，两县［五莲与东港（今日照市东港区）］交界。明朝时，有尼姑在此结茆建庵，附近村民称此为尼姑寨。相继又有和尚进山筑寺礼佛，香火绵绵，使尼姑寨盛名远播，后有日照三山前李姓人家迁此居住，取其谐音而名李崮寨。

李崮寨因地处深山，生活条件艰苦，历史上最多时仅有二十余户人家。改革开放后以后，一些住户陆续搬迁到山外生活相对方便的村居住，村子里目前仅有十余户。鉴于地少、无电、缺医、人口老化等问题，地方政府曾考虑整体搬迁。但村民故土难离，终未成遂。

李崮寨，"文革"时期曾改名为"公字沟"，因为活学活用毛泽东著作而在国内外享有较高的知名度。《光明日报》曾用一个版面对李崮寨进行过报道，《青岛日报》《潍坊日报》等媒体都对李崮寨进行过关注报道。1968年2月26日，山东省委机关报《大众日报》，创纪录地横跨第一、第二两个整版，发表了长篇通讯《"公"字沟——把毛泽东思想化为灵魂的李崮寨人》，同时配发了占据半个版面的长篇社论《突出"忠"字大立"公"字——向李崮寨贫农社员学习》。从此，李崮寨成了全国乃至世界其他社会主义国家友人眼中的共产主义示范社区，被誉为"共产主义第一村"，毛主席为其题名为"公字沟"。在当时人们的心目中，这里就是小延安，是革命圣地。1967年至1969年，大约有168万国内外客人前来参观学习。当年，国务院副总理大寨党支部书记陈永贵陪同阿尔巴尼亚总统来李崮寨访问过，新西兰等11个国家的驻华大使也曾光临过这里。

李崮寨村前广场矗立着毛泽东的塑像，塑像后是石墙红瓦的展览室，两个门洞上方分别悬挂着刻有"文革纪念馆"和"公字沟展览室"的木匾。展室里一张张画报、一幅幅伟人画像、一本本毛主席语录、一件件历史文物，真实记录了一段特殊时期的历史状况。展室右边是"文革"期间闻名遐迩的无人商店。寨子里的老屋石墙上涂写着"共产党万岁""毛主席万岁"和毛主席的语录，表明景区管理者在努力还原40多年前这个寨子充满沧桑的人文景观和独特的历史文化氛围。

二、详情介绍

李峎寨的村民当年坚决响应党中央毛主席的号召，坚持毛主席的革命路线，走突出无产阶级政治的道路。当时的主要领导人是"文盲老师"刘太臻，他晚上当学生，白天再回村里教别人认字，风雨无阻，多少个日夜如一日，愣是把一个文盲村带成了上学率达70%的文化村。成为红及全省乃至全国的活学活用《毛泽东选集》积极分子的刘太臻，到各地作经验介绍达300多场次，并出席了全国第九届人大和第四届全国党代会。

这里的公字沟事迹展室、无人商店遗址、知青宿舍等，真实地记载着中国20世纪60、70年代的那段历史和当年李峎寨的风采。

在展览室东侧有一条南北小路，路东是无人商店。"无人商店"是李峎寨创造的一个奇迹，是"公字沟"的心脏，是反映"公字沟"魅力的熠熠闪光的一面镜子。那时，该村女青年段德玉不误生产劳动，不怕山高路远，挑担步行30里，进货开店。风雨无阻，只求便民，不计报酬，原价售出。人们高风亮节，交钱取物毫厘不差，不久便营建成"无人商店"。自1967年开始，李峎寨人以"公"字当家，狠斗私字一闪念，私字无立足之地。1968年夏，上海海燕制片厂到李峎寨拍摄了《公字占居心窝的人们》。"无人商店"创办十年，人们按照货物标价自放货款，从未发生过任何短款事件。在那个物质贫乏的年代，一扇敞开的大门，一个无人看管的商店，村民自取商品，留下货款。但这留下的不仅仅是货款，还有存在于每个人心中的诚信与公心。

"无人商店"前后三四排房舍是知青宿舍，在最前排宿舍的西墙上，至今还留有知青写下的"为人民服务"等标语。1967年至1969年，"为响应伟大领袖毛主席关于'知识青年到农村去接受贫下中农再教育'的号召"，20多名知青陆续来到李峎寨，和村民们一起出工、一起下地干活，将一腔热血和青春播撒在这片贫瘠的土地上。学大寨的巅峰期，李峎寨以大寨为榜样，开始了劈山造田运动。知青们在队长刘太臻的带领下，把石头山体炸开许多裂缝，然后把成块的石材撬离山体，使之滚落山下，最后再把石块运去修梯田的地堰，营造"大寨田"。1969 年，李岗寨知青组组长金红卫，去北京参加建国 20 周年观礼，登上天安门和毛主席站在一起的知青代表只有 2 人，金红卫便是其中之一。

时至今日，李岗寨依然保持着纯朴的民风，村民以种山地、放山羊和万亩野生板栗园为生，日出而作，日落而息。在这个袖珍的小山村，感受着古朴的村风民情，品尝着大锅羊、大锅鸡；喝着栗子粥，吃着村民自己腌制的咸菜疙瘩，看着那脱俗的美景是一种久违的情怀。

李岗寨充满沧桑的人文景观和山水胜迹交织在一起，演化成为一种独特的历史文化和旅游资源，已成为中国旅游胜地之一。被誉为"齐鲁第一大峡谷"的公字沟两岸风景秀美，景色各异，典型的幽远特色。更有大小瀑布十多处，峡谷内绿树成荫，百花争艳，野趣盎然。流水淙淙，流转多变，瀑布深闺隐藏，呈现出一派典型的"曲径通幽处"的峡谷风光。

景区内自然景观众多，植被保存完好，是一处天然氧舱，尤以山花为最，连翘、蓝槿、野生杜鹃等山花盛开时，如织绵流云散落在万树丛中，美不胜收；山中鸟种类繁多，有百灵鸟、布谷鸟、斑鸠等百余种，昼夜均可闻得鸟鸣，可谓山清水秀、鸟语花香，是观景、探险、科考优选之地，是久居城市的人们回归大自然旅游的理想去处。

三、价值启示

李岗寨——"公字沟"，展现的是"文革"时期拼搏奋斗的典型，它教育影响了那一代人，也给后世留下了回忆、思索的空间，具有重要的价值启示。

（1）反思 20 世纪 60、70 年代的"文革"岁月，形成正确的历史观。关于"文化大革命"，中共十一届六中全会通过的《关于建国以来党的若干历史问题的决议》指出："'文化大革命'是一场由领导者错误发动，被反革命集团利用，给党、国家和各族人民带来严重灾难的内乱。""使党、国家和人民遭到建国以来最严重的挫折和损失。""文化大革命"不是也不可能是任何意义上的革命或社会进步。在社会主义条件下，进行"一个阶级推翻一个阶级"的政治大革命，既没有经济基础，也没有政治基础。

（2）李岗寨人以"公"字当家，狠斗私字一闪念的精神仍是中华民族伟大复兴征程中必须坚持的精神瑰宝。在公字沟展览室里，有这样一段话："在那个火红的年代，村民坚决响应党中央毛主席的号召，斗私批修：这个村集体的猪分散在各户家中喂养，规定按月分饲料，可各喂养户基本都不要队里的饲料，情愿自己添上。这个村的仓库没有专人看管，门上的钥匙就放在办公室里，谁都有权开门，却从未发生过任何失窃现象。这个村集体收了花生，村民们纷纷拿篮子挎回去剥，然后将剥好的花生米交回队里，从不过秤。这个村的村民每天去田里劳动，晚上回村时，就将劳动工具放在田里，不往回带，十几年里，从未发生过失窃事件……"我们可以想象一下，这需要一种什么样的信念来支撑？在那个物质贫乏的年代，人们的精神却无比富足，这一个"公"字在人们心中是何等重要！

（3）知青们展现出的爱国主义、集体主义、舍生忘死的英雄主义仍是中国特色社会主义新时代需要提倡和学习的。知识青年是特殊时期的历史产物。知识青年上山下乡是20世纪50年代根据我国人口多、底子薄、就业难的国情提出来的，是我们党解决就业问题的一次大试验。但是，在"文化大革命"的十年中，指导思想偏了，工作上有严重失误。尽管如此，知青们的经历展现出了一个特殊时期里民族和个人如何为生存和理想苦苦追寻的斗争精神，揭示了一个时代、一个民族对幸福的向往和为理想而献身的气概。其鲜明的爱国主义、集体主义、舍生忘死的英雄主义在人们的脑海里留下了深深的烙印。

模块三红色文化：沂南"沂蒙母亲"王换于故居

【教学导入】道家"上善若水"的观点解析。"上善若水"的意思是：人的最高境界就像是水的品性一样，水滋养与造福万物，给万物带来益处，却不与万物争任何名利。

【教学目的】通过本模块专题教学，帮助大学生了解在抗日战争期间以王换于为代表的平凡沂蒙女性的丰功伟绩，理解良好党群关系、军民关系的重大价值。探讨新时代沂蒙红嫂精神的现实意义。

【教学重点】领悟沂蒙母亲精神；理解良好党群关系、军民关系在革命和战争年代、社会主义建设年代的重大意义。

【教案正文】

在山东沂蒙山区，道家学派提出了"齐同慈善、异骨成亲"的大爱思想。道家"齐同慈爱"思想是希望人们要乐人之吉、悯人之苦、救人之危、赈人之急，以悯爱之情，慈心于物，悯及一切。所谓齐同，即同等，一样。慈，慈心于物，以慈祥和善的心去对待他人他物。"齐同慈爱"思想的根本之义就是要实现"物我无别、天下一家"的大同世界，不论贫富贵贱、亲疏远近、花木鸟兽，皆给予相同的爱，既无分别之心，又无差别之念。这种广博的爱，超越一切利害关系，主张爱人、爱物、爱自然，体现了中华文化的和谐、包容特征。

在抗日战争时期的沂蒙山区，素有这种思想熏陶的沂蒙女性在中国共产党的宣传教育下，革命思想觉醒、政治觉悟提高，把大爱思想充分体现在爱党、爱军的行动中。这些平凡的沂蒙女性成就了感天动地的英雄事迹。她们是一个极其普通而又无上光荣的群体。沂蒙山区这个伟大的母性群体，送子参军、送夫支前，缝军衣、做军鞋、抬担架、推小车，舍生忘死救伤员，不遗余力抚养革命后代，谱写了一曲曲血乳交融的军民鱼水情。她们被亲切地誉为"沂蒙红嫂""沂蒙母亲"。今天教学的内容就是了解这个群体、学习这种精神。

一、背景介绍

沂南县地处沂蒙山区腹地。在革命战争年代，这里是中国共产党在沂蒙山区的活动历史最早的县份之一。山东省原省委书记高克亭曾经说过："山东的中心在沂蒙，沂蒙的中心在沂南，沂南的中心在常山（今沂南县马牧池乡常山庄）。"沂南县马牧池乡东辛庄素来被称为"兵家绝地"。因为汶河顺着山势绕了东辛庄大半圈，三面环水水连山，只有一面有出路，是兵家用兵的绝佳地理环境。在抗日战争时期，一个为民族解放和革命事业做出卓越贡献的沂蒙女性王换于就生活在东辛庄，被誉为"沂蒙母亲"。

王换于（1888~1989年），1888年生于沂蒙山区沂南县岸堤镇圈里村一个贫苦农民家庭。19岁（1907年）时与沂南县马牧池乡东辛庄于泮结婚。于家娶她时只用了二斗谷子。直到1938年12月（王换于50岁）参加革命入党时，才起名"王换于"。王换于曾经担任东辛庄村妇救会长和艾山乡副乡长。1989年去世，享年101岁。

在王换于故居，石屋依旧，风雨沧桑。麦草之中，青石之下的地窖里，曾经隐蔽过好几十个"红孩子"来躲避日寇的疯狂扫荡。如今，地窖已被填充，早就镌刻在古朴院落中的历史和情意却历久弥新。

二、发展过程

毛泽东曾经说过:"因为革命战争是群众的战争,只有动员群众才能进行战争,只有依靠群众才能进行战争。"[1]为了更广泛地动员人民加入抗战的队伍,从1933年开始,临沂中国共产党组织派出工作组、工作团及文艺宣传队,通过创办冬学、夜校、青年识字班等,宣传抗日救国的道理。

1938年4月,日军连续十天血洗临沂城,被杀害的群众达3000多人。1938年11月,毛泽东在中共六届六中全会上提出了"派兵去山东"的战略决策。

(一) 抗日战争初期中国共产党"堡垒村"

沂南县东辛庄村地势三面环山,向西4公里是岸堤,是抗大党政干校(岸堤干校)的所在地。向北5公里是马牧池。马牧池距县城越23公里,南与孙祖镇接壤,北与沂水县高庄镇为邻,西与岸堤镇相连,东与依汶镇相接。汶河自西向东贯穿全境。东辛庄这一带一度成为山东抗战的指挥中心,是我党的"堡垒村"。

1939年6月29日,中共山东分局和八路军第一纵队机关首长徐向前、朱瑞来到了东辛庄,他们在这里指挥抗战,并将"帅帐"安在了已经是村妇救会长和艾山乡副乡长的王换于家里。徐向前、罗荣桓都曾在王换于的家里开会、办公,从那时起,王换于和他们朝夕相处,结下了深厚的情谊。

(二) 军民鱼水情

1939年,共产党领导的队伍通过一系列活动,通过一件件看得见、摸得着的小事拉近了中国共产党与老百姓的距离。一是"满缸运动"。原意是八路军天亮起来第一件事就是要把老百姓家里的水缸挑满水。后来,还包括帮老百姓打扫院子、播种、收获、碾米磨面等许多密切军民关系的活动。

1940年8月1日,王换于还一手操办了陈若克与朱瑞的婚礼。山东省军政委员会时任书记朱瑞和陈若克,认她做了"干娘"。1941年12月中旬,陈若克被敌人逮捕后被杀害于沂水城。陈若克牺牲时年仅22岁,她的女儿仅仅出生18天。八路军从日本鬼子的屠刀下抢回了陈若克与刚在狱中生下的女婴

---

〔1〕 毛泽东:"关心群众生活,注意工作方法"(1934年1月27日),载《毛泽东选集》(第1卷),人民出版社1991年版,第136页。

的尸体，秘密运到东辛庄。王换于穿针引线，密密的针脚，缝进了无限的哀思。为母女缝好寿衣后，给她母女俩穿上，整理遗容，将陈若克的遗体装进棺材，将婴儿的遗体单独装进一只小木匣里，放在若克棺材上面。隐蔽地将其安葬在村东她家的黄土地里。坟地长出了一高一矮两棵苦楝树。

（三）建立战时托儿所

1939 年，跟随革命部队来到沂南县东辛庄的还有一群八路军战士的儿女。由于这些孩子长期跟随部队转战奔波，生长环境十分恶劣，因此许多孩子的体质很差。王换于看着这些"孙儿辈"的孩子，一个个都发育不良，黑瘦黑瘦的，心里十分难过。于是，她找到了徐向前说："这样下去不行，你们打你们的仗去，孩子们就留下，我来照顾他们。"从 1939 年秋到 1942 年年底的 3 年时间里，战时托儿所在抗日战争和解放战争期间前后共照顾了 41 名革命后代，为八路军免除了后顾之忧。1943 年后，又有 45 名革命将士的孩子由王换于抚养长大。而王换于自己的 4 个孙子却均因营养不良、照顾不周而先后夭亡。

（四）珍藏抗战史料

1940 年夏天，全山东的工、农、青、妇、文各界代表，冲破了敌人一层又一层的封锁，冒着炎夏酷暑，跋山涉水汇集到青驼寺，参加山东省各界代表联合会。大会从 7 月 26 日开始，开了整整 1 个月。会上选举成立了山东省战时工作推行委员会（即省政府的前身），还成立了全省的各群众团体组织，出版了一本《山东省联合大会会刊》。全书 20 多万字，由于纸张、印刷材料的困难，书的印数有限，是极其珍贵的抗战时期资料。书中收集了所有在会上作报告的领导人的讲话稿，登载了山东省的行政机关和群众团体所有领导成员名单。仅仅有少数几位首长有这本书。

1941 年冬，日军纠集 5 万人对沂蒙山区进行大"扫荡"。山东省参议会副参议长马保三把一本《山东省联合大会会刊》交给王换于保存，并嘱咐："全省所有抗日领导机构和干部名单都在这本书上面，要千方百计保藏好。"王换于牢牢记住这句话，将这本书保存了 38 个年头。直到 1978 年才上交，存入山东省档案馆。此外，王换于还在院子后面的吉太岩山上挖了三个山洞，家中的东屋里也挖了地洞。大众日报社、北海银行等部门的物资和钱款，曾在东辛庄掩藏保护，丝毫未受损失。

（五）救助《大众日报》毕铁华

1941 年 11 月，毕铁华遭日军逮捕，身上多处皮肉被用烧红的刺刀烙焦，后经群众掩护脱险，被送到王换于家安置。毕铁华面目全非，全身溃烂化脓。王换于忙与丈夫、女儿用汤匙给他喂红糖水抢救。在他苏醒过来后，王换于又到处打听治烙伤的民间验方，先用獾油拌头发灰抹，又用"老鼠油"搽，经过 40 多天的精心治疗调养，毕铁华终于恢复了健康，重返工作岗位。

三、精神价值

（一）沂蒙母爱情怀的本质

沂蒙母爱情怀是一种源于慈爱、受到革命思想武装的博大坚强之爱。慈爱是一种对世间万物的怜悯，是一种对人类生命的珍惜，是一种谦柔亲和的母爱。老子把"慈"放在三宝之首，是强调非"慈"无以济世。"慈故能勇，俭故能广。"慈爱可以产生勇敢，慈爱可以激发强烈的意志。沂蒙山区这些优秀的传统文化思想世代塑造着沂蒙母性群体的精神世界。革命思想的有效宣传和妇女解放实践把沂蒙母爱情怀推进到了一个新的境界。一是革命思想在沂蒙山区传播早。早在 1925 年至 1937 年 7 月期间的大革命和土地革命战争时期，中国共产党便开始在沂南境内开展活动。1925 年，山东临沂沂南县苏村镇门家庵子村的刘鸣銮是沂南县最早的一名共产党员，也是第一次国内革命战争时期的先驱者之一。1927 年 11 月，其受党组织指派，返回沂南从事党的工作。二是抗日军政干部学校的工作解放了沂蒙女性的思想。1937 年日寇入侵后，中共苏鲁豫皖边区省委创立了抗日军政干部学校。1938 年 8 月，从第二期开始随中共苏鲁豫皖边区省委驻岸堤办学，建立"岸堤干校"。毛主席提出抗日民族统一战线，注意团结联合各界妇女，为抗日战争做出贡献。在这条统一战线的感召下，沂南妇女们被广泛发动起来，以贫下中农为骨干团结和联合各界妇女，组织起了抗日救国妇女会。三是培养和提拔妇女干部的政策为沂蒙母亲精神提供了历史舞台。1939 年夏季日军"扫荡"后，沂南县在政权建设过程中，特别注重对妇女干部的培养和提拔，不长时间内，全县就有 19 名妇女当选为区、乡副职，另外还有的被选为庄长或区、乡参议员。积极组织抗日自卫队、积极发动和领导抗日群众运动。在较短的时间里，组织起工、农、青、妇、儿、文等抗日救亡团体，形成了全民抗战局面。全民抗战也为"沂蒙母亲"们提供了支持和力量，坚定了革命信心。

（二）沂蒙女性爱党爱军、无私奉献的情怀

沂蒙山区贫困的自然地理条件和长期的优秀文化积淀造就了含辛茹苦、不屈不挠的人民精神品格。沂蒙女性对中国共产党和人民军队的感恩之情，激发出了"一口饭，做军粮，一块布，做军装，最后一个儿子，送战场"的无私奉献的情怀。沂蒙抗日根据地人口 420 万人，120 万人支前，20 万人参军，10 万人为国捐躯。异骨成亲，革命军队来自人民，人民军队爱人民，人民军队人民爱。由于密切的党群关系和军民关系，淳朴的沂蒙女性形成了"跟共产党走"的坚定信念，爱党爱军、无私奉献精神将革命一程又一程地推向胜利，谱写了军民血肉相连共同奋战的光辉乐章。

（三）沂蒙母爱精神具有无限生命力

从抗日战争年代迄今，在中国革命和建设社会主义的不同时期，沂蒙母爱情怀一次次彰显出强大的生命力，推动历史的进程。在抗日战争时期，沂蒙女性不怕牺牲，留下了彪炳千秋的英雄事迹。在抗日战争时期做军鞋 315 万双，做军衣 122 万件，碾米磨面 11 716 万斤，救护伤病员 6 万人，掩护抗日革命人员 9.4 万人。沂蒙山区村村有红嫂，乡乡有烈士。在解放战争时期，临沂全区 460 万人中就有 120 万人支前参战，有 31 000 多名沂蒙儿女献出了宝贵的生命。在中华人民共和国成立以后的三年经济困难时期，沂蒙人民节衣缩食，吃糠咽菜向国家交粮 3.6 亿公斤，油 820 万公斤，并接收了由政府统一组织来的 6 万余名灾民；为顾全大局，根治淮河，沂蒙山区有 527 个村、27 万间房屋被拆迁，28 万亩良田、5 万亩山林被淹没，40 多万库区农民舍了家园，生活跌到了贫困线以下。在改革开放以后，沂蒙人民又发扬艰苦创业的精神，走在建设新时代社会主义的潮头。沂蒙人民在险恶的地理困难面前不悲观失望，不坐等国家援助，艰苦奋斗，治山治水，改造自然。早在 20 世纪 60 年代就涌现出了厉家寨、高家柳沟、王家坊前等一批先进集体，使临沂成了当时的农业先进地区；进入 20 世纪 80 年代，又涌现出了宁家沟、九间棚等一批顽强创业的先进集体；90 年代刘家团林村、郭圪墩村等一大批小康村脱颖而出，成了共同富裕路上的领头雁。

沂蒙母亲精神是一种流动的、进取的、拓展的、深远的精神文化，具有跨越时空的意义，是一种永不歇息的历史传承。沂蒙精神具有宝贵的政治智慧和丰富的道德滋养，是当代中国的民族精神和时代精神的重要组成部分。

模块四红色文化：淄博焦裕禄纪念馆

【教学导入】播放"县委书记的榜样"——焦裕禄同志（视频）。让我们怀着崇高的敬意走进这位优秀共产党员的人生历程，感悟他的为民情怀。

【教学目的】通过本模块学习使大学生更加坚定理想信念，深刻理解"中国共产党人的初心和使命，就是为中国人民谋幸福，为中华民族谋复兴"的丰富内涵，自觉践行社会主义核心价值观，勇于担当，为国家为民族为人民贡献力量。

【教学重点】焦裕禄精神形成的背景和过程；焦裕禄精神的实质；新时代弘扬焦裕禄精神的重大意义。

【教案正文】

"县委书记"的榜样——焦裕禄同志，山东淄博人，1946 年 1 月在家乡光荣加入中国共产党，1947 年随军南下，后长期在河南省工作，病逝时任兰考县委书记。他在各个工作岗位发光发热，团结带领群众，处处起到模范领导作用，鞠躬尽瘁，立下不朽功勋。

回望焦裕禄同志短暂而光辉的一生，宛如苍穹光芒四射的星辰。是故乡的一方水土哺育了他，是兰考的环境和经历塑造了他，更是我们党教育培养了他，人们以各种方式纪念他、缅怀他，在焦裕禄同志的故乡山东省淄博市博山区，建有"焦裕禄纪念馆"。这里展现了焦裕禄同志各个时期走过的革命历程，人们通过参观、学习，更加直观而深刻地理解焦裕禄精神的丰富内涵，成为接受党性教育、进行思想洗礼的重要基地。

一、焦裕禄同志生平

（一）受尽苦难的早年

1922 年 8 月 16 日，焦裕禄出生在山东省博山县崮山乡（今淄博市博山区源泉镇）北崮山村的一个贫苦农家，家里人对他寄予厚望，送他入学读书，他好学上进，成绩优异，当他憧憬着未来的校园生活时，父亲得了重病，需要借钱买药医治，而且当地发生了天灾，闹起了饥荒。尽管满怀对知识的渴求，无奈焦裕禄的求学生涯被迫中断。这对一个向往知识、渴望读书的少年来说是多么残酷啊！

懂事的他回到家中，用尚且稚嫩的身躯积极为父母排忧解难，小小年纪就跟随同乡一起推车运油补贴家用，后来还到煤窑做工，承担起了养家的责任。幼年的坎坷经历使他养成了不怕吃苦、刚强无畏的性格。为什么穷苦人终日劳作，连基本的生存权都得不到保障？他开始思索这些问题。

日伪统治时期，老百姓更是生活在水深火热之中，焦裕禄的父亲被逼上吊自尽。他认识到，只有民族独立才能国富民强。1942 年 6 月，因反抗日寇和伪军，焦裕禄被抓去日本宪兵队，在那里遭毒打，后又被日寇押送到辽宁抚顺煤矿作苦工，受尽非人折磨，于 1943 年秋天逃出，几经辗转，费尽周折，终于回到北崮山村的家中。因伪军总去骚扰，为求活路，焦裕禄逃荒到江苏宿迁给地主做长工。苦难的经历引发了青年焦裕禄深深地思考，他日益认识到只有中国共产党才是真心为民族谋独立、为老百姓谋利益的，他渴望能够早日加入这支光荣的队伍。

（二）踏上革命征程

1945 年，焦裕禄回到家乡。他找到党组织，加入了民兵队伍，在党的教育、培养下确立起了坚定的共产主义理想信念。1946 年 1 月，焦裕禄同志光荣加入中国共产党，从此他把自己的全部身心和生命都融入了党的伟大事业中。他大智大勇，在任武装部干事时，带领大家布地雷阵，并用"空城计"智退进攻解放区的返乡团，保卫了崮山根据地。

（三）参加土改，随军南下

1947 年，焦裕禄被调到渤海地区参加土地改革复查工作。为扩大巩固解放区，党中央组建了一支南下工作队，焦裕禄政治素质过硬、工作能力强，且富有土地改革经验，被选为随队伍南下的人员。1948 年 2 月，被分配到河南省尉氏县彭店区，发动群众建立根据地，1948 年 5 月，任县宣传部干事，同年冬，参加了支援淮海战役的伟大斗争，1949 年春至 1953 年夏，历任大营区副区长、区委副书记兼区长、共青团尉氏县委副书记、陈留团地委宣传部长及青年团郑州地委第二书记。

（四）转战工业战线，成为行家里手

1953 年，国家大规模经济建设开始，焦裕禄听从党的召唤，来到洛阳矿山机器厂参加筹建；1954 年 8 月，受厂党委派遣到哈尔滨工业大学学习；1955 年初，被分配到大连起重机厂机械加工车间担任实习车间主任；1956 年底回到洛矿，担任当时亚洲最大的车间——一金工车间主任；1959 年春，任生产调度科科长。

1962 年 6 月，为了加强农村工作，焦裕禄被调回尉氏县，任县委书记处书记；同年 12 月，被调任兰考，先后任县委第二书记、书记，强忍病痛带领广大干部群众与"风沙、内涝、盐碱"做斗争。1964 年 5 月 14 日，焦裕禄同志病逝于郑州。

二、焦裕禄精神的内涵

习近平总书记在兰考重温焦裕禄事迹后指出："焦裕禄同志用自己的实际行动，塑造了一个优秀共产党员和优秀县委书记的光辉形象，铸就了亲民爱民、艰苦奋斗、科学求实、迎难而上、无私奉献的焦裕禄精神。"

（一）亲民爱民

焦裕禄常说："一个共产党员要密切联系群众，做群众的知心朋友，要帮助群众进步，不能有任何私心杂念。有了私心就会忘掉党性。人也会变得自私，听不到群众的心声，摸不到群众的脉搏。"[1]在党的培养教育下，焦裕禄从一名历尽坎坷的山村青年成长为党的优秀干部，他对人民群众有着天然的情感，始终视群众为自己的亲人，愿意走到他们中间，倾听他们的声音，回应他们的诉求，解决他们的困难。

在洛矿工作期间，他多次帮助生活有困难的职工，送钱、送药、送温暖，他还克服自己家住房拥挤的实际困难，把厂里分给他的两居室让给了从东北支援洛矿建设的一位工人师傅。

焦裕禄时刻把群众的冷暖放在心上，身为县委书记的他，下乡跟群众同吃、同住、同劳动，平易近人，和蔼可亲。遇到恶劣天气，他更加惦念群众。他要求工作人员雪天不能在办公室烤火，要把党的温暖带给群众，在群众需要帮助的时候给予关怀。他身体力行，风雪中来到几十户群众家中慰问。当屋里的老人问他是谁时，焦裕禄说："我是您的儿子，毛主席叫我来看望您老人家。"据焦裕禄的二女儿焦守云回忆，当年在兰考下乡时，焦裕禄看到村里跟自己母亲年龄相仿的老人，总是亲切地称呼"娘"！他把自己看作人民的儿子，这是何等感人至深的血肉联系！

1966 年 2 月，焦裕禄同志的遗体从郑州迁葬兰考。成千上万的群众自发参加悼念，哭声震天，不舍他们的好书记。焦裕禄把群众当亲人，带着感情

---

[1] 焦裕禄干部学院编著：《永恒的丰碑——焦裕禄的故事》，大象出版社 2014 年版，第 44 页。

为人民服务，做人民的公仆，群众也把他当成亲人、知心人！

（二）艰苦奋斗

在洛阳矿山机器厂担任一金工车间主任时，为了试制成功中国首台 2.5 米提升机，尽管身患胃病和肝病，焦裕禄仍吃住在厂里，忙碌在生产一线，馒头和热水就是一餐饭。据当年的工友回忆："焦主任特别能吃苦，晚上加完班等工人走后，他就躺在板凳上睡觉。我们那个时候几乎天天加班，他就干脆弄个衣服披在身上盖着睡觉。"[1]焦裕禄一直保持劳动人民的本色，衣服反复缝补，被褥也打了几十个补丁。在兰考工作，他很少在办公室，下乡是日常，在艰苦的条件下，他从来不坐县委的车，靠一辆旧自行车和自己的双脚来丈量脚下的土地。

（三）科学求实

在大连实习期间，他虚心学习、认真钻研，迅速成长为一名优秀的工业管理人员。焦裕禄把工作体会和经验总结撰写成文发表在《起重机厂报》，就强调工厂党组织的核心作用及如何改善工作方法阐发了真知灼见，这其中凝结了他细致、深入的观察和思考，处处体现了马克思主义的优良学风和科学求实的优秀品质。

1958 年春，面对试制成功 2.5 米提升机的艰巨任务，焦裕禄翻阅了几百张图纸，组织党员干部、技术人员和老工人一起，用解剖麻雀的方法进行技术攻关，终于啃下了这块硬骨头。

踏上兰考大地，面对着"风沙、内涝、盐碱"三害灾情，他下乡调研，去看、去听真实的情况，掌握第一手资料，他曾经语重心长地对县委同志讲"吃别人嚼过的馍没味道"，切实把毛泽东同志"没有调查就没有发言权"的精神运用到工作中。他带领勘察队千里跋涉，查明全县 84 处风口，1600 座沙丘，并逐个编号绘图，在摸清全县洼地、淤塞河道的情况基础上绘制了详尽的排涝泄洪图。通过大量深入、细致的工作找到了灾害的源头，从而理清了治理的思路，提出造林防沙、开挖河渠、翻淤压碱等行之有效的科学方法，并从兰考实际出发，大量种植泡桐树。在焦裕禄的主持下，兰考起草了《治沙、治碱、治水三五年的初步设想》的方案，绘制了未来发展的蓝图。

焦裕禄同志用马克思主义的世界观、方法论来指导工作，有全局观，工

---

[1] 化雅楠、宁少娟："焦裕禄带队研制的提升机昨回洛阳"，载《大河报》2015 年 1 月 23 日。

作扎实细致且富有创造性，总是能够结合具体实际来开拓思路，创新方法，每项工作都一丝不苟，落实到位，干得出彩。

（四）迎难而上

初到工业战线，需要学习的知识很多，面对困难，焦裕禄积极克服。在哈尔滨工业大学学习期间，他勤学上进，曾被评为优秀学员。

历史上黄河多次在兰考决口、改道，兰考深受"风沙、内涝、盐碱"灾害的困扰，是开封地区最艰苦的县。焦裕禄同志接到赴兰考工作的任命后，没有向组织提起自己身患严重肝病、经常肝区疼痛的情况，坚决服从组织安排。统一县委领导班子思想，树立起同志们带领群众治理"三害"的信心，风餐露宿、日夜兼程、苦干实干，抱病工作，他下乡蹲点、入户走访、野外考察。他在困难面前展现出了共产党员大无畏的革命气概，把广大干部群众凝聚在一起，向治理"三害"持续发力。焦裕禄树立了"韩村的精神、秦寨的决心、赵垛楼的干劲、双杨树的道路"等先进典型，以点带面，鼓舞全县人民向胜利进军，兰考大地发生了日新月异的变化。

（五）无私奉献

焦裕禄说，权力是党和人民给的，要奉献自己，为人民造福，他对家人子女要求严格，艰苦奋斗，不搞特殊。在兰考，他不顾日益加重的病情，夙夜在公，滂沱大雨中查看洪水流向，风沙中勘察风口，他带领群众种泡桐、发展生产。为了工作，他一再拖延治疗，剧痛袭来就用坚硬的物品顶着肝部，他坐的藤椅右边因此被顶出一个大窟窿。直到没有力气骑自行车，没有力气拿起笔，他才同意去医院，此时已是肝癌晚期，皮下扩散。他拒绝护士给自己注射止疼药，坚持将药留给其他病人。在病床上，他挂念着兰考的生产、兰考的群众。弥留之际，焦裕禄同志向组织提出的唯一要求是请求组织把遗体运回兰考，埋在沙丘上，看着后人把沙丘治理好。他把宝贵的生命都奉献给了这片热土！

三、青年学习焦裕禄精神的意义

焦裕禄同志的形象一直在习近平总书记心中，总书记就弘扬焦裕禄精神的一系列重要讲话和指示，不仅为全党同志也为肩负接续奋斗使命的大学生如何学习和传承这一伟大精神财富指明了根本方向，提供了根本遵循。

习近平总书记指出："焦裕禄同志是人民的好公仆，是县委书记的榜样，也是全党的榜样。亲民爱民、艰苦奋斗、科学求实、迎难而上、无私奉献的焦裕禄精神，过去是、现在是、将来仍然是我们党的宝贵精神财富，永远不会过时。生命有限，很多英雄模范人物崇高精神的形成过程也是有限的，但形成了一种宝贵精神财富，是一个永恒的定格。焦裕禄精神，同井冈山精神、延安精神、雷锋精神、红旗渠精神等都是共存的。任何一个民族都需要有这样的精神构成其强大精神力量，这样的精神无论时代发展到哪一步都不会过时。"〔1〕

学习焦裕禄同志先进事迹和伟大精神，对青年学子的成长进步有着重大的启示意义：

（1）坚定理想信念，不忘初心，不断增强中国特色社会主义道路自信、理论自信、制度自信、文化自信。

（2）确立"服务人民、奉献社会"的人生追求，积极投身社会实践，向群众学习、不怕困难、开拓进取、勇于创新、甘挑重担、努力作为。

（3）"扣紧人生的扣子"，践行社会主义核心价值观，严于律己、德才兼备。

（4）养成求实的科学精神，脚踏实地、增强本领、全面发展、奋发有为。

时光荏苒，丰碑永存！新时代，我们要发扬焦裕禄精神，紧跟党走，为实现中华民族伟大复兴的中国梦贡献自己的力量！

模块五红色文化：淄博原山艰苦创业教育基地

【教学导入】欣赏视频：《原山林场发展纪实》片段。

【教学目的】通过本模块专题教学，理解什么是艰苦奋斗精神及其时代意义。

【教学重点】艰苦奋斗精神的内涵及意义。

【教案正文】

一、场馆及人物简介

山东原山艰苦创业教育基地位于山东省淄博市，坐落于原山林场石炭坞营林区，规划占地面积 7500 余平方米，同时配套有现场艰苦创业教学点，配

---

〔1〕习近平：《在河南省兰考县委常委扩大会议上的讲话》（2014年3月18日）。

备了可容纳 1000 名学员集食宿一体化的教学资源，原山教育基地以"艰苦创业""生态文明"为主题树立了教学、研究、学习等不同维度的教育目标，彰显了原山人民 60 余载的艰苦奋斗史和生生不息的精神。原山林场 1957 年建场，当时是由 5 家事业单位整合而建，由于当时的经济形势，林场一直以来并没有很好地发挥其优势。1996 年，孙建博接手原山林场并担任林场干部，带领原山人民经过几十年的奋斗，历经沧桑，把满目疮痍的原山打造成了山清水秀的世外桃源，在此基础之上又创建了艰苦创业教育基地，扩展、宣传了原山人民的奋斗精神。

孙建博，男，汉族，1959 年 1 月生，中共党员，研究生学历，高级工程师，中国肢残人协会副主席、山东省残联副主席，省肢残人协会主席，山东省淄博市林业局调研员、淄博市原山林场党委书记。十三届全国人大代表。1996 年担任原山林场场长，由于当时经济环境不景气，林场职工已经将近半年没有发工资。在这种艰难的情况下，孙建博挺身而出，带领大家改造林场，经过十多年的艰苦奋斗，把原山林场打造成了园林式自然景观和党性培训基地。孙建博不畏艰难，勇于奉献的精神深深地影响着原山人民，为中国特色社会主义事业作出了贡献。

1991 年孙建博同志加入共产党。

1992 年被山东省政府授予劳动模范称号。

1994 年被山东省共青团授予十大杰出青年荣誉称号。

1996 年召开全国陶瓷批发展销会，担任林场场长。

1997 年被原国家人事部、残联授予全国自强模范称号。

2005 年被原国家人事部授予林业先进工作者称号。

2006 年获"全国五一劳动奖章"。

2007 年获"山东省敬业奉献模范"称号。

2011 年获"全国敬业奉献模范"提名奖。

2012 年获"全国国土绿化突出贡献人物"称号。

2013 年获"中国十佳绿色新闻人物"。

2016 年获"最美生态公益人物特别奖"。

2018 年被国家授予"林业英雄"称号。

二、艰辛探索，石缝扎根

新时代中国特色社会主义的发展历程是在不断探索和总结历史经验过程中形成的，这体现了全国人民的思想坚韧性和凝聚性。改革开放以来，中华民族所取得的巨大成就是任何一个国家都无法超越的，40多年来所取得的成就比其他国家近百年所取得的成就都要多都要大。正是有了艰辛探索的精神和意志，才使得我们的民族实现了从"站起来"到"富起来"再到"强起来"的发展逻辑。国家的发展历程和探索精神深深的影响着原山人民，他们就像孩子一样一直吸收着母亲的营养，从祖国母亲那里继承着艰苦奋斗和不断探索的精神。

六十年岁月征程，原山人民怀着对美好生活的向往，在齐鲁文化浸染的这块土地上攻坚克难、砥砺奋进、艰苦创业，把全国林业战线的一面旗帜牢牢的树立在了原山之巅。为全国艰苦创业奋斗在一线的劳动人民树立了榜样，在新时代中国特色社会主义实现全面复兴的征程上作出了贡献。在习近平总书记的思想引领下，原山人民努力践行"绿水青山就是金山银山"的复兴理念，彰显了原山人民的思想觉悟和理论与实践相结合的践行能力，构筑了一片引领全国人民努力奋进的思想领地。

中华人民共和国建立初期，原山林场群山裸露、满目荒芜，狼獾相伴破屋之侧，孤兔奔走蓬蒿之间。面对"百把镐头百张锨，一辆马车屋漏天"的窘境，原山人民白手起家，在石坡上凿坑种树，从悬崖上取水滴灌，靠几代人持之以恒的心血和汗水绿化了座座荒山，为原山发展多种产业、全面崛起打下了坚实根基。1963年，原山村民冒雨植树，由于常年干旱缺水树木很难存活，因此为了能提高树木的存活概率，村民们等来雨水便冒雨种树，不幸的是由于雨越下越大，导致泥石流，年仅18岁的原山村民史秀芬被瞬间冲走，为原山建设牺牲了自己年轻的生命。史秀芬用生命表明了原山人民的奋斗精神，彰显了勇于牺牲的工作态度和对美好生活的向往。

原山开荒初期，人们的生活条件极其恶劣，经常吃不饱、穿不暖，即使在这种情况下，村民仍然积极地投入到植树造林的劳动之中，彰显了他们的坚韧意志和对美好生活的向往。他们凭借着自身的坚持和理想信念抓住了改革开放的机遇，植树造林、开荒拓土，实现了推陈出新的发展理念，制定了"四定四包一奖"的劳动政策，为原山人民的美好生活愿景注入了活力和动力。用前瞻性眼光和与时俱进的思想觉悟延展了更多的产业领域规划。只有把握住改革的浪潮，不断与时俱进、推陈出新，合理利用和改变自身资源，才能带领人民走向致富之路，为国家和民族的发展贡献力量。在政府的支持下，原山进行了土地、工资、经营等六项改革，并取得了成效，实现了通过绿水青山来积累金山银山的环境治理和造福后代的政策方针。孙建博在工作中经常说，森林既是我场的立场之本、发展之本，也是我们的生存之本，保护好这片森林，是我们对淄博人民做的保证，也是对苍天立下的誓言。

三、困境重生，迎风成林

在改革开放浪潮的推动下，原山人民经过几十年的不懈努力和奋斗，最终实现了"绿水青山就是金山银山"的理想愿景。在孙建博等人的带领下，他们排除万难，把原来的荒山变成了绿水青山，把祖祖辈辈由于地理条件限制而贫穷和荒凉的原山林场打造成了森林氧吧。正是他们的艰苦创业精神和以马克思主义思想为指导而形成的民族凝聚力使他们成了每个人都应该学习的榜样和标兵。原山人民在建设、恢复原山林场环境的同时，双管齐下，共同发展工副业和旅游业，利用原山资源创办了自己的产业，建设了原山森林乐园，在把自己的产品推向全国的同时还吸引了全国各地的游客来参观学习。

20 世纪 90 年代，经济环境发生巨大变化，原山林场的发展困难重重、举步维艰，导致负债几千万。此时孙建博临危受命出任原山林场场长，实施股份制改造，在艰难中继续创业、在困境中求生。经过十几年的挥汗如雨、忘我工作，逐渐地建立起了先进的生产经营管理体制，打造出了艰苦创业、改革奋进的原山文化精神样板。"非典"过后，国家、省政府对其甘于奉献和艰苦创业的精神给予了极大肯定和赞扬，国家领导题词，省领导考察慰问，给原山人民和孙建博的正能量精神加油鼓劲。这不仅仅是原山人民的荣耀，同时还是中华民族团结合作，凝聚奋斗的结晶，彰显了中华民族伟大复兴过程中的凝聚力和艰苦奋斗的精神。

在原山百业兴旺、蒸蒸日上之时，以孙建博为代表的原山人居安思危、乘势而上。在国家批示的鼓舞下和省里大力支持下，着眼更高的目标，进一步优化林场产业结构，推进发展方式转变，围绕实现两个"五年规划"，掀起了"二次创业"的高潮。特别是党的十八大以来，深入践行习近平总书记的思想方针，继续弘扬艰苦创业精神，着力推进生态文明建设，通过科技化引领、集团化经营、市场化运作，使得各项事业突飞猛进，发展变化日新月异。

艰苦创业基地成立后他们并没有停止不前。为了更好地把原山艰苦创业基地建设成政治、经济、文化相互统一的现代党性教育基地，孙建博带领党员干部、职工、人民等不同层次的人进行了新一轮的创业，主张"党员干部为事业干，职工为自己干，大家一起为国家干"的家国情怀，努力实现人民美好生活的目标。

被群山环绕的艰苦创业基地有着得天独厚的环境资源，原山人民用自己锐利的眼光进行产业升级，进一步加强旅游项目，他们在原来景观基础之上扩展、开发了更多的项目，并且与全国各地的旅游公司签约合作，既促进了经济发展又维护了生态环境。

山东作为齐鲁文化发源地有着闻名全国的儒家文化和齐文化底蕴，原山人民是齐文化的继承和发扬者，他们在发展旅游业的同时，进一步增强了文化交流，实现了原山文化与其他不同文化之间的交融与联结。孙建博以其锐利的眼光发现了原山地区周围的花园式景观和良好的水域，便发散思维与科研院所合作研究制作原山原浆和花卉，实现了企业在绿色中发展的经营模式。与几千年的传统文化相结合打造生态文化研究基地，举办生态文化节，培养孩子对生态文化的认知，展现出了文化自信。

在孙建博的领导下，经过几十年的开荒和绿化治理，原山林场从之前的千疮百孔逐渐成了原山人民的骄傲。如今的原山林场群山环绕、鸟语花香，它不仅仅彰显了"绿水青山就是金山银山"的国家战略理念，更是人民艰苦奋斗、自强不息的精神结晶。在孙建博的带领下，原山林场从一个孩子变成了大人，从原来的破衫褴褛变得衣着靓丽，这是孙建博的功劳，是原山人民的愿景。他给原山人民带来了美好生活，为党员干部深入学习艰苦奋斗精神提供了精神食粮。影响了更多的林业英雄，是人民的楷模、民族的骄傲。

在众多敢于奉献自己的林场人的努力（甚至牺牲自己的生命）下，原山林场逐渐成长，是众多的林场英雄给原山人民带来了美好生活，没有他们的默默付出原山林场就走不到今天。他们是原山的英雄，是民族的英雄。原山林场从无到有、从小到大、从弱到强的六十年发展历程既是"特别能吃苦、特别能忍耐、特别能战斗、特别能奉献"的原山人的艰苦创业史，也是一脉相承，弥足珍贵的原山精神的形成发展史。他们是原山发展壮大的不朽灵魂和不竭动力。

回首过去，建场之初"爱原山无私奉献，建原山勇挑重担"的豪迈誓言仍然响彻耳边；展望未来"一家人一起吃苦、一起干活、一起过日子、一起奔小康"的原山梦想继续灿烂绽放。在党的培育和领导下，孙建博带领原山人民走向了小康，拥有了绿水青山下的金山银山，他们不仅发展经济和环境，同时还不断用党的指导方针和思想武装自己。在党的培养下成长，始终坚信党的领导是实现美好生活的必然条件。满墙的证书、奖项证明了原山人的努力，肯定了孙建博等众多林场英雄坚贞不渝、勇于奉献、敢于牺牲的原山精神，他们共同努力、艰苦创业，实现了自身价值和意义，彰显了中华民族的凝聚力。

孙建博带领原山人民建成的艰苦创业教育基地于 2010 年建成；2011 年 5 月 12 日正式对外开放使用；2014 年 12 月 2 日省委常委、组织部调研要求成立党员干部艰苦创业培训基地；2015 年 2 月至 12 月省市各单位领导相继参观学习，肯定了原山党员培训基地建设的意义；2016 在省委的协助下，原山教育基地扩大建设规模，并被各高校和省级部门确定为党员学习基地。

"忧劳兴国，逸豫亡身"，"生于忧患，死于安乐"，艰苦奋斗没有休止符，艰苦创业永远在路上。艰苦创业不仅是原山林场 60 年发展壮大的根本动力和坚强支撑，更是中华民族、中国共产党人在长期实践中用鲜血和汗水凝结成的致胜法宝和永恒财富。无论在任何时候，艰苦创业都是我们的传家宝，将引领广大干部群众更加紧密地团结在党中央周围、戒骄戒躁、艰苦奋斗，坚忍不拔、锐意进取，为夺取全面建成小康社会、加快推进社会主义现代化的新胜利，为实现"两个百年"目标、实现中华民族伟大复兴的中国梦而不懈奋斗！

模块六红色文化：沂蒙山小调

【教学导入】欣赏歌曲：沂蒙山小调。

【教学目的】通过本模块专题教学，理解沂蒙精神及其时代意义。

【教学重点】抗战时期军民的斗争信念及沂蒙人民对美好生活的向往。

【教案正文】

青山依旧在，小调驻心间。沂蒙山的民歌，沂蒙山的历史和文化，悠远而古老。走进沂蒙山区，这首沂蒙山小调在山里、在田间四处回荡。这首歌沂蒙山的百姓已经传唱了 70 多年。70 多年里，《沂蒙山小调》已经成了沂蒙山的代名词，人们认识沂蒙山，就是从听了这首沂蒙山小调开始的。在沂蒙山，老百姓个个都能唱上几句民歌，姑娘们聚在一起，最快乐的事就是唱上几首歌，歌词既有祖辈传下来的，也有现编现唱的。沂蒙山里的歌真实记录了百姓的劳动和生活。《沂蒙山小调》与《茉莉花》被联合国教科文组织评定为中国优秀民歌，蜚声海内外；"沂蒙好风光"也逐步渗入人们的心灵，成了沂蒙大地的主题形象。

一、诞生地

沂蒙山小调的诞生地位于山东省临沂市费县薛庄镇上白石屋村。白石屋位于蒙山天蒙景区东南麓，分上白石屋、下白石屋两个自然村。抗日战争时期，这一带曾是山东党政军领导机关和后勤机关经常活动、驻扎的地方。抗大一分校、《大众日报》印刷所都曾长期驻扎在这里，遗址至今犹存。

二、诞生过程

当时，抗大一分校由蒙阴县的垛庄一带迁驻费县北，该校的文工团就住在下白石屋村。1940年，抗日战争进入最困难时期，当地的反动势力"黄沙会"散布谣言，阻挠群众参军。我军民在进行武装斗争的同时积极运用宣传武器配合活动。为配合八路军第115师打击当地的反动地方武装组织"黄沙会"，文工团员阮若珊（曾任中央戏剧学院副院长）在一间民房里写成歌词，另一名团员李林（现为上海歌剧院顾问）以山东逃荒到东北要饭的调子为基调谱曲，创作了民歌《反对黄沙会》。在一次庆功会上，阮若珊唱了这首歌曲，群众听后情绪激愤，当场就有300多人报名参军。1946年，华东地区举行民歌会演，受到陈毅元帅称赞，轰动全国。后来，经过不断地修改加工，大约在中华人民共和国成立前后才形成了今天传唱长城内外、大江南北的《沂蒙山小调》。

三、歌曲作者

（一）阮若珊

阮若珊祖籍河北省怀安县柴沟堡镇。幼年在家乡小学读书。1933年随父母迁居北平，1934年从北平师大第二附小毕业，由学校保送至北平师大女附中读书。1935年冬参加了北平"一二·九"学生救亡运动，1936年2月参加

"抗日民族解放先锋队",在地下党的领导下积极参加抗日活动。1937年初中毕业时正值卢沟桥事变暴发,北平沦陷。为躲避敌伪统治下的学校,便于开展"民先"地下工作,她转入教会学校贝满女中高中部学习。1938年夏秋之际,因北平地下"民先"组织遭破坏,组织决定让她离校去天津,后由天津地下党组织护送至晋南抗日根据地行政主任公署并加入八路军第129师。1939年春到太行山抗日军政大学第五期学习,同年秋毕业分配至抗大一分校文艺工作团任演员,同年10月23日加入中国共产党。1939年冬抗大一分校文工团随抗大一分校校部从太行山东迁至沂蒙山区开辟山东抗日根据地。此后七年一直在沂蒙山区,在山东分局及第115师师部领导下从事抗战文艺宣传工作。此间,她作为文工团的主要演员之一,参加多幕话剧《李秀成之死》《阿Q正传》的演出外,在小调剧《亲家母顶嘴》《抗属真光荣》《双喜临门》及抗战胜利前夕动员参军的独幕话剧《过关》等剧中,她扮演的农村大嫂、妇救会长等角色获得了观众的喜爱。在此期间,她曾创作小话剧《一双鞋》《彭大娘》等小型文艺作品。1940年,在抗日战争最艰苦时期,在蒙山望海楼山下费县白石屋村,她和文工团的另一位成员李林同志共同创作了《沂蒙山小调》。1958年从部队转业至中央戏剧学院,历任导演系教师、副教授、党委副书记、副院长。一生辗转半个中国,为部队和地方的文化事业和培养后继人才做出了积极贡献。著有《我的少女时代》《沂蒙探亲记》等文章。1986年离休后,参加了《欧阳予倩文集》《中国大百科全书·戏剧卷》的编辑工作,作为编委之一撰写了《在战斗中成长》等回忆文章和散文。2001年11月18日阮若珊因病在北京逝世,享年80岁。

(二)李林

李林原名李森林,男,1917年1月生于辽宁省沈阳市,祖籍河北省。剧作家,上海歌剧院顾问,《歌剧艺术研究》杂志创办人之一,中国歌剧研究会会员。李林青年学生时期在北平参加了震惊中外的"一二·九"学生运动,为唤起民众而奔走呼号。1937年4月奔赴山西加入"青年抗敌决死队"。1938年到革命圣地延安,进入抗日军政大学。先后在八路军115师688团、晋东南抗大一分校、文工团任干事、文化教员、创作股长。1939年4月在晋东抗大一分校加入中国共产党。1940年在山东费县白石屋村和阮若珊共同创作了《反对"黄沙会"》(《沂蒙山小调》前身)。1942年起在山东文协京剧团、实验剧团、山东军区文工团、湖南军区文工团、海军政治部、文化部先后任指导员、科长、团长及第二副部长等职。1957 年 7 月从部队转业到上海歌剧院先后任编剧、顾问，至 1985 年 12 月离休。他写的大型话剧《过关》被收入周扬同志主编的《中国人民文艺丛书》。此外，他还创作了多幕话剧《复仇》等。转业到上海歌剧院后，他相继创作了《天门岛》《风流年华》《丹橘颂》三部大型歌剧，为剧院的剧目建设奉献了他毕生的努力和才华。李林 1998 年 6 月 30 日于上海病逝，享年 81 岁。他的一生是为党的文艺事业勤奋工作的一生。他在文艺战线上工作了整整 60 个年头，为革命队伍引进和培养了不少艺术人才。为此，1955 年，中国人民解放军海军司令部授予他三级独立自由勋章和三级解放勋章。

（三）袁成隆

袁成隆，1912 年生，原名袁成龙，北京通县（今通州区）人。1938 年加入中国共产党。1938 年入延安陕北公学学习。曾任陕公学一分校队长、抗大一分校文工团主任，中共山东莒南县群委书记兼各救会会长，滨北新区工作团团长，山东省文联组织部部长、中共滨海区委农会副会长、沧南地委副书记。1940 年，当时身为抗大文工团团长的袁成隆领导创作了《沂蒙山小调》。中华人民共和国成立后，袁成隆历任中共清河、德州地委书记兼军分区政委，中共华东局办公厅主任兼机关党委书记，中共中央华东局农村工作部副部长，中共中央书记处二办地区工作部组长，第二机械工业部副部长，国防工业办公室政治部副主任，农业机械部副部长。2002 年 1 月 10 日在北京逝世，享年 89 岁。2003 年 8 月 23 日，袁成隆的部分骨灰被安放在费县望海楼子山东麓白石屋山坡上，实现了这名革命老战士的夙愿：魂归沂蒙，长眠在这块英雄的土地上。2016 年 5 月 31 日上午，89 岁高龄的袁成隆夫人、高级记者邱健及其女儿袁海英再次来到沂蒙山区，切身感受袁成隆同志曾经深爱着的这片沂蒙热土。

（四）1953 年沂蒙小调主要版本的编曲和词作者

作为 1953 年沂蒙小调主要版本的编曲和词作者，李锐云、李广宗、王印泉三人也都是抗战时期投身革命的老音乐工作者。山东军区文工团时任副团长、作曲家李广宗曾担任南京军区文化部长等职务，作品有获建国十周年优秀作品奖的《车水号子》《高举毛泽东伟大旗帜》等。山东军区文工团时任研究组长、词曲作家王印泉是革命史诗东方红中歌曲《情深意长》的词作者，后任山东音协副主席，《山东歌声》主编。李广宗、王印泉等合著有《山东民歌集》。李锐云是山东军区文工团时任音乐队长。

四、中华人民共和国成立后发展历程

中华人民共和国成立后，来自渤海区的革命文艺战士，为《沂蒙山小调》续词定谱，使之定型。以渤海人民文工团和渤海军政文工团为代表的渤海革命文艺战士，深入群众，对包括民间歌曲、民间戏曲和民间器乐曲在内的渤海民间音乐进行了广泛搜集，其中包括沂蒙山小调的前身在内的众多民间小调。

1950 年 5 月，渤海区被撤销以后，原渤海军政文工团李广宗、李锐云、王印泉、王音璇等人被调到山东军区文工团工作。他们在新的岗位上继续与民间音乐打交道，并为《沂蒙山小调》的定型、传唱与走红做出了重要贡献。

1953 年秋天，山东军区文工团要到青岛、烟台一带巡回演出。在准备演出曲目的时候，文工团时任副团长李广宗、乐队指挥李锐云、研究组组长王印泉三个人商议，要给早在渤海军政文工团时就以擅唱民歌出名的女高音演员王音璇增加一首民歌风味浓郁的歌曲。他们对已经搜集到的民歌进行了一番筛选，最后选中了一首山东民歌，认为它曲调优美、节奏明快，只是歌词不够完整，只有两段，给人有头无尾的感觉。于是，李锐云、李广宗、王印泉三个人重新记谱，在已有两段歌词的基础上又补写了下面两段歌词："高粱（那个）红来（哎）豆花香，万担（那个）谷子（哎）堆满仓。咱们的共产党领导好，沂蒙山的人民（哎）喜洋洋。"这样一来，使四段歌词融为一体，既完整妥帖，又充满诗情画意。著名歌唱家王音璇在演唱时不仅声音甜美、亲切自然，而且极富乡土气息。尤其是她根据山东人说话的特点，把第四句唱词中的"草低"改为"草地"，用山东民歌中常见的"打得儿"的唱法加以强调，非常生动地突显了"山东味"，让人听起来十分过瘾。

五、群众纪念与传唱

1999 年，为纪念《沂蒙山小调》诞生 59 周年，在庆祝中华人民共和国成立 50 周年之际，费县县委、费县人民政府在白石屋建立起《沂蒙山小调》纪念亭和纪念碑，将《沂蒙山小调》和《沂蒙山小调诞生记》碑文分别刻于碑的两面，并将袁成隆题写的"沂蒙山小调诞生地"及阮若珊题写的"深深怀念沂蒙山好地方"分别镌刻在纪念碑旁边的巨型花岗石上。

第三循环 经典文献研读

"功崇惟志，业广惟勤。"理想指引人生方向，信念决定事业成败。本循环旨在引导大学生通过阅读经典，提高理解和分析问题的能力；引导大学生坚定中国特色社会主义的道路自信、理论自信、制度自信、文化自信，保持对理想信念的激情和执着，从容自信，坚定自励。

模块一经典文献:《在实现中国梦的生动实践中放飞青春梦想》[1]

【教学导入】欣赏电影:《厉害了我的国》片段。

【教学目的】通过本模块专题教学，理解青年与中国梦的关系。

【教学重点】中国梦的内涵。

【教案正文】

一、经典介绍

（一）背景介绍

1. 时代背景

2012年11月8日，中国共产党第十八次全国代表大会在北京召开，大会提出"两个一百年"奋斗目标和宏伟蓝图：在中国共产党成立一百年时全面建成小康社会，在中华人民共和国成立一百年时建成富强、民主、文明、和谐的社会主义现代化国家。

根据党的十八大精神、响应向"两个一百年"奋斗目标进军的时代号召，习近平总书记提出了中华民族伟大复兴的中国梦。2012年11月29日，习近平总书记在参观中国国家博物馆《复兴之路》基本陈列时提出实现民族伟大复兴的中国梦。2013年3月17日，习近平总书记在十二届全国人大一次会议闭幕会上进一步阐释了中国梦的基本内涵。

2. 事件来源

2013年5月4日，时值青年节，习近平总书记在中国航天科技集团公司

---

[1] 本文收录于《习近平谈治国理政》（第1卷），外文出版社2018年版，第49~55页，本模块中引文，除有注释外，皆引自本文，不再说明。

中国空间技术研究院参加"实现中国梦、青春勇担当"主题团日活动，同各界优秀青年代表座谈并发表重要讲话，并代表党中央向全国广大青年致以节日问候。在讲话中，习近平总书记对广大青年提出了殷切的希望，鼓励他们在实现中国梦的生动实践中放飞青春梦想。

3. 成篇过程

习近平总书记在"实现中国梦、青春勇担当"主题团日活动上与各界优秀青年代表座谈时发表的重要讲话经过修订，被辑入 2014 年 9 月出版的《习近平谈治国理政》，题名为《在实现中国梦的生动实践中放飞青春梦想》。2018 年 1 月由中央宣传部（国务院新闻办公室）会同中央文献研究室、中国外文局修订《习近平谈治国理政》，改称《习近平谈治国理政》（第 1 卷），由外文出版社面向海内外再版发行，此篇仍名为《在实现中国梦的生动实践中放飞青春梦想》。

（二）框架结构

《在实现中国梦的生动实践中放飞青春梦想》这篇经典的主题是青年与中国梦的关系，在结构上可以分为四个部分：

第一部分的主要内容是为什么要动员青年在实现中国梦的生动实践中放飞青春梦想。这部分包含三层意思：为了贯彻党的十八大精神所提出的中国梦，与每一个人紧密关联。青年一代是把中华民族伟大复兴的中国梦变成现实的主体力量。中国共产党始终高度重视和信任青年，动员广大青年为实现中华民族伟大复兴梦想奋斗。

第二部分的主要内容是青年如何在实现中国梦的生动实践中放飞青春梦想。从理想信念、过硬本领、创新创造、艰苦奋斗和高尚品格等五个方面对青年一代提出了明确的整体性要求，在每一方面要求的阐述中又包含为什么和怎么做两个层次。第二部分是这篇经典的主体内容，占据主要篇幅。

第三部分强调为实现中华民族伟大复兴的中国梦而奋斗，是中国青年运动的时代主题，并对如何围绕这个时代主题开展"我的中国梦"主题教育实践活动，向共青团提出了为青少年点燃梦想、用梦想打牢青少年跟党走社会主义道路的共同思想基础、激发青少年的历史责任感、积极为青少年实现梦想提供服务等四点具体要求，也对各级党委和政府支持青年实现梦想提出了要求和指导。

第四部分号召青年学习模范人物，在人生唯一的青春时代，为实现梦想拼搏和奋斗。

最后，这篇经典的结束部分表达了在党的领导下、依靠各族人民的团结进取，广大青年和各族人民有着一定能见证民族伟大复兴中国梦实现的坚定信念。

二、内容解读

《在实现中国梦的生动实践中放飞青春梦想》关注的焦点是青年一代，核心主题是青年与中国梦的关系，表达了民族复兴中国梦在青年一代的奋斗中实现的重要观点，并对青年一代如何承担历史时代重任、在实现中国梦的生动实践中放飞青春梦想从理想信念、过硬本领、创新创造、艰苦奋斗、高尚品格等五个方面提出了具体要求。下面，我们将就中国梦、青年与中国梦的关系、如何在实现中国梦的生动实践中放飞青春梦想三个部分进行解读。

（一）中国梦

在《在实现中国梦的生动实践中放飞青春梦想》这篇经典中，习近平总书记对中国梦有集中的阐述，原文如下：

——中国梦是历史的、现实的，也是未来的。中国梦凝结着无数仁人志士的不懈努力，承载着全体中华儿女的共同向往，昭示着国家富强、民族振兴、人民幸福的美好前景。

——中国梦是国家的、民族的，也是每一个中国人的。国家好、民族好，大家才会好。只有每个人都为美好梦想而奋斗，才能汇聚起实现中国梦的磅礴力量。

——中国梦是我们的，更是你们青年一代的。中华民族伟大复兴终将在广大青年的接力奋斗中变为现实。

这三句话分别表达了"中国梦是贯穿于历史、现实和未来的美好民族梦想，中国梦是国家民族梦之共性与个人梦之个性的统一，中国梦在青年奋斗中实现"三个观点。下面，我们将对这篇经典中对中国梦的论述进行解读。

中国梦是贯穿于历史、现实和未来的美好民族梦想。

中国梦是中华民族的美好梦想。2012年至2013年间，习近平总书记在多个场合谈到中国梦，表达了中国梦的内涵。2012年11月29日，习近平总书记在参观中国国家博物馆《复兴之路》基本陈列时讲道:"现在,大家都在讨论中国梦,我以为,实现中华民族伟大复兴,就是中华民族近代以来最伟大的梦想。"[1]2013年3月17日,习近平总书记在十二届全国人大一次会议闭幕会上进一步指出:"实现全面建成小康社会、建成富强民主文明和谐的社会主义现代化国家的奋斗目标,实现中华民族伟大复兴的中国梦,就是要实现国家富强、民族振兴、人民幸福,既深深体现了中国人的理想,也深深反映了我们先人们不懈追求进步的光荣传统。"[2]从这些表述中我们可以看到:中国梦的主旨是实现中华民族伟大复兴,主体是中国人民,奋斗目标是全面建成小康社会和社会主义现代化国家,基本内涵是国家富强、民族振兴、人民幸福。

中国梦显示了习近平总书记的中华民族的主体意识和中华文明的历史意识。"中国梦是历史的、现实的,也是未来的。"中国梦是民族的"复兴"梦,源于中华民族、中华文明的历史。中华文明是唯一延续至今的世界伟大文明。在几千年中,中华文明版图辽阔、文化昌明、影响深远,为世界文明做出了巨大贡献:16世纪以前,影响人类生活的300项重大科技发明中的175项是中国的;中国的农耕、纺织、冶金、手工制造技术长期处于世界先进水平;中华文化在东亚各国传播,形成东亚儒教文化圈。但近代以来,从中国被迫打开国门到被殖民被侵略,经历了百年的屈辱与苦难,因此追求中华民族的独立解放和富强文明、恢复中华文明的昌盛与荣光成了中华民族的共同梦想。正如习近平总书记所说:"中国梦凝结着无数仁人志士的不懈努力,承载着全体中华儿女的共同向往,……"

在当前的时代节点上,我们开始面向中国梦的未来。我们要实现民族复兴的中国梦,就是要完成"两个一百年"的奋斗目标。到中国共产党成立100年的时候,全面建成小康社会,同时基本实现工业化;到中华人民共和国成立100年的时候,建成富强民主文明和谐的社会主义现代化国家,实现中华民族的伟大复兴。

民族复兴中国梦的基本内涵是国家富强、民族振兴、人民幸福。国家富强表现为国家政治、经济、文化、科技等综合实力的全面进步和增强。民族

---

〔1〕《习近平谈治国理政》(第1卷),外文出版社2018年版,第36页。
〔2〕《习近平谈治国理政》(第1卷),外文出版社2018年版,第39页。

振兴表现为民族实力的强大和民族精神的振奋。人民幸福表现为人民物质生活需要的满足、精神生活的提升、生态环境的改善和教育医疗社会保障的完善。中国梦内含着国家、民族、人民的三个向度的追求，三种追求间存在相互依存、内在统一的关系。国家富强是民族振兴、人民幸福的前提和保障，民族振兴是国家富强的动力和方向；人民幸福是国家富强、民族振兴的根本和归宿。如果说民族振兴是中国梦的核心，那么人民幸福就是中国梦的根本。

中国梦是国家的、民族的，也是每一个中国人的。这句话表明中国梦具有很大的包容性：既是国家民族之梦，也是个人之梦；既是长远之梦，也是近期之梦；既是宏大抱负之梦，也是温馨康乐之梦。中国梦道出了人民的心声，凝聚为民族的共识，既能调动最广泛的群众参与，又能使最广泛群众的力量指向同一个奋斗目标而形成奋斗的合力，从而为社会主义现代化国家建设提供强大的不竭动力。

中国梦是人民的梦，鼓励着每一个人激发自身的积极性、主动性和创造性来实现自己的梦想。习近平总书记在全国人大十二届一次会议上讲道："生活在我们伟大祖国和伟大时代的中国人民，共同享有人生出彩的机会，共同享有梦想成真的机会，共同享有同祖国和时代一起成长与进步的机会。有梦想，有机会，有奋斗，一切美好的东西都能够创造出来。"[1]要实现党的十八大确定的奋斗目标和民族复兴的梦想，必须紧紧依靠人民，充分调动最广大人民的积极性、主动性、创造性。"只有每个人都为美好梦想而奋斗，才能汇聚起实现中国梦的磅礴力量"；只要我们紧密团结，万众一心，为实现共同梦想而奋斗，实现梦想的力量就会无比强大，我们每个人为实现自己梦想的努力就拥有广阔的空间。中国梦激发人民的创造力和奋斗精神，激励人们勇于创造、坚韧奋斗，把人们为成就自己的人生价值、获得幸福生活的个人梦想融进民族复兴梦想之中，与祖国和时代共同成长和进步。

（二）中国梦与青年

关于中国梦和青年的关系，《在实现中国梦的生动实践中放飞青春梦想》这篇经典有这样的论述："中国梦是我们的，更是你们青年一代的。中华民族伟大复兴终将在广大青年的接力奋斗中变为现实。""在革命、建设、改革各个历史时期，中国共产党始终高度重视青年、关怀青年、信任青年，对青年

---

〔1〕《习近平谈治国理政》（第1卷），外文出版社2018年版，第40页。

一代寄予殷切期望。中国共产党从来都把青年看作是祖国的未来、民族的希望，从来都把青年作为党和人民事业发展的生力军，从来都支持青年在人民的伟大奋斗中实现自己的人生理想。"这些显示了习近平总书记对实现民族复兴梦想的青年力量寄予的充分肯定和殷切希望，以及中国共产党对青年的高度重视。

青年一代被党给予高度重视和殷切希望的原因是：青年不仅最富有朝气、最富有梦想，也最富勇气和冒险精神、最富有创新和进取精神。近代以来，中国青年不懈追求的美好梦想始终与振兴中华的历史进程紧密相联。"戊戌六君子"平均年龄不超过35岁，五四爱国运动以青年学生为主体。中国共产党多年的发展历史就是一首始终代表广大青年、赢得广大青年、依靠广大青年的"青春之歌"。在实现民族复兴梦想的伟大征程中，青年不懈追求的梦想始终与振兴中华的责任担当紧密相连。在革命战争时期，青年一代满怀革命理想，为争取民族独立、人民解放冲锋陷阵、抛洒热血；在社会主义建设时期，青年一代响应党的号召，在新中国的广阔天地忘我劳动、艰苦创业；在改革开放时期，青年一代发出了团结起来、振兴中华的时代强音，为祖国的繁荣富强开拓奋进、锐意创新。

当代中国青年是开放、爱国的新一代。他们享受着国家快速发展带来的成果、感受着中华民族复兴的希望，他们乐观自信、快乐向上，积极参与公共事务。2012年，中国青年研究中心一项调查显示，当代中国青年拥有清晰、理智的国家责任感，能够区别对待不同类型的全球事件并作出恰当反应。在被调查青年群体中，"爱国家"和"爱世界"并不冲突。无论家庭背景如何，我国青年都拥有较高的自豪感、责任感。

对于当代青年而言，以两个百年目标为阶段性标志的中国梦还具有更为特殊的意义。在从全面建成小康社会到社会主义现代化强国的实现之间的30年时间里，当代青年将经历从青年到中年的人生阶段，展开一个从学业到事业、从家庭到社会的完整过程，将完成精力充沛、行动高效、创造力最强、社会贡献最大的人生高峰期。当代青年的人生将国家、民族的重大飞跃合拍共振，这对人生而言是一种难得的幸运，在实践中还意味着必然的责任与神圣的使命：当代青年应当深刻认识并切实珍惜与国家强大、民族复兴相遇同行的人生机遇，让个人的人生理想与中国梦同圆，让自己的青春和人生在中华民族伟大复兴的壮丽事业中出彩。正如习近平总书记所指出的："为实现中华民族伟大复兴的中国梦而奋斗，是中国青年运动的时代主题。"

青年梦和国家梦有紧密的内在联系，即个人的奋斗离不开国家，离不开国家梦的实现。同时，国家梦的实现特别是中华民族伟大复兴的实现，又有赖于每一个青年最大限度地把自己的聪明才智和创造力发挥出来。实现中国梦需要青年，也成就青年。只有牢牢把握这一主题，当代青年才会有健康成长、施展才华的广阔舞台，才能续写更加绚丽的青春诗篇。女航天员王亚平说："梦想就是天空的星辰。实现梦想的过程，就是我的梦与中国梦相融合的过程。"没有个人的艰苦努力和对梦想的执着追求，王亚平不会从一个普通女孩成长为一名飞行员，再成长为一名航天员；没有整个中华民族"飞天之梦"的宏大背景与辉煌舞台，仅凭一己之力，她永远不可能有机会触摸星星的光辉。泰山不辞壤石，江海不逆细流，中国梦既是青年的梦，也为青年提供了实现梦想的大舞台。

随着中国的发展进步，我们已经来到了新时代。新时代是我们理解当前所处历史方位的关键词。中国特色社会主义进入新时代意味着近代以来久经磨难的中华民族迎来了从站起来、富起来到强起来的伟大飞跃，迎来了实现中华民族伟大复兴的光明前景。新时代到来，我们离民族复兴梦想更近一步。习近平总书记说："现在，我们比历史上任何时期都更接近实现中华民族伟大复兴的目标，比历史上任何时期都更有信心、更有能力实现这个目标。行百里者半九十。距离实现中华民族伟大复兴的目标越近，我们越不能懈怠，越要加倍努力，越要动员广大青年为之奋斗。"关于新时代实现中华民族复兴的伟大梦想的主体力量，习近平总书记充分相信是青年一代。他说："展望未来，我国青年一代必将大有可为，也必将大有作为。这是'长江后浪推前浪'的历史规律，也是'一代更比一代强'的青春责任。"因此，他鼓励广大青年"要勇敢肩负起时代赋予的重任，志存高远，脚踏实地，努力在实现中华民族伟大复兴的中国梦的生动实践中放飞青春梦想"。

（三）当代青年如何在实现中国梦的生动实践中放飞青春梦想

《在实现中国梦的生动实践中放飞青春梦想》这篇经典的绝大多数篇幅集中在习近平总书记鼓励当代青年肩负起时代重任，努力在实现中华民族伟大复兴的中国梦的生动实践中放飞青春梦想，对当代青年提出了五点明确的要求：广大青年一定要坚定理想信念、一定要练就过硬本领、一定要勇于创新创造、一定要矢志艰苦奋斗、一定要锤炼高尚品格。不仅如此，习近平总书

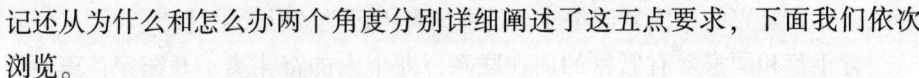

记还从为什么和怎么办两个角度分别详细阐述了这五点要求，下面我们依次浏览。

1. 广大青年一定要坚定理想信念

青年为什么要坚定理想信念？"'功崇惟志，业广惟勤。'理想指引人生方向，信念决定事业成败。没有理想信念，就会导致精神上'缺钙'。中国梦是全国各族人民的共同理想，也是青年一代应该牢固树立的远大理想。中国特色社会主义是我们党带领人民历经千辛万苦找到的实现中国梦的正确道路，也是广大青年应该牢固确立的人生信念。"青年如何坚定理想信念？"广大青年要坚持用邓小平理论、'三个代表'重要思想、科学发展观武装头脑，把理想信念建立在对科学理论的理性认同上，建立在对历史规律的正确认识上，建立在对基本国情的准确把握上，不断增强道路自信、理论自信、制度自信，增强对坚持党的领导的信念，永远紧跟党高高举起中国特色社会主义伟大旗帜。"

从这些表述中我们知道了青年坚持理想信念的重要性，崇高的理想信念是事业和人生的灯塔，决定我们的方向和立场，也决定我们的精神状态和实际行动，直接关系着人生目标的选择、人生价值的实现。没有崇高的理想信念，就会导致精神上的"软骨病"，人生勇气、意志与毅力都会出现严重问题，从而极易受到各种不良思想行为的诱惑、误导、传染，难以在时代洪流中成为砥柱新人，甚至被时代洪流所淘汰。在坚持理想信念的行动上，习近平总书记告诉青年，中国梦为青年清晰地指明了历史使命、奋斗目标和前进方向，青年要爱党、爱国、爱社会主义，树立坚定的政治方向和远大的人生志向，坚定四个自信；青年要保持对理想信念的激情和执着，将实现"两个一百年"奋斗目标、实现中华民族伟大复兴中国梦的历史使命内化为担当的自觉，外化为实际的行动。

2. 广大青年一定要练就过硬本领

青年为什么要练就过硬本领？"学习是成长进步的阶梯，实践是提高本领的途径。青年的素质和本领直接影响着实现中国梦的进程。古人说：'学如弓弩，才如箭镞。'说的是学问的根基好比弓弩，才能好比箭头，只要依靠厚实的见识来引导，就可以让才能很好发挥作用。青年人正处于学习的黄金时期，应该把学习作为首要任务，作为一种责任、一种精神追求、一种生活方式，树立梦想从学习开始、事业靠本领成就的观念，让勤奋学习成为青春远航的动力,让增长本领成为青春搏击的能量。"

青年如何练就过硬本领?"广大青年要坚持面向现代化、面向世界、面向未来,增强知识更新的紧迫感,如饥似渴学习,既扎实打牢基础知识又及时更新知识,既刻苦钻研理论又积极掌握技能,不断提高与时代发展和事业要求相适应的素质和能力。要坚持学以致用,深入基层、深入群众,在改革开放和社会主义现代化建设的大熔炉中,在社会的大学校里,掌握真才实学,增益其所不能,努力成为可堪大用、能担重任的栋梁之材。"

习近平总书记告诉青年不断增强的本领才干是青春焕发光彩的重要源泉,青年要自觉加强学习、勤奋探索。青年应把学习作为首要任务,既刻苦钻研理论知识,又积极掌握实践技能;既向书本学,又向实践学、向群众学,让勤奋学习成为青春远航的动力,让增长本领成为青春搏击的能量。

3. 广大青年一定要勇于创新创造

青年为什么要勇于创新创造?"创新是民族进步的灵魂,是一个国家兴旺发达的不竭源泉,也是中华民族最深沉的民族禀赋,正所谓'苟日新,日日新,又日新'。生活从不眷顾因循守旧、满足现状者,从不等待不思进取、坐享其成者,而是将更多机遇留给善于和勇于创新的人们。青年是社会上最富活力、最具创造性的群体,理应走在创新创造前列。"

青年如何勇于创新创造?"广大青年要有敢为人先的锐气,勇于解放思想、与时俱进,敢于上下求索、开拓进取,树立在继承前人的基础上超越前人的雄心壮志,以青春之我,创建青春之国家,青春之民族。要有逢山开路、遇河架桥的意志,为了创新创造而百折不挠、勇往直前。要有探索真知、求真务实的态度,在立足本职的创新创造中不断积累经验、取得成果。"

在当代中国,社会发展离不开改革创新,改革创新是社会发展的重要动力,是我国赢得未来的必然要求。青年思维活跃,好奇心强、求知欲盛,敢于尝试新生事物,青年时期是创新创造的宝贵时期。青年正置身于实现中华民族伟大复兴的时代洪流之中,应当树立创新创造的自觉意识、敢于突破陈规、大胆探索未知领域,增强创新创造的能力和本领,勇做创新创造的实践者和生力军。

4. 广大青年一定要矢志艰苦奋斗

青年为什么要矢志艰苦奋斗?"'宝剑锋从磨砺出,梅花香自苦寒来。'人类的美好理想,都不可能唾手可得,都离不开筚路蓝缕、手胝足胝的艰苦奋斗。我们的国家，我们的民族，从积贫积弱一步一步走到今天的发展繁荣，靠的就是一代又一代人的顽强拼搏，靠的就是中华民族自强不息的奋斗精神。当前，我们既面临着重要发展机遇，也面临着前所未有的困难和挑战。梦在前方，路在脚下。自胜者强，自强者胜。实现我们的发展目标，需要广大青年锲而不舍、驰而不息的奋斗。"

青年如何矢志艰苦奋斗？"广大青年要牢记'空谈误国、实干兴邦'，立足本职、埋头苦干，从自身做起，从点滴做起，用勤劳的双手、一流的业绩成就属于自己的人生精彩。要不怕困难、攻坚克难，勇于到条件艰苦的基层、国家建设的一线、项目攻关的前沿，经受锻炼，增长才干。要勇于创业、敢闯敢干，努力在改革开放中闯新路、创新业，不断开辟事业发展新天地。"

理想的实现必然会遇到各种各样的困难和波折，充满着艰险和坎坷。实现理想、创造未来，必须有战胜种种艰难险阻的坚定不移的信心和坚忍不拔的毅力。当代中国既面临着重要发展机遇，也面临着前所未有的困难和挑战。实现我们的发展目标，需要广大青年锲而不舍、驰而不息的奋斗，不断书写奉献青春的时代篇章。

5. 广大青年一定要锤炼高尚品格

青年为什么要锤炼高尚品格？"中国特色社会主义是物质文明和精神文明全面发展的社会主义。一个没有精神力量的民族难以自立自强，一项没有文化支撑的事业难以持续长久。青年是引风气之先的社会力量。一个民族的文明素养很大程度上体现在青年一代的道德水准和精神风貌上。"

青年如何锤炼高尚品格？"广大青年要把正确的道德认知、自觉的道德养成、积极的道德实践紧密结合起来，自觉树立和践行社会主义核心价值观，带头倡导良好社会风气。要加强思想道德修养，自觉弘扬爱国主义、集体主义、社会主义思想，积极倡导社会公德、职业道德、家庭美德。要牢记'从善如登，从恶如崩'的道理，始终保持积极的人生态度、良好的道德品质、健康的生活情趣。要倡导社会文明新风，带头学雷锋，积极参加志愿服务，主动承担社会责任，热诚关爱他人，多做扶贫济困、扶弱助残的实事好事，以实际行动促进社会进步。"

当代青年担负着新时代赋予的历史责任，应当将社会主义核心价值观转化为人生的价值准则，勤学以增智、修德以立身、明辨以正心、笃实以为功，应当与历史同向、与祖国同行、与人民同在，在服务人民、奉献社会的实践中创造有意义的人生。

梁启超先生在《少年中国说》中写道："少年智则国智，少年富则国富；少年强则国强……美哉我少年中国，与天不老！壮哉我中国少年，与国无疆！"当代青年只有胸怀梦想、脚踏实地，自觉地将个人的成长、进步融入推动国家富强、民族振兴、人民幸福的时代大潮中，在为祖国和人民的奉献中书写壮丽的青春，让人生出彩的机会在时代进步中焕发出绚丽的光彩，才能担当重任，不负此生。

三、价值意义

《在实现中国梦的生动实践中放飞青春梦想》这篇经典在理论和实践方面具有重要意义：

理论意义。一是此篇关于中国梦的论述是中国梦理论的重要部分。中国梦内含历史、现实、未来的贯通，是近代以来中华民族的夙愿和最伟大梦想。中国梦是国家、民族、个人的融合，中国梦归根到底是人民的梦，是每一个中国人的梦。二是从青年角度论述了青年是让中国梦成为现实的重要力量。

实践意义。此篇经典激发青年把个人的梦想与国家民族梦想统一起来，引导青年为实现"两个一百年"奋斗目标而努力，鼓励和指导青年在为实现中华民族伟大复兴梦想的奋斗中实现青春梦想，从而为社会主义现代化建设提供激扬的青春力量。

社会效应。在习近平总书记发表主题团日重要讲话之后，共青团积极行动，在全国广大青少年中深入开展"我的中国梦"主题教育实践活动，青少年积极参加中国梦学习、参观中国梦展览、我的中国梦征文、我的中国梦行动等"我的中国梦"教育实践活动，激发了广大青少年的历史责任感，为中国梦增添了强大青春能量。从习近平总书记发表主题团日重要讲话，到《在实现中国梦的生动实践中放飞青春梦想》成篇，再到今天，无数中国青少年被中国梦所激励，胸怀民族复兴梦想，坚定跟党走社会主义道路，在自己的学习和社会实践中勇于拼搏、奋斗进取，竭力为全面建成小康社会、为实现社会主义现代化强国奉献自己的青春力量。

模块二经典文献：《在纪念红军长征胜利80周年大会上的讲话》

【教学导入】请回答下面三个问题：你知道今年是红军长征胜利多少周年

吗？你知道"官兵一致同甘苦，革命理想高于天"这句歌词展现的是什么场景吗？能谈谈你理解的"长征精神"吗？

【教学目的】通过本模块专题教学，帮助大学生在精读文献的基础上，深刻理解长征的伟大意义和精神内涵，明确如何才能弘扬伟大长征精神，走好新时代的长征路。

【教学重点】长征的伟大意义；伟大长征精神的内涵；"弘扬伟大长征精神，走好今天的长征路"的具体要求。

【教案正文】

一、背景介绍

1934年10月至1936年10月的红军长征是中国共产党和中国人民解放军历史上的重大事件，在中国历史乃至世界历史上都具有重要影响。在中国革命史上，长征发挥了打通门径、扭转时局、推动历史的关键作用，也因此成为中国共产党的重要历史资源和政治资源，并在经济、文化、社会等领域产生了重大而深远的影响。中华人民共和国成立70多年来，党和国家举行了一系列长征纪念活动，纪念规格越来越高，社会影响越来越大，活动内容日趋丰富，社会功能愈加彰显。

2016年，时值长征胜利80周年，全国各地再次掀起了长征纪念活动的热潮。10月21日，中共中央在北京人民大会堂隆重举行纪念大会，在京党和国家领导人、老红军和老同志代表、各界群众等约3000人出席大会。在纪念大会上，中共中央总书记、国家主席、中央军委主席习近平代表党中央、国务院和中央军委，代表全党全军全国各族人民，发表了我们今天要解析的这篇重要讲话，号召全党全军全国各族人民"弘扬伟大长征精神，走好今天的长征路"。

二、框架结构

《在纪念红军长征胜利80周年大会上的讲话》（本模块以下简称《讲话》）全文共9600多字，内容大致可以分为五个方面。

第一，回顾80年前红军长征这一革命壮举；第二，总结长征的伟大意义；第三，归纳伟大长征精神的内涵；第四，提出"弘扬伟大长征精神，走好今天的长征路"的具体要求；第五，寄语未来。

三、重点解读

中国共产党领导的工农红军历经艰苦卓绝的二万五千里长征，在陕甘宁地区胜利会师。经过血与火淬炼的长征精神，跨越时空、彪炳史册，成为中华民族的一座丰碑。通读这篇近万字的光辉历史文献，我们要深刻把握以下五个方面的内容。

（一）长征的历史回顾

习近平总书记在《讲话》中多次回顾了红军长征这一革命壮举、壮丽史诗和巍峨丰碑。其中有一些内容需要我们牢记。

1. 红军长征历史背景中提到的"三个危急关头"

《讲话》强调，红军长征的那个年代，中国处在半殖民地半封建社会的黑暗境地，社会危机四伏，日寇野蛮侵略，国民党反动派置民族危亡于不顾，向革命根据地连续发动大规模"围剿"，中国共产党和红军到了危急关头，中国革命到了危急关头，中华民族到了危急关头。

2. 红军长征的时间和有关数字

《讲话》指出，面对生死存亡的严峻考验，从 1934 年 10 月至 1936 年 10 月，红军第一、第二、第四方面军和第二十五军进行了伟大的长征。长征途中，英雄的红军血战湘江，四渡赤水，巧渡金沙江，强渡大渡河，飞夺泸定桥，鏖战独树镇，勇克包座，转战乌蒙山，击退上百万穷凶极恶的追兵阻敌，征服空气稀薄的冰山雪岭，穿越渺无人烟的沼泽草地，纵横十余省，长驱二万五千里。

在漫漫征途中，红军将士同敌人进行了 600 余次战役战斗，跨越近百条江河，攀越 40 余座高山险峰，其中海拔 4000 米以上的雪山就有 20 余座，穿越了被称为"死亡陷阱"的茫茫草地，用顽强意志征服了人类生存极限。在红一方面军二万五千里的征途上，平均每 300 米就有一名红军牺牲。红军将士上演了世界军事史上威武雄壮的战争活剧，创造了气吞山河的人间奇迹。

3. 对红军长征的高度评价

《讲话》指出，我们党领导红军，以非凡的智慧和大无畏的英雄气概，战胜千难万险，付出巨大牺牲，胜利完成震撼世界、彪炳史册的长征；宣告了国民党反动派消灭中国共产党和红军的图谋彻底失败；宣告了中国共产党和红军肩负着民族希望胜利实现了北上抗日的战略转移；实现了中国共产党和中国革命事业从挫折走向胜利的伟大转折；开启了中国共产党为实现民族独立、人民解放而斗争的新的伟大进军。

这一惊天动地的革命壮举，是中国共产党和红军谱写的壮丽史诗，是中华民族伟大复兴历史进程中的巍峨丰碑。

4. 致敬及默哀

在《讲话》中，习近平总书记代表党中央、国务院和中央军委，代表全党全军全国各族人民，向领导红军创造这一历史伟业的毛泽东、周恩来、朱德等老一辈革命家，向在长征中浴血奋战和在各地坚持革命斗争的红军指战员，向当年支援红军长征的各族人民特别是各革命根据地人民，向所有健在的红军老战士，致以崇高的敬意。他还提议全体起立，为在长征途中和在各地革命斗争中英勇牺牲的革命烈士默哀。

(二) 长征的伟大意义

习近平总书记在《讲话》中指出，穿越历史的沧桑巨变，回望 80 年前那段苦难和辉煌，我们更加深刻地认识到，长征在我们党、国家、军队发展史上具有十分伟大的意义，对中华民族历史进程具有十分深远的影响。在这里，习近平总书记用四个"伟大远征"总结了长征的意义。

1. 长征是一次理想信念的伟大远征

《讲话》强调，崇高的理想，坚定的信念，永远是中国共产党人的政治灵魂。中国共产党从成立之日起，就把共产主义确立为远大理想，始终团结带领中国人民朝着这个伟大理想前行。党和红军几经挫折而不断奋起，历尽苦难而淬火成钢，归根到底在于心中的远大理想和革命信念始终坚定执着，始终闪耀着火热的光芒。

长征的胜利，是中国共产党人理想的胜利，是中国共产党人信念的胜利。"风雨浸衣骨更硬，野菜充饥志越坚；官兵一致同甘苦，革命理想高于天。"在风雨如磐的长征路上，崇高的理想，坚定的信念，激励和指引着红军一路向前。

长征的胜利，靠的是红军将士压倒一切敌人而不被任何敌人所压倒、征服一切困难而不被任何困难所征服的英雄气概和革命精神。长征向全中国、向全世界庄严宣告，中国共产党及其领导的人民军队，是用马克思主义武装的、以共产主义为崇高理想和坚定信念的。长征路上的苦难、曲折、死亡，检验了中国共产党人的理想信念，向世人证明了中国共产党人的理想信念是坚不可摧的。

2. 长征是一次检验真理的伟大远征

《讲话》指出,真理只有在实践中才能得到检验,真理只有在实践中才能得到确立。长征途中,红军面临着凶恶残暴的追兵阻敌,面临着严酷恶劣的自然环境,还面临着同党内错误思想的激烈斗争。经过长征,党和红军不是弱了,而是更强了,因为我们党找到了中国革命的正确道路,找到了指引这条道路的正确理论。

长征的胜利,使我们党进一步认识到,只有把马克思列宁主义基本原理同中国革命具体实际结合起来,独立自主解决中国革命的重大问题,才能把革命事业引向胜利。这是在血的教训和斗争考验中得出的真理。

长征的胜利,实现了在追求真理、坚持真理的基础上全党的空前团结、红军的空前团结。没有这种思想上政治上的大团结,中国革命胜利是不可能实现的。经过长征的千锤百炼,我们党在思想上不断成熟,成为中国人民进行抗日战争的中流砥柱,成为中国革命赢得最后胜利的中坚力量。

3. 长征是一次唤醒民众的伟大远征

《讲话》强调,红军打胜仗,人民是靠山。长征是历史纪录上的第一次,长征是宣言书,长征是宣传队,长征是播种机。面对正义和邪恶两种力量的交锋、光明和黑暗两种前途的抉择,我们党始终植根于人民,联系群众、宣传群众、武装群众、团结群众、依靠群众,以自己的模范行动,赢得人民群众真心拥护和支持,广大人民群众是长征胜利的力量源泉。

长征的胜利,宣传了我们党的主张,播撒下革命的火种,扩大了党和红军的影响,巩固了党同人民群众的血肉联系,使党牢牢扎根在人民之中。

长征的胜利,充分展示了中国共产党性质和宗旨的力量,充分说明了中国共产党必须在人民中间生根开花,必须紧紧依靠人民来克服困难、赢得胜利。

4. 长征是一次开创新局的伟大远征

《讲话》指出,长征的胜利,是方向和道路的胜利。长征的过程,不仅是战胜敌人、赢得胜利、实现战略目标的过程,而且是联系实际、创新理论、探索革命道路的过程。长征途中,我们党通过艰苦卓绝的实践探索,成功把解决生存危机同拯救民族危亡联系在一起,把长征的大方向同建立抗日前进阵地联系在一起,实现了国内革命战争向抗日民族战争的转变,为夺取中国人民抗日战争胜利、进而夺取新民主主义革命胜利打下了坚实基础。

长征的胜利，不仅保存了革命力量，而且使我们党找到了中国革命力量生存发展新的落脚点，找到了中国革命事业胜利前进新的出发点。从长征的终点出发，我们党领导中国人民展开了中国革命波澜壮阔的新画卷。

长征的胜利，使我们党以陕甘宁革命根据地为中心，推动一大批革命根据地如雨后春笋般建立和发展起来，革命的火种在神州大地渐成燎原之势，有力推动了新的革命高潮到来。

（三）伟大长征精神的内涵

习近平总书记在《讲话》中强调，长征这一人类历史上的伟大壮举，留给我们最宝贵的精神财富，就是中国共产党人和红军将士用生命和热血铸就的伟大长征精神。

在这里我们说，"长征精神"这一概念的提出有一个历史过程，它是在不断探讨和总结红军长征胜利的原因时提出，进而逐步明晰明朗起来的。它是对红军长征这一伟大实践所体现出的思想内涵的高度概括和提炼，是无数红军大无畏精神和革命乐观主义的反映，是红军集体精神和品质的体现。

早在1935年10月的共产国际会议上，陈云同志作了《关于红军长征情况的报告》。在这个报告中，他将每一次胜利归之于"英雄主义精神和高明的领导""党的正确领导""正确对待群众和得到群众的支持"等方面，其中还提到所拥有的一支"真正富有自我牺牲精神""英勇无畏"的"为实现共产国际总路线而斗争的干部队伍"。之后，周恩来同志在1936年10月红军三大主力胜利会师时提出了"我们一刻也不能丢掉长征精神"的重要论断，"长征精神"的概念由此出现。在长征胜利结束后的不同时代和历史时期，许多党和国家领导人也先后以不同形式对长征精神进行了概括、阐释和演绎，使之成为与井冈山精神、延安精神、西柏坡精神等相并列的独立精神形态。

在《讲话》中，习近平总书记就长征精神作了更进一步的阐释和发展，进而使得长征精神的科学内涵变得更加全面、具体、科学、生动和深刻。他指出，伟大长征精神，就是把全国人民和中华民族的根本利益看得高于一切，坚定革命的理想和信念，坚信正义事业必然胜利的精神；就是为了救国救民，不怕任何艰难险阻，不惜付出一切牺牲的精神；就是坚持独立自主、实事求是，一切从实际出发的精神；就是顾全大局、严守纪律、紧密团结的精神；就是紧紧依靠人民群众，同人民群众生死相依、患难与共、艰苦奋斗的精神。

伟大长征精神，是中国共产党人及其领导的人民军队革命风范的生动反映，是中华民族自强不息的民族品格的集中展示，是以爱国主义为核心的民族精神的最高体现。

（四）"弘扬伟大长征精神，走好今天的长征路"的具体要求

习近平总书记在《讲话》中指出，弘扬伟大长征精神，走好今天的长征路，是新的时代条件下我们面临的一个重大课题。伟大长征精神，是党和人民付出巨大代价、进行伟大斗争获得的宝贵精神财富，我们世世代代都要牢记伟大长征精神、学习伟大长征精神、弘扬伟大长征精神，使之成为我们党、我们国家、我们人民、我们军队、我们民族不断走向未来的强大精神动力。

他强调，历史是不断向前的，要达到理想的彼岸，就要沿着我们确定的道路不断前进。每一代人有每一代人的长征路，每一代人都要走好自己的长征路。今天，我们这一代人的长征，就是要实现"两个一百年"奋斗目标、实现中华民族伟大复兴的中国梦。今天的长征同当年的红军长征相比，同改革开放以来我们已经走过的新长征之路相比，虽然在环境、条件、任务、力量等方面有一些差异甚至有很大不同，但都是具有开创性、艰巨性、复杂性的事业。

长征永远在路上。一个不记得来路的民族，是没有出路的民族。不论我们的事业发展到哪一步，不论我们取得了多大成就，我们都要大力弘扬伟大长征精神，在新的长征路上继续奋勇前进。

具体来说，在《讲话》中，习近平总书记提出了六个方面的要求。

（1）弘扬伟大长征精神，走好今天的长征路，必须坚定共产主义远大理想和中国特色社会主义共同理想，为崇高理想信念而矢志奋斗。

《讲话》指出，长征胜利启示我们：心中有信仰，脚下有力量；没有牢不可破的理想信念，没有崇高理想信念的有力支撑，要取得长征胜利是不可想象的。邓小平同志说："过去我们党无论怎样弱小，无论遇到什么困难，一直有强大的战斗力，因为我们有马克思主义和共产主义的信念。有了共同的理想，也就有了铁的纪律。无论过去、现在和将来，这都是我们的真正优势。"

在新的长征路上，我们一定要保持理想信念坚定，不论时代如何变化，不论条件如何变化，都风雨如磐不动摇，自觉做共产主义远大理想和中国特色社会主义共同理想的坚定信仰者、忠实实践者，永远为了真理而斗争，永远为了理想而斗争。

（2）弘扬伟大长征精神，走好今天的长征路，必须坚定中国特色社会主义道路自信、理论自信、制度自信、文化自信，为夺取中国特色社会主义伟大事业新胜利而矢志奋斗。

《讲话》指出，长征胜利启示我们：只有掌握科学理论才能把握正确前进方向；只有立足实际、独立自主开辟前进道路，才能不断走向胜利。长征走过的道路，不仅翻越了千山万水，而且翻越了把马克思主义当作一成不变的教条的错误思想障碍。长征给我们的根本经验和启示，就是要坚持马克思主义基本原理同中国具体实际相结合，坚定不移走符合中国国情的革命、建设、改革道路。

在新的长征路上，我们要坚信，中国特色社会主义道路是实现社会主义现代化的必由之路，是指引中国人民创造自己美好生活的必由之路。中国特色社会主义理论体系是指导党和人民沿着中国特色社会主义道路实现中华民族伟大复兴的正确理论，是立于时代前沿、与时俱进的科学理论。中国特色社会主义制度是当代中国发展进步的根本制度保障，是具有鲜明中国特色、明显制度优势、强大自我完善能力的先进制度。中国特色社会主义文化积淀着中华民族最深层的精神追求，代表着中华民族独特的精神标识，是中国人民胜利前行的强大精神力量。这一点，不仅已经在理论上被证明是正确的，而且在实践上也被证明是正确的。

（3）弘扬伟大长征精神，走好今天的长征路，必须把人民放在心中最高位置，坚持一切为了人民、一切依靠人民，为人民过上更加美好生活而矢志奋斗。

《讲话》指出，长征胜利启示我们：人民群众有着无尽的智慧和力量，只有始终相信人民，紧紧依靠人民，充分调动广大人民的积极性、主动性、创造性，才能凝聚起众志成城的磅礴之力。一部红军长征史，就是一部反映军民鱼水情深的历史。同人民风雨同舟、血脉相通、生死与共，是中国共产党和红军取得长征胜利的根本保证，也是我们战胜一切困难和风险的根本保证。中国共产党之所以能够发展壮大，中国特色社会主义之所以能够不断前进，正是因为依靠了人民。中国共产党之所以能够得到人民拥护，中国特色社会主义之所以能够得到人民支持，也正是因为造福了人民。

在新的长征路上，全党必须牢记，为什么人、靠什么人的问题，是检验一个政党、一个政权性质的试金石。我们要始终把人民立场作为根本政治立场，把人民利益摆在至高无上的地位，不断把为人民造福事业推向前进。我们要团结带领全体人民，以自己的辛勤劳动和不懈努力，不断保障和改善民生，让改革发展成果更多更公平惠及全体人民，朝着实现全体人民共同富裕的目标稳步迈进。

（4）弘扬伟大长征精神，走好今天的长征路，必须把握方向、统揽大局、统筹全局，为实现我们的总任务、总布局、总目标而矢志奋斗。

《讲话》指出，长征胜利启示我们：一个党要立于不败之地，必须立于时代潮头，紧扣新的历史特点，科学谋划全局，牢牢把握战略主动，坚定不移实现我们的战略目标。长征走的是高山峻岭，渡的是大河险滩，过的是草地荒原，但每一个行程、每一次突围、每一场战斗都从战略全局出发，既赢得了战争胜利，也赢得了战略主动。这既是一种精神，也是一种智慧。

在新的长征路上，我们要立足世情国情党情，统筹国内国际两个大局，统筹党和国家事业发展全局，协调推进各项事业发展，抓住战略重点，实现关键突破，赢得战略主动，防范系统性风险，避免颠覆性危机，维护好发展全局。

（5）弘扬伟大长征精神，走好今天的长征路，必须建设同我国国际地位相称、同国家安全和发展利益相适应的巩固国防和强大军队，为维护国家安全和世界和平而矢志奋斗。

《讲话》中指出，长征胜利启示我们：人民军队是革命的依托、民族的希望，党对军队绝对领导是人民军队赢得胜利的根本保证。长征锻炼了人民军队，长征磨炼了人民军队，长征成就了人民军队，长征开启了人民军队发展的新起点。长征是人民军队的光荣，光荣的人民军队必须永远继承红军长征的伟大精神和优良作风。

在新的长征路上，我们要坚持以党在新形势下的强军目标为引领，深入贯彻新形势下军事战略方针，努力建设世界一流军队。

（6）弘扬伟大长征精神，走好今天的长征路，必须加强党的领导，坚持全面从严治党，为推进党的建设新的伟大工程而矢志奋斗。

《讲话》指出，长征胜利启示我们：党的领导是党和人民事业成功的根本保证。毛泽东同志指出："谁使长征胜利的呢？是共产党。没有共产党，这样的长征是不可能设想的。中国共产党，它的领导机关，它的干部，它的党员，是不怕任何艰难困苦的。"中国共产党的领导，是中国革命、建设、改革不断取得胜利最根本的保证，是中国特色社会主义最本质的特征，也是中国特色社会主义的最大优势，必须毫不动摇坚持和完善。

在新的长征路上，全党同志都要自觉坚持和维护党的领导，自觉站在党和人民立场上，对党忠诚、为党分忧、为党担责、为党尽责，竭尽全力完成党交给的职责和任务，通过全党共同努力，使我们党永远同人民在一起、永远走在时代前列。

（五）催人奋进的结束语

在《讲话》的结尾，习近平总书记强调，长征胜利80年来，我们党团结带领全国各族人民，不断推进革命、建设、改革伟大事业，进行了一次又一次波澜壮阔的伟大长征，夺取了一个又一个举世瞩目的伟大胜利。现在，我们比历史上任何时期都更接近中华民族伟大复兴的目标，比历史上任何时期都更有信心、有能力实现这个目标。我们这一代人，继承了前人的事业，进行着今天的奋斗，更要开辟明天的道路。

蓝图已绘就，奋进正当时。前进道路上，我们要大力弘扬伟大长征精神，激励和鼓舞全党全军全国各族人民特别是青年一代发奋图强、奋发有为，继续把革命前辈开创的伟大事业推向前进，在实现"两个一百年"奋斗目标、实现中华民族伟大复兴中国梦新的长征路上续写新的篇章、创造新的辉煌！

四、价值启示

习近平总书记的这篇重要讲话，着眼党和国家事业发展全局，号召全党全国各族人民弘扬伟大长征精神，在实现"两个一百年"奋斗目标、实现中华民族伟大复兴中国梦新的长征路上续写新的篇章、创造新的辉煌，为我们这一代人走好自己的长征路指明了方向、提供了遵循。

（一）弘扬伟大长征精神

正如习近平总书记在《讲话》中强调的，人无精神则不立，国无精神则不强。精神是一个民族赖以长久生存的灵魂，唯有精神上达到一定的高度，这个民族才能在历史的洪流中屹立不倒、奋勇向前。伟大长征精神，作为中国共产党人红色基因和精神族谱的重要组成部分，已经深深融入中华民族的血脉和灵魂，成为社会主义核心价值观的丰富滋养，成为鼓舞和激励中国人民不断攻坚克难、走向胜利的强大精神动力。

疾风烈火，碧血丹心，长征标注了人类精神的新高度。迢遥万里的跋涉中，长征精神体现为坚如磐石的理想、正义必胜的信念；体现为救国救民的担当、无怨无悔的牺牲；体现为独立自主的勇气、实事求是的品格；体现为顾全大局的胸怀、团结一心的素养；体现为人民至上的情怀、植根群众的作风。伟大长征精神，是中国共产党人及其领导的人民军队革命风范的生动反映，是中华民族自强不息的民族品格的集中展示，是以爱国主义为核心的民族精神的最高体现。

在《讲话》中，习近平总书记深刻总结了长征的伟大意义和精神内涵，生动阐释了长征精神跨越时空的时代价值。接续历史，把革命前辈开创的光辉事业推向前进，需要我们大力弘扬长征精神，在新的长征路上续写新的篇章。

（二）走好今天的"长征路"

正如习近平总书记在《讲话》中强调的，每一代人有每一代人的长征路，每一代人都要走好自己的长征路。习近平总书记着眼长征在我们党、国家、军队发展史上的伟大意义和对中华民族历史进程的深远影响，强调大力"弘扬伟大长征精神，走好今天的长征路"的"六个必须"总要求，激发起全党同志和全国各族人民团结一心、赓续奋斗的信念和决心。

山河为碑，历史为证。长征的胜利，是坚定理想、恪守信仰的胜利；是追求真理、坚持真理的胜利；是团结群众、依靠群众的胜利；是实事求是、理论创新的胜利。长征的启示，成为我们党、我们民族不断攻坚克难、从胜利走向胜利的信念之源、力量之源、精神之源。今天中国的进步和发展，是从长征中走出来的，达到理想的彼岸，还必须沿着我们确定的道路不断前进。

长征永远在路上。正如习近平总书记强调的，我们这一代人的长征，就是要实现"两个一百年"奋斗目标、实现中华民族伟大复兴的中国梦。今天的新长征路上，发展的任务紧迫繁重，改革的攻坚艰苦卓绝，其开创性、艰巨性、复杂性，丝毫不亚于当年的万里长征。在新长征路上，我们还有许多"雪山""草地"需要跨越，还有许多"娄山关""腊子口"需要征服。深入领会贯彻好习近平总书记的重要讲话精神，把中国共产党人和红军将士用生命和热血铸就的伟大长征精神，更好地融入我们的血脉和灵魂，汇聚起建设新时代中国特色社会主义的磅礴力量，我们必能在新长征路上不断攻坚克难、从胜利走向胜利。

"中国一定有个可赞美的光明前途""我们民族就可以无愧色地立在人类

的面前",方志敏同志曾这样畅想未来"可爱的中国"。我们这一代人继承了前人的事业,进行着今天的奋斗,更要开辟明天的道路。让我们弘扬伟大长征精神,以昂扬的斗志、无畏的勇气、踏实的行动,朝着民族复兴的远大理想勇往直前、不懈奋斗。

模块三经典文献:《大力弘扬伟大爱国主义精神 为实现中国梦提供精神支柱》[1]

【教学导入】请思考并回答下面三个问题:中国梦的基本内涵是什么?个人梦与中国梦是怎样的关系?要实现中国梦,为什么必须大力弘扬伟大爱国主义精神?

【教学目的】通过本模块的专题教学,帮助大学生理解实现"中国梦"是当代中国爱国主义的鲜明主题,实现中国梦必须走中国道路、弘扬中国精神、凝聚中国力量。

【教学重点】爱国主义是中华民族精神的核心;中国共产党是爱国主义精神最坚定的弘扬者和实践者;如何弘扬爱国主义精神。

【教案正文】

一、背景介绍

中共中央政治局于 2015 年 12 月 30 日下午就中华民族爱国主义精神的历史形成和发展进行第二十九次集体学习。中共中央总书记习近平在主持学习时强调,伟大的事业需要伟大的精神。实现中华民族伟大复兴的中国梦,是当代中国爱国主义的鲜明主题。要大力弘扬伟大爱国主义精神,大力弘扬以改革创新为核心的时代精神,为实现中华民族伟大复兴的中国梦提供共同精神支柱和强大精神动力。

清华大学陈来教授就这个问题进行讲解,并谈了意见和建议。中共中央政治局各位同志认真听取了他的讲解。

---

〔1〕 这篇讲话发表于《人民日报》2015 年 12 月 31 日,第 1 版。本模块中引文,除有注释外,皆引自这篇讲话,不再说明。

二、框架结构

习近平总书记在这次学习中重点强调了三个问题：

第一，爱国主义是中华民族精神的核心。

第二，中国共产党是爱国主义精神最坚定的弘扬者和实践者，始终把实现中华民族伟大复兴作为自己的历史使命。

第三，如何弘扬爱国主义精神。

三、重点解读

（一）爱国主义是中华民族精神的核心

习近平总书记指出："爱国主义精神深深植根于中华民族心中，是中华民族的精神基因，维系着华夏大地上各个民族的团结统一，激励着一代又一代中华儿女为祖国发展繁荣而不懈奋斗。5000 多年来，中华民族之所以能够经受住无数难以想象的风险和考验，始终保持旺盛生命力，生生不息，薪火相传，同中华民族有深厚持久的爱国主义传统是密不可分的。"

罗素认为："从孔子时代以来，古埃及、巴比伦、马其顿、罗马帝国都先后灭亡，只有中国通过不断进化而依然生存。"

黑格尔认为："只有黄河、长江流过的那个中华帝国是世界上唯一持久的国家，征服无从影响这样的一个帝国。"

因为中华民族有着深厚的爱国主义优良传统。热爱祖国、矢志不渝，天下兴亡、匹夫有责，维护统一、反对分裂，同仇敌忾、抗御外侮。

中国古代爱国主义传统：中华民族爱国主义运动是同各民族的不断融合和中国社会的不断发展相联系的，缔造、维护和捍卫祖国的统一和民族团结，反对分裂，抵御外侮，成为古代爱国主义的主题。

近代爱国主义主题：拯救危亡困境中的中国。从鸦片战争后，随着帝国主义的入侵，我国逐渐沦为半殖民地半封建社会，都是紧密围绕反对帝国主义和封建主义为内容的。

现代爱国主义的主题：建立独立自主的新中国。

新时代爱国主义的主题：弘扬中国精神，实现中国梦。

（二）中国共产党是爱国主义精神最坚定的弘扬者和实践者，始终把实现
中华民族伟大复兴作为自己的历史使命

习近平总书记强调："90多年来，我们党团结带领全国各族人民进行的革命、建设、改革实践，是爱国主义的伟大实践，写下了中华民族爱国主义精神的辉煌篇章。"

实现中华民族伟大复兴是近代以来中华民族最伟大的梦想。中国共产党一经成立，就把实现共产主义作为党的最高理想和最终目标，义无反顾地肩负起实现中华民族伟大复兴的历史使命，团结带领人民进行了艰苦卓绝的斗争，谱写了气吞山河的壮丽史诗。

中国共产党成立至今已经100多年了，在实现中华民族伟大复兴的历史进程中，中国共产党做了三件大事：救国、兴国、强国。

救国：实现中华民族伟大复兴的根本前提。

中国共产党成立后，团结带领人民进行28年浴血奋战，打败日本帝国主义，推翻国民党反动统治，完成新民主主义革命，建立了中华人民共和国。彻底结束了旧中国半殖民地半封建社会的历史；彻底结束了旧中国一盘散沙的局面；彻底废除了列强强加给中国的不平等条约和帝国主义在中国的一切特权；实现了中国从几千年封建专制政治向人民民主的伟大飞跃。

兴国：实现中华民族伟大复兴的重要基础。

中华人民共和国成立以后，中国共产党团结带领人民完成社会主义革命，确立社会主义基本制度，消灭一切剥削制度，进行社会主义建设，完成中华民族有史以来最为广泛而深刻的社会变革。为当代中国一切发展进步奠定了根本政治前提和制度基础；为中国发展富强和中国人民富裕起来奠定了坚实基础；实现了中华民族由近代不断衰落到根本扭转命运、持续走向繁荣富强的伟大飞跃。

强国：实现中华民族伟大复兴迎来光明前景。

十一届三中全会以来，中国共产党带领中国人民坚定不移地进行改革开放。"今天，我们比历史上任何时期都更接近、更有信心和能力实现中华民族伟大复兴的目标。"[1]回顾这一时期的历史变革和成就，其贡献意义在于：开辟了中国特色社会主义道路，形成了中国特色社会主义理论体系；确立了中

---

〔1〕《习近平谈治国理政》（第3卷），外文出版社2020年版，第12页。

国特色社会主义制度，发展了中国特色社会主义文化；使中国大踏步赶上时代，实现了中国人民从站起来、富起来到强起来的伟大飞跃。

中国共产党领导中国人民取得了一个又一个伟大胜利。使具有 5000 多年文明历史的中华民族全面迈向现代化；使具有 500 年历史的社会主义在 21 世纪焕发出新的蓬勃生机，为解决人类问题贡献了中国智慧和中国方案；使具有 70 年历史的中国建设取得举世瞩目的成就；使中国这个世界上最大的发展中国家在短短 30 多年里摆脱贫困并跃升为世界第二大经济体，创造了人类社会发展史上惊天动地的发展奇迹。

（三）如何弘扬爱国主义精神

1. 弘扬爱国主义精神，必须把爱国主义教育作为永恒主题

"要把爱国主义教育贯穿国民教育和精神文明建设全过程。要深化爱国主义教育研究和爱国主义精神阐释，不断丰富教育内容、创新教育载体、增强教育效果。要充分利用我国改革发展的伟大成就、重大历史事件纪念活动、爱国主义教育基地、中华民族传统节庆、国家公祭仪式等来增强人民的爱国主义情怀和意识，运用艺术形式和新媒体，以理服人、以文化人、以情感人，生动传播爱国主义精神，唱响爱国主义主旋律，让爱国主义成为每一个中国人的坚定信念和精神依靠。要结合弘扬和践行社会主义核心价值观，在广大青少年中开展深入、持久、生动的爱国主义宣传教育，让爱国主义精神在广大青少年心中牢牢扎根，让广大青少年培养爱国之情、砥砺强国之志、实践报国之行，让爱国主义精神代代相传、发扬光大。"

2. 弘扬爱国主义精神，必须坚持爱国主义和社会主义相统一

我国爱国主义始终围绕着实现民族富强、人民幸福而发展，最终汇流于中国特色社会主义。祖国的命运和党的命运、社会主义的命运是密不可分的。只有坚持爱国和爱党、爱社会主义相统一，爱国主义才是鲜活的、真实的，这是当代中国爱国主义精神最重要的体现。今天我们讲爱国主义，这个道理要经常讲、反复讲。

爱国不是抽象的，不能概念化，要具体落实到现实中。爱祖国的山河、爱人民、爱文化传统、爱国家，其结合体就是现实中的社会主义中国。

3. 弘扬爱国主义精神，必须维护祖国统一和民族团结

"在新的时代条件下，弘扬爱国主义精神，必须把维护祖国统一和民族团结作为重要着力点和落脚点。要教育引导全国各族人民像爱护自己的眼睛一

样珍惜民族团结，维护全国各族人民大团结的政治局面，不断增强对伟大祖国、中华民族、中华文化、中国共产党、中国特色社会主义的认同，坚决维护国家主权、安全、发展利益，旗帜鲜明反对分裂国家图谋、破坏民族团结的言行，筑牢国家统一、民族团结、社会稳定的铜墙铁壁。"

4. 弘扬爱国主义精神，必须尊重和传承中华民族历史和文化

"对祖国悠久历史、深厚文化的理解和接受，是人们爱国主义情感培育和发展的重要条件。中华优秀传统文化是中华民族的精神命脉。要努力从中华民族世世代代形成和积累的优秀传统文化中汲取营养和智慧，延续文化基因，萃取思想精华，展现精神魅力。"

"要以时代精神激活中华优秀传统文化的生命力，推进中华优秀传统文化创造性转化和创新性发展，把传承和弘扬中华优秀传统文化同培育和践行社会主义核心价值观统一起来，引导人民树立和坚持正确的历史观、民族观、国家观、文化观，不断增强中华民族的归属感、认同感、尊严感、荣誉感。"

5. 弘扬爱国主义精神，必须坚持立足民族又面向世界

"我们要把弘扬爱国主义精神与扩大对外开放结合进来，尊重各国的历史特点、文化传统，尊重各国人民选择的发展道路，善于从不同文明中寻求智慧、汲取营养，增强中华文明生机活力。我们要积极倡导求同存异、交流互鉴，促进不同国度、不同文明相互借鉴、共同进步，共同推动人类文明发展进步。"

四、价值启示

（一）理论价值

1. 开辟了马克思主义和马克思主义中国化爱国主义思想的新境界

习近平总书记关于爱国主义的重要论述，是马克思主义爱国主义与中国实际相结合的产物，赋予了马克思主义爱国主义思想时代精神，也为中国特色社会主义理论体系添砖加瓦，完善了中国共产党历代领导人的爱国主义思想，开辟了马克思主义和马克思主义中国化爱国主义思想的新境界。

2. 赋予了爱国主义教育新的时代内涵

从爱国主义教育的重要性看，"弘扬爱国主义精神，必须把爱国主义教育作为永恒主题。要把爱国主义教育贯穿国民教育和精神文明建设全过程"。

从爱国主义教育内容来看，其主要包括中华传统文化、中国历史、革命

英雄主义、国家安全和法制，也包括爱国主义与爱中国共产党和社会主义相一致、祖国统一和民族团结、爱国主义与国际主义相统一等方面。

从爱国主义教育的方法看，习近平总书记的讲话中提到要多种多样，要注重实践教育，通过开展重大历史事件纪念活动、参观爱国主义教育基地、中华民族传统节庆以及国家公祭仪式等来熏陶人民的爱国主义情感，增强人民的爱国主义意识。

（二）实践价值

1. 有利于实现"中国梦"的宏伟目标

实现"中国梦"是当代中国爱国主义的鲜明主题。习近平总书记指出，实现中国梦必须走中国道路、弘扬中国精神、凝聚中国力量。[1]

2. 有利于确保国家长治久安

祖国统一关乎着中华民族伟大复兴大业的实现，民族团结也是我们国家稳定发展的重要方面。

3. 有利于弘扬中国优秀传统文化

习近平总书记关于尊重和弘扬中国优秀传统文化的爱国主义重要论述，将优秀的传统文化进行现代性转化，可以为今天的生产生活所利用；还可以增强我国的文化自信，提高我国文化软实力；更有利于我国文化走向世界，增强中国在国际上的话语权。

4. 有利于推动人类文明发展进步

"中国的命运与世界的命运紧密相关。""我们要积极倡导求同存异、交流互鉴，促进不同国度、不同文明相互借鉴、共同进步，共同推动人类文明发展进步。"

爱国主义体现了人们对自己祖国的深厚感情，反映了个人对祖国的依存关系，是人们对自己故土家园以及种族和文化的归属感、认同感、尊严感与荣誉感的统一。实现中华民族伟大复兴的中国梦，是当代中国爱国主义的鲜明主题。大学生要深入学习领会习近平总书记关于弘扬爱国主义精神的重要讲话，坚持知国之理、爱国之情、报国之行相贯通，让爱国主义成为坚定信念和精神依靠，做新时代忠诚的爱国者。

─────────────

〔1〕《习近平谈治国理政》（第 1 卷），外文出版社 2018 年版，第 38~39 页。

模块四经典文献:《培育和弘扬社会主义核心价值观》[1]

【教学导入】 请思考并回答以下问题：（1）社会主义核心价值观的最早提出时间。（2）怎样算是践行社会主义核心价值观？可举例说明。

【教学目的】 通过本模块专题教学，帮助大学生更好地理解社会主义核心价值观的重要地位及价值，在生活中做社会主义核心价值观的积极倡导者和践行者。

【教学重点】 解读经典《培育和弘扬社会主义核心价值观》，讲清楚核心价值观是文化软实力的灵魂，社会主义核心价值观与中华优秀传统文化之间的关联，社会主义核心价值观要真正融入"民心"，才能发挥其蕴含的巨大能量。

【教案正文】

核心价值观，承载着一个民族、一个国家的精神追求，体现着一个社会评判是非曲直的价值标准。全社会积极弘扬和践行社会主义核心价值观，才能汇聚起建设社会主义现代化强国和实现中华民族伟大复兴的中国梦的磅礴力量。社会主义核心价值观是当代中国精神的集中体现，凝结着全体人民共同的价值追求。大学生要深刻领会社会主义核心价值观的重要意义和科学内涵，自觉践行社会主义核心价值观，努力成为培育和弘扬社会主义核心价值观最积极、最活跃、最充分的青年先进代表。

2014年2月24日，中共中央政治局就培育和弘扬社会主义核心价值观、弘扬中华传统美德进行第十三次集体学习，习近平总书记在主持学习时发表了重要讲话，讲话要点即《培育和弘扬社会主义核心价值观》（2014年2月24日）。他指出："核心价值观是文化软实力的灵魂、文化软实力建设的重点。……历史和现实都表明，构建具有强大感召力的核心价值观，关系社会和谐稳定，关系国家长治久安。"讲话对培育和践行社会主义核心价值观的原则性问题做出了重要论述，具有重要的指引意义。

---

[1] 本文收录于《习近平谈治国理政》（第1卷），外文出版社2018年版，第163~165页，本模块中引文，除有注释外，皆引自本文，不再说明。

一、背景介绍

（一）基本背景

2012 年 11 月，中共十八大报告明确提出"三个倡导"，即"倡导富强、民主、文明、和谐，倡导自由、平等、公正、法治，倡导爱国、敬业、诚信、友善，积极培育社会主义核心价值观"，这是对社会主义核心价值观的全面、科学论述。十八大以来，习近平总书记就加强社会主义核心价值观的建设问题，发表了一系列的重要讲话，如《把宣传思想工作做得更好》（2013 年 8 月 19 日）、《为实现中国梦凝聚有力道德支撑》（2013 年 9 月 26 日）、《提高国家文化软实力》（2013 年 12 月 30 日），《培育和弘扬社会主义核心价值观》（2014 年 2 月 24 日）、《青年要自觉践行社会主义核心价值观》（2014 年 5 月 4 日）等。《培育和弘扬社会主义核心价值观》的讲话正是在十八大明确提出"三个倡导"之后进一步形成社会共识、推进社会主义核心价值观的培育和践行的大背景下提出的。

（二）时代背景

当今世界正在发生深刻变革，经济社会发展各领域都出现了一系列新的发展趋势，这些趋势将深刻改变世界发展格局，也将深刻影响我国经济社会发展进程。在国际背景下，我们国内出现了四个深刻变化：一是经济体制深刻变革；二是社会结构深刻变动；三是利益格局深刻调整；四是思想观念深刻变化。世界文化发展更是呈现出交流、交融、交锋的态势，不同文化在相互依存、对话、交流中发展。世界文化多样化是不同文化相互依存、对话、交流的产物，具有"和而不同"的特征，表现为不同文化之间"你中有我、我中有你"。特别是随着经济全球化、政治多极化的深入发展，各种思想文化交流、交融、交锋更加频繁。因此，文化多样化是人类文化深度交流的结果，是信息时代、开放时代不同文化相互学习、相互交融的重要体现。抱残守缺或文化傲慢都不可能从多样的世界文化宝库中汲取营养，都不可能在不同文化的对话与交流中发展自己。只有善于通过文化交流从其他文化中汲取有益养分的国家和民族，才能实现自身文化的发扬光大；只有善于通过有效途径向外传播自身文化的国家和民族，才能为维护和促进世界文化多样化做出更大贡献。

世界文化的多样化发展，在改革开放大背景下，国内思想领域也呈现出多样、复杂的局面。

一方面是思想解放大潮给经济改革和纵深发展提供了前提，增加了活力，民族自觉意识和个人自主意识得以进一步发展；另一方面是中外思想交融带来了思想领域的消极表现，如道德失范、诚信缺失等。由于今天的世情和国情变化，使得西方一些思潮可以长驱直入，在今天这个全方位开放、全媒体时代我们不可能把这些思潮关在门外，只能面对这种现实。如西方的"自由、民主、平等""个人主义""拜金主义"的长期影响，在互联网背景下，信息的相对公开，这些思想对人民群众尤其是青少年的影响更为直接。再如，西方一些国家关于中国的"威胁论""崩溃论""无信仰论"等甚嚣尘上。相比于经济、政治领域的改革和发展，思想领域的问题更为复杂。整合社会意识、引领社会潮流，亟须一种统一的为人民群众所认可的核心价值观。中国要实现中华民族的伟大复兴，也必须要有根植于广大民众的价值共识。价值共识是和谐社会构建的精神支柱，缺乏价值共识的社会，难谈有真正的凝聚力和实现真正的和谐。而这个价值共识就是社会主义核心价值观。

二、框架结构

（一）基本框架

《培育和弘扬社会主义核心价值观》共7个自然段，可分为三部分：

第一部分：第1、2自然段，培育和弘扬社会主义核心价值观的重要意义。

第二部分：第3、4自然段，培育和弘扬社会主义核心价值观必须立足中华优秀传统文化。

第三部分：第5、6、7自然段，如何培育和弘扬社会主义核心价值观。

（二）主要内容

第1、2自然段，培育和弘扬社会主义核心价值观的重要意义。社会主义核心价值观是凝魂聚气、强基固本的基础工程。作为文化软实力的灵魂和建设重点，社会主义核心价值观的培育和弘扬不仅是中国特色社会主义建设事业的思想基础，还是中国特色社会主义建设的重要组成部分。因此，社会主义核心价值观在当今中国社会具有极其重要的价值，可以有效整合社会意识、维护社会秩序，关系社会和谐稳定和国家的长治久安。把培育和弘扬社会主义核心价值观作为凝魂聚气、强基固本的基础工程，继承和发扬中华优秀传统文化和传统美德，广泛开展社会主义核心价值观宣传教育，积极引导人们讲道德、尊道德、守道德，追求高尚的道德理想，不断夯实中国特色社会主义的思想道德基础。

第3、4自然段，培育和弘扬社会主义核心价值观必须立足中华优秀传统文化。坚定的核心价值观自信，是中国特色社会主义道路自信、理论自信、制度自信和文化自信的价值内核。社会主义核心价值观丰厚的历史底蕴、坚实的现实基础、强大的道义力量为我们坚定核心价值观自信提供了充分的理由。历史是从昨天走到今天再走向明天的，不忘本来才能开辟未来，善于继承才能更好创新。中国人民的理想、价值观和精神世界是始终扎根于中华优秀传统文化的沃土之中的，同时又是随着历史和时代前进而不断与时俱进的。

第5、6、7自然段，如何培育和弘扬社会主义核心价值观？社会主义核心价值观具有重要引领价值，如何更好地发挥作用，需要把其贯穿于社会生活的方方面面，最终达成"内化于心、外化于行"的效果。这就需要发挥教育、舆论、政策、制度等方方面面的协调作用。

三、重点解读

核心价值观是文化软实力的灵魂，提高国家文化软实力，关系国家"两个一百年"的奋斗目标和中华民族伟大复兴中国梦的实现。社会主义核心价值观的提出不是凭空出现的，符合我国的历史和国情，具有重大的现实意义。习近平总书记的此次讲话对社会主义核心价值观的凝练概括，充分体现了其精神内核。下面，我们将针对文献重点内容进行深入解读。

（一）培育和弘扬社会主义核心价值观的重要意义

习近平总书记指出："核心价值观是文化软实力的灵魂，文化软实力的重点。这是决定文化性质和方向的最深层次要素。"提高国家文化软实力，要努力夯实国家文化软实力的根基。中国文化软实力的根基中非常重要的一点就是体现中国特色、代表中国文化前进方向的价值观念，即我们当前的社会主义核心价值观。

历史和现实都表明，构建具有强大感召力的核心价值观，关系社会和谐稳定，关系国家长治久安。讲话强调培育和弘扬核心价值观，有效整合社会意识，是社会系统得以正常运转、社会秩序得以有效维护的重要手段，也是国家治理体系和治理能力的重要方面。把核心价值观的培育提升到国家治理的层面，足以体现核心价值观在国家建设中的重要地位。以往我们强调经济建设的重要性，经济水平直接体现了国家的治理能力。核心价值观作为国家治理能力的重要体现，已经不仅仅是思想学习、政治任务这样的角度，而是是否能够得到大众的普遍认同和遵从，按照核心价值观的要求去做，提升国家凝聚力。习近平总书记还强调核心价值在有效整合意识、维护社会秩序方面的重要性。社会意识，简单地说，就是我们社会上对于这个社会存在本身在我们头脑中形成的各种各样的思想、观念，不但包括系统的理论，也包括一些零散的东西。简单地说，人多了，就会各有各的想法。中国有 14 亿多人，那么想法也是很多的，要治理这么一个国家，有效的整合这种社会意识，寻求 14 亿多人共同利益的最大公约数，是非常重要的。核心价值观的重要意义就在于此，整合社会意识，实现社会系统的正常运转、社会秩序的有效维护。整个社会，大家有一个核心的目标，然后在这个目标的指导下，使整个社会系统运转，社会秩序正常得以维护。总之，培育和弘扬社会主义核心价值观是中国特色社会主义建设的重要组成部分，而且是不可或缺的组成部分，关系社会和谐稳定，关系国家长治久安。

（二）社会主义核心价值观与中华优秀传统文化

培育和弘扬社会主义核心价值观必须立足于中华优秀传统文化。"一个民族、一个国家，必须知道自己是谁，是从哪里来的，要到哪里去，想明白了、想对了，就要坚定不移朝着目标前进。"[1]这种坚定不移朝着目标前进的精神状态，就是一个民族、一个国家高度自觉自信的状态。社会主义核心价值观首要的就是要树立这种高度自信的状态。只有立足于中华优秀传统文化，才能理解社会主义核心价值观的根基所在，树立真正的价值观自信。

中华优秀传统文化是涵养社会主义核心价值观的重要源泉，是中华民族的精神命脉。在世界几大古代文明中，中华文明之所以能够没有中断并延续发展至今，一个重要原因就是中华民族有着一脉相承的精神追求、精神特质、精神脉络。社会主义核心价值观，是对中华优秀传统文化的继承和升华。它把涉及国家、社会、公民的价值要求融为一体，赋予中华优秀传统文化以新的时代内涵。今天，培育和弘扬社会主义核心价值观必须从中华优秀传统文化中汲取丰富营养，深入中华民族历久弥新的精神世界，把长期以来我们民

---

〔1〕《习近平谈治国理政》（第 1 卷），外文出版社 2018 年版，第 171 页。

族形成的积极向上向善的思想文化充分继承和弘扬起来，坚持历史唯物主义立场，坚持古为今用、推陈出新，有鉴别地加以对待，有扬弃地予以继承；推动中华优秀传统文化创造性转化和创新性发展，激活其生命力，增强其影响力和感召力，把跨越时空、超越国度、富有永恒魅力、具有当代价值的文化精神弘扬起来，把继承优秀传统文化又弘扬时代精神、立足本国又面向世界的当代中国文化创新成果传播出去。

习近平总书记指出："要讲清楚中华优秀传统文化的历史渊源、发展脉络、基本走向，讲清楚中华文化的独特创造、价值理念、鲜明特色，增强文化自信和价值观自信。要认真汲取中华优秀传统文化的思想精华和道德精髓，大力弘扬以爱国主义为核心的民族精神和以改革创新为核心的时代精神，深入挖掘和阐发中华优秀传统文化讲仁爱、重民本、守诚信、崇正义、尚和合、求大同的时代价值，使中华优秀传统文化成为涵养社会主义核心价值观的重要源泉。要处理好继承和创造性发展的关系，重点做好创造性转化和创新性发展。"

只有理解社会主义核心价值观与中华优秀传统文化之间的关系，才能真正理解社会主义核心价值观的精神内核，树立价值观自信，也才能在培育和弘扬社会主义核心价值观方面少走弯路，还可以推动中国优秀传统文化发扬光大。

（三）如何培育和弘扬社会主义核心价值观

培育和弘扬社会主义核心价值观关键在于如何去实施，让广大人民群众真心信服、诚心践行，真正发挥其凝聚作用和指引作用。

习近平总书记指出："要切实把社会主义核心价值观贯穿于社会生活方方面面。要通过教育引导、舆论宣传、文化熏陶、实践养成、制度保障等，使社会主义核心价值观内化为人们的精神追求，外化为人们的自觉行动。榜样的力量是无穷的，广大党员、干部必须带头学习和弘扬社会主义核心价值观，用自己的模范行为和高尚人格感召群众、带动群众。要从娃娃抓起、从学校抓起，做到进教材、进课堂、进头脑。要润物细无声，运用各类文化形式，生动具体地表现社会主义核心价值观，用高质量高水平的作品形象地告诉人们什么是真善美，什么是假恶丑，什么是值得肯定和赞扬的，什么是必须反对和否定的。"这里把社会主义核心价值观可能涉及的方面考虑得非常全面，真的是体现了生活的方方面面。也只有如此才能让人们更好地认识和接受社会主义核心价值观。在具体实施路径上，还应当注意有一个循序渐进的过程，首先要通过教育让人们知道和了解社会主义核心价值观，其次要通过榜样和党员的带头作用，让人们认识和理解社会主义核心价值观并非虚无缥缈，而是实实在在的。还可以通过各种文化形式，让人们在文化作品中认识和理解社会主义核心价值观。

习近平总书记还指出："一种价值观要真正发挥作用，必须融入社会生活，让人们在实践中感知它、领悟它。"社会主义核心价值观本身就是基于中国的历史和国情提出的，它体现在人们生活的方方面面，需要去提炼、去感悟。只有真正融入人民群众生活的价值观才能真正团结人心。"要注意把我们所提倡的与人们日常生活紧密联系起来，在落细、落小、落实上下功夫。要按照社会主义核心价值观的基本要求，健全各行各业规章制度，完善市民公约、乡规民约、学生守则等行为准则，使社会主义核心价值观成为人们日常工作生活的基本遵循。要建立和规范一些礼仪制度，组织开展形式多样的纪念庆典活动，传播主流价值，增强人们的认同感和归属感。要把社会主义核心价值观的要求融入各种精神文明创建活动之中，吸引群众广泛参与，推动人们在为家庭谋幸福、为他人送温暖、为社会作贡献的过程中提高精神境界、培育文明风尚。要利用各种时机和场合，形成有利于培育和弘扬社会主义核心价值观的生活情景和社会氛围，使核心价值观的影响像空气一样无所不在、无时不有。"

最后，"要发挥政策导向作用，使经济、政治、文化、社会等方方面面政策都有利于社会主义核心价值观的培育。要用法律来推动核心价值观建设。各种社会管理要承担起倡导社会主义核心价值观的责任，注重在日常管理中体现价值导向，使符合核心价值观的行为得到鼓励、违背核心价值观的行为受到制约"。

关于培育和弘扬社会主义核心价值观，在此篇讲话不久之后，习近平总书记又接连发表了重要讲话，即《青年要自觉践行社会主义核心价值观》（2014年5月4日）和《从小积极培育和践行社会主义核心价值观》（2014年5月30日），对青年和儿童提出了具体要求。

总之，社会主义核心价值观的培育和弘扬是一个系统工程，也是一个长期工程，需要全体社会成员的认同和参与，需要社会各行各业、各部门的协调和配合。只有做好了这样的心理准备，从一点一滴做起，才能真正实现社会主义核心价值观的影响"像空气一样无所不在、无时不有"。

四、价值启示

这篇讲话内容虽然只有 7 个自然段，1500 余字，但却对社会主义核心价值观的重要性、重点内容以及培育和践行的注意事项进行了概括，简单明晰，便于理解和执行，为广大理论工作者和教育工作者宣传社会主义核心价值观提供了基础，为广大人民群众理解和践行社会主义核心价值观提供了指引。

培育和践行社会主义核心价值观，是有效整合我国社会意识、凝聚社会价值共识、解决和化解社会矛盾、聚合磅礴之力的重大举措，是保证我国经济社会沿着正确的方向发展、实现中华民族伟大复兴的价值支撑，意义重大而深远。2018 年 3 月，十三届全国人大一次会议通过《宪法（修正案）》，把"国家倡导社会主义核心价值观"正式写入宪法，进一步凸显了社会主义核心价值观的重大意义。

第一，社会主义核心价值观是坚持和发展中国特色社会主义的价值遵循。中国特色社会主义是全面发展、全面进步的社会主义。它既需要不断完善经济、政治、文化、社会和生态文明等各方面的制度，也需要不断探索社会主义在精神和价值层面的本质规定性；既需要为人们描绘未来社会物质生活方面的目标，也需要为人们指出未来社会精神价值的归宿。在全社会大力弘扬社会主义核心价值观，明确中国特色社会主义事业到底追求什么、反对什么，要朝着什么方向走、不能朝什么方向走，坚守我们的价值观立场，坚定中国特色社会主义的道路自信、理论自信、制度自信和文化自信，为社会的有序运行、良性发展提供明确价值准则，保证中国特色社会主义事业始终沿着正确方向前进，是中国特色社会主义的铸魂工程。

第二，培育和弘扬社会主义核心价值观是提高国家文化软实力的迫切要求。核心价值观是文化软实力的灵魂、文化软实力建设的重点。这是决定文化性质和方向的最深层次要素。当今世界，文化越来越成为综合国力竞争的重要因素，成为经济社会发展的重要支撑；文化软实力越来越成为争夺发展制高点、道义制高点的关键所在。文化的力量，归根到底来自于凝结其中的核心价值观的影响力和感召力；文化软实力的竞争，本质上是不同文化所代表的核心价值观的竞争。现在，有越来越多的国家把提升文化软实力确立为国家战略，价值观之争日趋激烈。培育和践行社会主义核心价值观，用最简洁的语言介绍和说明中国，有利于增进国际社会对中国的理解，扩大中华文化影响力，展示社会主义中国的良好形象；有利于增强社会主义意识形态的竞争力，掌握话语权，赢得主动权，逐步打破西方的话语垄断、舆论垄断，维护国家文化利益和意识形态安全，不断提高我们国家的文化软实力。

第三，社会主义核心价值观是增进社会团结和谐的最大公约数。历史和现实一再表明，只有建立共同的价值目标，一个国家和民族才会有赖以维系的精神纽带，才会有统一的意志和行动，才会有强大的凝聚力、向心力。当前，我国正处在经济转轨和社会转型的加速期，思想领域日趋多元、多样、多变，各种思潮此起彼伏，各种观念交相杂陈，不同价值取向并存，所有这些表现出来的是具体利益、观念观点之争，但折射出来的是价值观的分歧。习近平总书记说："我国是一个有着13亿多人口、56个民族的大国，确立反映全国各族人民共同认同的价值观'最大公约数'，使全体人民同心同德、团结奋进，关乎国家前途命运，关乎人民幸福安康。"[1]培育和践行社会主义核心价值观，能够在具体利益矛盾、各种思想差异之上最广泛地形成价值共识，有效引领整合纷繁复杂的社会思想意识，有效避免利益格局调整可能带来的思想对立和混乱，形成团结奋斗的强大精神力量。

青年的价值取向，既关系着自己的健康成长成才，又决定着未来整个社会的价值取向。青年是引风气之先的社会力量。在全社会培育和弘扬社会主义核心价值观，需要大学生始终走在时代前列，成为社会主义核心价值观的坚定信仰者、积极传播者、模范践行者。

核心价值观的养成绝非一日之功。培育和践行社会主义核心价值观，既要目标高远，保持定力、不懈奋进，又要脚踏实地，严于律己、精益求精，将社会主义核心价值观转化为人生的价值准则。大学生要坚持由易到难、由近及远，从现在做起，从自己做起，努力把核心价值观的要求变成日常的行为准则，形成自觉奉行的信念理念，并身体力行大力将其推广到全社会，为实现国家富强、民族振兴、人民幸福的中国梦凝聚强大的青春能量。具体而言，就是在培育和弘扬的过程中，下好落细、落小、落实的功夫，要切实做到勤学、修德、明辨、笃实（勤学以增智、修德以立身、明辨以正心、笃实以为功），使社会主义核心价值观成为自己一言一行的基本遵循。

---

〔1〕《习近平谈治国理政》（第1卷），外文出版社2018年版，第168页。

模块五经典文献:《在纪念孔子诞辰 2565 周年国际学术研讨会暨国际儒学联合会第五届会员大会开幕会上的讲话》

【教学导入】你知道孔子诞辰是在什么时间吗?你知道在山东有哪些纪念和研究孔子学说的机构吗?

【教学目的】通过本模块专题教学,帮助大学生理解中国优秀传统文化,尤其是儒家学派的观点在新时期中国特色社会主义建设、构建人类命运共同体的伟大实践过程中的重要意义。

【教学重点】理解以孔子为代表的儒家学说是服务中国,也服务世界的。理解儒家学说的时代价值。

【教案正文】

一、背景介绍

孔子是春秋时期的著名教育家,被尊为"至圣先师",鲁襄公二十二年(公元前 551 年)夏正八月二十七诞生于今山东曲阜。孔子诞辰,全称孔子诞辰纪念日,目前通说的孔子诞辰日为公历 9 月 28 日。

国际儒学联合会(International Confucian Association,ICA)是由中国、韩国、日本、美国、德国、新加坡、越南等国家与儒学研究有关的学术团体共同发起,于 1994 年 10 月 5 日在中国北京正式宣告成立;1995 年 7 月在中国民政部注册登记,是具有法人地位的国际性学术团体。联合会永久会址设在中国北京。

在 2013 年 11 月 26 日,习近平总书记到山东省曲阜市考察,在孔子研究院同有关儒学研究专家学者代表座谈后表示:"中华民族有着源远流长的传统文化,也一定能创造中华文化新的辉煌。"习近平总书记强调:"我这次来曲阜就是要发出一个信息:要大力弘扬中国传统文化。"

在 2014 年 9 月 24 日,国际儒学联合会第五届会员大会于中国北京召开,会议以"儒学:世界和平与发展"为主题,体现了关注世界前途、人类命运的人文情怀,彰显了会议的现实意义。习近平总书记发表《在纪念孔子诞辰 2565 周年国际学术研讨会暨国际儒学联合会第五届会员大会开幕会上的讲话》。

二、框架结构

习近平总书记在 2014 年 9 月 24 日的讲话主要包括四个内容：

（1）和平与发展是当今时代的主题，中国需要和平、爱好和平，也愿意尽最大努力维护世界和平。

（2）包括儒家学说在内的中国优秀传统文化同世界各国优秀文化一道造福人类。中国优秀传统文化蕴藏着解决当代人类面临的难题的重要启示。

（3）在正确对待不同国家和民族的文明，正确对待传统文化和现实文化中，我们必须把握好的四个原则：维护世界文明多样性，尊重各国各民族文明，正确进行文明学习借鉴，科学对待文化传统。

（4）当代中国思想文化是中国传统思想文化的传承和升华，中国共产党人坚持马克思主义的科学学说，坚持和发展中国特色社会主义，必须同中国具体实际紧密结合起来，必须科学对待民族传统文化，科学对待世界各国文化，用人类创造的一切优秀思想文化成果武装自己。

三、重点解读

（一）中国需要和平、爱好和平，也愿意维护世界和平

和平与发展是事关各国人民幸福安康的两大问题。世界各国人民都希望生活在祥和的氛围之中，期盼战争、暴力远离人类。国际社会应该携手努力，一起来维护世界和平、促进共同发展。中华民族历来是一个爱好和平的民族，爱好和平在儒家思想中也有很深的渊源。中国人自古就推崇"协和万邦""亲仁善邻，国之宝也""四海之内皆兄弟也""远亲不如近邻""亲望亲好，邻望邻好""国虽大，好战必亡"等和平思想。从古至今，爱好和平的思想是中华民族精神世界的重要组成部分也是中国处理国际关系的基本理念。"己所不欲，勿施于人。"中国需要和平、爱好和平，也愿意尽最大努力维护世界和平。中国倡导各国把和平发展的理念落实到自己的政策和行动之中。

（二）中国优秀传统文化蕴藏着解决当代人类面临的难题的重要启示

中国优秀传统文化，包括儒家思想在内，蕴藏着解决当代人类面临的难题的重要启示。比如，关于道法自然、天人合一的思想，关于天下为公、大同世界的思想，关于自强不息、厚德载物的思想，关于以民为本、安民富民乐民的思想，关于为政以德、政者正也的思想，关于苟日新日日新又日新、

革故鼎新、与时俱进的思想，关于脚踏实地、实事求是的思想，关于经世致用、知行合一、躬行实践的思想，关于集思广益、博施众利、群策群力的思想，关于仁者爱人、以德立人的思想，关于以诚待人、讲信修睦的思想，关于清廉从政、勤勉奉公的思想，关于俭约自守、力戒奢华的思想，关于中和、泰和、求同存异、和而不同、和谐相处的思想，关于安不忘危、存不忘亡、治不忘乱、居安思危的思想，等等。中国优秀传统文化的丰富哲学思想、人文精神、教化思想、道德理念等，可以为人们认识和改造世界提供有益启迪，可以为治国理政提供有益启示，也可以为道德建设提供有益启发。

（三）对待不同国家的文明，对待不同时代的文化应该坚持的原则

正确对待不同国家和民族的文明，正确对待传统文化和现实文化，是我们必须把握好的一个重大课题。我们应该注重坚持以下原则：第一，维护世界文明多样性；第二，尊重各国各民族文明；第三，正确进行文明学习借鉴；第四，科学对待文化传统。

（四）中国共产党人坚持马克思主义的科学学说，应该科学对待民族传统文化

中国人民的理想和奋斗，中国人民的价值观和精神世界，是始终深深植根于中国优秀传统文化沃土之中的，同时又是随着历史和时代前进而不断与日俱新、与时俱进的。中国共产党人是马克思主义者，坚持马克思主义的科学学说，坚持和发展中国特色社会主义，但中国共产党人不是历史虚无主义者，也不是文化虚无主义者。我们从来都认为，马克思主义基本原理必须同中国具体实际紧密结合起来，应该科学对待民族传统文化，科学对待世界各国文化，用人类创造的一切优秀思想文化成果武装自己。中国人民正在为实现"两个一百年"奋斗目标而努力，其中全面建成小康社会中的"小康"这个概念就出自《礼记·礼运》，是中华民族自古以来追求的理想社会状态。使用"小康"这个概念来确立中国的发展目标，既符合中国发展实际，也容易得到最广大人民的理解和支持。

四、价值启示

中华优秀传统文化是中国人民的价值观和精神世界扎根的沃土，同时又随着历史和时代前进而不断与日俱新、与时俱进。以儒学文化为主干的中国传统文化中拥有深厚的思想文化渊源，有利于促进全世界"和平和发展"的进展。

（一）刚健自强的独立精神

刚健自强的独立精神是儒家文化的基本精神，像源头活水，给齐鲁文化以无穷的生命活力。以孔子为代表的很多先贤志士积极入世救人，不断践行刚健进取、自强不息的精神。孔子在《易传》中提出了"刚健"观念，"刚健而文明"（《大有》），"刚健笃实辉光"（《大畜》）。"天行健，君子以自强不息。"（《象传》）在新的历史时期，依然可以发扬刚健自强的独立精神，激发道德自省力量，接受传统文化教育，净化自我灵魂。此外，兵家，为安定天下、统一天下，主张用正义的战争制止不义之战；墨家为了救世济民，推行其兼相爱、交相利的主张，"日夜不休，以自苦为极"（《庄子·天下》），"牵顶放踵利天下为之"（《孟子·尽心上》）。这些优秀传统文化思想为中华民族的自强、自立精神的发展提供了深厚的沃土。

（二）厚德致用的救世精神

致用就是务实，是儒家文化的发源之缘。周王封周公于鲁，意在保存与传播周文化于东夷之地，目的在于抱着借由军事或文化的发展把齐鲁大地变为文化中心的实践目标。

积极入世、救世的精神是将齐鲁诸家诸派思想连接为一体的纽带。鲁国的儒、墨两个学派在"重民""爱人"方面推进了民本主义思潮。孔子的仁学思想体系，就是在民本思想基础上建立起来。"仁者爱人"是对人本主义的最高概括。孔子突破了阶段的、种族的、国家的、地域的局限，把"人"作为一大类来看待。他的"爱人"是"人类之爱"，这和他的"有教无类"是一致的。

在学以致用的践行上，中国传统文化历来强调人的价值，尊重人的独立品格，维护人的尊严和权力。表现在如下几个方面：一是仁民的人道精神。人道精神是齐鲁文化的灵魂和核心。儒家文化也是高举人道旗帜，把人作为治国的根本；墨家的兼爱、非攻、非命、节葬、贵义、兴利，"兴天下之利，除天下之害"（《墨子·兼爱》），从"人"出发，为人谋利益，为劳动人民谋利。二是发展起独特的庭院经济，改善平民生活，富民强国。自远古时代，齐鲁大地以家庭副业、树艺木果、饲养六畜为内容的庭院经济在自给自足的家庭经济中占有相当大的成分。墨子、孟子的富国思想都有发展庭院经济的主张，反映着鲜明的庭院创收的富民意识。孟子把庭院经济纳入其"仁政"措施。他向梁惠王勾画了一个田宅、农桑、禽畜相结合的自给自足的小农家庭经济蓝图："五亩之宅，树之以桑，五十者可以衣帛矣。鸡豚狗彘之畜，无失其时，七十者可以食肉矣。百亩之田，勿夺其时，数口之家可以无饥矣。"（《孟子·梁惠王上》）墨子尊重私有财产，倡导齐鲁人庭院保护意识，倡导以劳动者外在的物质功利为价值取向，通过非道德数值的递加、积累来判断大是大非的道德基础。从"入人园圃，窃其桃李"，"攘人犬豕鸡豚"，到"入人栏厩，取人马牛"；从"小为非"到"大为非"来论证自己的道德思想。

（三）大公无私的群体精神

大公无私的群体精神是中华民族崇尚集体主义的具体表现。群体主义精神，是齐鲁诸子、各家学派所倡导的主导精神之一。孔子更进一步把"和""同"分开，强调："君子和而不同"（《论语·子路》），为其大公合群的思想建立了理论基础。孔子提出了"天下为公"的"大同"理想，并绘制了他那理想社会的蓝图。后来，荀子把群体主义提到了人类理性的高度。《荀子·王制》云："故义以分则和，和则一，一则多力，多力则强，强则胜物"，"故人生不能无群"，"群道当则万物皆得其宜，六畜皆得其长，群生皆得其命"。大公无私的集体精神和集体主义观念不是束缚了个体人性的发展，而是中华民族在数千年文明历史发展中总结出来的思想，是我们民族的优秀传统精神。

（四）勤谨睿智的创造精神

齐鲁大地古风蔚然、兴旺发达、人才济济、圣贤辈出。除了得益于优越的自然条件和民族聚居融合的优势，还得益于先秦齐鲁诸子百家以及史前东夷人的丰富发明创造。史前东夷空前繁荣。夏商时代的山东是邦国林立的东夷古国文化区。东夷人的发明创造很多，小至弓、矢、舟、车的发明，中至渔、猎、农、牧、酿造、冶炼技术的创造，大至天文、地理、律例、礼乐制度的发现和创建，据文献记载和历史传说，大多出自东夷。周公是礼乐文化的首创者，周礼文化到春秋时期早已崩坏。孔子的礼乐文化思想完全是他的创造。开中国私学教育之先河，他广收门徒，促成了中国教育史上从"学在官府"到"学移民间"对立性转变。私学之风一开，学人大量涌现，为礼贤下士社会风尚的形成创造了必要的条件。孔子为齐鲁之地培养了大量的人才，《史记》记载他有弟子3000人，其中身通六艺者有72人之多，而孔子弟子中，以鲁人与齐人为最多，传之后世而知名者，达70%以上。孔子思想薪火相继、弟子、再传弟子众多，形成了战国之时"孔墨弟子满天下"人才培养基地的盛景。

总之，儒家文化精神在中国传统文化中具有强大的影响力，中华民族的凝聚、人民的团结、国家的统一，儒家文化精神发挥了重要的作用。中华民族立根筑魂谋复兴，首先要德育人心、与每个人的灵魂对接，发挥文化精髓的道德沃土，保障社会主义道德开花结果。坚持以马克思主义为指导，来鉴别、传承、发展传统文化，做到客观、科学、礼敬。其次要坚持古为今用、守正开新，推动优秀传统文化融入国民教育、道德建设、文化创造和生产生活。要坚持不忘本来、吸收外来、面向未来，在交流互鉴中提升中华文化的国际影响力。

模块六经典文献:《加快建设社会主义法治国家》

【教学导入】谈谈你对法治的认识。

【教学目的】通过本模块专题教学，帮助大学生理解建设法治国家的指导思想、主要内容及实现路径。

【教学重点】建设社会主义法治国家的新十六字方针；党的领导与依法治国的关系。

【教案正文】

一、《加快建设社会主义法治国家》的理论背景

《加快建设社会主义法治国家》是习近平总书记 2014 年 10 月 23 日在党的十八届四中全会第二次全体会议上讲话的一部分。这篇文章明确了全面推进依法治国的重大内容，是治国理政的大转折和新征程。在这个决定中，规定了全面推进依法治国的指导思想、总目标、道路、原则和任务等。这些重大内容是依法治国的顶层设计和战略安排，内容重大、意义重大、影响深远。

二、《加快建设社会主义法治国家》的主要内容

(一) 关于法治建设道路的思想

法治建设的道路问题不是一个小问题，更不是一个可以忽略的问题，而是一个根本性的大问题，是一个关乎全局、关乎根本、关乎长远的问题。习近平总书记指出，在走什么样的法治道路问题上，必须向全社会释放正确而

明确的信号，指明全面推进依法治国的正确方向，统一全党全国各族人民认识和行动。全面推进依法治国应该走什么样的道路呢？习近平总书记鲜明地指出，坚定不移地走中国特色社会主义法治道路，这条道路不仅是我们全面推进依法治国的必然选择，也是我国法治建设的最伟大成就。

（二）关于依宪治国依宪执政的思想

习近平总书记反复强调，宪法是国家的根本法，坚持依法治国首先要坚持依宪治国，坚持依法执政关键是要坚持依宪执政。关于宪法在全面推进依法治国方面的权威地位和重要作用，是习近平法治思想的重要构成部分。

首先，关于宪法的权威地位和重要作用。习近平总书记论述宪法权威时指出，法治权威能不能树立起来，首先要看宪法有没有权威。必须把宣传和树立宪法权威作为全面推进依法治国的重大事项抓紧抓好，切实在宪法实施和监督上下功夫。宪法既是治国的总章程，也是执政的总章程。治国理政不能不依法，更不可能离开宪法这个总章程、总依据。

其次，关于宪法的核心内容。把宪法置于治国理政总章程的权威地位是由宪法的内容决定的。习近平总书记指出，我国宪法以国家根本法的形式确立了中国特色社会主义道路、中国特色社会主义理论体系、中国特色社会主义制度的发展成果，反映了我国各族人民的共同意志和根本利益，成为历史新时期党和国家的中心工作、基本原则、重大方针、重要政策在国家法制上的最高体现。

（三）关于法治实施的思想

习近平总书记指出，宪法的生命在于实施，宪法的权威也在于实施。高度重视宪法的实施，把宪法实施问题上升到宪法生命和宪法权威的高度。习近平总书记还指出，法律的生命力在于实施，法律的权威也在于实施。如果有了法律而不实施、束之高阁，或者实施不力、做表面文章，那制定再多的法律也无济于事。全面推进依法治国的重点应该是保证法律严格实施。

（四）关于法治建设方针思想

一直以来，我国法制建设的方针被概括为有法可依、有法必依、执法必严、违法必究。这个方针，对于我国法治建设的指导有重要的作用，也极大地推动了法治建设的进步和完善。随着时代的发展和进步，面临新形势、新任务，必须回答新期待、解决新问题。我们今天面临的不是局部的、某一个环节方面的法治建设任务，而是要全面推进依法治国。法治建设的方针就必须适应全面推进依法治国的新战略。习近平总书记提出了法治建设的新方针，即科学立法、严格执法、公正司法、全民守法。这个新的法治建设方针，体现出新的要求和特点。

（五）关于系统推进法治建设布局路径思想

习近平总书记在论述推进法治建设方面，提出了系统性推进的思想，即全面推进依法治国，必须坚持依法治国、依法执政、依法行政共同推进，坚持法治国家、法治政府、法治社会一体建设。系统推进依法治国的布局，深刻地揭示出了全面推进依法治国的规律。习近平总书记系统推进法治的思想，是党对法治建设理论深化的结果，是丰富和发展法治理论的结果。

（六）关于法治权威思想

习近平总书记关于法治权威的论述很丰富。习近平总书记指出，我们必须坚持把依法治国作为党领导人民治理国家的基本方略、把法治作为治国理政的基本方式，不断把法治中国建设推向前进。这里的"两个基本"表述是把法治上升到治国理政的总体布局权威地位上。

习近平总书记指出，要加强宪法和法律实施，维护社会主义法制的统一、尊严、权威，形成人们不愿违法、不能违法、不敢违法的法治环境，做到有法必依、执法必严、违法必究。由此可见，不愿意违法、不能违法和不敢违法的法治环境是我们法治建设的良好生态环境。而这个良好生态环境的取得关键是维护法治的统一、尊严和权威。反之，没有法治统一、尊严和权威就不会有良好的法治生态环境。

（七）关于法治思维和法治方式思想

领导干部要有法治思维和依法办事能力，这是习近平法治思想中的一个重要内容，是对领导干部提出的基本要求。早在2013年初，习近平总书记就指出，各级领导机关和领导干部要提高运用法治思维和法治方式的能力，努力以法治凝聚改革共识、规范发展行为、促进矛盾化解、保障社会和谐。

2013年11月习近平总书记在山东考察时指出，要有序推进改革，该中央统一部署的不要抢跑，该尽早推进的不要拖宕，该试点的不要仓促推开，该深入研究后再推进的不要急于求成，该得到法律授权的不要超前推进。这里，首先提出了授权改革的论断。习近平总书记在中央全面深化改革领导小组第二次会议讲话中指出，凡属重大改革都要于法有据。在整个改革过程中，都要高度重视运用法治思维和法治方式，发挥法治的引领和推动作用，加强对相关立法工作的协调，确保在法治轨道上推进改革。这又阐述了变法改革的思想。2014 年 1 月，习近平总书记在中央政法工作会议上指出，要强化法律在化解矛盾中的权威地位。在中共中央政治局第十四次集体学习会上习近平总书记说，对各类社会矛盾，要引导群众通过法律程序、运用法律手段解决，推动形成办事依法、遇事找法、解决问题用法、化解矛盾靠法的良好环境。这些关于法治与矛盾化解的论述，是习近平法治思维和法治方式思想的丰富内涵，深刻而重大。

（八）关于司法公正思想

在习近平法治思想中，司法公正的论述有很突出的地位。早在 2013 年 1 月全国政法工作电视电话会议上习近平总书记就指示，努力让人民群众在每一个司法案件中都能感受到公平正义，保证中国特色社会主义事业在和谐稳定的社会环境中顺利推进。第一次提出了让人民群众在每一个司法案件中都能感受到司法公平正义的标准和要求。以后，在中共中央政治局第四次集体学习会讲话中，习近平总书记再次强调说，我们提出要努力让人民群众在每一个司法案件中都感受到公平正义，所有司法机关都要紧紧围绕这个目标来改进工作，重点解决影响司法公正和制约司法能力的深层次问题。习近平总书记对司法公正的重视程度前所未有。他指出，如果司法这道防线缺乏公信力，社会公正就会受到普遍质疑，社会和谐稳定就难以保障。因此，十八届四中全会通过的《中共中央关于全面推进依法治国若干重大问题的决定》（以下简称《决定》）指出："公正是法治的生命线。司法公正对社会公正具有重要引领作用，司法不公对社会公正具有致命破坏作用。"

那么，怎样解决司法不公问题呢？习近平总书记指出要进行司法体制改革，要加强司法队伍建设和司法监督。所以，《决定》中大量内容涉及司法体制改革，从制度上解决司法不公的问题，并强化对司法的监督，大力推行司法公开和强化责任监督机制，推进审判公开、检务公开、警务公开、狱务公开，建立生效法律文书统一上网和公开查询制度，等等。

（九）关于党的领导与依法治国关系思想

社会主义法治必须坚持党的领导，党的领导必须依靠社会主义法治。这是《决定》的重要内容，也是一个新的表述。习近平总书记在论述这个核心问题时说，党和法治的关系是法治建设的核心问题。全面推进依法治国这件大事能不能办好，最关键的是方向是不是正确、政治保证是不是坚强有力，具体讲就是要坚持党的领导，坚持中国特色社会主义制度，贯彻中国特色社会主义法治理论。换言之，党的领导与社会主义法治是一致的，而不是矛盾的，更不是对立的。所以，党的领导、人民当家作主、依法治国三者是有机统一的。习近平总书记强调，对这个核心问题，要理直气壮讲、大张旗鼓讲。要向干部群众讲清楚我国社会主义法治的本质特征，做到正本清源、以正视听。

《决定》围绕加强和改进党对全面推进依法治国的领导提出"三统一""四善于"，并作出了系统部署。这就是把依法治国基本方略同依法执政基本方式统一起来，把党总揽全局、协调各方同人大、政府、政协、审判机关、检察机关依法依章程履行职能、开展工作统一起来，把党领导人民制定和实施宪法法律同党坚持在宪法法律范围内活动统一起来。善于使党的主张通过法定程序成为国家意志，善于使党组织推荐的人选通过法定程序成为国家政权机关的领导人员，善于通过国家政权机关实施党对国家和社会的领导，善于运用民主集中制原则维护中央权威、维护全党全国团结统一。

三、《加快建设社会主义法治国家》理论特色

习近平法治思想是马克思主义法学中国化的最新理论成果，是中国特色社会主义法治建设的重大理论创新，对指导全面依法治国具有重要理论价值和现实意义。作为科学完整的一套理论体系，习近平法治思想具有理论的创新性、宏观的战略性、鲜活的实践性、严密的辩证性和鲜明的人民性。这五个方面的内容意蕴深刻、紧密相连，共同构成了习近平法治思想的鲜明时代特征。

（一）理论的创新性

习近平总书记提出坚持依法治国，首先是依宪治国；依法执政，关键是依宪执政。他还强调坚持依法治国、依法执政、依法行政共同推进，坚持法治国家、法治政府、法治社会一体建设，等等。这些重要论断和思想不仅继承和发展了马克思主义法学基本原理，而且坚持和体现了社会主义法治理论的精髓和要义，极大地推进了社会主义法治理论在新时期新阶段的不断创新发展。

（二）宏观的战略性

文章从宏观和战略高度谋划法治发展，突出法治在经济社会发展和"四

个全面"战略布局中的重要地位和关键作用，体现了极其深邃的政治智慧。推进全面依法治国的过程，就是使宪法精神、法律原则、法治文化和法治信仰融入并渗透到国家治理和公民生活各个领域的过程。全面依法治国就是要用法治的方式为党和国家各项事业发展提供根本性、全局性、长期性的制度保证。

（三）鲜活的实践性

就是在推进社会主义法治建设的过程中，树立强烈的问题意识，坚持鲜明的问题导向，体现紧扣时代的实践属性。

新"十六字方针"是当前和今后有效破解我国社会主义法治建设突出问题的"一剂良药"。加强科学立法就是紧扣提高立法质量这一关键，逐步增强法律法规的针对性、有效性、可执行性和可操作性；推进严格执法就是进一步规范执法行为，保证法律得到实施，把"纸面上的法"真正落实为"行动中的法"；保证公正司法就是坚持以公开促公正、以公正树公信，逐步构建开放动态、透明便民的阳光司法体制；做到全民守法就是加强法治宣传教育，把普法和守法作为依法治国两大基础性工作，引导全体公民把尊法守法作为一种共同追求和自觉行动。新形势下的社会主义法治建设必须坚持问题导向，结合鲜活的实践，推动法治建设向提高立法质量、推动法律实施、树立法治信仰方面转变。

（四）科学的辩证性

就是坚持马克思主义基本原理，运用马克思主义基本方法，正确处理事关社会主义法治建设成败的若干重大关系，体现了科学缜密的思维方法。

关于党的领导与依法治国的关系、法治与德治的关系、改革与法治的关系等，习近平总书记都给予了精辟的论断和阐述，他还就法律与政策、维权与维稳、吸收中华法制优良传统与借鉴各国法治有益做法等重大关系，正确运用辩证思维作出令人信服的科学回答。

（五）鲜明的人民性

就是坚持"人民主体论"和"人民中心论"，注重发挥法治公平正义的基本价值，保障群众合法权益，维护基本人权，体现了情真意切的为民情怀。要运用法治手段保护人民群众的生存权、发展权和经济、社会、文化等各项权利，及时顺应人民群众对法治建设和权利保护的新期待、新要求，这是社会主义法治建设的根本遵循和努力方向。

四、《加快建设社会主义法治国家》的实践意义

新时代推进全面依法治国，必须把习近平新时代中国特色社会主义思想作为科学指南，把牢固树立四个意识作为根本原则，把坚定维护以习近平同志为核心的党中央权威和集中统一领导作为根本要求，把坚持和加强党的领导作为根本保证。

新时代，人民群众在物质生活条件不断得到改善的同时，民主法治意识、政治参与意识、权利义务意识普遍增强，对于社会公平正义的追求越来越强烈，对于更加发挥法治在国家治理和社会管理中的作用也越来越期待。在中国特色社会主义法律体系已经形成的条件下，严格执法、公正司法、全民守法的任务更加繁重。法治是现代国家治国理政的基本方式，是实现国家治理体系和治理能力现代化的必由之路，当前，我国正值大转型期，社会治理面临方方面面的挑战，我们要贯彻落实好党和政府相关法治建设精神和要求，争做遵法守法的引领者、依法治国的守护者，一方面要提高认识，另一方面是要加强学习。总之，依法治国，建设社会主义法治国家，关系到我们国家的前途和命运，影响到我国经济的发展和振兴，涉及全体人民的切身利益和福祉。因此我们必须把它作为我们国家的根本大计落实好。

第三章

《中国近现代史纲要》"三循环"基本内容

通过"三循环"教学，引导大学生正确认识近现代中国社会发展和革命、建设、改革的历史进程及其内在规律性，了解国史、国情，深刻领会历史和人民是怎样选择了马克思主义，选择了中国共产党，选择了社会主义道路，选择了改革开放。

第一循环　主题教案讲授

本循环主要围绕四个历史选择、两个大历史任务系统讲授《中国近现代史纲要》课程主要内容和知识点。强调要深化课程的理论理解，以课堂教学导入为切入点进行教学内容的构建和扩展，以深入浅出、点面结合的理论讲授实现传递信息、启迪智慧的目的，达到最大限度丰富课堂教学，提升授课效果的教学目标。

模块一主题教案：近代中国状况

本模块对应《中国近现代史纲要》上编综述和第一章，主要包含两个方面的内容，具体为中国被侵略、中国的反抗。

【教学导入】你知道李约瑟难题吗？近代史上为什么资本-帝国主义列强公然动用武力侵略中国？列强入侵又给中国带来了什么？

【教学目的】通过本模块的专题教学，帮助大学生树立正确的历史观，深刻理解近代中国的屈辱历史和百年沉沦。

【**教学重点**】 近代中国的社会性质；反侵略战争屡战屡败的原因。

【**教案正文**】

一、资本–帝国主义列强为什么要侵略中国

1640 年的英国资产阶级革命标志着世界历史开始进入资本主义时代。随着资本主义的发展，殖民主义应运而生。"殖民制度宣布，赚钱是人类最终和唯一的目的。"因为"谁有了黄金，谁就可以在这个世界上为所欲为，有了黄金，甚至可以使灵魂升入天堂"。马克思分析指出："不断扩大产品销路的需要，驱使资产阶级奔走于全球各地。它必须到处落户，到处创业，到处建立联系。"列宁强调："资本主义如果不经常扩大其统治范围，如果不开发新的地方并把非资本主义的古老国家卷入世界经济的漩涡，它就不能存在与发展。"

简单一句话，殖民主义的本性决定了中国必然会遭受资本–帝国主义列强的侵略。

二、资本–帝国主义列强为什么能够达成侵略中国的目的

资本–帝国主义列强最终达成侵略中国目的的原因是多方面的。概而言之，主要表现在以下几个方面：

（一）清王朝衰相尽显

清朝乾隆时期，正是西方资本主义大发展时期，由于工业革命的推动，西方资本主义国家力量迅速增强。与此同时，中国开始走下坡路。著名的爱国思想家龚自珍观察指出："自乾隆末年以来，官吏士民，狼艰狈蹶，不仕、不农、不工、不商、之人，十将五六。……自京师始，概乎四方，大抵富户变贫户，贫户变饿者。四民之首，奔走下贱。各省大局，岌岌乎皆不可以支月日，奚暇问年岁？"他认为，清王朝已经"日之将夕"。

正是力量的此消彼长给西方列强侵略中国创造了条件。

（二）闭关自守，固步自封

有学者研究指出，乾隆时期，如果统治者具备世界眼光，能够主动了解西方并学习西方的话，中国就会避免近代的悲剧。然而，情况恰恰相反，乾隆时期统治阶级固步自封，夜郎自大，采取了闭关自守的对外政策。这在乾隆给英王的敕谕中体现得特别清楚。针对马戛尔尼访华使团长期驻留北京的

要求，乾隆皇帝回复说："天朝所管地方最为广远，凡外番使臣到京，驿馆供给，行至出入，俱有一定体制，从无听其自便之例。今尔国若留人在京，言语不通，衣服殊制，无地可以安置。"针对英国提出互通有无的要求，乾隆强调"天朝物产丰盈，无所不有，原不藉外夷货物以通有无"。最后总体的回复为"天朝统驭万国，一视同仁，亦不仅尔英吉利一国。若俱纷纷效尤，以难行之事变行干渎，岂能曲循所请？念尔国僻居荒远，间隔重瀛，于天朝体制原未诸悉。是以命大臣向使臣等详加开导，遣令回国。"

嘉庆时期，英国第二次派出访华使团，继续提出与马戛尔尼使团相似的要求，结果因使团成员拒绝向嘉庆皇帝行三跪九叩礼而被驱逐出境。嘉庆皇帝给英王的敕谕中说："……尔使臣不敬恭将事，代达悃忱，乃尔使臣之咎。……尔国距中华遥远，遣使远涉，良非易事。且来使于中国礼仪不能诸习，重劳唇舌，非所乐闻……俟后毋庸遣使远来，徒烦跋涉，但能倾心效顺，不必岁时来朝，始称向化也。"

对外政策上的闭关自守、固步自封、夜郎自大导致中国失掉了学习西方、赶超西方的机会。中西差距逐步拉大。马克思对于清代的对外政策有这样一段分析："一个人口几乎占人类三分之一的大帝国，不顾时势，安于现状，人为地隔绝于世并因此竭力以天朝尽善尽美的幻想自欺。这样一个帝国注定最后在一场殊死的决斗中被打垮。"近代中国的遭遇充分印证了马克思的这个判断。

（三）与西方相比较全面落后

后来，西方列强对中国公然动用武力，展开军事侵略，双方开始了军队、武器装备质量的展现。差距异常明显，清军处于全面落后状态。

（1）军队质量对比。英军军官大多经过军官学校培训，士兵的招募、军官（包括士官）的选拔、退役都有一套完整的制度。而清军父子相继，且由于承平日久，训练废弛。由于军饷二百年不变，物价上涨，当兵所得不足以养活一家老小，于是纷纷从事第二职业。同时，清承明制，官员俸禄标准很低，导致吃空额、克扣军饷现象屡见不鲜。各路军爷们各显神通，贪赃枉法。种种问题导致军队质量低下。对于此，林则徐无可奈何地表示："虽诸葛武侯来，亦只是束手无策。"

（2）武器装备对比。黄一农先生认为："明末……中国与西方在实用炮学上的差距其实并不特别显著。"至鸦片战争前夕，双方的差距相当巨大。英军主要使用伯克式前装滑膛燧发枪和布伦威克式前装滑膛击发枪，射程分别为200米和300米，射速为2发至3发每分钟和3发至4发每分钟；清军所使用的为兵丁鸟枪，射程100米，射速为1发至2发每分钟，双方差距可见一斑。火炮的差距也与枪支相仿，当时中国的火炮铸造技术全面落后，不仅制造工艺差，而且使用的主要原料铁在质量上也远逊于完成了工业革命的英国，由于铁质太差，铸造出来的火炮十分粗糙，威力也小，数千斤大炮往往不如英军的小炮。

三、西方列强的入侵给中国带来了什么

由于中国与西方资本-帝国主义的力量对比此消彼长，加之西方殖民主义的本性，西方列强在要求遭拒绝以后决心诉诸武力。

实际上，英国武力侵略中国蓄谋已久，鸦片战争前已经做了充分的武力准备。1827年，鸦片贩子马地臣公开煽动武装侵华。1832年，英国当局派胡夏米、郭士立在中国东南沿海搜集军事情报。1835年，胡夏米将制定的对华作战方案呈交英国政府。1836年英国驻华商务监督义律公开发出对华战争叫嚣。英国资本家也在伦敦成立"印度和中国协会"，敦促英国政府加紧对中国的扩张。几乎与此同时，法国、美国、沙皇俄国等也加紧了侵略中国的准备。

西方列强对中国的侵略采取军事、经济、政治、文化等方式，其中最直接和主要的方式是军事侵略。他们依仗先进的武器和军事技术，或进行武力威胁，或发动侵略战争，或武装干涉中国内政。这些侵略给中国人民带来了深重的灾难，使中国的经济和社会发展受到了严重阻碍。

（一）军事侵略

1919年前，资本-帝国主义对中国发动的规模较大的侵略战争主要有：1840年至1842年的第一次鸦片战争；1856年至1860年的第二次鸦片战争；19世纪70年代英、俄对西藏的侵略；1883年至1885年的中法战争；1894年的甲午战争；1900年的八国联军侵华战争。通过这些战争，西方"文明人"对中国做了些什么呢？

1. 战争中对中国人民的屠杀

在军事侵略中国的过程中，西方殖民主义者对中国人民进行了残忍的屠杀。

甲午战争中，1894年11月，日军攻陷旅顺，制造了旅顺大屠杀惨案，4

天之内有 2 万多中国居民被杀害。当时的美国驻华武官欧伯连说："我亲眼看见许多杀人的事情，这些被杀者……是根本没有武装的。我还看见许多尸体，他们的手是缚在背后的。我曾经看到许多伤痕累累，显然是被刺刀杀死的尸体，而且我可以断定，他们是在无抵抗的情况下被害的。我之所以看见这些事情，并非因为存心到各处去寻找恐怖的景象，而是在对这次战役作一般观察时……看到的。"在世界舆论的一致谴责之下，日本外务大臣陆奥宗光也不得不承认："在旅顺没有必要地杀害了过多的中国士兵。"

八国联军攻陷北京后，1900 年 8 月，仅在庄王府一处就烧死和杀死义和团团民和平民 1700 人。翰林院编修叶昌炽记载，北京"城破之日，洋兵杀人无算"，"但闻枪炮轰击声，妇稚呼救声。街上尸骸枕藉"，甚至很久以后，有些空屋里由于尸体腐烂，"蛆出户外"。英国人记载，联军攻占北京以后，北京"成了真正的坟场，……到处是死人，无人掩埋，任凭野狗啃食躺着的尸体"。

1900 年，沙皇俄国在东北制造了江东六十四屯惨案。他们把中国人居住的村庄烧光，把数千居民枪杀，或驱入黑龙江活活淹死。

如此罪行，罄竹难书。

2. 侵占中国领土，划分势力范围

每一次战争之后，西方列强都会迫使中国签订不平等条约，通过这些条约割占中国大片领土，强占中国租界，强租中国港湾，并且在中国划分各自的势力范围。

英国通过 1842 年的中英《南京条约》强行割占香港岛、通过 1860 年的中英《北京条约》割走九龙半岛南端和昂船洲，又于 1898 年通过中英《展拓香港界址专条》强行租借九龙半岛界限街以北、深圳河以南及附近岛屿（新界），从而实现了对整个香港地区的控制。直到 1997 年中国才恢复对香港的主权。（延伸：香港问题的解决）此外，英国还强租山东的威海卫，并把长江流域划为其势力范围。

葡萄牙于 1849 年以武力强占澳门。1887 年，又胁迫清政府订立《中葡和好通商条约》，取得了"永居管理澳门"的权力。从而实现了对澳门的控制。直到 1999 年，中国政府才恢复对澳门的管辖。（延伸：澳门问题的解决。）

俄国通过 1858 年的《瑷珲条约》，割去黑龙江以北 60 万平方公里领土。通过 1860 年的《北京条约》，割去乌苏里江以东 40 万平方公里领土。通过

1864 年的《勘分西北界约记》，割走中国西北 44 万平方公里的领土。通过 1881 年的《改订伊犁条约》和 5 个勘界议定书，割走中国西北 7 万多平方公里领土。总括起来，在晚清时期，俄国割走了中国 150 多万平方公里领土。此外，沙皇俄国还强租辽东半岛的旅顺口、大连湾及其附近海面，并把长城以北划为其势力范围。

日本于 1895 年强迫清政府签订《马关条约》，强行割去中国台湾全岛及所有附属各岛屿和澎湖列岛。中国直到 1945 年才收回。此外，它还把福建划为自己的势力范围。

德国于 1898 年强租山东的胶州湾，并把山东划为其势力范围。

法国于 1899 年强租广州湾及其附近水面，并把广东、广西、云南划为其势力范围。

西方列强还运用武力或欺诈手段，霸占中国通商口岸内的土地，设立完全由外国直接控制或统治的租界。租界里的一切都由外国殖民者管理，中国的法律在这里不发生效力，俨然是"国中之国"。租界成了外国侵略中国的据点。

在外国侵略者的压迫和蹂躏下，中国几乎没有独立的领土主权可言。"四万万人齐泪下，天涯何处是神州？"这是当时爱国志士发出的悲愤呐喊。

3. 勒索赔款，抢掠财富

帝国主义列强发动侵略战争，屠杀中国人民，却要中国人民加倍地承担其战争费用。他们向中国勒索巨额战争赔款，还公开抢掠中国财富。

（1）勒索赔款

清政府主要对外赔款统计：第一次鸦片战争赔偿英国 2100 万银元；第二次鸦片战争赔偿英国、法国白银 1670 万两；1881 年新疆伊犁事件赔款俄国 900 万卢布，合库平银 600 万两；1895 年甲午战争赔偿日本白银 23 150 万两（据日本外务卿井上馨说："在这笔赔款以前，日本财政部根本料想不到会有好几亿的日元。日本一年全部收入只有八千万日元。所以，一想到现在有三亿五千万日元滚滚而来，无论政府或私人都顿觉无比地富裕。"）；1901 年庚子赔款为白银 46 600 余万两；1906 年拉萨事件赔偿英国 250 万银卢比。如果再加上利息，赔款总额超过白银 13 亿两。

应该说，甲午战争前，赔款数额尚在国家财政可以承受的范围内，甲午战争后，巨额的战争赔款使国家财政状况持续恶化。甲午战争后，国家财政收入规模大增。光绪二十五年（1899 年），清政府的岁入突破白银 1 亿两；光绪三十四年（1908 年）又突破白银 2 亿两。然而，甲午战争后，支出规模膨胀更为迅速。庚子赔款前夕，清政府的岁出约为白银 10 112 万两。光绪二十九年（1903 年）岁出为白银 13 492 万两，光绪三十四年（1908 年）岁出为白银 23 695 万两，而宣统二年（1910 年）所制定的次年财政预算支出竟达白银 33 865 万两。

中日甲午战争爆发，出于战时军费支出及战后赔款的需要，清政府不得不大量举借外债，致使偿还外债成为清廷沉重的负担。庚子以前，清政府每年的偿还外债支出达到白银 2400 万两，占到了岁出总额的 25% 左右。庚子赔款以后，外债与赔款与日俱增，每年的外债与赔款支出达到白银 5164 万两。

（2）抢掠财富

帝国主义者在侵华战争中还公开抢劫中国的财富，肆意破坏中国的文物和古迹。1860 年 10 月，英法联军攻进北京城前，首先抢劫和焚烧了清朝皇帝的离宫圆明园。圆明园，是由圆明园、长春园、绮春园（万春园）组成。三园紧相毗连，通称圆明园，共占地约 350 公顷。它是清代封建帝王在 150 余年间所创建和经营的一座大型皇家宫苑。圆明园是一座珍宝馆，里面藏有名人字画、秘府典籍、钟鼎宝器、金银珠宝等稀世文物，集中了中国古代文化的精华。圆明园也是一座异木奇花之园，名贵花木多达数百万株。完整目睹过圆明园的西方人把她称为"万园之园"。

英法联军进入圆明园，首先抢劫了金银珠宝、瓷器绸缎、文物古籍，拿不了的就加以毁坏，最后还放火焚烧了圆明园的殿阁建筑。参加抢劫的英国人戈登承认："我们就这样以最野蛮的方式摧毁了世界上最宝贵的财富。"

1900 年，八国联军攻入北京后，抢掠了皇宫、北海、中南海、颐和园。圆明园也遭到第二次洗劫。八国联军总司令、德国元帅瓦德西承认："所有中国此次所受损毁及抢劫之损失，其详数将永远不能查出，但为数必极重大无疑。"这些自称"西方文明传播者"在中国的所作所为充分暴露了其践踏人类文明的野蛮本性。

（二）政治控制

资本-帝国主义对中国政治侵略的主要方式是控制中国政府，操纵中国的内政和外交，把中国当权者变成其代理人和驯服工具。

1. 控制中国的内政和外交

（1）控制各级政府

第一次鸦片战争期间，外国侵略者还只是通过中国内部的妥协派、贵族大臣如琦善、耆英、伊里布等人，来对清政府施加压力和影响。直到第二次鸦片战争期间，西方列强通过《天津条约》，达到了外国公使进驻北京的目的。外国公使在北京可以直接向中国政府发号施令，成了清政府的"太上皇"。美国公使田贝说过，他们经常教训清政府的大臣，什么事要做，什么事一定不许做。

1861年"辛酉政变"，奕䜣和慈禧太后掌握政权，他们受到侵略者的赏识。英国公使普鲁斯向政府报告说："其表现最可能和外国人维持友好关系的那些政治家掌握政权了。""在北京建立了令人满意的关系，在某种程度上（我们）已成为这个政府的顾问。"

（2）享有领事裁判权

领事裁判权是外国侵略者强迫中国缔结的不平等条约中所规定的一种非法特权。主要内容为：凡在中国享有领事裁判权的国家，其在中国的侨民不受中国法律的管辖，不论其发生任何违背中国法律的违法犯罪行为，或成为民事诉讼或刑事诉讼的当事人时，中国司法机关无权裁判，只能由该国的领事等人员或设在中国的司法机构据其本国法律裁判。这种非法特权是对一个主权国家属地优越权的侵犯，更是对一国独立司法主权的剥夺，是公然违背国家主权和国家之间权利对等的国际法基本准则的。

曾经在中国享有领事裁判权的国家有二十余个，即英国、法国、美国、俄国、德国、日本、奥匈帝国、意大利、比利时、西班牙、葡萄牙、丹麦、挪威、荷兰、秘鲁、墨西哥、智利、瑞典、瑞士、巴西等。

第一次世界大战后，十月革命胜利后的苏俄、战败国德、奥、匈，以及1928年比利时和1929年墨西哥先后放弃了在华领事裁判权。1929年，中国政府曾宣布从1930年起废除所有国家在中国的领事裁判权，但因帝国主义国家的抵制而未能实现。

第二次世界大战期间及战后，通过一系列条约，中国恢复了对在中国境内的美国（1943年）、英国（1943年）、挪威（1943年）、巴西（1943年）、加拿大（1944年）、瑞典（1945年）、荷兰（1945年）、瑞士（1946年）、法国（1946年）、丹麦（1946年）、意大利（1947年）、葡萄牙（1947年）等国国民的司法管辖权。中华人民共和国建立，中国人民终于彻底摆脱了包括领事裁判权在内的帝国主义的一切特权的羁绊。

（3）把持海关，控制中国的外交事务

把持中国海关是外国侵略者控制中国政治的重要手段。近代中国海关的职权范围，除了征收进出口关税外，还包括管理港口，主办邮政，涉及外交事务。中国海关的高级职员全部由外国人充任。海关总税务司俨然成了清朝中央政府的最高顾问，而各通商口岸的海关税务司则成了各级地方政府的高级顾问。他们比外交官所起的作用还要大。据 1885 年海关《新关提名统计》，当年 41 名税务司全部是外国人，其中英国人占了 31 名。而英国人赫德自 1863 年继李泰国任总税务司开始，直到 1908 年回国，掌握中国海关大权达 40 余年。

2. 镇压中国人民的反抗

西方列强还勾结清政府镇压人民的反帝反封建斗争。为了镇压太平天国农民起义，他们不但向清政府供应军火、船只，而且派外国军官组织"洋枪队"，甚至直接动用陆海军，对太平军作战。当一些"教案"发生时，外国侵略者便迫使清政府屠杀中国人民，惩办对人民镇压不力的地方官员。1899 年义和团运动兴起后，美国公使康格公开要求清政府派"强有力"的人物袁世凯到山东进行镇压。由于袁世凯采取血腥手段屠杀人民，他被山东人民唾称为"鬼子巡抚"。1901 年《辛丑条约》，帝国主义列强迫使清政府作出永远禁止中国人民成立或加入任何反帝组织的承诺，并规定清政府各级官员如对人民反帝斗争"弹压惩办"不力，"即行革职，永不叙用"。列强还在北京等地攫取驻兵权，以便随时动用武力干涉清政府和镇压中国革命。

3. 扶植、收买代理人

为了加强对中国的政治控制，西方列强还特别注意在中国政府中扶植、收买自己的代理人。

第二次鸦片战争后，列强支持奕䜣、文祥等满族贵族掌握总理各国事务衙门。在镇压太平天国过程中，扶植曾国藩、李鸿章等湘系、淮系军阀，帮其购买、制造洋枪、洋炮和练兵。慈禧太后在《辛丑条约》签订前夕表示要"量中华之物力，结与国之欢心"。从而得到了列强的肯定。清末，帝国主义列强又扶植袁世凯建立北洋军阀政权。袁世凯死后，又分别扶植段祺瑞、冯国璋、张作霖等作为自己的代理人。

（三）经济掠夺

1. 控制中国的通商口岸

鸦片战争前，清政府实行"闭关政策"，只允许外国商人在广州一地贸易，而且必须经过官方指定的公行，即"十三行"进行。《南京条约》开放5个通商口岸，标志着中国的大门从此以后被打开。此后，1858年《天津条约》开放10个口岸，1860年《北京条约》开放天津。陆路方面，向俄国开放伊犁、喀什噶尔等陆路商埠。在这些通商口岸里，外国人依仗不平等条约，控制当地的工商、金融，甚至设立租界，实行殖民统治。这些通商口岸大多成了资本－帝国主义列强在中国进行经济侵略的基地。

2. 剥夺中国的关税自主权

鸦片战争以前，中国享有完全的关税自主权。鸦片战争后，中国开始丧失关税自主权。

《南京条约》规定：英国商人"应纳进口出口货税饷费，均宜秉公议定则例"。这项规定开了协定关税的恶例。道光二十四年（1844年），中美《望厦条约》进一步加强协定关税权，规定"中国日后欲将税例更变，须与合众国领事等官议允"。同年，中法《黄埔条约》亦规定："如将来改变则例，应与佛兰西会同议允后，方可酌改。"1858年中英《天津条约》确定"值百抽五"低关税税率，实行子口税制度，凡洋货进口后运往内地，除缴纳"值百抽五"的低税率关税外，可向海关再纳一"子口税"即可"遍运天下"，不再缴纳常关税和厘金等内地税。根据这些不平等条约和片面最惠国待遇规定，中国失去了自主调整税率的权力。

3. 操纵中国的经济命脉

（1）在中国开办工厂，形成了对中国近代工业的垄断，使中国民族工业难以独立发展。

（2）迫使清政府以关税、盐税为担保，举借外债，偿还赔款。这两项税收为清政府重要的财政来源，列强通过控制这两项税收扼住了中国财政的咽喉。

（3）在中国设立银行，使之成为对华输出资本的枢纽。这些银行及其分支机构操纵中国外汇、经办对华贷款、投资开设厂矿、发行纸币，形成在中国金融系统中的垄断地位，成为列强对华经济侵略的中心。

（4）控制中国近代的交通运输业。铁路成为列强控制中国，扩大势力范围，获取政治经济利益的工具；沿海和内河航运业大都被外资公司所控制。

（5）给中国的农业经济造成了严重的破坏。外商低价收购中国农副产品作为其工业生产原料，并向中国大量倾销工业品，利用剪刀差进行剥削，加速了中国传统农业的萎缩和衰败。

总之，资本-帝国主义的入侵使中国在经济上也丧失了独立性，沦为西方大国的经济附庸。

（四）文化渗透

1. 披着宗教外衣，进行侵略活动

西方列强的文化渗透活动有许多是披着宗教外衣，在传教的名义下进行的。一部分西方传教士积极参与了对中国的侵略活动。如德国传教士郭士力（立）曾受英国东印度公司派遣，以传教为掩护，在中国沿海进行过长达几个月的间谍活动，刺探搜集大量军事情报，并竭力鼓吹对中国发动侵略战争。19 世纪 60 年代后，外国传教士逼迫中国公民信仰基督教，强迫中国教民抛弃中国传统礼俗，甚至公开干涉中国内政。美国驻华公使田贝说过："这些先锋队（指美国传教士）所搜集的有关民族、语言、地理、历史、商业，以至一般的文化情报，将其送回国内，对于美国的贡献是很大的。"

2. 为侵略中国制造舆论

外国教会中的某些势力还利用宣传宗教和西学的名义为帝国主义侵略制造舆论。它们在中国办报纸、杂志，翻译、出版各种书刊。较早的外文期刊是《中国丛报》和《北华捷报》（后改为《字林西报》）。基督教在中国设立的最大的出版机构是广学会。其指导思想是："争取中国士大夫中有势力的集团，启开皇帝和政治家们的思想"，以影响中国的政治方向。《万国公报》主编美国传教士林乐知发表《印度隶英十二益说》，鼓吹英国统治印度使印度获得 12 条好处，主张把英国的殖民统治制度搬到中国来。李提摩太也常常美化帝国主义侵略，他在《泰西新史揽要》的序言中说："泰西各国素以爱民为治国之本，不得不藉兵力以定商情"；"然闭关开衅之端则在中国，故每有边警，偿银割地，天实为之"。炮制"种族优劣论"，攻击诬蔑中华民族是愚昧落后的"劣等民族"，应该接受"优等民族"白种人的开导和奴役。

19 世纪末，欧美帝国主义者炮制了所谓"黄祸论"，即中国"威胁"论，德国皇帝威廉二世甚至亲自构思了一幅《黄祸图》，西方还出现了一批关于"黄祸论"的文章和专著。有的黄祸论鼓吹者说："一旦中国人民意识到自己的力量时，将给西方文明带来灾难和毁灭。"他们宣扬中国等黄色人种对西方白色人种构成威胁，企图以此论证西方列强侵略、压迫中国有理。

小结：西方殖民侵略的本质是：变中国为他们的殖民地。殖民侵略给中国近代带来的沉重的灾难加剧了中国的贫困和落后。首先，他们发动侵略战争，屠杀中国人民；通过签订一系列不平等条约，侵占中国领土，划分势力范围；勒索大量赔款，抢掠财富。其次，在政治上控制中国政府，操纵中国的内政、外交，把中国当权者变成自己的代理人和驯服的工具，镇压中国人民的反抗。再次，在经济上进行掠夺，操纵中国的经济命脉。最后，对中国进行文化渗透，利用宗教进行侵略活动，宣扬殖民主义奴化思想，麻醉中国人民的精神，摧毁中国人民的民族自尊心和自信心。总之，西方的殖民侵略是中国近代贫困落后的重要原因。随着外国资本-帝国主义的入侵，中国社会发生了根本性变化：其一，独立的中国逐步变成半殖民地的中国；其二，封建的中国逐步变成半封建的中国。

模块二主题教案：早期探索与辛亥革命

本模块对应《中国近现代史纲要》章节是第二、三章，主要包含两个方面的内容：一是中国社会各阶级对中国出路的早期探索；二是辛亥革命。

【教学导入】鸦片战争之后，随着资本-帝国主义的入侵，社会中无论是统治阶级还是被统治阶级都受到了不同程度的冲击，中国社会面临着前所未有的民族危机和社会危机。面对新的情况、新的变化、新的任务，中国怎么办？此时，中国社会的各个阶级都从自己的阶级立场出发进行探索，农民阶级、地主阶级洋务派、资产阶级维新派、资产阶级革命派在探索过程中都提出了自己的方案和主张。这些方案是什么？对其应如何认识和评价？

【教学目的】通过本模块的专题教学，帮助大学生了解中国社会进入近代以来中国社会各个阶级在探索国家出路问题上提出的方案和实施的行动，以辩证唯物主义和历史唯物主义的立场、观点和方法分析其失败的原因，从而牢固树立正确的历史观。

【教学重点】农民阶级的探索及意义；地主阶级探索的本质及局限性；资产阶级维新派的探索及启示；辛亥革命的评价。

【教案正文】

一、农民阶级的探索——太平天国运动

农民是处于社会最底层、受压迫最深的一个阶级，也是受到冲击最大的阶级。封建地主土地所有制，是封建剥削制度的根基。进入近代以来，地主阶级对农民阶级的剥削和压迫更为深重，阶级矛盾更加激化，"民之财尽矣，民之苦极矣！"这也迫使农民不得不走向反抗斗争的道路。更为重要的是，近代以来外国的入侵进一步加剧了地主阶级和农民阶级的矛盾，鸦片战争中巨额军费的转嫁、鸦片输入导致的"银贵钱贱"问题的加剧、五口通商取代一口通商带来的原有商路上谋生人员丧失生计等问题致使社会矛盾和社会危机更加严重，最终导致了洪秀全领导的太平天国运动的发生。

（一）太平天国运动是旧式农民战争的最高峰

太平天国运动持续了14年，转战了18个省，先后攻占了600多个城镇，建立了与清王朝对峙的政权。它沉重打击了封建王朝的统治，强烈撼动了清政府的统治根基，使旧的统治秩序再也无法恢复原样。太平天国运动虽是一次农民起义，但是这次起义发生在外来列强入侵中国之后，这使得其具有了与原来农民起义不同的特点，是对国家出路的一次可贵的探索和尝试。其制定的《天朝田亩制度》和《资政新篇》集中反映了这次农民起义的特点。

《天朝田亩制度》的核心是解决农民的土地问题。根据"凡天下田，天下人同耕"的原则，将土地按照亩产量的高低划分为九等，然后好坏搭配，按人口平均分配。16岁以上的，不分男女，每人一份数量相同的土地，不满16岁的减半来分。太平天国的领导者是希望通过这样的分配建立"有田同耕，有饭同食，有衣同穿，有钱同使，无处不均匀，无人不饱暖"的理想社会。这也反映了农民在土地问题上的渴望和主张。

历史上的农民起义曾多次围绕土地喊出口号，表达主张。例如，钟相、杨幺起义喊出了"等贵贱、均贫富"的口号，李自成起义提出了"均田免粮"的口号。但是，这只是对平均、平分土地的一般性口号，他们并未提出过如太平天国的"田亩制度"那样详细而具体的分配土地的方案，也没有提出过建立理想社会的革命纲领。太平天国把世世代代农民对土地的渴望在《天朝田亩制度》中表达了出来，并将其制度化、纲领化，成了起义的革命纲领。"田亩制度"力图实现人人平分土地，这触及了中国封建社会最根本的问

题：封建地主阶级土地占有制度，是两千多年农民战争史上最为具体、详细的分配土地的法规，反映了农民最根本的经济要求。可以说，《天朝田亩制度》的颁布符合农民的要求，激发了广大农民革命的热情和积极性。所以，很多农民踊跃参加太平军，给地主阶级的武装力量造成了沉重打击。

《资政新篇》是太平天国后期出台的一套重要的社会发展方案，涉及政治、经济、文化和外交方面，可以说是太平天国的施政纲领。特别是在经济方面，其提到了"准富人请人雇工"，对穷人"宜令作工以受其值"。这就把向西方学习，从生产力的领域扩展到了生产关系领域，也就是提倡资本主义雇佣劳动制了。整体来看，《资政新篇》的基本精神就是：保护资本主义私有制，奖励和发展资本主义生产。这是中国近代历史上第一部比较完整的资本主义建设方案，比维新派和洋务派都要早。这是太平天国历史上一个光辉的亮点，反映了农民为了探索救国救民的真理而向西方资本主义国家学习的探索和尝试，这是以往历次农民起义所不曾有过的，也让这次农民起义具有了自己鲜明的特色。

（二）充分认识农民阶级的局限性

太平天国运动虽然有过辉煌，但是最后还是走向了失败，未能找到国家出路。其失败的原因，除了敌强我弱的客观原因之外，最重要的是要认识太平天国的阶级局限性。表现在：一是农民阶级不是先进生产力的代表，不能制定出符合实际情况和历史发展规律的革命纲领。《天朝田亩制度》虽然满足了农民在土地上的渴望，但是其想法是建立在落后的小生产基础上的，想通过平均分配实现大同世界是一种幻想，违背社会历史发展规律。《资政新篇》超越当时农民的需求，主张发展资本主义，缺乏现实可操作性，不具备实施的环境和条件，不可能由农民阶级来变成现实。二是农民是小生产者，缺乏先进革命理论的指导。太平天国是靠拜上帝教来指导运动、组织发动群众的，但是拜上帝教不是科学理论，而且与中国的传统思想和风俗相抵触，无法正确指导斗争。三是农民阶级固有的保守性、落后性、狭隘性等让他们难以摆脱封建思想的束缚，特别是定都天京以后，领导层无法克服腐败、贪图享受等问题。四是没有正确对待儒学，对传统的文化缺乏正确分析，更没有正确对待读书人，使得太平天国内缺乏有水平的人才为其出谋划策。

总之，在半殖民地半封建的中国，农民阶级具有巨大的革命潜力，但是其不能单独担负起反帝反封建斗争取得最后胜利的重任。

二、地主阶级的探索——洋务运动

洋务运动是在 19 世纪 60 年代初清政府镇压太平天国运动的过程中和第二次鸦片战争结束后兴起的。地主阶级洋务派坚持"中体西用"的指导思想，进行了一系列洋务活动，例如，创办近代工业企业、编练新式海陆军、创办新式学堂、派遣留学生等，以达到自强、求富的目的。

（一）洋务运动的兴起和洋务事业的发展

洋务运动在 19 世纪 60 年代兴起有其特殊的历史条件。一是基于镇压农民起义的需要和认识。太平天国运动以磅礴之势袭来，还建立了与清政府对峙的政权，这加剧了清政府的统治危机。清朝洋务派官僚在镇压农民起义和两次鸦片战争的过程中认识到了西方坚船利炮的威力。因此，学习西方的坚船利炮来维护清朝的统治就成了洋务派的共识，他们也开始了推进洋务运动的活动。二是第二次鸦片战争带来的忧虑。鸦片战争后，《南京条约》的签订让清政府认为是"万年和约"。可惜的是，资本–帝国主义的侵略野心不会就此终止。第二次鸦片战争中，北京被占领，圆明园被烧，咸丰皇帝逃走，清政府被迫签订了屈辱的《天津条约》和《北京条约》。外来侵略的猖獗让中国的有识之士认识到，再不强大，中国将成为列强的俎上之肉。于是，洋务派把"师夷长技以制夷"的思想变成了现实的社会运动。三是中国社会的变化为资本主义的产生创造条件。外国资本的入侵导致了中国自然经济的解体，小农业与家庭手工业破产，形成了劳动力市场和商品市场，一部分地主、买办和商人积累了大量资本，资本主义具备了产生条件。洋务运动也就在这样的背景下逐渐兴起了。

洋务运动历时 35 年，从 19 世纪 60 年代开始，到甲午战争中国战败结束。在这一过程中，洋务派进行了多方面的探索尝试。一是他们兴办了近代的军事企业，安庆军械所、江南制造总局、金陵机器局、福州船政局、天津机器局、湖北枪炮厂等都具有一定的影响力。后来，洋务派又创办了一批涉及航运、煤矿、电讯、铁路、纺织、冶炼等方面的民用企业。二是编练新式海陆军，最有代表性的就是北洋水师的建成，这是清政府的海军主力，有舰艇 20 多艘。三是创办新式学堂，派遣留学生。洋务运动期间，洋务派共创建新式学堂 30 多所，培养翻译、电报、铁路、矿务、西医、新式海陆军等方面的专门人才。

（二）对洋务运动的认识

洋务运动是一场地主阶级洋务派为了挽救封建统治而进行的自救运动，但是，同时洋务运动中洋务派也希望通过学习西方使中国富国强兵，这也可以被看作是近代中国人探索国家出路的一次有力尝试。对洋务运动的认识，我们要坚持历史唯物主义的立场观点，从近代中国的矛盾和任务出发，实事求是地进行评价。既要看到地主阶级探索的问题和局限性，也要看到洋务运动积极的历史作用。

洋务运动中创办的近代军工企业和民用企业，客观上对中国的早期工业和民族资本主义的发展起到了一定的促进作用。但是，洋务运动又在一定程度上压制了中国民族工业的发展，其并不是想让中国走向独立的资本主义发展道路。此时创办的企业大多采用官督商办的方式，带有明显的封建衙门色彩，成功的极少。问题虽然存在，但是资本主义生产方式的出现让传统的社会风气和价值观念也开始变化，工商业者的地位上升，这有利于资本主义经济的发展。同时，办学堂和派遣留学生也培养了一批懂洋务、懂科技的人才，也为中国近代工业的发展打下了初步的基础。

（三）洋务运动失败的原因

洋务运动坚持"中体西用"的指导思想，认为中国的封建制度比资本主义制度优越，只是在坚船利炮等物质层面落后而已。因此，坚持以西方的"器"维护中国的"道"，以封建制度为"体"，以西方近代工业文明为"用"。实际上，洋务派所催生的新的生产力与封建制度的生产关系是不相容的，在封建主义的制度框架下，难以发展资本主义经济。同时，洋务派本身也存在很大的封建性。洋务派创办的企业在管理上基本都是封建衙门式的，机构臃肿。在民用企业中，政府派遣的各种帮办、总办等管理人员把持一切，让经营的商人没有发言权，不利于企业的发展。在企业内部，存在的营私舞弊、贪污浪费等情况非常突出，加上洋务派内部各种派系争斗等，都阻碍了洋务事业的正常发展。

洋务事业是中国近代工业的开始，没有过去的经验借鉴。因此，洋务派在技术、机器设备等方面不得不依赖西方列强。而且，西方列强的侵略本质决定了其不可能支持中国发展并与其竞争。因此，西方列强利用洋务派对其依赖的有利条件，对洋务派进行敲诈勒索、抬高价格等，不断阻碍中国发展，这也导致洋务派追求的"自强""求富"的目标不可能实现。洋务运动不可能真正找到中国的出路,最终必然走向失败。

三、资产阶级维新派的探索——戊戌变法

甲午战争的失败,让中国面临的民族危机空前严重。《马关条约》签订的消息传到北京后,引起群情激奋。正在北京参加会试的康有为联合其他举人发起了"公车上书",这揭开了戊戌维新运动的序幕,也标志着资产阶级维新变法由思潮转变为爱国救亡的政治运动。

(一)维新运动的兴起考察

以康有为、梁启超、谭嗣同、严复等为代表的资产阶级维新派在中国搞起了一场轰轰烈烈的维新运动。这次维新运动的兴起与以下因素有着密切关系:

第一,严重的民族危机。康有为曾经说过:"吾中国四万万人,无贵无贱,当今日在覆屋之下,漏舟之中,薪火之上,釜底之鱼,牢中之囚,为奴隶,为牛马,为犬羊,听人驱使,听人宰割,此四千年中二十朝为由之奇变。"这是对当时中国面临危机的形象概括。当甲午战败之后,我们面临的民族危机进一步加剧,如果不进行变革图强,中国必将亡国。所以,当康有为等知识分子向皇帝表达要变法图强的想法时,得到了皇帝的支持。

第二,发展民族资本主义的需要。19世纪90年代以后,中国民族资本主义有了初步发展,中国也出现了民族资产阶级。新兴的民族资产阶级迫切要求摆脱外国资本主义和本国封建主义的压迫和束缚,为在中国发展资本主义开辟道路。而站在救亡图存和维新变法前列的正是代表民族资产阶级发展要求的知识分子。他们把向西方的学习要求推进到了一个新阶段。这就是不仅要学习先进的科学技术,还要学习资本主义的政治制度和思想文化。

第三,西学传入的影响。在中西文化碰撞的过程中,人们逐渐认识到了西方资本主义国家的进步性。而且,日本学习西方也非常成功,很有成效。因此,中国要救国也必须要维新,要学习外国。在这样的背景下,资产阶级改良思想不断高涨,最后形成了维新变法的思潮。

(二)对戊戌变法的认识

戊戌变法是在民族危机日益严重的情况下由资产阶级维新派发起的一场爱国救亡运动。维新派高举救亡图存的旗帜,要求通过变法使中国走向富强的道路。其中贯彻了强烈的爱国主义精神,促进了中华民族的觉醒。正如梁

启超所说："吾国四千余年大梦之唤醒，实自甲午战败割台湾偿二百兆以后始也。"

同时，戊戌变法也在中国开启了一场巨大的思想启蒙运动。维新派在维新运动期间通过办报刊、办学会等方式大力宣传西方资产阶级的社会政治学说和自然科学知识，介绍西方的自由平等学说和君主立宪制度，宣传天赋人权、自由平等、社会进化观念，有力促进了民主思想在中国的传播。例如，梁启超主笔的《时务报》通过发表一系列政论文章，系统介绍维新变法思想。严复创办《国闻报》，宣扬学习西方资本主义政治学说，力求变法图强。陈宝箴成立时务学堂，谭嗣同创办南学会，介绍西学，宣传变法理论。谭嗣同撰写《仁学》，批判封建专制制度和专制思想。这些都促成了中国形成思想解放的有利条件。在维新派的推动下掀起了近代中国第一次思想解放的潮流。

另外，戊戌变法还是一场资产阶级性质的政治改革运动，带有反封建的性质。康有为等人要求改革封建专制制度，突破了洋务派"中体西用"的思想局限，主张用君主立宪制取代君主专制制度。他们在经济上要求发展民族资本主义，颁布了促进民族资本主义发展的一系列措施，虽然没有生效，但是也在一定程度上冲击了封建制度，为近代民族资本主义企业的发展创造了有利条件。

但是，戊戌变法最后还是走向了失败。从客观上来说，以慈禧为首的强大的守旧势力的实力远远超过了光绪皇帝支持的维新派。维新派的社会基础薄弱，既没有掌握军队等国家机器，也没有严明的组织机构，无实力与慈禧为首的顽固势力对抗。从主观上来看，维新派不敢从根本上否定封建君主制度，不敢摧毁封建势力，其软弱性在变法过程中暴露无遗。而且，维新派幻想通过帝国主义力量支持赢得变法成功。但是，帝国主义力量的本质决定了他们只想在中国捞取更多的好处，绝不会真心帮助维新派，这也决定了维新派争取帝国主义力量的支持无异于与虎谋皮。另外，维新派的活动基本局限于官僚士大夫和知识分子的小圈子，严重脱离人民群众，没有认识到群众中蕴含的巨大力量，也无法获得群众的支持，最终也只能以流血失败而告终。

戊戌变法的失败也证明了自上而下的改良道路在中国也是行不通的，中国要实现民族复兴，必须推翻压在中国人民头上的三座大山。

（三）戊戌变法的当前启示

变法，是解决危机和问题的一个途径，也是一个选择。一般来说，变法的成功需要三个条件的配合：一是变法的时机恰当；二是变法的内容符合实际情况；三是变法得到了社会大多数人的支持。当这三个条件具备的时候，一般来说，变法成功的概率会增大。戊戌变法的重要意义以及最终的失败也会给我们当前的改革以许多的启示。

第一，改革要符合国情和实际。正如习近平总书记所说："要坚持从国情出发、从实际出发，既要把握长期形成的历史传承，又要把握走过的发展道路、积累的政治经验、形成的政治原则，还要把握现实要求、着眼解决现实问题，不能割断历史，不能想象突然就搬来一座政治制度上的'飞来峰'。"[1]而且，中国的改革不能全盘照搬别国的政治制度和发展模式，否则的话不仅会水土不服，而且会带来灾难性后果。

第二，改革要符合时代潮流和要求。变革创新是推动人类社会向前发展的根本动力。谁排斥变革，谁拒绝创新，谁就会落后于时代，谁就会被历史淘汰。

第三，改革要有坚定的决心和勇气，面对问题，不要退缩，要想办法努力解决。正如习近平总书记所说："在新时代，中国人民将继续自强不息、自我革新，坚定不移全面深化改革，逢山开路，遇水架桥，敢于向顽瘴痼疾开刀，勇于突破利益固化藩篱，将改革进行到底。"[2]

第四，改革要有群众基础，要想群众之所想，要得到群众的支持。把以人民为中心的发展思想体现在经济社会发展各个环节，做到老百姓关心什么、期盼什么，改革就要抓住什么、推进什么，要通过改革给人民群众带来更多获得感。要始终实现好、维护好、发展好最广大人民的根本利益，让改革发展成果更多更公平地惠及人民。

四、资产阶级革命派的探索——辛亥革命

辛亥革命是中国人民在 20 世纪经历的第一次历史性巨变，是当时的资产阶级革命派为救亡图存而展开的顽强斗争的反映。这场革命的领导者——孙中山——站在时代前列，不断斗争，提出了民族、民权、民生的三民主义，

---

〔1〕　习近平：《在庆祝全国人民代表大会成立 60 周年上的讲话》（2014 年 9 月 5 日）。

〔2〕　习近平：《开放共创繁荣　创新引领未来——在博鳌亚洲论坛 2018 年年会开幕式上的主旨演讲》（2018 年 4 月 10 日）。

发出了"振兴中华"的呐喊，推动中国跟上世界前进的步伐。这场革命虽然没有改变中国半殖民地半封建的社会性质，也没有完全实现民族独立和国家富强，但是，这却是完全意义上的近代民族民主革命的开始，推动了中华民族的思想解放，是对近代国家出路的一次积极探索。

（一）革命爆发的必然性

革命到底是如何发生的呢？近些年来，有些历史虚无主义者公开提出"告别革命论"，他们认为辛亥革命是人为制造出来的一场革命，如果不是孙中山等人提倡暴力革命，而是走改良主义的道路，中国也许早就实现现代化了。这种"告别革命论"的论调无视革命发生的基本社会历史条件，把革命的发生归因于某些人的意愿或者人为因素的结果，这是典型的唯心主义的历史观，是不符合历史实际的。

革命的发生一定是有其客观的历史条件和要求的，不会凭空出现，也不会因为某些人想制造革命，革命就发生了，更不会因为某些人不想要革命，就可以制止革命的发生。正如列宁所说："革命是不能制造出来的。"一场革命的发生，除了革命阶级的主观条件外，还要有革命形势和革命的社会需要。恩格斯曾经指出："任何地方发生革命动荡，其背后必然有某种社会要求，而腐朽的制度阻碍这种要求得到满足。"[1]所以，革命是民族的要求和需要自发下的不可遏制的表现。辛亥革命的发生就是在当时的特定历史背景的革命形势和社会需要的情况下爆发的。辛亥革命的参加者吴玉章曾经回忆说："在辛亥革命以前的十年间，革命形势已经高涨了。从人民的方面来说，已经不能照旧生活下去；从统治者方面来说，也已不能照旧统治下去了。"[2]

当时，中国社会的矛盾集中在两个方面：

第一，帝国主义和中华民族的矛盾。《辛丑条约》签订后，列强继续在中国争夺势力范围。日本和俄国在 1904 年爆发了日俄战争，争夺在中国东北的权利；1903 年，英军入侵西藏；1904 年，德国与英国在我国长江流域的洞庭湖和鄱阳湖地区发生武装对峙，德国把势力范围延伸到了长江流域。这些都让中国的民族危机空前严重。同时，在经济上，帝国主义加紧对华的经济侵

---

〔1〕［德］恩格斯："德国的革命和反革命"，载《马克思恩格斯选集》（第 1 卷），人民出版社 201 年版，第 566 页。

〔2〕吴玉章：《辛亥革命》，人民出版社 1961 年版，第 11 页。

略，通过扩大对华投资，争夺铁路、矿山的权利，垄断金融业，控制海关等手段，加紧了对中国的掠夺和对中国的控制。中国面临的危机，正如陈天华在《猛回头》中所说的："俄罗斯，自北方，包我三面；英吉利，假通商，毒计中藏；法兰西，占广州，窥伺黔桂；德意志，胶州领，虎视东方；新日本，取台湾，再图福建；美利坚，也想要，割土分疆。这中国，那一点，我还有份？"

第二，封建主义和人民大众的矛盾。清政府为了支付巨额赔款，在清朝的最后十年里，不断追加旧税，还设立了很多新税，加之各级官吏的中饱私囊让人们的生活异常艰难，民怨沸腾。因此，各阶层人民的斗争风起云涌，遍及全国。这些情况说明，最底层的人民群众不能照旧生活下去了，辛亥革命的发生有了其客观的社会条件和群众基础。

在人民群众不能照旧生活下去的同时，清朝统治阶级也认识到自己的统治面临很大危机，不能照旧统治下去了。义和团运动、八国联军攻入北京、《辛丑条约》签订让清朝统治者面临空前的统治危机，因此，不得不下令实行改革，实施清末新政。清末新政是在清王朝最后的十年里由统治阶级发动的一次改良运动。清末新政的内容涉及了政治、经济、军事、教育、司法、实业等方面，内容丰富，在规模和速度上都超过了原来洋务运动时期的改革。但是，不能忽视的是，这次改良的根本目的是延续封建统治，而当时的中国不存在走改良道路的可能性，统治者没有改良诚意。正如陈天华所说："稍稍行了些皮毛新政，其实何曾行过，不过借此掩饰掩饰国民的耳目，讨讨洋人的喜欢罢了；不但没有放了一线光明，那黑暗反倒加了几倍。"因此，清朝统治者实行新政，并不能挽救其统治。正如孙中山曾经所形容的，清政府"可以比作即将倒塌的房子，整个结构已从根本上彻底腐朽了。难道有人只要用几根小柱子斜撑住外墙就能够使那座房屋免于倾倒吗？"最后也只能让革命成为必然。

总之，辛亥革命的爆发不是偶然的。它既不是由"西方思想的影响"激起的"骚动与不安"，也不是少数人在"极端感情"和"革命狂热"煽动下的"幼稚与疯狂"，它的发生是社会矛盾运动的必然产物，有深刻的历史根源和社会根源，具有历史的必然性。

（二）孙中山的革命之路

孙中山作为辛亥革命的领袖，其实，他并不是从一开始就主张革命的。

恰恰相反，他走的是一条从改良到革命的道路。孙中山年轻时，立志行医报国，从香港西医书院毕业后，在澳门、广州等地行医。但是，清朝政府的腐败统治和西方列强的侵略，让他认识到了行医报国的局限性，因此他毅然决定弃医从政。如何"医国"？孙中山首先想到的是上书李鸿章，让他采纳自己的意见。1894年，孙中山带着《上李鸿章书》北上天津，希望面见李鸿章，但是遭到了拒绝。上书失败给了孙中山深刻的教训，残酷的现实让他认识到当时的中国不可能走改良之路，只能进行推翻其统治的革命。此后，在当年的11月，孙中山成立了中国近代历史上第一个资产阶级革命团体——兴中会，并提出了"驱除鞑虏，恢复中华，创立合众政府"的革命纲领，并不断策划起义。与孙中山一样，在当时有很多具有爱国思想的仁人志士也逐渐走向了革命道路，如章炳麟、邹容、陈天华、吴玉章等，他们不断宣传革命思想，扩大革命思想的影响和阵地。在资产阶级革命思想传播的过程中，资产阶级革命团体也在全国各地相继成立。随着革命形势的发展和要求，孙中山感觉到有必要在各个分散的革命团体的基础上成立统一的革命政党。于是，1905年8月，中国同盟会成立，这是中国第一个领导资产阶级革命的全国性政党，也标志着中国资产阶级民主革命进入到了一个新阶段。同盟会的政治纲领是"驱除鞑虏，恢复中华，创立民国，平均地权"，孙中山随后在《民报》的发刊词中将其概括为"三大主义"，也就是"民族主义、民权主义、民生主义"三民主义是一个比较完整明确的资产阶级革命纲领，对推动革命的发展具有积极的作用。

（三）对辛亥革命的认识

辛亥革命到底是成功了，还是失败了？对这个问题，毛泽东主席曾经说过，辛亥革命"有它胜利的地方，也有它失败的地方"，"辛亥革命把皇帝赶跑了，这不是胜利吗?"[1]

辛亥革命赶跑了皇帝，推翻了统治中国两千多年的封建君主专制制度，建立了中华民国，带来了社会的巨大变化，人们的思想获得了极大的解放，社会的经济、思想、习惯、风俗等都发生了积极的变化，这标志着辛亥革命的成功之处具有不可磨灭的历史意义。胡锦涛在纪念辛亥革命100周年大会的讲话中指出："100年前，以孙中山先生为代表的革命党人发动了震惊世界

---

〔1〕《毛泽东选集》（第2卷），人民出版社1991年版，第564页。

的辛亥革命，开启了中国前所未有的社会变革。"毛泽东也在《纪念孙中山先生》一文中高度评价了孙中山："中国反帝反封建的资产阶级民主革命，正规地说起来，是从孙中山先生开始的。"要"纪念伟大的革命先行者孙中山先生！纪念他在辛亥革命时期，领导人民推翻帝制、建立共和国的丰功伟绩"。

但是，辛亥革命后建立起的南京临时政府只存在了 3 个月，北洋军阀首领袁世凯在帝国主义和国内反动势力的共同支持下，窃取了辛亥革命的胜利成果。最终，辛亥革命以失败告终。正如毛泽东所说的，辛亥革命"说它失败，是说辛亥革命只把一个皇帝赶跑，中国仍旧在帝国主义和封建势力的压迫之下，反帝反封建的革命任务并没有完成"。[1]资产阶级革命派领导的辛亥革命最后失败，其原因在客观上是反革命的力量大大超过了革命派的力量，而且帝国主义不会允许中国成为一个独立、富强的资本主义现代化国家，必会对革命进行各种阻挠和破坏。从主观上来说，主要原因还是资产阶级革命派在政治上的软弱性和妥协性。资产阶级革命派没有提出彻底的反帝反封建革命纲领，也没有触及半殖民地半封建社会的经济基础，没有充分动员和依靠群众，更缺乏一个强有力的政党的领导，没有形成有效的领导核心。因此，这些缺陷导致革命不会走向最后的成功。

现实的失败也给了我们深刻的教训：一是资产阶级革命派不能领导中国革命取得最后胜利；二是资产阶级共和国的道路在中国行不通。要挽救民族危亡，必须彻底改变中国半殖民地半封建社会的性质，实现民族独立，完成人民解放和国家富强的历史任务，必须寻找新的革命思想、新的革命政党、新的革命力量、新的革命道路、新的革命前途。俄国十月革命后，马克思主义在中国广泛传播；中国工人阶级的成长壮大和工人运动的发展使之成了新的领导阶级；中国共产党成了中国革命新的领导核心。从此以后，中国的民主革命进入了新的历史阶段——新民主主义革命阶段。

模块三主题教案：无产阶级新抉择

本模块对应《中国近现代史纲要》中编综述和第四、五章，主要包含马克思主义的选择、中国共产党的诞生、中国革命新道路的探索三方面内容。

【教学导入】播放歌曲《马克思是个九零后》，思考两个问题：你眼中的

---

〔1〕《毛泽东选集》（第 2 卷），人民出版社 1991 年版，第 564 页。

马克思是一个怎样的人？你认为马克思主义给中国带来了哪些影响？

【教学目的】通过本模块的专题教学，帮助大学生理解五四时期中国先进分子为什么在各种学说的比较中选择了马克思主义，马克思主义为什么改变了中国人民和中华民族的命运。使大学生增强理论自信，坚持马克思主义理想信念。

【教学重点】十月革命与马克思主义的选择；五四运动与马克思主义的选择。

【教案正文】

2018年5月4日，习近平总书记在《在纪念马克思诞辰200周年大会上的讲话》中指出："马克思是全世界无产阶级和劳动人民的革命导师，是马克思主义的主要创始人，是马克思主义政党的缔造者和国际共产主义的开创者，是近代以来最伟大的思想家。""马克思主义不仅深刻改变了世界，也深刻改变了中国。"

要理解马克思主义是怎样改变中国的，首先要弄懂中国先进分子为什么选择了马克思主义。

1898年，马克思主义乘着社会主义之船来到中国，到五四时期形成思想运动。为什么诞生于欧洲的马克思主义能够在经济文化落后的中国产生这么重大的影响？为什么近代以来中国的仁人志士从学习西方，向西方寻求真理到学习俄国，转向了对马克思主义的信仰，决定走俄国人的道路？马克思主义有什么样的思想魅力与中国先进分子思想产生了共鸣？为什么五四时期的其他思想学说没有成为中国先进分子的选择？让我们带着这些疑问，穿越历史的时空，去探寻先进的中国人面对当时的国情、世情，是怎样历尽千辛万苦找到并选择马克思主义的？

一、中国先进分子从马克思列宁主义的科学真理中看到了解决中国问题的出路

（一）中国先进分子选择马克思主义是基于解决中国问题的出路，是中国革命的迫切需要

从1840年的第一次鸦片战争到1901年《辛丑条约》的签订，西方殖民者通过发动大规模的侵华战争和鉴订一系列不平等条约，把中国由一个主权

独立的封建社会变为半封建半殖民地社会。面对近代以来"数千年未有之奇变"，无论是清朝统治者还是社会精英、各阶层民众，都在思索着救中国的出路。从洪秀全到孙中山，各种出路的探索都失败了。辛亥革命失败后，中国进入了北洋军阀统治时期。1913 年 10 月，袁世凯强迫国会选他为总统。此后，下令解散国民党和国会。1914 年 5 月，又废除《中华民国临时约法》，公布反动的《中华民国约法》。为了取得帝国主义对其独裁统治和复辟帝制的支持，袁世凯不惜出卖国家主权和民族利益，接受了日本提出的旨在灭亡中国的"二十一条"。袁世凯死后，帝国主义为了维护并扩大自己在华特权和利益，各自寻找和扶持一派军阀，充当自己的工具。在它们的操纵和支持下，北洋军阀公开分裂成几个派系，中国出现了军阀纷争的混乱局面。经济上，军阀横征暴敛，疯狂掠夺，军事上扩军备战。为筹措庞大军费，军阀除保留清政府全部捐税外，又巧立名目，增设各种苛捐杂税，人民不堪重负。北洋军阀统治时期，民族危机日益严重，人民生活在水深火热之中。

中国向何处去？这个问题再一次被提到了中国人民的面前。

辛亥革命的失败和北洋军阀统治的建立，使一些先进分子陷入了深深的绝望、苦闷和彷徨之中。"无量头颅无量血，可怜购得假共和。"对此，李大钊感慨道："共和自共和，幸福何有于吾民也？"[1]鲁迅在《自选集》自序中也倍感失望："见过辛亥革命、见过二次革命、见过袁世凯称帝、张勋复辟，看来看去，就看得怀疑起来，于是失望、颓唐得很了。"瞿秋白也表达了对现实的苦闷，"残酷的社会，好像严厉的算术教授给了我一极难的天文算题，闷闷的不能解决"。[2]他们在努力探求改变现状的出路。

（二）国情、世情的剧烈变动，促使中国先进分子思想转变，由学西方到学苏俄

【课堂提问】

请同学们阅读教材第四章——开天辟地的大事变，第一、二节内容，中编综述"翻天覆地的三十年"中的第一部分"中国所处的时代和国际环境"，思考从 1915 年至 1919 年国情、世情发生了哪些变化？这些变化对中国先进分子的思想带来了哪些影响？

---

〔1〕《李大钊文集》（上），人民出版社 1984 年版，第 4 页。

〔2〕《瞿秋白文集》（文学编第 1 卷），人民文学出版社 1985 年版，第 14 页。

我们来看看这期间国内国际形势的变化：

1915 年：新文化运动兴起。

1914 年至 1918 年：第一次世界大战。

1917 年：俄国的十月革命胜利。

1919 年：五四运动、巴黎和会。

下面，我们来分析这些国情、世情的剧烈变动促使中国先进分子的思想进行了怎样的转变。

1. 新文化运动与中国先进分子的选择

中国的先进分子痛心于军阀统治下的混乱与黑暗，他们从辛亥革命失败的教训中认识到，要防止君主复辟，实现名副其实的民主共和国，必须发动一场反封建的思想启蒙运动，来唤起大多数人民的民主主义觉悟，扫除人们头脑中的封建愚昧思想。1915 年 9 月，陈独秀在上海创办《青年杂志》（从第 2 卷第 1 号改名为《新青年》），标志着新文化运动的开始。新文化运动的主将们高举"民主（Democracy）"与"科学（Science）"两面大旗，向封建专制、封建礼教、封建思想猛烈开火，提出要"救治中国政治上、道德上、学术上、思想上一切的黑暗"。陈独秀在《新青年》创刊号上刊发《敬告青年》一文。明确提出："国人而欲脱蒙昧时代，羞为浅化之民也，则急起直追，当以科学与人权并重。"他还提出了"现代人"所必须具有的品格，那就是：自主的而非奴隶的；进步的而非保守的；进取的而非退隐的；世界的而非锁国的；实利的而非虚文的；科学的而非想象的。陈独秀明确办刊宗旨为："改造青年之思想，辅导青年之修养，为本志之天职。"1916 年，李大钊在《新青年》第 2 卷第 1 号发表《青春》一文，希望青年"背黑暗而向光明，为世界进文明，为人类造幸福，以青春之我，创造青春之家庭，青春之国家，青春之民族，青春之人类，青春之地球，青春之宇宙，资以乐其无涯之生"。[1]五四运动后，《新青年》成了传播马克思主义的主要阵地。

新文化运动为中国打开了一个崭新的世界。它打破了长期以来禁锢在人们头脑的封建思想枷锁，极大地震动了中国思想界。中国的先进分子受到了民主与科学的洗礼，尤其是青年学生从封建思想的束缚中解放出来，深刻认识西方文化和西方变化。这一时期国外各种新思想涌入，先进分子从中寻求

---

〔1〕《李大钊全集》（第 1 卷），人民出版社 2013 年版，第 318 页。

救国方案。新文化运动揭示了文化变革的新主题，为马克思主义在中国的广泛传播准备了良好的思想条件。

2. 第一次世界大战和十月革命对中国先进分子选择马克思主义的重大影响

新文化运动勃起之时，正值第一次世界大战爆发之际，在此期间俄国的十月革命又取得了成功。这一世情的重大变化导致了西方的分裂：一战以前的西方是一个整体的西方，中国人眼中的"西方"是把欧美、俄国、日本视为一个整体。而第一次世界大战后的西方则发生了分裂，俄国从中分裂出来，成为新的国家——苏俄。日本借欧洲大战时机，出兵山东，后又与袁世凯秘密签定了几经灭亡中国的"二十一条"，成了中国人民最仇恨的敌人。所以，一战后的西方实际上分裂为三个部分，即欧美、苏俄和日本。这一世界局势的重大变化对中国先进分子在选择什么样的思想武器问题上产生了重大影响。

它使中国先进分子由醉心西学到怀疑西学。当时的先进分子认为，"西方"不再是一个整体的"美好新世界"，而是一个复合体，西方的模式有好有坏，良莠并存。原因有二：一是民国后中国人在尝试了西方议会民主制后感到失望，比如民初国会的无效率及腐化问题等，民国政治反不如清政府成了包括孙中山在内的大量士人的共同认识，于是对西方的民主制度就怀疑了，至少认为有不适合于中国的地方。二是欧洲的战火把西方倡导的自由平等正义撕了个粉碎。长达四年之久的世界大战给欧洲大陆留下的是满目疮痍、令人震惊的灾难和混乱，社会危机、经济和政治危机不断，工厂倒闭，工人失业。战争的空前残酷和战后社会的极度混乱等诸多现象使中国以新文化运动为代表的先进分子由醉心西学转而开始怀疑西方文明的价值，不断批判西方资本主义制度的种种缺陷和弊端。李大钊说，欧战以来，"弹烟血雨"，"战祸洪流"，造成"举世滔天之祸，全欧陆沉之忧"，"此次战争，使欧洲文明之权威大生疑念。欧洲人自己亦对于其文明之真价不得不加以反省"。《东方杂志》的主编杜亚泉在欧战初期发表文章认为：欧战将激起国人的"爱国心"和"自觉心"，西方文化在战争中已尽弊端，这绝非个人的偏见。继杜亚泉后，梁启超发表了更有分量的批评西方文化的意见。欧战结束，梁启超与蒋百里、张君劢等7人赴欧，先后考察了英、法、比、荷、瑞、意、德诸国，旅途中，梁启超写下自己的观感《欧游心影录》，他生动地描绘了战后欧洲哀鸿遍野、凄楚悲凉的情景，指出西方"科学万能"的迷梦已告破产。

中国先进分子对以欧美为代表的西学怀疑了，对日本怎样呢？认为日本不再是中国学习的榜样。1915 年日本提出了"二十一条"的险恶要求，再次向中国人民提醒了帝国主义侵略威胁的存在。如果说在此以前中国人对日态度是好恶参半、憎恨中夹有羡慕的话，到"二十一条"之时，憎恨达到高峰而羡慕已降到最低。1915 年时在日本的李大钊、陈独秀等人在五四期间都以反日著称。他们提出的救国方法不尽一致，但没有一个人着眼于走日本式的道路。五四时期，中国先进分子对日态度更加明朗，除了"二十一条"外，还有 1914 年日本出兵青岛，1919 年巴黎和会上把德国在山东的权益转让给日本等事实。这一切都使得中国先进分子从情感上增加了对日本的憎恨，不再把日本当作学习的榜样。

于是，中国先进分子对西方的资本主义怀疑了，但这时还有源自西方的各种"主义"涌入中国，如实用主义、互助论、无政府主义以及各种社会主义。更有苏俄社会主义的现实榜样及其思想武器马克思主义。

面对诸多的选择，中国先进分子为什么最终选择了马克思主义，决定走俄国人的路呢？

【引导学生思考】十月革命胜利对中国先进知识分子的思想影响。

【原著导读】引导学生学习毛泽东、习近平的相关论述，结合历史史料进行分析。

毛泽东：《论人民民主专政》1949 年 6 月 30 日。

习近平：《在纪念毛泽东同志诞辰 120 周年座谈会上的讲话》2013 年 12 月 26 日。

习近平：《决胜全面建成小康社会　夺取新时代中国特色社会主义伟大胜利——在中国共产党第十九次全国代表大会上的报告》。

"俄国人举行了十月革命，创立了世界上第一个社会主义国家。过去蕴藏在地下为外国人所看不见的伟大的俄国无产阶级和劳动人民的革命精力，在列宁、斯大林领导之下，像火山一样突然爆发出来了，中国人和全人类对俄国人都另眼相看了。这时，也只是在这时，中国人从思想到生活，才出现了一个崭新的时期。"[1]

"十月革命一声炮响，给我们送来了马克思列宁主义。十月革命帮助了全

---

〔1〕 毛泽东："论人民民主专政"，载《毛泽东选集》（第 4 卷），人民出版社 1991 年版，第 1470 页。

世界的也帮助了中国的先进分子，用无产阶级的宇宙观作为观察国家命运的工具，重新思考自己的问题。走俄国人的路——这就是结论。"〔1〕

"十月革命一声炮响，给中国送来了马克思列宁主义。从纷然杂陈的各种观点和路径中，经过反复比较和鉴别，毛泽东同志毅然选择了马克思列宁主义，选择了为实现共产主义而奋斗的崇高理想。"〔2〕

2017 年 10 月 18 日，习近平总书记在党的十九大报告中再次指出："一百年前，十月革命一声炮响，给中国送来了马克思列宁主义。中国先进分子从马克思列宁主义的科学真理中看到了解决中国问题的出路。"〔3〕

十月革命帮助中国的知识分子重新考虑自己的问题。在中国按照资产阶级国家的办法长期不能解决的问题为什么在俄国经过十月革命获得迅速、彻底地解决？社会主义既然能解决俄国的问题，是不是也能解决中国的问题？俄国革命的感召力使以李大钊为代表的新文化运动的左翼开始转换思路，将学习的榜样转向苏俄。

早在 1918 年，李大钊在《法俄革命之比较观》一文中即已感悟到"桐叶落而天下惊秋"，法兰西文明已成为明日黄花，俄国革命则若春天的惊雷，预示人类文明的发展正经历"绝大之变动"。李大钊用不同寻常的视角看待欧战的终结，认为这件功业与其说是威尔逊等的功业，毋宁说是列宁的功业，是马克思的功业。其后，他又连续发表了《庶民的胜利》《布尔什维克主义的胜利》《我的马克思主义观》等重要文章，更进一步地指明了欧战是"资本家的政府"之间的不义战争，而俄国十月革命的胜利则开辟了世界历史的新纪元。在李大钊的影响下，经过五四运动洗礼后的中国先进分子开始把目光投向苏俄。

俄国政府的两次对华宣言也是促使中国先进分子转向重要因素。1919 年7 月、1920 年 9 月，俄国政府分别发表两次对华宣言。第一次对华宣言：提出废除 19 世纪末至十月革命前夕沙皇政府单独与中国政府订立的《中俄密约》（1896 年）、《辛丑条约》（1901 年）和俄日签订的侵华条约。第二次对

---

〔1〕 毛泽东："论人民民主专政"，载《毛泽东选集》（第 4 卷），人民出版社 1991 年版，第1471 页。

〔2〕 习近平：《在纪念毛泽东同志诞辰 120 周年座谈会上的讲话》（2013 年 12 月 26 日）。

〔3〕 习近平：《决胜全面建成小康社会，夺取新时代中国特色社会主义伟大胜利——在中国共产党第十九次全国代表大会上的报告》（2017 年 10 月 18 日）。

华宣言称: "以前俄国历届政府同中国订立的一切条约全部无效, 放弃以前夺取中国的一切领土。"〔1〕这些声明反映了俄国对帝国主义的态度和援助被压迫民族的外交政策, 表现出了对中国人民的平等友好态度。苏俄以其新的形象和新的平等外交政策展现在中国人面前, 大大提高了马克思主义的影响和信誉, 对中国先进分子选择马克思主义产生了巨大的影响。

可以说, 十月革命的成功给中国人提供了将社会主义理论转化为实践、由理想转化为现实的具有可操作性的 "范式"。

3. 巴黎和会和五四运动对中国先进分子思想转向的影响

第一次世界大战结束后, 1919 年 1 月, 战胜国在法国巴黎的凡尔赛宫举行 "和平会议", 即 "巴黎和会"。中国以战胜国的身份派代表参加会议, 并向和会提出了三条正当要求: ①取消列强在华的 7 项特权; ②废除 "二十一条"; ③归还大战期间被日本夺去的德国在山东的各项权利。会议在英、法、美等帝国主义的操纵下, 无视中国的权利, 对中国代表提出的前两项要求, 以不在会议议题范围之内, 拒绝讨论。在讨论山东问题时, 反而明文规定将德国在山东的特权全部让给日本。会议给予中国的只是归还八国联军侵入北京时被德国掠去的天文仪器而已。北洋政府居然准备在这样的和约上签字。巴黎和会上中国的外交失败成了五四运动的直接导火索。西方列强的背信弃义使中国先进分子的幻想与迷梦破灭了。社会主义的俄国与西方列强对中国的不同的外交政策和态度, 立即在中国引起了完全相反的强烈反响。中国人本来希望在巴黎和会上实现公理战胜强权, 但最终还是强权战胜了公理。这一结果惊醒了中国的先进分子, 使他们的幻想与迷梦破灭。他们认为当时的世界是个 "强盗的世界"。1919 年 5 月 4 日, 陈独秀在《每周评论》上说: "巴黎和会, 各国都重在本国的权利, 什么公理, 什么永久和平, 什么威尔逊总统的十四条和平宣言, 都成了一文不值的空话。"李大钊也愤怒地指出: "人道、和平这些名词, 都是强盗政府的假招牌。我们且看巴黎和会所议决的事, 那一件有一丝一毫人道、正义、平和、光明的影子。"〔2〕他愤怒地抨击这个世界是相杀的世界、黑暗的世界、压迫的世界、兽行的世界、强权的世界, 认

---

〔1〕 薛衔天等编:《中苏国家关系史资料汇编 (1917-1924)》, 中国社会科学出版社 1993 年版, 第 87 页。

〔2〕 《李大钊全集》(第 2 卷), 人民出版社 2013 年版, 第 837 页。

为中国人对列强的种种幻想是我们的大罪。西方所崇尚的自由平等、民主法治固然很先进，但他们连基本的公理都不讲，甚至连尊重别国的主权都做不到，怎么会推动中国社会的发展？巴黎和会还使中国先进分子明白了为什么先生总是侵略学生。正如瞿秋白所说："中国民族几十年受剥削，到今日才感受殖民地化的况味。帝国主义压迫的切骨的痛苦，触醒了空泛的民主主义的噩梦。……工业先进国的现代问题是资本主义，在殖民地上就是帝国主义。"所以，"学生运动倏然一变而倾向于社会主义"[1]，就是这个原因。

苏俄的平等友好与西方列强的背信弃义形成了强烈的反差，深深刺激着中国先进分子的思想，严酷的现实促使他们逐步转向对马克思主义的信仰。

五四运动对中国先进分子思想转向的影响促进了马克思主义的广泛传播，这一点在教材上写得非常清楚。习近平总书记在《纪念五四运动 100 周年大会上的讲话》中指出："五四运动改变了以往只有觉悟的革命者而缺少觉醒的人民大众的斗争状况，实现了中国人民和中华民族自鸦片战争以来第一次全面觉醒。经过五四运动洗礼，越来越多中国先进分子集合在马克思主义旗帜下，……"[2]

三、长期探索、研究比较后的选择

中国先进分子选择马克思主义不是一时的感情冲动，也不是一蹴而就的，而是经过长期探索、研究思考、比较鉴别后而作出的选择。

（一）中国先进分子选择马克思主义的心路历程：从彷徨苦闷到对社会主义的朦胧向往，经过研究思考、反复比较、论战推求，在各种社会主义的思想中，选择了马克思主义的科学社会主义

马克思主义学说诞生于 19 世纪 40 年代，以《共产党宣言》的发表为标志，在长时间里，其影响主要在欧洲。半个世纪以后的 19 世纪末 20 世纪初，这个共产主义的"幽灵"从欧洲游荡到中国，直到五四运动后马克思主义在中国才形成思想运动，1919 年，李大钊成了第一个马克思主义者。也就是说，中国人从知道马克思及其学说到选择马克思主义经历了 20 多年的时间，从十月革命到中国共产党的成立，也有 4 年的时间。由此可见，中国先进分子选

---

[1]《瞿秋白诗文选》，人民文学出版社 1982 年版，第 34、35 页。
[2] 习近平：《在纪念五四运动 100 周年大会上的讲话》（2019 年 4 月 30 日）。

择马克思主义经历了长期的艰苦探索。在这个过程中，俄国十月革命和1919年的五四运动对中国先进分子选择马克思主义产生了重大影响。从马克思主义传入中国到十月革命前，有人对马克思主义的若干基本观点作了介绍，但没有人真正知道马克思主义的共产主义。由于当时中国的客观条件和思想界状况，马克思主义并没有传播开来。十月革命的爆发，推动中国的先进分子把目光从西方转向东方，从资产阶级民主主义转向社会主义。他们从彷徨苦闷中看到了民族解放的新希望，开始研究讨论用社会主义的思想方法寻找中国的出路。这样，十月革命以后、五四运动前后，中国思想界形成了社会主义的思想潮流。不过，刚开始时，人们对社会主义还只是一种朦胧的向往，如同隔着纱窗看晓雾。各种社会主义流派的思想观点［如无政府主义、工团主义、基尔特（行会）社会主义、社会民主主义以及新村主义、泛劳动主义等］，在各种报刊上纷然杂陈。人们对此不是十分清楚。董必武回忆："当时社会上有无政府主义、社会主义、日本的合作运动等等，各种社会主义在头脑里打仗，李汉俊来了，把头绪理出来了，说要搞俄国的马克思主义。"〔1〕中国先进分子是经过学习研究，实践比较和批判斗争，才选择了马克思主义的科学社会主义的。比如，1919年至1920年间，围绕着马克思主义的传播，思想界展开了三次大的论争。即关于"问题与主义"的论争，关于社会主义与资本主义的论争，关于马克思主义与无政府主义的论争。经过这三次论争，马克思主义在五四运动后焕发出了更加旺盛的生命力，大批激进青年弄清了马克思主义与无政府主义的界限，从而走上了马克思主义的道路、有些原为无政府主义的信仰者也由此转向了马克思主义。

（二）五四运动后，马克思主义开始在知识界得到广泛传播

从初期的原理介绍到1920年后进入实践阶段，一批具有初步共产主义思想的知识分子经过各自的摸索逐步划清了资产阶级民主主义和无产阶级社会主义、科学社会主义和其他社会主义流派的界限，走上马克思主义的道路。正如习近平总书记所说："五四运动，以彻底反帝反封建的革命性、追求救国强国真理的进步性、各族各界群众积极参与的广泛性，推动了中国社会进步，

---

〔1〕 董必武："创立中国共产党"，载中国社会科学院现代史研究室、中国革命博物馆党史研究室选编：《"一大"前后——中国共产党第一次代表大会前后资料选编》（二），人民出版社1980年版，第370页。

促进了马克思主义在中国的传播，……""五四运动以全民族的行动激发了追求真理、追求进步的伟大觉醒。"[1]

【课堂提问】五四时期传播马克思主义的人物有哪些？

五四运动时期介绍和宣传马克思主义的人物有李大钊、李达、李汉俊、杨匏安等。李大钊是中国第一个马克思主义者，对马克思主义的早期传播影响很大。在李大钊的影响下，大批先进分子走上马克思主义的道路。可引导学生做些延伸阅读。其次，要引导学生通过了解三种类型的早期信仰马克思主义的人物，理解中国第一批马克思主义者。由于他们的人生经历、价值取向、个性特点不同，他们选择走上马克思主义道路既各具特色，又具有共同的特征。第一种类型的早期信仰马克思主义的人物是李大钊、陈独秀。李大钊、陈独秀是新文化运动的精神领袖，是最早觉醒的一批爱国进步青年。李大钊最早发现十月革命对中国的意义和价值，第一个比较全面地阐述了马克思主义的三个组成部分。许多青年人均从他的文章里第一次接触到马克思主义，在李大钊的影响下选择了马克思主义。1919 年，中国在巴黎和会上的外交失败给陈独秀上了严峻的一课，促使他开始对资本主义采取批判的态度，于 1920 年成为马克思主义者，陈独秀接受马克思主义加快了马克思主义在中国传播的步伐。第二种类型是以毛泽东为代表的五四运动的左翼骨干。毛泽东是在学习研究《共产党宣言》等马克思主义著作时，在领导学生工人运动中确立了马克思主义的信仰。蔡和森、周恩来等在五四运动后赴法勤工俭学期间对各种主义进行推求比较，在大量阅读马克思主义著作后选择了马克思主义。第三种类型是董必武、吴玉章、林伯渠等原同盟会会员、辛亥革命时期的活动家，他们从辛亥革命的失败中醒悟，在阅读了十月革命的书籍后，经过民主主义和马克思主义的比较选择了马克思主义。尽管早期信仰马克思主义的人物所走的路径不同，但有几点是相同的：他们关心国家的政治命运，不畏艰险，敢于担当；都具有中国传统知识分子以天下为己任的使命感、责任感，有探寻中华民族救亡图存之路的人生价值追求，有开阔的历史眼光和世界视野；他们面对当时中国国情、世情的重大变化，能够顺应时代的要求，积极思考、研究探索、勇于实践，在中国大地上树起了马克思主义旗帜。

---

[1]　习近平：《在纪念五四运动 100 周年大会上的讲话》（2019 年 4 月 30 日）。

（三）为什么五四时期其他社会思潮没有成为中国先进分子的选择

从实践性来看，它们都解决不了中国的出路问题。从辛亥革命的失败到五四运动这一时期，中国先进分子面临的最大问题和最大困惑是寻找中国的出路，也就是国家独立和人民解放问题。他们是为了找出路而选"主义"，而不是盲目地"拿来"某种主义或为了"主义"而研究"主义"。所以，实用主义、基尔特社会主义、无政府主义、泛劳动主义、新村主义等都不能帮助中国找到出路，满足不了中国人民反帝反封建的现实需要。

从理论性来看，它们都有各自的局限性。比如，实用主义作为一种思想行为方法有其合理性，但作为一种社会改造理论其也有局限性。尤其是五四运动后，反帝、反对强权政治、主张民族自决成了思想主流，更加突显出实用主义的理论局限性。正如美国学者莫里斯·迈斯纳所说："当胡适与李大钊争论'问题与主义'之时，中华民族的存亡已经成为迫切的问题。主张研究具体问题，提倡缓进的社会改良，就是设想已经存在或将要出现一个合理的社会制度和政治制度。……但这种设想无论从当时的局势或是今后的发展上看都是不现实的。从整个中国危机来看，杜威的纲领是注定要失败的。"主张"绝对自由"的无政府主义，因在中国缺乏基础，其走极端的思想性格与中国传统重和谐、主中庸的民族性存在极大的抵触，虽能一时产生影响，但经过马克思主义的批判，其思想趋于沉静。实用主义在与马克思主义的论争及社会实践中渐行渐远，淡出了中国先进分子的视野。

尽管其他社会思潮没有成为中国先进分子的选择，但不可否定中国第一批马克思主义者在那个剧烈变动的历史时代，从这些思潮中吸取了营养，辨明了方向、理清了思路。同时，在各种思潮的相互激荡争斗中认识到马克思主义的价值和魅力。

总之，19世纪末20世纪初，马克思主义乘坐社会主义之船来到中国，又在五四时期于各种新思潮的激荡争斗中脱颖而出，成了中国先进分子的选择，这是中国革命发展的现实需要，是对当时国际格局重大变化的现实回应，是马克思主义思想魅力和生命力的重要体现，是中国先进分子经过学习研究、实践比较、鉴别推求后的理性选择。

模块四主题教案：新民主主义革命的胜利

本模块对应《中国近现代史纲要》第六、七章，主要包含抗日战争和解放战争两个方面的内容。

【教学导入】你能回答下面三个问题吗？问题一：你是否看过《东史郎日记》，知道背后的故事吗？问题二：你知道《大刀进行曲》的作者及创作背景？问题三：为什么说中国共产党是抗日战争的中流砥柱？

【教学目的】通过本专题的学习，使学生对新民主主义革命的整个过程有全面的了解，深刻理解抗日战争中的正面战争与敌后战争在抗战中的发挥的重要作用和意义，认识中华民族抗日战争的历史意义和时代意义，培养当代大学生的历史时代意识和民族使命感，勿忘国耻，牢记使命。

【教学重点】国民党正面战场的地位和作用。中国共产党领导敌后战场的地位和作用。

【教案正文】

一、日本发动灭亡中国的侵略战争

案例：东史郎诉讼案。

东史郎，1912 年 4 月 27 日出生于日本京都府竹野郡。1937 年 8 月应召入伍，曾参加攻占天津、上海、南京、徐州、武汉、襄东等战役，1939 年 9 月因病回国。1944 年 3 月，他再次应召参加侵华战争。1945 年 8 月，他在上海向中国军队投降。1946 年 1 月回日本。东史郎有记日记的习惯，他把侵华战争期间的所见所闻详细地记录下来，共有 5 卷 37 万字。

孙宅巍在书评中所写：这部书"从加害者的角度，用一名军国主义士兵的立场和观点，不加修饰地暴露了加害者的残忍行为和复杂思想"，"是研究南京大屠杀资料中不可缺少的重要部分"。

1996 年 4 月 26 日，东史郎诉讼案在日本东京地方法院一审败诉。

1998 年 12 月 22 日，日本东京高等法院对东史郎诉讼案作出东史郎再次败诉的判决。

1998 年 3 月东史郎第四次来南京时，授权纪念馆联系出版《东史郎日记》中文版。

2000 年 1 月 21 日，日本最高法院终审判决东史郎败诉。

《新周刊》有这么一句话："中国从来都不缺纪念日，只缺少真正的纪念。我们也很少懂得如何纪念，只好纪念纪念日。"我们该如何纪念？我希望"忘却的，是我们曾经撕心裂肺的伤痛；纪念的，是从伤痛中凝练出的反思"。

东史郎诉讼案之所以会出现一而再的错判，其根源是日本不敢正视自己对外侵略扩张的历史，不愿意承担侵略战争的罪责。

（一）日本灭亡中国的计划及其实施

1868年明治维新后，日本逐步确立了以武力征服世界的方针，逐步形成以"北进"的大陆政策和"南进"的海洋政策为主要内容的基本国策。

1894年至1895年的甲午战争后，中日签订了割地赔款的《马关条约》，日本共获赔款白银23 150万两，使其成了"暴发户"。后来日本又从1901年《辛丑条约》中分得了白银3479万两。

1927年日本《对华政策纲要》决定武力干涉中国内部事务，并确立了把"满蒙"与"中国本土分离开来"的方针。《田中奏折》提出了实现日本大陆政策的战略方针："惟欲征服支那，必先征服满、蒙，如于征服世界，必先征服支那。倘支那完全被我国征服，其他如小中亚细亚及印度、南洋等异服之民族，必畏我敬我而降于我。"

1929年10月，由美国开始的经济危机席卷整个资本主义世界。为了摆脱危机，日本军国主义者决心加紧实施其既定的侵华政策。

1931年9月18日晚，日本关东军炸毁沈阳北郊柳条湖村附近的南满铁路的一段路轨，突然向中国东北军北大营发动进攻，9月19日占领沈阳城，制造了"九·一八"事变。

1932年2月，中国东北全境沦陷。3月，日本宣布成立伪"满洲国"，溥仪在长春执政，对我国东北实行殖民地统治，揭开了日本大规模侵略中国的序幕。

1935年，日本在华北制造一系列事端，向中国政府提出使华北政权"特殊化"的要求。接着，日方又策动华北五省（河北、察哈尔、绥远、山西、山东）两市（北平、天津）"防共自治运动"，制造傀儡政权。这就是华北事变。

1937年7月7日，日军发动了"卢沟桥事变"，开始了全面侵华战争。

日本采取"速战速决"战略，向华北、华东、华中地区发起战略进攻。至1938年10月，日军相继占领了北平、天津、太原、上海、南京、武汉、广州等一大批城市。

1944年4月至1945年1月，日本发动了打通中国大陆交通线的豫湘桂战役，占领了20多万平方公里的中国领土。这是日军在中国的最后一次大规模进攻。

1945 年 5 月，德国法西斯政权彻底垮台。同年 8 月 15 日，日本天皇发表《停战诏书》。日本侵华战争最终遭到彻底失败。

（二）残暴的殖民统治和中华民族的深重灾难

1. 建立各种殖民机构

1932 年成立伪满州国；1940 年成立伪国民政府；组织收编伪军；建立汉奸奴化团体。

2. 制造惨绝人寰的大屠杀

南京大屠杀。1937 年 12 月，日军占领中国国民政府首都南京后，展开了烧、杀、淫、掠"大竞赛"。中国平民和被俘士兵被集体射杀、火焚、活埋及用其他方法处死者达 30 万人以上。这就是震惊中外的"南京大屠杀"。

三光政策。相持阶段到来后，日军对中国共产党领导的八路军、新四军及其抗日根据地开展了大规模的"扫荡"，实行"杀光其居民、烧光其房屋、抢光其粮食"的"三光"政策。制造无人区。1937 年至 1945 年，318 万人被杀害，276 万人被抓走，损失粮食 1149 亿吨。此外，还进行细菌战、毒气战。

《朝日新闻》从军记者今井正刚说："我于十二月十五日夜间，在大方巷《朝日新闻》办事处前面马路上，看到数千人头攒动，一望无际的中国人群，被赶赴下关屠场。在天色微明的扬子江畔，一片黑黝黝的尸体堆垒如山，在尸山里蠕动着人影，总有五十人乃至一百人以上，他们在日军刺刀的逼迫下转来转去拖曳着尸体，丢向江流里去。作业完毕，苦力们被排列在长江岸边，哒！哒！哒！一阵机关枪声，只见仰面朝天、翻身仆地、腾空跃起，——都跌落江中，被滚滚波涛卷走。"据在场作业的一个日本军官说："这里被杀害的中国人大约是两万人。"

二、从局部抗战到全国性抗战

案例：《大刀进行曲》

作曲：麦新

大刀向鬼子们的头上砍去，全国武装的弟兄们，

抗战的一天来到了，抗战的一天来到了。

前面有东北的义勇军，后面有全国的老百姓，

咱们中国军队勇敢前进！

看准那敌人，把他消灭！把他消灭！

（喊）冲啊！（唱）大刀向鬼子们的头上砍去！

歌曲创作背景：

这首充满豪情的歌曲自抗日战争以来广为流传，它与一次惊心动魄的战斗有关。1933 年春，日寇进犯长城，国民革命军第 29 军大刀队夜袭敌营，大刀向鬼子头上砍去，取得了"九·一八"事变以来一场振奋国人胜利的战斗。

战斗发生地喜峰口如今已是一个沉入水中的长城关隘。喜峰口是燕山之中的要塞，在宋、辽时称松亭关，明永乐年间重建关门并改称喜峰口。关城门楼高 13 米，关城两边构筑城墙并与万里长城相连。这里地处中原与塞北的交通要冲，自古就是兵家必争之地。1979 年下闸蓄水的潘家口水库将这段古老的长城淹没水中，形成了万里长城之上的一个独特景观——水下长城。

1933 年 2 月，日军侵犯热河省（今分属河北、辽宁、内蒙古），省主席汤玉麟不战而逃。3 月初，日军已占领热河全境，直逼长城。此时，第 29 军才匆忙赶到喜峰口设防。它原属冯玉祥的西北军，1930 年冯玉祥与蒋介石进行中原大战失败后，被蒋介石收编而成，并因这一"出身"屡受冷遇。开赴长城时，第 29 军兵力虽有 2 万多人，但装备极差，重武器很少，弹药也不足，使用的步枪不仅样式陈旧，数量不够，许多还配不上刺刀。但在军长宋哲元的率领下，这支军队以保国杀敌为己任，士气旺盛。为弥补装备不足，每位士兵都配有一把大刀。

开赴前线之时，宋哲元写下了"宁为战死鬼，不做亡国奴"的誓言。在喜峰口到罗文峪一线，第 29 军苦战数日，阻遏了日军的攻势。3 月 9 日夜，旅长赵登禹选出 500 名战士组成大刀队，踏着大雪袭击敌人炮兵阵地，用大刀砍杀敌人数百名，杀得敌人抱头鼠窜，夺得机枪十余挺，这是日军发动对热河的攻势以来首次受挫。之后几日，日军调集重兵，疯狂进攻第 29 军的阵地，一度占领了喜峰口。第 29 军将士在以大刀对抗大炮的形势下伤亡很大，但顽强不屈。师长张自忠等坚持在前线指挥。3 月 11 日夜，第 29 军组织了 4 个团再次夜袭敌营，赵登禹、佟泽光两位旅长身先士卒，在近距离的拼杀中充分发挥大刀的威力，砍死砍伤敌人逾千名，烧毁敌军军车 200 多辆。

此战不仅夺回了喜峰口，还大振了军威，连一家日本报纸也认为"皇军名誉尽丧于喜峰口外，而遭受 60 年来未有之侮辱"。消息传出后，自"九·一八"事变以来久受地打击的国人为之大振。何香凝先生一连作了好几首诗颂扬第 29 军的战绩。其中有《大刀赞》："大巧若拙用大刀，大新若旧国术高。伏如猛虎进如猱，十步以内敌休逃。"在上海从事抗日运动的作曲家麦新创作了一首歌："大刀向鬼子们的头上砍去，二十九军的弟兄们，抗战的一天来到了，抗战的一天来到了！前面有东北的义勇军，后面有全国的老百姓，咱们二十九军不是孤军。看准那敌人，把它消灭！把它消灭！冲啊！大刀向鬼子们的头上砍去，杀！"这就是《大刀进行曲》，它的副题为——献给 29 军的大刀队。

在飞机大炮的年代，挥起大刀有些无奈，但这种无奈的背后是一种永不屈服的精神。此后，"大刀向鬼子头上砍去"成了第 29 军的军歌。在 4 年后的卢沟桥事变中，第 29 军再次向侵略者挥起大刀。曾经在喜峰口战斗中名震天下的赵登禹、张自忠两位将军先后在抗日战争中为国捐躯，用鲜血护卫了民族尊严。随着抗日战争的全面展开，《大刀进行曲》中的"二十九军的弟兄们"改成了"全国武装的弟兄们"。"大刀向鬼子们的头上砍去"成了一个民族在危亡中发出的呐喊。

（一）中国共产党举起武装抗日的旗帜

（1）发表宣言反对日本帝国主义侵略。

（2）领导东北人民的抗日斗争。

1933 年初，中国共产党领导的抗日游击队先后在东北各地崛起。各抗日游击队先后改编为东北人民革命军，后又陆续改建为东北抗日联军。

1936 年 1 月东北抗日联军成立，公推杨靖宇为总司令，赵尚志为副总司令。

（二）局部抗战与救亡运动

（1）淞沪抗战。1932 年 1 月，国民党第 19 路军在淞沪一带抗击日军，中共中央号召各界民众组织义勇军，以支援 19 路军的抗日作战。

（2）抗日同盟军（察哈尔抗战）。1933 年 5 月，原西北军将领冯玉祥在张家口成立察哈尔民众抗日同盟军，并谋求同共产党合作。

（3）福建事变。1933 年 11 月，国民党第 19 路军蔡廷锴、蒋光鼐以及国民党内爱国人士李济深、陈铭枢等在福州发动反蒋抗日事变。

（4）全国各地抗日救亡运动。1935 年 12 月 9 日，北平学生举行声势浩大的抗日游行……"一二·九"运动促进了中华民族的觉醒，标志着中国人民抗日救亡运动新高潮的到来。

（三）停止内战，一致对外

1. 国共产党抗日民族统一战线新政策

1935年八一宣言。1935年8月1日，中共驻共产国际代表团以中华苏维埃共和国临时中央政府和中共中央的名义发表《为抗日救国告全国同胞书》，呼吁全国各党派、各界同胞、各军队停止内战，集中一切国力，为抗日救国的神圣事业而奋斗。

瓦窑堡会议。1935年12月，中共中央在陕北瓦窑堡召开政治局扩大会议，确立了抗日民族统一战线的新政策。

2. 西安事变及其和平解决

1936年12月12日，张学良、杨虎城扣留了蒋介石，逼其停止内战、共同抗日。西安事变和平解决成了时局转换的枢纽，十年内战基本结束，国内和平基本实现。

在国难当头的时刻，国共两党实行第二次合作成了不可抗拒的历史潮流。

3. 抗日民族统一战线的正式建立

卢沟桥事变后，为了促成抗日民族统一战线的建立，中共主动派出周恩来等人多次与国民党代表谈判。9月22日，国民党通讯社发表《中国共产党为公布国共合作宣言》，标志着第二次国共合作的正式形成。

（四）全国性抗战的开始

1937年7月7日，卢沟桥事变爆发，标志全国性抗战的开始。

从1937年7月7日开始，到1945年8月基本结束，可以分为三个阶段：

1. 防御阶段（1937年7月7日至1938年10月）

1937年7月7日至1938年10月，是抗日战争的防御阶段。卢沟桥事变开始了日本帝国主义变中国为其独占殖民地的全面侵华战争。在中国共产党的倡导下，中国建立了以国共第二次合作为基础的抗日民族统一战线，掀起了反对日本侵略者的民族解放战争。国民党军队在正面战场进行了4次大规模的会战，消耗了日本的大量军事力量，自身也受到了很大损失。八路军和新四军在积极配合正面战场作战的同时，将主力开赴敌后，开辟了广阔的敌后战场。日本帝国主义在它侵占的中国领土上建立了新的伪政权。

2. 相持阶段（1938年10月至1945年8月上旬）

1938年10月至1945年8月上旬是抗日战争的战略相持阶段。这一阶段又分为前期、中期、后期。1938 年 10 月至 1941 年 11 月为前期。日本帝国主义占领武汉后改变了侵华政策，基本上停止了对正面战场的大规模战略进攻，对国民党采取政治诱降为主的政策。在日本的引诱下，汪精卫集团叛国投敌，国民党顽固派加剧了反共摩擦活动。中国共产党坚持团结抗战、反对分裂和妥协的方针，领导敌后军民粉碎了敌人的"扫荡"，扩大了抗日根据地，使敌后战场成了抗日战争的重要战场。1941 年 12 月至 1943 年底为中期。太平洋战争爆发，世界反法西斯阵营正式形成。中国战场成了世界反法西斯战争的重要战场。中国派远征军出师缅甸，直接配合盟军作战。国民党的统治已日趋腐朽，共产党领导敌后军民粉碎了日军继续的"扫荡"和"清乡"，日军以沦陷区作为"大东亚战争"兵站基地的意图幻灭。1944 年初至 1945 年 8 月上旬为后期。盟军在太平洋战场转入反攻。国民党军在日军发动的豫湘桂战役中大溃败，要求国民党实行民主改革的民主运动蓬勃发展，中国共产党提出了成立民主联合政府的主张，国民党在美国的支持下坚持反共反人民的政策。

3. 战略反攻阶段（1945 年 8 月上旬至抗日战争胜利结束）

1945 年 8 月上旬至抗日战争胜利结束，是战略反攻阶段。1945 年 8 月，美国在日本本土投掷了两颗原子弹，苏联出兵我国东北，同日军作战。敌后军民举行大反攻。在垂死挣扎无效之后，日本帝国主义于 8 月 15 日宣布无条件投降。至此中国抗日战争取得了伟大胜利。

三、国民党与抗日的正面战场

（一）战略防御阶段的正面战场

1. 在华北——太原喋血（视频）—平津失守—忻口会战—太原失守

1937 年 10 月，忻口会战是华北战场最大、最激烈的一次战役，历时 23 天，大小战斗 40 余次，日军伤亡 2 万余人，牵制了日军沿平汉路南下的作战行动。

2. 在华东——淞沪会战（视频）—徐州会战（视频）

1937 年 8 月 13 日，日军大规模进攻上海，中国军队奋起抵抗，淞沪会战的战幕由此拉开。在淞沪会战中，第 88 师第 524 团团副谢晋元率孤军据守四行仓库，被上海市民誉为"八百壮士"。

1938 年 3 月，李宗仁等部实施台儿庄战役，取得大捷，歼灭日军 1 万余人。

日军占领南京、济南等地后，先后集中 24 万人的精锐部队，于 1938 年 1 月下旬开始南北对进，夹击徐州。徐州会战中的台儿庄大捷大大鼓舞了全国人民的抗战意志。

3. 在华中——武汉会战

1938 年 6 月，40 万日军，120 艘舰艇，300 架飞机进攻武汉，中国参战部队达 130 个师，约 100 万人，与日军展开了大规模会战，日军死伤 20 万人，中国军队死伤 40 万人。

以武汉会战结束为标志，抗日战争开始进入战略相持阶段。

（二）战略相持阶段的正面战场

1940 年 5 月，在枣宜会战中，第 33 集团军总司令张自忠将军在激战中殉国。

1942 年 2 月，中国远征军进入缅甸对日作战，陆军第 200 师师长戴安澜在缅北殉国。

1939 年 1 月国民党在重庆召开了五届五中全会，重申"抗战到底"，确定了"防共、限共、溶共、反共"的方针，并设立了专门的"防共委员会"。这标志着国民党由片面抗战逐步转变为消极抗战。

【思考】怎样评价国民党政府在抗日战争中执行的路线和正面战场的地位与作用？

直到 20 世纪 70 年代末，对抗日战争正面战场的研究还很薄弱。80 年代起，抗战正面战场研讨成了一个热点。除发表大量论述抗日战争正面战场的论文外，还出版了专门论述正面战场的著作。郭雄等编著《抗日战争时期国民党正面战场重要战役介绍》、陈小功著《抗日战争中的正面战场》、张宪文主编的《抗日战争的正面战场》、马振犊著《惨胜——抗战正面战场大写意》等。

1. 关于战略阶段的划分

以往我国的史著几乎都认为，1938 年 10 月武汉失守以后抗日战争进入了战略相持阶段，国民党积极反共，消极抗日，敌后战场已上升为主战场，正面战场降到次要地位。有学者认为，1938 年 11 月至 1940 年，中国战场的军事形势是由战略防御向战略相持的过渡阶段，还不是完全的相持阶段。虽然日本的侵华政策有了变化，但其军事进攻的重点仍然是国民党正面战场，因而正面战场仍是中国抗战的主战场，国民党军在整体上抗战仍还比较积极努力。

2. 关于正面战场与敌后战场的关系

针对以往贬低正面战场抗敌战绩和将正面战场与敌后战场分割开来的倾向，有学者指出，正面战场与敌后战场只是抗日军队作战地域的划分，是统一的抗日战争的有机组成部分，两个战场相互依存、相辅相成、互相配合。在战略防御阶段，两个战场主要是战役配合。许多论著强调敌后战场对正面战场的配合作用，现在也有论文论及了正面战场主动与敌后战场作战相配合。

3. 关于抗日战争初期正面战场

对于战略防御阶段，过去大多以军事溃败、丧师失地一言以蔽之。20世纪80年代以来，对这一阶段正面战场的抗战开始作出比较积极的评价，同时也进行了批评。胡绳指出："正面战场无论在战略上还是在战役上，都是抗击日军进攻的主要战场。国民党表现了一定的抗日积极性，国民党曾先后进行了平津、淞沪、晋北、徐州以及保卫武汉等战役，并取得台儿庄战役的胜利，粉碎了日本帝国主义'三个月灭亡中国'的计划。但是由于敌强我弱，再加上蒋介石集团实行片面抗战路线和单纯防御的方针，正面战场的战局非常不利。台儿庄战役的重大胜利也未能改变整个战争的被动局面。"[1]

关于抗战初期中国正面战场的战略作战方向和作战重心转移问题，海内外学者有较大争论。有的学者认为，淞沪战役是中国主动发动的，战役开始后中国军队主力逐步集中到了淞沪战场，把侵华日军主力吸引了过来，淞沪战场实际上取代华北战场成了日军侵华和中国抗战的主战场，从而改变了日军的进攻方向。有的学者不赞同国民党政府有引诱日军改变战略进攻方面"战略谋算"的观点，认为淞沪战场后来成为全国主战场，是战役进程中诸种因素共同作用的结果。

4. 关于抗日战争中期正面战场

以往对相持阶段后国民政府对日态度的分析以"消极抗日积极反共"为基调。近十几年有所变化，有的学者论证，武汉失守后，国民党政府并未"消极抗战"。有的文章提出，从武汉失守到太平洋战争爆发，国民政府正面战场对日作战是积极的。这期间，组织南昌会战、第一次长沙会战、随枣会

---

[1] 胡绳主编：《中国共产党的七十年》，中共党史出版社1991年版。

战、桂南会战、枣宜会战、豫南会战、上高会战、晋南会战和第二次长沙会战共 9 次大规模战役，占整个抗战期间 22 次会战的 41%，其中有些抗击日军局部进攻，有些是国民政府军队发动的对敌攻势作战。大多数战役均取得了积极成果。

有的学者认为，抗日与反共并非绝对排斥，如阎锡山在发动晋西事变的同时开展了冬季攻势。"阎锡山在参与者反共的同时，没有完全停止抗日。'冬季攻势'时，二战区不仅部署了对日作战，而且取得了可喜的成绩。"[1] 对于太平洋战争爆发后第三次长沙会战的胜利，许多论著都充分肯定了它的作用和意义。何理在《抗日战争史》中说："长沙战役的胜利对国内军民，特别是正面战场的抗日部队是一个巨大的鼓舞。同时长沙战役也提高了中国在国际上的地位，支援了英美军队在南方的作战。"

还有学者从战争伤亡人数来看国民党抗战的积极与消极。有文章指出："从七七事变到武汉失守，历时一年零四个月，国民党军共毙伤停日军 25 万余人，牵制日军 70 万人以上，同时也付出了重大牺牲，其正规军损失达 104.4 万余人。""正面战场在 1939 年至 1940 年的两年里，共毙停日军 26.3 万余人，同时也付出了 101.9 万余人的重大伤亡。与 1937 年至 1938 年两年的伤亡人数大体相等，这也是国民党在这一阶段抗战较为积极的一个突出表现。"[2]

5. 结语

整个八年抗战，国民党正面战场先后进行大战役 22 次，重要战斗 1117 次，小战斗 3189 次，毙伤日军 8519 万余人，自己付出 322 万多人的重大伤亡。特别值得肯定的是，国民党军队的广大爱国官兵，曾经在前线与日本侵略者奋勇作战，不怕流血牺牲，表现了强烈的爱国主义精神，涌现出了佟麟阁、赵登禹、张自忠、郝梦龄、戴安澜等为国捐躯的高级将领。一切与日本侵略者浴血奋战的爱国官兵都为中国抗日战争的胜利贡献了力量，同样都是值得全民族尊敬与纪念的。

---

〔1〕 雒春普："阎锡山与第二战区的'冬季攻势'"，载《抗日战争研究》1994 年第 2 期。
〔2〕 刘庭华："关于国民党正面战场的历史地位"，载《抗日战争研究》2006 年第 2 期。

四、中国共产党成为抗日战争的中流砥柱

（一）全面抗战的路线和持久战的方针

（1）如何坚持抗战、争取抗战的胜利？1937 年 8 月，中国共产党在陕北洛川召开政治局扩大会议，制定了抗日救国十大纲领，强调要打倒日本帝国主义，关键在于使已经发动的抗战成为全面的全民族的抗战。

（2）战争的基本走势究竟怎样？应当坚持什么样的战略方针？1938 年 5 月至 6 月间，毛泽东发表《论持久战》的讲演，总结抗战 10 个月来的经验，集中全党的智慧，系统地阐明了持久战的总方针。

（二）敌后战场的开辟与游击战争的发展

（1）配合国民党军队在正面战场的作战。平型关大捷是八路军出师华北抗日战场后首战大捷，同时也是全国抗战爆发以来中国军队的第一个大胜利。

（2）发动敌后游击战争，开辟抗日根据地。

（3）百团大战。1940 年 8 月至 12 月初，八路军总部调集 100 多个团共 20 万人，对华北日军发动了一场大规模的以破袭敌人交通线为重要目标的进攻战役。

（三）坚持抗战、团结、进步的方针

抗日战争相持阶段到来以后，以蒋介石为代表的国民党亲英美派开始推行消极抗日、积极反共的政策，团结抗战的局面发生严重危机，出现了中途妥协和内部分裂两大危险。

（1）1939 年 7 月 7 日，中共中央发表《为抗战两周年纪念对时局宣言》，明确提出了反对投降，坚持抗战的三大政治口号："坚持抗战到底，反对中途妥协！巩固国内团结，反对内部分裂！力求全国进步，反对向后倒退！"

国民党三次反共高潮。

第一次为 1939 年冬至 1940 年春；第二次为 1941 年 1 月，皖南事变（视频）；第三次为 1943 年春。

（2）为了抗日民族统一战线的坚持、扩大和巩固，中国共产党总结反"摩擦"斗争的经验，制定了"发展进步势力，争取中间势力，孤立顽固势力"的策略总方针。

（四）抗日民主根据地的建设及其地位

1940 年，毛泽东发表《新民主主义论》等著作，比较完整地阐明了新民

主主义的基本纲领、基本政策，为各抗日根据地的建设指明了方向。

（1）"三三制"民主政权建设。抗日民主政府在工作人员分配上实行"三三制"原则，即共产党员、非党的左派进步分子和不左不右的中间派各占三分之一。

（2）经济建设。各根据地实行减租减息的土地政策，发展农业、商业。陕甘宁边区的八路军第359旅发扬艰苦奋斗的精神，将荒无人烟的南泥湾改造成为"陕北江南"。

（3）文化建设。中国共产党制定了正确的知识分子政策，吸引了大批进步知识分子，延安成了革命者向往的"圣地"。1940年8月在延安创办的自然科学院是中国共产党历史上第一个开展自然科学教学与研究的专门机构。

（五）推进大后方的抗日民主运动和进步文化工作

全民族抗战开始以后，在中国共产党的推动和影响下，文化界各抗敌协会相继成立，成了文化界广泛的抗日民族统一战线建立的重要标志。

李济深、柳亚子在广西成立"抗战动员宣传委员会"和"桂林文化界抗战工作协会"，呼吁清除失败主义，要求动员民众，坚决抗战，沈钧儒、郭沫若等各地民主人士通电支持。

（六）中国共产党的自身建设

1. 马克思主义中国化命题的提出

1938年9月至11月，中国共产党在延安举行了扩大的六届六中全会。在这次全会上，毛泽东明确提出了"马克思主义的中国化"这个命题。全会基本上纠正了王明的右倾错误，进一步确立了毛泽东在全党的领导地位。

2. 新民主主义理论的系统阐明

在20世纪30年代后期和40年代前期，为了将丰富的中国革命实际经验马克思主义化，以便更好地指导抗日战争和中国革命，毛泽东撰写了《〈共产党人〉发刊词》《中国革命和中国共产党》《新民主主义论》等一批重要的理论著作。

毛泽东阐明了中国共产党在新民主主义革命阶段的基本纲领。总结中国共产党成立以来的历史经验，认为统一战线、武装斗争、党的建设是中国共产党在中国革命中战胜敌人的三个主要法宝。

3. 整风运动和实事求是思想路线在全党的确立

20世纪40年代前期，中国共产党以延安为中心，在全党范围内开展了一场整风运动。

1941 年 5 月，毛泽东作了《改造我们的学习》的报告，整风运动首先在党的高级干部中进行。1942 年 2 月，毛泽东先后作了《整顿党的作风》和《反对党八股》的讲演，整风运动在全党范围普遍展开。

整风运动的主要内容是：反对主观主义以整顿学风、反对宗派主义以整顿党风、反对党八股以整顿文风。其中，反对主观主义是整风运动最主要的任务。

整风运动是一场伟大的思想解放运动。一切从实际出发、理论联系实际、实事求是的马克思主义思想路线在全党范围确立了起来。

1945 年 4 月 20 日，中国共产党六届七中全会通过了《关于若干历史问题的决议》，对党的若干重大的历史问题作出结论，使全党尤其是党的高级干部对中国民主革命的基本问题的认识达到了在马克思列宁主义基础上的一致。

同年 4 月 23 日至 6 月 11 日，中国共产党第七次全国代表大会在延安举行。七大将以毛泽东为主要代表的中国共产党人把马克思列宁主义基本原理同中国具体实际相结合所创造的理论成果，正式命名为毛泽东思想，并将毛泽东思想规定为党的一切工作的指针。

【思考】为什么说中国共产党是中国人民抗日战争的中流砥柱？

1. 什么是中流砥柱？

意思是指就像屹立在黄河急流中的砥柱山一样，比喻坚强独立的人能在动荡艰难的环境中起支柱作用。

成语故事：相传砥柱是大禹治水时留下的镇河石柱，又说是一位黄河老艄公的化身。很久以前，一位老艄公率领几条货船驶往下游，船行到神门河口，突然天气骤变，狂风不止，大雨倾盆。刹那间，峡谷里白浪滔天，雾气腾腾，看不清水势，辨不明方向。老艄公驾船穿越神门，眼看小船就要被风浪推向岩石。老艄公大喝一声："掌好舵，朝我来。"他纵身跳进了波涛之中。船工们还弄不清是怎么回事，就听到前面有人高呼"朝我来，朝我来"，原来是老艄公站在激流当中为船导航。船工们驶到跟前正要拉他上船，一个浪头将船推向下游，离开险地。船工们在下游将船拴好，返回去找老艄公，见他已经变成了一座石岛，昂头挺立在激流中，为过往船只指引航向。因此，人们把这座石岛"中流砥柱"也叫"朝我来"。

2. 为什么说中国共产党是中国人民抗日战争的中流砥柱

（1）坚持全面的全民族抗战路线，反映出了我党对战争本质的认识。

从日本来看：

日本侵华战争是由日本军国主义发动的，旨在灭亡中国的侵略战争。

所谓军国主义，在意识形态上就是"一个国家和地区的人们所具有的政治的、社会的及人生的价值均以军事的、军队的价值为最高标准，军事或军队成为最高价值"。[1]

在这种意识形态的蛊惑下，数以百万计的"昭和男儿"丧心病狂地投身到侵华战争当中。

日本妇女也被鼓动起来，成了战争的助推者。

侵华战争成了由全体日本国民支持并参与的，关乎日本国运的"全民族战争"。

从中国来看：

国民党对外妥协退让，对内推行"攘外必先安内"政策。这一政策实质上是将彻底剿灭共产党作为中心任务。"若于倭赤二问题并论，则赤急于寇，决先灭赤而后灭倭，以对赤之主动尚在于我身，而且其患莫大出。"[2]

蒋介石始终是想凭借着国民党一党之力完成对日本侵略的抵抗。

在表明，在中华民族生死存亡之际，国民政府瞩目的焦点仍然是党派的权力之争，不能也不愿承担起领导全民族抗战的历史重任。

中国共产党从战争伊始便对战争的本质和应该采取何种策略有着清醒的认识。

1935 年 8 月，中国共产党发表《为抗日救国告全体同胞书》，呼吁"无论各党派间在过去和现在有任何敌对行动……大家都应当停止内战，以便集中一切国力（人力、物力、财力、武力等）去为抗日救国的神圣事业而奋斗"。[3]

4 个月后的瓦窑堡会议制定了抗日民族统一战线的策略路线。毛泽东做的名为《论反对日本帝国主义的策略》的报告进一步从理论和实践上阐明了党

---

〔1〕 王仲涛、汤重南：《日本史》，人民出版社 2008 年版。
〔2〕 金冲及："七七事变前蒋介石对日政策的演变"，载《近代史研究》2014 年第 1 期。
〔3〕 《中共党史教学参考资料》（二），人民出版社 1959 年版。

的抗日民族统一战线策略方针。

毛泽东分析了当时的政治形势，认为日本侵略中国是想"把整个中国从几个帝国主义国家都有份的半殖民地状态改变为日本独占的殖民地状态"，这种情形，已经"威胁到了全国人民的生存"。[1]面对威胁，我们党的基本任务就是要建立广泛的民族革命统一战线，而且是包括资产阶级及一切同意保卫祖国的人们的，是举国一致对外的民族统一战线。

民族革命统一战线，这一路线的确立，深刻反映出我党对中日之间战争本质的认知，为我党及至全国抗日战争的胜利提供了基本保障。

（2）坚持持久战的战略方针，反映了我党对战争规律的把握。

抗战爆发后，有几个问题曾让中国人民感到困惑和迷茫：这场决定双方命运的战争将会持续多久？中国究竟能不能取得最终的胜利？如果能，该如何去扭转战场上的不利局面？应当坚持什么样的战略方针？

国民党政府外交上的妥协退让以及战场上的节节退败使得"抗战必败""再战必亡"的论调甚嚣尘上。汪精卫在南京组建起"伪国民政府"，供日本人驱使。同时，社会上又流行起了一种不切实际的速胜言论。

消极悲观的"亡国论"与盲目乐观的"速胜论"，无疑给中华民族的抗日战争造成了恶劣的影响。

1938年5月，毛泽东发表《论持久战》，总结全面抗战10个月来的经验，系统地阐明了持久抗战的总方针。

毛泽东指出，日本是强国，中国是弱国，强国弱国的对比，决定了抗日战争只能是持久战。日本是小国，发动的是退步的、野蛮的侵略战争在国际上失道寡助；中国是大国，进行的是进步的、正义的反侵略战争，在国际上得道多助。

因此，最后胜利必将属于中国。

毛泽东还科学地预测了抗日战争的发展进程，即抗日战争将经过战略防御、战略相持、战略反攻三个阶段。其中，战略相持阶段，是中国抗日战争取得最后胜利的最关键的阶段。只要坚持持久抗战、坚持抗日民族统一战线，中国将在这个阶段中获得转弱为强的力量。

---

[1]　毛泽东："论反对日本帝国主义的策略"，载《毛泽东选集》（第1卷），人民出版社1991年版。

持久抗战的总方针明确回答了"为什么是持久战？怎样进行持久战？怎样取得最后胜利？"等关键性问题，毛泽东对整场战争的认知的确达到了一个超出绝大多数人的高度。如此清醒的认知，为抗战感到迷茫的国人指明了坚持奋斗、不断向前的方向，极大地鼓舞了全国人民坚持抗战、抗战到底的信心与决心。

（3）游击战的开展和敌后根据地的创建反映出了我党战略战术的高超

为什么"游而不击"论是错误的？

关于游击战争，曾流行一种观点——"游而不击"论，说共产党是"一分抗战、两分应付、七分发展"。

案例1：白修德著《追寻历史——一个记者和他的 20 世纪》

案例2：哈里森·福尔曼著《北行漫记》

案例3：日军华北方面军司令部 1943 年度综合战报

游击战是我党在客观估计自身实力的前提下，着眼于全国战场局势发展而提出的能够充分发挥自身优势，最大限度歼灭敌人，保存并发展自己的战争策略。

"保存自己、消灭敌人这个战争的目的，就是战争的本质，就是一切战争行动的根据，从技术行动起，到战略行动止，都是贯彻这个本质的。战争目的，是战争的基本原则，一切技术的、战术的、战役的、战略的原理原则，一点也离不开它。"[1]

与游击战的战争策略相适应的，就是敌后根据地的创建，稳固的根据地不仅可以支撑游击队应对战争的长期性和残酷性，而且还可以促成我军作战方式由游击战向运动战转化。

因为战争的长期性和残酷性"能够使游击队受到必要的锻炼，逐渐地变成正规的部队，因而其作战方式也将逐渐的正规化，游击战就变成运动战了"。[2]

正是游击战的策略和作战方式的转化，使我军的实力能够由抗战初期的 4 万余人发展至抗战结束时的 120 万人，由初期只能配合正规军作战的弱小部队发展成一支能够独立抗击侵华日军的强大力量。

---

〔1〕 毛泽东："论持久战"，载《毛泽东选集》（第 2 卷），人民出版社 1957 年版。
〔2〕《毛泽东选集》（第 2 卷），人民出版社 1957 年版。

3. 归纳小结

综合以上三点，在抗日战争中，中国共产党始终保持着对战争本质的认知和对战争规律的把握，并从民族大义出发，制定了正确的战争策略和作战方针，在长期艰苦的抗日环境中，为战争的胜利贡献了全部的力量，完全无愧于抗日战争中流砥柱的历史评价。

"知史爱党，知史爱国。……历史是最好的教科书。"〔1〕"历史启迪我们，坚持中国共产党的领导，是中华民族和中国人民的命运所系，前途所在。"〔2〕

五、抗日战争的胜利及其意义

(一) 抗日战争的胜利

1. 中国战区局部反攻

1944 年 4 月，日军发动豫湘桂战役，打通了贯通中国大陆的交通线，摧毁了中国西南的中美空军基地。中国军民开始局部反攻。

1945 年春，八路军、新四军建立了 18 个解放区，总面积为 95 万平方公里，人口 9550 万人。

1945 年春，国民党也收复了南宁、桂林、福州等地。

2. 雅尔塔会议和《波茨坦公告》

1945 年 2 月，美、英、苏三国首脑及外长在苏联举行雅尔塔会议，签订了《雅尔塔协定》，规定在德国投降及欧洲战争结束后 2 个月或 3 个月内，苏联将参加对日作战。

1945 年 8 月 14 日，日本政府决定接受《波茨坦公告》；15 日，日本天皇裕仁发布《停战诏书》，向全世界正式宣布日本无条件投降。

(二) 抗日战争胜利的意义、原因和基本经验

1. 抗日战争胜利的意义

中国人民抗日战争，是近代以来中国反抗外敌入侵第一次取得完全胜利的民族解放战争。

第一，中国人民抗日战争的胜利，彻底打败了日本侵略者，捍卫了中国

---

〔1〕 习近平：《在中央党校建校 80 周年庆祝大会暨 2013 年春季学期开学典礼上的讲话》（2013 年 3 月 1 日）。

〔2〕 曲青山："中国共产党在抗日战争中的中流砥柱作用"，载《紫光阁》2015 年第 8 期。

的国家主权和领土完整，使中华民族避免了遭受殖民奴役的厄运。

第二，中国人民抗日战争的胜利，促进了中华民族的觉醒，使中国人民在精神上、组织上的进步达到了前所未有的高度，成为中华民族走向复兴的历史转折点。正是在中国人民抗日战争胜利的基础上，中国共产党领导中国人民进而取得了新民主主义革命的胜利。

第三，中国人民抗日战争的胜利，促进了中华民族的大团结，弘扬了中华民族的伟大精神。抗日战争使中国人民空前团结起来，使中华民族焕发出了巨大凝聚力和旺盛生命力。

第四，中国人民抗日战争的胜利，对世界各国人民夺取反法西斯战争的胜利、维护世界和平的伟大事业产生了巨大影响。中国人民抗日战争是世界反法西斯战争历史的光辉一页。

2. 抗日战争胜利的原因

第一，中国共产党在全民族抗战中起到了中流砥柱的作用。

第二，中国人民巨大的民族觉醒、空前的民族团结和英勇的民族抗争是中国人民抗日战争胜利的决定性因素。

第三，中国人民抗日战争的胜利，同世界所有爱好者和平和正义的国家和人民、国际组织以及各种反法西斯力量的同情和支持也是分不开的。

3. 抗日战争胜利的基本经验

第一，全国各族人民的大团结是中国人民战胜一切艰难困苦、实现奋斗目标的力量源泉。没有全国各族人民的大团结，就没有抗日战争的伟大胜利。

第二，以爱国主义为核心的伟大民族精神是中国人民团结奋进的精神动力。以爱国主义为核心的中华民族精神是抗日战争得以坚持和胜利的重要思想保证。

第三，提高综合国力是中华民族自立于世界民族之林的基本保证。一个国家只有首先自强，才能在世界上自立。

第四，中国人民热爱和平，反对侵略战争，同时又绝不惧怕战争。

第五，只有坚持中国共产党的领导，中华民族才能捍卫自己的生存和发展的权利，才能创造美好的未来。

模块五主题教案：社会主义革命与初建

本模块对应《中国近现代史纲要》下编综述和第八、九章，主要包含社会主义制度的确立、初期建设的理论建树两个方面的内容。

【教学导入】 你看过电影《开国大典》吗？你知道新中国工业化是如何起步的吗？你读过《论十大关系》吗？

【教学目的】 通过本模块专题教学，帮助大学生学习新中国成立初期的历史，以史为鉴，学党史、知党情、跟党走。

【教学重点】 新民主主义社会的性质；中华人民共和国的成立及社会主义基本制度在中国全面确立的伟大意义；对农业、手工业、资本主义工商业的社会主义改造的基本方针和基本经验；1956 年至 1957 年中国共产党人对社会主义初期建设的理论建树。

【教案正文】

一、社会主义基本制度在中国的确立

中华人民共和国初期，随着民主革命遗留任务的完成和国民经济的恢复，集中力量进行经济建设进而实现现代化，被突出地提上了党和国家的议事日程。进行经济建设，首先要改善中国工业落后的状况，实现国家的工业化。中国之所以选择社会主义道路，正如毛泽东所说："资本主义道路，也可增产，但时间要长，而且是痛苦的道路。"

首先，资本主义式的工业化道路经历了长达几百年的时间，其早期的经济增长基本上经历了如下过程：土地和自然资源投入的增加以及大量投资发展资本密集的机器大工业（特别是重工业）。所以，资本主义得以发展的必要条件有两点：一是大量货币资本集中在少数人手里；二是大量有人身自由但丧失了任何生产资料的无产者的存在。

其次，中国的资本主义经济本身脆弱，未能构成独立的比较完整的工业体系和国民经济体系，如果独立后的中国走资本主义道路，无法摆脱对外国资本的依赖，长此以往将会成为资本主义大国的附庸。

中国革命分两步走——经过新民主主义革命，然后进行社会主义革命是中国共产党的既定方针。中华人民共和国建立初期，中共中央领导人认为，大约需要 15 年的时间，中国才能完成由新民主主义社会向社会主义社会的过渡。

（一）实行社会主义改造的必要性

社会主义改造是确立社会主义制度的前提。从 1953 年起，中国共产党领导人民开始贯彻实施过渡时期总路线。而当时的国际国内形势也具备了适宜的条件。

第一，社会主义性质的国营经济力量比较强大，它是实现国家工业化的主要基础。国营工业与私营工业相比，具有规模大、技术设备先进、种类齐全、劳动生产率高等优势。而且，全国财经统一后，国家能够用大笔资金投资大型工业建设项目。

第二，对个体农业进行社会主义改造是实现国家工业化的一个必要条件。提高农业生产力，能够为国家工业化提供原材料和资金；土地改革后的农民已经自发地组织起来，实行互助合作。

第三，当时的国际环境也促使中国选择社会主义。中华人民共和国建立时，西方国家实行遏制加孤立的对华政策，中国要想巩固国防安全、获得经济发展只能选择走社会主义道路。

（二）编制"一五计划"，实现两大任务

"一五计划"规定了"集中主要力量发展重工业，建立国家工业化和国防现代化的初步基础；相应地发展交通运输业、轻工业、农业和商业"等内容；还规定五年内国家用于建设的投资总额为 766.4 亿元。"一五"期间，在苏联的援助下，我国建设了一大批重点工程，为国家的工业化奠定了初步的坚实基础。1951 年 12 月，中共中央下发了《关于农业生产互助合作的决议（草案）》。该草案指出要"按照自愿和互利的原则，发展农民劳动互助的积极性"。

第一，在中国的条件下，可以走先合作化、后机械化的道路。

第二，充分发挥农民的两种积极性，通过互助组、初级社、高级社的形式实行积极发展、稳步前进、逐步过渡的方针。

第三，农业互助合作的发展，要坚持自愿互利的原则，采取典型示范、逐步推广的方法。

第四，要把是否增产作为衡量合作社是否办好的标准。

第五，要把社会改造同技术改造相结合。

农业合作化前期的健康发展。报告阐明了农业合作化的基本道路、基本方针、基本政策，是指导农业合作化的重要文献。但报告错误地批判了邓子恢等人的"右倾"，助长了本已存在的求快、求纯的"左倾"思想的发展。

此后，农业合作化运动急速发展，到 1956 年底，入社农户达 1.17 亿户，占全国农户总数的 96.3%，其中加入高级社的农户达 87.8%，基本上实现了农业合作化。

总体上看，农业合作化运动基本上是成功的。5 亿多农民在党的领导下走上社会主义道路，比较顺利地把如汪洋大海般的小农个体经济改造为社会主义集体经济，实现了土地公有，避免了两极分化。在实现这一场伟大、深刻的历史变革过程中，生产力不仅未受到破坏，而且还促进了它的发展，保持了社会政治局面的安定。这确实是一个了不起的创举。

在 1955 年夏季之后，合作化的发展开始违背客观经济规律，出现了要求过急、工作过粗、改变过快、形式过于简单划一的缺点和偏差。

1. 毛泽东主席把中国的资产阶级区分为两部分，并分别实行不同的政策

近代中国半殖民地半封建的社会性质造成中国的资产阶级分为官僚资产阶级和民族资产阶级。对前者，党的政策是政治上推翻其统治，经济上没收其资本；对后者，则根据其一贯的表现和特点，团结、利用、限制、改造他们，引导其走社会主义道路。

2. 对资本主义工商业利用、限制、改造的方针

国家对资本主义工商业实行利用、限制、改造的方针，途径是通过多种形式的国家资本主义，把资本主义工商业改造成社会主义性质的企业。

3. 对资本主义工商业改造的过程

①在 1953 年年底以前，主要是实行初级形式国家资本主义阶段。②从 1954 年到 1955 年夏，主要是实行个别企业公私合营阶段。③从 1955 年秋到 1956 年，是实行全行业公私合营阶段。

和平赎买政策在中国实行的必要性和可能：①由于中国经济落后，需要利用私营工商业有利于国计民生的积极作用，促进国民经济的恢复发展。②政治上有利于争取和稳定民族资产阶级，巩固和发展统一战线。③有利于发挥民族资本家的知识和才能为社会主义建设服务。

二、社会主义建设在探索中曲折发展

（一）良好的开局

1. 全面建设社会主义的开端

1956 年社会主义改造基本完成，标志着我国进入社会主义初级阶段，开

始了全面建设社会主义的新时期。

1956 年 4 月初,在中共中央书记处会议上,毛泽东提出,最重要的教训是独立自主,调查研究,摸清本国国情,把马克思列宁主义的基本原理同我国革命和建设的具体实际结合起来,制定我们的路线、方针、政策。现在是社会主义革命和建设时期,我们要进行第二次结合,找出在中国进行社会主义革命和建设的正确道路。

毛泽东提出"第二次结合"具有非常重要的意义。一方面,面对西方敌对势力乘机掀起的反共反社会主义浪潮,旗帜鲜明地向全世界表明中国共产党坚定走社会主义道路的决心;另一方面,又为中国探索自己的社会主义建设道路指明了方向,提供了基本的指导原则。

2. 中共八大路线的制定

1956 年 9 月,中国共产党第八次全国代表大会在北京举行。八大制定的路线,集中体现了中国共产党对中国社会主义建设道路的探索成果。

八大路线的主要内容是对社会主义改造完成后国内主要矛盾、主要任务和根本任务的分析结论。这也是八大最重要的历史功绩。

中共八大明确指出,社会主义制度在我国已经基本建立起来;我们还必须为解放台湾、为彻底完成社会主义改造、最后消灭剥削制度和继续肃清反革命残余势力而斗争,但是国内主要矛盾已经不再是工人阶级和资产阶级的矛盾,而是人民对于经济文化迅速发展的需要同当前经济文化已经不能满足人民需要的状况之间的矛盾;全国人民的主要任务是集中力量发展社会生产力,实现国家工业化,逐步满足人民日益增长的物质和文化需要;虽然还有阶级斗争,还要加强人民民主专政,但其根本任务已经是在新的生产关系下保护和发展生产力。

同时,在经济建设上,大会坚持既反保守又反冒进即在综合平衡中稳步前进的方针。在政治建设上,提出要扩大社会主义民主、健全社会主义法制,使党和政府的活动做到"有法可依"和"有法必依"。在执政党建设上,强调要提高全党的马克思列宁主义思想水平,健全党内民主集中制,坚持集体领导制度,反对个人崇拜,发展党内民主和人民民主,加强党和群众的联系。

在大会发言中,陈云提出"三个主体、三个补充"的思想。这个思想为大会所采纳,并写入决议,成为突破传统观念、探索适合中国特点的经济体制的重要步骤。

3. 《论十大关系》和《关于正确处理人民内部矛盾的问题》的发表

毛泽东先后在 1956 年 4 月 25 日中央政治局扩大会议和 5 月 2 日最高国务会议上作《论十大关系》的报告。

《论十大关系》围绕着一个基本方针，即调动国内外一切积极因素，为社会主义服务。《论十大关系》提出了一系列方针政策。如在处理农、轻、重的关系方面，提出把重工业作为国内建设重点的同时，要更多地发展农业、轻工业，并处理好沿海工业与内地工业、经济建设与国防建设的关系，从而对中国工业化道路的问题作出了创造性的论述。在汉族和少数民族的关系上，提出既要反对大汉族主义，又要反对地方民族主义。在党与非党的关系上，提出了共产党要与民主党派"长期共存，互相监督"。在文艺上，提出"艺术问题上的百花齐放，学术问题上的百家争鸣"。在论述中国和外国的关系时，提出"向外国学习"的口号，强调一切民族、一切国家的长处都要学，但不能一切照搬。

《论十大关系》是以毛泽东为代表的中国共产党人开始探索中国自己的社会主义建设道路的标志。它是在新的历史条件下，总结经济建设的初步经验，借鉴苏联建设的经验，概括出来的。从经济方面（这是主要的）和政治方面提出了新的指导方针，为中共八大的召开作了理论准备。

1957 年 2 月，毛泽东在扩大的最高国务会议上所作的《关于正确处理人民内部矛盾的问题》的讲话，系统论述了社会主义社会矛盾的理论：①社会主义社会同样存在着矛盾；②社会主义社会的基本矛盾的内容、性质、特点和解决途径；③关于社会主义社会的两类不同性质矛盾；④关于我国社会的主要矛盾和根本任务。

毛泽东在国际共产主义运动史上第一次提出并创造性地阐述了社会主义社会矛盾的学说，科学揭示了社会主义社会发展的动力，为正确处理社会主义社会各种矛盾、创造良好的社会环境和政治环境，提供了基本的理论依据，也为后来的社会主义改革奠定了理论基础，对中国社会主义事业具有长远的指导意义，并以独创性的内容丰富了马克思主义的理论宝库，是对科学社会主义理论的重大发展。

（二）建设的成就和探索的成果

1. 具体的建设成就和探索成果

独立的、比较完整的工业体系和国民经济体系的建立；人民生活水平的提高与文化、教育、医疗、科技事业的发展；国际地位的提高与国际环境的改善。

2. 探索中形成的建设社会主义的若干重要原则

以毛泽东为核心的党的第一代中央领导集体对建设什么样的社会主义、怎样建设社会主义进行了艰辛探索，积累了在中国这样一个经济文化十分落后的东方大国进行社会主义建设的重要经验，以创造性的内容为马克思主义宝库增添了新的财富。

（1）重大的理论创造：阐明了必须实行马克思主义与中国实际"第二次结合"的基本思想；提出了社会主义矛盾学说，阐明了调动一切积极因素建设社会主义的基本方针；社会主义可以分为不发达和比较发达两个阶段；社会主义现代化建设的战略目标（四个现代化）和"两步走"的发展战略步骤。

（2）建设社会主义的基本方针：调动一切积极因素为社会主义事业服务；正确认识和处理社会主义社会矛盾的思想；走中国工业化道路的思想。

（3）探索中形成的建设社会主义若干重要原则的意义：毛泽东是探索中国社会主义建设道路的开创者。1956年以后的20年间，以毛泽东为核心的党的第一代中央领导集体在探索过程中，虽然经历了严重曲折，但在社会主义建设中取得的独创性理论成果和巨大成就是极其宝贵的，为新的历史时期开创中国特色社会主义提供了宝贵经验、理论准备、物质基础，为党继续进行探索并系统形成中国特色社会主义理论提供了重要的基础。

模块六主题教案：中国特色社会主义

本模块对应《中国近现代史纲要》第十、十一章，主要包含改革开放、习近平新时代中国特色社会主义思想两方面内容。

【教学导入】你会唱《春天的故事》这首歌曲吗？你知道这首歌曲讲的是中国哪段历史吗？你对新时代的中国有什么期待和梦想？

【教学目的】通过本模块专题教学，帮助大学生学习改革开放以来的历史，以史为鉴，学党史、知党情、跟党走。

【教学重点】中共十一届三中全会的主要内容及其深远意义；科学评价毛泽东和毛泽东思想；邓小平南方谈话的主要内容；中共十八大、十九大的主要内容；十九届四中全会的主题和重要的成果。

【教案正文】

一、历史性的伟大转折和改革开放的起步

（一）在徘徊中前进和关于真理标准问题的讨论

1977 年 2 月 7 日，"两报一刊"社论："凡是毛主席做出的决策，我们都坚决维护；凡是毛主席的指示，我们都始终不渝地遵循"（即"两个凡是"）。"两个凡是"使彻底纠正"文化大革命"错误的要求和愿望遭到严重阻碍。

1978 年 5 月 11 日，《光明日报》以特约评论员的名义发表题为《实践是检验真理的唯一标准》的文章。文章的发表引起了一场关于真理标准问题的讨论。邓小平支持了这场讨论，提出要完整地、准确地理解毛泽东思想的科学体系，强调毛泽东思想的精髓就是实事求是，旗帜鲜明地提出"两个凡是"不符合马克思主义。

这场讨论，是继延安整风之后又一场马克思主义思想解放运动，其实质在于是不是坚持马克思列宁主义、毛泽东思想。它成为拨乱反正和改革开放的思想先导，为党重新确立实事求是的思想路线，纠正长期以来的"左"倾错误，实现历史性的转折作了思想理论准备。

（二）中共十一届三中全会的伟大转折

1978 年 11 月 10 日至 12 月 15 日，中共中央在北京召开工作会议。12 月 13 日，邓小平在中央工作会议闭幕会上作了题为《解放思想，实事求是，团结一致向前看》的讲话。这个讲话为重新确立党的思想路线奠定了基础，因而成为开辟中国特色社会主义新道路、开创中国特色社会主义新理论的宣言书，实际上是十一届三中全会的主题报告，它为全会实现具有划时代意义的伟大转折奠定了重要基础。

1978 年 12 月 18 日至 22 日十一届三中全会在北京召开。全会深远的历史意义：其一，全会实现了新中国成立以来党的历史上具有深远意义的伟大转折；其二，全会结束了粉碎"四人帮"后两年党和国家工作在徘徊中前进的局面，标志着中国共产党重新确立了马克思主义的思想路线、政治路线、组织路线，开始了在思想、政治、组织等领域的全面拨乱反正，形成了以邓小平为核心的党的中央领导集体，揭开了中国改革开放的序幕；其三，以这次全会为起点，中国进入了改革开放和社会主义现代化建设的历史新时期，开启了改革开放和社会主义现代化的伟大征程。

（三）拨乱反正任务的顺利完成

（1）坚持四项基本原则的提出。1979年3月30日，邓小平阐明必须坚持四项基本原则，即坚持社会主义道路，坚持人民民主专政，坚持共产党的领导，坚持马克思列宁主义、毛泽东思想。四项基本原则"是实现四个现代化的根本前提"。

（2）全面总结新中国的历史，科学评价毛泽东和毛泽东思想。1981年十一届六中全会通过了《关于建国以来党的若干历史问题的决议》，决议全面总结了中华人民共和国的历史，科学评价毛泽东和毛泽东思想，从根本上否定了"文化大革命"的理论和实践，表明中国共产党是在政治上、理论上成熟的坚强的马克思主义政党，标志着从中共十一届三中全会至此的党和国家在指导思想上拨乱反正工作的顺利完成。

二、改革开放和现代化建设新局面的展开

（一）社会主义初级阶段理论和党的基本路线的提出

1987年10月25日至11月1日，中共十三大在北京举行。中共十三大的主要内容有：

（1）提出社会主义初级阶段理论。大会指出，我国正处于社会主义的初级阶段。这个论断，包括两层含义：其一，我国社会已经是社会主义社会。我们必须坚持而不能离开社会主义；其二，我国的社会主义社会还处在初级阶段。我们必须从这个实际出发，而不能超越这个阶段。

（2）提出党在社会主义初级阶段的基本路线（"一个中心、两个基本点"）。

（3）制定了经济体制改革、政治体制改革的基本任务和奋斗目标。

（二）"三步走"发展战略的制定和实施

1987年4月，邓小平第一次提出了分"三步走"基本实现现代化的战略。同年10月，党的十三大把邓小平"三步走"的发展战略构想确定下来，明确提出：第一步，从1981年到1990年实现国民生产总值比1980年翻一番，解决人民的温饱问题；第二步，从1991年到20世纪末，使国民生产总值再翻一番，达到小康水平；第三步，到21世纪中叶，国民生产总值再翻两番，达到中等发达国家水平，基本实现现代化。然后在这个基础上继续前进。"三步走"发展战略进一步解决了中国现代化建设的目标、步骤等关系全局的重

大问题，对中国未来几十年的发展产生了深远的影响。

三、中国特色社会主义事业的跨世纪发展

（一）邓小平南方谈话

1992年1月18日至2月21日，邓小平先后视察武昌、深圳、珠海、上海等地，发表了重要谈话。南方谈话的主要内容有：其一，提出社会主义市场经济和社会主义本质理论；其二，提出加快改革开放和判断改革开放的"三个有利于"标准；其三，提出发展才是硬道理；其四，提出关键在人，强调加强党的建设；其五，提出基本路线要管一百年，动摇不得；其六，阐述社会主义初级阶段的长期性和前途，提出社会主义经历一个长过程发展后必然代替资本主义。

邓小平的南方谈话，在重大历史关头，科学地总结了十一届三中全会以来党的基本实践和基本经验，明确回答了长期困扰和束缚人们思想的许多重大认识问题，对整个社会主义现代化建设事业产生了重大而深远的影响。

（二）中共十四大确立社会主义市场经济体制的改革目标

1992年10月12日至18日，中共十四大在北京召开。十四大的主要内容有：其一，确立了我国经济体制的改革目标——建立社会主义市场经济体制；其二，确立了邓小平建设有中国特色社会主义理论在全党的指导地位。

1992年，以邓小平南方谈话和中共十四大为标志，改革开放和现代化建设事业进入从计划经济体制向社会主义市场经济体制转变的新阶段，由此打开了中国经济、政治、文化发展的崭新局面。

四、中国特色社会主义进入新时代

（一）开拓中国特色社会主义更为广阔的发展前景

1. 全面建成小康社会目标的确立

中共十八大的召开，标志着中国已经进入全面建成小康社会的决定性阶段，开启了中国特色社会主义新时代。

2. 实现民族复兴中国梦的提出

2012年11月29日，习近平总书记率中央政治局常委和中央书记处的同志来到国家博物馆，参观"复兴之路"展览。习近平总书记深情指出："现在，大家都在讨论中国梦，我以为，实现中华民族伟大复兴，就是中华民族

近代以来最伟大的梦想。"〔1〕

3. 统筹推进"五位一体"总体布局

中共十八大以来，中共中央统筹推进"五位一体"总体布局，提出一系列新理念、新思想、新战略，引领中国特色社会主义各项事业蓬勃发展。

4. 协调推进"四个全面"战略布局

这个战略布局既有战略目标，也有战略举措，每一个"全面"都具有重大战略意义，是实现中华民族伟大复兴中国梦的重要保障。

（二）党和国家事业的历史性成就和历史性变革

1. 极不平凡的五年

党的十九大从十个方面总结了十八大以来党和国家事业的历史性成就和历史性变革，指出"五年来的成就是全方位的、开创性的，五年来的变革是深层次的、根本性的"。

2. 中国特色社会主义进入新时代

3. 新时代中国和世界关系的历史性变化

中国特色社会主义进入新时代，中国的国际地位发生了历史性的变化。中国正前所未有地走近世界舞台中心，中华民族正以崭新姿态屹立于世界的东方。

（三）夺取新时代中国特色社会主义伟大胜利

1. 在新时代坚持和发展中国特色社会主义

2017年10月18日至24日，中国共产党第十九次全国代表大会在北京举行。中共十九大的主要贡献：①确立习近平新时代中国特色社会主义思想的历史地位；②作出中国特色社会主义进入新时代，我国社会主要矛盾发生新变化的重大政治论断；③确定决胜全面建成小康社会、开启全面建设社会主义现代化国家新征程的目标；④对新时代推进中国特色社会主义伟大事业和党的建设伟大工程作出全面部署；⑤选举产生新的中央领导集体。

2. 更好发挥宪法在新时代坚持和发展中国特色社会主义中的重大作用

2018年3月11日，十三届全国人大一次会议根据中共十九届二中全会提出的建议，审议通过了《中华人民共和国宪法修正案》。

---

〔1〕《习近平谈治国理政》（第1卷），外文出版社2018年版，第36页。

3. 坚持和完善中国特色社会主义制度、推进国家治理体系和治理能力现代化

2018 年 2 月，中共十九届三中全会审议通过《中共中央关于深化党和国家机构改革的决定》和《深化党和国家机构改革方案》，同意把《深化党和国家机构改革方案》的部分内容按照法定程序提交十三届全国人大一次会议审议。全会提出，党和国家机构职能体系是中国特色社会主义制度的重要组成部分，是中国共产党治国理政的重要保障。

2019 年 10 月 28 日至 31 日，中共十九届四中全会在北京举行。会议的主题是"坚持和完善中国特色社会主义制度、推进国家治理体系和治理能力现代化"。坚持和完善中国特色社会主义制度、推进国家治理体系和治理能力现代化，是关系党和国家事业兴旺发达、国家长治久安、人民幸福安康的重大问题。党中央决定用一次全会就这个重大问题进行研究部署，是从政治上、全局上、战略上全面考量，立足当前、着眼长远作出的重大决策。其一，这是实现"两个一百年"奋斗目标的重大任务；其二，这是把新时代改革开放推向前进的根本要求；其三，这是应对风险挑战、赢得主动的有力保证。

第二循环　红色文化融课

本循环强调在《中国近现代史纲要》课程的教育教学过程中，必须让历史事件鲜活起来，充分引起大学生的情感共鸣。通过革命纪念场馆的图片和音像资料，传递《中国近现代史纲要》的人文关怀，把爱国主义情感带入课程中，陶冶学生的情操，强化学生的人格塑造，提升学生的道德水平和人文素养。

模块一红色文化：济南"五三惨案"

【教学导入】你知道"五三惨案"发生在哪一年吗？发生在哪个城市？被誉为"外交史上第一人"的人是谁？

【教学目的】通过本模块专题教学，帮助大学生了解"五三惨案"的历史过程，激发大学生发奋图强、报效祖国的情感。

【教学重点】弱国无外交；为中华之崛起而读书的历史使命感。

【教案正文】

一、历史背景

（1）日本：①昭和金融危机。1926 年 12 月 25 日，大正天皇死去，裕仁继位，改为昭和天皇，这个名字取自中国《尚书·尧典》——"百姓昭明，协和万邦"。1927 年 3 月，昭和天皇继位不久就发生了"昭和金融危机"，稳定的时期至此结束。裕仁天皇统治日本长达 60 多年，把日本从盛极一时的帝国带入战争深渊和泥潭，成为日本历史上最大的败笔。②田中义一内阁制订了侵华战略方针。田中义一内阁在 1927 年 4 月 20 日上台之后，首先就采取了通货膨胀的措施，把负担转嫁到人民的身上。之后他召开了"东方会议"，制订了侵华战略方针，对中国推行"积极干预政策"，试图把中国东北、内蒙古从中国分离出去，由日本帝国占领，他还宣布把华北驻军扩大一倍。

（2）中国：①国民党第二次"北伐"。在美国的支持下，1928 年 4 月，国民党开始第二次"北伐"。蒋介石所率北伐军节节胜利，很快就攻入了山东省。②奉系军阀张宗昌请日本发兵救援，当时，奉系军阀张宗昌盘踞济南。张宗昌见蒋介石率北伐军来攻山东，便派参谋长金寿良到青岛请日本快发救兵。日本侵略军被张宗昌引入济南，占领了济南医院、济南报社等地，并用沙袋筑起堡垒，设置活动电网，不许华人接近。1928 年 4 月 19 日，田中内阁派遣第六师团 5000 人在青岛登陆，经青岛和胶济铁路沿线要地，"保护帝国臣民"。1928 年 4 月 21 日，驻天津的日军到达津浦路济南站。济南黑云压城，风雨欲来。1928 年 4 月，日军在纬八路其租地内的济南医院，即现在的山东省立医院演习。

二、"五三惨案"过程

（一）惨案开端

1928 年 5 月 3 日清晨，泉城济南城内各处商店相继开门，生意兴隆，市面熙熙攘攘，一片太平景象。但不料在上午 9 时许，北伐军一名徒手士兵经过日军警戒区时，被无故射杀；北伐军一部移往基督医院时，日军又突然开枪，与此同时又向北伐军第 40 军第 3 师第 7 团的两个营发起攻击，北伐军损失惨重。日军以种种借口在济南奸淫掳掠，无所不为。中国军民在马路上行走时，在商店里买东西时，甚至在澡堂里洗澡、在理发店里理发时，只要被日本兵碰上，立即遭到杀害。日军还唆使日侨义勇团，杀害平日有反日言论或者抵制过日货的中国学生、工人、店员。一时间，济南成了日寇屠杀中国军民的杀人场。第 92 师、第 93 师奋起还击，立即制止住日寇的嚣张气焰。日军指挥官福田彦助见事不好，急派佐佐木到一去会见蒋介石，并威胁说"如不停火，中日将全面开战"。蒋介石便派出 10 个参谋组成的传令班，分头到各部队传令，对日军停止还击。正当中国派人与日本人交涉时，恰有两个日本兵被流弹打死。日本侵略军这下找到了挑衅借口，大举向中国军队驻地进攻。日本侵略军更加凶焰万丈，不论官兵，见人就杀，一时尸体遍街，血流成河，哀声动地。日军还派兵侵入中国政府所设的山东交涉署，日本军官命令日本兵将蔡公时绑缚起来。蔡公时用日语叱责道："汝等不明外交礼仪，一味无理蛮干！此次贵国出兵济南，说是保护侨民，为何借隙寻衅，肆行狂妄，做出种种无理之举动！实非文明国所宜出此！"日本军官一巴掌打在蔡公时的脸上，蔡公时顿时鲜血直流。蔡公时仍痛斥他们说："你们这些强盗！我早就看透你们。现在我以一个中国人的身份痛斥你们这帮强盗。"日本军官兽性大发，命日本兵挥动刺刀对蔡公时进行割耳、切鼻。蔡公时顿时鲜血喷流，血肉模糊，惨不忍睹。日本强盗大声狂笑，形同禽兽！那日本军官原以为会把蔡公时吓得低声下气求饶性命，却见蔡公时虎目圆睁，大声怒骂："日本强盗禽兽不如，此种国耻，何时能雪！"交涉署庶务张麟书、参议张鸿渐、书记王炳潭等在蔡公时的激励下，争相痛骂，怒斥强盗。但这帮丧心病狂的法西斯强盗先将张麟书的耳鼻割下，又断其腿臂，血肉狼藉，不成人形！日本侵略者仍不放手，又将蔡公时等人三人一组，拽出屋外。蔡公时被第一批拖到交涉署院内，枪声一响，可怜蔡公时正值英年，牺牲在倭寇的乱枪之下。日本侵略者又将交涉署职员全部杀害。

(二) 再起战衅

1928 年 5 月 4 日，蒋介石命时任外交部长黄郛致电日本首相兼外务大臣田中义一，指出："似此暴行，不特蹂躏中国主权殆尽，且为人道所不容。今特再向贵政府提出严重抗议，请立即电令在济日兵，先行停止枪炮射击之暴行，立即撤退蹂躏公法、破坏条约之驻兵，一切问题当由正当手续解决。"日本政府根本不把这个抗议照会放在眼里，不予置理，反而扩大济南事态，更疯狂地向中国公民开炮射击。蒋介石见济南的事态不但平息不下来，相反有越来越紧急的势态，于是他整顿了北伐军，拉着黄郛等人在混乱中溜出了济南，继续北伐，仅于城内留相当部队，维持秩序。福田彦助向蒋介石提出了

"阵前解除武装"等五条通牒，蒋介石给出六项答复，福田彦助不满意，他横眉怒目回答："规定时间已过，不必再谈！"福田彦助蛮横地赶走派去的使者，随即下令对济南发动攻击。留守济南的北伐军将士以散兵战术抗击日寇的立体战术，打得敌人闻风丧胆。留守济南的李延年、邓殷藩两团将士，与日寇激战三昼夜，打得日寇不敢轻举妄动，直至接到蒋介石令他们撤退的密电后，才撤出济南。

（三）血腥屠杀

日军于 5 月 11 日上午举行"显扬国威"的入城式，开始惨绝人寰的大屠杀：见男人就开枪射击，见女人就乱刀刺死。济南中国官民被杀死亡者，达6123 人，受伤者不计其数，真是血流成河，尸横遍野，惨不忍睹，举世公愤！日军以重炮轰击济南城，历史文化名城玉石俱焚，一片火海。日军因屡攻西门不下，竟将城下顺城街一带房屋全部烧毁，1000 余名济南居民惨遭杀害。惨案之后，济南民众把街名改称"五三街"，以志不忘。

三、"五三惨案"影响

"五三惨案"是发生在国民政府北伐后期的中日冲突。日本为了维护其在华北和满蒙的特殊利益而出兵山东，一方面可能是希望北伐成功，另一方面则是要向快将统一中国的国民政府显示力量。据 1928 年统计，死难者家属自行掩埋的尸体 2862 具，被日军秘密杀害用汽车载出济南抛入黄河的尸体 1900 具，慈善机构掩埋 1083 具，其他尸体 278 具，财产损失 2.957 万元。"五三惨案"产生了深远的历史影响。

（1）日本对中国的侵略及对中国人民的屠杀极大地伤害了中国人民的感情。经调查，1928 年在"五三惨案"中被日本帝国主义兽兵杀死的中国军民共 6123 人。当然由于当时调查工作的草率，实际上在这次惨案中遇害的，要远远超过这个数目。山东交涉署以蔡公时为首的 17 名工作人员惨遭杀害，真实演绎了弱国无外交的景况。

（2）充分暴露了日本侵华的狼子野心。1928 年 5 月 18 日，日本政府借机向中国南北双方提交了一份文字相同的最后通牒，其中强调了日本在满蒙的特殊利益。这揭示出日本真正在意的生命线其实还是在东北的利益。但是日本军人的意图不止于此，他们更想要"振兴日本军人精神，震慑中国人，并让外国人（按指欧美人）牢记日本军队的决心"。日本军人的这种激进极端的思路与做派往后发展成军部不受政府控制的"独走"，成为一再扩大侵华的动力源。

（3）对蒋介石的心理产生重大冲击。蒋介石在 1928 年 5 月 3 日的日记中写道："身受之耻，以五三为第一，倭寇与中华民族结不解之仇，亦由此而始也！"此后蒋介石在日记中坚持每日写上"雪耻"二字。"五三惨案"粉碎了国民党对日工作的全部希望，使国民党放弃了以日本为外交中心的取向，国民党人也开始学起袁世凯的策略，将中日事件大肆曝光。蒋介石指示南京政府将"事实宣告全世界"。"五三惨案"之后蒋介石的决定，标志着蒋介石放弃了亲自领兵打入北京的计划，也意味着蒋介石决定暂时延缓对北方的控制，而集中全力巩固在南方的统治。"五三惨案"后，对外事务在影响中国内政发展进程方面作用更大，而外交也就成为新当权的国民党的当务之急。这对以后中国历史发展的影响极大。由于感到被日本人出卖了，蒋介石召见佐佐木到一并向他宣布，国民革命军将来与日本军不能提携。日本人既已不可信任，北伐途中有可能再次发生中日冲突，在全面权衡利弊之后，蒋介石命令所有的黄埔军撤出济南地区并且退到徐州以南，而让其他的北伐军绕道德州进军北京。

（4）影响国民党外交政策。与日本军人相反，蒋介石在事发之后仍极为克制，因蒋介石的所有计划均建立在中日冲突可以避免或至少限制在极小范围的前提之下，他曾力图就地解决此一冲突。事情既然不能解决，蒋介石就不得不放弃奉行已久而且在国民党中也颇有争议的与日本保持工作关系的取向。中方最终放弃联日外交，转向美国外交。"五三惨案"的发生及其善后的处理，还有宣传，使得中国国内反日情绪更加高涨，也使得中日双方互信合作的希望破灭，中方最终放弃联日外交，转而和西方国家尤其是美国建立较为密切的关系。

（5）在日本国内引起的反应。"五三惨案"在日本国内也激起了反华的舆论浪潮，日本在对华关系上愈发走向排他性、独断性，愈发试图在华盛顿体系之外解决问题，排除英美等世界各国力量单独处置中国事务。这也使日本逐渐从"帝国主义列强"的群像中走出来，在中国民众心目中日渐清晰地成为面目可憎的中国头号敌人。

（6）开启全面抗日新时代。"五三惨案"影响最深远的后果是开启了一个新的时代，从此中国民族抗御外族的使命就压倒了自身民族国家的建设。

从"五三惨案"开始，经历皇姑屯事变、"九·一八事变"、"一·二八事变"、长城抗战直到卢沟桥事变，中日逐步从对抗走向全面战争。中国的抗日战争时代，就此拉开了帷幕。

四、历史纪念

每年的 5 月 3 日 10 点，济南市都会鸣放防空警报，以纪念"五三惨案"，提醒世人勿忘国耻。济南西护城河河东岸，竖一石碑，四棱锥体形，上刻"济南五三惨案纪念碑"。碑西侧为浮雕墙，上刻《国耻》浮雕。该浮雕采用汉画像石刻艺术技法，运用纪实、象征、寓意相结合的手法，再现了济南"五三惨案"的场景。两端雕刻的洪钟，上勒"勿忘国耻，警钟长鸣"八字。卧碑中间是白色大理石台历，右页镌刻"五三惨案"发生的年月日期，左页镌刻《济南惨案纪略》，由武中奇书丹。台历左右两边，饰以汉白玉雕刻的花圈。"济南惨案纪念堂"位于趵突泉东北角，迎面就是一座汉白玉牌坊，横额上书"后事师表"。两尊石虎镇守牌坊两侧。

五、当代青年的历史使命

（1）正确看待中日关系。①以发展的角度看待和把握中日关系；②以史为鉴看待和把握中日关系；③纵观全局看待和把握中日关系。

（2）遵纪守法，理性爱国。爱国，既不是盲目排外，也不是骄傲自满。爱国，既要勇于承认别国的优点，也要敢于正视自己的不足。爱国，既要反抗外族野蛮的侵略和专制的统治，也要学习外国的科技文明和民主制度。

（3）发愤图强，振兴中华。①不惧战争，不求战争，坚决捍卫国家主权；②对日本要一分为二地看待；③为中华之崛起而读书。

模块二红色文化：鲁西第一党支部纪念馆

【教学导入】你知道山东省聊城市莘县徐庄村吗？山东省委重建纪念馆为什么设立在莘县徐庄村？在中国革命和战争年代，徐庄村都发生了哪些故事？最能感动你的是哪几个？

【教学目的】通过本模块专题教学，帮助大学生了解聊城市徐庄村中国共产党人为实现民族独立和人民解放，为践行中国共产党的初心和使命而艰苦斗争的精神，学习中国共产党对中国革命的重要指引意义，树立为中国特色社会主义建设奉献自己青春和力量的目标，培育当代大学生热爱党、热爱社会主义的共产主义信仰。

【教学重点】中国共产党是抗日战争的中流砥柱；伟大的抗日精神的时代内涵。

【教案正文】

一、背景介绍

鲁西第一党支部纪念馆位于山东省聊城市莘县古云镇徐庄村。该馆于2011年初建，占地面积40 000平方米，由主雕塑、赵健民与黎玉会面旧址、主展馆、广场、景观湖和假山组成，主展馆面积1200平方米，2012年11月开始投入使用。2016年9月，中共莘县县委对鲁西第一党支部纪念馆进行升级改造，并将馆名更名为山东省委重建纪念馆。

山东省委重建纪念馆记录了中共山东省委初建、遭到破坏和复建的历史变迁，承载了包括刘少奇、黎玉、赵健民等中国共产党党员为恢复和重建党组织而艰辛奋斗的历程，展现了中国共产党人的使命、初心和担当，体现了中国共产党人献身革命事业的大无畏精神和革命党人的情怀。

在中共山东省委党组织重建的艰难过程中，莘县古云镇徐庄村占有非常重要的地位。徐庄村位于冀鲁豫三省交界处，早在1934年秋末冬初就成立了党支部。在这里，中共河北省委代表、直南特委书记兼冀鲁豫边特委书记黎玉，受河北省委指派到徐庄村蹲点。期间，黎玉领导的分粮吃大户的斗争取得了胜利，并由此震动了鲁西乃至山东。

当时，中共山东省委遭到了敌人的严重打击和破坏，山东地方党组织与中共中央彻底失去了联系。在这样的背景下，中共济南市时任市委书记的赵健民等共产党人开启了艰难曲折的寻找上级党组织的历程之路。当赵健民听说鲁西徐庄村有共产党活动的消息后，1935年暑假一结束，赵健民便骑着自行车沿黄河大堤骑行500里来到徐庄村。在徐庄村，赵健民见到了当时的濮县县委书记王士希和濮阳中心县委书记刘宴春。会谈间，赵健民向两位县委书记提了山东的情况，要求直南特委转告北方局派人恢复山东地方党组织的关系。之后，赵健民于1935年冬收到来信，骑自行车再次来到徐庄，与黎玉见了面。这次见面对后来山东省委的重建工作具有非同寻常的意义。

1936年初，黎玉把在徐庄与赵健民见面的情况向河北省委做了汇报。

1936 年 4 月，中共中央代表、北方局书记刘少奇决定，派黎玉到山东恢复与重建山东地方党组织，并委任黎玉担任中共山东省委书记。在黎玉的主持下，1936 年 5 月 1 日，中共山东省委在济南四里山（今天的英雄山）宣布重新建立，黎玉任书记，赵健民任组织部长兼济南市委书记，林浩任宣传部长。

今天，山东省委重建纪念馆（原鲁西第一党支部纪念馆）成为聊城市和山东省红色文化的重要基地。2014 年 3 月，鲁西第一党支部旧址陈列馆被中共聊城市委公布为"聊城市党的群众路线教育实践活动现场教学基地"，2014 年 8 月被聊城市委宣传部公布为"聊城市爱国主义教育基地"，2014 年 9 月被中共聊城市委党史研究室公布为"聊城市中共党史教育基地"，2015 年 12 月被山东省委党史研究室公布为"山东省党史教育基地"。

二、发展过程

（一）背景

20 世纪 30 年代，中共山东省委多次遭到敌人破坏，彻底失去了与北方局和中共中央的联系。在这样的背景下，如何继续开展党的工作，如何壮大党的组织并与敌人的白色恐怖做斗争便成为山东共产党人的奋斗目标。血雨腥风中，山东共产党人在以赵健民为代表的共产党人的努力下，开启了艰辛的寻求上级党组织之路。

对这段山东省委重建的历史，国内党史研究专家丁龙嘉曾无限感慨地作了介绍。据丁龙嘉介绍，1933 年 7 月，当时的山东省临时工委组织部长叛变，导致整个山东省委的机关和团委特委的机关全部瘫痪。有鉴于此，以赵健民为代表的一部分山东共产党人，独立地坚持斗争，开始了艰辛的恢复和发展山东地方党组织的征程。

（二）过程

山东省委的重新建立与徐庄村，与共产党人赵健民和黎玉等有着非常密切的关系。

徐庄村，地处冀鲁豫三省交界处。20 世纪 30 年代，徐庄村的北面是山东省的朝城县、观城县，东面是山东省的范县，南面是山东省的濮县，西面是河南省的清丰县和南乐县，是个典型的"三不管"地带。1934 年 6 月，徐庄党支部成立，归属直鲁豫边特委领导。1935 年冬，徐庄党支部接到上级指示："近日黄河鲤鱼来。""鲤鱼"指的是黎玉，是黎玉的谐音，"黄河"指的是上级，这是党的地下工作中的暗语。不久，中共河北省委代表、直南特委书记兼冀鲁豫边特委书记黎玉受河北省委指派来到了徐庄村。

是年，徐庄村由于黄河决口，洪水泛滥成灾，粮食歉收。很多人都被迫背井离乡，外出逃荒。在这种情况下，黎玉向党支部同志提出用分粮吃大户的办法解决这一燃眉之急，党支部成员一致同意这个建议。在分粮吃大户斗争中缴获的武器基础上，徐庄党支部组建了鲁西第一支共产党直接领导的农民武装——徐庄游击队。

赵健民听说鲁西有共产党活动的消息，兴奋不已。于是 1935 年暑假结束后，赵健民便骑着自行车沿着黄河大堤，来到现莘县古云镇徐庄村，见到了以教师身份作掩护的濮县县委书记王士希，随后又见到了直南特委巡视员、濮阳中心县委书记刘宴春。赵健民向两位县委书记谈了山东的情况后，要求直南特委转告北方局派人恢复山东地方党组织的关系。刘宴春同意转达，并给了他几份旧文件。赵健民满怀希望地回到济南。

1935 年冬季的一天，赵健民收到来信："老掌柜已到，请速来洽谈一笔生意。"见到此信，赵健民欣喜万分，骑着一辆破旧自行车再次来到了徐庄。

1935 年 12 月，一个寒冷的晚上，赵健民来到徐庄，终于见到了黎玉，两人的手紧紧地握在了一起。

1936 年初，黎玉回到直鲁豫边特委的驻地——河北省磁县，把在徐庄见到赵健民的情况转告给了河北省委。1936 年 4 月，中共中央代表、北方局书记刘少奇同志决定，派黎玉到山东恢复与重建山东地方党组织，并委任黎玉担任中共山东省委书记。

1936 年 4 月，黎玉带着北方局的委托返回徐庄。几天后，黎玉沿着黄河大堤直赴济南。

1936 年 5 月 1 日，在黎玉的主持下，中共山东省委重新建立。

三、价值启示

山东省聊城市莘县徐庄村具有悠久的光荣革命历史，早在 1934 年就建立了中共党支部，在只有四五百人的村子里发展了 18 名党员，这是很了不起的事情。到 1936 年 5 月，徐庄村恢复重建了山东省委，开启了山东省党领导革命斗争的崭新历程。因此，在山东省党的发展历史上，徐庄村的地位非常重要，不可忽视。山东省委重建纪念馆（原鲁西第一党支部纪念馆）的重建历程和历史作用更是值得借鉴和思考。

习近平总书记在十九大报告中曾强调："要以培养担当民族复兴大任的时代新人为着眼点，强化教育引导、实践养成、制度保障，发挥社会主义核心价值观对国民教育、精神文明创建、精神文化产品创作传播的引领作用，把社会主义核心价值观融入社会发展的各个方面，转化为人们的情感认同和行为习惯。"〔1〕山东省委重建纪念馆的恢复和重建具有十分重要的意义，给我们以下启示：

第一，新时代更应注重弘扬革命精神。山东省委重建纪念馆的恢复和重建展现了中国共产党人不屈不挠和无比坚定的革命精神和革命意志。这一精神虽历经几十年仍不褪色，尤其是在新时代背景下，为促进中华民族的伟大复兴，为实现全面建成小康社会的中国梦，为推进国家治理体系和治理能力现代化的发展，我们更应注重弘扬这一革命精神。这既是一个理论问题，也是一个实践问题。为此，在中国特色社会主义新时代和中国特色社会主义现代化建设的新征程中，我们应当在习近平新时代中国特色社会主义思想的科学指引下，深入学习这一革命精神，并将之运用到社会主义现代化建设的具体实践中。让这一革命精神世代相传，与时俱进，绽放具有时代特点的革命光芒。

第二，新时代要注重社会主义核心价值观的培养。革命精神是社会主义核心价值观培育的宝贵资源和重要精神支撑，新时代推进社会主义现代化建设和改革更应当重视社会主义核心价值观的培养。为此，要突出学校教育、社会教育和家庭教育的重要阵地作用。

（1）学校教育上，要注重发挥先锋作用，引领革命精神的传承和教育。为此，"要坚持不懈培育和弘扬社会主义核心价值观，引导广大师生做社会主义核心价值观的坚定信仰者、积极传播者、模范践行者"。要将弘扬革命精神、培育社会主义核心价值观融入高校教学和思想政治工作的每一个环节，把高校作为宣传革命精神和社会主义核心价值观的重要阵地，把革命精神融入教材、课堂，让新时代的大学生深入了解并坚信和践行这种革命精神。

（2）社会教育上，要注重发展社会主义文化事业，以革命精神推动革命

---

〔1〕 习近平：《决胜全面建成小康社会　夺取新时代中国特色社会主义伟大胜利——在中国共产党第十九次全国代表大会上的报告》（2017 年 10 月 18 日）。

传统教育。为此，要特别注重加大对革命资源的整合，增加公共服务领域的投入，充分利用革命历史纪念地、纪念馆、革命旧址等文化资源，展开革命传统教育。此外，要善于利用网络新媒体唱响革命主旋律，弘扬革命精神。同时，要突出道德模范的作用，在全社会形成敬仰英雄、追随模范的氛围。

（3）家庭教育上，父母和家庭是孩子最好的老师，是孩子价值观、人生观和世界观形成的第一导师。为此，要重视家庭教育的潜移默化作用，为孩子营造学英雄、追榜样的教育氛围，引导孩子了解和学习中国共产党的历史，学习中国革命的发展历史，学习社会主义发展史，学习中国的改革开放史。

模块三红色文化：台儿庄大战纪念馆

【教学导入】台儿庄战役发生在哪一年？台儿庄战役发生在哪个城市？台儿庄战役中有哪些英雄人物？

【教学目的】通过本模块专题教学，使大学生全面了解台儿庄战役这一历史事件，认识到 20 世纪 30、40 年代日本帝国主义对我们国家的侵略及对中国人民的屠杀。培养历史责任感和爱国主义的理性思维。激发大学生热爱祖国、热爱人民、热爱家乡的情感。

【教学重点】台儿庄战役胜利的原因、意义、价值启示。

【教案正文】

2013 年 4 月，山东财经大学马克思主义学院《中国近现代史纲要》教研室和党支部在党总支书记孙洪敏的带领下，参观考察了台儿庄大战纪念馆和台儿庄古城。台儿庄大战纪念馆坐落在山东省枣庄市古运河畔的台儿庄区，是为了纪念抗日战争初期著名的台儿庄战役而修建的。占地面积 34 000 平方米，建筑面积 6000 平方米，融展览馆、影视馆、全景画馆于一体，整个建筑气势雄伟，庄严肃穆。台儿庄战役是在抗日民族统一战线旗帜下进行全民族抗战的一场战役。这一胜利是各个战场广大军民共同努力的结果。它的意义不仅影响到国民党正面战场，而且影响到战斗的全局、影响到全国、影响到敌人、影响到世界，在抗日战争中有着重要的历史地位。

一、背景介绍

1937 年 12 月 13 日和 27 日，日本侵略军相继占领南京、济南。为了迅速灭亡中国，连贯南北战场，日本法西斯决定以南京、济南为基地，从南北两端沿津浦铁路夹击徐州，以便沟通南北战场，进而击破陇海路军防线，夺取郑州、武汉等地。

地理位置决定战略价值。台儿庄地处苏鲁交界，位于枣庄南部，地处徐州东北30公里的大运河北岸，临城（今枣庄市薛城区）至赵墩（今邳州市赵墩镇）的铁路支线上，北连津浦路，南接陇海线，西面毗邻南四湖，为山东南大门、徐州之门户，乃是南下徐州的最后一道屏障，举世闻名的京杭大运河横贯全境，自古是南北漕运枢纽，战略位置十分重要，历史上为兵家必争之地，是日军夹击徐州的首争之地。

中国以李宗仁为第五战区司令长官，指挥中国军队同日本侵略者在以徐州为中心的津浦路南北的广大地域上，展开了一场大会战。

二、发展过程

台儿庄大捷，又称台儿庄战役、台儿庄会战和血战台儿庄。此次大捷是中华民族全面抗战以来，继平型关大捷等战役后，中国人民取得的又一次巨大胜利。台儿庄大捷鼓舞了全民族的士气，灭了日本侵略者的威风，消灭了日寇大量有生力量。同时，也有数万华夏英雄儿女为国捐躯。战役由李宗仁、孙连仲、张自忠、仵德厚、田镇南、关麟征、池峰城、王铭章等抗日名将前线指挥。1938年5月10日，国民政府授予汤恩伯、孙连仲青天白日勋章。5月31日，国民政府行政院议会通过决议，颁给田镇南、冯安邦、黄樵松、张金照、池峰城、吴鹏举等人青天白日勋章。

（一）台儿庄外围战

1938年3月23日，为诱敌深入，第31师刘兰斋连长率骑兵连从台儿庄出发，向峄县（今枣庄市峄城区，下同）方向搜索前进，第91旅旅长乜子彬率第183团跟进，在峄县城南20里康庄与日军相遇。台儿庄地区的战斗正式打响，我军马队为诱敌深入边打边撤。1938年3月24日，日军逼近台儿庄开始向台儿庄地区大举进攻。日军在台儿庄北五里刘家湖村设有炮兵阵地，排列10门大炮，向台儿庄猛轰。第91旅第183团第3营营长高鸿立率领士兵，每人一把大刀，8颗手榴弹，杀入敌人炮兵阵地，砍得敌人无法招架，弃炮而逃。

（二）北门争夺战

1938年3月24日，日军2000多人在飞机、大炮和坦克的配合下，开始向台儿庄大举进攻。坚守台儿庄北门的第186团第1营在王震团长和姜常泰营长的指挥下顽强抵抗，并在城北门外与日军展开白刃战，打退日军的多次进攻。第 1 营是新兵，入伍才半年，几乎全牺牲在台儿庄北门。王震团长也亲自架起机枪向城外日军扫射，当晚，日军 200 人突破小北门，躲进小北门附近的泰山庙，王震团长亲率将士围攻泰山庙之敌，终将其消灭。

（三）惨烈的巷战

1938 年 3 月 27 日，得到增援后的日军对台儿庄城发动第三次攻击。日军炮轰台儿庄围墙，北城墙被炸塌，小北门亦被毁，守卫小北门的第 181 团第 3 营官兵牺牲殆尽，300 多日军突入城内，惨烈的巷战开始。

（四）台儿庄反击战

1938 年 4 月 3 日，李宗仁下达总攻击令。第 20 军团汤恩伯部之第 52 军、第 85 军、第 75 军在台儿庄附近向敌展开猛烈攻势。日军拼力争夺，占领大部分街市。国军展开街垒战，逐次反击，肃清敌人，夺回被日军占领的街市。4 日，中国空军以 27 架飞机对台儿庄东北、西北日军阵地进行轰炸。当晚，日军濑谷支队力战不支，炸掉不易搬动的物资，向峄县溃逃。4 月 6 日，李宗仁赶到台儿庄附近，亲自指挥部队进行全线反击，4 月 7 日凌晨 1 时，中国军队吹响了反攻的号角，以孙连仲第 2 集团军为主组成的左翼兵团和以汤恩伯第 20 军团为主组成的右翼兵团在台儿庄及其附近地区大举反攻。台儿庄战役，历经月余，中国军队毙伤日军 11 984 人，俘虏 719 人，缴获大炮 31 门，装甲车 11 辆，大小战车 8 辆，轻重机枪 1000 余挺，步枪 10 000 余支。

中国共产党的《新华日报》1938 年 4 月 7 日、8 日报道称：歼敌万余人，坦克车被击毁 30 余辆，缴获大炮 70 余门，战车 40 余辆，装甲车 70 余辆，汽车 100 余辆。日方数据为第 5 师团、第 10 师团合计伤亡 11 984 名，其中第 5 师团 2 月 20 日至 5 月 10 日共战死 1281 人，受伤 5478 人，第 10 师团 3 月 14 日至 5 月 12 日战死 1088 人，受伤 4137 人。此数据源自 1938 年 6 月，日本华北方面军参谋部第三课对台儿庄战役前后日军伤亡的一个统计。

三、价值启示

台儿庄战役的结局，是日军战役进攻中的一次败退。这对于日军侵华战争以来尚属首次。对日军来说，这不仅是在兵力数量上的损失，更重要的是精神上的挫败。"大日本皇军不可战胜"的神话破灭了。日军《步兵第 10 联队战斗详报》载文对台儿庄战役评价道："不识他人，徒自安于自我陶醉，为国军计，更应以此为慎戒。"

（一）历史价值

1. 台儿庄战役的胜利，振奋了中国的民心士气

1937 年 7 月 7 日，卢沟桥事变爆发。7 月 30 日，日军占领北平、天津。11 月 8 日，山西太原陷落。11 月 12 日，上海失守。12 月 13 日，当时的首都南京易帜。12 月 27 日，山东济南沦陷。南北两路日军，兵锋直指徐州，意图"占领徐州，夺取武汉，灭亡中国"。台儿庄之役，日军装备精良，火力远胜于中国军队。日本一向以拥有世界第一流陆军自诩，而矶谷、板垣素称精锐师团。然而这两个师团却在台儿庄遭到了自 1884 年日本建立现代化陆军以来的"第一场引人注目的大惨败"。[1]台儿庄战役的胜利，扭转了国军屡战屡败的不利态势，遏止了失败主义思潮的蔓延，用事实证明了只要众志成城、团结御侮，最终还是能以弱敌强，从而坚定了军民抗战必胜的信心，使全国出现了生机勃勃的抗日救亡运动新局面。李宗仁回忆说："台儿庄捷报传出之后举国若狂。京、沪沦陷后笼罩全国的悲观空气，至此一扫而空，抗战前途露出了一线曙光。全国各界、海外华侨，乃至世界各国同情我国抗战的人士拍致我军的贺电如雪片飞来。前线观战的中外记者和慰劳团也大批涌到。台儿庄区区之地，经此一战之后，几成民族复兴的新象征。我军得此鼓励，无不精神百倍，各处断墙颓壁上，都现出一片欢乐之情，为抗战发动以来第一大快事。"[2]

台儿庄大捷增强了全国军民抗战必胜的信心，鼓舞了抗日军队的士气，用胜利的事实证明了"亡国论"是没有根据的。而李宗仁更是以偏师弱旅战胜骄狂不可一世之日寇强敌，更说明了只要众志成城、精诚团结、拼死抵抗、艰苦奋战，中国人民就是不可战胜的。

2. 台儿庄战役的胜利，证明了全面抗战的正确性

抗日战争爆发后，中国有片面和全面两种抗日路线。中国国民党蒋介石集团因害怕人民群众的广泛动员可能危及自身的统治而实行片面抗战路线，即不敢放手发动和武装民众，将希望单纯寄托在政府和正规军的抵抗上。中

〔1〕［美］巴巴拉·塔奇曼：《史迪威与美国在华经验》（上册），陆增平译，商务印书馆1984年版，第 260 页。

〔2〕唐德刚撰写，李宗仁口述：《李宗仁回忆录》，广西人民出版社 1980 年版，第 517 页。

国共产党确信，要打倒日本帝国主义，关键在于使已经发动的抗战成为全面的全民族抗战。中国共产党一开始就主张实行全面抗战路线。

中日战争中，日本方面的特点是"一长三短"："日本的长处是其战争力量之强，而其短处则在其战争本质的退步性、野蛮性，在其人力、物力之不足，在其国际形势之寡助。"中国方面的特点是"一短三长"："战争力量之弱，而其长处则在其本质的进步性和正义性，在其是一个大国家，在其国际形势之多助。"这些特点决定了中日战争的过程是："中国由劣势到平衡到优势，日本由优势到平衡到劣势，中国由防御到相持到反攻，日本由进攻到保守到退却。"[1] 在战争的防御阶段，日军占有极大的优势，国民党战略指导方针的失误，中国共产党敌后战场还处在开辟阶段，这些导致国民党在正面战场节节败退，但台儿庄战役却取得大捷。在李宗仁的指挥下，台儿庄战役不是一味地打阵地防御战，而是在人民群众的支持下，充分运用徐淮地区的战略价值优势，在战略上由被动的防御战改变为主动的积极进攻战，在战术上使运动游击战与阵地战密切配合。[2] 台儿庄战役是抗日战争初期中国军队继平型关战役之后又一次辉煌的胜利。台儿庄战役中除了国民党正规军队积极作战外，我党我军的主动配合也是台儿庄战役胜利的重要因素。自 1937 年 8 月下旬开始，八路军三个师的主力陆续由韩城等处经同蒲铁路开赴抗日前线。新四军成立后，也迅速在皖南皖中集结，执行战略支援的任务，而台儿庄战役则是我党我军执行战略配合的一个范例。[3] 正如李宗仁所说："淮南、鲁南各地民众的力量，完全和军队配合起来了，在战场上抢救伤兵的是民众，当间谍的是民众，帮助军队运送炮弹、粮食的是民众。这些民众是赤诚地表现他们的爱国热情，充分地担任起救亡的责任来了。"[4]

3. 台儿庄战役的胜利，改变了国际上对中日战争前途的看法

抗战爆发以来，国际上对中国抗战的前途大多抱悲观的看法。台儿庄战役胜利的消息传出，有的国家甚至不敢相信。1938 年 4 月 9 日路透社电讯说：

---

〔1〕　毛泽东："论持久战"，载《毛泽东选集》（第 2 卷），人民出版社 1991 年版，第 448、449、468~469 页。

〔2〕　朱玉湘："徐淮地区的战略地位与台儿庄战役"，载《山东大学学报（哲学社会科学版）》1993 年第 1 期。

〔3〕　周木水："台儿庄战役中我党我军的战略配合"，载《求实》1995 年第 9 期。

〔4〕　谢冰莹："李宗仁将军会见记"，载谢冰莹：《抗战日记》，东大图书有限公司 1981 年版，第 293 页。

"英军事当局对于中国津浦线之战局极为注意，最初中国军队获胜之消息传来，各方面尚不十分相信，但现在证明日军溃败之讯确为事实。"所以，英国报刊发表了赞扬此战中国胜利的评论。显然，这次胜利提高了中国在国际上的地位，并为争取外援增添了有利条件。毛泽东在《论持久战》中写道："每个月打得一个较大的胜仗，如像平型关台儿庄一类的，就能大大地沮丧敌人的精神，振起我军的士气，号召世界的声援。"〔1〕周恩来评价台儿庄大捷时说："这次战役，虽然在一个地方，但它的意义却在影响战斗全局、影响全国、影响敌人、影响世界！"

（二）现实启示

1. 全国各族人民的大团结是中国人民战胜一切艰苦困难、实现奋斗目标的力量源泉

在台儿庄大捷中，国共两党密切配合。台儿庄战役，是中华民族全面抗战以来，继平型关大捷等战役后，中国人民取得的又一次巨大胜利，消灭日军2万余人，鼓舞了中国军人的士气，增强了中华民族抗战的信心。台儿庄战役取胜的原因是多方面的，其中中国军队的相互配合，合作是十分重要的。所有参战的中国部队基本上都能克制私欲、暂时放弃个人恩怨，相互合作，共同抗日，效命抗日疆场，从而保证了台儿庄战役的胜利。〔2〕"在民族大义之前，人无分老幼，地无分南北，大家都会舍生取义，视死如归的。"〔3〕这就是中国人民战胜前进道路上一切困难的力量源泉。

2. 以爱国主义为核心的伟大民族精神是中国人民团结奋进的精神动力

台儿庄战役，是抗日战争时期震惊中外的大捷，是全民族团结御侮，击败强敌的伟大的爱国壮举。中国军队在台儿庄战役中取得的辉煌胜利，捍卫了中华民族的尊严。国民党官兵发扬浴血奋战的爱国献身精神，人民群众发扬舍生忘死的守土保国精神，中国共产党发扬为全民族彻底解放的爱国主义精神。台儿庄大捷大大丰富和提升了以爱国主义为核心的民族精神。

3. 提高综合国力是中华民族自立世界民族之林的基本保证

综合国力决定国际地位。一个国家只有首先自强，才能在世界上自立。

---

〔1〕 毛泽东："论持久战"，载《毛泽东选集》（第2卷），人民出版社1991年版，第485页。

〔2〕 付勇、潘家德："台儿庄战役中中国军队的合作"，载《河北联合大学学报（社会科学版）》2012年第5期。

〔3〕 唐德刚："台儿庄大捷的历史意义"，载《文史哲》1993年第4期。

落后就要挨打。只有中国综合国力强大，外敌才不敢轻易做进攻中国的尝试；反之，综合国力弱小，国防实力羸弱，容易遭受外敌的觊觎，甚至侵略。

4. 中国人民热爱和平，反对侵略战争，同时又决不惧怕战争

中国人民取得的台儿庄大捷，是为了捍卫中华民族生存与发展的权利，是对世界反法西斯战争和人类进步与和平事业的贡献。民众是真正的英雄，兵民是胜利之本。组织起来的民众才是抗日战争真正的铜墙铁壁。卢沟桥事变后，中国人民奋起抗敌，"中华民族绝不是一群绵羊，而是赋予民族自尊心与人类正义心的伟大民族"。山东的人民群众在台儿庄战役中还主动组织起来，踊跃支前。他们抢救伤员，站岗放哨；给军队带路，送水送饭；偷送情报，送慰问信等。事实证明，人民群众是抗战胜利的坚实后盾。没有广泛的民众动员，没有广大群众的大力支援，要取得台儿庄战役的胜利是很难的。[1]

5. 只有坚持中国共产党的领导，中华民族才能捍卫自己的生存和发展的权利，才能创造美好的未来

在民族危亡的关键时刻，中国共产党以民族大义为重，及时制订和调整了自己的路线方针政策，高举起"停止内战，一致抗日"的伟大旗帜，促成了第二次国共合作，建立了抗日民族统一战线，由此形成了台儿庄战役中各党派各界各军联合抗敌、浴血奋战的历史壮举。中国共产党在战略战术方面给予国民党的配合和协助，是促成台儿庄战役胜利的重要因素。中国共产党领导的抗日武装广泛开展抗日游击战争，有力地配合和支援了台儿庄战役。[2]

模块四红色文化：红高粱抗战纪念馆

【教学导入】你们知道潍坊市高密市都有哪些红色景点吗？你们知道红高粱抗战纪念馆背后的故事吗？

【教学目的】了解红高粱抗战纪念馆的基本情况，知道红高粱抗战馆影射的抗战史实，明确史实背后的抗战精神的特征、思想渊源、内涵及现代意义；提高原著解析的能力，加强理论联系实际分析问题的能力；激发爱国主义情

---

〔1〕 张建设："爱国主义精神和民族凝聚力的光辉体现——台儿庄战役的几点启示"，载《孙子研究》2015 年第 4 期。

〔2〕 张建设："爱国主义精神和民族凝聚力的光辉体现——台儿庄战役的几点启示"，载《孙子研究》2015 年第 4 期。

感，树立为国家献身的精神，培养学生的奋斗精神、团结精神、梦想精神。

【教学重点】掌握红高粱抗战馆影射的抗战史实；明确史实背后的抗战精神的特征、思想渊源、内涵及现代意义；激发爱国情感、培养奋斗精神。

【教案正文】

一、背景介绍

山东潍坊的高密，是作家莫言的老家，也就是导演张艺谋拍《红高粱》的地方。这里是胶河冲积平原，地势低洼，河流纵横，过去农民以种高粱为主。百里青纱帐，加上复杂的地形，使这里成了土匪出没的地方。莫言曾这样描述该地："老人们说过去这里土匪如牛毛，高粱地里都是一些或牵驴绑票、杀人越货，或铁骨铮铮、劫富济贫的硬汉，连国民党正规部队都不敢碰的日本鬼子的汽车，他们也敢烧。"

《红高粱》是中国作家莫言创作的中篇小说。《红高粱》以抗日战争及20世纪30、40年代高密东北乡的民间生活为背景，小说中塑造的一系列的抗日英雄都是正义和邪恶的化身。主人公余占鳌（曹克明化身）是一个热血汉子，身体里面充满了正义与野蛮。余占鳌为了心爱的女人去杀人放火，他苦练枪法，把曾经非礼过他妻子的土匪一网打尽，报仇雪耻。他抗日，却并没真正地认识到抗战的本质。余占鳌身上散发着十分鲜活的人性，但是在其身上也充满了野蛮与无知的兽性。在小说中，莫言塑造了一个处在伦理道德边缘的红高粱世界，一种土匪式英雄，他们做尽坏事但也报效国家，他们缱绻相爱、英勇搏杀，充满着既离经叛道又拥有无限生气的时代气息。《红高粱》从民间的角度给读者再现了抗日战争的年代，展现的是一种为生存而奋起反抗的暴力欲。《红高粱》是一部表现高密人民在抗日战争中的顽强生命力和充满血性与民族精神的经典之作。

影片《红高粱》是由西安电影制片厂出品的战争文艺片，由张艺谋执导，姜文、巩俐、滕汝骏等主演，于1987年在中国上映，其改编自莫言的同名小说，以抗战时期的山东高密为背景，讲述了男女主人公历经曲折后一起经营一家高粱酒坊，但是在日军侵略战争中，女主人公和酒坊伙计均因参与抵抗运动而被日本军虐杀的故事。无论是文艺作品《红高粱》还是影片《红高粱》，都是以孙家口伏击战为历史背景编写编排的。作者莫言因《红高粱》获得诺贝尔文学奖，影片《红高粱》成为首部获得柏林国际电影节金熊奖的亚洲电影。其背后的文学价值和艺术价值显著。

1937年秋,山东省主席韩复榘部不战而撤,将胶济铁路重要据点胶县(今胶州市,下同)高密拱手让给了日本人。1938年初,日本人占领了高密。为了全面控制胶济铁路和平诸公路,日本人用武力强逼乡亲们放弃春耕,强征民夫修筑公路和铁路,并四处烧杀抢掠。在日本人的淫威面前,乡亲们没有屈服。乡亲们打鬼子是有传统的,八国联军时,这儿就扒过铁路,杀过德国鬼子。在乡亲们的支持下,数支抗日游击队建立了起来。1938年初,曹克明在高密东北乡组建起国民党第六游击纵队,并与其弟曹正直一起徒步对胶平公路进行勘察,制订了作战计划,选定在胶莱河孙家口古渡口伏兵歼敌。

孙家口北距平度(今平度市,下同)县城70华里,南距胶县县城50华里,西南距高密县城60华里,正位于三县交界。国民政府时期属平度县。孙家口正位于胶沙公路上,公路在村内约1华里,这1华里之内就有两个大转弯,公路由村北一座石桥出村,石桥宽2.4米,长40米,跨过胶莱河。这种地形使任何入村车辆必须放慢速度。而村内因防汛而构筑的较高堤坝以及民屋,更构成了良好的射击位置。当地人民深受敌害,抗日情绪激昂。许多乡亲不惜牺牲个人利益,愿意配合部队作战。就是在这样的一个大环境下,孙家口伏击战在这里打响了。

二、发展过程

历史不必全记得,全记得就难以抛下昨天,但历史更不能全忘记,全忘记就会少很多前进的勇气。"也许更该是庆祝胜利而不是回味苦难,因为,世界是尊重强者的",而我们做过的,应该让人了解,才会有尊重和支持。下面让我们一起了解一下红高粱抗战纪念馆及其背后的历史。

(一)红高粱抗战纪念馆介绍

1. 红高粱抗战纪念馆的基本情况

2019年1月,红高粱抗战纪念馆在东北乡文化发展区落成开馆。刘铁飞以描绘故乡红高粱与老门油画而闻名,他还是两届奥运会(伦敦、里约)指定的唯一的中国籍艺术家。在参与国际艺术活动的同时,他一直念念不忘故乡,要为故乡留下一段"历史记忆"。就是因为这种乡情,便有了今天的红高粱抗战纪念馆。谈起建馆的目的,刘铁飞表明除了表达对故乡英雄的敬仰,也是为了印证莫言小说《红高粱》中所描写的那段历史。他说:"很多人看完小说或电影《红高粱》后，都认为其中打鬼子的情节是虚构的，我要让这些实物来诉说那段历史，展现红高粱文化的精髓，传播正能量，将抗战精神传承下去，弘扬社会主义价值观。"高密市红高粱抗战纪念馆是激发爱国热情、凝聚人民力量、培育民族精神的重要场所，并在多方的努力下，被评为潍坊市第六批爱国主义教育基地。

2. 红高粱抗战纪念馆馆藏真品

红高粱抗战纪念馆是由艺术家刘铁飞打造，以展示孙家口伏击战遗留物品为主的爱国主义教育展馆，目前已建成投入使用的为附属展厅，主展厅将规划设计为5000平方米。红高粱抗战纪念馆展出的200多件藏品，由刘铁飞及其父亲历时十余年时间收集而成，主要包括日军战刀、步枪，以及游击队员在这场战斗中使用的土炮、大刀，伏击战领导者董希瞻的枪套、腰带等。从纪念馆筹建消息发出到纪念馆正式开馆，这期间有很多群众把珍藏多年的与伏击战相关的物件、资料等捐给了红高粱抗战纪念馆。

（1）青岛市民王文利先生捐赠《壮烈碑》。艺术家刘铁飞要捐建抗战馆的消息发布后，引起社会广泛关注，并有多位热心人来到高密东北乡的抗战馆筹建处，向刘铁飞捐赠了日军步枪残体、日军马靴、抗战大刀等抗战文物，其中最有价值的是一件国宝级文物——国民政府主席谭延闿早年为日军写的《壮烈碑》原稿。这篇《壮烈碑》的碑文写在谭延闿避居青岛时的日记本里，该日记本由青岛市民王文利先生捐赠，同时捐赠的还有两本日本明治时期印刷的《十枚机织法大全》。王文利先生祖籍高密，在得知刘铁飞的建馆事迹后，将家中旧藏的日文及带有日本人名字的书籍找出捐赠。

（2）董希瞻的枪套与日军药箱。刘铁飞的父亲也酷爱收藏，十年前在老家筹建"胶莱民间石器馆"时，有一天听说相距5公里的董家大庄有一对"旗杆石座"要出手，便拉着刘铁飞前往该村。等他们到达时，那对"旗杆石座"刚被人买走，正在失兴之际，村头一位老人抱出一个旧木箱问他们要不要。打开木箱，里面有两个皮枪套、一个旧公文包，还有一个旧水壶、袜子等。虽然这些东西比起那对石座年代要晚，但抱着不能白跑一趟的心态，他们还是把那一箱东西拉回去了。随后他查阅了更多的资料证实：原来这个印有大正、长平等字样的木箱为日军弹药箱，箱中的日军水壶、印有昭和十二年（1937年）的袜子等都应是那场伏击战的战利品。

（3）刘铁飞父亲的收藏。刘铁飞与父亲先后收集到了三把军刀、两件大佐披风、一个将校背包、日军地图等，其中最为特殊的是一个日军药箱，该药箱做工十分精美，内有各类药品盒罐十几个，铁镊子一把。据文史专家介绍，这种档次的医药箱应为日本高级军官所配备。

红高粱抗战纪念馆今天的盛况，离不开各级各类政府的扶持，功不可没的是刘铁飞父子，还有那些不为一己私利，为场馆无偿捐赠的群众。正是他们的无私奉献，舍己为国的情怀，让我们能更真切地重温历史，铭记历史。

3. 红高粱抗战纪念馆现况

红高粱抗战纪念馆被评为潍坊市第六批爱国主义教育基地。著名油画大师刘铁飞创建的红高粱抗战纪念馆在 2019 年国庆节开馆后仅 3 个月，就已经创出了令人瞩目的成绩。高密市各学校纷纷将其作为爱国主义教育基地，各级各地政府也将其作为党建实践课堂，多批次组织党员干部参观学习。各界知名人士也纷纷慕名而来参观指导，赢得了各界一致好评！

另有作家杨姨有感作诗：

秋阳正浓

满坡高粱红

飒飒西风

依稀遥闻喊杀声

战争远去

安享太平

前事不忘警钟鸣

东北乡

真有种

生傲骨

有血性

敢与倭鬼干一仗

不畏强敌真英雄

垂青史

留英名

一年一度高粱红

红高粱抗战纪念馆一开馆就受到各界的关注,吸引了各地人们来参观学习,而且越来越火爆,成为一种时尚,如果说爱好旅游的人士不到著名的红色旅游地去一趟,总有那么一些缺憾。很多参加过红色旅游的旅客都感受颇深,不枉此行。为什么红高粱抗战纪念馆能够紧紧地抓住旅游者的心?是历史的痕迹、岁月的凝练,是一个个鲜活的历史故事和一个个勇敢的抗战先烈,燃起了一代又一代人的奋斗热情。让我们一起走进高密那片红高粱地,重温那段烽火燃烧的历史。

(二) 高密人民抗战的烽火岁月

红高粱抗战纪念馆的风,吹翻起 80 多年前的一页,通过影片的观看和场馆信息的了解,让我们一起回顾红高粱抗战纪念馆背后影射的历史故事。

(1) 高密孙家口伏击战:看过电影《红高粱》的人都会记得,电影中有个地方叫"九九青杀口",这个地方就在高密市的东北乡——夏庄镇(原河崖镇)的下社乡孙家口村。电影中有座石桥,就在孙家口村北胶莱河上。据当地老人讲,这座桥至少有 200 年的历史。《红高粱》中伏击日寇的故事(即著名的"孙家口伏击战")就发生在这里。

据《高密县志》记载,1938 年初,为了便于平度、胶县两县日军驻地的联络,日军征用高密、胶县、平度等地的农民 40 多万人修筑胶平公路。这场战斗发生在 1938 年农历三月十六日,抗日游击队曹克明部组织军民 400 余人,在胶州沙河公路孙家口村利用青纱桥及周围的地形,伏击了由平度返回胶州的日寇。此战毙敌 39 名,其中击毙一名日军中将中岗弥高,他是从坂垣师团部来胶东修养并视察军务的,其身份由中将军服和将级军刀证实。这次战斗共缴获轻、重机枪 50 余支,子弹 1 万多发,同时并有 10 余名伪军被俘。

(2) 公婆庙惨案:虽然孙家口伏击战取得了胜利,殊不知还有一个日军在战斗中藏匿于孙家口孙美礼家的麦秸丛里,趁着天黑逃回胶县县城,报告了日军,睚眦必报的日军在不久之后的一天,天还没亮,就实施了猛烈的报复屠杀。半天的时间,日军屠杀公婆庙村群众 136 名,杀伤、烧伤村民 70 多名;烧毁房屋 800 多间,牲畜、粮食、农具等损失不计其数。那时该村尚不满 200 户人家,受到如此屠杀与破坏,可以想象劫后惨状。这便是高密抗战史上有名的"公婆庙惨案"。当地老百姓付出了 100 多条生命,日本侵略军欠下了红高粱之乡一笔惨重的血债。

(3) 孙家口伏击战的意义:孙家口伏击战的胜利,是国民政府地方游击队、地方群众自卫组织和广大人民群众共同创造的以弱胜强的伏击战的典型，沉重地打击了日本侵略者的嚣张气焰，极大地鼓舞了胶东敌后军民进行反侵略的斗志和勇气，坚定了抗战必胜的信心。此后不久，日军被迫从平度县城撤走，龟缩在胶县、高密等县城的巢穴里，不敢轻易出动，而当地的抗日游击队力量却得到了迅猛的发展。这场伏击战，抗日游击队取得了辉煌的胜利，震动了胶东半岛，沉重打击了日军的嚣张气焰，大长了中国人的志气，鼓舞了胶东人民全民抗战、长期抗战的信心与决心。

三、价值启示

潍坊市高密市红高粱抗战纪念馆集中体现了以爱国主义精神为核心的革命斗争精神——伟大的抗战精神。抗战精神是中华民族在抗日战争过程中乃至在处理战时、战后诸多问题时所形成和表现出来的伟大民族精神。抗战精神升华了以爱国主义为核心的伟大民族精神。伟大的抗战精神，是中华民族源远流长的爱国主义在抗日战争中的锤炼和升华。这种精神，来自中华儿女内心深处对祖国的无比热爱。面对日本帝国主义妄图灭亡中国的侵略战争，千千万万中华儿女义无反顾地走上了抗日救亡的战场，用热血和生命浇铸了千古不朽、熠熠生辉的抗战精神。习近平总书记说道："在中国人民抗日战争的壮阔进程中，形成了伟大的抗战精神，中国人民向世界展示了天下兴亡、匹夫有责的爱国情怀，视死如归、宁死不屈的民族气节，不畏强暴、血战到底的英雄气概，百折不挠、坚忍不拔的必胜信念。伟大的抗战精神，是中国人民弥足珍贵的精神财富，永远是激励中国人民克服一切艰难险阻、为实现中华民族伟大复兴而奋斗的强大精神动力。"

（一）抗战精神的特征

（1）形式上的多样性。从其构成上看，抗战精神是由多种具体的民族精神和优秀精神品质所构成的，诸如爱国主义精神、民族奋斗精神、民族坚韧精神等。

（2）内涵上的深刻性。抗战精神内涵上的深刻性，一方面，是由于抗战精神所依托的中华民族精神的历史底蕴的深厚性；另一方面，是由于抗战精神经过了血与火的考验且在实践中不断地得到现实的深化，是中华民族付出沉重代价所换来的。继承和发展中华民族精神的抗战精神，具有中华民族精神所内含的深厚历史底蕴。

（3）面貌上的新颖性。抗战精神是中华民族精神在抗战时期的时代体现，同时也是抗战时期的历史产物。

（4）本质上的民族性。抗战精神所反映的中华民族的民族特性，是中华民族各族同胞的精神品质和精神风貌在抗战中的集中体现。

（二）抗战精神的思想渊源

文化支配着一个民族的习惯，影响着一个民族的思维方式和行为习惯，陶染着一个民族的精神气质和性格。中国传统文化一直尚节养气，"人生自古谁无死，留取丹青照汗青"的文天祥在《正气歌》序言中写道："吾善养吾浩然之气"，这并非是一般的意气，而是一种刚强的英雄气概，是一股不可侵犯的凛然正气，是博大无极的豪气，这对于中华民族的精气神的塑造，起到了积极的作用和深远的影响。也正是因为如此，孔子穷其一生，奔走于列国之间，宣传"仁、义、礼、智、信"来培养人的心性和涵养。人们修身、齐家、治国、平天下的人生理想与价值追求，既是儒家精髓、道德价值和生命意义的最终目标，也是伟大抗战精神形成的根基。中国的传统文化蕴含着民族凝聚力的精华，抗战精神是中华民族源远流长的历史文化传统和爱国主义精神在抗日战争中的升华，是伟大民族精神的具体表现。墨家哲学中的赖力生存、苦行节俭和发奋图强的精神与自力更生、艰苦奋斗、发愤图强、勤俭节约的抗战精神以及中华民族英雄主义的革命精神有历史传承性。

（三）抗战精神的精神内涵

（1）天下兴亡、匹夫有责的爱国情怀。以爱国主义为核心的伟大民族精神是中国人民抗日战争胜利的决定因素。古往今来，任何一个有作为的民族，都以自己的独特精神著称于世。爱国主义是中华民族精神的核心，根植于中国人民心中，是中华民族的精神基因，维系着华夏大地上各个民族的团结统一，激励着一代又一代中华儿女为中华民族的繁荣发展不懈奋斗。

（2）视死如归、宁死不屈的民族气节。中华民族自古就有舍生取义、杀身成仁的传统。在抗日战争血与火的洗礼中，中华民族"发扬抗战的民气"，"抗日则生，不抗日则死，抗日救国，已成为每个同胞的神圣天职"。

（3）不畏强暴、血战到底的英雄气概。中华民族是英雄的民族，有着不畏强暴、反抗外来侵略的光荣传统。不愿做亡国奴的中国人民对日本军国主义侵略进行了英勇抵抗，抱定了"我们万众一心，冒着敌人的炮火前进"的决心，抱定了血战到底、抗战到底的信念，谱写了惊天地、泣鬼神的英雄主义篇章。

（4）百折不挠、坚忍不拔的必胜信念。面对凶残的敌人，中国人民坚信"只有抗战，只有集中全国的人力、物力、财力，去发动全面的抗战，才是我们的唯一出路"，依靠坚定毅力坚持了持久抗战。中华民族在反抗外来侵略历史上，从来没有像抗日战争时期这样，战斗意志如此顽强，抗击时间如此长久，充分反映了中华民族百折不挠、坚忍不拔、勇于依靠自己的力量战胜强敌的民族自强信念。

习近平总书记强调："站在新的历史起点上，我们纪念中国人民抗日战争暨世界反法西斯战争的伟大胜利，就是要铭记历史、警示未来，动员全党全军全国各族人民更加奋发有为地为实现中华民族伟大复兴而奋斗。"[1]面对世界百年未有之大变局和中华民族伟大复兴的战略全局，弘扬伟大的抗战精神，增强团结一心的精神纽带、自强不息的精神力量，将为决胜全面建成小康社会、开启全面建设社会主义现代化国家新征程提供共同精神支柱和强大精神动力。

（四）抗战精神的意义

抗日战争是中国近代以来中国反对外敌入侵第一次取得完全胜利的民族解放战争，抗日战争的胜利是中华民族由衰败走向振兴的重大转折点，不但提高了中国的国际地位，而且极大地改变了中华民族的精神面貌。巨大民族觉醒、空前民族团结和英勇民族抗争，是中国人民抗日战争胜利的决定性因素，而贯穿抗日战争始终的抗战精神是引导胜利最重要的保证。正是那种不分党派、不分老幼、不分南北，为国家和民族命运抗争的全民族认识上的高度统一，有着那种不畏强暴、不屈不挠、前仆后继、艰苦奋斗、全心全意为人民服务、追求民族解放的不怕死的精神；正是这种精神激励着无数中华儿女昂首挺胸，拿起武器奔赴战场，抗日战争才能取得胜利。如果没有这种精神，抗战就不可能坚持八年，更谈不上取胜。可以说，抗战的胜利是人民的胜利，是正义的胜利，更是伟大抗战精神的胜利。在新的历史条件下进一步弘扬伟大抗战精神，对铭记民族光荣、激发爱国热情、增强民族自信、凝聚民族力量，为开拓中国特色社会主义事业更加广阔的前景，实现中华民族伟

---

〔1〕 习近平：《在纪念中国人民抗日战争暨世界反法西斯战争胜利 69 周年座谈会上的讲话》（2014 年 9 月 3 日）。

大复兴的中国梦具有很强的政治性、思想性、指导性和现实针对性。"殷忧启圣，多难兴邦。"中国人民抗日战争的胜利证明，只要我们紧密团结起来，就没有克服不了的困难。抗战精神，是中国人民弥足珍贵的精神财富，是激励中国人民克服一切艰难险阻、为实现中华民族伟大复兴而奋斗的强大精神动力。

（五）抗战精神的当代价值

弘扬抗战精神是推进现代化建设的必然要求；弘扬民族精神是完成祖国统一大业的精神纽带；弘扬抗战精神是维护世界和平促进共同发展的客观要求。

抗战精神的深刻内涵："中国人民向世界展示了天下兴亡、匹夫有责的爱国情怀，视死如归、宁死不屈的民族气节，不畏强暴、血战到底的英雄气概，百折不挠、坚忍不拔的必胜信念。"伟大的抗战精神，是中国人民弥足珍贵的精神财富，是激励中国人民克服一切艰难险阻、为实现中华民族伟大复兴而奋斗的强大精神动力。在新时代，弘扬伟大的抗战精神有着极其重要的现实意义。

（1）抗战精神为中华民族构筑起了一道精神长城。抗战精神是中华民族屹立于世界民族之林，能够保持立于不败之地的精神财富。抗战精神不仅是唤起中华民族奋起反抗外来侵略的精神动力，也是中华民族能够坚持抗战到底，并取得最后胜利的精神支持，它使中华民族能够继承民族优良传统的同时，也使得中华民族精神在抗日战争时期得到历史的发展。正是由于抗战精神支撑起了中华民族的坚强脊梁，才使得中华民族能够取得反抗外来侵略的最终胜利，也使得中华民族在民族精神的指引下走向民族复兴的道路。

（2）抗战精神唤起了民族的自尊心与自信心，增强了民族的凝聚力与战斗力。抗战精神所展现出来的精神品质和精神风貌，对抗日战争产生了积极影响。对于增强民族凝聚力和战斗力，对于团结一心地建设小康社会和富强中国，也具有时代价值。用抗战精神来唤起强烈的民族尊严感和自豪感，形成强大的民族凝聚力和战斗力，对增强中华民族的防范意识具有重大现实意义。抗战精神中所包含的民族坚韧精神和民族团结精神，唤起了中华民族共同的民族情感，激发出了民族的尊严感与自豪感，唤起了民族的自尊心与自信心。同时，也增强了民族的凝聚力，发挥出了民族的战斗力和生命力。抗战精神在促使民族觉醒和民族凝聚力的形成上，对中华民族的精神领域产生了重大影响。

（3）抗战精神弘扬了爱国主义精神，丰富和发展了中华民族精神。抗战精神中的爱国主义精神成分具有较强的时代价值和现实意义。抗战精神提供了爱国主义教育所需要的精神资源和历史素材，是中华民族宝贵的精神财富。以爱国主义精神为核心内容的抗战精神，在很大程度上使得中华民族的爱国主义传统得到了大力弘扬。抗战精神使得中华民族精神在抗战时期得到了丰富和发展，使得中华民族精神的内涵更加深刻，中华民族精神中蕴涵的力量得以发挥。

（4）抗战精神是团结和教育人民继续拼搏和奋勇前进的重要思想资源。抗战精神为中华民族提供了强有力的精神支持和源源不断的精神动力，使得它成为教育和团结广大人民奋斗的重要思想资源。从抗战精神中继承中华民族生生不息、坚韧不拔、奋勇进取的精神，吸收具有永恒价值的精神资源，将有力地促进中华民族的复兴进程，也将使得中华民族能够经受住历史的考验，永远保持民族的活力与创造力。

模块五红色文化：618 战备电台

【教学导入】请回答下面三个问题：电台在战时能发挥什么作用？听说过618 战备电台吗？618 战备电台在什么地方？

【教学目的】通过本模块专题教学，帮助大学生了解 20 世纪 60 年代的中国，并在时代背景下了解 618 战备电台，讲述与 618 战备电台相关的红色故事，把鲜活的情绪、情感带入课程中，感染学生，培养学生的爱国情操、奉献精神。

【教学重点】建设 618 战备电台的时代背景和意义。

【教案正文】

一、背景介绍

20 世纪 60 年代，中国面临诸多危机。国内，国民党妄图反攻大陆，特务活动猖獗；国外，美国推行敌视中国政策，通过台湾问题和侵越战争从南面威胁中国。中苏关系进一步恶化加剧了我国的危机。当时，苏联不断对我国施加压力，1960 年，苏联政府片面撕毁了同我国签订的 600 个合同，并撤走全部在华专家1390名，终止派遣专家，带走了全部图纸、计划和资料，并停止供应我国建设急需的重要设备，大量减少成套设备和各种设备中关键部件的供应，使我国250多个企业和事业单位的建设处于停顿、半停顿状态，此时的中国面临重大的经济损失，在经济建设方面也遇到了巨大的困难。

一方面，在这些内忧外患的危机下，中国愈加坚定了独立自主的方针，决心依靠自身的力量来搞经济建设。发展的第一前提便是要社会稳定，人民安全。另一方面，战争一触即发，战备电台成为重中之重。1964年，毛泽东同志提出了"备战备荒为人民"的口号，为了确保发生战争时广播电视不中断，党和政府的声音能迅速地传达到广大人民群众那里。在这样的情况下，618战备电台应运而生。

1964年，当时中央军委密电济南军区：为保证一旦发生战事党和人民的声音不中断，中央军委决定在华东地区秘密建设战备电台。接到命令后，时任济南军区司令员的杨得志将军亲自选址，决定在沂蒙山区建设山东人民广播电台战备台，代号618。电台的建设是在绝密的情况下进行的，参与施工的人都过着与世隔绝的生活，几乎都不知道所建为何。电台的建成花费了一年三个月的时间，1966年1月山东省计委批准财政拨款，同年9月华东局无限电管理委员会批复工程地址。1966年6月，坑道第一期工程开工，1969年8月竣工。1972年初进行第二期续建工程，1974年初竣工，1974年7月正式播音。中国人民解放军6175部队和6082部队施工，山东省军区某部担任警卫。电台转播山东人民广播电台节目，覆盖淄博、临沂、潍坊、泰安等13个县市。

二、发展过程

沿着济青高速南线，驱车来到沂源县鲁村镇峨峪岭，便看到一片红瓦建筑、绿树掩映的山庄。山上一座150多米高的铁塔直入云天，塔下是起伏的山包。这边是618战备电台所在之处。618战备电台是华东地区规模最大，保存最完整的战备电台。618战备电台选址隐秘，位于现山东省淄博市沂源县鲁村镇峨峪岭山洞中，山洞分南北、东西两条坑道，总长为470米。电台隐藏在一片山林之间，地处偏僻，近处无村庄，人迹罕至。电台建好后，一直没有机会使用，因此，618战备电台的秘密得以留存至今。电台于2006年4月21日正式揭开神秘的面纱，对外开放。

洞内不仅有电台所具备的各种机械、人员吃住等设施，还充分考虑了一且发生战争的安全措施，具有应对核武器、化学武器、生物武器的三防功能，连部、阅览室、警卫室、卫生室、浴室、厨房、水库、职工宿舍、台长办公室、防护门，等等，一应俱全。其中，电台的洞门重达几吨，由钢筋水泥浇铸而成，安装有自动装置，可防核弹冲击。职工宿舍分男女宿舍，有上下铺的多人宿舍，稍好一点的为两人间，宿舍内除了床，放东西的小柜子便无其他，非常简朴。厨房很简陋，里面摆放着当年用过的锅碗瓢盆、水缸、碗橱、案板，等等。阅览室虽不大，但是书架上的书都是以前住在洞内的职工阅读过的，洞内缺少娱乐活动设置，职工可以活动的区域也非常有限，可以想见，阅览室一定是当年职工们最爱去的地方，到了今天，依然可以感受到里面静谧而愉快的气氛。小礼堂是干部职工开会和学习的地方，内挂有马克思、恩格斯、列宁、毛泽东等伟人的照片。播音室连着侯播室，播音室内有播音系统，受监播室控制，如发生战争，前方电台遭到破坏，山东人民广播电台便可以在这里制作节目，确保大家能够持续听到党的声音，播音室四周是当时较为先进的材料，地板下安装有弹簧，就算外面有炸弹也可保证里面正常播音。人们可以到电台操作室亲身体验一把电台操作。展览室陈列着不少曾经使用过的播音设备，这些承载着岁月痕迹的电台设备上依旧闪烁着别样的金属光泽，仿佛可以让人感受到当年人们在此工作的情形。618 战备电台的工作条件是在地处偏僻的山洞中，由于有不少电台设备等精密仪器，洞内常年温度保持在 16 摄氏度左右，洞内阴暗、潮湿，可以想象长居此处必是非常压抑、艰难的。

三、价值启示

618 战备电台从建设到使用一直都处于机密状态。每个电台建设者进入电台工作之前都受过专门的保密培训，对任何人都不能说，包括家人。地处大山深处，从事机密工作，这让在 618 战备电台工作的职工基本都过着一种与世隔绝的生活，但是强烈的使命感使每个人都充满了昂扬的斗志，重复而单调的工作和生活还充满了危险，如潜伏的特务、定时炸弹，等等。因此，到618 战备电台工作需要极大的奉献精神和牺牲精神。这样的精神也是中华人民共和国成立后老一辈人的牺牲小我、顾全大局的精神的缩影。

20 世纪 60 年代，当时 618 战备电台的建设属于机密，建设者除了最高领导知道用途外，其他人均毫不知情。20 世纪 70 年代是 618 战备电台最艰苦的时期，由于地处深山，交通不便，加上严格的保密制度和备战要求，电台工作者的生活近乎与世隔绝，不仅物质条件极端艰苦，而且精神生活也十分单调寂寞。老一代的广电人视国家利益为最高利益，他们毫不犹豫地选择了舍小我顾大局，个人利益服从于国家利益，无怨无悔地在电台奉献出自己的青春年华。面对艰苦的自然条件，他们不仅没有退缩，而且不等不靠、知难而进，发扬革命英雄主义和革命乐观主义精神，充分挖掘自己的聪明才智，有条件要上，没条件创造条件也要上。在创业的过程中，他们不畏艰险不怕伤病，挥洒着自己的汗水和热血，有的甚至献出了宝贵的生命，谱写了那个时代的生命强音。经过辛勤努力，他们创造了工作上和生活上的奇迹，618备战电台的工作条件和生活环境都得到了改善，各项事业获得了很大的发展。

20世纪80年代，中国进入改革开放时期，时代的发展改变了人们的观念，许多人向往舒适自由的生活，不愿意到艰苦的山区工作。但是在618备战电台，老一代广电人忘我奉献的精神，影响着他们的后一代，几乎每一个618备战电台的老同志都有一个子女继续在618备战电台工作，把父辈们开创的事业发扬光大。

根据形势发展的需要，618备战电台隶属关系几度变动。1985年10月以后，直属山东省广播电视台，以后归临沂地区广播电视处管理。1990年1月始，归淄博市广播电视局管理。1999年5月，淄博市广播电视局与沂源县人民政府签订协议，由沂源县人民政府代管，原称谓、建制和经费渠道不变，沂源县人民政府委托沂源县广播电视局实施管理，618备战电台和沂源县广播电视局合署办公，人员交流使用，走出了一条新形势下高山台管理的新路子。

2005年，山洞在搁置了几十年之后被重新发掘整理，为了实施中央"村村通"工程，使生活在沂蒙老区的人民早日看上电视、听上广播，尽快脱贫致富，淄博广播电视总台（局）党委将618战备电台的管理工作接了过来。并拨专款修了鲁村到618战备电台的公路，把618战备电台建成了爱国主义教育基地、国防教育基地。

随着时间的推移，40余年过去了，如今的618备战电台已不再承担战备任务，但它的历史价值却日益凸显出来。从2004年起，淄博广播电视总台（局）投巨资对坑道内外的设施进行了整修复原，再现当年历史风貌。2006年4月，618战备电台被批准为淄博市爱国主义教育基地和国防教育基地，4月21日正式挂牌对外开放，并于年末被评为国家AAA级旅游景区。618战备电台尘封 40 余年的历史岁月，今朝向世人揭开神秘面纱！幽深的山中坑道，老式的广播设备，浓郁的军事色彩，神秘的洞中生活，618 战备电台一经开放就在社会上引起了巨大的轰动，络绎不绝的参观者来到这里。人们探寻历史遗迹，在洞中感受那个时代人们的爱国奉献精神，缅怀峥嵘岁月，接受爱国主义传统教育。

模块六红色文化：大青山胜利突围纪念馆

【教学导入】你会唱《沂蒙山小调》这首歌吗？你知道它的词曲者吗？你知道这首歌诞生的历史背景吗？发生在 80 多年前沂蒙山抗日军民的一场突围战——大青山胜利突围战，就与这首歌的诞生有关。让我们一起走进大青山胜利突围纪念馆。

【教学目的】通过本模块专题教学，帮助大学生了解沂蒙山抗日根据地军民不怕牺牲、顾全大局、英勇抗战、无私奉献的革命精神，理解党和人民"水乳交融、生死与共"的沂蒙精神的特质，传承沂蒙红色文化精神，坚定听党话、跟党走的理想信念。

【教学重点】引导学生学习山东沂蒙山抗日根据地军民的艰苦奋斗、生死与共的精神品质。

【教案正文】

风景秀丽的大青山位于山东省临沂市蒙山东麓，海拔 686.2 米，是费县、沂南、蒙阴三县交界处的最高峰。抗战时期，大青山一带是沂蒙抗日根据地的中心地区。1941 年 11 月 30 日，在这里发生的一场突围战，被称之为山东抗战史空前壮烈的一次战斗。为缅怀英烈，2012 年 11 月，大青山胜利突围纪念馆在突围旧址大青山落成。大青山胜利突围纪念馆位于费县薛庄镇驻地北 11 公里处，占地 200 余亩，目前，已建成大青山胜利突围纪念馆、纪念碑、纪念广场、抗大碑林、纪念亭、烈士墓区于一体的红色党性教育基地。今天让我们重温那段气壮山河、功彪史册的抗日英雄史诗——大青山战役。

一、背景介绍

1938 年，山东大部分地区沦陷后，省委领导决定发动抗日武装起义，开展游击战争，创建沂蒙抗日根据地。1938 年 12 月，八路军山东纵队成立。

1938 年夏至 1939 年春，八路军第 115 师陆续挺进沂蒙，与山东纵队并肩作战，巩固发展了根据地。1940 年夏，全省统一的抗日民主政权——山东省战时工作推行委员会成立，标志着以沂蒙为中心的山东抗日根据地正式成立。中共领导的华北敌后抗日根据地的发展，引起了日本侵略者的高度重视。日本侵华军总司令部制定"华北治安战施策大纲"，并下达了 1941 年度的《肃正建设计划》，决心把华北变成第二个"满洲国"，从而掠夺资源，腾出兵力，准备发动太平洋战争。在军事上，日军由华中向华北增兵，对各主要抗日根据地实施"铁壁合围大扫荡"。

1941 年 11 月，侵华日军调集第 17、第 21、第 32 三个师团和第 5、第 6、第 7、第 10 四个独立混成旅团各一部以及伪军共计 53 000 余人，由日军侵华总司令田俊六坐镇临沂督战，第 12 军司令土桥一次郎中将亲自指挥，分 11 路向沂蒙山抗日根据地大举进攻，发动了山东抗战史上最为残酷的一次"铁壁合围大扫荡"，企图一举消灭山东党政军领导中枢，摧毁处于战略中心的沂蒙抗日根据地。日军"扫荡"矛头直指沂水、蒙阴、费县、临沂之间纵横六七十公里的地区。

在中共山东分局和八路军第 115 师的领导下，抗日根据地军民进行了英勇的反扫荡斗争，与凶恶的敌人进行着严酷的较量。

11 月 29 日，在根据地内与敌人周旋的抗大一分校校部和五大队从泰莱根据地返回，进驻大青山地区的费东县（今属蒙山县，下同）胡家庄、大古台村一带（今属费县马头崖乡）。就在这一天，第 115 师和山纵主力部队发动了狼窝子战斗和绿门山（又称绿云山）战斗，试图消灭入侵根据地腹地的一股伪军和少数日军。由于情报有误，战斗中发现鬼子和伪军人数比侦查的人数多很多，不但没有歼灭敌人，反被鬼子咬住，致使大青山战斗发生后不能增援。在发起绿门山战斗前，为免受损失，中共山东分局、山东省战工会、八路军第 115 师、山东纵队等后方机关，两个文工团和一个警卫连，也相继转移到大青山地区，结果误入了鬼子包围圈。

当天夜间，日军独立混成第 10 旅团及各据点日伪军 5000 余人，长途奔袭大青山地区，加上配合行动的土匪刘黑七部，敌之合围兵力多达万人，对大青山地区进行"清剿"。虽然我方的情报工作一向卓有成效，但是这一次我方却没能察觉敌人的这一行动。

参与大青山突围战斗的人员约 5000 人。他们是：中共山东分局机关及警卫连、省战工会机关、省临时参议会及群团机关、抗敌协会、大众日报社等以上单位约2000人，其中战斗人员约300人；第115师机关及通信营共547人，其中战斗人员约30多人；抗大一分校约3000人，其中战斗人员约300人；山东纵队第二医疗所、蒙山支队、蒙费大队、费东县大队，其中战斗人员100人。[1] 5000突围人员中，战斗人员仅600多人。600多人要和数十倍于我军的敌人展开搏斗，其激烈程度可想而知。

二、发展过程

（一）觉察日军，抢占制高点

1941年11月30日晨，东北山口突然响起急促的枪声，接着第五大队军士哨岗位升起报警的烽烟；东南方向也响起隆隆的重炮声。抗大第一分校学员们从熟悉的三八式步枪特有的"叭勾"声和炮声判断，遇上日军主力是无疑了。

就在这时，侦察员向一分校司令部报告："经界湖、坦埠、桃墟向岱崮方向围击我们的三路敌人，每路是一个联队，共5000多人，转回头向这里奔袭过来。坦埠一路已和我黄草关的一个营打响了。"周纯全校长当即命令紧急集合，抢占最近的制高点大青山。

当时，日军已抢占了大青山一号高地，并向我方前哨连急袭。担负警卫全校重任的第五大队，遂向二号、三号高地扑去。大队长陈华堂、政委李振邦都是久经沙场的老红军干部，他们是在没有接到校首长命令的情况下，"机断专行"抢占制高点的。日军系主力山岳部队，自然知道抢占制高点的重要性，也拼命向二号、三号高地冲去。敌我双方在突发的战斗中，都按通常的军事原则，争先展开兵力，争先抢占要点。第5大队先敌一步的"机断专行"，为我方机关人员突围，争取了极其宝贵的时间。

（二）两支队伍会合，校长周纯全挑起指挥突围重任

第5大队正在死守三号阵地时，突然，在大青山主峰同二号、三号高地夹缝山脊上，出现了一支队形混乱的大队伍，正在急速向我方靠近。经查，他们是山东分局、省战工会，第115师机关，两个文工团和一个警卫连。很快，两支队伍会合在一起。此时，我方总共约有5000多人，都在大青山下陷

---

[1] 资料来源：《大青山胜利突围纪念馆》图片资料整理。

入了敌人包围圈里，情况万分危急。周纯全校长将个人安危置之度外，责无旁贷地挑起了指挥突围的重任。一场惊天地、泣鬼神的突围战开始了。

面对这一严重情况，周纯全和政委李培南从容镇定地作出了向西蒙山突围的决定。他们认为西南方向敌军战斗力弱，易于对付，决定向西蒙山突围。由一分校第 5 大队的第 2 和第 3 中队近 300 人，抢占李行沟南北高地等有利地形，阻止敌人合围；由训练部副部长闫捷三指挥两个警卫连，负责打开突围口，掩护全部人员向西蒙山方向突围。

第 5 大队是军事大队，学员大都是来自第 115 师和山东纵队的连排干部，多数是共产党员，有很好的军政素质和丰富的战斗经验。他们以迅猛快捷的动作，很快就在通往西蒙山的李行沟、梧桐沟方向撕开两道口子，并像两道钢钉死死固守在两道沟口的高地上，拼死阻止敌人合拢包围圈。

当突围人员冲到谷底沙滩时，遇到敌人的猛烈射击。一些同志不幸中弹倒下。在此千钧一发时刻，第 5 大队的第 2、第 3 两个中队的战友向敌人主动冲击。他们用自己的鲜血和生命吸引敌人火力，掩护突围。与此同时，冲在最前面的警卫分队，在闫捷三的指挥下，回身向两侧的敌人猛烈还击，牢牢控制着突破口，终于使所有突围人员冲出了敌人的合围。

(三) 日军二次合围，牺牲重大

日军合围大青山后不久，又对蒙山进行了第二次合围，以多路纵队进行"梳篦"式搜山，没有一条山沟不搜，没有一座山头不到。在火红峪养伤的省姊妹剧团团长、省战工会副主任陈明夫人辛锐牺牲。1941 年 12 月 4 日，日军合击蒙阴县东部艾山前栗村的山东纵队第 2 旅第 4 团第 2 营第 9、第 10 两连。他们与日军反复肉搏，杀伤敌人 300 多人，但他们除 4 人突围、4 人受伤被群众救出外，其余 164 人全部牺牲。同日，日军合击大青山附近费东县瓮城子村的第 115 师直属队一部、山纵蒙山支队、蒙山工委、费东县机关，蒙山支队政委刘涛、蒙山工委宣传部长陆干等一批人员牺牲。8 日，日军合围平邑县苏家崮，山东纵队第 1 旅第 3 团为掩护山东分局党校转移，团政治部主任陈晓峰等近 200 人牺牲。10 日晚，刚由滨海回到沂蒙的山东纵队指挥部，由沂南岸堤以北向上高湖转移，途中遭到敌人反复合击，纵队宣传部长刘子超等 22 名干部、战士牺牲。

大青山突围虽是成功的，但却付出了很大的牺牲。血战后的大青山战场，我方军政人员、学员的尸体满山遍野，惨不忍睹。主战场李行沟牺牲 600 多人，梧桐沟牺牲 200 多人，第 2 大队战场和散在各处牺牲的有近 200 人。第 5 大队的第 2、第 3 中队的学员几乎全部阵亡，献出了年轻的生命。第 2 大队政委刘惠东，第 2 中队队长邱则民、指导员程克、副队长汤世惠等 160 余人在这次战斗中英勇牺牲。警卫分队和机关突围人员中也牺牲了一些同志。

在突围后的当晚，校长周纯全派出军事教员郝云虹等，向山东分局领导汇报情况。听完汇报，中共山东省委领导人黎玉以沉重的心情指出："这一仗发生得太突然了，伤亡太大了，现在抗日战争形势发展很快，到处都缺干部，抗大一分校牺牲了那么多连排干部学员，实在令人痛心，你们是在敌我力量悬殊的情况下冲杀出来的，这就是胜利。没有拼死的搏斗，要从敌人围歼圈里冲杀出来是不可能的。大青山突围是山东抗战史上一次空前壮烈的战斗！抗大一分校立下了具有独特意义的战功。"

三、价值启示

大青山胜利突围战具有重要的历史意义，参加突围的抗大一分校学员和广大官兵不畏强敌、不怕牺牲、敢于斗争、敢于胜利的坚定信念，顾全大局、无私奉献的革命精神，是中国共产党创立的红色革命文化的重要内容，是抗大精神和沂蒙精神的重要体现，是我们实现中华民族伟大复兴中国梦的强大精神动力。

（一）粉碎了日军消灭山东党政军机关的阴谋，保存了山东的革命骨干力量

大青山突围战是一场在抗大一分校校长周纯全的沉着指挥下，由抗大一分校和山东分局警卫连仅有的数百名战斗人员英勇阻击敌人，拼死杀出一条血路，掩护山东党政军领导机关突出重围的战斗。大青山突围战是山东党政军民在世界反法西斯战争和中国抗战史上进行的一场最著名的英勇悲壮的突围战。大青山突围战的成功，不仅粉碎了敌人消灭山东党政军机关的阴谋，而且保存了山东的革命骨干力量，在整个山东抗战史上具有重大的意义。

（二）彰显了伟大的"抗大精神"

抗大一分校在大青山胜利突围中作出了重大贡献。在 5000 多名被围困的人员中，战斗人员约 600 人，而抗大一分校的战斗人员就有 300 多人。抗大一分校学员，面对数十倍于自己敌人的封锁进攻，英勇奋战，突破重围，充分践行了抗大的教育方针，弘扬了抗大的优良传统和革命精神。

抗大一分校，全称"中国人民抗日军政大学第一分校"，它是在抗日战争

时期，由中国共产党创办的培养军事和政治干部的学校。该校于 1938 年 11 月 25 日成立于陕西延安。1939 年 1 月 3 日从延安出发，经过艰苦的行军，于 21 日到达上级指定位置——屯留县（今屯留区）故县镇，顺利完成了第一次东迁任务，迁至晋东南，对外亦称国民革命军第 18 集团军总部随营学校。为了培养干部，坚持敌后游击战争，巩固发展山东抗日根据地，中央军委命令抗大一分校到山东敌后办学，就地培养山东部队的军政干部。同时，对一分校的领导作了新的任命：周纯全为校长，韦国清为副校长兼训练部部长。1939 年 11 月 15 日，一分校东进队伍从太南驻地出发，经过四天艰苦行军，到达群山环抱的西井镇。朱德在听取了一分校东迁的情况汇报后强调：山东抗日根据地是连接华北、华中的枢纽，南可威逼沪宁，北可进逼平津，是坚持敌后抗战的重要战略要地。山东地大物博，人多枪多，回旋余地大，但缺干部、缺子弹。希望一分校在山东越抗越大，像老母鸡孵小鸡，一批又一批，孵出千万个坚强的抗日干部。1940 年 1 月 5 日，抗大一分校到达山东沂南县孙祖乡，胜利结束了第二次东迁。1940 年春节过后，山东各部队选送的学员陆续报到。这是到达山东抗日根据地后的第一批，共招收学员 2670 名。抗大一分校是中国人民抗日军政大学（简称"抗大"）在敌后根据地 12 所分校中，历时最长，规模最大，培养青年干部最多，参加战斗最多，取得战果最大的一个分校。在山东培养了军、政、地干部 9840 名，培养地方干部共 2000 人。

1939 年 5 月 26 日，毛泽东同志在《抗大三周年纪念》的讲话中，提出了抗日军政大学的教育方针："坚定正确的政治方向，艰苦奋斗的工作作风，灵活机动的战略战术。"[1]这是他首次把坚定正确的政治方向作为抗大的教育方针提出来，并认为这三者，是作为一个抗日的革命军人所不可缺少的。这是抗大一分校办校的根本和办校的方向。当时来抗大学习的学员，他们虽然朝气蓬勃，有着高昂的抗日热情，但刚脱离开旧的生活环境，也存在程度不同的各种非无产阶级思想。因此，中央军委明确提出："学校一切工作都是为了转变学生的思想。政治教育是中心的一环。"抗大一分校将马克思列宁主义基本理论、形势任务教育、革命传统教育、党性锻炼和思想意识教育等作为教学的重要内容，这些在政治学员培训中占 70%，在军事学员培训中占 30%。

---

〔1〕《毛泽东文集》（第 2 卷），人民出版社 1993 年版，第 188 页。

通过这些措施，抗大成了名副其实的"革命大熔炉"。毛泽东同志特别强调"青年应该把坚定正确的政治方向放在第一位"。他说："政治方向可以有许多不同的方向，你们要学一个正确的政治方向，这就是要打日本、怎样打日本、为什么日本帝国主义一定能打倒的正确的政治方向。"[1]

抗大一分校的学习和生活条件十分艰苦，"认字就在背包上，写字就在大地上，课堂就在大路上，桌子就在膝盖上"，毛泽东曾风趣地说，抗大"过着石器时代的生活，学习着当代最先进的科学——马克思列宁主义"。这种不怕困难、乐观向上的学习氛围，感染着每个人的心灵，当时来到抗大一分校的人，绝大多数后来都成为我党我军的领导骨干。不畏艰难困苦的革命乐观主义精神，是抗大一分校精神的特色。学校一直把艰苦奋斗、英勇牺牲的革命传统，作为考验教职员工的重要标准。学校不断进行革命英雄主义教育，要求全体人员具有压倒一切敌人的英雄气概，在艰难困苦的条件下，坚持战斗到底。在大青山突围等多次战斗中，抗大一分校的不少同志英勇地献出了宝贵的生命，业绩永留青史。

抗大一分校认真贯彻毛泽东同志提出的"在战争中学习战争""在战斗中学习，在学习中战斗"的敌后办学指导思想。为正确处理教学与战斗的关系，学校经常组织学员参与生产斗争和抗日斗争的实践，向人民学习，向实践学习，向群众学习。一方面学习战争中的新鲜经验，一方面把作战所需的各种军事技能，列为教学的重要内容。许多学员积极结合战争中的案例，加深对政治理论和军事理论的理解和深化，增强了学习力，提高了战斗力。

抗大一分校的勇士们，以简陋的装备，与敌人英勇拼杀，打退了敌人多次疯狂进攻，获得了大青山突围的胜利，这与抗大一分校坚决贯彻党中央和毛泽东同志制订的教育方针密切相关。坚定正确的政治方向，艰苦奋斗的工作作风，灵活机动的战略战术，这是抗大的教育方针，是抗大办学的根本方向，也是抗大精神的重要体现，这一精神在大青山胜利突围中充分地展现了出来。

（三）传承先烈革命精神，做新时代的奋斗者

（1）《沂蒙山小调》的创作。1940 年 10 月，抗日战争处于最困难的阶段。位于沂蒙山区费县北部山区的蒙山第三高峰——望海楼子山下的薛庄镇

---

[1]《毛泽东文集》（第 2 卷），人民出版社 1993 年版，第 116 页。

白石屋村虽然贫穷、偏僻，但群众基础好，且隐蔽、安全，是革命老区的堡垒村。当年，抗大一分校在这一带工作、学习，文工团就驻在这个村里。《沂蒙山小调》是由两位年轻的文工团员李林和阮若珊创作的。当时，沂蒙抗日根据地建立不久，日寇经常"扫荡"，以国民党临沂专员张里元为首的顽固派也时常骚扰破坏抗日根据地。他们还利用当时反动会道门黄沙会与抗日军民对抗。费东工委和行署向黄沙会会首和下层会众做了大量艰苦细致的政治教育工作，但由于反动派的严密控制，都未能奏效。最终，我军不得不决定使用武力解决。当时抗大文工团的任务，就是以文艺宣传为武器，积极配合这一行动，《沂蒙山小调》就是在这样的情况下，在下白石屋村的一间乱石砌墙、茅草盖顶的简陋民房里创作出来的。歌曲的题目叫《反对黄沙会》，共8段。歌曲写好后，李林就在下白石屋西面的山坡上唱给同志们听。那通俗、易懂、生动的歌词，美妙动听的曲调和他那风趣的表演，一下子就扣住了每个人的心弦，博得了阵阵掌声。沂蒙山区的费县白石屋村成了最早唱响《沂蒙山小调》的地方，歌曲很快传遍了鲁中、鲁南、滨海、胶东、渤海各抗日根据地，受到了广大军民的普遍喜爱，以后又流传到华北、东北各抗日根据地。随着形势的发展，人们不断地按照自己的意愿修改它、充实它、完善它，后来渐渐撇开了反对黄沙会的词句，换上了抗日救国、反对投降的内容。中华人民共和国成立以后，保留了原作的前两段歌词，第三段改成新词，才成为今日歌颂沂蒙山区风光的民歌——《沂蒙山小调》。

（2）陈明与辛锐。陈明（1906~1941年），福建龙岩人。1939年随八路军115师到沂蒙山区，任中共山东分局党校副校长，山东战工会副主任兼秘书长。辛锐（1918~1941年），山东章丘（今济南市章丘区）人。1937年日本侵略者占领济南，辛锐随家人到沂蒙山投身抗战。1941年3月，陈明和辛锐结为终身伴侣。在惨烈的大青山突围战中，陈明率部与敌血战，双腿负伤，无法行走。当敌人包围上来，他用剩下的4发子弹击毙了3个敌人后，把最后一颗留给了自己，壮烈牺牲。就在陈明牺牲的同时，辛锐也身负重伤，满身是血的辛锐被抬到山洞里抢救治疗。12月17日，日军突然搜山，卫生员急忙抬着辛锐往外突围。为了不连累同志，辛锐硬是从担架上滚了下来，面对敌人的围追堵截，辛锐为掩护同志们撤退，拉响了手榴弹，与敌同归于尽，时年23岁。

（3）抗大一分校第5大队（军事大队）第2中队队长邱则民，指导员程克。在李行沟战斗中，他们所在的中队只剩下 20 多人，邱则民队长提议由他掩护，由程克指导员带队突围。他把每一名学员留给自己用的、预备万一时刻最后使用的一粒子弹收集起来，共 18 发 79 式子弹，一发一发地压进捷克式机枪的梭子里，选好最佳地形，背靠悬崖的岩石，命令突围小分队出发。他把所有敌人的注意力，全部吸引到自己的方位。小分队安然地离开了李行沟东口，他的机枪点射技术无比熟练，一发一个，连续击毙 18 个小鬼子，直到看不到程指导员和同志们的背影，他大喊了一声："同志们永别了!"转身跳下悬崖，以身殉职。程克指导员带领着 18 名连、排干部学员顺着李行沟艰难地走着。刚到一家农院的大门口，被院子里窜出来的、端着刺刀的敌人拦住了去路。程克指导员命令进院"和鬼子拼了"。子弹打光了，就用石头砸。日军逼近了，程克突然怒吼一声，猛跳过去抱住靠他最近的那个日本兵，一口咬掉敌人的耳朵。突然，一个日军端着刺刀向他后背刺去，程克英勇牺牲。

（4）20 多名女战士英勇抵抗，惨遭杀害。大青山突围战中，抗大一分校女生队 20 多名女战士隐蔽在李行沟边的三间小西屋内，日军发现后，架起机枪扫射。女生队凭借着手中仅有的十几枚手榴弹奋起抵抗，最后全部壮烈牺牲。蒙费大队大队长董振堂打扫战场时，发现了一幕悲壮的场面。战斗结束后，血从门口流出几米远，屋内积血没过鞋面，董振堂只好垫上厚厚的一层沙土进去清理烈士遗体。屋内惨状令人难以想象，20 多具遗体没有一具是完整的。

（5）德国共产党员、太平洋学会记者汉斯·希伯。在大青山五道沟，来山东帮助中国人民抗战的德国共产党员、美国《太平洋事务》月刊记者汉斯·希伯，也同日军英勇拼杀。他的翻译和两个警卫员都牺牲了。他在山沟一巨石后向敌人射击，最后饮弹身亡。

大青山是一座抗日的丰碑，它镌刻着那一段段惨烈悲壮的历史，铭记着那一个个英勇无畏的名字。大青山突围战中，无数革命先烈用鲜血和生命在山东抗战史上写下了光辉的一页。战斗中抗大学员和广大军民表现出的舍生忘死、气壮山河的英雄气概和大无畏的革命精神，是留给后人最宝贵的精神财富，是激励我们坚定理想信念，为实现中华民族伟大复兴中国梦而奋斗的强大动力。

第三循环　经典文献研读

本循环强调在《中国近现代史纲要》课教学中大力学习和研读经典原著，增强当代青年学生的四个"自信"，从信心的养成、信念的培育中升华出坚定的信仰。把《中国近现代史纲要》课程真正打造成关乎理想信念、立德树人的关键性课程。

模块一经典文献:《对华战争》[1]

【教学导入】 伟大导师列宁如何看待列强发动的侵华战争？全世界无产者如何才能联合起来？

【教学目的】 通过本模块的学习，揭露俄国侵华的殖民本质，教育学生认清资本主义的血腥本质和侵略本性，对青年学生具有警醒作用。

【教学重点】 资本–帝国主义侵略带给中国的危害；认清百年未有之大变局下资本主义的新发展。

【教案正文】

一、背景介绍

（一）八国联军侵华

19 世纪末，国际上形成了帝国主义列强激烈争夺和瓜分中国的局面，中国的民族危机加深。1895 年甲午战争失败，西方列强侵略不断加深。1898年，维新派的改良运动失败。1900 年，八国联军全面侵华，其侵略罪行使中华民族陷入水深火热之中，此时反帝爱国的义和团运动兴起，遭到八国联军和清政府的联合围剿，以失败而告终。在帝国主义侵华过程中，俄国以"趁火打劫""利益均沾""外交讹诈"的手段在中国攫取了大量的利益。

随着 1840 年鸦片战争的爆发，西方列强逐渐打开了中国闭关锁国的大门，此后，西方资本主义国家都觊觎着中国这块土地，借此从中分得一杯羹。俄国便是西方列强中的佼佼者，说起俄国觊觎中国的领土，最早可以追溯到

---

〔1〕　本文收录于《列宁全集》（第4卷），人民出版社 2017 年版，第 319～3235 页，本模块中引文，除有注释外，皆引自本文，不再说明。

16 世纪，当时俄罗斯人为了扩张领土，穿过乌拉尔山向亚洲扩张，在扩张过程中遇到了强盛的清朝，后来两国在 1689 年 9 月 7 日和平签订了《尼布楚条约》，1727 年 9 月 1 日签订了《恰克图条约》，从而明确了中国在新疆、外蒙古和外兴安岭的主权。1840 年列强入侵中国之后，俄国的侵略扩张野心重新膨胀起来，1850 年沙皇俄国向清政府要求开放伊犁、塔尔巴哈台、喀什噶尔（都在新疆）三处进行贸易，清政府只拒绝开放了喀什噶尔，这是俄国从鸦片战争开始后第一次将魔爪伸向中国。此后，俄国强迫清政府签订的条约日益增多，获得的利益也日益增大。

其中，1858 年 5 月 28 日，清政府黑龙江将军奕山与作为俄国代表的穆拉维约夫在瑷珲城签订了《瑷珲条约》，这是中俄关系史上的第一个不平等条约；1858 年 6 月 13 日，俄国代表普提雅廷与清政府代表桂良、花沙纳签订了《天津条约》，该条约是俄国"趁火打劫""利益均沾"的重要成果，也是俄国在中国获取利益最多的条约；第二次鸦片战争结束后，1860 年 11 月 14 日，俄国以"调停有功"为由，让俄国驻华公使伊格那切夫逼迫清政府签订了《北京条约续增条约》，攫取了诸多特权，该条约对中国主权的侵犯涉及领土主权、经济、政治、司法等各个领域。仅就领土主权领域来说，通过签订《瑷珲条约》和《北京条约续增条约》，俄国就强占了在《尼布楚条约》中规定为中国领土的黑龙江以北、乌苏里江以东的 100 多万平方公里的领土。俄国利用第二次鸦片战争，通过"趁火打劫""利益均沾""外交讹诈"的手段，强迫清政府签订了不平等的《瑷珲条约》《天津条约》《北京条约续增条约》，这都体现了俄国对中国侵略的不断加剧。1864 年 10 月，俄国又通过《勘分西北界约记》割占中国领土 44 万平方公里；1896 年 6 月又签订《中俄密约》，攫取了其在中国修筑铁路的权利。此后，俄国趁清朝内乱又以各种不同的方式侵略和蚕食中国，1900 年，侵占了乌苏里江以东中方的落脚点，并制造了骇人听闻的海兰泡大屠杀和江东六十四屯惨案，屠杀中国人民，给中华民族造成了深重的灾难。

（二）俄国进行资本主义改革，对外进行殖民侵略

政治上：1856 年，俄国与英法进行的克里米亚战争失败，使俄国主宰欧洲的地位下降，同时使俄国意识到发展工业化的重要性，于是 1860 年，俄国进行农奴制改革，废除了阻碍资本主义发展的封建农奴制度，以发展资本主义，扩大世界市场，但改革不彻底，还是保留了大量的封建残余。19 世纪 70

年代，俄国参照西方资产阶级代议制，建立了近代政治体系，但实际权力仍为沙皇任命的行政官僚掌握，落后的政治体制严重阻挠着经济体制的彻底解体和资本主义的进一步发展。19世纪末的俄国仍然是一个封建社会，底层劳动人民生活困苦，对俄国社会强烈不满。尼古拉二世对内进行资本主义改革，对外进行侵略扩张，积极推行军事封建的帝国主义政策，对中国和朝鲜的领土和财富觊觎已久。

经济上：19世纪末，以重工业为中心的俄国的工业体系不断完善，尼古拉二世的资本主义改革激化了资产阶级与劳动人民的矛盾，社会贫富差距扩大，大量农民破产，劳动人民日益受到剥削和压迫。19世纪90年代，俄国工人运动高涨，号召工人起来捍卫自己的权利。

历史因素：俄国对中国的领土觊觎已久，帝国主义列强侵华使俄国扩张野心膨胀。

二、框架结构

《对华战争》全文可以划分为3个部分进行解读，分别是第1段，描述了俄国对华战争的代价、手段及对"战绩"欢呼；第2~9段，列宁对俄国侵华战争的各方面进行分析；第10段，俄国工人阶级对战争的政治觉悟，号召人民群众推翻俄国政府的专制统治。

其中第二部分是文章的主要内容，可以继续细分为5个部分，分别是第2段，概括了对华战争的分析要点：社会党人对战争应该采取的态度，战争对谁有利，侵华政策的真正意义；第3~5段，欧洲（俄国）资产阶级发动对华战争的本质和罪行，即本质是欧洲（俄国）资产阶级为了在全世界获得更多的资本积累而对中国发动的非正义的殖民侵略战争，罪行是在华修筑铁路，侵占领土，残杀压迫中国百姓，掠夺中国的财产；第6~9段，对华战争的国内阶级利益分析，第6段对资本家、官吏进行分析：资本家获得更多的资本积累，官吏在政治上获得更多的名望、更高的地位，第7~9段对工人阶级、劳动人民和国家进行分析：工人阶级和劳动人民带来的影响，在经济上造成人民群众家庭破产，捐税加重，生活状况恶化，饥荒，死亡率上升，救济金骤减，国民教育质量下降，工人阶级遭受严重压迫，国家方面财政支出扩大，缩减各项必要开支，生活水平下降。沙皇政府面临破产，增加了卷入其他欧洲战争的可能，在人民政治意识方面，其为了转移俄国人民对本国政府的不满，利用报刊媒体挑起对其他种族的歧视和仇恨，提升对俄国军队和政府的政治威信。

三、重点解读

《对华战争》是列宁最早论述中国问题的经典文章，他所阐述的一些观点对当时国内外工人阶级的觉悟具有重要的启示作用，到现在也是研究列宁主义关于国际关系思想的重要组成部分。

（一）侵略目的（资本家为什么这样做）

首先，列宁在文中毫不留情地揭露了俄国侵略中国的根本目的，"欧洲各国资产阶级政府早就对中国实行这种掠夺政策了，现在俄国专制政府也参加了进去。这种掠夺政策通常叫作殖民政策。凡是资本主义工业发展很快的国家，都要急于找寻殖民地，也就是找寻一些工业不发达、还多少保留着宗法式生活特点的国家，它们可以向那里销售工业品，牟取重利。为了让一小撮资本家大发横财，各国资产阶级政府进行了连年不断的战争"，即俄国为了发展资本主义，在世界上找寻殖民地来向其销售工业品并牟取重利，其真实目的就是为了满足资本家的利益。马克思在《资本论》中曾说过"资本主义来到世间，从头到脚，每个毛孔都滴着血和肮脏的东西"。列宁在这篇文章中很好地揭示了这一真理，资本主义的发展是肮脏和带有压迫的，仅仅为了"一小撮资本家大发横财"，连欧洲人所谓的"文明"都抛之脑后，这是多么可笑。

其次，他又指出了俄国政府冠冕堂皇地向外界宣称俄国"并不是在同中国打仗，它只是在平定暴乱，制服叛乱者，帮助合法的中国政府恢复正常的秩序"。俄国资本家掩饰起自己的贪婪，扬言自己"毫无私心"，就是这样"毫无私心"地占领了中国的领土，杀害义和团起义的平民百姓，侵占中国人民的财产，烧毁他们的村庄，制造了海兰泡大屠杀和江东六十四屯惨案，"它们把一座座村庄烧光，把老百姓赶进黑龙江中活活淹死，枪杀和刺死手无寸铁的居民和他们的妻子儿女"。他们欢呼着，叫嚣着是"他们竟胆敢触犯文明的欧洲人""黄种人敌视白种人""中国人仇视欧洲的文化和文明"，那他们又该如何解释"印度土著的抗英起义和印度的饥荒以及现在英国人对布尔人的战争"？资本家早已经被利益冲昏了头脑，哪里还顾得上"文明人"的名声，或许他们一直不想明白"中国人的确憎恶欧洲人，然而他们憎恶的是哪一种欧洲人呢？为什么要憎恶呢？"

最后，列宁在文中阐释了这一问题的回答，他认为中国人民并非憎恶所有的欧洲人，欧洲一些资本家为了在中国攫取不正当的利益，"欺骗、掠夺、镇压"为了生存的中国人民，他们在中国贩卖鸦片，消磨人们的意志，中国人真正痛恨的是这些欧洲人。资本家没有这些贪婪的欲望，便不会对中国伸出邪恶的"魔爪"。

（二）侵略意义（资本家这样做给劳动人民带来了什么）

俄国的对华战争不仅对中华民族造成了严重的灾难，对国内人民也造成了不小的创伤，更加激化了资本家和劳动人民的阶级矛盾。列宁阐述了这场战争既然造成了这么深重的灾难，那到底有什么意义？他从对资本家和劳动人民两方面来比较战争对他们带来的影响。

首先，他在文中指出了战争的受益者，"它对一小撮同中国做生意的资本家大亨有利，对一小撮为亚洲市场生产商品的厂主有利，对一小撮现在靠紧急军事订货大发横财的承包人有利（有些生产武器、军需品等等的工厂正在拼命地干，并且增雇成百上千的日工）。这种政策对一小撮身居军政要职的贵族有利。他们所以需要冒险政策，是因为借此可以飞黄腾达，建立'战功'而扬名于世"。即这场战争只是对"一小撮资本家和狡猾的官吏"有利，19世纪末的俄国已经进入了资本主义工业化的生产，俄国非常重视重工业的发展，当时国内的消费已经达到了饱和状态，这必然造成大量的生产过剩，"这一小撮资本家"将贪婪的目光放到了正在日益衰落的中国身上，企图将其变成殖民地，来倾销工业产品，扩大国外市场，攫取一系列的利益。而当时"狡猾的官吏"也想凭借这一场战争在沙俄的历史上留下"美名"，获得更高的荣誉和地位。

其次，列宁作为工人阶级的代表，他又将目光停留在俄国广大的劳动人民身上，他们才是俄国具有广大力量的人。他分析了"侵略中国对俄国工人阶级和全体劳动人民"的"好处"：一是在经济生活上，"成千上万个家庭因劳动力被拉去打仗而破产，国债和国家开支激增，捐税加重，剥削工人的资本家的权力扩大，工人的生活状况恶化，农民的死亡有增无减，西伯利亚大闹饥荒"，"政府肆意挥霍钱财，但是给饥饿农民的救济金却一扣再扣，斤斤计较每一个戈比，不愿意把钱用在国民教育上，它和一切富农一样，从官办工厂的工人和邮政机关小职员等等的身上榨取血汗！"可见，这场战争对广大的劳动人民来说并没有带来更多的利益，反而是无尽的贫困、压迫和剥削。二是在政治意识上，"毒害人民群众的政治意识。凡是只靠刺刀才能维持的政府，凡是不得不经常压制或遏止人民愤怒的政府，都早就懂得一个真理：人民的不满是无法消除的，必须设法把这种对政府的不满转移到别人身上去。例如煽起对犹太人的仇恨，卑鄙的报纸中伤犹太人，说犹太工人似乎不像俄国工人那样受资本和警察政府的压迫。目前报刊上又大肆攻击中国人，叫嚣黄种人野蛮，仇视文明，俄国负有开导的使命，说什么俄国士兵去打仗是如何兴高采烈，如此等等"。相比于身体上的摧残，意识上的毒害更加令人气愤，"沙皇政府不仅把我国人民变成奴隶，而且还派他们去镇压那些不愿做奴隶的别国人民（如 1849 年，俄国军队曾镇压匈牙利革命）。它不仅帮助俄国资本家剥削本国工人，把工人的双手捆起来，使他们不能团结自卫，而且还为了一小撮富人和显贵的利益出兵掠夺别国人民"。人民群众是最容易受政府以及舆论所引导的，他们中只有一小部分有思想的人才会不受蒙蔽，这些被蒙蔽的大部分人民群众无法看清俄国政府和资本家的真正意图，会对政府产生更多的盲目崇拜，煽起他们对于真正受"迫害"民族的仇恨，从而无法从自身的立场上获得真正的解放，便只能继续无休止地甘愿受俄国政府和资本家的压迫，像一群被操控的只知道生产的奴隶，这才是最可怕的。

最后，列宁还谈到了对本国财政的影响，"政府正在发行公债，增加捐税，因财政拮据而缩减必要的开支，停止修筑铁路。俄国政府面临破产的危险，但它仍然拼命实行侵略政策，这不但需要大量资金，而且有卷入更可怕的战争的危险"。俄国政府为了攫取在华的不正当利益，大量地征兵，国库的财产每天大笔地挥霍在战争上，就算面临破产和卷入更危险的战争中也不顾及，这无异于饮鸩止渴，自取灭亡。

（三）号召工人阶级带领人民群众获得解放（工人阶级和劳动人民怎么反抗）

列宁是马克思主义的继承者和发扬者，马克思曾在《共产党宣言》中指出："共产党人不屑于隐瞒自己的观点和意图。他们公开宣布：他们的目的只有用暴力推翻全部现存的社会制度才能达到。让统治阶级在共产主义革命面前发抖吧。无产者在这个革命中失去的只是锁链。他们获得的将是整个世界。全世界无产者，联合起来！"列宁继承了马克思的理论，主张要号召俄国的工人阶级联合起来，共同反对资产阶级的压迫和剥削。

首先，他在文章中指出"俄国工人阶级已经开始从人民群众所处的那种政治上的愚昧无知中挣脱出来。因此，一切觉悟的工人就有责任全力起来反对那些煽起民族仇恨和使劳动人民的注意力离开其真正敌人的人们"，"要想打碎战争强加在劳动人民身上的新的枷锁，唯一的办法就是召开人民代表大会，以结束政府的专制统治，迫使政府不要光照顾宫廷奸党的利益"。

其次，工人阶级的革命在俄国展开是非常有必要的，工人阶级会逐渐带领着俄国广大的人民群众从沙俄政府的政治毒害中摆脱出来，带领着俄国广大的人民群众共同反对那些"煽起民族仇恨和使劳动人民的注意力离开其真正敌人"的资本家和沙俄政府。

最后，列宁无疑是工人阶级中最清醒的那个领导者，他将马克思主义理论与俄国的具体国情灵活地结合了起来，这为列宁以后在俄国开展工人革命运动，解放工人阶级的思想束缚，提高工人阶级的思想觉悟发挥重要的引领作用。他必将成为无产阶级的引领者，必将带领着无产阶级走上一条解放道路，那就是"召开人民代表大会""结束政府的专制统治"。

四、价值启示

通过上述《对华战争》中列宁对侵略目的、侵略意义和号召工人阶级带领劳动人民获得解放观点的叙述，使人们看清了俄国政府的真实面目，揭露了俄国政府对无产阶级的压迫和剥削，讽刺了俄国的报刊记者对历史事实的歪曲和对人民群众政治意识的毒害，从而继承和发扬了马克思恩格斯的国际关系思想。

（一）打破了俄国对外侵略的虚假美化，号召全世界被压迫民族反抗殖民统治

《对华战争》是列宁最早集中论述关于中国问题的文章，并深刻谴责了俄国侵华的暴行。列宁在文章中对侵华战争的目的、原因和对中国和本国人民带来的影响进行了公正的阐述，对于资本家"毫无私心"的虚假美化，对"黄种人敌视白种人"，"中国人仇视欧洲的文化和文明"的虚假传言进行了无情的揭露，撕开了他们虚伪的真面目，"沙皇政府不仅把我国人民变成奴隶，而且还派他们去镇压那些不愿做奴隶的别国人民"，从而使国内国外人民看清俄国侵华的本质，这对于联合国内被压迫的劳动人民和国外被殖民掠夺的民族站起来推翻俄国政府的殖民统治和压迫具有政治引领作用。

（二）揭露了俄国资产阶级对国内外无产阶级的压迫，提高无产阶级的政治觉悟

列宁在文中揭露资产阶级为了对华侵略，"成千上万个家庭因劳动力被拉去打仗而破产，国债和国家开支激增，捐税加重，剥削工人的资本家的权力扩大，工人的生活状况恶化，农民的死亡有增无减，西伯利亚大闹饥荒"，只注重这"一小撮"资本家的利益，而忽视了国内大部分穷苦劳动人民的利益，这显然会激化国内的阶级矛盾。俄国政府为了转移劳动人民的这种不满，竟然"毒害人民群众的政治意识"，煽起了民族仇恨。列宁识破了沙俄政府的这一阴谋，使俄国工人阶级从"政治上的愚昧无知中挣脱出来"，并指出"一切觉悟的工人就有责任全力起来反对那些煽起民族仇恨和使劳动人民的注意力离开其真正敌人的人们"，提高了工人阶级的政治觉悟，明确指出了工人阶级和人民群众的最大敌人就是资产阶级和俄国政府，为工人阶级的反抗斗争指明了对象——资产阶级，斗争方式——召开人民代表大会。

（三）讽刺了俄国的报刊记者对政府的投靠，体现列宁正确对待历史事实的态度

新闻媒体是国家的嘴巴和耳朵，国内的人民群众便是听众，因此，新闻媒体对国内人民群众的影响力不言而喻。在文中，列宁首先就讽刺了奉承政府的报纸，"庆祝胜利，欢呼英勇的军队的新战功，欢呼欧洲的文化击败了中国的野蛮，欢呼俄罗斯'文明使者'在远东的新成就"。其次，"俄国的一切出版物、一切报刊，都处于奴隶的地位，不得到政府官员的许可，它们就不敢登载任何东西，因此，在对华战争中人民付出了多少代价，我们没有确切的材料"，报刊与政府同流合污，共同欺瞒国内的人民群众，使其处在未知与迷茫的境地，未尽到传播史实与启发人民的义务。最后，政府利用报纸来毒害人民的政治意识，煽起人民群众对其他民族的仇恨，"卑鄙的报纸中伤犹太人，说犹太工人似乎不像俄国工人那样受资本和警察政府的压迫。目前报刊上又大肆攻击中国人，叫嚣黄种人野蛮，仇视文明，俄国负有开导的使命，说什么俄国士兵去打仗是如何兴高采烈，如此等等"。正是列宁对新闻记者的批判，从而侧面体现出列宁对于历史事实的态度，正确处理历史问题的能力，这也为后来中苏关系的形成奠定了一定的基础。

（四）继承和发展了马克思和恩格斯的国际关系思想

马克思和恩格斯在关于中国问题上也进行过研究，马克思曾在《新的对

华战争》中揭露了英法对中国发动的第二次鸦片战争，谴责了英法两国对中国的殖民侵略，主张国际阶级斗争与世界革命。列宁基本继承了马克思和恩格斯的国际关系思想，主张反对帝国主义战争、殖民统治，寻求民族解放，这些思想既是马克思恩格斯国际关系理论的重要组成部分，又对《对华战争》提供了直接的思想理论来源。其中，马克思在《新的对华战争》中指出："我们发觉在黑龙江一带有大规模的军队调动；我们见到大批哥萨克军队远在贝加尔湖以东，在旧大陆阴暗边陲的严寒奇境里进行演习；我们发现无数商队的往来；我们侦察到一位俄国专使（东西伯利亚总督木哩斐岳幅将军）正带着秘密阴谋，从遥远的东西伯利亚向与世隔绝的中国京城进发。"[1]木哩斐岳幅这是马克思对俄国的侵华战争的描述，揭露了俄国侵华的军事行动和侵略的实质。恩格斯在《俄国在远东的成功》中写道："当英国终于决定打到北京，当法国希望为自己捞到一点东西而追随英国的时候，俄国，—— 尽管它正好在这个时候从中国夺取了一块大小等于法德两国面积的领土和一条同多瑙河一样长的河流，—— 竟能挺身出来充当衰弱的中国的秉公无私的保护人，而在缔结和约时俨然以调停者自居；如果我们将当时所缔结的各项条约比较一下，就不得不承认这样一件一目了然的事实。"[2]恩格斯指出了俄国通过"外交讹诈"的手段来骗取中国的领土，揭露了俄国侵略的本性。列宁的国际关系思想与马克思恩格斯的国际关系思想一脉相承，对于揭露俄国的殖民统治的野心，反对帝国主义的侵略战争，号召被殖民国家人民站起来共同反抗侵略具有重要的指导作用。

模块二经典文献:《在纪念孙中山先生诞辰150周年大会上的讲话》

【教学导入】1995年，旅居美国的两位中国学者刘再复和李泽厚，在香港出版了《告别革命》一书，书中有这样的结论："20世纪中国的第一场暴力革命，是孙中山领导的辛亥革命。当时中国可以有两种选择，一是康梁所主张的'君主立宪'之路；一是孙中山主张的暴力革命的道路。现在看来，中国当时如果选择康梁的改良主义道路会好得多，这就是说，辛亥革命是不必要的。"

〔1〕《马克思恩格斯全集》（第13卷），人民出版社1962年版，第574页。
〔2〕《马克思恩格斯全集》（第12卷），人民出版社1962年版，第662页。

那么，辛亥革命真的是不必要的吗？革命是可以人为制造或避免的吗？让我们通过分析当时中国社会的历史背景，来找到答案。

【教学目的】通过本模块专题教学，让学生了解辛亥革命发生的历史条件和时代背景，理解这场革命的发生，是当时中国社会民族危机加深、社会矛盾激化的结果，是当时中国人民争取民族独立、振兴中华深切愿望的集中反映，是中国人民为救亡图存而前仆后继、顽强斗争的集中体现，懂得辛亥革命的发生是不可能避免的，是具有历史必然性的。

【教学重点】从分析民族危机加深，社会矛盾激化以及资产阶级革命派的发展状况等，得出辛亥革命是不可避免的结论。

【教案正文】

一、背景介绍

英雄是中华民族最闪亮的坐标，至今高高耸立在天安门广场上的人民英雄纪念碑及其上所篆刻的由毛泽东亲自题写的"人民英雄永垂不朽"即为明证。英雄崇拜已经成为中国共产党和社会主义文化的组成部分。中国特色社会主义进入新时代背景下，自民主革命时代业已成型的人民英雄已经发展成为当今新时代的英雄，纪念英雄、弘扬英雄精神有着迫切而重要的意义和价值。

2016年11月11日，纪念孙中山先生诞辰150周年大会在北京人民大会堂隆重举行。中共中央总书记、国家主席、中央军委主席习近平缅怀了孙中山先生伟大的一生，总结了孙中山先生宝贵的精神财富。在我党的话语表述中，孙中山先生是近代以来波澜壮阔的中国民主革命的领导者，被视为伟大爱国主义者、不屈不挠革命领袖、国共合作倡导者、三民主义理论家。习近平总书记的这次讲话，既是对我党之前纪念孙先生的文章与讲话的总结与提炼，又有更进一步的升华。

习近平总书记高度评价其伟大历史功绩："孙中山先生是伟大的民族英雄、伟大的爱国主义者、中国民主革命的伟大先驱，一生以革命为己任，立志救国救民，为中华民族作出了彪炳史册的贡献。"[1]毋庸置疑，现如今以孙

---

[1] 习近平：《在纪念孙中山先生诞辰150周年大会上的讲话》（2016年11月11日），本模块引文如无注释说明，皆引自该讲话，不再说明。

中山为代表的英雄人物已经与整个中国的国家主流意识融为一体，成为国家、民族的精神本源之一，是实现中华民族伟大复兴的精神力量。因此，高校思政课英雄人物的塑造与传递的意义显得尤为重要。

二、框架结构

习近平总书记在讲话中，深切怀念孙中山先生为民族独立、社会进步和人民幸福而不懈奋斗的光辉一生，高度评价孙中山先生领导中国近代民族民主革命的不朽功勋，回顾和总结了中国共产党继承孙中山先生遗志、领导中国各族人民英勇斗争的艰辛历程和伟大成就，深刻阐述了全体中国儿女共同实现中华民族伟大复兴的历史使命，庄严重申了维护祖国统一的严正立场和坚定决心。

（一）习近平总书记在讲话中，高度评价了孙中山先生领导近代中国民族民主革命的不朽功勋

"孙中山先生为中国人民和中华民族作出了杰出贡献，在中国人民心中享有崇高威望，受到全体中华儿女景仰。今天，缅怀孙中山先生建立的历史功勋，缅怀孙中山先生为中国人民鞠躬尽瘁的光辉一生，我们心中充满着深深的崇敬之情。"

（二）回顾总结了中国共产党继承孙中山先生遗志、领导全国各族人民英勇奋斗的艰辛历程和伟大成就

"中国共产党人是孙中山先生革命事业最坚定的支持者、最忠诚的合作者、最忠实的继承者。在他生前，中国共产党人坚定支持孙中山先生的事业。在他身后，中国共产党人忠实继承孙中山先生的遗志，团结带领全国各族人民英勇奋斗、继续前进，付出巨大牺牲，完成了孙中山先生的未竟事业，取得新民主主义革命胜利，建立了人民当家作主的中华人民共和国，实现了民族独立、人民解放。在这个基础上，中国共产党人团结带领中国人民继续奋斗，完成了社会主义革命，确立了社会主义制度。"

（三）郑重重申了维护祖国统一的严正立场和坚定决心

"孙中山先生始终坚定维护国家统一和民族团结，旗帜鲜明反对一切分裂国家、分裂民族的言论和行为。孙中山先生说：'中国是一个统一的国家，这一点已牢牢地印在我国的历史意识之中，正是这种意识才使我们能作为一个国家而被保存下来。'他强调：'"统一"是中国全体国民的希望。能够统一，

全国人民便享福；不能统一，便要受害。'"

三、重点解读

习近平总书记纪念孙中山先生的讲话，高屋建瓴，振奋人心，引起人民强烈共鸣。在他的讲话中，可以清晰地刻画出孙中山先生的伟岸英雄形象。

首先是伟大的爱国主义者形象。在近代中国国家危亡、民族复兴的宏大历史背景下，孙中山挺身而出，成为中国人民革命的领导者。爱国是最具冲击力的革命形象。近代以来，特别是中日甲午战争以后，民族存亡问题摆在每个中国人面前。社会主义矛盾的演变告诉我们，唤起民众在危亡时刻对国家的深厚爱国主义情感，号召每个中国人站出来为国承重、为国奉献、为国尽忠，激励中华民族为国家独立而英勇奋斗，成为思政课讲授孙中山先生时考虑的首要因素。而孙中山恰是一位真正的爱国主义者，他积极投身反抗民族压迫的革命活动，追求实现民族救亡图存的运动，表达出"振兴中华"的强烈爱国情怀。

习近平总书记纪念孙中山先生的讲话，突出了他反对帝国主义、坚持民族主义的人物色彩，"爱国"成为孙中山人物形象里最厚重的底色。习近平总书记指出："孙中山先生最大的特点是热爱祖国，一生追求实现民族独立和发展振兴的理想，对此矢志不移、无比坚定。"伟大爱国主义者的形象塑造表现了极强的爱国性、人本性，体现出党对孙中山的反帝、救亡价值的尊重，也让"孙中山"纪念成为一次爱国主义的教育。

其次是三民主义理论家形象。早在抗战时期，董必武刊文指出："孙中山先生的伟大，正因他遗留给我们还有革命的三民主义。什么是革命的三民主义呢？这散见于中山先生的许多著作之中，而在《中国国民党第一次全国代表大会宣言》中详尽明显地规定了起来。"[1]毛泽东进一步强调："孙先生的伟大在什么地方呢？在于他的三民主义的纲领，统一战线的政策，艰苦奋斗的精神。"[2]形式与精神内容的统一，在三民主义塑造中孙中山也植入了中国共产党的文化形态。"孙中山是同情共产主义和马列主义，虽然他自己并不是

---

〔1〕　董必武："共产主义与三民主义"，载《解放·周刊》1937年6月14日。
〔2〕　毛泽东："在纪念孙总理逝世十三周年及追悼抗战阵亡将士大会上的演说词"，载《解放·周刊》1938年4月1日。

共产主义者和马列主义者。他说，共产主义是三民主义的好朋友，'马克思是集几千年来人类思想的大成'，列宁是革命的圣人，而三民主义的修正派则敌视共产主义和马列主义。"〔1〕

最后是不屈不挠的革命领袖形象。全面抗战爆发前，"孙中山"纪念的话语权主要掌握在国民党人手中，他们借助"总理""国父"的领袖旗号巩固其党的力量、争取民心、号召国家统一，"孙中山"俨然被抽象升华为一种权力合法化与思想、精神相统一的无形政治资源。在全民族抗战全面爆发的形势下，中国共产党认识到"孙中山"纪念的重要性，与国民党在"孙中山"纪念话语权问题上存有交锋，使"孙中山"纪念不再是国民党的独角戏。中国共产党在承认孙中山革命领袖地位基础上，把他尊称为"中国革命的伟大领袖"，并在《边区各界纪念孙总理逝世十三周年及追悼抗战阵亡将士大会宣言》中缅怀道："在十三年前的今日，中国革命的伟大领袖——孙中山先生永远地离开我们了。"〔2〕中国共产党对孙中山领袖形象的认可与塑造，表明充分肯定他的中国民主革命先行者的身份，坚决拥护他的反帝反封建的革命地位。同时，也表明国民党绝不是政治符号"孙中山"的唯一继承者，中国共产党具有继承与弘扬他的革命政治遗产的合法身份。

1938 年抗战进入困难时期，妥协投降等杂音不断出现，使党对孙中山革命领袖形象的塑造出现新的变化。在国民党内部，汪精卫等汉奸之辈形成亲日派集团，幻想用妥协退让换取和平；在国际社会中，日本侵略者推出"劝和"政策，英美等国让步的声音也萦绕耳旁。面对国内外的严峻形势，中国共产党着重加强了对孙中山的不屈不挠革命精神的刻画，毛泽东指出："在这四十年中间，经过了多少艰难曲折；然而孙先生总是愈挫愈奋，不屈不挠，再接再厉。当着多少追随者在困难与诱惑面前，表现了灰心丧志乃至投降变节的时候，孙先生总是坚定的。"〔3〕的确，民族抗战中的妥协派、投降派、让步派都背离了孙中山的革命精神，《纪念双十节》的"时评"评论道，"中山先生常时谆

〔1〕 王稼祥："关于三民主义与共产主义"，载《解放·周刊》1939 年 10 月 10 日。
〔2〕 "边区各界纪念孙总理逝世十三周年及追悼抗战阵亡将士大会宣言"，载《解放·周刊》1938 年 4 月 1 日。
〔3〕 毛泽东："在纪念孙总理逝世十三周年及追悼抗战阵亡将士大会上的演说词"，载《解放·周刊》1938 年 4 月 1 日。

谆告诫国民党员，必须不中途妥协，而后革命乃有成功的希望"。[1]结合革命形势变化，中国共产党对孙中山的革命领袖形象进行了准确的塑造和刻画。

习近平总书记的讲话在强调向孙中山先生学习的问题上更进一步，将孙中山的民族英雄精神概括为，"热爱祖国、献身祖国的崇高风范""天下为公、心系民众的博大情怀""追求真理、与时俱进的优秀品质""坚韧不拔、百折不挠的奋斗精神"。

四、价值启示

近代中国民族英雄是在中国人民革命的历史进程中诞生的，服务对象是中国人民，彰显了中国共产党的革命性和先进性。思想政治教育工作实质上是国家的统治阶级为了巩固和维护政权统治，将先进文化思想传播给中国年轻人，培育接班人的一项工作。因此，当代高校对英雄及其文化的塑造与传递和思想政治教育在内容和目标上具有高度一致性。它们是相互促进和互补的。

（一）英雄文化与高校思想政治教育之关系

高校思政教育进一步激活并促进英雄及英雄精神的发展。在挖掘与呈现英雄及其精神的过程中，中国革命历程得以再现，社会主义核心价值体系得以宣传，党的执政合法性地位得以巩固，英雄精神同时不断被赋予新的时代内涵。以孙中山等人为标杆的民族英雄形象，代表着中国人民反抗封建专制、追求自由民主的不懈努力；毛泽东同志是近代伟大爱国者与民族英雄，更是领导中国人民追求民族独立与国家富强的一代伟人；朱德同志是人民军队的缔造者与领导者，更是中国近代民族英雄的杰出代表。除了发光闪亮的民族英雄外，中国共产党的英雄观中，"群众是真正的英雄"，[2]无数倾情奉献的群众英雄似乎默默无闻，但正是他们，发挥着奠定整个中国社会、政治基础的无可替代的作用。

每个时代均有每个时代的英雄。习近平总书记指出："今天，中国正在发生日新月异的变化，我们比历史上任何时期都更加接近实现中华民族伟大复

---

[1] "纪念双十节"，载《解放·周刊》1939年10月10日。

[2] 毛泽东："《农村调查》的序言和跋（1941年3月、4月）"，载《毛泽东选集》（第3卷），人民出版社1991年版，第790页。

兴的目标。实现我们的目标，需要英雄，需要英雄精神。"〔1〕新冠肺炎疫情防控阻击战过程中，涌现出的无数白衣卫士是当今中国这个时代英雄的杰出代表。倘若没有思政教育的发展，英雄精神的生命力将会被大大扼杀，其灵魂将难以在以大学生为主的年轻人中广泛传播，其精神力量更不会发挥重要作用。

传播英雄文化可以更好地发挥高校思政教育的作用。

首先，思想指导功能。英雄的奋斗历程经历可以使大学生了解先辈为了中华民族的解放与建设事业而不断奋斗的历史。统一思想、增进理解，充分激发大学生的爱国热情和奉献精神。以辛亥革命为切入点，讲解孙中山青少年时代的奋斗、中年时代的漂泊以及晚年的执着，讲解他最早提出在中国植树造林和修建三峡大坝的构想，让学生与他亲近起来。

其次，道德示范功能。人民英雄往往具有大局意识与无与伦比的牺牲精神，不论战争年代为集体利益的牺牲和奉献，还是在社会主义建设时期的群众英雄默默无闻的奋斗精神，均对当代大学生的未来发展具有重要的启示作用。《中国近现代史纲要》课教学中可通过展示孙中山百折不挠，始终高涨的革命乐观主义精神，引导同学们热衷学习、热爱国家，进而构建倡导无私奉献、集体至上、国家至上的社会道德规范。

最后，心理建设功能。孙中山、毛泽东、朱德等人为争取中华民族独立与国家富强的历史事迹，对于培养大学生敢于挑战、勇往直前的健康心理大有裨益。

英雄文化可以更好地提升高校思政教育的质量。新媒体时代带来海量信息的同时，各种杂音也是泥沙俱下。在大众文化、影视娱乐及学术研究领域，存在着对英雄文化的恶意诋毁。习近平总书记一针见血地指出虚化中国民族英雄的后果："有些人刻意抹黑我们的英雄人物，歪曲我们的光辉历史，要引起我们高度警觉。"〔2〕如此背景下，高校思政教育作为传播特定意识形态最重要的工具显得尤为重要。

英雄文化本身即为当代思政教育资源的重要来源，蕴含着众多的英雄人

---

〔1〕 习近平：《在颁发"中国人民抗日战争胜利70周年"纪念章仪式上的讲话》（2015年9月2日）。

〔2〕 习近平：《在全军政治工作会议上的讲话》（2014年10月31日）。

物和先进的事迹。通过英雄文化，可以使大学生进一步了解革命文化、党的文化。而英雄文化资源种类繁多，简单可划分为物质资源与精神资源。精神方面诸如观看革命电影、朗诵革命故事等，其具有可见性和可感知性的特点，可充分激发大学生的参与意识。革命遗址、革命博物馆、爱国主义教育基地等则是物质资源的典型代表，大学生身临其境地参观访问将会达到情感教育并提高思想道德意识的目的。

（二）英雄融入高校思政教育的主要路径

1. 发挥教师主体引导作用，讲好英雄故事

高校思政课程研究已经不是传统教学方式中的工具要素，而是打破了实体因素的属性，变成了一种工具性因素，渗入了学生内部的心理世界之中，更加注重学生内在人格意识的培养，充分关注学生正确的价值追求。当然，首先要关注大学生的社会价值取向。大学生是未来担当民族复兴大任的中坚力量，高校思政课重要的教学目的之一就是要培养大学生正确的社会价值观，坚持中国特色社会主义的正确方向。增强高校思政课的吸引力与感染力，提高教学有效性，关键在于授课教师。高校思政课在教学中可以结合哲学领域中的具体情况提炼思政课程中学术研究的基本点，开展英雄人物的叙事范式研究。

2. 发挥学生能动性，多形式呈现英雄

学生是教学的主体，如何调动学生参与到教学活动中来是提高教学效果的重要手段。对于不同专业的学生，组织不同的展示他们特长的活动，使学生成为教学活动的主动方，创造性地学习，既提高了兴趣，又达到了教育目的。在孙中山诞辰或辛亥革命纪念日，教师可组织学生用微电影形式再现孙中山先生的求学生涯生活，使得学生创造自己的表达载体，形象化的表达有利于发挥学生的主动性，增加学生的学习兴趣，丰富思政课教学形式，提高教学效果。

3. 合地方特色，实现英雄精神"在地化"

实践教学是《中国近现代史纲要》课作为思想政治理论课程自身建设的必然要求，是提高思想政治理论课教学效果的必要途径，是全面实施素质教育的迫切要求，是高校培养理论联系实际的全面发展的创新人才的重要手段。《中国近现代史纲要》课实践教学是以理论教学为依托，并围绕着理论教学而展开的一系列的社会实践活动。也就是说，《中国近现代史纲要》课实践教学

是课堂教学的必要延伸，是理论联系实际的重要环节，也是检验课堂教学效果的手段和依据。因此，组织学生进行实践教学是教学中的一个重要环节。走向历史现场，是课堂教学的进一步深化，是教学内容与"历史真实"之间的最佳契合点。所以，在教学过程中，要努力开发和利用学生所在地区的红色文化资源，这既是理论联系实际的重要体现，更是"走向历史现场"的好方法。

4. 推动新媒体再呈现与实践调研多措并举

互联网技术与大学生的生活息息相关，网络平台上的信息具有广泛性、快速性、直观性等特点，高校可以通过建立英雄文化主题网站、开通英雄文化宣传微信公众平台、策划校园广播内容等形式来加强对大学生的思想政治教育工作，并让学生在各个平台挑选自己喜欢的职务共同参与进来，这样不但能使他们学习到有用的网络及新媒体操作技能，更在潜移默化中加深了他们对英雄文化内容的认识，尤其是通过对热点讨论话题进行回帖或撰写关于英雄文化的相关文章等途径，更能将学生内心的革命情感提炼为文字，从而让更多的学生看到、学习到，使全校师生共同形成、继承和发扬革命精神的良好校园风尚。

习近平总书记说："我们对孙中山先生最好的纪念，就是学习和继承他的宝贵精神，团结一切可以团结的力量，调动一切可以调动的因素，为他梦寐以求的振兴中华而继续奋斗。"高校思政教育中，塑造英雄形象，传递英雄精神，既是对思想政治教育体系的进一步完善，又能为课本知识的延伸提供丰富的感性材料，还能让学生在回顾经典、感悟历史的过程中不断发扬革命文化的先进性，提升思政课的满意度与实效性。

模块三经典文献:《弘扬"红船精神"　走在时代前列》

【教学导入】你读过习近平总书记的《弘扬"红船精神"　走在时代前列》这篇文章吗？"红船精神"与革命精神的关系如何？"红船精神"对青年学子的当代价值有哪些？在学习与生活中如何继承和发扬"红船精神"？

【教学目的】通过本模块专题教学，引领大学生深入领会"红船精神"，厚植道路自信，涵养家国情怀，做新时代青年。

【教学重点】"红船精神"的内涵、意义；如何弘扬"红船精神"。

【教案正文】

一、背景介绍

2005 年 6 月，作为浙江省省委书记的习近平同志在《光明日报》发表理论文章《弘扬"红船精神" 走在时代前列》，首次提出"红船精神"，并对"红船精神"做了多维度的论述，科学阐释了"红船精神"的精神实质和内涵，指出了"红船精神"的重要价值以及发扬"红船精神"的实践要求。党的十九大闭幕不久，习近平总书记带领中共中央政治局常委共同瞻仰中共一大会址以及嘉兴红船，集体重温入党誓词。重新学习习近平《弘扬"红船精神" 走在时代前列》的重要文章，不仅有助于坚定共产党人的理想信念，同时也有助于在广大青年人中间营造积极向上的教育氛围，涵养其价值观，助力青年的成长成才。

二、框架结构

《弘扬"红船精神" 走在时代前列》文章共有三大部分：在第一部分，习近平同志回顾了党的奋斗征程，科学阐释了"红船精神"的三方面精神内涵。一是首创精神；二是奋斗精神；三是奉献精神。第二部分阐述了"红船精神"对党的先进性建设的重要价值，体现在三方面：其一，"红船精神"是激励全党创新、发展和探索的重要思想武器；其二，"红船精神"是中国共产党坚定理想信念，艰苦奋斗的精神支柱；其三，"红船精神"是鞭策共产党员为人民服务的根本宗旨。在第三部分，习近平同志结合浙江省发展实际，指出了贯彻"红船精神"的三方面实践要求：其一，结合浙江发展实际，深入实施"八八战略"；其二，全面建设"平安浙江"；其三，增强党的先进性建设。这对于清醒认识国内外复杂风险和严峻挑战，坚定道路自信，激发共产党员的创新意识、奋斗精神和奉献品质具有重要启示意义。

三、重点解读

1921 年，法租界的巡捕打破了原定的中国一大会议进程，中共一大秘密转移至浙江嘉兴南湖的一条游船上进行。从此，这艘红船带着革命火种在中国大地破浪前行、披荆斩棘，开启了中国共产党壮阔的前进航程。"红船精神"凝结着中国革命精神的内在进取品质，体现着共产主义者自强不息的前进风貌，是民族复兴路上的重要精神支撑。

（一）"红船精神"的形成依据

1."红船精神"产生的历史背景

自1840年鸦片战争开始，中国逐步沦为半殖民地半封建社会，挽救民族危亡成为中国社会的主题。为了挽救中国社会，中国早期的先进分子尝试了种种办法，但无论是倡导"中体西用"思想的洋务运动还是资产阶级革命等都未能如愿。十月革命一声炮响，中国先进分子开始摆脱迷惘，看到了革命的希望。中国传统知识分子的转型和新知识分子的形成是推动中国思想和文化进步的重要契机，中国的国民性改造成为社会发展的着力点，推动中国现代社会的到来。现代民族意识和现代国家意识萌发，爱国主义精神进一步凸显，注入了时代发展的特点，西学和东学的碰撞引了发国人思想的解放。

2."红船精神"的理论来源

传统儒家伦理的动摇成为引发人们价值观念探索的基点。各种社会思潮风起云涌，严复的《天演论》在其中发挥重要作用，成为引领青年人思想解放的经典著述。俄国十月社会主义革命后，马克思主义在中国思想界的意识形态主导地位确立，成为"红船精神"的主要理论来源。俄国十月革命的伟大胜利促使李大钊看到了中国革命的光辉前途，李大钊在把握和洞悉人类社会发展的历史规律的基础上，以前瞻性的眼光发表了《法俄革命之比较观》《布尔什维主义的胜利》《庶民的胜利》，以及《新纪元》四篇光辉的文献，开启了中国宣传马克思主义的重要历程。

3."红船精神"的文化根基

中华优秀传统文化的思想精髓是"红船精神"形成的重要文化基础。中华优秀传统文化扎根于中华民族苦难而辉煌的发展历程中，是中华文明的精神凝结和价值展现，以爱国主义为核心的伟大民族精神熠熠生辉，它为中华民族延续、壮大提供了强大的精神支撑。近代以来，在近百年的反帝反封建的革命历程中，马克思主义与中华优秀传统文化有机融合，使中国近代的新文化在激烈的革命斗争中成长、积累和壮大，成为"红船精神"形成的思想文化基础。

4."红船精神"的实践基础

中国早期马克思主义者的建党和革命实践是"红船精神"形成的实践依托。中国共产党最初的组织是在上海首先建立的。1920年6月，陈独秀与俞秀松、李汉俊、施存统等人开会商议，决定成立党组织，并起草了党的纲领。同年 8 月，共产党早期组织成立。同年 11 月，上海共产党早期组织根据革命实际拟定了《中国共产党宣言》，并明确指出共产主义者的目的是要按照共产主义者的理想，创造一个新的社会。1920 年 10 月，李大钊等在北京决定成立共产党北京支部，李大钊担任书记。1920 年秋至 1921 年春，毛泽东、何叔衡等在长沙，董必武、包惠僧等在武汉，王尽美、邓恩铭等在济南，谭平山、谭植棠等在广州，也相继成立了共产党的早期组织。

（二）"红船精神"的深刻内涵

1. 开天辟地、敢为人先的首创精神——"红船精神"之魂

开天辟地、敢为人先的首创精神是"红船精神"的灵魂所在，是中国共产党历经社会主义革命、改革和建设并取得伟大成就的精神密码。中国共产党人将马克思主义与中国发展实际相结合，领导中国人民建立社会主义新中国，开辟并发展了中国特色社会主义道路、理论体系、制度和文化，走出了一条中国特色之路。

习近平总书记指出："创新是民族进步的灵魂，是一个国家兴旺发达的不竭源泉，也是中华民族最深沉的民族禀赋，正所谓'苟日新，日日新，又日新'。"〔1〕这折射出中华民族主动适应时代、积极变革自身以及重视发展创新的精神。近代中国创新精神的缺乏导致了中国地位的衰落和发展的被动。中国共产党一经成立，就始终秉承创新精神。党的创建标志着中国革命有了一个坚强的领导核心，有了科学理论的指导，并且在创建过程中坚持以人民为重，这是其他政党所不具备的，是开天辟地的历史事件。党的十九大报告指出："我们党团结带领人民找到了一条以农村包围城市、武装夺取政权的正确革命道路，进行了二十八年浴血奋战，完成了新民主主义革命，一九四九年建立了中华人民共和国，实现了中国从几千年封建专制政治向人民民主的伟大飞跃。"〔2〕1956 年初，随着社会主义改造的完成，以毛泽东为代表的中国共产党人开始思考如何建设社会主义道路的时代课题。2013 年 12 月 26 日，习近平总书记在纪念毛泽东同志诞辰 120 周年座谈会上强调："毛泽东同志对

---

〔1〕 习近平：《在同各界优秀青年代表座谈时的讲话》（2013 年 5 月 4 日）。

〔2〕 习近平：《决胜全面建成小康社会 夺取新时代中国特色社会主义伟大胜利——在中国共产党第十九次全国代表大会上的报告》（2017 年 10 月 18 日）。

适合中国情况的社会主义建设道路进行了艰苦探索。他以苏联的经验教训为鉴戒，提出要创造新的理论、写出新的著作，把马克思列宁主义基本原理同中国实际进行'第二次结合'，找出在中国进行社会主义革命和建设的正确道路，制定把我国建设成为一个强大的社会主义国家的战略思想。"〔1〕十一届三中全会以来，在面临中国如何发展的问题上，中国共产党人永葆开天辟地、敢为人先的精神状态，把马克思主义与中国发展实际相结合，探索出了一条适合中国国情的特色道路模式，并彰显了蓬勃的发展活力。

2. 坚定理想、百折不挠的奋斗精神——"红船精神"的支柱

坚定理想、百折不挠的奋斗精神是社会主义事业在风浪中不断取得胜利的重要信念支撑。中国共产党从建党初期的50多名党员，到如今成为世界第一大执政党，中国共产党在数场惊涛骇浪、无数艰难险阻面前依旧坚如磐石、胸怀热血壮志。新时代新征程，新的任务和挑战，我们依旧要汲取"红船精神"的持久动力，铸就新时代发展的壮美篇章。

在艰辛的探索中坚定理想。面对种种救国方案的落空与失败，中国先进知识分子通过十月革命，坚定了马克思主义的必然选择。"五四"运动后，马克思主义思想在中国大地和中国青年中广泛传播，毛泽东最终接受了马克思主义。他说："我第二次到北京期间，读了许多关于俄国所发生的事情的文章。我热切地搜寻当时所能找到的极少数的共产主义文献的中文本。有三本书特别深刻地铭记在我的心中，使我树立起对马克思主义的信仰。我接受马克思主义，认为它是对历史的正确解释，以后，我就一直没有动摇过。"〔2〕"到了1920年夏天，我已经在理论上和在某种程度的行动上，成为一个马克思主义者，而且从此我也自认为是一个马克思主义者了。"〔3〕回顾百年中国共产党的奋进历程，每一次生死转折的伟大历程、每一次举世瞩目的成就背后、每一次社会主义事业的开拓前进都必定有奋斗精神的强大力量支撑。

新时代，在实现民族复兴的进程中，奋斗精神是必需动力。当今中国依旧面临着巨大挑战。正如习近平总书记所说："中华民族伟大复兴，绝不是轻轻松松、敲锣打鼓就能实现的。全党必须准备付出更为艰巨、更为艰苦的努

---

〔1〕 习近平：《在纪念毛泽东同志诞辰120周年座谈会上的讲话》（2013年12月26日）。

〔2〕 ［美］埃德加·斯诺：《红星照耀中国》（青少版），董乐山译，人民文学出版社2016年版。

〔3〕 ［美］埃德加·斯诺：《红星照耀中国》（青少版），董乐山译，人民文学出版社2016年版。

力。"〔1〕中华人民共和国成立 70 多年里，无数奋进者挥洒汗水，播种希望，为社会主义事业的发展壮大作出了可歌可泣的贡献。新时代的奋斗者，有心系国家前途的大国工匠，有心系基层社会、致力扶贫的第一书记，有为美好生活不断奔波忙碌的快递员。他们都是中华民族伟大奋斗精神的传承者，他们正在为新时代绘就奋斗的新篇章。

3. 立党为公、忠诚为民的奉献精神——"红船精神"的根本

立党为公、忠诚为民的奉献精神是中国共产党的性质和宗旨的集中彰显。在中国共产党百年奋斗史上，无数共产党员和人民群众默默付出，百年大业才得以铸就。奉献精神是中华民族优良传统的继承与发展，也是中国共产党鲜明的精神标识。革命路上、建设路上、改革路上，奉献的身影始终映照着党的光辉。革命时期，早期共产党员谋划中国革命的未来，将热血和青春奉献给国家和人民。社会主义建设时期，中国共产党带领广大人民群众发展生产力，无数共产党人奋战在建设一线，为人民群众生活的提升发光发热。改革时期，中国共产党放眼世界，无数共产党人站在科技工作一线，抛弃优厚待遇，选择为国作贡献。新时代，脱贫攻坚路上，无数驻村第一书记不舍昼夜，时刻将将人民群众的安危冷暖放在心里，用双脚丈量田地，用行动支撑千万家百姓的美好生活，他们付出了难以想象的艰辛，是新时代的精神楷模。

四、价值启示

（一）"红船精神"的历史意义

1. "红船精神"彰显了我党的建党精神

习近平同志指出："中国共产党人的初心和使命，就是为中国人民谋幸福，为中华民族谋复兴。"〔2〕这个初心和使命是中国共产党人奋勇前行的不竭动力。中国共产党面临惊涛骇浪、狂风骤雨，始终铁肩担道义，为共产主义理想矢志奋斗，带领中国人民在实现民族复兴的道路上阔步前行。红船初心和精神体现了人民至上的马克思主义的价值观点以及中国共产党心系人民群众的精神底色。道路决定命运。在"红船精神"指引下，中国共产党领导人

---

〔1〕 习近平：《决胜全面建成小康社会　夺取新时代中国特色社会主义伟大胜利——在中国共产党第十九次全国代表大会上的报告》（2017 年 10 月 18 日）。

〔2〕 习近平：《决胜全面建成小康社会　夺取新时代中国特色社会主义伟大胜利——在中国共产党第十九次全国代表大会上的报告》（2017 年 10 月 18 日）。

民站起来、富起来、强起来。回看党的百年奋斗史、新中国成长史、改革开放史，"红船精神"是贯穿革命、建设和改革的精神主线，是激励共产党人和人民群众顽强奋斗的精神支撑。

2. "红船精神"是中国革命精神的现实源头

习近平同志指出，伟大的革命实践产生伟大的革命精神。"红船精神"正是中国革命精神的重要来源。在百年党史中形成的革命优良传统和先进精神，都与其有着必然联系。党从南湖红船起航，始终走在时代前列，播撒革命火种，从带领人民夺取政权成长为带领人民掌握政权、长期执政的政党。"红船精神"是内嵌在中国革命精神中的活力因子。精神活动的产生不能离开物质实践的依托。在伟大革命实践和"红船精神"的强烈指引下，在中国革命热土上孕育了众多革命精神——"井冈山精神""长征精神""延安精神""西柏坡精神"等。它们构筑了团结一致、攻坚克难的强大精神防线和力量源泉。

3. "红船精神"是保持党的先进性的重要来源

"红船精神"是中国共产党先锋队性质的集中彰显。面临从鸦片战争以来中国的颓壁残垣、民不聊生，中国共产党肩负起民族复兴的历史重任，保持先进性是其内在的必然要求。

开天辟地、敢为人先是首创精神，是中国共产党的先进性的集中彰显。第一，从革命史来看，强大的纠错和学习能力是中国共产党的先进性的重要表现。党在革命、建设和改革开放时期，勇于打破教条理论束缚、勇于纠正重大失误，逐渐找到适合中国国情的发展道路。第二，中国共产党的先进性表现为不断提升党的知识水平和工作本领。通过强化各方面的知识储备把党建设成为掌握科学知识和过硬工作本领的政党，与时俱进、全面发展。第三，中国共产党坚持人民至上，坚持容纳不同利益主体和谐相处，这是党在革命、建设和改革时期保持先进性的重要表现。

（二）"红船精神"的当代价值："四个伟大"布局中的"红船精神"

1. 伟大斗争与"红船精神"

敢于斗争、善于斗争是马克思主义和共产党人所具备的鲜明政治品格，也是中国共产党一脉相承的优良传统。习近平总书记指出："建立中国共产党、成立中华人民共和国、实行改革开放、推进新时代中国特色社会主义事

业，都是在斗争中诞生、在斗争中发展、在斗争中壮大的。"〔1〕

在新民主主义革命时期，中国共产党以"新民主主义革命"为阵地、以"武装斗争"为革命斗争形式，经过党和人民群众的艰苦努力，历经 28 载，最终建立中华人民共和国。进入社会主义改造和建设时期，中国共产党以"和平改造"与"和平建设"为斗争形式的伟大斗争，向消灭剥削，实现社会公平发起了冲锋。在改革开放时期，中国共产党以改革开放为抓手，不断解放思想，激发国内生产内生动力，致力于提升人民生活水平，统筹国内外事业的长远发展，国家综合实力得到快速提升。

新时代，中国共产党统筹"两个一百年"奋斗目标，不断改革顽瘤痼疾，不断加强和完善党的全面领导，统筹各方资源向脱贫攻坚战发起最后的总攻，中国的国际话语权得到提升，积极参与国际治理。新时代，一个具有强大行动定力的坚强政党正在复兴路上阔步前进。

习近平总书记指出："我们党要团结带领人民有效应对重大挑战、抵御重大风险、克服重大阻力、解决重大矛盾，必须进行具有许多新的历史特点的伟大斗争，任何贪图享受、消极懈怠、回避矛盾的思想和行为都是错误的。"〔2〕

第一，捍卫政治安全的斗争。政治安全关乎国本，关乎国运。对于否定、歪曲、丑化党的奋斗史、中华人民共和国史、改革开放史的行为，必须敢于斗争。对违背、否定党的原则、方针的言论和行为，必须敢于斗争。

第二，维护人民利益的斗争。人民是历史的创造者。坚持以人民为中心的发展理念，坚持人民至上，严厉打击损害人民群众利益的行为。在全面建成小康社会以及脱贫攻坚中坚持完善社会保障，提升人民收入，奠定实现共同富裕的基础。不断改进党和政府的工作作风，塑造作风正派的工作形象。

第三，清除改革痼疾的斗争。坚持全面深化改革，坚决破除阻碍发展的体制机制障碍。习近平总书记指出："中国改革经过 30 多年，已进入深水区，可以说，容易的、皆大欢喜的改革已经完成了，好吃的肉都吃掉了，剩下的

---

〔1〕 习近平："在中央党校（国家行政学院）中青年干部培训班开班式上发表重要讲话强调发扬斗争精神增强斗争本领 为实现"两个一百年"奋斗目标而顽强奋斗"，载《人民日报》2019 年9 月4 日。

〔2〕 习近平：《决胜全面建成小康社会 夺取新时代中国特色社会主义伟大胜利——在中国共产党第十九次全国代表大会上的报告》（2017 年 10 月 18 日）。

都是难啃的硬骨头。"〔1〕我们必须以壮士断腕的勇气打破束缚发展的利益藩篱，让人民群众共享改革发展利益。

第四，维护国家主权安全和发展利益的斗争。中国坚持走和平发展道路，致力于为国际社会提供中国方案。中国坚决反对强权政治和霸权主义，对一切危害我国国家主权和发展利益的行为，中国绝不姑息纵容。中国的快速发展不是建立在牺牲别国利益的基础之上的，中国会坚决捍卫本国的正当权益。

第五防范重大风险的斗争。当前人类社会正经历世界百年未有之大变局，全球治理赤字成为人类社会共同关注的问题，人类社会面临的风险和挑战与日俱增。中国作为世界上最大的发展中国家，中国正积极参与全球气候变暖、联合国维和行动等国际热点问题的治理。中国坚持人类命运与共，致力于推进"一带一路"倡议和建设。我国与周边国家关系得到新的发展和飞跃，一个负责任的大国形象得到更多国家的赞赏。

党的建设新的伟大工程与"红船精神"。1939 年 10 月，毛泽东在《〈共产党人〉发刊词》中指出："十八年的经验，已使我们懂得：统一战线，武装斗争，党的建设，是中国共产党在中国革命中战胜敌人的三个法宝，三个主要的法宝。"〔2〕"为了中国革命的胜利，迫切地需要建设这样一个党……这件伟大的工程也正在进行之中。"〔3〕因此，"伟大工程"的建设具有长期性、系统性、艰巨性等特点。

党的十九大报告提出："把党建设成为始终走在时代前列、人民衷心拥护、勇于自我革命、经得起各种风浪考验、朝气蓬勃的马克思主义执政党。"〔4〕新时代，党的建设新的伟大工程，就是全面从严治党新的伟大工程。

习近平总书记强调，"新时代党的建设任务是十分艰巨的"。〔5〕推进新时代党的建设新的伟大工程，"既要培元固本，也要开拓创新，既要把住关键重点，也要形成整体态势，特别是要发挥彻底的自我革命精神"。〔6〕习近平总书

---

〔1〕 "习近平接受俄罗斯电视台专访"，载 http://jhsjk.people.cn/article/24303725，2014 年 2 月 8 日访问。

〔2〕 《毛泽东文集》（第 2 卷），人民出版社 2009 年版。

〔3〕 《毛泽东文集》（第 2 卷），人民出版社 2009 年版。

〔4〕 习近平：《决胜全面建成小康社会　夺取新时代中国特色社会主义伟大胜利——在中国共产党第十九次全国代表大会上的报告》（2017 年 10 月 18 日）。

〔5〕 习近平："推进党的建设新的伟大工程要一以贯之"，载《求是》2019 年第 19 期。

〔6〕 习近平："推进党的建设新的伟大工程要一以贯之"，载《求是》2019 年第 19 期。

记指出："要把新时代坚持和发展中国特色社会主义这场伟大社会革命进行好，我们党必须勇于进行自我革命，把党建设得更加坚强有力。"〔1〕"在新时代，我们党必须以党的自我革命来推动党领导人民进行的伟大社会革命。"〔2〕这样的重要论断凸显了共产党勇于自我革命的重要地位和深远意义。勇于自我革命是共产党最鲜明的政治品格，也是党最大的政治优势。习近平总书记告诫全党："功成名就时做到居安思危、保持创业初期那种励精图治的精神状态不容易，执掌政权后做到节俭内敛、敬终如始不容易，承平时期严以治吏、防腐戒奢不容易，重大变革关头顺乎潮流、顺应民心不容易。"〔3〕这"四个不容易"深刻阐明了共产党执政面临的风险和挑战，凸显了全面从严治党的紧迫性。

"红船精神"与伟大事业。习近平总书记指出："一个国家实行什么样的主义，关键要看这个主义能否解决这个国家面临的历史性课题。"〔4〕"中国特色社会主义，是科学社会主义理论逻辑和中国社会发展历史逻辑的辩证统一，是根植于中国大地、反映中国人民意愿、适应中国和时代发展进步要求的科学社会主义……"〔5〕改革开放以来的实践充分证明，中国特色社会主义是心系人民群众的根本利益、造福中国和世界人民的伟大事业。

新时代，我国社会主要矛盾的变化，人民更加向往美好生活。只有提升发展的质量和效益，才能更好地满足人民对美好生活的需要。不忘初心，方得始终。党的十八大以来，中国在经济建设中坚持创新发展、协调发展、绿色发展、开放发展和共享发展理念，不断缩小城乡和区域发展差距，增强人民的幸福感、获得感。在政治建设中坚持依法治国，积极完善具有中国特色的社会主义协商民主形式，充分保障人民权利，稳步推进国家治理现代化。在文化建设中注重传承创新传统文化，营造风清气正的文化氛围，培育文化自信。在社会建设以群众当下关切的问题为抓手，积极推进医疗卫生制度改革，不断激发贫困地区群众内生发展动力，持续深化基层治理改革。在生态文明建设中始终坚持绿色发展理念，积极推进生产方式变革，提升生态环境

---

〔1〕　习近平："推进党的建设新的伟大工程要一以贯之"，载《求是》2019年第19期。
〔2〕　习近平："推进党的建设新的伟大工程要一以贯之"，载《求是》2019年第19期。
〔3〕　习近平："推进党的建设新的伟大工程要一以贯之"，载《求是》2019年第19期。
〔4〕　习近平："关于坚持和发展中国特色社会主义的几个问题"，载《求是》2019年第7期。
〔5〕　习近平："关于坚持和发展中国特色社会主义的几个问题"，载《求是》2019年第7期。

质量。时代是出卷人，我们是答卷人，人民是阅卷人。中国特色社会主义事业只有人民群众的积极参与，才能充分反映人民群众的意愿，才能经得起历史的检验。正如习近平总书记强调的："中国特色社会主义是不是好，要看事实，要看中国人民的判断，而不是看那些戴着有色眼镜的人的主观臆断。"[1]

"红船精神"与伟大梦想。2012 年 11 月 29 日，党的十八大刚刚闭幕不久，习近平总书记在国家博物馆参观《复兴之路》展览时，向全世界庄严宣示："实现中华民族伟大复兴，就是中华民族近代以来最伟大的梦想。"[2]伟大梦想凝聚磅礴伟力，汇聚成动人的时代旋律。中华民族历经屈辱苦难，历经无数仁人志士的上下求索，终于走到了实现伟大梦想的新时代。

实现伟大梦想，必须从 500 年的社会主义发展史、百年党史、70 余年中华人民共和国史和改革开放史中汲取前行的动力。新时代，打赢脱贫攻坚战是党百年征程上的重要事件，关系中国人民的利益福祉。习近平总书记强调："全面建成小康社会最艰巨最繁重的任务在农村，特别是在深度贫困地区。"[3]无论这块硬骨头有多硬都必须啃下，无论这场攻坚战有多难打都必须打赢，全面小康路上不能忘记每一个民族、每一个家庭。

（三）"红船精神"对青年一代的精神引领

无数革命先辈奉献是为了谁？党和人民群众是什么样的关系？为什么说"红船精神"的本质是为民奉献精神？新时代的年轻人应该怎样奉献？以上这些问题通过学生经典读后感的形式来回答。

学生 1：读《弘扬"红船精神"　走在时代前列》体会与感想

"红船劈波行，精神聚人心……"这篇文章中这一段话令我印象深刻。这是习近平同志第一次提出"红船精神"并科学概括其内涵。回望来路，道阻且长。从小小红船到百年大党，共产党穿越时空，初心使命依旧不改，伟大梦想正在实现。

学生 2："红船精神"引领自我——读习近平《弘扬"红船精神"　走在时代前列》有感

2005 年 6 月 21 日，习近平发表《弘扬"红船精神"　走在时代前列》的

---

〔1〕 习近平：《在庆祝中国共产党成立 95 周年大会上的讲话》（2016 年 7 月 1 日）。
〔2〕 《习近平谈治国理政》（第 1 卷），外文出版社 2018 年版，第 36 页。
〔3〕 习近平：《在深度贫困地区脱贫攻坚座谈会上的讲话》（2017 年 6 月 23 日）。

文章，文章开宗明义指出了"红船精神"的内涵。伟大的时代需要伟大的精神。在现代化社会的今天，"红船精神"是实现现代化的强大动力源泉。从古至今，任何一个崛起的政党或是执政党都离不开首创、奋斗、奉献这三种精神。对于个人更是如此，我们大学生要牢记这三种精神，把它们作为我们学习生活的指导。

首创精神是核心，是动力之源。首创精神就是创新精神，创新是党的事业兴旺发达的不竭动力之源。紧密联系实际，研究新情况、解决新问题、创造新经验，通过创造性的思维，不断摸索和总结经济社会发展的本质和规律。中华民族最难能可贵的精神是伟大的创造精神。我们有享誉世界的四大发明，有震古烁今的大型工程，有锲而不舍孜孜不倦的创新家。作为当代大学生，理应使用创新精神武装头脑，敢为人先，勇于探索，敢于发现。无首创难以进步，无创新难成大器。

奋斗精神是支柱，是胜利之本。奋斗精神来源于坚定信仰和坚强理想。我们的理想信念就是马克思主义中国化的伟大理论成果，作为当代大学生，我们要在日常学习中汲取新时代中国特色社会主义理论的营养精华，不断充实自己。

奉献精神是本质，是政德之基。奉献精神的本质是从人民群众的实际关切出发，真正以人民群众的根本利益为重。将自身职业选择的出发点和落脚点与群众的生产和生活实践紧密联系起来。

学生3：学习《弘扬"红船精神"　走在时代前列》体会与感想

习近平同志在文中写道："我们要高举'三个代表'重要思想伟大旗帜，始终保持党的先进性，就必须永远铭记我们党的'母亲船'，重温红船的历史沧桑，在继承和弘扬'红船精神'中永葆党的先进性，进一步激发为中国特色社会主义事业而奋斗的信念和力量。"

红船是党最初扎根的地方，红船象征着中国共产党的崛起。"红船精神"塑造了党的光辉形象，也成为中国共产党人的行动指南。新时代的青年必须发扬敢为人先的创新精神，发挥青春力量。

"红船精神"是引领中国革命成功和现代化事业的重要力量支撑。革命、建设和改革时期，中国共产党面对艰难险阻，依旧坚持理想，积极带领人民群众为夺取政权、发展生产力、实现美好生活不懈奋斗。新时代，面对世界大变局以及中华民族伟大复兴，习近平同志的这篇文章仍具有重要的启发意义。面对种种国内外风险和挑战，我们必须坚持以人民为中心的发展思想，牢记为人民服务的宗旨，积极运用创新思维，打破理论束缚，营造一个和谐稳定的发展环境，增强和保障人民生活的幸福感、获得感。围绕这篇文章，通过解读"红船精神"的精神内涵和当代价值，有助于青年学生深入领会"红船精神"，并内化为自身价值观的涵养和养成模范行为。

"红船精神"是党的奋斗历程中的一面精神旗帜，是引领青年学生思想和行动的重要精神标杆。新时代赋予青年学生时代重任，在建设现代化国家的征程中需要青年一代的无私付出和信念坚守，建设创新型国家需要青年学生等主体力量发扬创新和奋斗精神，将小我融入国家发展的大我之中。因此，这篇文章的价值启示意义重大，有助于塑造青年一代的先锋模范品质，有助于坚定青年学生的报国理想和信念，涵养自身的价值观。青年一代要回答好以下三个问题：

何为创新精神？"红船精神"揭示了中国共产党先进性的精神密码，凸显了创新精神的伟大意义。什么是创新精神？从党的奋斗历程来看，创新必须是基于历史发展规律的创新，才能获得成功。近代，种种救国方案的失败，使得历史重任自然落在了中国共产党身上。中国共产党进行了诸多理论和实践的创新，如坚持马克思主义指导思想，坚持心系劳苦大众、武装夺取革命政权等，都体现了中国共产党对于历史发展规律的深刻洞悉，都代表了人民利益至上的发展要求。这种创新精神贯穿革命、建设和改革的各个时期，百年大党深刻认识中国历史发展规律和人类社会发展规律，并进行伟大的历史创新，对新时代的青年一代提出了殷殷期望。如何继承并发扬这种创新精神，注入新的时代要素，克服当下各种艰难险阻，肩负起实现中华民族伟大复兴的重大责任，是每个青年人都应认真思考的问题。

奋斗精神的实质是什么？"红船精神"的重要体现之一就是中国共产党的奋斗精神。百年大党，百年伟业，离不开奋斗精神和信念的支撑。无论是革命时期、建设时期，还是改革时期，奋斗精神的实质就是将自身的工作、职业和理想选择与国家的前途和命运相结合，空谈奋斗，只为了个人利益去奋斗不能称之为真正的奋斗。革命时期建功立业的仁人志士都是将自身与国家命运相连，李大钊、毛泽东、周恩来等都是将青春热血挥洒在革命前线的重要楷模。因此，真正的奋斗精神是理想和使命的崇高，是行动的自觉，是家国情怀的集中彰显。无奋斗不青春，青春就是要与祖国同呼吸共命运，把青春之我融入为祖国建设的广阔天地中，秉承艰苦奋斗、艰苦创业的时代精神，在新的历史征程中奋勇向前。

如何实践奉献精神？心系人民、服务群众是中国共产党一成不变的精神底色，是百年奋斗路上强大的力量源泉。奉献精神是以国家和集体利益为重的身先士卒，是关系国家未来的无私付出，不是掺杂个人利益的奉献。脱贫攻坚路上，"红船精神"中的奉献内涵必须始终高扬在第一线，青年人必须将自己的职业选择和行动自觉同国家未来有机融合和贯通，在奉献中涵养个人价值观、充实个人理想以及增长报国才干，在奉献中实现自己的人生价值，处理好小我和社会，个人和集体的关系。

"红船精神"是一面精神旗帜，引领着中国革命和中国共产党人矢志奋斗，不仅是宝贵的思想政治教育资源，也是加强党的建设的价值借鉴。新时代，弘扬"红船精神"，将其有效融入思想政治课教学，对于推动教学形式的转变和育人价值的新诠释具有重要的作用与意义。要加强对青年学生价值观的涵养和精神引领，注重培养青年学生对于中国道路的自信，塑造其家国情怀，为青年学生在民族伟大复兴征程路上的成长成才打下坚实基础。

模块四经典文献：《在纪念中国人民抗日战争暨世界反法西斯战争胜利 70 周年大会上的讲话》

【教学导入】你知道国际史学界关于中国抗日战争时间起点的争论吗？你了解中国抗日战争的世界地位吗？你研究过习近平总书记《在纪念中国人民抗日战争暨世界反法西斯战争胜利 70 周年大会上的讲话》及其他关于抗日战争的讲话吗？

【教学目的】通过本模块专题教学，帮助大学生认识国际上对中国抗日战争历史作用的肯定，了解中国抗日战争的世界地位及世界意义，树立艰苦奋斗的理想和信念，坚定共产主义理想。

【教学重点】中国抗日战争的国际地位；正确认识抗日战争的两个战场、两条抗战路线；新时代背景下抗战精神的内涵。

【教案正文】

一、背景介绍

抗日战争是近代以来中国反抗外来侵略首次取得完全胜利的民族解放战争，它不仅对中国具有划时代的意义，而且对世界亦具有不可磨灭的贡献。70多年前中国人民的抗日战争，从一开始就具有保卫世界和平、拯救人类文明的世界意义。

纪念中国人民抗日战争暨世界反法西斯战争胜利70周年，习近平总书记相继发表了《在颁发"中国人民抗日战争胜利70周年"纪念章仪式上的讲话》《在纪念中国人民抗日战争暨世界反法西斯战争胜利70周年大会上的讲话》和《在纪念中国人民抗日战争暨世界反法西斯战争胜利70周年招待会上的讲话》。习近平总书记的三篇重要讲话回顾了中国人民抗日战争艰苦卓绝的历程，阐述了中国人民抗日战争的伟大历史意义，肯定了中国人民抗日战争对世界反法西斯战争和世界和平作出的重大贡献，表达了中国走和平发展道路、维护世界和平的决心，承诺"无论发展到哪一步中国都永远不称霸、永远不搞扩张，永远不会把自身曾经经历过的悲惨遭遇强加给其他民族"。习近平总书记的讲话表达了中华民族对历史和战争的深刻认识和思考，阐述了中国人民对和平的珍惜，道出了中国始终不渝走和平发展道路的决心和意志。

今天，虽然"和平"与"发展"已成为时代主题，但世界仍不太平，局部战争和地域冲突时有发生，达摩克利斯的战争之剑依然是悬在人类头上的利刃。由此，在全球化背景下重新审视中国抗日战争的世界地位具有重要的历史意义和现实意义。

二、框架结构

如今，抗日战争结束已经70多年了。早在1945年4月的中共七大上，毛泽东在《论联合政府》的报告中说："中国在八年的抗日战争中，为了自己的解放，为了帮助各国同盟，曾经作了伟大的努力。"70多年前的9月3日，毛泽东同志笔力遒劲地题词："庆祝抗日胜利，中华民族解放万岁！"并刊登在重庆出版的《新华日报》醒目位置上。那天，重庆和延安，激情与欢乐相伴。70年后的2015年9月3日是中国人民抗日战争暨世界反法西斯战争胜利70周年纪念日。战争的硝烟虽早已散去，但我们对这段历史的记忆却愈加清晰而厚重。战胜日本法西斯的喜悦化作深深的缅怀和思考——铭记历史、珍爱和平、开创未来！

中国人民抗日战争是世界反法西斯战争的重要组成部分，具有伟大的世界意义。正确认识抗日战争的伟大意义，必须首先站在世界的角度，从影响人类历史进程的视角来看待。诚如毛泽东所言："伟大的中国抗战不但是中国的事，东方的事，也是世界的事。"然而，中国抗日战争对世界反法西斯战争和维护世界和平作出的贡献长期以来为西方史学界所轻视，对中国抗日战争的起点问题、历史地位问题等没有给予充分的肯定，甚至有时会否定或贬低中国抗日战争的地位和作用。然而，事实并非如此，中国的抗日战争从来都是与世界反法西斯战争融为一体的，是世界反法西斯战争的重要组成部分，具有非常重要的世界意义。中国抗日战争的世界意义主要表现在以下方面：

第一，中国是最早开始反抗法西斯侵略的国家，开辟了第一个反法西斯战场。

1931 年，日本帝国主义蓄意制造"九·一八事变"，开始大举侵占中国东北。"九·一八事变"标志着世界反法西斯战争的开始，揭开了第二次世界大战东方战场的序幕。

1937 年 7 月 7 日，日军炮轰宛平、卢沟桥。面对强敌入侵，中国背水一战，全中国奋起反抗。"七七事变"标志着日本发动全面侵华战争的开始，成为中国全民族抗战的起点，并由此开辟了世界上第一个反法西斯战场。

那么，第二次世界大战究竟是何时开始的？在相当长一个时期内，"欧洲中心论"者将 1939 年纳粹德国闪击波兰作为第二次世界大战爆发的标志，其实在此之前，中国就已独立抗击日本侵略者近 10 年之久。

第二次世界大战结束后 70 余年的今天，国际史学界开始以更广阔的全球视野重新审视这场战争，重新界定第二次世界大战的起点。

在 2015 年 8 月 23 日至 29 日于济南召开的第 22 届国际历史科学大会上（这是国际历史科学大会第一次在亚洲举办，中国政府高度重视，在开幕仪式上，刘延东副总理带来了习近平总书记的贺信：历史研究是一切社会科学的基础，承担着"究天人之际，通古今之变"的使命。重视历史、研究历史、借鉴历史，可以给人类带来很多了解昨天、把握今天、开创明天的智慧），国际历史学会秘书长、国际知名历史学家罗伯特·弗兰克与另外 40 名史学研究者耗时 4 年完成的上下两卷巨著《1937—1947：世界大战》引发关注（该著作 2015 年 4 月份在法国出版）。"这次世界大战是在亚洲开始的。事实上，二战开始的时间甚至可以提前至 1931 年，即日本入侵中国东北地区的时间。"弗兰克说，西方史学界对第二次世界大战起点的争议正在逐步统一。这部史书把第二次世界大战起始时间提前了两年，从 1939 年提前到 1937 年，这一年是中国全面抗战的开始。

"二战究竟是何时开始的？在欧洲，这场大战是 1939 年 9 月 1 日打响的。但彼时的亚洲，战争已持续了近两年"，俄罗斯《独立日报》发表文章这样写道。

无独有偶，西方新一代中国抗战史研究权威拉纳·米特（英国牛津大学历史教授、中国研究中心主任著有《中国，被遗忘的盟友：西方人眼中的抗日战争全史》）在接受新华社记者专访时强调："中国抗战功绩巨大而独特""中国当时做出坚持抗战的决定至关重要。如果日本在中国取胜，那么中国将沦为日本的殖民地，而亚洲历史甚至整个世界都会因此发生变化。"2015 年10 月，习近平总书记对英国进行了国事访问，在两国达成的一系列合作意向上，有一项涉及中国在第二次世界大战中的作用，那就是：中英文化基金和剑桥大学合作发起"二战中的中国和世界"课题研究。伴随着课题研究的深入，有关中国在第二次世界大战中的作用和第二次世界大战的起点等问题将会有进一步的成果。

由分析可见，中国是最早开始反抗法西斯侵略的国家，开辟了第一个反法西斯战场。

第二，中国战场始终抗击日本陆军主力，成为第二次世界大战东方主战场不灭的灯塔。

在正义与邪恶的交锋中，第二次世界大战是极为惨烈的一幕。即使在最为黑暗的时刻，中国也始终坚持抗战，成为第二次世界大战东方主战场不灭的灯塔。

据统计，抗战期间，中国军民进行重要战役 200 余次，大小战斗近 20 万次。中国军队毙伤俘日军 150 余万人，约占日军在第二次世界大战期间伤亡人数的 70%。抗战期间，中国军民伤亡总数达 3500 万人，占各国伤亡人数总和的 1/3，是第二次世界大战各国中付出代价最高的国家之一。在战争中，中国始终抗击着日本陆军主力，是反法西斯战争的东方主战场。直至日本投降前夕，日军在中国战场的兵力还有 186 万人，而其海外总兵力是 358 万人，在华兵力占其海外总兵力的 50% 以上。

对此，美国前总统罗斯福很有感触。因为，在美国的第二次世界大战记忆中，最为艰难的作战都与日本有关。在以偷袭珍珠港为开端的太平洋战争中，美国军队往往为争夺一个不知名的小岛要付出数万官兵伤亡的巨大代价。为此，罗斯福发自肺腑感叹："假如没有中国，假如中国被打垮了，你想一想有多少个师团的日本兵，可以调到其他方面来作战，他们可以马上打下澳洲、打下印度……他们可以毫不费力地把这些地方打下来，他们并可以一直冲向中东。"

英国外交部亚太司副司长兼中国局局长沃德说："在世界反法西斯战争胜利 70 周年之际，我们应该充分认识中国为二战胜利作出的贡献，认识中国在战争期间所付出的巨大牺牲和物质损失。"澳大利亚交通部长特恩布尔说："中国在 1941 年爆发珍珠港事件之前一直孤军奋战。没有中国面对日本（侵略者）的坚韧和勇气，我们的战争史很可能迎来截然不同的结局。"

通过上面的分析，我们说：中国战场是第二次世界大战东方战场不灭的灯塔，始终抗击着日本陆军主力。

第三，抗日战争制约了日本扩张侵略，有效支援了盟国作战。

中国持久艰苦的抗战使日本和德国两线进攻最终会师称霸世界的企图破产，使日本"北进"苏联、"南进"东南亚和太平洋的计划破产。

日本"南进"与"北进"的侵略计划，即海洋战略和大陆战略，早在 19 世纪末就开始有了争论。1936 年 8 月 7 日，日本五相会议提出了实行大陆政策的"北进"和向太平洋扩张的"南进"同时并举的《国策基准》计划。

然而，由于中国军民的坚决抗战，日本企图"三个月灭亡中国"的计划破产并陷于中国战场。中国战场的抗战有力支援了远东太平洋战场以及欧洲战场。

对此，苏联领导人斯大林说："只有当日本侵略者的手脚被捆住的时候，我们才能在德国侵略者一旦进攻我国的时候避免两面作战。"英国前首相丘吉尔说："如果日军进军西印度洋，必然导致我方在中东的全部阵地崩溃。而能防止上述局势出现的只有中国。"英国历史学家拉纳·米特在接受新华社记者专访时说："中国抗战不仅仅是中国的一场战争，同时也是盟军抵抗德国和日本的努力""没有中国军队的坚决抗日，二战的整个历史将会改写"。

由上述分析，我们说，中国的抗日战争不仅有效制约了日本的侵略扩张，而且有效支援了盟国作战。

第四，推动建立反法西斯联盟，参与战后国际秩序重建。

1937 年 3 月，在陕北延安时，毛泽东在同美国记者史沫特莱的谈话中指出："我们主张中、英、美、法、苏建立太平洋联合战线，否则有被敌人各个击破的危险。"历史验证了毛泽东论断的精确。中国是最早提出并推动建立世界反法西斯统一战线的国家之一。

1941 年 12 月，日本偷袭珍珠港，美国全面卷入对法西斯轴心国的战争。太平洋战争爆发的当天，中国政府就向苏、美、英三国提交了采取共同行动的建议书，表示："竭尽全力与美、英、苏联及其他诸友邦共同作战，以促成日本及其同盟轴心国家之完全崩败。"

1942 年 1 月，包括中国在内的世界不同社会制度、意识形态和宗教信仰的国家，在打败法西斯的共同目标下走到一起，发表了《联合国家宣言》，宣言标志着以美、英、苏、中为核心的世界反法西斯联盟正式形成。

不仅如此，战争期间联合国的筹划和成立亦离不开中国。1945 年 4 月 25 日，由中、美、苏、英四国发起、50 个国家代表参加的联合国国际会议在美国旧金山召开。同年 6 月 26 日，中国代表团在《联合国宪章》上率先签字。《联合国宪章》的制定标志着战后国际秩序的最终确立，是世界反法西斯战争胜利成果的集中体现，其第 23 条明确规定安理会的五个常任理事国为：中国、法国、苏联、美国、英国。

俄罗斯独联体国家研究所副所长扎里欣指出："中国成为联合国创始会员国和安理会常任理事国不是偶然的。作为联合国安理会常任理事国，中国为维护世界长久和平稳定、避免世界再发生战乱作出了卓越贡献。"

在中国抗日战争暨世界反法西斯战争胜利 70 周年，中国以最隆重的方式纪念了伟大的抗战胜利。这是不能忘却的纪念。翻开国外各大图书馆保存的旧日报纸，人们会发现那些用各种文字拼写的中国地名频繁出现：卢沟桥、平型关、台儿庄、万家岭……这些名字背后，是无数可歌可泣的壮举。

在法国冈城二战纪念馆南京大屠杀展区，一张张触目惊心的照片，一份份内容详尽的史料，向人们讲述着那一段不能忘却的历史。"当我们想添加二战死亡人数资料时，发现中国是死亡人数第二多的国家，所以我们决定添加这方面内容。"纪念馆馆长斯特凡纳·格里马尔迪说，日本低估了中国的抵抗能力，经过年复一年的斗争，中国军民重创日军，也付出了巨大代价。

有着共同经历的人们，会有共同的深切感受。俄罗斯知名政论家尤里·塔夫罗夫斯基表示：我们不能不铭记中国的巨大牺牲、感谢中国的卓越贡献。中国应该通过阅兵等纪念活动，让世界各国进一步了解中国抗战的艰难历程和伟大意义，让世界更加充分认识到中国是当之无愧的胜利者。

日本知名历史学家、国立山口大学副校长纐缬厚说："抗日战争是一场伟大战争。面对军事实力占优的日本，中国在资金和资源极其有限的情况下，依靠人民的爱国、团结精神和中国共产党出色的战略领导，打倒了日本侵略者。"

由此，我们说：为了维护和平，中国及世界各国爱好和平的国家和人们作出了巨大的贡献和牺牲，共同维护了世界和平和社会正义。抗战胜利的世界意义值得永远铭记！

2015年9月3日，在纪念中国人民抗日战争暨世界反法西斯战争胜利70周年大会上，习近平总书记发表重要讲话时庄严提出，让我们共同铭记历史所启示的伟大真理：正义必胜！和平必胜！人民必胜！三个必胜，既是对中国人民抗日战争暨世界反法西斯战争历史的凝练概括，也是对共筑人类命运共同体的郑重召唤，是对珍视和平捍卫和平的热切呼吁。三个必胜奏响了和平发展的时代强音，为当今世界走和平发展道路指明了方向。

由以上分析可见：必须从世界的角度出发，我们才能看清中国抗战胜利的真正意义。抗日战争不仅属于中国，也属于世界。抗战胜利属于中国和世界！抗战纪念属于中国和世界！抗战精神属于中国和世界！中国抗战胜利的世界意义值得永远铭记！

三、重点解读

2015年9月3日，习近平总书记在《在纪念中国人民抗日战争暨世界反法西斯战争胜利70周年大会上的讲话》（本模块以下简称《讲话》）中指出："中国人民抗日战争胜利，是近代以来中国抗击外敌入侵的第一次完全胜利。这一伟大胜利，彻底粉碎了日本军国主义殖民奴役中国的图谋，洗刷了近代以来中国抗击外来侵略屡战屡败的民族耻辱。这一伟大胜利，重新确立了中国在世界上的大国地位，使中国人民赢得了世界爱好和平人民的尊敬。这一伟大胜利，开辟了中华民族伟大复兴的光明前景，开启了古老中国凤凰涅槃、浴火重生的新征程。"经历了战争的人们，更加懂得和平的宝贵。我们纪念中国人民抗日战争暨世界反法西斯战争胜利70周年，就是要铭记历史、缅怀先烈、珍爱和平、开创未来。习近平总书记的三篇重要讲话具有丰富的时代内涵。

首先，中国的抗日战争及抗战精神是爱国主义和社会主义核心价值观的重要组成部分。中国人民14年艰苦卓绝的抗日战争所体现的抗战精神是中华民族和中国文化的重要组成部分，是社会主义核心价值观的重要体现。抗战精神证明了中华民族的民族精神力量，彰显了维护和平与正义的重要意义及价值，证明了社会主义核心价值观的重大意义，为爱国主义教育和核心价值观培养提供了生动活泼的素材，增进了对社会主义核心价值观的认知、认同和践行。例如，以树皮棉花果腹的杨靖宇面对敌人的劝降，凛然回答："不必多说，开枪吧。"张自忠在战斗的最后一刻说，"为国家民族死之决心，海不清，石不烂，决不半点改变"。四行仓库八百壮士"没有命令，死也不退"，新四军"刘老庄连"82名官兵血战到底，全部壮烈殉国等，这些都是鲜活的案例，能够引发我们的情感共鸣，对爱国主义教育和社会主义核心价值观的培育具有重要意义。对此，2014年9月3日，习近平总书记在《在纪念中国人民抗日战争暨世界反法西斯战争胜利69周年座谈会上的讲话》中说："在中国人民抗日战争的壮阔进程中，形成了伟大的抗战精神，中国人民向世界展示了天下兴亡、匹夫有责的爱国情怀，视死如归、宁死不屈的民族气节，不畏强暴、血战到底的英雄气概，百折不挠、坚忍不拔的必胜信念。"[1]抗日战争胜利70多年来，抗战精神早已成为中华民族精神文化资源的重要部分，成为中华民族和中国人民弥足珍贵的精神财富。党的十八大报告中也明确提出要"大力弘扬民族精神和时代精神，深入开展爱国主义、集体主义、社会主义教育"。抗战精神是爱国主义、集体主义和社会主义教育的重要内容，要弘扬抗战精神，重视对党员群众尤其是广大青年学生的爱国主义教育，这是社会主义核心价值观培育的重要内容，理应发扬、重视、践行。

其次，伟大的抗战精神是中华民族伟大复兴的动力源泉。中国人民在抗日战争中形成的抗战精神是赢得抗战胜利的决定因素，是推动中华民族走向伟大复兴的动力源泉。对此，曲青山说："正是经受了这种精神的洗礼，中国共产党人团结带领中国人民成功进行革命、建设和改革，书写了惊天动地的

---

〔1〕 习近平：《在纪念中国人民抗日战争暨世界反法西斯战争胜利69周年座谈会上的讲话》（2014年9月3日）。

壮丽史诗，不可逆转地结束了近代以后中国内忧外患、积贫积弱的悲惨命运，使具有 5000 多年文明历史的中华民族焕发出新的蓬勃生机，以崭新的姿态屹立于世界民族之林。"习近平总书记也指出："今天，我们比历史上任何时期都更接近中华民族伟大复兴的目标，比历史上任何时期都更有信心、更有能力实现这个目标。"[1]有鉴于此，我们要弘扬抗战精神，为实现"两个一百年"奋斗目标，实现中华民族伟大复兴的中国梦而努力奋斗。

最后，抗日战争向世界昭告中国始终不渝走和平发展道路的坚定信念。70 多年前，中华民族面临空前的民族危机，为维护国家安全和世界和平，中国共产党倡导建立抗日民族统一战线，国难当头的中华儿女以血肉之躯筑起"全面的全民族的抗战"长城，与日本侵略者抗战到底，取得了最终的胜利。抗日战争的伟大胜利，是中华民族由衰败走向复兴的转折点。回顾近代以来的中国百年屈辱史，为获得民族独立和人民解放，千千万万的中国人紧紧联系在一起，同心勠力、共同努力，最终取得了抗日战争的伟大胜利，谋求了国家独立和人民解放，中国人民的生存、发展及尊严有了基本的保障。经历了抗日战争的中国人民更加明白和平的来之不易，也更加珍视和平与发展的人间正道。对此，习近平总书记在《讲话》中指出："无论发展到哪一步，中国都永远不称霸、永远不搞扩张，永远不会把自身曾经经历过的悲惨遭遇强加给其他民族。"这是习近平总书记对世界的郑重承诺，表达了中华民族对历史的深沉思考、对战争的清醒认识及对和平的珍视，点明了中国始终不渝走和平发展道路的坚定意志。

四、价值启示

综上所述，抗日战争不仅是近代以来中国第一次取得完全胜利的反侵略战争，而且还是中华民族由灾难走向复兴的伟大转折。抗战胜利 70 余年来，中国实现了由站起来到富起来的伟大转变，正在完成由富起来到强起来的伟大复兴。经历了战争的中华民族和中国人民更加懂得和平与发展的重要意义，更加坚定了维护和平的决心。为此，只有正确认识历史，才能更好开创未来。正如习近平总书记在《讲话》中所说："绝不让历史悲剧重演，是我们对当年为维护人类自由、正义、和平而牺牲的英灵、对惨遭屠杀的无辜亡灵的最好

---

〔1〕　习近平：《在庆祝中国共产党成立 95 周年大会上的讲话》（2016 年 7 月 1 日）。

纪念。"

今天，在全球化和经济一体化的时代背景下，中国的和平发展为维护世界和平注入了新的动力。为维护世界和平，共建人类命运共同体，我们主张求同存异、和而不同，倡导各美其美、美美与共，与世界其他国家一起守护世界的和平与人类的美好家园。为此，我们要铭记历史，珍爱和平，坚定不移捍卫世界反法西斯胜利的成果，坚定不移走和平发展道路，坚定不移维护世界和平，推动世界和平与繁荣的持续发展。

历史无言，精神不朽！今天，我们再度回首这段历史，是为了记住先辈们的热血，更是为了珍惜今天的和平。对此，李洪峰说："以史为鉴，不是陶醉于历史的辉煌，不是沉溺于历史的苦难，更不是陷于历史泥淖，而是洞察历史规律，汲取历史智慧，把握历史大势，从而解决新的历史课题，推动历史前进。"目前，中国共产党在以习近平总书记为核心的党中央的坚强领导下，正在积极推进全面建成小康社会、全面深化改革、全面依法治国、全面从严治党的伟大变革。中国现在比以往任何时期都更接近实现中华民族伟大复兴的宏伟目标。历史和实践终将证明，中国人民和中华民族不但能够站起来、富起来，更能够强起来。

模块五经典文献:《在纪念毛泽东同志诞辰 120 周年座谈会上的讲话》[1]

【教学导入】你了解毛泽东的家乡吗？中国革命新道路是如何探索出来的？毛泽东思想活的灵魂是什么？

【教学目的】通过对经典原著的学习，使学生全面了解经典原著的主要内容，深入认识经典中思想体系的形成，理解和掌握毛泽东思想活的灵魂，培养学生对伟人的敬仰和对圣地的向往，以及从读经典中升华爱国主义情感。

【教学重点】毛泽东思想活的灵魂；经典原著的价值启示。

【教案正文】

一、背景介绍——从韶山说起

毛泽东曾四次入选《时代》周刊封面人物。

---

[1] 习近平:《在纪念毛泽东同志诞辰 120 周年座谈会上的讲话》(2013 年 12 月 26 日)，本模块中引文，除有注释外，皆引自本讲话，不再说明。

美国中国问题专家特里尔说："毛泽东是 20 世纪的魅力超群的政治家……他的经历，足以使他成为马克思、列宁、斯大林合为一体的中国革命的化身。"他奇迹般地创造了一个不等式：毛泽东>马克思+列宁+斯大林。

2013 年 12 月 26 日，习近平总书记在《在纪念毛泽东同志诞辰 120 周年座谈会上的讲话》（本模块以下简称《讲话》）中指出："毛泽东同志是伟大的马克思主义者，伟大的无产阶级革命家、战略家、理论家，是马克思主义中国化的伟大开拓者，是近代以来中国伟大的爱国者和民族英雄，是党的第一代中央领导集体的核心，是领导中国人民彻底改变自己命运和国家面貌的一代伟人。"

《讲话》还指出："在为中国人民不懈奋斗的光辉一生中，毛泽东同志表现出一个伟大革命领袖高瞻远瞩的政治远见、坚定不移的革命信念、勇于开拓的非凡魄力、炉火纯青的斗争艺术、杰出高超的领导才能。他思想博大深邃、胸怀坦荡宽广，文韬武略兼备、领导艺术高超，心系人民群众、终生艰苦奋斗，为中华民族和中国人民建立了不朽功勋。"

俗话说"一方水土养一方人"，是怎样的水土孕育了毛泽东这一伟大人物呢？

（一）"圣地"韶山

毛泽东，字润之，1893 年 12 月 26 日太阳升起时分出生于湖南省湘潭县韶山冲上屋场。湖南省素有"芙蓉国"之美称，自古是鱼米之乡，且历史悠久，文化发达，人才辈出。湘潭县因靠近湘江而闻名。

韶山，音乐之山，位于湘潭县、湘乡县（今湘乡市）、宁乡县（今宁乡市）的三县交界处，方圆十来里，是个山清水秀的村落。"冲"是湖南老百姓对山间小块平原的称呼。相传 4000 多年前舜帝南巡时曾在此休息，并在其中一座山峰上演奏过韶乐，故而得名。在这个南国风光的山冲里，住着毛、李、钟、周等姓人家，其中姓毛的居多。

今天，"东方红，太阳升，中国出了个毛泽东……"一首首脍炙人口的经典颂歌回荡在韶山的大街小巷。

韶山毛泽东同志故居是毛泽东出生和少年活动的地方。故居坐南朝北，系土木结构的"凹"字型建筑，东边是毛泽东家，西边是邻居，中间堂屋两家共用。总建筑面积 472.92 平方米。主要景点是毛泽东故居、铜像广场、滴水洞。1961 年，中华人民共和国国务院将其公布为全国重点文物保护单位。

1983 年 6 月 27 日，邓小平在门额匾上题字"毛泽东同志故居"。1997 年 7 月，入选中宣部首批全国爱国主义教育基地。

韶山毛泽东故居纪念馆包括：毛泽东同志故居、毛泽东少年时代读书的南岸私塾旧址、毛泽东父母墓、毛氏宗祠、毛震公祠、毛鉴公祠等历史遗址和纪念性建筑，同时对有关反映毛泽东生平和思想的文物、资料进行征集、研究、陈列和宣传。馆藏文物、资料达 6 万多件，名人字画 1000 多幅，是毛泽东生平和毛泽东思想研究的重要基地。入选第一批全国中小学生研学实践教育基地。

（二）毛泽东早年

斯特朗曾在《中国人征服中国》一书中这样描写："毛泽东身材魁梧，毫无拘束。举止缓慢、有力而从容，很像一位美国中西部的农民。他那略带扁平的圆脸上，有一种平静而含蓄的表情，微笑起来则显得生动而幽默。在蓬密的黑发之下，宽阔的前额和敏锐的眼睛表明他思想活跃，富有洞察力，很难有什么东西能逃过他的注意。在一种深邃而机敏的理智驱使下，他周身充满活力。"

《共产国际》一书中说毛泽东"具有钢铁一般的意志、布尔什维克的顽强精神、卓越的革命统帅和国务活动家的惊人勇敢、博学和无穷的天赋——这就是中国人民的领袖毛泽东的优秀品质"。

德托克·维尔说："一个人的一生可以从摇篮中看出来。"中国俗语有："一岁看三，三岁看老。"

毛泽东的早年成长环境可概括为：小康之家、书香门第的优良家风；坚忍不拔、勤劳精细的治家作风；行善好施、乐观开朗的人生态度。毛泽东从母亲文七妹的勤俭善良、无私大度品格中，秉承了拯救弱者的精神，而父亲毛顺生的严厉则造就了他反抗权威和敢于斗争的独特个性。早年的毛泽东，他的品质气质已见端倪。在韶山冲流传着毛泽东童年时代的几则故事。

（1）帮邻居收稻谷。一年秋天，晒谷时，天突然下起了大雨。毛顺生（毛泽东父亲）一家也在晒谷坪上抢收稻谷，花了很大的工夫，才把稻谷收了起来，但有一些稻谷还是被水冲走了。雨停了，毛泽东湿淋淋地从别处跑来，父亲问他去哪里了？毛泽东答说，帮邻居收谷去了。父亲听后十分生气："自己的谷子流到沟里去了，你倒好，帮人家去收！"说着扬手就要打他。毛泽东站住不动，理直气壮地说："人家是佃了别人的田，冲走一点也了不得。我们是自己的，比人家的又多，冲走一点也不要紧。"父亲冒火了："你说不要紧，你还吃饭不吃饭？"毛泽东说："好，我一顿少吃一口，总可以了吧！"父亲还生气，母亲出来劝解，父亲才作罢。

（2）给同学带饭。1905年春天，毛泽东到韶山钟家湾读私塾。由于离家较远，毛泽东和许多同学一样带午饭。一天，细心的毛泽东发现一位同学叫黑皮伢子，他在大家吃午饭时独自跑到外面去拾柴，好像是有意避开同学们。原来他家里穷，无饭可带，他是饿着肚子上学的。毛泽东知道了就把自己带来的饭菜分给黑皮伢子，放学后，他放下书包就到厨房狼吞虎咽地弄饭吃。母亲很奇怪，就问他："怎么你去读书了，反倒吃下这么多饭？"毛泽东就把真实情况告诉了母亲。母亲不仅没有责怪他，还很高兴地说："孩子，你这样做是对的。"从此，母亲让毛泽东每天带两份饭。

（3）一腿跪认错。在毛泽东13岁时，有一次，父亲请了许多客人到家里，他和父亲当着客人争论起来。父亲骂他懒而无用，激怒了他，他骂了父亲，父亲拿"家法"要打他，他跑到屋门前的池塘边说，如果父亲再追近一步，他就跳下去，父亲坚持让毛泽东磕头认错就不追打，双方僵持着，母亲在一旁竭力劝和，毛泽东表示父亲如答应不打他，他可以跪下一条腿。事情过去多年后，毛泽东回忆说："这一次反抗给我留下了不可磨灭的印象。你如果反抗，还有胜利的希望；你如果屈服了，就将永远被人家压迫着。"

二、框架架构和重点解读

（一）毛泽东与中国革命新道路的探索

《讲话》指出："毛泽东同志在青年时期就立下拯救民族于危难的远大志向。1919年，毛泽东同志在《〈湘江评论〉创刊宣言》中写道：'时机到了！世界的大潮卷得更急了！洞庭湖的闸门动了，且开了！浩浩荡荡的新思潮业已奔腾澎湃于湘江两岸了！顺他的生，逆他的死。'年轻的毛泽东同志，'书生意气，挥斥方遒。指点江山，激扬文字'，既有'问苍茫大地，谁主沉浮'的仰天长问，又有'到中流击水，浪遏飞舟'的浩然壮气。"

"十月革命一声炮响，给中国送来了马克思列宁主义。从纷然杂陈的各种观点和路径中，经过反复比较和鉴别，毛泽东同志毅然选择了马克思列宁主义，选择了为实现共产主义而奋斗的崇高理想。在此后的革命生涯中，不管是'倒海翻江卷巨澜'，还是'雄关漫道真如铁'，毛泽东同志始终都矢志不移、执着追求。"

然而，在一个半殖民地半封建的东方大国进行革命，面对的特殊国情是农民占人口的绝大多数，落后分散的小农经济、小生产及其社会影响根深蒂固，又遭受着西方列强侵略和压迫，经济文化十分落后，选择一条什么样的道路才能把中国革命引向胜利成为首要问题，也是马克思主义发展史上前所未有过的难题。

1."上山"思想的形成

面对大革命失败后全国各地武装起义的一次次失败，早有思想和心理准备的毛泽东，在其坚持不懈地进行探索的过程中，走出了另外一条不同的道路。

早在 1927 年初，毛泽东实地考察了湖南省湘潭、湘乡、衡山、长沙等地的农民运动后，向中央汇报自己的考察所得并撰写了《湖南农民运动考察报告》一文，提出要"推翻地主武装，建立农民武装"。6 月，毛泽东针对国民党反动派发动的"马日事变"后的形势，提出长沙站不住，城市站不住，就到农村去，下乡组织农民；在山的上山，靠湖的下湖，拿起枪杆子进行斗争，武装保卫革命。7 月 4 日，中共中央政治局在汉口召开常委扩大会议，在讨论农民武装如何保存和发展时，毛泽东又明确提出有两条路线：一是上山，二是投入军队中去，并认为在两条路线中，上山可能更好，因为"上山可造成军事势力的基础""不保存武力，则将来一到事变我们即无办法"。八七会议前后，毛泽东受临时中央委托制定了《湖南运动大纲》，拟在湖南组织一师的兵力，以汝城县为中心，占据五六个县，开展武装斗争。8 月 9 日，在中共临时中央政治局第一次会议上，在讨论计划时，一些领导人建议这一师兵力暴动后应往广东沿海开展斗争，毛泽东则提出：大家不应该只看到一个广东，湖南也是很重要的。湖南民众组织比广东还要广大，所缺的是武装。现在适值暴动时期，更需要武装。斗争"纵然失败也不应去广东而应上山"。

八七会议结束后，主持中共中央政治局工作的瞿秋白向毛泽东征求意见，准备让他到上海党中央机关去工作，毛泽东婉言谢绝了，他说：我不愿去住高楼大厦，我要上山结交绿林朋友。随即毛泽东就以中央特派员的身份回到了湖南，并于 1927 年 9 月 9 日发动和领导了湘赣边界秋收起义。在向湖南省委传达暴动计划时，毛泽东提出了一些看法和主张，归纳起来主要有几点：第一是要"用枪杆子"夺权；第二是要在军队"拥卫"下夺取政权后，开展土地革命；第三是如果夺权失败了则就近"上山"。可见，毛泽东走上后来的道路是有充分的思想基础的。9 月中旬，湘赣边界秋收起义受挫后，毛泽东又提出了上山做"革命的山大王"的思想主张，他对起义部队的将士们解释说："我们这个山大王是特殊的山大王，是共产党领导的，有主义、有政策、有办法的山大王，是代表人民利益的工农武装。"

因此，从"在山的上山"—"上山可造成军事势力的基础"—"纵然失败也不应去广东而应上山"—"上山结交绿林朋友"—"上山做革命的山大王"这样一个思想发展的轨迹来看，毛泽东的"上山"思想经历了一个初步萌芽、逐步完善、不断深化的过程。毛泽东的"上山"思想为中国革命找到了新的思路，毛泽东"上山"思想的最终形成，是中国共产党的工作重心由城市向农村战略转变的开始。

2. 井冈山革命根据地的建立

1927 年 9 月，毛泽东率领湘赣边界秋收起义的部队撤离湘东地区，开始了向井冈山的战略进军。起义部队在向南转移的途中处境十分困难，部队中党组织不健全、思想混乱，缺乏弹药、没有给养，指战员伤病残不断增多，在江西省萍乡县（今萍乡市）芦溪又遭敌军伏击，因此，许多将士情绪低落，不少人离队。29 日部队到达江西省永新县三湾村时，剩下的队伍已不足千人。前委决定对保留下来的队伍进行改编：将原来的一个师缩编为一个团，改称为工农革命军第一师第一团；建立党的各级组织和党代表制度，加强党的领导；确立党的支部建在连上，在部队各级都设立党的组织，班、排设党的小组，连以上设党代表，营、团建立党委；连以上设立各级士兵委员会，实行政治民主、经济公开的民主制度，在政治上官兵平等。这就是著名的"三湾改编"。三湾改编从组织上确立了党对军队的领导，奠定了政治建军的基础，是把以旧军人和农民为主要成分的工农革命军，建设成为无产阶级领导的新型人民军队的重要开端。

毛泽东在率领起义部队南下途中，经过调查研究，初步选定了位于湘赣边界的罗霄山脉中段即井冈山地区作为部队的立足点。之所以确定在井冈山建立根据地是因为：其一，湘赣边界有坚实的党群基础。大革命时期，边界宁冈、永新、莲花等各县都曾建立过党的组织和农民协会，大革命失败后，仍有袁文才、王佐领导的农民地方武装在这里坚持斗争，为井冈山根据地的创建和发展提供了重要的依靠力量。其二，湘赣边界是敌人统治的薄弱环节。

其地处两省的"结合部",距国民党统治的中心城市较远,敌人在此驻军较少,多为地方保安武装,加之湘赣两省军阀间的派系矛盾,拥兵自重,各据一方,为井冈山的武装割据提供了有利的条件。其三,湘赣边界地理优势明显且特产丰富。境内重峦叠嶂,森林茂密,许多地方有"一夫当关、万夫莫开"之险,进可攻,退可守,群山中分布着许多丘陵盆地,盛产竹木、药材、大豆、花生等,以及周围各县自给自足的农业经济,为工农红军开展游击战争提供了理想的天然屏障和较充足的经济给养。

1927年10月初,工农革命军离开三湾,抵达江西省宁冈县(现已并入井冈山市,下同)古城,以毛泽东为书记的前委在这里召开了前委扩大会议,即古城会议。会议初步总结了秋收起义的经验教训,研究确定了建立井冈山革命根据地和对井冈山地区的农民武装袁文才、王佐进行争取、团结和改造的方针等问题,为工农革命军引兵井冈奠定了基础。会后,毛泽东在宁冈县大仓村与袁文才会谈并建立联系后,决定工农革命军在井冈山周围盘旋打游击,筹些款子并熟悉周围环境以及探听南昌起义军进入广东后的情况。不久,应袁文才的要求,派游雪程、徐彦刚、陈伯多等党员军事干部到袁部帮助他们进行政治和军事训练,工农革命军和袁、王部队的关系一天天密切起来。27日,毛泽东率工农革命军进驻井冈山的中心茨坪,开始了创建井冈山革命根据地的艰苦斗争。

工农革命军到了井冈山后,毛泽东首先就是抓地方党组织恢复、整顿和建设工作。11月初,毛泽东在茅坪象山庵主持召开宁冈、永新、莲花三县党组织负责人会议,中心议题就是重建和恢复边界党的组织,开展群众武装斗争。会后,各县积极发动群众打倒土豪劣绅、开展分田斗争,并在斗争中恢复和重建了党的组织。到1928年2月,宁冈、永新、茶陵、遂川四个县都成立了县委,酃县(今炎陵县,下同)成立了特别区委,莲花县也开始建立党的组织。

前委还十分重视军队建设,注重政治教育和加强对军队的无产阶级思想的领导。1927年底,毛泽东规定了工农革命军必须执行三大任务:打仗消灭敌人、打土豪筹款子和做群众工作。这样,部队不仅能够打胜仗,广泛发动了群众,解决了经济来源问题,而且还密切了军政、军民关系。1928年4月,毛泽东又总结了开辟井冈山根据地几个月来部队从事群众工作的经验,规定部队必须执行"三大纪律"和"六项注意"。三大纪律是:行动听指挥;不拿工人农民一点东西；打土豪要归公。六项注意是：上门板；捆铺草；说话和气；买卖公平；借东西要还；损坏东西要赔。后来，六项注意又增加洗澡避女人；不搜俘房腰包两项，从而发展成八项注意。"三大纪律"和"八项注意"的提出，对革命军队的建设，正确处理军队内部关系尤其是军民之间的关系，以及团结人民和瓦解敌军，都起到了十分重要的作用。

与此同时，前委还对袁文才、王佐这两支地方农民武装进行教育改造。毛泽东多次与袁文才、王佐进行谈心，帮助他们提高政治思想水平，还派曾经留学法国的何长工到王佐部队里当党代表，帮助改造王佐部队。后经征得袁、王同意，他们的部队里也建立起了党的基层组织和士兵委员会，部队的政治素质和军事素质有了提高。1928 年 2 月，前委在大陇朱家祠举行大会，宣布将袁、王部队正式编为工农革命军第一师第二团，袁文才任团长，王佐任副团长，何长工为党代表。从此，这支部队逐渐成为井冈山革命根据地的一支红色劲旅。此外，工农革命军还积极帮助边界各县建立县赤卫队和乡暴动队，这些地方武装积极配合工农革命军作战，也是正规军兵员补充的重要来源。

1928 年 4 月，朱德、陈毅率南昌起义保留下来的部分起义军和湘南农民自卫军 1 万余人陆续转移到井冈山地区，在宁冈砻市与毛泽东领导的部队会师。会师后两军合编，成立了工农革命军第四军（后改称红军第四军），朱德任军长，毛泽东任党代表兼军委书记，王尔琢任参谋长，下辖三个师。毛泽东和朱德所率部队的胜利会师，增强了井冈山地区的工农武装力量，也为进一步扩大革命根据地创造了条件。粟裕在《激流归大海》一文中说："井冈山会师，具有伟大的历史意义。它不仅对当时坚持井冈山斗争，而且对以后建立和扩大农村革命根据地，坚持走农村包围城市的革命道路，推动全国革命事业的发展，产生极其深远的影响。"这时的朱德 42 岁、毛泽东 35 岁，从此他们开始了长期密切合作的战斗生涯，从此也揭开了井冈山斗争和中国革命新的一页。

1928 年 5、6 月间，红军在毛泽东、朱德、陈毅等的指挥下，采取"敌进我退，敌驻我扰，敌疲我打，敌退我追"的游击战术，击败了国民党军的多次"进剿"，取得了五斗江、草市坳、龙源口大捷；还在宁冈茅坪召开了湘赣边界党的第一次代表大会，选举产生中共湘赣边界特委作为湘赣边界党的最高领导机关，毛泽东任书记，红四军军委书记改由陈毅担任，接着成立了湘赣边界苏维埃政府，袁文才任主席；根据地发展到了包括宁冈、永新、莲花三个县以及遂川北部、酃县东南部、吉安和安福各部的广大地区。井冈山革命根据地达到了全盛时期。12月上旬，彭德怀、滕代远等率领平江起义后组成的红五军数百人，从湘鄂赣边的平江、浏阳地区转战上井冈山，与朱毛红四军会师。这两支红军的胜利会师，进一步增强了井冈山革命根据地的武装力量。

井冈山革命根据地的建立具有重大而深远的历史意义，它成功地把革命的退却和进攻结合起来，实现了中国革命战略的伟大转变，它从实践上为中国革命开辟了农村包围城市、武装夺取政权的新道路。

3. 五个"创造性地"

《讲话》中指出："毛泽东同志创造性地解决了马克思列宁主义基本原理同中国实际相结合的一系列重大问题，深刻分析中国社会形态和阶级状况，经过不懈探索，弄清了中国革命的性质、对象、任务、动力，提出通过新民主主义革命走向社会主义的两步走战略，制定了新民主主义革命总路线，开辟了以农村包围城市、最后夺取全国胜利的革命道路。毛泽东同志创造性地解决了在中国这种特殊的社会历史条件下建设马克思主义政党的一系列重大问题，把党建设成为用科学理论和革命精神武装起来的、同人民群众有着血肉联系的、思想上政治上组织上完全巩固的马克思主义政党。毛泽东同志创造性地解决了缔造一个在党的绝对领导下的人民武装力量的一系列重大问题，建成一支具有一往无前精神、能压倒一切敌人而决不被敌人所屈服的新型人民军队。毛泽东同志创造性地解决了团结全民族最大多数人共同奋斗的革命统一战线的一系列重大问题，为党和人民事业凝聚了一支最广大的同盟军。毛泽东同志带领我们党创造性地提出和实施了一系列正确的战略策略，及时解决了中国革命进程中一道道极为复杂的难题，引导中国革命航船不断乘风破浪前进。"

"'为有牺牲多壮志，敢教日月换新天。'经过28年浴血奋战和顽强奋斗，我们党和人民历经千辛万苦、付出巨大牺牲，在战胜日本军国主义侵略者后，经过人民解放战争，以摧枯拉朽之势推翻了帝国主义、封建主义、官僚资本主义的统治，夺取了新民主主义革命胜利，实现了几代中国人梦寐以求的民族独立和人民解放。"

"中华人民共和国的成立，使中国人民成为国家、社会和自己命运的主人，实现了中国向人民民主制度的伟大跨越，实现了中国高度统一和各民族空前团结，彻底结束了旧中国半殖民地半封建社会的历史，彻底结束了旧中国一盘散沙的局面，彻底废除了外国列强强加给中国的不平等条约和帝国主义在中国的一切特权。"

"中国人从此站立起来了！中国人民从此把命运牢牢掌握在自己手中！中华民族发展进步从此开启了新纪元！"

"这个伟大历史胜利，是毛泽东同志和他的战友们，是千千万万革命志士和革命烈士，是亿万中国人民，共同为中华民族建立的伟大历史功勋。这一伟大奋斗历程和成果充分证明了毛泽东同志所说的：'我们中华民族有同自己的敌人血战到底的气概，有在自力更生的基础上光复旧物的决心，有自立于世界民族之林的能力。'"

（二）毛泽东与中国社会主义建设道路的开创

"新中国成立后，以毛泽东同志为核心的党的第一代中央领导集体带领人民，在迅速医治战争创伤、恢复国民经济的基础上，不失时机提出了过渡时期总路线，创造性地完成了由新民主主义革命向社会主义革命的转变，使中国这个占世界四分之一人口的东方大国进入了社会主义社会，成功实现了中国历史上最深刻最伟大的社会变革。"

《讲话》指出："毛泽东同志为中国新民主主义革命的胜利、社会主义革命的成功、社会主义建设的全面展开，为实现中华民族独立和振兴、中国人民解放和幸福，作出了彪炳史册的贡献。毛泽东同志毕生最突出最伟大的贡献，就是领导我们党和人民找到了新民主主义革命的正确道路，完成了反帝反封建的任务，建立了中华人民共和国，确立了社会主义基本制度，取得了社会主义建设的基础性成就，并为我们探索建设中国特色社会主义的道路积累了经验和提供了条件，为我们党和人民事业胜利发展、为中华民族阔步赶上时代发展潮流创造了根本前提，奠定了坚实的理论和实践基础。"

1. 早期探索中对社会主义建设的理论建树

"社会主义基本制度确立以后，如何在中国建设社会主义，是党面临的崭新课题。毛泽东同志对适合中国情况的社会主义建设道路进行了艰苦探索。他以苏联的经验教训为鉴戒，提出要创造新的理论、写出新的著作，把马克思列宁主义基本原理同中国实际进行'第二次结合'，找出在中国进行社会主义革命和建设的正确道路，制定把我国建设成为一个强大的社会主义国家的战略思想。"

从1956年初开始，以毛泽东为主要代表的中国共产党人，对中国的社会主义道路进行了艰苦的探索，并取得了积极的成果。

（1）《论十大关系》的发表。1956年4月至5月，毛泽东在广泛听取国务院各部门汇报的基础上，作了《论十大关系》的报告。这个报告总结中华人民共和国成立以来建设的经验，围绕"调动国内外一切积极因素，为社会主义事业服务"，概括出建设社会主义要处理好的十个问题。《论十大关系》是以毛泽东为主要代表的中国共产党人探索中国自己的社会主义建设道路的重要标志，它在新的历史条件下从经济方面和政治方面提出了新的指导方针，具有开创性的意义；它对于中共八大路线的确立起过十分重要的作用。

（2）中共八大路线的制定。1956年9月，中共八大在北京召开。中共八大正确分析了社会主义改造完成后中国社会的主要矛盾和主要任务。大会认为，国内的主要矛盾是人民对于经济文化迅速发展的需要同当前经济文化不能满足人民需要的状况之间的矛盾；全国人民的主要任务是集中力量发展社会生产力，实现国家工业化，逐步满足人民的经济文化需要。在经济建设上，大会坚持在综合平衡中稳步前进的方针。在执政党建设上，要求全党都要继续坚持群众路线，即坚持全心全意为人民服务的宗旨，坚持从群众中来到群众中去的方法；坚持民主集中制，在集中统一领导的前提下，中央要给予下级独立处理问题的广泛权利；继续坚持集体领导原则，防止个人崇拜，避免个人专断和个人决定等重大问题。中共八大的路线是正确的，它为新时期社会主义事业发展和党的建设指明了方向。

（3）《关于正确处理人民内部矛盾的问题》的发表。1957年2月，毛泽东在最高国务会议上作了《关于正确处理人民内部矛盾的问题》的报告。其基本思想是：把正确区分和处理人民内部矛盾，作为社会主义国家政治生活的主要内容。文章指出，社会主义社会的基本矛盾仍然是生产关系和生产力之间的矛盾，上层建筑和经济基础之间的矛盾。但同阶级对抗社会的矛盾根本不同，它不具有对抗性，可以通过社会主义制度本身，不断地得到解决。毛泽东全面地分析了各种类型的人民内部矛盾，论述了正确处理各种矛盾的方针政策，指出要用民主的方法，用"团结—批评—团结"的公式，作为从政治上处理人民内部矛盾的原则。毛泽东还具体论述了如何处理经济建设、科学文化、政党关系和民族关系等各社会主义建设领域的方针措施。毛泽东对社会主义社会基本矛盾和两类不同性质矛盾的论述，特别是关于处理人民内部矛盾的原则、方针和方法的论述，为马克思主义政治经济学说增添了新的内容，对探索社会主义社会的规律，具有重大的理论价值。

2. 社会主义建设探索取得的成就

"在中国共产党领导下，我国各族人民意气风发投身中国历史上从来不曾有过的热气腾腾的社会主义建设。在不长的时间里，我国社会就发生了翻天覆地的变化，……成为在世界上有重要影响的大国，积累起在中国这样一个社会生产力水平十分落后的东方大国进行社会主义建设的重要经验。"

（1）建立起独立的比较完整的工业体系和国民经济体系。中国经济发展速度较快，从 1952 年到 1978 年，工农业总产值平均年增长率为 8.2%；从根本上解决了"从无到有"的问题，这一时期我国建立了独立的、比较完整的工业体系和国民经济体系，不仅使中国在赢得政治上的独立之后赢得了经济上的独立，而且为中国以后的发展奠定了牢固的物质技术基础。

（2）人民生活水平的提高与科技事业的发展。中国共产党把满足人民基本生活需要作为发展经济的根本目的。通过兴修水利、开展农田基本建设、培育推广良种、提倡科学种田，较大幅度地提高了粮食生产水平和抵御自然灾害的能力。

中华人民共和国取得一批重要的科技成果，1964 年 10 月，爆炸了第一颗原子弹。1967 年 6 月，爆炸了第一颗氢弹。1970 年 1 月，第一枚中远程导弹发射成功。同年 4 月，第一颗人造地球卫星发射成功。1975 年，可回收人造卫星试验成功。中华人民共和国先后制定两个科学技术发展规划。其中 1956 年制定的十二年发展规划提前实现，1963 年提前制定了十年发展规划。一些重要的科学分支和新兴应用技术都在这一时期发展起来，华罗庚、李四光、茅以升、钱学森、袁隆平、陈景润等一大批科学家为国家科学技术的发展作出重大贡献。

（3）国际地位的提高与国际环境的改善。中华人民共和国成立初期，面对美国等国的封锁、遏制政策，在外交上奉行独立自主基础上的"一边倒"政策，积极争取社会主义国家对我国的支持、援助；积极发展与西方国家的民间外交，开展贸易往来，1964 年实现中法建交。1950 年至 1953 年参与的抗美援朝战争，以及随后召开的日内瓦国际会议和万隆会议，极大提高了中国的国际地位。中国和印度、缅甸等共同倡导的和平共处五项原则，成为处理国与国关系的公认准则。1971 年 10 月在广大发展中国家的支持下，中国恢复在联合国的合法地位。20 世纪 60 年代末，中美关系开始改善。1972 年美国总统尼克松访华，中美关系逐步正常化。同中国建交的国家从 1965 年的 49 个增加到 1976 年的 111 个，仅 1970 年以后新建交国就有 62 个。外交格局的变化为后来的改革开放创造了有利条件。

（三）毛泽东思想活的灵魂

《讲话》指出："在革命和建设长期实践中，以毛泽东同志为主要代表的中国共产党人，根据马克思列宁主义基本原理，形成了适合中国情况的科学指导思想，这就是毛泽东思想。毛泽东思想以独创性理论丰富和发展了马克思列宁主义。毛泽东思想教育了几代中国共产党人，它培养的大批骨干，不仅在新民主主义革命、社会主义革命、社会主义建设时期发挥了重要作用，也为新的历史时期开创和建设中国特色社会主义发挥了重要作用。邓小平同志说，毛泽东思想这个旗帜丢不得，丢掉了实际上就否定了我们党的光辉历史；任何时候都不能动摇高举毛泽东思想旗帜的原则，我们将永远高举毛泽东思想的旗帜前进。"

《讲话》指出："毛泽东思想活的灵魂是贯穿其中的立场、观点、方法，它们有三个基本方面，这就是实事求是、群众路线、独立自主。新形势下，我们要坚持和运用好毛泽东思想活的灵魂，把我们党建设好，把中国特色社会主义伟大事业继续推向前进。"

1. 实事求是

《讲话》指出："实事求是，是马克思主义的根本观点，是中国共产党人认识世界、改造世界的根本要求，是我们党的基本思想方法、工作方法、领导方法。不论过去、现在和将来，我们都要坚持一切从实际出发，理论联系实际，在实践中检验真理和发展真理。毛泽东同志说：'"实事"就是客观存在着的一切事物，"是"就是客观事物的内部联系，即规律性，"求"就是我们去研究。'毛泽东同志还把实事求是形象地比喻为'有的放矢'。我们要坚持用马克思主义的'矢'去射中国革命、建设、改革的'的'。"

（1）"坚持实事求是，就要深入实际了解事物的本来面貌。要透过现象看本质，从零乱的现象中发现事物内部存在的必然联系，从客观事物存在和发展的规律出发，在实践中按照客观规律办事。坚持实事求是不是一劳永逸的，在一个时间一个地点做到了实事求是，并不等于在另外的时间另外的地点也能做到实事求是，在一个时间一个地点坚持实事求是得出的结论、取得的经验，并不等于在变化了的另外的时间另外的地点也能够适用。我们要自觉坚定实事求是的信念、增强实事求是的本领，时时处处把实事求是牢记于心、付诸于行。"

（2）"坚持实事求是，就要清醒认识和正确把握我国仍处于并将长期处于社会主义初级阶段这个基本国情。我们推进改革发展、制定方针政策，都要牢牢立足社会主义初级阶段这个最大实际，都要充分体现这个基本国情的必然要求，坚持一切从这个基本国情出发。任何超越现实、超越阶段而急于求成的倾向都要努力避免，任何落后于实际、无视深刻变化着的客观事实而因循守旧、固步自封的观念和做法都要坚决纠正。"

（3）"坚持实事求是，就要坚持为了人民利益坚持真理、修正错误。要有光明磊落、无私无畏、以事实为依据、敢于说出事实真相的勇气和正气，及时发现和纠正思想认识上的偏差、决策中的失误、工作中的缺点，及时发现和解决存在的各种矛盾和问题，使我们的思想和行动更加符合客观规律、符合时代要求、符合人民愿望。"

（4）"坚持实事求是，就要不断推进实践基础上的理论创新。马克思主义基本原理是普遍真理，具有永恒的思想价值，但马克思主义经典作家并没有穷尽真理，而是不断为寻求真理和发展真理开辟道路。今天，坚持和发展中国特色社会主义，全面深化改革，有效应对前进道路上可以预见和难以预见的各种困难与风险，都会提出新的课题，迫切需要我们从理论上作出新的科学回答。我们要及时总结党领导人民创造的新鲜经验，不断开辟马克思主义中国化新境界，让当代中国马克思主义放射出更加灿烂的真理光芒。"

2. 群众路线

《讲话》指出："群众路线是我们党的生命线和根本工作路线，是我们党永葆青春活力和战斗力的重要传家宝。不论过去、现在和将来，我们都要坚持一切为了群众，一切依靠群众，从群众中来，到群众中去，把党的正确主张变为群众的自觉行动，把群众路线贯彻到治国理政全部活动之中。"

"群众路线本质上体现的是马克思主义关于人民群众是历史的创造者这一基本原理。只有坚持这一基本原理，我们才能把握历史前进的基本规律。只有按历史规律办事，我们才能无往而不胜。历史反复证明，人民群众是历史发展和社会进步的主体力量。正如毛泽东同志所说：'中国的命运一经操在人民自己的手里，中国就将如太阳升起在东方那样，以自己的辉煌的光焰普照大地。'"

（1）"坚持群众路线，就要坚持人民是决定我们前途命运的根本力量。坚持人民主体地位，充分调动人民积极性，始终是我们党立于不败之地的强大根基。在人民面前，我们永远是小学生，必须自觉拜人民为师，向能者求教，向智者问策；必须充分尊重人民所表达的意愿、所创造的经验、所拥有的权利、所发挥的作用。我们要珍惜人民给予的权力，用好人民给予的权力，自觉让人民监督权力，紧紧依靠人民创造历史伟业，使我们党的根基永远坚如磐石。"

（2）"坚持群众路线，就要坚持全心全意为人民服务的根本宗旨。'政之所兴在顺民心，政之所废在逆民心。'全心全意为人民服务，是我们党一切行动的根本出发点和落脚点，是我们党区别于其他一切政党的根本标志。党的一切工作，必须以最广大人民根本利益为最高标准。检验我们一切工作的成效，最终都要看人民是否真正得到了实惠，人民生活是否真正得到了改善，人民权益是否真正得到了保障。面对人民过上更好生活的新期待，我们不能有丝毫自满和懈怠，必须再接再厉，使发展成果更多更公平惠及全体人民，朝着共同富裕方向稳步前进。"

（3）"坚持群众路线，就要保持党同人民群众的血肉联系。我们党的最大政治优势是密切联系群众，党执政后的最大危险是脱离群众。毛泽东同志说：'我们共产党人好比种子，人民好比土地。我们到了一个地方，就要同那里的人民结合起来，在人民中间生根、开花。'要把群众观点、群众路线深深植根于全党同志思想中，真正落实到每个党员行动上，下最大气力解决党内存在的问题特别是人民群众不满意的问题，使我们党永远赢得人民群众信任和拥护。"

（4）"坚持群众路线，就要真正让人民来评判我们的工作。'知政失者在草野。'任何政党的前途和命运最终都取决于人心向背。'人心就是力量。'我们党的党员人数，放在人民中间还是少数。我们党的宏伟奋斗目标，离开了人民支持就绝对无法实现。我们党的执政水平和执政成效都不是由自己说了算，必须而且只能由人民来评判。人民是我们党的工作的最高裁决者和最终评判者。如果自诩高明、脱离了人民，或者凌驾于人民之上，就必将被人民所抛弃。任何政党都是如此，这是历史发展的铁律，古今中外概莫能外。"

3. 独立自主

《讲话》指出："独立自主是我们党从中国实际出发、依靠党和人民力量进行革命、建设、改革的必然结论。不论过去、现在和将来，我们都要把国家和民族发展放在自己力量的基点上，坚持民族自尊心和自信心，坚定不移走自己的路。""独立自主是中华民族的优良传统，是中国共产党、中华人民共和国立党立国的重要原则。在中国这样一个人口众多和经济文化落后的东方大国进行革命和建设的国情与使命，决定了我们只能走自己的路。"

（1）"坚持独立自主，就要坚持中国的事情必须由中国人民自己作主张、自己来处理。世界上没有放之四海而皆准的具体发展模式，也没有一成不变的发展道路。历史条件的多样性，决定了各国选择发展道路的多样性。人类历史上，没有一个民族、没有一个国家可以通过依赖外部力量、跟在他人后面亦步亦趋实现强大和振兴。那样做的结果，不是必然遭遇失败，就是必然成为他人的附庸。""我们党在领导革命、建设、改革长期实践中，历来坚持独立自主开拓前进道路，这种独立自主的探索和实践精神，这种坚持走自己的路的坚定信心和决心，是我们党全部理论和实践的立足点，也是党和人民事业不断走向胜利的根本保证。"

（2）"坚持独立自主，就要坚定不移走中国特色社会主义道路，既不走封闭僵化的老路，也不走改旗易帜的邪路。我们要增强政治定力，增强道路自信、理论自信、制度自信。我们要根据形势任务发展变化，通过全面深化改革，不断拓展中国特色社会主义道路，不断丰富中国特色社会主义理论体系，不断完善中国特色社会主义制度。我们要虚心学习借鉴人类社会创造的一切文明成果，但我们不能数典忘祖，不能照抄照搬别国的发展模式，也绝不会接受任何外国颐指气使的说教。"

（3）"坚持独立自主，就要坚持独立自主的和平外交政策，坚定不移走和平发展道路。我们要高举和平、发展、合作、共赢的旗帜，坚持在和平共处五项原则基础上同各国友好相处，在平等互利基础上积极开展同各国的交流合作，坚定不移维护世界和平、促进共同发展。我们要根据事情本身的是非曲直决定自己的立场和政策，秉持公道，伸张正义，尊重各国人民自主选择发展道路的权利，绝不把自己的意志强加于人，也绝不允许任何人把他们的意志强加于中国人民。我们主张以和平方式解决国际争端，反对各种形式的霸权主义和强权政治，永远不称霸，永远不搞扩张。我们要坚决维护国家主权、安全、发展利益，任何外国不要指望我们会拿自己的核心利益做交易，不要指望我们会吞下损害我国主权、安全、发展利益的苦果。"

三、意义和价值——不忘初心，牢记使命

（一）民族自信不忘来时路

《讲话》指出："道路决定命运，找到一条正确道路是多么不容易。中国特色社会主义不是从天上掉下来的，是党和人民历尽千辛万苦、付出各种代价取得的根本成就。改革开放前的社会主义实践探索，是党和人民在历史新时期把握现实、创造未来的出发阵地，没有它提供的正反两方面的历史经验，没有它积累的思想成果、物质成果、制度成果，改革开放也难以顺利推进。一切向前走，都不能忘记走过的路；走得再远、走到再光辉的未来，也不能忘记走过的过去。"

"我们党领导的革命、建设、改革伟大实践，是一个接续奋斗的历史过程，是一项救国、兴国、强国，进而实现中华民族伟大复兴的完整事业。"

"党的十八大以来，我们所做的一切工作，就是要团结带领全党全国各族人民坚持党的十一届三中全会以来的理论和路线方针政策，把以毛泽东同志为核心的党的第一代中央领导集体、以邓小平同志为核心的党的第二代中央领导集体、以江泽民同志为核心的党的第三代中央领导集体、以胡锦涛同志为总书记的党中央开创和发展的伟大事业坚持好、发展好。"

"我们要把党和人民90多年的实践及其经验，当作时刻不能忘、须臾不能丢的立身之本，既不妄自菲薄、也不妄自尊大，毫不动摇走党和人民在长期实践探索中开辟出来的正确道路。"

"毛泽东同志等老一辈革命家，都是从近代以来中国历史发展的时势中产生的伟大人物，都是从近代以来中国人民抵御外敌入侵、反抗民族压迫和阶级压迫的艰苦卓绝斗争中产生的伟大人物，都是走在中华民族和世界进步潮流前列的伟大人物。"

"站立在960万平方公里的广袤土地上，吸吮着中华民族漫长奋斗积累的文化养分，拥有13亿中国人民聚合的磅礴之力，我们走自己的路，具有无比广阔的舞台，具有无比深厚的历史底蕴，具有无比强大的前进定力。中国人民应该有这个信心，每一个中国人都应该有这个信心。"

（二）牢记使命实现中国梦

"近代以来，中华民族始终有一个梦想，这就是实现中华民族伟大复兴，为人类作出更大贡献。我们的先辈们为实现这个梦想付出了巨大努力。今天，我们可以告慰毛泽东同志等老一辈革命家的是，在他们带领党和人民建设社会主义的基础上，我国改革开放和现代化建设取得了举世瞩目的成就，我们比历史上任何时期都更接近中华民族伟大复兴的目标。'装点此关山，今朝更好看。'我们已经走出一条光明大道，我们要继续前行。"

"站在新的历史起点上，我们的事业崇高而神圣，我们的责任重大而光荣。要实现中华民族伟大复兴，我们就必须坚定不移推进改革开放。没有改革开放，就没有中国的今天；离开改革开放，也没有中国的明天。党的十八届三中全会吹响了全面深化改革的新号角。我们要不断深化对改革开放规律性的认识，勇于攻坚克难，敢于迎难而上，坚决破除各方面体制机制弊端，奋力开拓中国特色社会主义更加广阔的前景。"

《讲话》指出："实现中华民族伟大复兴，关键在党。今天，我们正在进行具有许多新的历史特点的伟大斗争。全党要牢记毛泽东同志提出的'我们决不当李自成'的深刻警示，牢记'两个务必'，牢记'生于忧患，死于安乐'的古训，着力解决好'其兴也勃焉，其亡也忽焉'的历史性课题，增强党要管党、从严治党的自觉，提高党的执政能力和领导水平，增强党自我净化、自我完善、自我革新、自我提高能力。"

"毛泽东同志属于中国，也属于世界。他不仅赢得了全党全国各族人民爱戴和敬仰，而且赢得了世界上一切向往进步的人们敬佩。毛泽东同志的革命实践和光辉业绩已经载入中华民族史册。他的名字、他的思想、他的风范，将永远鼓舞我们继续前进。"

"毛泽东同志说过：'中国人民有志气，有能力，一定要在不远的将来，赶上和超过世界先进水平。'实现我们确立的奋斗目标，我们既要有'乱云飞渡仍从容'的战略定力，又要有'不到长城非好汉'的进取精神。全党全国各族人民更加紧密地团结起来，勿忘昨天的苦难辉煌，无愧今天的使命担当，不负明天的伟大梦想，下定决心，排除万难，在中国特色社会主义伟大道路上，为实现中华民族伟大复兴的中国梦，前进！"

模块六经典文献:《中国共产党章程》

【教学导入】 你知道《中国共产党章程》的历史沿革吗？十九大党章修改的逻辑是什么？十九大党章的基本特征和时代价值是什么？

【教学目的】 通过本模块专题教学，帮助大学生了解《中国共产党章程》的历史沿革和最新党章的修改，理解自觉地学习党章、遵守党章、贯彻党章、维护党章是当前和今后一个时期的首要政治任务，明白党章镌刻着中国共产党的初心和使命，是中国共产党党员符合时代发展新要求的最高行为规范。当代大学生，特别是大学生党员，应从中国共产党的初心和使命出发，认真学习十九大修改的党章，内化于心，外化于行，以达到知行合一、学用结合的理想境界。

【教学重点】 制定和修改党章的意义；十九大党章的主要修改之处；十九大党章的基本特征与时代价值。

【教案正文】

现行的《中国共产党章程》（即"十九大党章"）是 2017 年 10 月 24 日中国共产党第十九次全国代表大会修改通过的。党的十九大对党章的修改是事关党的长远发展的重大决策和集中全党意志的生动实践。十九大党章的修改是党及人民的共同意志、党和人民的共同心声和党和人民的共同信念。修改后的党章是夺取新时代中国特色社会主义事业伟大胜利的行动纲领。

一、背景介绍

（一）历史背景〔1〕

党章是党的根本大法。它体现党的性质和宗旨、党的理论和重大方针政策，和党的重大主张。中国共产党非常重视党章的制定和完善。迄今为止，党的全国代表大会一共开了十九次。党章的制定和修改过程，既是党章不断完善的过程，又是党的指导思想与时俱进和党的建设不断加强的过程。

1921 年 7 月 23 日，中国共产党第一次全国代表大会在上海法租界望志路 106 号召开。其间因会场受到暗探注意和法租界巡捕房搜查，最后的一天会议改在嘉兴南湖的游船（后被称为"红船"）上举行。鉴于当时严峻的国内形

---

〔1〕 "十九大党章公开课"，载 http://www.12371.cn/special/dzgkk/，2021 年 10 月 10 日访问。

势，党章的制定与修改十分困难。尽管如此，在这个游船上，制定了中国共产党的第一个纲领，确定了党的名称是中国共产党，规定了党的纲领，即以无产阶级革命军队推翻资产阶级，采用无产阶级专政以达到阶级斗争的目的——消灭阶级，废除资本私有制，以及联合第三国际等。虽然党章的一些要素已经具备，但还不是完全规范意义上的党章。

完整意义上的《中国共产党章程》是在党的二大正式通过的。这个党章是后来党章的基础。党的二大通过对中国社会经济政治状况的分析，明确地指出，加给中国人民"最大痛苦的是资本帝国主义和军阀官僚的封建势力"，因此"反对这两种势力的民主主义的革命运动是极有意义的"。二大党章第一次明确提出明确的反帝反封建革命纲领，即"最低纲领"：打倒军阀；推翻国际帝国主义的压迫；统一中国为真正民主共和国。最高纲领是一大确定的"实现共产主义"。二大党章还规定了入党的基本条件和入党的基本程序，规定了党员入党要有介绍人。

党的三大到党的六大因严峻的国内形势而很难系统完善地修改党章。党的三大党章修改主要体现在规定了党员的候补期，就是以后的预备期。党的四大修改的党章第一次明确规定党员三人以上就应当成立党的支部，明确党的支部就是党的基层组织。大革命面临失败的紧急关头召开了党的五大，这次党的全国代表大会并不能从容讨论修改党章的问题，但五大之后党的中央政治局通过了党章修正案，第一次非常正式地把民主集中制作为我们党的组织原则。在莫斯科召开的党的六大修改并通过的党章强调中国共产党接受共产国际的领导。

第一次对党章充分讨论修改的是党的七大。党的七大修改的党章比较完善，集中体现在两个方面：一是第一次正式把毛泽东思想确定为党的指导思想；二是增加了总纲部分，主要内容包括党的性质宗旨，党的重要理论，党的指导思想，党的重大主张以及党的重要的路线方针政策等。

中华人民共和国成立以后召开的党的八大对党章做了诸多的修改和完善。比如，每五年召开一次党代会；要选举党的中央委员会和党的中央政治局常务委员会等。

改革开放以来，党的十二大对党章做了诸多重要修改。如选举中央委员会时，同时选举中央纪律检查委员会，第一次明确把入党誓词写进党章。党的十三大对党章又做了重要修改，主要体现在对党的选举制度进行完善，明确规定党的代表大会的选举实行差额选举。从党的十四大开始，修改党章成为惯例，修改内容主要体现在两个方面：一是对党的指导思想、党的重大路线方针政策的修改。如十四大把"一个中心、两个基本点"的基本路线写入了党章，十五大把邓小平理论和社会主义初级阶段的基本经济制度写入了党章，十六大把"三个代表"重要思想写入了党章，十七大把中国特色社会主义道路、中国特色社会主义理论体系、中国特色社会主义制度，把建设富强、民主、文明、和谐的现代化国家的奋斗目标写进了党章，十八大把科学发展观和"五位一体"的总体布局写入了党章。二是党的建设经验方面的修改。历次党章修改均有党的建设经验的内容，特别是党的十九大党章的修改最为典型，如完善党的建设的制度和纪律规定、党的纪律检查体制的改革、巡视制度等十八大以来全面从严治党的经验。

综上，历次党章的丰富和完善反映了中国共产党的指导思想的与时俱进，反映了作为中国人民的领导核心的中国共产党在不同时期是用什么路线方针政策引领国家发展、团结凝聚全国人民，也反映出党的建设不断进步和加强。党章的丰富和完善反映出中国共产党是一个成熟、伟大的政党。随着党章不断的丰富和发展，中国共产党会更加成熟，会更好地发挥领导核心的作用。

（二）现实背景

把党章修改放在国际和国内社会变革大背景下，联系党领导的伟大事业、自身建设的伟大工程来考察，才能对十九大党章的修改的现实背景有深刻认识。

世界处于百年未有之大变局。世界正处于大发展大变革大调整时期，和平与发展仍然是时代主题。世界多极化、经济全球化、文化多样化、社会信息化深入发展，全球治理体系和国际秩序变革加速推进，各国相互联系和依存日益加深，国际力量对比更趋平衡，和平发展大势不可逆转。同时，世界面临的不稳定性、不确定性突出，世界经济增长动能不足，贫富分化日益严重，地区热点此起彼伏，恐怖主义、网络安全、重大传染性疾病、气候变化等非传统安全威胁持续蔓延，人类依然面临许多共同挑战。新时代中国既要把握世界多极化加速推进的大势，又要重视大国关系深入调整的态势；既要把握经济全球化持续发展的大势，又要重视世界经济格局深刻演变的动向；既要把握国际环境总体稳定的大势，又要重视国际安全挑战错综复杂的局面；既要把握各种文明交流互鉴的大势，又要重视不同思想文化相互激荡的现实。

十八大以来的五年，党和国家事业发生历史性变化，党的建设积累了丰富经验，党对自己的事业和自身建设的认识发生飞跃，为修改党章提供了扎实的基础；实践也给党的事业、自身建设提出大量新问题，这些都需要通过党章修改体现出来。党章作为党的全国代表大会制定的根本章程，有最高的权威性，是立党之本、政治之纲、行动之规、对照之镜、执纪之尺，是不可须臾离开的护党之宝。以党章的形式总结新经验、阐述新认识，对解决现实重大问题作出新规定，对实现全党政治、思想、组织上的统一和行动的高度一致，具有极其重大的意义。所以说，正是党的十八大以来的实践以及进行新的伟大实践的需要，对十九大党章起到了奠基和催生的作用。[1]

二、框架结构

从世界政党章程结构看，基本分为纲章合立、纲章分立、无纲章程三种类型。党的七大党章增加了总纲部分，形成了纲领和章程合立的基本格局。

党的十九大党章包括总纲和条文两大部分。总纲部分总述党的性质、指导思想、奋斗目标、基本国情、基本方略、党的建设等内容。条文部分共 11 章 55 条，分述了党员、组织、党的干部、党组、党团关系、党徽党旗等内容。

党章的篇章结构从宏观上向我们展示了中国共产党是一个什么样的党、朝着什么样的目标奋斗以及怎样奋斗、建设一个什么样的党以及怎样建设这个党等一系列重大问题。[2]

三、重点解读

（一）修改逻辑

必须运用历史和现实相贯通、国际和国内相关联、理论和实际相结合的宽广视角对十九大修改党章这一重大理论和实践问题进行思考和把握，更需要把握十九大修改党章的历史逻辑、理论逻辑和实践逻辑。

1. 历史逻辑

"国有国法、党有党规"，规章制度是一个组织保证日常运转的基本条件。

---

〔1〕 姚桓："如何认识十九大新修订党章的新变化、新特点"，载《北京社会科学》2017 年第12 期。

〔2〕 张蔚："党章的基本逻辑"，载《学习时报》2018 年 2 月 26 日。

作为党内的根本大法，党章在中国共产党的政治生活中扮演了极为重要的角色。

1921 年召开的党的一大，就提出并制定了 700 来字的党纲，规定了中国共产党的性质和纲领、组织机构和原则等，党章的雏形已成。1922 年党的二大制定了第一部党章，自此以后，党的历次代表大会（除了五大），均对党章作了不同程度的修改。

1982 年党的十二大上修改制定的党章奠定了中国特色社会主义建设中国共产党的行动基础。此后，从十三大到十八大，每一次党的全国代表大会都以 1982 年的党章为基础做不同程度的修改。修改党章是党的全国代表大会的一个惯例。遵循历史逻辑，十九大也会对党章做与时俱进的修改。十九大党章的修改有其深远的历史逻辑。

2. 理论逻辑

在实践中进行理论创新，用理论创新成果指导新的实践，是中国共产党宝贵的历史经验。1949 年以来，无论是社会主义革命时期、建设时期，还是改革时期，中国共产党都能及时总结执政经验，发现不足，吸取教训，及时上升到理论高度，写入党章，指导全局。这是中国共产党能够战胜一切困难险阻的秘密武器。党章是党内的根本大法，具有明显的稳定性和连续性，但形势逼人和实践探索需要党的指导思想跟得上形势发展的需要，才能真正起到引领作用。理论的逻辑是推动党章不断修改的强大力量。

"指导思想是一个政党的精神旗帜。""我们坚持和发展中国特色社会主义，必须高度重视理论的作用，增强理论自信和战略定力。"中国共产党的指导思想不是玄而又玄的抽象理论，而是有着极为强烈的问题意识和实践导向，具有强烈的知行合一的鲜明特色。若只谈理论，不要实践，就犯了"教条主义"；只要实践经验，不要理论指导，就犯了"经验主义"。这两个"主义"，特别是教条主义，给党的事业带来了惨痛损失，要加以高度警惕。历史证明，中国共产党打倒了这两个"主义"，才为今后的胜利奠定了思想基础。所以，"通过实践而发现真理，又通过实践而证实真理和发展真理……实践、认识、再实践、再认识，这种形式，循环往复以至无穷，而实践和认识之每一循环的内容，都比较地进到了高一级的程度"[1] 毛泽东的哲学思考为中国革命

---

[1]《毛泽东选集》（第 1 卷），人民出版社 1991 年版，第 296~297 页。

找到了正确道路。进入新时代，中共中央也希望通过党内重新学习"两论"（指毛泽东的《实践论》和《矛盾论》），利用哲学的真理力量，夯实党的指导思想的理论基础，发扬理论强大的引领作用，为下一步改革开放凝聚重要共识。所以，时代在变，形势在变，实践在深入。如果理论不创新，就会跟不上时代发展潮流。

十八大以来，中国特色社会主义进入新时代。在以习近平同志为核心的党中央的坚强领导下，党和国家事业发生了历史性变革，开创了治国理政、管党治党的新境界。为确保新时代沿着正确方向前进，需要对习近平总书记的系列讲话重要精神和治国理政新理念新思想新战略在理论上做出新概括。新时代新征程需要新的理论指导，实现党的指导思想的与时俱进，对于在新的历史起点上进行伟大斗争、建设伟大工程、推进伟大事业、实现伟大梦想具有重大的现实意义和深远的历史意义。所以，十九大党章修改有其深厚的理论逻辑。

3. 实践逻辑

十八大以来的五年，中国取得的成就是全方位、开创性的，五年的变革是深层次的、根本性的。五年来，我们党以巨大的政治勇气和强烈的责任担当，提出一系列新理念新思想新战略，如统筹推进"五位一体"的总体布局、协调推进"四个全面"的战略布局等，出台一系列重大方针政策，推出一系列重大举措，推进一系列重大工作，解决了许多长期想解决而没有解决的难题，办成了许多过去想办而没有办成的大事，推动党和国家事业发生历史性变革。在改革发展稳定、内政外交国防、治党治国治军等各方面积累了丰富的实践经验。

经过近40多年的改革开放，中国特色社会主义已经向世界证明了自己的发展实力和潜力，中国迎来了实现中华民族伟大复兴的光明前景，中国特色社会主义焕发出强大生机活力。同时，中国的发展路径、理念也给世界上那些既希望加快发展又希望保持自身独立性的国家和民族提供了全新选择，为解决人类问题贡献了中国智慧和中国方案。把这些最新实践成果写入党章，有利于全党始终在思想上政治上行动上同以习近平总书记为核心的党中央高度保持一致，不折不扣地执行党中央的决策部署，把中国特色社会主义推向新的高度。十九大党章修改有生动的中国特色社会主义建设实践。

十八大以来，以习近平同志为核心的党中央扎实推进全面从严治党，在党的政治建设、思想建设、组织建设、作风建设、纪律建设、制度建设、反腐败斗争等各方面取得了历史性成就，赢得了党心和民心。习近平总书记尤为看中法律法规和党内制度的修订完善，对国家和政党长治久安的基础作用。把这些全面从严治党的行之有效的做法和经验提炼后写入党章，有利于促进全党同志保持清醒头脑，增强全面从严治党永远在路上的政治定力，不断提高党的建设质量，使党永葆生机活力。十九大修订党章注定成为中国政治生活中重要的承前启后的历史性节点。十九大党章修改有生动的党的建设实践。

新的实践奠基和催生十九大党章。十八大以来的五年，中国特色社会主义事业发生历史性变化，党的建设实践也积累了丰富经验，为修改党章提供了扎实的实践基础；新实践也给党的事业、党的建设提出大量新问题，这些都要在党章修改中体现出来。

综上，在历史逻辑、理论逻辑和实践逻辑指导下，五年来党和国家的历史性成就和历史性变革催生的新理念新战略新思想，需要在党的十九大上升为重大理论写入党章，成为全党的指导思想，成为新形势下马克思主义中国化的最新成果，也就顺理成章了。

（二）修改重点

十九大党章共修改 107 处，其中总纲部分修改 58 处，条文部分修改 49 处。修改的主要内容和亮点主要集中在以下四个方面：一是把习近平新时代中国特色社会主义思想写入党章；二是把习近平总书记在党中央、在全党的核心地位写入党章；三是把习近平总书记治国理政新理念、新思想、新战略写入党章；四是把党的十八大以来全面从严治党的理论成果、制度成果写入党章。

1. 把习近平新时代中国特色社会主义思想写入党章

习近平新时代中国特色社会主义思想，是对马克思列宁主义、毛泽东思想、邓小平理论、"三个代表"重要思想、科学发展观的继承与发展，是马克思主义中国化最新成果，是党和人民实践经验集体智慧的结晶，是中国特色社会主义理论体系的重要组成部分，是全党全国人民为实现中华民族伟大复兴而奋斗的行动指南，必须长期坚持并不断发展。习近平新时代中国特色社会主义思想内涵十分丰富，涵盖改革发展稳定、内政外交国防、治党治国治军等各个领域、各个方面，构成了一个系列完整、逻辑严密、相互贯通的思想理论体系。习近平新时代中国特色社会主义思想的核心要义是坚持和发展新时代中国特色社会主义,"八个明确"是其主要内容,"十四个坚持"是其基本方略。习近平新时代中国特色社会主义思想是一个严整的理论体系。

习近平新时代中国特色社会主义思想科学回答了时代之问,即深入分析了当今时代本质和时代特征,科学回答了"人类向何处去"的重大问题;深入分析了世界社会主义运动的新情况新特点,科学回答了"社会主义向何处去"的重大问题;深入分析了当代中国新的历史方位及其新问题,科学回答了"中国向何处去"的重大问题;深入分析了新时代中国共产党面临的风险挑战,科学回答了"中国共产党向何处去"的重大问题。习近平新时代中国特色社会主义思想赋予辩证唯物主义和历史唯物主义新内涵,谱写马克思主义政治经济学新篇章,开辟了科学社会主义新境界。

基于此,党的十九大一致同意,在党章中把习近平新时代中国特色社会主义思想同马克思列宁主义、毛泽东思想、邓小平理论、"三个代表"重要思想、科学发展观一道确立为党的行动指南。这是十九大党章修改的最大亮点。全党必须以习近平新时代中国特色社会主义思想统一思想和行动,增强学习贯彻的自觉性和坚定性,把习近平新时代中国特色社会主义思想贯彻到社会主义现代化建设全过程、体现到党的建设各方面。

2. 把习近平总书记在党中央、在全党的核心地位写入党章

确立和维护无产阶级政党的领导核心,始终是马克思主义建党学说的一个基本观点。"维护党中央权威和集中统一领导,是我国革命、建设、改革的重要经验,是一个成熟马克思主义执政党的重大建党原则。"[1]确立和维护党的领导核心,是中国共产党的优良历史传统和独特政治优势。[2]这是我们党能够团结带领人民接续奋斗,取得革命、建设和改革的伟大成就,能够由小到大、由弱到强,发展成为当今世界上最大的执政党,能够克服不计其数的困难与挑战,而长久立于不败之地的最重要原因。十八大以来的五年,党和国家的事业取得了全方位、开创性的成就,发生了深层次、根本性的变革。全党和全国人民一致认为五年来的成就取得的根本原因在于确立了习近平总书记在党中央、在全党的核心地位,在于有习近平新时代中国特色

---

〔1〕 中央"不忘初心、牢记使命"主题教育领导小组办公室选编:《做到"两个维护"》,党建读物出版社 2019 年版,第 3 页。

〔2〕 中央"不忘初心、牢记使命"主题教育领导小组办公室选编:《做到"两个维护"》,党建读物出版社 2019 年版,第 9 页。

社会主义思想的正确指导。所以，习近平总书记的领导核心地位是在新的伟大斗争实践中形成的。把确立习近平总书记在党中央在全党的核心地位写入党章，顺应了全党和全国人民的共同期待和强烈期盼。确立习近平总书记党中央的核心、全党的核心地位，是党和国家之幸、人民之幸、中华民族之幸。

3. 把习近平总书记治国理政新理念、新思想、新战略写入党章

党的十八大以来，习近平总书记在治国理政的实践中，科学把握当今世界和当代中国的发展大势，顺应时代要求和人民愿望，围绕改革发展稳定、内政外交国防、治党治国治军形成一系列治国理政新理念、新思想、新战略。此次党章修改对这些新理念、新思想、新战略进行了充分吸收。如在党章中调整了对我国社会主要矛盾和经济社会发展目标的表述，增写了实现"两个一百年"奋斗目标，实现中华民族伟大复兴的中国梦，坚持以人民为中心的发展思想。坚持创新、协调、绿色、开放、共享的发展理念，协调推进"四个全面"战略布局，实施创新驱动发展战略、乡村振兴战略、区域协调发展战略、军民融合发展战略，完善和发展中国特色社会主义制度，推进国家治理体系和治理能力现代化等内容，为党章注入了新内涵。把习近平总书记治国理政新理念、新思想、新战略写入党章，有利于增强全党同志贯彻落实习近平总书记治国理政新理念、新思想、新战略的自觉性、坚决性，为实现"两个一百年"奋斗目标，实现中华民族伟大复兴的中国梦而不懈奋斗。

4. 把党的十八大以来全面从严治党的理论成果、制度成果写入党章

实现伟大梦想，必须进行伟大斗争，必须建设伟大工程，必须推进伟大事业。其中起决定性作用的是党的建设新的伟大工程。党的十八大以来，中国共产党扎实推进全面从严治党，深入推进党的建设制度改革，在坚持党的领导，加强党的建设方面进行了全方位探索，取得了许多成功经验和重大理论创新、制度创新成果。此次党章修改，根据十九大报告对坚持党的领导和加强党的建设的新论述和新要求，对总纲和相关部分进行了调整、充实和完善。把坚持党要管党、全面从严治党，以党的政治建设为统领，全面推进党的政治建设、思想建设、组织建设、作风建设、纪律建设，把制度建设贯穿其中，深入推进反腐败斗争等要求写入党的建设总体要求；增写了坚持从严管党治党的基本要求，使党的建设的基本要求从四项拓展为五项等内容。在十九大报告中，在党的组织建设和制度建设方面提出了许多新要求，其中许

多都是党的十八大以来的重要创新，这些内容也充分体现在了党章的条文中，对党组织的建设和党员自身作出了更加严格的规范和约束。

综上，十九大党章修改是党的十二大以后修改最多的一次。这充分反映出，党的十八大以来的五年，以习近平总书记为核心的党中央理论创新力度之大、成果之多，全面深化改革的力度之大、成果之多，全面从严治党的力度之大、成果之多。在新的时代条件下，修改后的党章必将发挥出重要的指导和规范作用，推动党的事业和党的建设开创出新的更大辉煌。

（三）基本特征[1]

1. 体现了历史必然性和中国共产党主动性、创造性的完美结合

十九大党章的新修改，既是客观规律的要求，又是党的主动性、创造性的表现。十八大以来五年的探索，我们党对共产党执政规律、社会主义建设规律、人类社会发展规律的认识达到新高度。规律不依人的意志为转移，但规律不会自发地实现，需要先进政党科学地认识规律，自觉地按照规律去改造世界，规律才能变为现实。十九大党章的宝贵之处，是其内容不仅充分反映了"三个规律"，而且自觉运用规律去完成伟大事业、推进伟大工程。如从理论上讲，从严治党具有历史必然性，十九大党章能够以极大的政治勇气坚持这一点，并提出新要求，由此把历史必然性和党的主动性、创造性结合起来，就使从严治党的落实有了可靠保证。

2. 既继承传统又勇于突破创新

十九大党章的修改是"变与不变"的辩证统一。党的宗旨、性质、最终目标、组织原则等马克思主义政党赖以安身立命的基本原则，在十九大党章中得到了充分体现；同时又与时俱进，根据实践需要进行理论和实践创新，提出了许多新观点、新举措。因为坚持基本原则的"不变"，保持先进性才能一以贯之；因为作出符合实际的新变化，党才能走在时代前列。把继承传统与突破创新相结合，把坚持党的先进性与完成新时代的新任务结合起来，才会使我们党进一步焕发生机活力。

1945 年，刘少奇在七大修改党章报告中说，七大党章是保证中国人民、中华民族获得胜利、解放的党章。今天我们可以满怀信心地说，十九大党章

---

[1] 姚桓："如何认识十九大新修订党章的新变化、新特点"，载《北京社会科学》2017 年第12 期。

是保证中华民族伟大复兴的法规文件，将在中国共产党历史和民族复兴史上写下光辉的一页。[1]

四、价值启示

把十九大报告确立的重大理论观点和重大战略思想写入党章，有利于党中央进一步凝心聚力，带领全党全国人民不断开创中国特色社会主义新局面，对实现"两个一百年"奋斗目标和中华民族伟大复兴的中国梦，具有深远而重大的意义。

（一）继往开来，彰显新时代党的"四个自信"

党章是党的总章程，作为党一切行为准则的理论指导，对坚持党的领导、加强党的建设具有规范和指导作用，每一次党章修改都体现了我们党与时俱进、开拓创新的理论自信。"发展的脚步没有停止，对理论的探索就不会停止。"十八大以来，党和人民取得了历史性成就，发生了历史性变革。这一系列丰富的实践催生了新思想、新理论、新战略，需要及时进行理论创新，把最新理论成果、重大方针政策战略和实践经验写入党章，以指导全局。十九大党章彰显了中国共产党的道路自信、理论自信、制度自信、文化自信。

（二）高屋建瓴，推动中国特色社会主义事业有序发展

"大时代需要大格局，大事业需要大担当。"新时代孕育新思想，新思想引领新征程。新思想是指引新时代的伟大旗帜，新征程是实现民族复兴的伟大征程。十九大把习近平新时代中国特色社会主义写入党章，把中国特色社会主义文化写入党章，把实现中华民族伟大复兴的中国梦写入党章，把人民日益增长的美好生活需要和不平衡不充分的发展之间的主要矛盾写入党章，把治理体系和治理能力现代化写入党章，把供给侧结构性改革、"绿水青山就是金山银山"写入党章，把人类命运共同体、"一带一路"写入党章，把全面从严治党、四个意识写入党章，把"党是领导一切的"写入党章，把实现巡视全覆盖、推进"两学一做"写入党章。可见，十九大党章把十八大以来的新思想、新论断、新概念都写入了党章。

在十九大党章指引下谱写新时代壮丽篇章。十九大党章奋力开创新时代

---

[1] 姚桓："如何认识十九大新修订党章的新变化、新特点"，载《北京社会科学》2017年第12期。

中国特色社会主义事业新局面。我们党以十九大党章为最高行为规范，始终自觉在思想上政治上行动上同以习近平同志为核心的党中央保持高度一致，全面贯彻落实党中央决策部署，坚持以人民为中心，统揽伟大斗争、伟大工程、伟大事业、伟大梦想，统筹推进"五位一体"的总体布局，协调推进"四个全面"战略布局，团结带领人民有效应对重大挑战、抵御重大风险、克服重大阻力、解决重大矛盾，特别是解决好人民日益增长的美好生活需要和不平衡不充分发展之间的矛盾，更有定力、更有自信、更有智慧地坚持和发展新时代中国特色社会主义，努力创造属于新时代的光辉业绩，确保 2020 年全面建成小康社会，2035 年基本实现社会主义现代化，本世纪中叶建成富强民主文明和谐美丽的社会主义现代化强国。

（三）审时度势，擘画中华民族伟大复兴的宏伟蓝图

在这实现民族复兴的关键时期，十九大党章以大格局、大气魄、大手笔精心擘画、开拓进取、攻坚克难，引领着中国走近世界舞台的中心。十九大党章中的"一带一路"倡议、"正确义利观""人类命运共同体"引导中国不断走向世界、融入世界，在实现自身发展的同时，为人类和平与发展的崇高事业作出了重要贡献。中国正成为国际形势的稳定锚、世界增长的发动机、和平发展的正能量、全球治理的新动力。

当今世界正面临百年未有之大变局，世界新旧动能加速转变，国际格局和力量加速演变，全球治理体系深刻重塑。今天，人类交往的世界性比过去任何时候都更深入、更广泛，各国利益和命运紧密相连，深度交融，越来越成为你中有我、我中有你的命运共同体。中国站在世界历史的高度审视当今世界发展趋势和面临的重大问题，坚持和平发展道路，坚持独立自主的和平外交政策，顺应经济全球化发展大势，坚持互利共赢的开放战略，把握构建开放型世界经济大方向，不断拓展同世界各国的合作，积极参与全球治理，让中国的"朋友圈"越来越大，在更多领域、更高层面上实现合作共赢、共同发展，不依附于别人、更不掠夺别人，同各国人民一道努力构建人类命运共同体，变对抗为合作，化干戈为玉帛。实现民族复兴的中国必将为人类作出新的更大贡献。

第四章

《马克思主义基本原理概论》"三循环"基本内容

马克思主义对于当代青年的成长成才具有重要的启迪和引导作用。本章力图通过"三循环"教学，更好地引导学生掌握马克思主义的基本立场、观点、方法，领会马克思主义的精髓要义，形成理论联系实际的马克思主义学风，自觉将马克思主义内化于心、外化于行。

第一循环 主题教案讲授

马克思主义的基本立场、观点、方法具有穿越时空的永恒价值。本循环旨在通过主题教案讲授，引导学生形成科学的世界观和方法论，培养科学的思维方式，增强分析问题和解决问题的能力。

模块一主题教案：唯物论思想

本模块对应《马克思主义基本原理概论》第一章，主要内容是马克思唯物论思想。

【教学导入】唯物论是马克思哲学体系的核心观点和思想，是区别于以往唯心主义哲学家的独特之处。唯物论作为马克思主义基本原理概论的重要模块，彰显了马克思关于世界、自然、人与社会的本原认识，体现了马克思把对整个世界的认识从天国拉回了人间，映现了以往哲学家只是用不同方式解释世界，而问题在于改变世界的实践唯物论思想。唯物论世界观指导下共产党人为什么不能唯书、唯上，只能唯实？

【教学目的】通过本章的学习，首先可以使学生对马克思的思想进行了解并且确立立场，使其在以后的学习发展中更深入地践行马克思主义理论体系。其次通过对这章的通识学习可以更深入地了解哲学思维方式在他们学习生活中的作用和意义，在学习过程中通过沟通和引领训练他们的逻辑思维能力。

【教学重点】唯物论发展；唯物论内容。

【教案正文】

一、哲学是什么及其意义

孙正聿教授认为，哲学是思想中所把握到的时代。立时代之潮头，发思想之先声，以关于时代的真理而规范和引导人类的思想和行为，进而塑造新的时代精神并引领人类文明形态变革，这是哲学的思想力之所在，也是当代中国马克思主义哲学的致思取向和历史使命之所在。

哲学作为理论形态的人类自我意识，它的思想内涵，直接取决于人类关于自身存在的自我意识，深层则取决于现实的人的历史性存在。离开对"现实的人及其历史发展"的理论把握，哲学思想的文明内涵就失去了真实基础。马克思的哲学革命，首先就在于马克思不是以"抽象的人"而是以"现实的人"为立足点和出发点，从"人的历史活动"所构成的"人的历史形态"去看待人类的文明史，构成了超越黑格尔的"思想的内涵逻辑"的"历史的内涵逻辑"，从而使马克思主义哲学具有了最为真实的文明内涵，展现出最为真实的哲学思想力量。

人生在世最大的问题莫过于理解什么是我们自己。世界就是自然，它自然而然地存在，存在得自然而然。人生也是自然，自然而然地生，自然而然地死。但是从自然当中生成的人类，却要认识世界、改造世界，寻求生命的意义，实现生命的价值。这表明，人同世界上其他的一切存在物都是不一样的。那么，人究竟是一种怎样的存在？马克思首先提出了这样一个问题：人和动物一样，都是生命的存在；但是，动物的生命活动是"生存"，而人的生命活动是"生活"。什么叫生存？它的存在和它的生命活动是直接统一的。动物同世界是一种直接的、肯定性的统一关系，而人不是，人是有意识、有目的的生命活动。所以，人创造他自己的生命活动，创造他的生命活动是通过改变世界来实现的，所以说人与世界的关系，不是一种直接的、肯定性的统一关系，而是一种否定性的统一关系。为什么动物是生存，而人是生活？马克思进一步提出一对范畴，称作"物的尺度"与"人的尺度"。动物只有一个尺度，人有两种尺度。动物的一个尺度是什么？自己所属的物种的尺度。而人有两种尺度，人既有一切物种的尺度，又有自己内在本质的尺度。

人有两种尺度，这意味着人生活的生命活动是一种统一。什么统一？马克思称作"合规律性与合目的性的统一"。人的全部活动，包括两个方面：合规律性与合目的性。无论大家是学习文史哲、政经法，还是数理化、天地生，我们都要去认识规律，这意味着人要合规律性地去生存，这才算是生活。但是人又不是单纯地要合规律性。为什么要合规律性？人要实现自己的目的，所以人就要合目的性地去生活。

二、什么是马克思主义

马克思主义是由马克思和恩格斯创立并为后继者所不断发展的科学理论体系，是关于自然、社会和人类思维发展一般规律的学说，是关于社会主义必然代替资本主义、最终实现共产主义的学说，是关于无产阶级解放、全人类解放和每个人自由而全面发展的学说，是指引人民创造美好生活的行动指南。

马克思主义是一个博大精深的理论体系。马克思主义哲学、马克思主义政治经济学和科学社会主义是其三个基本组成部分，它们有机统一并共同构成了马克思主义理论的主体内容。此外，马克思主义还包含着其他许多知识领域，如历史学、政治学、法学、文化学、新闻学、军事学等，并随着实践和科学的发展而不断丰富自身的内容。习近平总书记指出："马克思主义理论体系和知识体系博大精深，涉及自然界、人类社会、人类思维各个领域，涉及历史、经济、政治、文化、社会、生态、科技、军事、党建等各个方面，不下大气力、不下苦功夫是难以掌握真谛、融会贯通的。"[1]

马克思主义的基本观点，是关于自然、社会和人类思维发展一般规律的科学认识，是对人类思想成果和社会实践经验的科学总结。这些基本观点主要包括：关于世界统一于物质、物质决定意识的观点，关于事物矛盾运动规

---

〔1〕 习近平：《在哲学社会科学工作座谈会上的讲话》（2016 年 5 月 17 日）。

律的观点，关于实践和认识辩证关系的观点，关于社会存在决定社会意识的观点，关于人类社会发展规律的观点，关于阶级和阶级斗争的观点，关于人民群众创造历史的观点，关于人的全面发展和社会全面进步的观点，关于商品经济和社会化大生产一般规律的观点，关于劳动价值论、剩余价值论和资本主义生产方式本质的观点，关于垄断资本主义的观点，关于资本主义政治制度和意识形态本质的观点，关于社会主义必然代替资本主义的观点，关于社会主义革命和无产阶级专政的观点，关于无产阶级政党建设的观点，关于社会主义社会本质特征和建设规律的观点，关于共产主义社会基本特征和共产主义远大理想的观点，等等。

马克思主义哲学的思想来源是德国古典哲学、英国古典政治经济学、英法空想社会主义，这三大思潮都是资本主义发展初期的先进思想家求索时代课题的尝试，他们提出了许多具有启发性的思想，比如，德国古典哲学的辩证法思想，英国古典政治经济学对资本主义生产关系的分析和关于劳动创造价值的思想，空想社会主义者对资本主义社会的批判和对未来新社会的展望等。19 世纪的三大科学发现，即细胞学说、能量守恒与转化定律、生物进化论，为马克思主义的产生提供了自然科学前提。从更广泛的意义上讲，马克思主义的思想来源不只这些，还有古希腊罗马哲学、文艺复兴运动的思想成果、法国复辟时期历史学家的进步思想等。

马克思主义的鲜明特征表现为科学性、革命性、实践性、人民性、发展性。

马克思主义的基本方法，是建立在辩证唯物主义和历史唯物主义世界观和方法论基础上，指导我们正确认识世界和改造世界的思想方法和工作方法，主要包括实事求是的方法、辩证分析的方法、社会基本矛盾和主要矛盾分析的方法、历史分析的方法、阶级分析的方法、群众路线的方法等。

三、唯物论发展历程

人类的唯物论思想由来已久，至少有五千年的历史。唯物论思想发展到今天，大体上经历了三个阶段，或者叫作三种形态。

第一种，叫作古代朴素唯物论，它的特征是否定天地万物是神创造的，而认为一切事物都是由一些原初物质结合形成的，如中国古代哲学家认为金、木、水、火、土就是这样一些原初物质。这种观点，现在看来当然是不科学的，但它否定了神的作用，承认事物是客观存在的。这一点是唯物的，但不够科学，所以我们称它为古代朴素唯物论。

第二种唯物论形态，叫作机械唯物论。这种唯物论形态于 15 世纪下半期产生于英国，到 18 世纪下半期成熟于法国。前后花了 300 年时间。机械唯物论承认有一个独立存在的物质世界，这一点是唯物的。但它又认为世界上的一切事物都是按照力学的规律，在作机械的运动，甚至认为人类社会和人自身也是一种机械运动。这种观点当然是不科学的，因为人在生理上并不是按照力学规律在运动，而是遵循生物学的新陈代谢的规律生长、发展。由于机械唯物论片面地孤立地不科学地看待一切运动，所以我们也称这种形态的唯物论为形而上学的唯物论。

唯物论发展史上的第三种形态，就是马克思主义唯物论，也叫作辩证唯物论。这种唯物论诞生于 19 世纪中叶（以马克思、恩格斯于 1848 年发表《共产党宣言》为标志），由于它是唯物论发展史上的最新形态，有时我们又称它为"新唯物论"。这种唯物论之所以"新"，是由于马克思和恩格斯站在无产阶级立场，吸取和概括了人类几千年哲学思想发展的优秀成果，特别是吸取了德国古典哲学中费尔巴哈唯物论的"基本内核"，和唯心辩证法哲学家黑格尔思想中的"合理内核"。但马克思主义哲学并不是上述"基本内核"和"合理内核"的简单相加，而是马克思、恩格斯站在无产阶级革命的立场上，运用当时自然科学和社会知识所能达到的最新成果，对费尔巴哈和黑格尔的哲学思想进行了根本性改造之后所创立的一种崭新的哲学。所以我们说，马克思主义哲学的诞生虽然离不开（即需要批判地继承）整个人类优秀的哲学思想，但它的出现，实质上是人类哲学史上的一次革命。那么，马克思主义哲学和过去的各种哲学学说比较起来有哪些特点呢？这个问题，各种教科书中已经说得很多，比如它的阶级性、实践性、科学性等，这里就不重复了。笔者认为，马克思主义哲学作为我们认识世界和改造世界的工具，它的最根本的特点，就在于把唯物论和辩证法有机地结合起来。我们要想正确地认识客观事物，首先就需要具备唯物论思想，这是前提条件。但如果不和辩证法相结合，我们就不可能全面地、完整地、科学地认识客观事物，不可避免地要犯各种片面性的错误，不是东歪西倒，就是左右摇摆，也就是说，要犯各种形而上学唯物主义错误（实质上，也就是主观主义、唯心主义的错误）。只有把唯物论和辩证法结合起来，我们才有可能认识和把握一个事物的全过程以及它的各个方面、它的发展趋势，然后才有可能正确地处理它，解决它。

四、马克思唯物论内容

唯物论是与唯心论是相对立的世界观和方法论，二者对立的根源在于对世界本原问题的不同回答。凡主张物质是世界的本原，世界上先有物质后有意识，物质决定意识，物质第一性的观点都是唯物论的观点；反之，认为意识是世界的本原，世界上先有意识后有物质，意识决定物质，意识第一性的观点则属于唯心论。辩证唯物论的基本观点是：世界的本原是物质，主张物质决定意识，意识是对物质的反映，同时，意识对物质有能动的反作用。承认世界是物质的，物质具有客观实在性，这是整个马克思主义哲学的基础。辩证唯物论从物质与意识的辩证关系出发，要求我们想问题、办事情都要坚持一切从实际出发，做到主观和客观具体的历史的统一。要做到主观符合客观，就要防止主观主义。

通过本章的学习，从整体上把握了马克思主义是什么以及其延伸出来的相关理论。对于如何运用唯物论思想去认识世界和了解社会发展的规律有了明确的方向，辩证唯物论的意义集中在这一点上：明确了理论与实践的关系。在它们二元的互动中（在实践中形成理论，理论反过来为实践作向导，实践对理论进行检验，实践推动理论的发展）使人类的活动成为自觉的、理性的，使人类的活动彻底摆脱盲目，从根本上减少了实践成本，提升了效率，从而使人类的社会实践步入"快车道"。

模块二主题教案：对立统一规律

本模块对应《马克思主义基本原理概论》第一章，主要包括三个方面内容：一是辩证法的总特征，二是辩证法的三大规律，三是辩证法的基本范畴。

【教学导入】如何理解马克思主义哲学意义上的矛盾？它和日常语言意义上的矛盾有何区别？

【教学目的】培养学生矛盾思维，掌握对立统一规律，学会用矛盾的观点看问题，尤其是理解新时代中国特色社会主义的哲学基础。

【教学重点】矛盾的同一性和斗争性；矛盾的普遍性和特殊性唯物论发展。

【教案正文】

一、矛盾的同一性和斗争性在事物发展中的作用

矛盾是反映事物内部诸要素之间以及事物之间的对立统一关系的哲学范畴。矛盾是一个关系范畴，它是对广泛存在于自然界、人类社会以及人的思维中的对立统一关系的高度概括。

矛盾概念所谓的既对立又统一，中国古代用的是"相生相克"的说法。相生说的是统一，相克说的是对立。"相生相克"是中国古代关于矛盾的精髓。我们在理解矛盾概念的时候要注意：矛盾一定是由两个方面构成的。但不是任意的两个事物都可以构成矛盾，必须是为某种联系所制约的两个事物。比如说夫妻构成矛盾的两个方面，但两个陌生的异性就不是。因为夫妻有共同生活的基础，而陌生人没有。为进一步理解矛盾概念，需要搞清矛盾的两种基本属性——同一性和斗争性，以及这两种基本属性间的关系。

（一）矛盾的同一性

矛盾的同一性是指矛盾双方相互依存、相互贯通的性质和趋势。同一性又称统一性，体现了矛盾双方相互吸引的一种趋势。同一性有两层含义。其一，矛盾双方相互依存。相互依存顾名思义就是相互依赖而存在。如果用我和你来指称矛盾双方，所谓相互依存就是我离不开你，你离不开我。其二，矛盾双方相互贯通，在一定的条件下相互转化。塞翁失马、乐极生悲、否极泰来、置之死地而后生讲的都是矛盾双方的相互转化的道理。矛盾双方相互贯通、彼此转化是对矛盾双方依存关系的深化，因此深刻地体现了双方之间的同一性。

（二）矛盾的斗争性

所谓斗争性就是矛盾双方之间相互否定、相互排斥的属性。它体现了矛盾双方之间相互分离的一种趋势。矛盾双方之间的对立就如同两块条形磁石的相同两极间的彼此排斥一样。现实中对立的形式是多样的，如夫妻吵架、理论界的学术争鸣、国家之间的领土争端、商业领域的市场竞争。

（三）同一性和斗争性的关系

同一性和斗争性是矛盾的两种相反的属性，他们相互联结而存在。正因

为如此，矛盾体现的是事物既对立又统一的关系。具体来说，包含以下两方面：

第一，统一是以对立为条件的。只有存在对立和差别的两个事物之间才会有统一关系。性质相同的事物只会互相排斥。"不同的音调造成最美的和谐""相反相成"体现的就是这个道理。

第二，对立又是以统一为前提的。事物之间之所以对立是因为它们位于同一事物的内部或为某种联系所制约。不相干的两个事物比如擦肩而过的两个陌生人之间是不会有对立的。

矛盾的同一性和斗争性相互联结、相辅相成。同一之中有斗争，同一性不能离开斗争性而存在；斗争之中有同一，斗争性也离不开同一性。矛盾的同一性是有条件的、相对的；矛盾的斗争性是无条件的、绝对的。矛盾的同一性和斗争性相结合，构成了事物的矛盾运动，推动着事物的发展变化。

（四）矛盾的两种基本属性在事物发展中的作用

事物为什么是运动、变化、发展的呢？它的发展的动力来自于哪里呢？是上帝给了它第一个推动力吗？答案是：矛盾是事物发展的源泉和动力。通过矛盾的同一性和斗争性的相互作用，事物获得了发展的动力。

1. 同一性在事物发展中的作用

第一，同一性是事物存在和发展的前提。事物是由矛盾双方构成的，矛盾双方互相依存保证了事物的存在，而事物只有存在才有发展可言。比如，一个学校是由老师和学生这个矛盾双方构成的。只有师生彼此接纳、互相需要，才能保证学校正常办学。学校正常办学，才会发展成国内一流甚至世界一流学府。

第二，同一性使矛盾双方互相吸收有利于自身发展的因素，在相互作用中共同发展。例如生产与消费的关系。一方面，生产创造和决定消费，"生产生产着消费"。生产创造消费品，为消费活动提供消费对象。生产决定消费方式，新的生产方式及其产品性给予消费以新的规定性。另一方面，消费还为生产创造出新的需要，创造出生产的"观念上的内在动机"，从而创造出"生产的动力"。生产和消费在相互作用中共同推动整个国民经济的发展。

第三，矛盾的同一性规定着事物发展的方向和趋势。事物之所以发展是因为矛盾双方具有相互贯通的关系。事物的发展方向和趋势不是随意的而是有规律地向自己的对立面转化。例如，病情好转还是恶化是由免疫力和疾病二者之间的转化来决定的。如果免疫力战胜了疾病，身体就会逐渐恢复健康，反之病情就会恶化。

2. 斗争性在事物发展中的作用

第一，矛盾双方的斗争促进矛盾双方力量对比的变化，竞长争高、此消彼长，造成双方力量的不平衡，为对立面的转化、事物的质变创造条件。

在抗日战争期间，发生在敌我双方之间大大小小的战争逐渐改变了我军与日军之间的力量对比。与此同时，国共合作增强了抗日的力量，在与日军的矛盾中，我方力量逐渐强大，日军终于在这种斗争性中逐渐失去了斗争优势，为抗战的最终胜利打下了基础。

第二，矛盾双方相互斗争是一种矛盾统一体向另一种矛盾统一体过渡的决定力量。新事物代替旧事物仅仅有矛盾双方力量对比的变化是不够的。矛盾双方还必须继续斗争，旧的矛盾统一体解体新的矛盾统一体才能形成。

到 1945 年，我军已经取得了战争的绝对优势地位，但日军还盘踞在中国做垂死挣扎。毛泽东向全国发出了大反攻的命令，吹响了抗战的最后号角。随后一举消灭日军在华的最后残余，迫使日本签订无条件投降的协议书。中日之间的旧矛盾统一体解体，国共两党之间的新的矛盾统一体形成。在事物发展过程中，同一性和斗争性相互结合、共同发生作用。但在不同条件下，斗争性和同一性二者所处的地位会有所不同。在一定的条件下斗争性所起的作用会更突出，比如在战争年代；而在另外的条件下同一性更重要，比如在和平建设时期。过分夸大斗争性的作用的观点是不正确的。一味地只斗争，可能会破坏事物共存的基础，也就没有发展可言了，斗争对事物的发展很重要但也要有个度。

我们强调矛盾是事物发展的源泉和动力，要注意区分不同的矛盾在事物发展中的作用。事物的内部矛盾是事物变化的根据，是第一位的原因，它是事物发展的根本动力。事物的外部矛盾是事物变化发展的条件，是第二位的原因，它只能加速或延缓事物的发展。运用矛盾的斗争性和同一性原理指导实践，还要正确把握和谐对事物发展的作用。和谐并不否认矛盾，它是矛盾的一种特殊形式。和谐包含着矛盾双方互相联系、互相依存的思想，强调平衡、协调、合作，体现包容万物、兼收并蓄的博大精神，同时也不意味着矛盾双方的绝对同一。和谐也是在不断解决矛盾中实现的。社会的和谐，人与自然之间的和谐都是在不断地解决矛盾中实现的。构建和谐社会就是在发展的基础上正确处理和解决各种矛盾的过程和结果。

二、矛盾的普遍性和特殊性及其相互关系

对立统一普遍地存在于自然、社会以及人的思维中，这是一个普遍的现象，没有任何事物不存在矛盾。当然，不同事物的矛盾又各不相同，并有自己独特的特点。矛盾既有普遍性又有特殊性。

（一）矛盾的普遍性

矛盾的普遍性是指矛盾存在于一切事物中，存在于一切事物发展过程的始终，旧的矛盾解决了，新的矛盾又产生，事物始终在矛盾中运动。我们常说的"矛盾无处不在，矛盾无时不有"指的就是这个情况。

（二）矛盾的特殊性

矛盾的特殊性是指各个具体事物的矛盾、每一个矛盾的各个方面在发展的不同阶段上各有特点。矛盾的特殊性决定了事物的不同性质。矛盾的特殊性具有三个方面的含义：其一，不同事物的矛盾各有特点。其二，同一事物的矛盾在不同发展过程和阶段各有不同的特点。其三，构成事物的诸多矛盾以及每一矛盾的不同方面各有不同的性质、地位和作用。

通过日常生活中的例子说明矛盾特殊性的三种情况。其一，我们可以举出各种各样的"不同事物"来，比如山川河流、日月星辰、风花雪月等。可以试想一下，如果我们用哲学的抽象思维方式来概括我们世界中的事物，会有多少分类呢？自然界中的、人类社会中的、人的精神世界中的这三大类，就是我们所面对的世界中的所有事物，我们可以将它们概括为：自然、社会和人的思维。自然世界中普遍存在矛盾，比如食物链结构中各个链条上的不同事物之间是有矛盾的；再比如人类社会中的矛盾就更加数不胜数，制度和制度之间、任何人之间都普遍存在矛盾；人的思维中也存在矛盾，比如早已经被亚里士多德所揭示的矛盾律。这几大类事物都存在矛盾，但是它们之间的矛盾又各不相同，因而可见矛盾具有特殊性。其二，"同一事物"在不同发展过程和阶段有不同特点。事物的发展都是在时间中进行的，生老病死是人生的不同阶段，不同阶段又都有自己的特点。其三，每一个事物都不是一个在质上单一的事物而是复合的，因而在它的身上存在诸多矛盾，比如主要矛盾和次要矛盾、根本矛盾和非根本矛盾，同一个矛盾还存在矛盾的主要方面和次要方面。主要矛盾是在矛盾体系中处于支配地位、对事物发展起决定作

用的矛盾。次要矛盾是矛盾体系中处于从属地位、对事物的发展起次要作用的矛盾。

把主要矛盾和次要矛盾、矛盾的主要方面和次要方面的辩证关系运用到实际工作中，就是要坚持"两点论"和"重点论"的统一。"两点论"是指在分析事物的矛盾时，不仅要看到矛盾双方的对立，而且要看到矛盾双方的统一；不仅要看到矛盾体系中存在着主要矛盾、矛盾的主要方面，而且要看到次要矛盾、矛盾的次要方面。"重点论"是指要着重把握主要矛盾、矛盾的主要方面，并以此作为解决问题的出发点。

对于我国社会主要矛盾的界定，1956 年党的八大指出，"我们国内的主要矛盾，已经是人民对于建立先进的工业国的要求同落后的农业国的现实之间的矛盾，已经是人民对于经济文化迅速发展的需要同当前经济文化不能满足人民需要的状况之间的矛盾"。改革开放以后，我们党在分析国情和总结历史的基础上，对主要矛盾的表述进行了重要修正，提出我国社会的主要矛盾是"人民日益增长的物质文化需要同落后的社会生产之间的矛盾"。我们党根据这一论断制定和坚持了正确的路线方针政策，推动中国特色社会主义事业取得了巨大成就。社会主义的主要矛盾是决定社会主义未来发展走向的决定性方面，而社会主义的主要矛盾在社会主义发展的不同阶段又展现出其特殊性。

习近平总书记指出："中国特色社会主义进入新时代，我国社会主要矛盾已经转化为人民日益增长的美好生活需要和不平衡不充分的发展之间的矛盾。"[1] 这一重大政治论断，反映了我国社会发展的客观实际，指明了解决当代中国发展主要问题的根本着力点，丰富发展了马克思主义关于社会矛盾的学说。人类社会是在矛盾运动中不断向前发展的，社会主要矛盾是各种社会矛盾的主要根源和集中反映，在社会矛盾运动中居于主导地位。抓住主要矛盾带动全局工作，是唯物辩证法的要求，也是我们党一贯倡导和坚持的方法。推动党和国家事业不断向前发展，必须找准我国社会的主要矛盾。

（三）矛盾的普遍性和特殊性的辩证关系

明朝的冯梦龙在小说集《警世通言》中写了一个故事。宋朝宰相王安石写了一首诗《咏菊》，开头两句是"西风昨夜过园林，吹落黄花满地金"。苏

---

〔1〕习近平：《决胜全面建成小康社会　夺取新时代中国特色社会主义伟大胜利——在中国共产党第十九次全国代表大会上的报告》（2017 年 10 月 18 日）。

东坡不以为意，以之为乱说。一年四季，风各有名：春为和风，夏为熏风，秋天为金风，冬天为朔风。和、熏、金、朔四样风配着四时。这诗首句说西风，西方属金，金风乃秋令也。那金风一起，梧叶飘黄，群芳零落。第二句说："吹落黄花满地金"，黄花即菊花。此花开于深秋，其性属火，敢与秋霜鏖战，最能耐久。随你老来焦干枯烂，并不落瓣。说个："吹落黄花满地金"岂不是错误了？兴之所发，不能自已。举笔舐墨，依韵续诗二句："秋花不比春花落，说与诗人仔细吟。"后荆公看到，口中不语、心下踌躇："苏轼这个小畜生，虽遭挫折，轻薄之性不改！不道自己才疏学浅，敢来讥讪老夫！明日早朝，奏过官里，将他削职为民。"后来调苏东坡到黄州当了个团练副使。苏东坡在黄州为官一年，重阳节后一日，到后园赏花，不禁大吃一惊：只见菊花树下，遍地金黄。东坡虽大悟，世有万物，花有千种，菊花亦因地域、气候之不同而性各相异。

苏东坡究竟犯了什么错误？苏东坡见过某时某地的菊花具有与秋风鏖战的性情，它不似春花般绚烂多彩、千娇百媚，所以误以为王安石才疏学浅，竟然连这一点都分不清。苏东坡的观点，代表了我们对菊花的一般看法，这就是我们通常所说的共性。但是除了共性之外，事物还有它自身的个性，不会因为共性而失去它独有的个性。比如说，人这种动物，我们都是人都有人所具有的尊严和理性，但是每个人又不相同，各自传承的文化不同、语言不同、价值观念不同、生活形式不同甚至生物特征也不同，有男有女、有胖有瘦、有高有矮、有老有少等诸如此类。苏东坡的错误正在于忽视了共性和个性之间的区别。那矛盾的普遍性和特殊性与共性和个性之间又有何关系呢？

矛盾的普遍性和特殊性即共性和个性的关系，两者之间是辩证统一的。其一，矛盾的普遍性即矛盾的共性，矛盾的特殊性即矛盾的个性。两者并不相同。其二，矛盾的共性是无条件的、绝对的，矛盾的个性是有条件的、相对的。其三，任何现实存在的事物的矛盾都是共性和个性的有机统一，共性寓于个性之中，没有离开个性的共性，也没有离开共性的个性。

矛盾的普遍性和特殊性辩证关系原理是马克思主义的重要方法论，它是把马克思主义普遍真理和各国具体国情实际结合的哲学基础，是中国特色社会主义具有合法性的哲学根基。新时代中国特色社会主义是对这一原理的创造性运用。马克思主义揭示了社会主义的普遍规律性，但是随着时代的不断发展以及各国具体的历史和国情的不同，社会主义各国必然走上具有自己特色的不同道路。中国共产党坚持把马克思主义的普遍真理与中国国情结合，走出中国道路、创新中国制度和建立中国自信，在推进马克思主义中国化的进程中不断取得革命、建设、改革的新胜利。尤其是 21 世纪波谲云诡的国际环境下，在全球化不断深入推进和反全球化的不断角力中，坚持这一原理具有尤其重要的理论和现实意义。

模块三主题教案：认识论

本模块对应《马克思主义基本原理概论》第二章，主要涵盖四方面内容，具体为：实践观、认识的发展规律、真理观、价值论，这些内容可以总结为马克思主义认识论思想。

【教学导入】 认识论是探讨人类认识的本质和结构、认识与客观实在的关系、认识的前提和基础、认识发生和发展的过程及其规律、认识的真理标准等问题的哲学学说。人能否认识世界，怎样认识世界？人能否改造世界，怎样改造世界？

【教学目的】 通过本章的学习可以使学生更清楚地了解人类认识发展规律，深入了解马克思实践思想与以往哲学家关于实践的不同见解，同时证立马克思实践思想的合理性，并在学习过程中激发自身的理性思维。

【教学重点】 认识的实践基础；反映论。

【教案正文】

一、实践

人类对于客观世界的追问，是为了处理人与世界的关系。人与世界的关系是多方面的，从人如何面对世界的角度来说，主要包括两个方面：一是认识世界，二是改造世界。因而，自古以来人们也一直在追问：人能否认识世界，怎样认识世界？人能否改造世界，怎样改造世界？从哲学上讲，这就是认识、实践及其相互关系问题，就是马克思主义实践观、认识论和价值论要解决的问题。

认识论又称辩证唯物主义认识论，是马克思和恩格斯在总结、批判与继承马克思主义以前哲学史中各种认识论的基础上建立起来的，以后又由列宁、毛泽东和其他马克思主义者所发展。它消除了非马克思主义哲学中认识论和本体论的对立，也结束了非马克思主义哲学使认识论问题同社会存在、社会实践的历史发展相脱离的状况。它从物质决定意识、意识是物质的反映这一唯物主义原理出发，把认识的发展同社会实践的历史发展结合起来，把认识过程的辩证法同客观实在过程的辩证法统一起来，成为彻底的唯物主义的能动的反映论。

马克思把认识形成的规律与实践联系起来，认为实践是认识的基础，实践是人类生存和发展的最基本的活动，是人类社会生活的本质，是人的认识产生和发展的基础，也是真理与价值统一的基础。马克思主义实践观深刻揭示了实践在自然演化与社会发展中的作用，揭示了实践的本质、结构和表现形式，为科学把握认识的本质和规律奠定了基础。

马克思科学地阐明了人类实践的本质及其在认识世界和改造世界中的作用，创立了科学的实践观。他在《关于费尔巴哈的提纲》这个集中阐述科学实践观的重要文献中，阐明了实践是感性的、对象性的物质活动，提出全部社会生活在本质上是实践的，并鲜明指出哲学家们只是用不同的方式解释世界，而问题在于改变世界。通过对费尔巴哈的批判，马克思确立了实践的核心地位，同时区分了实践的类型：物质生产实践、社会政治实践、科学文化实践。以上三种实践类型既各具不同的社会功能，又密切联系在一起。其中物质生产实践是最基本的实践活动，它构成全部社会生活的基础，社会政治实践和科学文化实践在物质生产实践基础上产生和发展起来，受物质生产实践的制约并对其产生能动的反作用。

辩证唯物主义认为，在实践和认识之间，实践是认识的基础，实践在认识活动中起着决定性的作用。"实践的观点是辩证唯物论的认识论之第一的和基本的观点。"实践对于认识活动起着决定性作用，即：实践是认识的来源、实践是认识发展的动力、实践是认识的目的、实践是检验认识真理性的唯一标准。

二、反映论

一切唯物主义认识论都是反映论，辩证唯物主义是彻底的唯物主义，因此，反映的原则是辩证唯物主义认识论的基石。辩证唯物主义认为，人的认识是人脑这一特殊物质对外部现实世界的反映，是物质最高级的反映形式。辩证唯物主义认识论在肯定物质世界在意识之外并且不依赖于意识而客观存在这一前提下，肯定物质世界的可知性和人们认识世界的可能性；认为人们的意识或思维能够认识客观的现实世界，人们关于现实世界的表象、概念，能够正确地反映现实，认识的内容来自外部现实世界。辩证唯物主义认识论坚决否定一切形式的唯心主义认识论，也坚决否定断言世界的本质不可认识的不可知论，坚持从物质到意识、从客观到主观的认识路线。

辩证唯物主义认识论不同于形而上学唯物主义的带有直观性质的反映论。它认为，人所特有的反映不是以单个人消极直观外部客体的形式进行的，而是在复杂的社会联系中和能动的实践活动基础上实现的。反映过程同物质的和观念的创造过程密切联系。辩证唯物主义认识论以能动的社会实践活动的历史发展为基础，科学地揭示了为社会的人所特有的反映形式和反映过程的辩证法。它是能动的革命的反映论，是唯物主义认识论发展的崭新阶段。

辩证唯物主义认识论在坚持唯物主义反映论的同时，克服了以往一切唯物主义离开人的社会性、离开人的历史发展去观察认识的问题，因而不能了解认识对社会实践的依赖关系的缺点，把科学的实践观引入认识论，对认识论的研究进行了根本的改造，认为人的社会生活在本质上是实践的，同时强调社会生活和社会实践在认识领域中的地位和作用。马克思和恩格斯指出：思想、观念、意识的生产最初是直接与人们的物质活动，与人们的物质交往，与现实生活的语言交织在一起的。

辩证唯物主义认识论认为，认识不是由离开人的某种纯粹的自我意识或无人身的理性来实现的。认识的主体是人，但不是生物学意义上的抽象的人，而是生活实践于具体的历史的社会关系中的人，是利用社会、历史、形成的认识活动的各种手段和形式、各种思想资料的人。人作为认识的主体，首先在于人是社会实践的主体。只有通过社会实践，人才能形成和发展自己作为主体的本质力量，从而确定自己的主体地位。辩证唯物主义认识论还认为，作为认识客体的事物、现实，也不能像形而上学唯物主义那样从单纯直观的形式去理解，而应该从主体的感性的实践活动去理解，从主体的主观能动方面去理解。事物、现实能够成为认识的客体，首先在于它们是主体能动的实践活动的客体。认识是主体对客体的一种观念的或理论的关系，它虽然是通过主体的意识、思维的活动实现和表现出来的，但它发生的基础则是主体和客体之间的物质的相互作用即实践。实践是认识的直接来源，认识只有在实践的基础上才能发生，也只有依赖于实践的推动才能发展。实践的需要和发展既不断地向人们提出认识课题，又不断为解决这些课题提供必要的经验材料和必要的工具、手段。实践还在改造客观世界的过程中不断推动人们主观世界的改造，锻炼和提高主体的认识能力。随着主体认识能力的发展，认识客体的广度和深度也会因之扩大和加深，从而推动认识更加全面、更加深入地发展。认识的任务是要使主体的思想符合客体的实际，达到客观真理，并用以指导进一步改造世界的实践，从而达到主观和客观、主体和客体的一致。但是，人的思维是否具有客观的真理性，要靠实践证明。同时，观念的认识本身不能直接实现任何物质的东西。只有把观念的认识应用于指导改造世界的实践，才能转化为物质的东西。实践是主观和客观、主体和客体一致的基础，只有坚持实践的观点，才能对认识的发生发展，认识的目的和作用以及认识的真理性的标准等一系列认识论问题作出科学的解释。在这个意义上，辩证唯物主义认识论就是实践论。辩证的观点，辩证唯物主义认识论还克服了形而上学唯物主义不能把辩证法应用于反映论，应用于认识的过程和发展的缺点，克服了哲学史上经验论和唯理论的片面性。它强调辩证法是人类的全部认识所固有的，科学地阐明了认识发展的辩证过程，揭示了认识过程中各种因素之间的辩证关系。

辩证唯物主义认识论指出，人们在实践基础上所得到的关于外部世界的初级认识是感性认识，它包括感觉、知觉、表象等形式。感性认识是对外部世界的直接反映，是人们获得知识的第一步，属于认识的初级阶段。辩证唯物主义认识论强调认识主体在获得感性认识的基础上，必须用理性思维对感性材料进行逻辑加工，即遵循从感性具体到抽象，又从抽象上升到思维具体的方法以及逻辑的东西与历史的东西统一的原则，通过归纳和演绎、分析和综合，以概念（范畴）、判断、推理的形式，形成理论知识的体系，把客体作为许多规定的综合，亦即多样性的统一的整体在思维中观念地再现出来，这就是理性认识。理性认识是对事物的抽象、概括的反映，也是对事物的本质、全面的反映，是认识的高级阶段。认识的能动性不仅表现于从感性认识到理性认识的能动飞跃，而且还表现于从理性认识到实践的能动飞跃。人们在获得理性认识以后，必须通过理想的目的、理想的计划、方案等形式，使之应用于实践，向现实转化。这是实践检验理论、实现理论的过程，是整个认识过程的继续。

辩证唯物主义认识论是唯一科学的认识论，它既表现出唯物主义和辩证法的统一，又体现了辩证唯物主义和历史唯物主义的统一。同时，马克思主义哲学的认识论不把自己看作是一个封闭的体系，它客观地遵循科学认识运动的道路，不断地概括和总结各门科学知识的成果，以丰富自己的内容，又反过来不断为科学认识开辟通向真理的道路。列宁强调，按照马克思的理解辩证法包括认识论，这种认识论应该历史地观察自己的对象，研究并概括认识的起源和发展即从不知到知的转化，马克思主义哲学的认识论反对那种建立永恒不变的绝对认识体系的企图，也反对对认识活动及其结果作超历史的抽象评价，强调认识的历史特点，强调真理的具体性。一定的具体历史条件下的社会实践的性质和发展水平，决定相应时代的认识的结构和发展水平。但是，一切在实践基础上产生并经过实践检验的认识，都具有不依赖于主体、不依赖于人和人类的内容，即客观真理。辩证唯物主义认识论建立了关于绝对真理和相对真理的辩证关系的学说。在整个社会历史发展过程中，人们的实践不断地向前发展，人们对客观现实的认识也不断地向前发展。在实践基础上由感性认识上升到理性认识，又由理性认识向实践能动地飞跃。实践、认识、再实践、再认识，循环往复以至无穷，认识的内容由此而不断地扩展和加深，展现了整个人类认识从相对真理向绝对真理不断迈进的辩证过程。

模块四主题教案：历史观

本模块对应《马克思主义基本原理概论》第三章，主要包含五个方面的内容，具体为社会存在、社会意识、社会基本矛盾和规律、社会发展动力、群众史观。

【教学导入】 2019 年 3 月 21 日至 26 日，习近平总书记出访欧洲三国时讲道，"我将无我，不负人民。我愿意做到一个'无我'的状态，为中国的发展奉献自己"。[1]习近平总书记的"我将无我，不负人民"这一论述体现了中国共产党人怎样的价值追求？人民群众是指哪些人？是不是所有的人都属于人民群众？如何看待个人在社会历史中的作用？

【教学目的】 通过本模块专题教学，帮助大学生用历史唯物主义的观点看待人类社会发展，正确看待人民群众和个人在历史发展中的作用；引导大学生乐于承担社会责任，养成热爱劳动人民的真挚情感，树立"在平凡中铸就

---

〔1〕 "我将无我，不负人民"，载央广网，http://hn.cnr.cn/hnfwxy/20190328/t20190328_ 524558 208. shtml，2021 年 10 月 10 日访问。

不平凡"的人生态度。

【教学重点】人民群众在社会历史中的作用；个人在社会历史中的作用。

【教案正文】

一、人民群众是历史的创造者

谁是历史的创造者？怎样看待人民群众和个人的历史作用？这是在社会认识史上长期困扰人们的难题。唯物史观第一次科学地回答了这些问题。

（一）两种历史观在历史创造者问题上的对立

唯物史观与唯心史观在历史创造者问题上的对立，表现为群众史观与英雄史观的对立。马克思主义哲学产生以前，占统治地位的历史观是英雄史观，宣扬少数英雄人物创造历史，抹杀人民群众的历史作用。与英雄史观相反，群众史观认为历史的创造者不是个别英雄，而是人民群众。

在批判英雄史观的基础上，马克思主义唯物史观在考察历史的创造者时坚持了如下原则：

第一，立足于现实的人及其本质来把握历史的创造者。所谓现实的人，是基于自身需要和社会需要而从事一定实践活动，处于一定社会关系中，具有能动性的人。只有把人看作现实的人，才能正确把握人的本质，把握人与社会历史的关系。

第二，立足于整体的社会历史过程来探究谁是历史的创造者。社会历史发展过程虽然离不开个体的人的活动，但整体的社会历史并非个体的历史的简单堆砌。就每一个人而言，他在一定意义上"创造"了自己的"历史"，即通过自己的人生谱写了自身个体的"历史"，但这并不能与创造社会历史画等号。社会历史就其整体而言，是一定的群体（集体、阶级、民族乃至全人类）的认识活动和实践活动及其产物的演进过程，是以一定的物质生产方式为基础的社会形成和演进过程。创造历史的活动就是推动历史前进的活动，就是规定历史进程方向和趋势的活动。

第三，从社会历史发展的必然性入手来考察和说明谁是历史的创造者。历史发展的必然性体现在一定的历史主体的活动之中，一定的历史主体是社会发展动力体系的载体。社会历史的变化发展是社会领域中各种力量交互作用的结果。在这些纵横交错的力量中，既存在符合历史必然性、推动和促进社会历史发展的力量，也存在违背历史必然性、阻碍历史前进的力量。只有代表前一种力量的人才属于历史的创造者。

第四，从人与历史关系的不同层次上考察谁是历史的创造者。人与历史的关系具有类与历史、群体与历史、个体与历史三层关系。当把历史主体当作类来看待，从最抽象的形式上考察历史主体的活动时，无疑应该肯定总体的人在总体的历史过程中的主体地位。正是在这个意义上，马克思主义经典作家提出了"人们自己创造自己的历史"的观点，并借此同神创造历史、观念创造历史和超人创造历史等唯心史观划清界限。但是，唯物史观并没有停留在一般地承认"人"创造历史这一点上，而是更深入地考察群体与个体的历史作用，区分了创造历史过程中的决定力量与非决定力量、主导力量与非主导力量，从而科学地解决了谁是历史创造者的问题。

（二）人民群众在创造历史过程中的决定作用

历史唯物主义从社会存在决定社会意识的前提出发，认为人民群众是历史的创造者。人民群众是一个历史范畴。从质上看，人民群众是指一切对社会历史发展起推动作用的人；从量上看，人民群众是指社会人口中的绝大多数。在不同的历史时期，人民群众有着不同的内容，包含着不同的阶级、阶层和社会集团。例如，我国抗日战争时期，一切抗日的阶级、阶层和社会集团都属于人民群众的范围；解放战争时期，凡是反对帝国主义、封建主义和官僚资本主义的阶级、阶层都是人民群众；而在当代中国，人民群众则是指一切拥护、参加和推动中国特色社会主义事业的阶级、阶层和社会集团。但是，不论在何种情况下和何种历史时期，人民群众最稳定的主体部分始终都是从事物质资料生产的劳动群众。

人民群众创造历史的决定作用，表现在以下三个方面：

第一，人民群众是社会物质财富的创造者。人民群众，首先是劳动群众，是生产力的主要因素，而生产力是推动社会发展的决定力量，人民群众是人类社会赖以生存和发展的物质生活资料的创造者。正是劳动人民提供了衣、食、住、行等物质生活资料，社会生活才能正常进行。

第二，人民群众是社会精神财富的创造者。人民群众为思想家、科学家和艺术家的精神生产创造了物质前提。人民群众的实践活动，是一切精神财富的源泉。劳动人民直接参加了精神文化财富的创造活动。例如，丰富多彩的建筑、雕刻和绘画，民间流传的音乐、舞蹈等，无一不是劳动人民的天才创造。

第三，人民群众是社会变革的决定力量。社会的发展归根到底是由社会基本矛盾引起的，但社会基本矛盾的根本解决，必须靠人民群众的社会革命，在阶级社会中，就是通过激烈的阶级斗争来实现的。人民群众是社会革命的主力军，历史上一切真正的革命运动，实际上都是人民群众自己起来摧毁旧制度的斗争。只有这种群众性的社会革命，才能推动社会形态由低级向高级发展。在社会改革的过程中，人民群众也起着决定改革成败的作用。比如，社会主义生态文明建设实际上是一场绿色变革，我国生态文明建设顶层设计基本完成，而美丽中国愿景的实现离不开广大人民群众的积极参与。

（三）无产阶级政党的群众路线

马克思主义群众史观是无产阶级政党群众观点和群众路线的理论基础。中国共产党成立后，在领导中国革命、建设和改革的过程中，坚持以马克思主义群众史观为指导，并结合中国的具体实践加以丰富和发展。习近平总书记"以人民为中心"的发展思想是马克思主义群众史观在当代中国的最新发展，开辟了马克思主义群众史观的新境界。

中国共产党历代中央领导集体都对马克思主义群众史观积极践行并不断加以丰富和发展。以毛泽东同志为主要代表的中国共产党人在领导新民主主义革命和社会主义革命、建设的过程中，强调全心全意为人民服务的宗旨，强调群众观点和群众路线。党的群众观点的内容包括：坚信人民群众自己解放自己的观点，全心全意为人民服务的观点，一切向人民群众负责的观点，虚心向群众学习的观点。群众路线是群众观点的具体应用，即"一切为了群众，一切依靠群众，从群众中来，到群众中去"。党的十一届三中全会以后，以邓小平同志为主要代表的中国共产党人在继承毛泽东群众观的基础上，强调要把"人民拥护不拥护""人民赞成不赞成""人民高兴不高兴""人民答应不答应"作为制定各项方针政策的出发点和落脚点。党的十三届四中全会以后，以江泽民同志为主要代表的中国共产党人，提出"三个代表"重要思想，强调党要代表最广大人民的根本利益，丰富了群众观的内容。党的十六大以后，以胡锦涛同志为主要代表的中国共产党人在论述科学发展观时强调，科学发展观的核心是以人为本，其中的"人"指的是人民群众，强调要以实现人的全面发展为目标，让发展的成果惠及全体人民，进一步丰富和发展了群众观。

党的十八大以来，以习近平同志为核心的中央领导集体进一步提出了

"以人民为中心"的思想。以人民为中心的思想是由以人民为中心的理念、以人民为中心的发展行动和以人民为中心的各项工作方法所构成的一个完整思想体系。2013年4月，中央政治局召开会议，决定在全党上下分批开展党的群众路线教育实践活动，突出作风建设，坚决反对"四风"之害，保持党同人民群众的血肉联系，为实现中国梦提供坚强保证。2014年12月，习近平总书记在江苏调研时第一次提出了"四个全面"的战略思想和战略布局，其后又对四个全面的定位和相互关系进行了深刻阐发，其中贯穿着人民至上的执政理念和价值追求。全面建成小康社会从根本上说是一个发展问题，而发展的落脚点是增进人民福祉，实现人民对美好生活的向往；全面深化改革强调把促进社会的公平正义、增进人民福祉作为改革的出发点和落脚点，让人民有获得感，让改革的成果惠及全体人民；全面从严治党就是要保持党同人民群众的血肉联系，不忘初心，继续前进，坚信党的根基在人民，一切为了人民，一切依靠人民；全面依法治国就是要让人民群众在每一个司法案件中都能感受到公平正义。可见，四个全面中的每一个方面最终都是落脚于人民。十九大报告强调，"中国共产党人的初心和使命，就是为中国人民谋幸福，为中华民族谋复兴"。"全党同志一定要永远与人民同呼吸、共命运、心连心，永远把人民对美好生活的向往作为奋斗目标……"[1]2018年12月，在庆祝改革开放40周年大会上的讲话中，习近平总书记进一步强调，"必须坚持以人民为中心，不断实现人民对美好生活的向往"。[2]2021年2月，习近平总书记在全国脱贫攻坚总结表彰大会上指出，"我们始终坚定人民立场……"[3]"以人民为中心"体现了历史唯物主义的基本原理，是马克思主义群众史观在当代中国的最新发展，开辟了马克思主义群众史观的新境界。

二、个人在社会历史中的作用

唯物史观从人民群众创造历史这一基本前提出发，既明确了人民群众是历史的创造者，也不否认个人在历史上的作用。个人按其对历史影响作用的大小，可以分成普通个人和历史人物。按其作用的性质，可以分为正面人物

---

〔1〕习近平：《决胜全面建成小康社会　夺取新时代中国特色社会主义伟大胜利——在中国共产党第十九次全国代表大会上的报告》（2017年10月18日）。

〔2〕习近平：《在庆祝改革开放40周年大会上的讲话》（2018年12月18日）。

〔3〕习近平：《在全国脱贫攻坚总结表彰大会上的讲话》（2021年2月25日）。

和反面人物。历史上的杰出人物（伟人），一般是指在一定历史发展阶段中对社会发展起过重大促进作用的伟大人物，其中包括杰出的政治家、思想家、军事家、科学家、文学艺术家等，他们都是能够反映时代精神、体现进步阶级要求的先进的代表人物。

（一）群众作用和个人作用的一致性

历史唯物主义强调人民群众是历史的创造者，同时也承认个人在历史上具有影响作用，特别是杰出人物对历史的发展有重大的影响作用。它坚持人民群众和个人在历史上的作用的一致性，既反对无限夸大个人的作用，也反对全盘否定个人的作用，认为任何把群众的作用和个人的作用绝对对立起来的做法都是错误的。

恩格斯曾经说过："历史是这样创造的：最终的结果总是从许多单个的意志的相互冲突中产生出来的，而其中每一个意志，又是由于许多特殊的生活条件，才成为它所成为的那样。这样就有无数互相交错的力量，有无数个力的平行四边形，由此就产生出一个合力，即历史结果，而这个结果又可以看作一个作为整体的、不自觉地和不自主地起着作用的力量的产物。"[1]从恩格斯这段话可以得出两点结论：其一，每一个人都可以在历史上起一定的作用。在历史的总的合力中，单个人的力量都不等于零。其二，这种作用的性质并不完全相同。有的是正数，有的是负数，有的是积极的动力，有的则是消极的阻力；历史就是在这两种力量对比当中前进的。所以，否认任何一个普通社会成员在社会发展中的作用都是不对的。

（二）杰出人物的作用

杰出人物是历史人物中对推动历史发展作出重要贡献或起重要作用的人。其一，杰出人物是新的历史任务的发起者。在历史发展进程中，新的历史任务往往是由具有进步意义的历史人物首先发现或提出来的。因为他们比一般人站得高，看得远，解决历史任务的愿望比一般人强烈，他们首先把历史发展进程所造成的新的历史任务指明出来，并提出解决任务的可行方案。例如，孙中山就是中国资产阶级民主革命的先行者；毛泽东是新民主主义革命的领导者，是中国社会主义事业的开创者；邓小平是中国改革开放和现代化建设的总设计师；习近平是中国新时代的领路人，是新时代现代化建设的总设计

---

[1]《马克思恩格斯选集》（第4卷），人民出版社2012年版，第605页。

师。其二，杰出人物是历史事件的当事人和历史进程的影响者。他们是重大历史事件的直接参与者、策划者和指挥者，在历史事件上打上了自己的烙印。例如，秦王嬴政与统一中国，陈胜、吴广与秦末农民起义，康有为、梁启超与戊戌变法。

历史人物能够影响甚至决定历史事件，加速历史任务的解决。但是，他们也不能决定历史发展的总趋势，他们的活动不能游离于历史必然规律的支配之外，不能摆脱社会历史条件的制约性。一方面，任何英雄人物都是时代的产儿，只能在时代许可的范围内行动，其作用不可能超出当时的历史条件。所以，他就不可避免地带有时代的特征，具有历史的局限性。另一方面，尽管历史人物的性格、品质和才能各有自己的个性，但是，在阶级社会中，这些个性还是他所属阶级本性的集中反映。每一个历史人物，一般地说，都是一定的阶级的代表。所以，历史人物就又不可避免地带有阶级的局限性。因此，评价历史人物时应当遵循两条基本原则和方法：历史分析方法和阶级分析方法。历史分析方法要求从特定的历史背景出发，根据当时的历史条件，对历史人物的是非功过进行具体的、全面的考察。既不能脱离当时的历史条件，对历史人物求全责备，过分苛求；也不能离开当时的历史条件，对历史人物按自己的主观好恶、政治需要去任意拔高，过分颂扬，重要的是看历史人物比前辈提供了什么新的东西。阶级分析方法要求把历史人物置于一定的阶级关系中，同他所属的阶级联系起来加以考察和评价。习近平总书记在纪念毛泽东同志诞辰 120 周年座谈会上的讲话中，对运用历史唯物主义方法评价历史人物作了精辟论述。他指出："不能把历史顺境中的成功简单归功于个人，也不能把历史逆境中的挫折简单归咎于个人。不能用今天的时代条件、发展水平、认识水平去衡量和要求前人，不能苛求前人干出只有后人才能干出的业绩来。"[1]

（三）普通个人的作用

唯物史观在坚持人民群众是历史创造者的同时，既肯定杰出人物的伟大历史作用，又肯定普通个人对于社会发展的作用。普通个人的活动对于整个历史进程有着不可忽视的作用。

第一，普通个人也可以做出伟大的事情来。作为人民群众一员的普通个

---

[1] 习近平：《在纪念毛泽东同志诞辰 120 周年座谈会上的讲话》（2013 年 12 月 26 日）。

人，在普通的工作岗位上辛勤地工作，如涓涓的细流倾注进历史发展的长河。在事关民族、国家、社会乃至人类命运的事情上，普通个人做出的正确选择和行动都包含着伟大的性质。伟大并非高不可攀，平凡之中可以见出伟大，普通个人也可以显示出自己的伟大来。正如习近平总书记在 2021 年新年贺词中指出的，"平凡铸就伟大，英雄来自人民。每个人都了不起"！

第二，历史上的杰出人物都是由普通个人发展而来的。一方面，任何杰出人物首先都是作为普通个人而存在的，尔后发展成为比普通个人更为特殊的起着决定作用的人物；另一方面，普通个人的活动场所是杰出人物的诞生地。杰出人物，如活字印刷术的发明人毕昇、蒸汽机的发明人瓦特等，都是在这种现实的生活环境中磨炼意志、提升素质、施展才能的。

第三，在现代科学技术高度发达的条件下，普通个人有可能对历史发展产生"超常性影响"。随着信息时代、网络时代和知识经济时代的来临，普通个人的地位和作用在不断提升，在一个高度组织化、系统化、知识化的社会里，人人都有可能扮演主角，人人都可以扮演主角。如今，互联网的发展引出了"网络民主""网络无权威"的讨论，人的个性化发展的社会将是历史发展的趋势。

承认普通个人的历史作用，有着重要的理论和实践意义。首先，这有助于我们加深对唯物史观关于历史主体作用的理解。历史的主体要通过它的个体形态得到充实和发展，不研究个体形态的性质和功能，历史主体的活动就不可能体现出多样性的统一。忽视对普通个人历史作用的考察，对人民群众历史作用的理解必将陷入空洞的抽象，极易在实践中被任意歪曲。其次，只有承认普通个人的历史作用，才会真正在实践中尊重普通个人的价值，确认普通个人的社会主体地位，进而激发出每个公民的历史责任感和主人翁感。

马克思主义群众史观具有重要的方法论意义，不仅体现在党和国家对人民群众地位和作用的重视，还体现为人民群众在意识到自身的历史作用后的自我意识的觉醒。新时代的大学生应以马克思主义群众史观为指导，努力成长为有理想、有本领、有担当的新时代"三有"青年。

模块五主题教案：资本主义的本质

本模块对应《马克思主义基本原理概论》第四、五章，主要包括商品两重性及价值规律、剩余价值论以及垄断资本主义三方面内容。

【教学导入】 马克思指出：① "资本主义社会的经济结构是从封建社会的经济结构中产生的。后者的解体使前者的要素得到解放。" ② "资本来到世间，从头到脚，每一个毛孔都滴着血和肮脏的东西。" ③ "生产剩余价值或赚钱，是这个生产方式的绝对规律。" 这些话如何理解？

【教学目的】 通过本模块专题学习帮助学生深入了解资本主义产生及其原始积累的原罪、其经济制度追求剩余价值生产的本质及其经济危机的痼疾，引导学生正确认识资本主义制度，确立资本主义必然被社会主义代替的信念。

【教学重点】 剩余价值产生、生产；剩余价值实现、分配。

【教案正文】

一、资本主义经济制度的产生

资本主义生产方式的产生和形成的过程，与商品经济的发展有着密不可分的关系。商品经济是以交换为目的而进行生产的经济形式，商品经济出现于原始社会末期，到了资本主义社会才成为普遍的经济形式。

商品生产和交换过程中就产生了利润，资本主义本质上就是追逐利润的一种社会制度。资本主义被定义为："……一种以牟利为动机、以各种精心设计的、往往是间接的方法、通过利用大量的资本积累来赚取利润的制度。"[1]

但是资本主义生产关系产生以后，其成长是一个比较缓慢的过程。资本主义萌芽于 14 世纪末 15 世纪初地中海沿岸的一些城市。资本主义产生的途径有两个：一是从小商品经济分化出来；二是从商人和高利贷者转化而来。15 世纪末美洲和通往印度航道的新发现，促使世界市场迅速扩大，为了商品生产的更大规模发展，新兴的资产阶级开始通过资本原始积累，利用暴力手段为资本主义的迅速发展创造条件。

资本原始积累是"用最残酷无情的野蛮手段，在最下流、最龌龊、最卑鄙和最可恶的贪欲的驱使下完成的"。[2]

资本积累有两个主要途径：①用暴力手段剥夺农民土地——如英国"圈地运动"；②利用国家政权的力量进行残酷的殖民掠夺。

---

〔1〕 参见 ［美］斯塔夫里阿诺斯：《全球通史：从史前史到 21 世纪》（第 7 版），吴象婴等译，北京大学出版社 2006 年版。

〔2〕《马克思恩格斯全集》（第 23 卷），人民出版社 1972 年版，第 830 页。

资本主义生产关系的不断发展，要求对上层建筑进行彻底变革，进行资产阶级革命。从 17 世纪中期到 18 世纪后半期，英、法等国先后进行了资产阶级革命，最终建立了资产阶级的政治统治。工业革命后，资本主义生产方式取得了支配地位。

二、劳动力成为商品与货币转化为资本

资本主义是以私有制和雇佣劳动为基础的一种剥削制度，本质是追求剩余价值，但剩余价值究竟是怎样产生的呢？根据剩余价值不能在流通中产生，又不能离开流通领域而产生这个条件，就是说要获得剩余价值，货币所有者必须在市场上找到一种特殊商品，这种商品的使用价值具有创造价值的特殊属性，并且它所创造的价值，能够大于自身的价值，这种特殊商品就是劳动力。所以，劳动力成为商品，是货币转化为资本的前提。

（一）劳动力成为商品的基本条件

劳动力成为商品，必须具备两个基本条件：其一，劳动力的所有者要有人身自由，在法律上是个自由的人，他能自由地处置自己的劳动力。其二，劳动力的所有者除了劳动力以外，一无所有。

（二）劳动力商品的使用价值和价值

劳动力的价值，像其他商品的价值一样，是由生产和再生产这种商品的社会必要劳动时间决定的。劳动者要能维持和延续自己的劳动力，必须消费一定的生活资料。因此，生产劳动力商品的社会必要劳动时间，可以还原为生产这些生活资料所必要的劳动时间。或者说，劳动力的价值，就是维持和延续劳动力所必要的生活资料的价值。具体地说，它包括三个部分：其一，维持劳动者自身生存所必需的生活资料的价值。其二，维持劳动者家属生存所必需的生活资料价值。这是为资本主义生产不断补充新的劳动力所不可缺少的。其三，劳动者受教育和训练的费用。

劳动力商品的使用价值，是指劳动力的使用，即劳动。劳动力商品的使用价值有自己的特殊性。一般商品被消费，其使用价值便消失了，其价值或消失，或被转移到新产品中。而劳动力商品在被消费时，其使用价值不仅没有消失，而且还会创造出超过劳动力价值的更大的价值。因此，劳动力商品使用价值的特殊性，在于它是价值和剩余价值的源泉。由此可见，资本家即使按照劳动力的价值购买了劳动力，但由于雇佣劳动者创造了更多的价值，

商品即使按照价值出卖，资本家还会得到一个增殖额，即剩余价值。

三、剩余价值的生产

在资本主义现实经济生活中，资本总是采取多种多样的物质形态。资本虽然表现为不同的形式，但是概括起来可以分为两个部分，即购买生产资料的不变资本部分和购买劳动力的可变资本部分。在价值增殖过程中，这两部分资本起着完全不同的作用。其中用于购买生产资料的资本价值，只能变换其存在的物质形式，而不发生任何价值量的变化。所以，用于购买生产资料的这一部分资本叫作不变资本。用于购买劳动力的资本价值，可以改变自己的价值量，可以增殖。所以，用于购买劳动力的这一部分资本叫作可变资本。

（一）绝对剩余价值的生产

在工人必要劳动时间已定（或不变）的情况下，依靠绝对延长劳动日长度进行剩余价值生产的方法。由此生产出的剩余价值就叫绝对剩余价值。在必要劳动时间已定的情况下，资本家对工人的剥削程度随着工作日的绝对延长而不断提高。工作日越长，剩余劳动时间越长，剩余价值就会越多。

工作日不能无限制地延长，它有一个最高界限。这个最高界限首先取决于人的生理界限。另外还有社会和道德的界限。资本家延长工作日，必然遭到无产阶级的反抗。1886 年 5 月 1 日，美国芝加哥 20 万工人举行大罢工，抗议资本家无理延长工作日，要求实行 8 小时工作日，著名的"五一"国际劳动节即由此而来。

（二）相对剩余价值的生产

在工作日长度已定或不变的条件下，通过缩短必要劳动时间，相应延长剩余劳动时间而生产剩余价值的方法。由此产生的剩余价值叫作相对剩余价值。

要缩短必要劳动时间，就必须降低劳动者所必需的生活资料的价值。其中包括降低生产生活资料的社会必要劳动时间和生产同生活资料相关的生产资料的社会必要劳动时间。为此，必须提高这些部门的劳动生产率。

劳动生产率的提高是通过各个资本家追逐超额剩余价值来实现的。超额剩余价值是：由于某些或个别资本主义企业首先采用了较好的技术和生产方法进行生产，使自己的商品个别价值低于社会价值，而多得的一部分剩余价值。

四、资本积累

把剩余价值转化为资本，或者说剩余价值的资本化，就是资本积累。资本积累的本质，就是资本家不断地利用无偿占有的工人创造的剩余价值来扩大自己的资本规模，进一步扩大和加强对工人的剥削和统治。

资本家进行剩余价值的生产，必须购买一定数量的生产资料和劳动力，这两部分资本又必须按照一定的比例结合起来。这个比例就是资本的构成。资本构成，可以从物质和价值两个方面进行考察：从实物形式看，资本是由一定数量的生产资料和劳动力构成的。生产资料和劳动力之间的比例取决于生产技术水平。这种由生产技术水平决定的生产资料和劳动力之间的比例，叫作资本的技术构成。生产资料和劳动力之间的比例，从价值形式看，就是不变资本（即生产资料价值）和可变资本（即劳动力价值）之间的比例，这种用价值来表现的生产资料和劳动力之间的比例，叫作资本的价值构成。

资本的技术构成和资本的价值构成之间，存在着密切的联系。资本的价值构成是以资本的技术构成为基础并由技术构成决定的。一般说来，资本的技术构成发生变化，会引起资本的价值构成的变化；而资本的价值构成的变化通常会反映资本的技术构成的变化。这种由资本的技术构成决定并且反映资本技术构成的资本的价值构成，就叫作资本的有机构成，它的公式是 c/v。

在资本积累过程中，资本有机构成发展的总趋势，是不断提高的，这是由资本的本性决定的。资本主义生产的唯一动机和直接目的就是追求剩余价值，为了达到这一目的，资本家便尽可能改进技术，提高劳动生产率，加快资本积累，无论通过资本积聚还是资本集中扩大生产规模，反映在资本价值构成上是不变资本的增加，可变资本的减少。这意味着可变资本在总资本中所占的比例不断下降，从而引起资本对劳动力的需求相对减少。例如，假定追加资本是 10 000 元，按原有的资本有机构成 7:3，可以提供 300 人就业。但由于资本的有机构成提高到 8:2，它就只能提供 200 人就业，相对减少了 100人。相对人口过剩基本有三种形式：一是流动的过剩人口；二是潜伏的过剩人口；三是停滞的过剩人口。

五、资本的循环周转

（一）资本循环

资本是从运动中实现增殖的，以产业资本为例，在循环运动中要依次经过购买、生产和售卖三个阶段。第一阶段：购买阶段。在这一阶段，资本采取了货币资本的职能形式。而货币资本的职能是购买生产要素，为剩余价值生产准备条件。用公式表示就是：G—W（包括劳动力 A 和生产资料 PM）。第二阶段：生产阶段。与生产阶段相适应，资本采取了生产资本的形式。其职能就是将生产资料和劳动力实际地结合起来，进行直接的生产过程，实现价值增殖，生产出包括剩余价值在内的商品。公式为：W（A \ PM）…P…W′。虚线表示流通过程的中断。在这一决定性意义的阶段，资本产生价值增殖。第三阶段：售卖阶段。与售卖阶段相适应——资本采取了商品资本的形式。这一阶段商品是包含剩余价值的商品，出售商品，完成 W′—G′。其中 G′＝G＋g。所谓资本循环，就是产业资本依次经过三个阶段，相应采取三种职能形态，价值得到增殖后，又回到原来出发点的运动。用公式表示就是 G—W（A \ PM）…P…W′-G′。

产业资本循环要顺利进行，必须具备以下两个条件：①空间上的并存性。产业资本必须按照一定的比例同时存在于货币资本、生产资本、商品资本三种形式中。②时间上的继起性。产业资本循环的三种职能形式的转化必须保持在时间上的依次连续性。因此，马克思说："资本只能理解为运动，而不能理解为静止物。"

（二）资本的周转

资本价值不断增殖这一本性，决定了产业资本的运动不能只限于一个循环过程，而必须周而复始地循环下去。我们把这种周而复始、不断重复着的资本循环，称作资本周转。可见，资本循环和资本周转都是反映资本运动的。但是，它们考察问题的角度有所不同。资本循环主要是着眼于考察资本运动，以及产业资本在运动中所经历的阶段和所采取的职能形态，从而揭示产业资本运动的特点和规律。而资本周转则主要考察产业资本的运动速度，以及对剩余价值的影响。

资本的周转速度可以分别用资本的周转时间和资本的周转次数来表示。①资本的周转时间。产业资本的周转时间，就是从预付一定形式的资本时起，到这个资本带来剩余价值以同样形式回到资本家手里为止的这一段时间。资本的周转过程无非要经过生产过程和流通过程。资本处于生产领域的时间就是资本的生产时间，资本处于流通领域的时间，就是资本的流通时间。资本的周转时间就是生产时间和流通时间的总和。生产时间依据劳动力和生产资料在生产过程中是否结合而分为劳动时间和非劳动时间（停工时间、生产资料储备时间、自然力作用时间）。流通时间包括购买时间、售卖时间两部分。②资本的周转次数。为了衡量和比较各个生产部门资本周转的速度，必须在时间上有一个共同的计算单位。在通常情况下，是以"年"为单位，计算在一年中的资本周转次数。以 U 代表资本周转时间的计量单位"年"或 12 个月，以 u 代表资本周转的时间，以 n 代表资本一年周转的次数。那么，计算一年中资本周转次数（即速度）的公式是：$n=U/u$。

六、剩余价值的分配

在剩余价值的生产中，工人得到的是工资，资本家获得的是利润。

（一）工资

工资是劳动力价值的货币表现，即劳动力的价格。但从表面上看，工资似乎不是劳动力的价值而是劳动的价值。从资本家方面说，好像是：因为你劳动了，所以我给你工资；从工人方面说，好像是：因为你给我工资，所以我为你劳动。这样，工资就取得了劳动的价值或价格的假象。事实上，工人出卖的是他的劳动力而不是劳动。因为，劳动不是商品，没有价格。

（二）剩余价值转化为利润

资本主义企业所生产的商品，其价值由三个部分构成，用公式表示就是：$w=c+v+m$。如果从商品价值中减去剩余价值，剩下的部分正好等于在生产中所消耗不变资本价值和可变资本价值之和，即 $c+v$，它构成资本主义商品的成本价格。

资本家往往把剩余价值看作是全部垫付资本的增加额，即 $w=k$（成本价格）$+m$。这时候，剩余价值就取得了利润的形态。由此可见，利润和剩余价值是同一个东西，所不同的是剩余价值是相对于可变资本而言的，利润是相对于预付总资本而言的。所以，剩余价值是利润的本质，利润是剩余价值的转化形式。剩余价值转化为利润掩盖了剩余价值的真实来源。利润形成后，商品价值就等于成本价格加利润，用公式表示就是：$w=k+p$（利润）。

剩余价值率是剩余价值量和可变资本相比，即：$m' = m/v$。利润率是剩余价值量和预付总资本的比率，即 $p' = m/C = m/(c+v)$。利润率和剩余价值率不但在数量上有明显的差别，而且表示的关系也不同。剩余价值率表示工人创造的新价值按什么比例在资本家和工人之间进行分配，即资本家对工人的剥削程度；利润率则表示预付总资本的增殖程度，即资本家从全部投资中得到的一个多大的增加额。

（三）利润转化为平均利润

资本主义生产的目的是获得利润，为了得到尽可能多的利润，不同部门的资本家之间必然展开激烈的竞争，那资本就会从利润率低的部门转移到利润率高的部门。部门之间的竞争，导致的最终结果是形成平均利润，"等量资本获得等量利润"。平均利润率＝社会剩余价值总额/社会预付总资本，平均利润＝预付资本×平均利润率。从本质上看，平均利润率是把社会总资本作为一个整体看待时所得的利润率。不同部门的资本家则按照等量资本获得等量利润的原则来瓜分剩余价值。在利润率平均化过程中，产业资本家得到产业利润，商业资本家得到商业利润，银行资本家得到银行利润，农业资本家得到农业利润，这些不同部门的资本家瓜分到的利润只是平均利润。

平均利润率形成以后，各部门资本家所得到的利润，与本部门生产的剩余价值发生了数量上的差别，这样一来，这些部门的商品价格与价值就不一致了。因此，这些部门在出售商品时只能按照成本价格加平均利润来出卖。这种成本价格加平均利润所构成的价格就是生产价格。但是，整个社会的平均利润总额和剩余价值总额是相等的，商品的生产价格总额和价值总额也是相等的，所以，生产价格是商品价值的转化形式。

商品价值转化为生产价格后，价值规律的作用形式发生了变化。生产价格形成以前，价值规律作用的形式是市场价格围绕价值上下波动。生产价格形成以后，则是以生产价格为中心上下波动。但这并没有否定价值规律，因为生产价格只不过是价值的转化形式，它的形成和变化归根结底是由价值决定的。

总之，资本主义基本经济规律是剩余价值规律，剩余价值规律的内容，就是通过不断扩大和加重对雇佣劳动的剥削来达到获取剩余价值的目的。可以说，生产剩余价值是资本主义生产方式的绝对规律。剩余价值规律决定着资本主义生产的一切主要方面和主要过程，只有掌握了资本主义经济规律，才能了解和说明资本主义制度的本质和它的一切复杂现象。

马克思的剩余价值理论深刻揭露了资本主义生产关系的剥削本质，为理解资本主义制度的本质提供了一把钥匙，阐明了无产阶级和资产阶级之间阶级斗争的经济根源，指出了无产阶级革命的历史必然性。剩余价值理论是马克思经济理论的基石，由于唯物史观和剩余价值理论的发现，社会主义由空想变为科学。

模块六主题教案：社会主义和共产主义

本模块对应《马克思主义基本原理概论》第六、七章，主要包括社会主义和共产主义两部分内容。

【教学导入】人类在探索理想社会路的道上，提出了各种各样的方案，其中空想社会主义提出了"乌托邦"思想。世界上有没有乌托邦？共产主义为何不是乌托邦？

【教学目的】引导学生认识科学社会主义五百年经历了从空想到科学、从理论到实践的发展，是社会主义史上的历史性飞跃。社会主义社会经过长期的发展，在高度发达的基础上，最终将走向共产主义社会。充分认识科学社会主义的科学性、革命性，做一个既有远大理想，又有着科学行为自觉的接班人。

【教学重点】展望未来社会科学方法；共产主义基本特征。

【教案正文】

一、人类对理想社会的探索

（一）中国儒家的"大同社会"

在中华文化传统中，中国人始终在追求一种"大同世界"的社会理想。早在 2500 年前，伟大的思想家孔子就提出了天下为公的"大同世界"的社会理想。这个世界里，人与人之间注重诚信，讲求仁爱友善、和睦相处、平等对待；社会财产为公共所有，整个社会选贤举能、富庶安康，呈现一派安宁、和谐、祥顺的景象。在近代，孙中山则在民族存亡的关头又发展了"天下为公""世界大同"的社会理想。

（二）中国道家的"小国寡民"

老子主张只有无为而治才是最好治理，认为民之难治，以其智多。如果老百姓连美丑善恶、轻重贵贱、高下长短都分不清，自然就无知无欲，天下太平了。于是乎：老百姓不使用任何有科技含量的东西，不乘船、不坐车、更不会去打仗。回到结绳记事的时代，吃好喝好，怡然自乐。邻国相望，鸡狗相闻，至老死不相往来。这才是最理想的社会模式。

（三）柏拉图的《理想国》

比老子稍晚点的柏拉图提出过"理想国"的概念，和老子相反，他觉得未来社会将会有三种"治国者"。首先是智慧的代表，以哲学家为主，因为哲学家拥有绝对的智慧和道德。其次是"武士"阶层，他们代表着勇敢，可以保家卫国，平奸祛恶。还有一个是"劳动者"。他们为社会提供丰富的物品，让大家都有所用。这三个阶层的地位不是固定不变的，可以根据个人能力做出适当的调整安排。"劳动者"足够聪明，一样可以成为"治国者"。在这样的国度里，每个人都是有用的，都有自己的职责。"治国者"和"武士"不能拥有私产，什么都是可以共有的。柏拉图提出的这个蓝图，应该是最原始的"共产主义"原型。

（四）空想社会主义者的预言

空想社会主义产生于16世纪初。作为一种批判、否定资本主义的思潮，空想社会主义是早期无产阶级意识和利益的先声，反映了早期无产阶级迫切要求改造现存社会、建立理想的新社会的愿望。与资本主义生产方式发展所经历的家庭手工业、手工工场和机器大工业三个阶段相适应，空想社会主义思潮也经历了三个历史发展阶段，即：16世纪至17世纪的早期空想社会主义、18世纪的空想平均共产主义、19世纪初期批判的空想社会主义。

19世纪初期，以圣西门、傅立叶、欧文为代表提倡的空想社会主义是科学社会主义的直接思想来源。以三大空想社会主义者为代表的空想社会主义学说，在理论上致力于对社会制度的分析。他们认为，资本主义社会制度是一种"历史谬误""人世间的祸害"，必须尽快代之以最好的社会制度。他们对资本主义旧制度的辛辣批判，包含着许多击中要害的见解；对社会主义新制度的描绘，闪烁着诸多天才的火花。但空想社会主义者只看到了资本主义必然灭亡的命运，却未能揭示资本主义必然灭亡的经济根源；要求埋葬资本主义，却看不到埋葬资本主义的力量；憧憬取代资本主义的理想社会，却找不到通往理想社会的现实道路。

这种时代的局限性说明，空想社会主义的不成熟的理论，是同当时不成熟的资本主义生产状况、不成熟的阶级状况相适应的。空想社会主义"提供了启发工人觉悟的极为宝贵的材料",但不是科学的思想体系。

（五）科学社会主义的确立

马克思、恩格斯在新的历史条件下创立了唯物史观和剩余价值学说，揭示了人类历史发展的奥秘和资本主义剥削的秘密，论证了无产阶级的历史使命，把争取无产阶级和全人类解放的斗争建立在社会发展客观规律的基础上，从而超越了空想社会主义，创立了科学社会主义。1848 年 2 月，马克思、恩格斯为世界上第一个无产阶级政党"共产主义者同盟"所写的党纲《共产党宣言》的发表，标志着科学社会主义的问世。从此，这一伟大学说便成为无产阶级解放斗争的思想武器，揭开了伟大的无产阶级社会主义革命的新篇章。

二、展望未来社会的科学方法

在展望未来社会的问题上，是否坚持科学的立场、观点和方法是能否正确预见未来的基本前提，也是马克思主义与空想社会主义的根本区别。马克思主义经典作家站在科学的立场上，提出并自觉运用了预见未来社会的科学方法。

（一）在揭示人类社会发展一般规律的基础上指明社会发展的方向

马克思、恩格斯认为，人类社会的发展像自然界的发展一样，具有自己客观的规律，揭示这些规律，就能为正确理解过去、把握现在和展望未来提供向导。正如列宁所指出的："马克思的全部理论，就是运用最彻底、最完整、最周密、内容最丰富的发展论去考察现代资本主义。自然，他也就要运用这个理论去考察资本主义的即将到来的崩溃和共产主义的未来的发展。"[1]"马克思丝毫不想制造乌托邦，不想凭空猜测无法知道的事情。马克思提出共产主义的问题，正像一个自然科学家已经知道某一新的生物变种是怎样产生以及朝着哪个方向演变才提出该生物变种的发展问题一样。"

（二）在剖析资本主义社会旧世界中阐发未来新世界的特点

马克思、恩格斯关于未来社会的预测，是在科学地批判和剖析资本主义社会的过程中作出的。他们在开始投入社会斗争的洪流的时候，就明确地意识到不能抽象地随意地谈论未来社会，不应该在哲学家们的书桌里去寻找一

---

〔1〕《列宁专论文集　论马克思主义》，人民出版社 2009 年版，第 255 页。

切谜底，而应该首先致力于对资本主义社会的研究，"对现存的一切进行无情的批判"。马克思明确指出："新思潮的优点又恰恰在于我们不想教条地预期未来，而只是想通过批判旧世界发现新世界。"〔1〕

马克思、恩格斯对资本主义批判的高明之处在于，他们不是只看到资本主义社会的弊病，而是进一步揭示出弊端的根源，揭示出资本主义发展中自我否定的力量，发现资本主义的矛盾运动中孕育着的新社会因素，并以此作出对未来社会特点的预见。

（三）立足于揭示未来社会的一般特征，而不作详尽的细节描绘

马克思、恩格斯在展望未来社会时，总是只限于指出未来社会发展的方向、原则和基本特征，而把具体情形留给后来的实践去回答。

针对有人提出的在革命成功后应采取什么措施的问题，马克思尖锐地指出，问题"提得不正确"。"现在提出这个问题是不着边际的，因而实际上是一个幻想的问题，对这个问题的唯一答复应当是对问题本身的批判。"〔2〕因为"在将来某个特定的时刻应该做什么，应该马上做什么，这应当完全取决于人们将不得不在其中活动的那个既定的历史环境"。〔3〕

三、共产主义社会的基本特征

共产主义是人类社会发展史上一种崭新的社会制度。以上述科学方法为基础，马克思主义经典作家从一些最基本的方面揭示了共产主义社会的基本特征。

（一）物质财富极大丰富，消费资料按需分配

社会生产力高度发展，产品极大丰富，是共产主义社会实现的必要条件。生产力的高度发展又是共产主义社会本身的一个重要特征。共产主义制度的建立不仅以高度发展的生产力为基础，而且将使未来社会的生产力得到更高的发展。适应高度发展的社会化大生产的需要，共产主义社会将彻底废除私有制，实行普遍的生产资料公有制。

与生产资料的社会占有相适应，共产主义社会将按照自然资源的情况和

---

〔1〕《马克思恩格斯文集》（第10卷），人民出版社2009年版，第7页。
〔2〕《马克思恩格斯文集》（第10卷），人民出版社2009年版，第458页。
〔3〕《马克思恩格斯文集》（第10卷），人民出版社2009年版，第458页。

社会成员的需要，对生产进行有计划的组织和管理。那时，由于全社会占有生产资料和共同组织生产，以及共同分配产品，个人劳动与社会劳动、个人利益与社会利益达成了直接统一。个人劳动直接成为社会劳动的一部分，个人利益直接在社会利益中得到实现。劳动者个人的劳动将不再通过交换价值的途径向社会劳动转化，社会成员之间的相互服务也不必采取等价交换的形式来进行了。于是，"以交换价值为基础的生产便会崩溃"，在资本主义私有制基础上得到充分发展的商品生产将被超越。马克思指出："在一个集体的、以生产资料公有制为基础的社会中，生产者不交换自己的产品；用在产品上的劳动，在这里也不表现为这些产品的价值，不表现为这些产品所具有的某种物的属性，因为这时，同资本主义社会相反，个人的劳动不再经过迂回曲折的道路，而是直接作为总劳动的组成部分存在着。"[1]

在共产主义社会，个人消费品的分配方式是"各尽所能，按需分配"。马克思指出："在共产主义社会高级阶段，在迫使个人奴隶般地服从分工的情形已经消失，从而脑力劳动和体力劳动的对立也随之消失之后；在劳动已经不仅仅是谋生的手段，而且本身成了生活的第一需要之后；在随着个人的全面发展，他们的生产力也增长起来，而集体财富的一切源泉都充分涌流之后，——只有在那个时候，才能完全超出资产阶级权利的狭隘眼界，社会才能在自己的旗帜上写上：各尽所能，按需分配！"[2]

"各尽所能，按需分配"的实现具有重大的意义，它将最终实现人类在分配上的真正平等。只把人当作"劳动者"看待，而没有把劳动者的家庭负担等方面的需要考虑进去。因此，"按劳分配"原则在某种意义上还是商品等价交换的原则。只有到了共产主义社会，人类社会的分配方式才能突破这个局限，根据人们的需要进行生活资料的分配，从而实现分配的真正平等。

（二）社会关系高度和谐，人们精神境界极大提高

到共产主义社会，阶级将会消亡。到了共产主义社会，由于生产的高度发展已经使所有人的物质利益都得到了保障，由于分工不再具有经济利益划分的性质，由于全体社会成员根本利益的一致，社会已不再会因为经济利益的不同而划分为不同的社会集团并进行相互间的斗争了。于是，阶级消灭了，

---

〔1〕《马克思恩格斯文集》（第3卷），人民出版社2009年版，第435~436页。
〔2〕《马克思恩格斯文集》（第3卷），人民出版社2009年版，第435~436页。

阶级剥削和压迫不复存在，阶级斗争也随之消失。

到共产主义社会，国家也将消亡，作为阶级压迫工具的军队、警察、监狱等将失去作用。恩格斯指出："随着阶级的消失，国家也不可避免地要消失。在生产者自由平等的联合体的基础上按新方式来组织生产的社会，将把全部国家机器放到它应该去的地方，即放到古物陈列馆去，同纺车和青铜斧陈列在一起。"[1]随着国家的消亡，人类第一次作为统一的社会而存在和发展，各民族和国家的历史发展为统一的世界历史。共产主义社会中，在没有阶级和国家的情况下，仍然需要有一定的社会机构来对社会进行组织和管理。但这种社会组织管理机构只具有人们自我管理的性质，而不再具有政治压迫和暴力镇压的功能。

到共产主义社会，战争也不复存在。只有到了共产主义社会，随着阶级和阶级斗争消灭，国家消亡，人类内部不同利益集团的对抗也将消失，政治斗争不再存在，战争现象随之消失。从此人们真正过上和平安宁的日子。同时，大量的社会资源将从军事活动中解放出来，造福于全社会。

在共产主义社会，由于社会生产力的巨大发展，工业与农业的差别、城市与乡村、脑力劳动与体力劳动的差别——"三大差别"必然归于消失。由于私有制和利益对立的消除，由于旧式分工的消除和人的全面发展，三大对立归于消失。特别是城乡对立，由于它集中体现着工业和农业之间以及脑力劳动和体力劳动的对立，它的消灭是共产主义社会的重要特征。它们之间差异并不会完全消失，但这只是社会生活多样性的表现，而不再具有利益差别和利益划分的意义。

在共产主义社会，不仅社会是和谐的，而且社会与自然之间也达成了和谐。人与自然的和谐并不是放弃对自然的改造和利用，而是以合乎自然发展规律的方式来改造和利用自然。恩格斯指出，只有在这样的社会状态下，人们才第一次能够"谈到那种同已被认识的自然规律和谐一致的生活"。

在共产主义社会，由于阶级消灭、国家消亡和"三大差别"消除，社会关系实现了高度和谐。与社会生产力的高度发展和社会关系的高度和谐相联系，人们的精神境界得到极大提高。这是共产主义新人的重要体现。人的精神境界表现在许多方面，集中体现在对于他人、集体和社会的态度上。高尚

---

〔1〕《马克思恩格斯文集》（第4卷），人民出版社2009年版，第193页。

的精神境界表现为自觉地为他人、社会服务和奉献。到共产主义社会，人们不仅具有多方面的才能，而且也具有高度的觉悟，乐意为社会公共事业作出贡献。

（三）每个人自由而全面的发展，人类从必然王国向自由王国的飞跃

实现人的自由而全面的发展，是马克思主义追求的根本价值目标，也是共产主义社会的根本特征。恩格斯概括社会主义新纪元时指出："代替那存在着阶级和阶级对立的资产阶级旧社会的，将是这样一个联合体，在那里，每个人的自由发展是一切人的自由发展的条件。"在共产主义社会，人的发展是自由的发展，是建立在个体高度自由自觉基础上的发展，而不是强迫的发展。马克思认为，那时，人摆脱了自然经济条件下的对"人的依赖关系"，也摆脱了商品经济条件下的对"物的依赖性"，实现了人的"自由个性"的发展。人的发展是全面的发展，不仅体力和智力得到发展，各方面的才能和工作能力得到发展，而且人的社会联系和社会交往也得到发展。共产主义社会中人的自由而全面的发展指的是全体社会成员的发展，或每一个人的发展，而不是只有一部分人的发展。那时，在人与人之间形成事实上的平等，整个社会是和谐的，社会发展与个人发展实现了真正的统一，社会发展不再以牺牲某些个人的发展为代价。

旧式分工的消除为人的自由而全面的发展创造了条件。资本主义社会化大生产使这种旧式分工发展到极致，同时创造着消除这种分工的条件。到共产主义社会，这种自然形成的、僵化的、不自觉的旧式分工得以消除，人们摆脱了"奴隶般地服从于分工"的情形。虽然共产主义社会里仍然会有分工，但这是自觉的新式的分工，而不再是生产者全面发展的限制。

自由时间的大大延长为人的自由而全面的发展提供了广阔的前景。随着科学技术的发展和生产率的提高，维持社会生产所需要的劳动时间会不断缩短。到共产主义社会，这个劳动时间将会大大缩短。人们只需要从事较少时间的劳动，就能为社会创造出足够的物质财富。这样，他们就会有大量的自由时间可以用来从事科学、艺术等活动，从事自己感兴趣的活动，从而极大地促进自身全面素质的提高。而这种自由时间里的活动反过来又成为提高劳动者能力和创造性，促进生产力进一步发展的强大动力。

在共产主义社会，劳动不再是单纯的谋生手段，而成为乐生的活动，成为"生活的第一需要"。那时，劳动能力和劳动时间不再是分配消费品的尺

度，因而劳动摆脱了谋生的压力，成为发挥人的才能和力量的活力。劳动不再是单调枯燥和具有强迫性的活动，而成为人们乐于从事的自我实现的活动，成为人生快乐的巨大源泉。

共产主义是人类解放的实现，那时人类将最终从支配他们生活和命运的异己力量中解放出来，实现从必然王国向自由王国的飞跃，开始自觉地创造自己的历史。至今一直统治着历史的客观的异己的力量，现在处于人们自己的控制之下了。只是从这时起，人们才完全自觉地创造自己的历史；只是从这时起，由人们使之起作用的社会原因才大部分并且越来越多地达到他们所预期的结果。这是人类从必然王国进入自由王国的飞跃。

第二循环　红色文化融课

本循环强调在原理课的教育教学过程中，必须充分引起学生的情感共鸣。通过穿插齐鲁红色人物和红色事件，传递思政课程的人文关怀，把鲜活的情绪、情感带入课程中，陶冶学生的情操，强化学生的人格塑造，提升学生的道德水平和人文素养。

模块一红色文化：九间棚

【教学导入】今天的主题是艰苦创业。这类创业是指为了国家、民族和人民的共同利益和共同理想，为了发展社会主义事业，在艰苦的环境中开拓、奋斗。你能说出一个艰苦创业的故事吗？

【教学目的】通过本模块专题教学，帮助大学生理解意识能动性发挥以及内因外因关系原理和艰苦创业精神，体验艰苦创业的相关境遇和创业者的人格魅力。

【教学重点】意识能动性发挥原理；培养大学生对艰苦创业精神的感性认识；培养大学生艰苦创业的自信心。

【教案正文】

一、背景介绍

九间棚村及所在的天宝山区隶属山东省临沂市平邑县。这里自然风光优美、村民淳朴厚道、人文古迹众多，更为享誉全国的是艰苦创业的九间棚精神。习近平总书记赞扬九间棚:"虽然地处偏远,但风景这边独好!"

昔日的九间棚村四面悬崖,山高涧陡,山的四面全是悬崖,与山下无路可通,上下山只能攀悬崖,自然环境十分恶劣,村民生活十分艰苦。九间棚村的旧址是一个天然形成的奇特巨大的石棚,长30米,深10米,高3米,棚内原有石龙、石虎、石牛等自然景观。乾隆年间,一对刘姓夫妇为躲避战乱来到了龙顶山上,发现有个天然石棚可以栖身,附近还有山泉可以饮用,就开始定居于此,穴居石棚,刀耕火种,繁衍子孙。儿女们大了也需单立门户,于是将石棚隔成了九家,这才形成了一个村庄,村庄才有了名字——九间棚。后来,逃荒来此的人越聚越多,由一家发展到数家。山上的人不大叫这个名字,而叫它"干山顶"。

九间棚村附近红色文化资源丰富。在革命战争年代,九间棚村附近的朝阳洞是北海银行鲁南印钞厂,为保障战时经济发挥了巨大作用。另外,这里发生过的著名的战斗有天宝山战斗等。

20世纪80年代,九间棚在村党支部书记刘嘉坤的带领下,自力更生、艰苦奋斗,改变了极端恶劣的生产生活条件,孕育了闻名全国的"九间棚精神"。30多年来,九间棚人始终传承和弘扬"九间棚精神",开拓进取、苦干实干,人均收入从不到100元增长到2.3万余元,九间棚村也成为"全国文明村""中国幸福村""全国生态文化村"。当前,"九间棚精神"正焕发出历久弥新的时代活力,为打造乡村振兴齐鲁样板注入强大精神动力。九间棚村先后被评为国家AAAA级旅游景区、全国农业旅游示范点、中国传统村落、中国乡村旅游模范村、山东省森林村居、山东省十佳旅游特色村、山东省最美绿色村庄等。

二、发展过程

(一)金融对决抗战中的北海银行鲁南印钞厂

在天宝山附近的朝阳洞里,北海银行曾设立过印钞厂。在山东,北海银行有着独特的历史地位。北海银行属于省级银行,是中国人民银行的三大前身之一。在革命战争年代,它由小到大、由农村到城市,兼具"战时金融"和"地方金融"的特点。北海银行发行的纸币,在抗战时期,是山东根据地的主币;在解放战争时期,成为山东解放区乃至华北、华中解放区的本位币。

北海银行是山东的省级银行。从建立开始就服务于战时经济。1937年卢沟桥事变爆发以后，日伪的"联合准备银行"发行的"联银券"充斥市场，奸商巨富乘机滥发票券，大发国难财。1938年3月8日，中共掖县（已撤销，下同）县委举行武装起义后，建立山东最早的抗日民主政府"掖县抗日民主政府"，以及财经委员会。曾任青岛中鲁银行经理的张玉田在起义总指挥郑耀南的支持下筹办银行。1938年10月，印出第一批纸币。北海银行总行设在掖县城内大十字口南路西"大鸿昌"，下设蓬莱、黄县两处分行。1938年10月，伪匪张宗援、刘桂堂侵入胶东地区，银行随军转移。早期的北海银行暂时停业。

1940年8月，北海银行总行在鲁中地区的临沂县（今临沂市，下同）青驼寺（今属山东省沂南县）成立，由艾楚南从1941年4月以后一直担任北海银行副行长。1941年7月，冀鲁边分行成立，陆续印制发行加盖"冀鲁边"的北海银行币。1942年2月，在莒南筹建滨海印钞厂，9月陆续发行加盖"滨海"的北海银行币。1944年7月，成立鲁南分行，不印制钞票，所发行的钞票是从滨海分行调来的。1944年冬，在平邑县的天宝山区建立了鲁南印钞厂，开始印制发行加盖"鲁南"的北海银行币。直到1948年12月1日，华北人民政府颁发布告："华北银行、北海银行、西北农民银行合并为中国人民银行，于1948年12月1日起，发行中国人民银行钞票。"

（二）地方战斗

地方战斗是费县中国共产党领导的第一支抗日武装抗击日寇的第一次战斗。1938年12月10日，适逢地方街大集，刚刚建立起来的八路军费县人民抗日游击第一大队，由副大队长兼地方区区长刘茂祯带领6名战士，准备在集上筹集粮款，以保证部队的供给。中共费县一分区区委的时克、王依群、赵光等12人也准备在集市上向群众开展宣传动员，争取群众在人力物力等各个方面的支持，以利扩充队伍。此时，驻费县县城日军由东而来，横冲直撞，直奔地方街。在张家林前"大坟子"东侧月牙形的壕沟里，游击队实施了游击战术，以小股力量伏击了大于自己数倍的日军。游击队虽然牺牲1人，负伤5人，但日军的伤亡更多。这次战斗，在《大众日报》试刊号上登载，称"这是费县党领导的第一支抗日武装抗击日寇的第一次战斗"。游击队员和广大人民大为振奋，树立了抗战胜利的信心，也给亡国论者以有力的回击。四乡的群众纷纷到游击大队慰问。群众的支持有利促进了蒙山前其他抗日武装的组建和群团组织的建立，加快了蒙山前抗日根据地的创建步伐。

（三）天宝山战斗

1939 年春，八路军第 115 师在政委罗荣桓、代师长陈光率领下，进驻天宝山区，开辟了天宝山区抗日根据地。1940 年 5 月，第 115 师师直机关及鲁南区党委机关先后移驻天宝山中心地带的桃峪、油篓、巩家山等地，广泛发动群众，召开了天宝山乡各界代表会议，成立了天宝山乡抗日民主政权和乡动委会，并将廉德三的天宝山民团改建为天宝山游击大队，直接领导了天宝山区人民的抗日斗争。

1940 年冬，为了巩固抗日根据地，第 115 师对天宝山境内破坏抗日根据地的土顽势力进行围歼，遭遇由天宝民团改编的天宝山游击大队大队长廉德三率众 150 余人叛变投敌。第 115 师一方面派出 60 余人工作团，发动群众，开展政治攻势；另一面组织优势兵力，对廉逆进行军事讨伐。经过一天一夜的激战，消灭部分叛军。10 月 13 日，八路军又以 4 个连的兵力，登上天宝山顶，打败叛军。天宝山区重新得以解放。

目前，九间棚村还有"天宝山战斗遗址""北海银行鲁南印钞厂旧址"等场所、景观。淮海战役中很多背着煎饼包袱，推着独轮车的支前大军就从这里出发，推出了战役的胜利。据统计，革命战争年代有十余名九间棚人参与支前、救伤员。

（四）艰苦创业、享誉全国的"沂蒙明珠"

九间棚村四面悬崖，山高涧陡，自然环境十分恶劣。乾隆年间，刘姓夫妇为躲避战乱来以石棚当屋，石板当床，刀耕火种，繁衍生息，再后来因为人口不断增加，逐步将一间石棚分隔为 9 间，也就是我们今天看到的"九间棚"。从此，祖祖辈辈在这里一住就是 200 多年，直到 1963 年才全部搬出石棚。九间棚从一代岩棚到二代茅草棚，再到三代砖瓦房，再到四代楼房的奋斗历史，传承着艰苦创业的奋斗激情。

中华人民共和国成立以后的很长一个时期，由于九间棚村坐落在 640 米高的龙顶山上，山高涧陡、四面悬崖、土地瘠薄、缺水没电，恶劣的自然环境和生存条件使得村民生活十分艰苦，是出了名的"干山顶""穷山顶"。"买了自行车 3 年没进家门，只能放到山下亲戚家""旱天要用秤分水""只有 177 人的小山村就有 13 个光棍汉，有的人急了便埋怨老祖宗，不该到这个干巴山顶来安家"。直到 1983 年，九间棚人均纯收入还不足百元。

1984 年冬，刘嘉坤接任村党支部书记后，带领全村战天斗地、艰苦创业，先后架设输电线路 6000 多米，修建盘山路 16 公里，建设扬水站 3 座，治山整地 450 亩，极大改善了村民的生产生活条件，成为改革开放时期全国农业战线的一面旗帜，由此诞生了闻名遐迩的"九间棚精神"。2018 年，九间棚村人均收入突破 3 万元。

到 2020 年，九间棚人按照"产业兴旺、生态宜居、乡风文明、治理有效、生活富裕"的总要求，全面推进乡村"五大振兴"，奋力走在乡村振兴前列。同时充分发挥当地种植金银花的传统和优势，以金银花为支柱推动产业振兴，研发推出"北花一号"新品种，大力发展金银花种植业，成为全国最大金银花全产业链企业集团。

三、价值启示

(一) 艰苦创业的九间棚精神

沂蒙山区自然条件较差，在历史上曾是"四塞之崮，舟车不通；土货不出，外货不入"。九间棚人民不管条件何其困难，都能自力更生、坚韧不拔、艰苦奋斗。在漫长的人类历史上，尽管地理、自然条件贫困，富含东夷文化基因长期的优秀文化积淀，造就了沂蒙人民、九间棚人民含辛茹苦、吃苦耐劳、不屈不挠的精神品格。在革命战场上，沂蒙人民特别能战斗。在社会主义市场经济条件下，沂蒙人民将艰苦创业寓于改革开放之中，求真务实，埋头苦干，创造出令人称赞的架电、修路、治水三部曲奇迹，"诚实能干"成为沂蒙人民的代名词。

(二) 战天斗地的九间棚勇气

天地亏欠九间棚的缺水无路，人民战天斗地换新颜。忆及当年无电、无路、缺水的日子，看看眼前的美好生活，山东省临沂市平邑县九间棚村的老人们不胜唏嘘。71 岁的老党员刘甲全感慨道："说一个天上、一个地下，也一点不为过！"九间棚村坐落在沂蒙山区 640 米高的龙顶山上，山高涧陡、四面悬崖、土地瘠薄、缺水没电，自然环境和生存条件恶劣。龙泉原为九间棚村之唯一水源，枯水期不足人畜需用。20 世纪 80 年代，为引水上山，刘嘉坤他们在村西北 7 华里之外的一处悬崖陡壁上找到了一处天然石洞，洞内有水。于是他们就测水量，架电线，铺管道，在悬空崖壁上建扬水站。修扬水站时，党员干部组成"先锋队"，用绳子把自己吊在悬崖峭壁上凿石头、打炮眼、安管道。最终由山下卧龙洞引水上山，建成三级扬水站，扬程 102.5 米。由于山路狭窄陡峭，架设电线时，九间棚人全靠肩扛人抬，硬是把一根根 12 米长、1000 多斤重的水泥杆抬上山。

（三）苦干实干、无私奉献的九间棚品格

从 1984 年到 1990 年，九间棚村的党员和群众心往一处想、劲往一处使，有钱出钱、有力出力，人均出资 800 多元，累计投入义工 10 万多个，奇迹般地谱写了架电、修路、治水三部曲。修路时，党员刘甲全胳膊严重损伤，但从不叫苦叫累，致使胳膊落下残疾。党员刘德明曾突发急性阑尾炎晕倒在工地，但手术后刚刚拆完线，他就用一条布单紧紧缠在腰间，跪在地上又开始凿石、砌坝。集资修路时，老支书刘德敬带头捐出给儿子结婚用的 500 元，村民们卖猪卖羊卖家当给村里凑钱，60 多岁的赵永兰大娘更是把买棺材的钱和仅有的 2 只母鸡、10 个鸡蛋硬塞到村干部手中。

（四）率先垂范、战斗堡垒的九间棚基层党组织

九间棚精神的形成，关键在于有一个坚强的村党支部领导班子，有一位公而忘私、甘于奉献的带头人，有一支团结能干的党员队伍。自律是修身立志成大事者必须具备的能力和条件，九间棚村党支部之所以能够赢得村民的信赖，带领全村人创造出"人间奇迹"，就是他们敢为人先、率先垂范的结果。"九间棚精神"是基层党组织带领群众"换穷貌、改穷业、拔穷根"的生动写照，透射着共产党人一心为公、无私奉献、以身作则的高尚品格，是贯彻落实党的群众路线的具体体现，是人民群众主体地位的生动彰显。新时代推进乡村振兴，更应发扬"不怕吃亏、不怕吃苦、不怕吃气"的优良品质，保持"永不服输、永不停步、永不变色"的顽强意志，切实发挥基层党组织的战斗堡垒作用。

模块二红色文化：莱芜战役

【教学导入】你能回答下面两个问题吗：你对于莱芜战役有何理解？莱芜战役能够以少胜多取得胜利你认为有哪些原因和原理？

【教学目的】通过本模块专题教学，帮助大学生深入了解莱芜战役发生的历史背景和过程，理解莱芜战役的意义，把历史作为理想信念最好的营养剂，坚定青年大学生对马克思主义的科学信仰。

【教学重点】莱芜战役的历史背景及过程；莱芜战役的胜利原因、辩证法原理及启示。

【教案正文】

一、背景介绍

历史上,山东莱芜(今济南市莱芜区,下同)曾经发生过两场闻名于世的战役,而且两场战役都是以少胜多、以弱胜强的经典案例。第一次是发生在公元前684年的"长勺之战"。成语"一鼓作气"便是源自此场战役。第二次则是发生在解放战争时期的莱芜战役。在这场战役中,华东野战军展现了高超的战略布局,以临沂一座空城为诱饵,粉碎了国民党军南北夹击的企图。那么,这场以少胜多的莱芜战役是在什么背景下展开?又怎样一步步取得战争胜利的呢?

1945年8月,中国人民取得了抗日战争的胜利。但是国民党不顾人民在长期战乱后休养生息的强烈意愿,妄图独吞胜利果实,消灭共产党。但在当时舆论的压力和国民党为内战争取时间的谋划下,蒋介石以和谈为幌子拖延时间,并于1946年1月10日签订了"停战协定"。1946年2月,蒋介石打着和平的幌子,在南京召开了缩编建制的军事会议,表面上是把"军"缩为"整编师",实际上却是在充实兵力。同年6月底,在美帝国主义的支持下,国民党撕毁了停战协定,悍然先后向苏皖解放区、山东解放区、晋冀鲁豫解放区、晋察冀解放区、晋绥解放区大举进攻。中国共产党则领导解放区军民予以反击,伟大的解放战争自此开启。

早在解放战争之初,中共中央和中央军委就提出"战胜蒋介石的作战方法,一般的是运动战。因此,若干地方若干城市的暂时放弃,不但是不可避免的,而且是必要的。暂时放弃若干地方若干城市,是为了取得最后胜利"的歼灭敌人有生力量的方针。在此方针指导下,自1946年7月至1947年1月,华东野战军连续进行了苏中、宿北、鲁南等战役,取得了歼灭国民党军22万人的重大胜利。特别是鲁南战役损失5万多人,让蒋介石极为恼火,严厉训斥了当时的参谋总长陈诚。陈诚分析战局后,认为华东野战军放弃苏皖地区的原因在于此前战斗中"伤亡重大,不堪再战",而国军部队虽略受损失,但就全盘战局而言,实属莫大之成功"。特别是国民党判断当时华东野战军主力集结临沂附近,而临沂又是山东解放区的首府。如此战略地位,国民党认为共产党必定会坚守。因此,国民党试图在临沂发动一场大规模的会战,企图消灭华东野战军主力,并希望通过这场战争的胜利,影响即将在莫斯科召开的美、英、苏三国外长会议,增加国民党的政治资本。

二、发展过程

正是因为这场"鲁南会战"对国民党而言"意义重大",导致蒋介石对此十分重视,敕令"这次会战关系重大,党国前途、剿匪成败,全赖于此。只许成功,不许失败"。为确保胜利,蒋介石派亲信陈诚坐镇指挥,由当时山东省主席、第二绥靖区司令长官王耀武在济南协同配合。国民党在战略部署上集中了 23 个整编师 53 个旅的兵力,形成南北两线部署。南线兵力主要是整编第 19 军军长欧震指挥 8 个整编师 20 个旅,从台儿庄、新安镇等地兵分 3 路向临沂逼近,北线则是以李仙洲为指挥的第 46、第 73、第 12 等 3 个军的兵力,他们从淄博、明水等地南下,试图南北对进,夹击集结于临沂地区的华东野战军主力。同时,为了防止华东野战军西进或晋冀鲁豫野战军动员,国民党还从冀南、豫北调取了 4 个整编师待命于鲁西南地区。从部署来看,国民党对此次战役的胜利抱有"必胜"的期待。

面对国民党的进攻,野战军司令员兼政治委员陈毅、副司令员粟裕、副政治委员谭震林制订了各个击破、逐次歼敌的方针,试图首先引诱从南线进攻的三路国民党军能突出一路,予以歼灭,再歼灭其他。但南线国民党军在此次战役中始终三路兵力齐头并进,没有落入我军预想战略中。相对而言,倒是北线的李仙洲的 3 个军,以梯次配置的队形,孤军深入,于 1947 年 2 月初占领莱芜、颜庄一线。基于此,华东野战军司令员陈毅提出调整方向,先打李仙洲的北线部队。副司令员粟裕和其他作战指挥员分析后,认为,其一,李仙洲虽出身黄埔军校,但野战经验不足,相比南线的欧震集团容易歼灭;其二,李仙洲集团是孤军深入,如果我军能够出其不意对其实施歼灭,不仅可以打破敌人的南北夹击计划,而且可以巩固后方,休整部队,从容迎击南线之敌。因此,华东野战军重新制订了方案并上报中央。2 月 4 日,中央军委电示华东野战军"敌愈深进愈好,我愈打得尽愈好,只要你们不求急攻,并准备于必要时放弃临沂,则此次我必能胜利",同意华东野战军的战略部署。

为保证华东野战军最新确立的战略部署能够奏效,陈毅、粟裕等采取了一系列的方法迷惑敌人。一方面,我军调整军队部署,将第 2 纵和第 3 纵伪装成全军主力形态,在临沂沂南构筑阵地,摆出南线决战的架势;另一方面,我军真正主力主动撤出,并派遣地方武装和民兵进逼兖州,通过在运河上架设浮桥、筹集船只等动静,给敌人留下我军当前已有"西退"与晋察冀豫野战军会合的假象。实际上，我军以第 1、第 4、第 6、第 7、第 8 纵队于 1947 年 2 月 10 日起日夜兼程北上，并命令第 9、第 10 纵队从胶东、渤海迅速南下，18 日左右，我军到达莱芜周围地区，形成对李仙洲集团的合围态势。此时的国民党军队同样在调动军队，只不过他们真的认为我军将会固守临沂，在南线决战，因此命令北线军队快速前进，以形成"合围"。特别是 2 月 15 日，南线国民党军队进驻华东野战军主动撤出的临沂后，更是认为共产党是因"伤亡惨重，无力与国军作战"被迫撤退，因此在多个国民党报纸上都登出了"国军鲁南大捷"的新闻，并进一步决定命令北线李仙洲集团迅速南下。

待 1947 年 2 月 18 日华东野战军主力抵达莱芜周围，完成对李仙洲集团主力的合围态势后，李仙洲集团也迅速收缩兵力于莱芜县城进行抵抗，并令第 73 军第 77 师自博山南下归建。20 日，国民党第二绥靖区司令官王耀武再次命令第 73 军撤至莱芜县城及其附近，并将第 46 师撤回颜庄。当时的整编第 46 师师长便是已心向共产党的国民党将领韩练成。由于韩练成与华东野战军有着秘密联系，因此，陈毅指示韩练成不要在我军攻歼李仙洲集团时增援。2 月 20 日晚，华东野战军发起全线进攻，集中 21 个师的优势兵力对付李仙洲集团的 7 个师。21 日凌晨，华东野战军攻占莱芜城郊多处要点，将锦阳关收入囊中，并包围吐丝口镇的守军。21 日晚，李仙洲接到王耀武电令，命令李仙洲将莱芜的部队全部撤至明水及沂南地区。李仙洲与当时前方指挥所的高级参谋王为霖、第二绥靖区司令部少将处长陶富业和第 46 师师长韩练成商议后，决定自 23 日起开始北撤。但殊不知此时韩练成已收到陈毅指示，放弃指挥脱离了部队，这就使得第 46 师陷入了混乱，进一步导致李仙洲集团突围混乱。在李仙洲集团试图突围之时，华东野战军已经摆开阵势，等待着李仙洲集团的到来。2 月 23 日中午，华东野战军主力的 4 个纵队在莱芜至吐丝口镇的公路两侧布置好了袋形阵地。在李仙洲集团后尾部队撤出莱芜县城时，我军立即抢占莱芜，阻断后路，并待李仙洲先头部队到来时，对其立即进行阻击。如此，李仙洲集团的主力便被我军困在南北约 2 公里、东西约 3 公里的狭窄地域中，北进不能，南退不得。下午 5 时左右，李仙洲集团的大部分军力被歼灭，而逃出的残余 5000 多人也最终被截击全歼。

自此，仅用 3 天时间，莱芜战役便胜利结束。此战我军以伤亡 6000 余人为代价，歼灭敌人 7 个师 6 万余人，缴获各种炮 350 门，击落、击伤飞机 12 架。不仅如此，我军还生俘李仙洲及以下将级军官 21 名，收复胶济铁路西段，解放了新泰、莱芜等 13 座县城，将鲁中、胶东、渤海解放区连成了一片，为日后粉碎国民党对山东的进攻创造了有利条件，改善了山东战场的作战态势。以至于此次国民党惨败之后，许多国民党人士也不得不悲叹认为："这是国共交战以来我方首次吃的大败仗，从此再没有乐观的论调了。"〔1〕王耀武也哀叹，"莱芜战役，损失惨重，教训刻骨铭心"。

三、价值启示

莱芜战役之所以能够在短时间内取得重大胜利主要有以下几方面的原因：

第一，莱芜战役的胜利是在党中央的领导和支持下，华东野战军制订了科学、灵活的战略部署中取得的。陈毅曾强调："自卫战争的胜利，首先是战略的胜利。"事实的确如此，在这场战役筹划之初，中央军委就对莱芜战役实施了科学的战略指导，指示华东野战军要"以多打弱敌，孤立强敌为原则"，并不计较一城一地得失，支持我军"准备于必要时放弃临沂"。以上指示就为华东野战军的战略方针定下了总基调。因此，华东野战军得以在国民党南北线进攻中果断调整部署，集中兵力先歼灭北线李仙洲集团，并实施了主动从临沂撤退迷惑敌人的举措。这些科学决策奠定了莱芜战役胜利的基础。

第二，国民党内部的离心离德注定了他们在战役中的失败趋势。国民党内部一向有派系纷争，不同派系之间需配合作战时常有互相掣肘之事。再加上自国民党不顾民心发动全面内战以来，不少国民党将领对此暗自不满，使得国民党内部更是错综杂乱，难以一心。国民党制订鲁南会战的计划本身就有派系之争的纷扰。陈诚被蒋介石委任为战役的总指挥，王耀武则作为徐州绥靖公署第二绥靖区司令负责协同作战。而王耀武是何应钦一系。陈诚与何应钦长久存有的矛盾也就体现在陈诚与王耀武的分歧上。特别是当王耀武看出华东野战军北上决战的企图后，与 2 月 16 日调整部署全线收缩，陈诚则理解为是王耀武不配合作战。这就使得战役指挥官之间也各有嫌隙，各自为战。当莱芜战役失败后，国民党内部一片哗然，并且为谁应为战役失败负责互相推诿。国民党高级将领更是对战争走向持消极或摇摆态度，不少军官为了保存自己实力，此后或"长期养病"或消极待命，这就愈发推动着国民党走向失败。

---

〔1〕 夏继诚："从蒋介石侍从参谋到中共党员"，载《党史文汇》1994 年第 6 期。

第三，共产党领导下军民的凝心聚力是莱芜战役必然胜利的力量源泉。山东解放区人民群众的大力支持是取得战役胜利的基础。在莱芜战役中，我军一开始设想的是对南线部队各个击破，因此许多前线用品都被输送到了南线。待陈毅等指挥员分析了战争形势，及时改变了作战方针后，战略物资的运送就成了问题。当时临沂地区的群众积极响应，他们提出了"砸锅卖铁、支援前线""保证前方同志吃饱，打胜仗"的口号，组织了几十万的支前民工队伍，他们跋山涉水，用肩挑、畜驮和独轮小车这些最简单的方式，为我军运输武器，输送粮草。据统计，莱芜战役中参战官兵为 20.5 万人，而支前民工就有 62 万人之多。可以说，前线军队的补给都是建立在后方民众的全力支持下的。此外，战役过程中，当地群众积极参与其中，主动帮助部队侦察敌情，辅助部队绘制当地地形图和敌人兵力部署图等，有力保障了战役的胜利。

莱芜战役的胜利不仅是军事战争的胜利，还为我们青年大学生留下了诸多启迪。我们在这场战役中看到了党的领导的重要性，看到了我们军队能够取得战争胜利离不开官兵英勇奋战、不怕牺牲的精神，更感受到人民群众的支持是党取得最终胜利的法宝。今天我们虽脱离了战争泥淖，迎来了从站起来到富起来、强起来的伟大飞跃。但同时我们还应看到身处百年未有之大变局中，国内外局势也更为复杂。习近平总书记曾指出，"青年是整个社会力量中最积极、最有生气的力量，国家的希望在青年，民族的未来在青年"。我们大学生要在历史中汲取力量，在实践中淬炼品格，坚定理想信念，勇立时代潮头，积极投身到实现中华民族伟大复兴的伟大征程中，做新时代的奋进者、开拓者、奉献者！

模块三红色文化：英雄杨子荣

【教学导入】你知道智取威虎山吗？你知道杨子荣吗？你知道杨子荣的家乡吗？

【教学目的】通过本模块专题教学，帮助大学生深入了解英雄如何在炮火纷飞的抗战岁月中，在革命实践中学本领炼意志，体会英雄机智勇敢的革命品质和不怕牺牲的革命精神，激励新时代青年大学生学习英雄，珍惜韶华，为实现中华民族伟大复兴的中国梦贡献力量。

【教学重点】杨子荣生平事迹。

【教案正文】

一、背景介绍

杨子荣（1917～1947 年），原名杨宗贵，山东省牟平县（今烟台市牟平区，下同）嵎岬河村人。1945 年参加八路军，历任战士、班长、团侦察排长等职。参军只有 1 年多时间。从 1946 年 2 月进驻海林剿匪，他参加大小战斗上百次，多次立功受奖，并被评为"侦察英雄""战斗模范"。1947 年，他一举将"座山雕"及其联络部长刘兆成、秘书官李义堂等 25 个土匪全部活捉，创造了深入匪巢以少胜多的战斗范例。后在继续追剿丁焕章、郑三炮等匪首的战斗中英勇牺牲，时年仅 31 岁。

（一）家庭背景

1917 年出生在山东省牟平县城南一个叫嵎峡河的小山村。父亲杨世恩是个泥瓦匠，母亲宋学芝是个刚强的农村妇女。杨子荣 4 岁那年，父母曾带着一家老少去东北安东（今辽宁省丹东市）谋生。除了父亲和姐姐外，母亲又领着其他孩子回了老家。在老家，母亲省吃俭用地供杨子荣上了几年私塾。

（二）历史背景

1929 年，胶东地区军阀混战，民不聊生，12 岁的杨子荣在母亲的安排下，去安东投靠父亲。开始父亲让他去上学。两年后，杨子荣到姐姐做工的缫丝厂干活，以挣钱补贴家用。但是好景不长。杨子荣三年学徒期刚满，厂子裁人，杨子荣被裁。后来杨子荣就到码头搬木头、扛大包，到鸭绿江江边放木排、当船工。

自 19 世纪后半叶起，日本发动了一系列侵华战争，1937 年全面侵华。东北三省首先沦陷，东北人民最早过上了"亡国奴"的日子。1938 年底，杨子荣在鞍山千山采矿区当矿工。矿区不仅危险还要受日本监工的打骂，当他再一次看到日本监工打自己的工友时，他一把夺过监工的皮鞭，为自己的工友出了气，这样他也就无法在矿山待下去了。1943 年，在工友的帮助下，杨子荣逃离了矿山，回到了老家牟平。

牟平是著名的革命老区。卢沟桥事变后，日军发动全面侵华战争，很快占领了山东省会——济南，紧接着烟台也沦陷了。抗日战争以来，勤劳勇敢的牟平人民在中国共产党的领导下，坚贞不屈、奋勇抗争。为了打击胶东敌人的嚣张气焰，1938 年 2 月 13 日，中共胶东特委书记理琪率领刚成立不久的抗日游击队——山东人民抗日救国军第 3 军第 1 大队袭击牟平城，点燃了胶东抗日的烽火，打响了"胶东抗战第一枪。"

1939 年底，成立了胶东军区，许世友任司令员，林浩任政治委员。1941 年 4 月，山东分局决定成立中共胶东区党委，林浩任书记。1942 年胶东军区成立不久，许世友将军率八路军胶东军区司令部进驻牟平县观水镇，这里便成为胶东抗战的指挥中心，也是胶东政治文化中心、军工物资基地和培养军地干部摇篮，仅观水一镇就走出了 7 位共和国将军，被誉为"胶东延安"，陈毅元帅当年曾来这里治病休养。

二、发展过程

1944 年，胶东军民发起对日伪军的攻势作战，先后向平度以东、大泽山东部、牟平以南、黄县（今龙口市）以西之敌进攻，将东海、西海、南海、北海 4 个区连成一片，解放国土 5000 余平方公里。1945 年 8 月，杨子荣参加八路军解放牟平县城的战斗。同年秋，29 岁的杨子荣报名参加八路军，编入胶东海军支队。

（一）英雄事迹

1945 年 10 月下旬，胶东海军支队赴牡丹江地区剿匪；11 月，杨子荣加入中国共产党。部队改编后，杨子荣编在牡丹江军区第 2 团第 3 营第 7 连第 1 排第 1 班。首长见他是个年龄不轻、军龄不长的老兵，便分配杨子荣到伙房当炊事员。

1. 团战斗模范

1946 年 3 月 20 日早晨，第 3 营在杏树沟追击李开江部，李开江据险顽抗。杨子荣带领一班人迂回到敌人阵地侧后，他示意副班长和战士隐蔽好，独自一人跃出掩体，威逼 400 余名敌人放下武器，迫使匪首李开江、张德振投降。杨子荣因功被评为团战斗模范。

2. 解放海林镇

牡丹江地区匪患严重。首长派杨子荣等 30 多人，化装成便衣，先行到达海林镇进行侦查。杨子荣进入有百余人枪的地主武装孙江司令部，敦促其放下武器，拒降者，就地缴械。1946 年 2 月 2 日，海林镇解放。

3. 只身入虎穴

大股匪徒歼灭后，小股残匪流窜于深山老林中。部队首长组建武装侦察小分队（团侦查排），消灭残匪。小分队负责人由既熟悉当地情况，又有独立指挥作战能力的杨子荣担任。小分队组建后，杨子荣首先生擒了所谓"许家四虎"（许福、许禄、许祯、许祥），消灭了"九彪"李发林、马希山等惯匪，其后又带领 4 名战士，化装成敌人，深入林海雪原，摸清敌情。1947 年 2 月 6 日晚，杨子荣只身打入虎穴，里应外合，活捉国民党保安旅长、牡丹江一带匪首"座山雕"。东北军区司令部给杨子荣记了三等功，授予他"特级侦察英雄"的光荣称号。

4. 扳机意外失灵

2004 年，《解放军报》曾发表一篇文章《侦察英雄杨子荣牺牲的一瞬间：扳机意外失灵》：1947 年 2 月 23 日夜，杨子荣奉命带领孙达德、魏成友等 5 名侦察员到当时的海林县（今海林市）北部梨树沟一带侦察匪情。在深山，他们发现有火星闪烁，走近看到了一处被当地人称为"马架子"的窝棚。杨子荣用手势指挥几名侦察员各守"马架子"一侧，自己突然起身，顺坡而下，冲到"马架子"跟前。一脚把门踹开同时大喝一声"上"后，便巧妙地以"马架子"旁的一棵大树为"掩体"，把枪口对准了睡梦中的群匪。一切都发生在瞬间。"马架子"里的敌匪刘维章等人从睡梦中惊醒，还没明白发生了什么事，杨子荣便扣动了扳机。但是，枪却迟迟没响。这时，一发子弹从杨子荣侧前方打来，正中杨子荣的左胸。侦察英雄杨子荣因枪的扳机意外失灵，而被敌匪罪恶的子弹击中，这一瞬间成为英雄永远的一个遗憾！

（二）寻找英雄

1969 年，北京，周恩来正陪美国一家民间艺术团观摩京剧样板戏《智取威虎山》。演出结束后，红色大幕缓缓拉开，周恩来和艺术团团长詹姆斯走上舞台同演员一一握手，詹姆斯激动地拥抱童祥苓，大加称赞说："你是英雄！在美国，你应该被授予林肯勋章！"在当日晚宴上，詹姆斯再次提起样板戏《智取威虎山》，并询问"杨子荣这个人物是你们样板戏塑造的呢，还是真实的？"周总理说，是真的。

1. 英雄家何在？

詹姆斯团长意犹未尽，他想了解杨子荣更多的故事，却意外得知，剿匪英雄杨子荣，在歼灭"座山雕"之后的第 16 天，在执行另外一起剿匪行动时光荣牺牲了。遗憾之余，詹姆斯团长对周恩来总理提出想见一见英雄杨子荣的家人的要求，周恩来总理没有丝毫犹豫，便答应了美国客人的要求。

当天晚上，周恩来总理便要解放军总参谋部查询杨子荣烈士家乡的详细地址。第二天中午，一向沉稳的周恩来气愤地把秘书给他的一份电报摔在桌上。解放军总参、总政联合发来的近千字调查报告复述了杨子荣生前所在部队的回电内容：杨子荣的原籍在山东胶东一带，至于详细地址无人知道。仅凭这些，无疑难以找到烈士的家人，也就是说烈士的身世成了未解之谜。

2. 三个杨子荣

1895 年，杨子荣出生于湖北省枣阳市七方镇杨冲村，从小读过书，善于习武弄棒，为人豁达大方，乐于助人。1941 年，杨子荣离开家乡和亲人，从此杳无音讯。

1958 年，总政歌舞团曾派人前来枣阳调查战斗英雄杨子荣的身世，但没有结果。2004 年，《湖北日报》《楚天都市报》《襄樊日报》和湖南、河南等多家媒体发布消息称：杨子荣是湖北枣阳人。报道中称枣阳市民政局花费近一年时间作出的调查报告"有 80% 以上的证据证明杨子荣是枣阳人"。

杨文言，1906 年出生，1939 年离开家乡和自己 10 岁的女儿，曾到东北，后无音信。2004 年，原籍山东荣成的辽宁营口 75 岁老人杨秀英向媒体宣称，自己是杨子荣的女儿，其父杨文言就是杨子荣。此事也被多家媒体报道过。

官方已经认定的说法：1917 年出生于山东省牟平县宁海镇嵎峡河的杨宗贵，曾到东北谋生，1945 年 9 月参加胶东军区海军支队，10 月随军挺进东北。

由于杨子荣生前的照片极少，当时一名牟平县的干部马春英在民政局档案室昼夜不停地翻阅档案时，没有放过蛛丝马迹，她将两表对照，发现杨宗贵与联合调查组提供的情况相似，于是便向调查组反映："你们查找的人身世，很像嵎岬河村的杨宗贵。"

3. 身份大揭秘

1973 年，曲波同志在杨子荣所在原部队获得了一张照片。那是一张杨子荣在 1946 年被评为团的战斗模范时一百多人的合影照片，百十号的人挤在几寸大的照片上，人的头部只有火柴头那么大，曲波便请 1 位日本朋友将照片带回日本，将合影中的杨子荣单独翻拍放大。

当牟平县民政局局长带着杨子荣及战友的四张照片到嵎岬河村，请村里干部、乡亲辨认时，他们指着同一张照片异口同声地叫起来："这不就是俺们村的杨宗贵吗？准是他，没错！"然后又把四张照片送到此时已是 70 岁高龄的其兄杨宗富面前，让他辨认，他立刻抽出了杨子荣的照片，百感交集，泪流满面。

（三）缅怀英雄

英雄牺牲后，在军民追悼杨子荣烈士大会上，部队派人到牡丹江请来了殡仪馆的永合班（乐队），奏完哀乐，军区首长宣布将杨子荣生前所在排命名为"杨子荣侦察排"。并在杨子荣烈士墓前木制的纪念碑右上角写上："为建立独立民主而奋斗的烈士千古"；正中书写："英名永在，浩气长存"；下款是："中华民国三十六年二月二十五日。"

牡丹江市所属的海林市在 1947 年 2 月，也建立了"杨子荣陵园"。至今，经过六次迁建、扩建，目前已初具规模，占地 8.5 万平方米，分纪念馆区、烈士墓区、游乐园区、植物园区四个部分。在纪念馆的前院，矗立着杨子荣烈士的汉白玉雕像，像高 3.1 米，象征杨子荣牺牲时年仅 31 岁。纪念馆建筑面积为 450 平方米，有 6 个展厅，共展出杨子荣烈士遗物 30 多件，有关林海雪原剿匪事迹的画像、照片、展品 130 余件。纪念馆后院的 131 级台阶直通墓地，寓含英雄为开创百年大业而牺牲，牺牲时年仅 31 岁。

英雄身份落实后，2011 年，英雄故乡烟台牟平为其新建纪念馆。该馆主要由纪念馆主体建筑、思源之路、杨子荣雕塑、追思大道等部分组成，占地面积 61 771 平方米，总投资 5000 万元，建筑面积 4965 平方米，馆内陈列牟平革命史展和杨子荣事迹展。馆藏文物 106 件，主要陈列展出杨子荣等著名烈士的事迹。新落成的杨子荣纪念馆被授予"山东省国防教育基地"称号。

三、价值启示

1969 年，美国艺术代表团团长詹姆斯，在中南海观看样板戏《智取威虎山》后，深深地为杨子荣的传奇故事所折服，他说："杨子荣就是西方的英雄佐罗，他应受到所有人的敬仰与崇拜。"

张望朝在《百家讲堂》里分析杨子荣时，指出："杨子荣是一个英雄，英俊、神勇，就是打进土匪窝里也是别人怕他，他一点都不会怕别人。杨子荣的革命理念很朴素，很人道。对付土匪，他主要是'抓'，而不是'杀'，反映出了杨子荣大智大勇的不凡之处。"

杨子荣生前战友曲波在《林海雪原》后记这么评价他，"我的宿舍是这样的温暖舒适，家庭生活又是如此的美满，而这一切，杨子荣、高波等同志没有看到，也没有享受到。但正是为了美好的今天和更美好的未来，在最艰苦的年月里，他们献出了自己最宝贵的生命"。

英雄牺牲了，但他的事迹还被传颂，他的精神还在激励后来人。今天的"杨子荣侦察连"是一支战功卓著、历史厚重的荣誉连队，历经抗日战争、解放战争、抗美援朝战争和对越自卫反击战洗礼，出色完成数百次战斗侦察任务，1964 年在全军大比武中荣获 4 个第一和 1 个第二的优异成绩，1969 年"杨子荣排"官兵登上天安门城楼观看国庆 20 周年大典，先后涌现出侦察英雄杨子荣、战斗英雄李占元、"钢铁战士"刘庄等一大批英模人物，凝结形成"不怕流血牺牲、越是艰险越向前"的杨子荣精神，连队 2 次被授予"巩固模范"和"英雄侦察连"荣誉称号，4 次荣立集体一等功，8 次荣立集体二等功，14 次荣立集体三等功，2 人被授予荣誉称号，7 人次荣立一等功，38 人次荣立二等功，168 人次荣立三等功。2018 年 1 月 3 日，习近平总书记亲临一线视察该连。

模块四红色文化；微山湖抗日根据地

【教学导入】你知道铁道游击队吗？你会唱《弹起心爱的土琵琶》吗？你知道它们和有微山湖什么关系？

【教学目的】通过本模块专题教学，帮助大学生深入了解微山湖铁道游击队抗战事迹，体会党同人民群众生死与共的联系，激励新时代青年大学生要勇担时代重任，珍惜韶华，为实现中华民族伟大复兴的中国梦贡献力量。

【教学重点】微山湖抗战事迹；微山湖抗战精神。

【教案正文】

一、历史背景

微山湖位于苏鲁边界接合部，跨山东、江苏、河南、安徽 4 省 38 个县，流域总面积 31 700 平方公里，水面面积 1266 平方公里，为我国十大淡水湖之一，北方最大的淡水湖。微山湖自北向南由南阳湖、独山湖、昭阳湖、微山湖四湖组成，故又称为南四湖。京杭大运河穿微山湖而过，纵贯南北。微山湖物产富饶，素有"日出斗金"之美誉。

自 19 世纪后半叶起，日本发动了一系列侵华战争，1937 年全面侵华。1938 年 2 月，微山湖沦陷。日军在微山湖区实行了灭绝人性的"杀光，烧光，抢光"的三光政策，在湖区制造了一个又一个惨案。

从 1938 年 2 月 12 日入侵微山湖到抗战胜利，日军先后在夏镇、微山岛、留庄、欢城、南阳等地烧毁群众房屋 36 000 间，残杀我抗日军民 1000 多人，奸淫妇女 300 多人。

在面临亡国灭种威胁的危难关头，不愿做奴隶的中国人民奋起反抗，英勇御敌。在中国共产党倡导建立的抗日民族统一战线的领导下，以国共合作为基础，全体中华儿女万众一心，同仇敌忾，同凶恶的日本侵略者进行了艰苦卓绝、气壮山河的斗争。

党领导下的八路军、新四军在敌后战场，广泛发动群众，开展了灵活多样的游击战争，有效地牵制和消灭了日军大量兵力，打击了日本侵略者的嚣张气焰，为抗战胜利奠定了基础。

抗日战争爆发后，鲁南铁道大队（即铁道游击队）、运河支队、滕沛大队、微湖大队等抗日武装既独立作战又和主力部队相互配合，不光在铁道两侧、微山湖区多次给敌人以重创，而且保证了湖区秘密交通线的畅通，曾护送过刘少奇、陈毅、罗荣桓、肖华、朱瑞等一大批党政军负责同志过湖去延安。微山湖区创造出许多可歌可泣的动人故事，为中国抗日战争的胜利立下了不朽的功勋。

二、发展过程

（一）粉碎日伪蚕食扫荡和封锁

1942 年春夏冬三季，日伪军连续向湖西根据地发动大规模的"扫荡"。为粉碎敌人的"扫荡"，湖西抗日根据地各级党组织提出以政治攻势为主，游击战争为辅的战略方针，军事上提出"敌进我进"的战术指导原则，并强调"分散及小部队活动"，主力地方武装群众武装三位一体全力对敌，坚持打击深入根据地的敌人。同时，湖西地区党组织注重广泛发动群众，全力对敌开展政治攻势，揭露敌人的迫降诱降阴谋，争取和瓦解伪军。组织民众破路挖沟，切断敌人的运输线，填平敌人的封锁沟。组织小部队伏击、截击、封锁监视据点之敌，使敌人日夜不得安宁。

（二）同仇敌忾，共渡难关

在抗战困难时期，鲁南、湖西根据地人民展现出了共赴国难、风雨同舟的民族大义，有钱出钱，有力出力，保家卫国。

1941 年 2 月，鲁西军区弹药厂在昆山县（今梁山县，下同）金山村建立，但制造弹药的物资极度匮乏。昆山县开明士绅陆占武拿出银元 500 块，以助建厂之需。又派马车 4 辆，载粮万余斤送交弹药厂，接着又伐倒自家的 80 余棵直径 50 厘米、高 6 米以上的榆树、柳树，连夜送到弹药厂，供制造手榴弹弹把之用。之后，又把自己的 2 匹骡子送给弹药厂使用。

残酷的战争造成大量的兵员损耗，鲁南、湖西根据地人民群众发扬英勇顽强、不怕牺牲的精神，涌现了许多父母送子参军，妻子送夫参军，兄弟争相参军，哥哥牺牲了弟弟继续参军的感人事例。1944 年春，湖西地委在全区开展扩军运动，成群结队的青年涌向各县政府报名参军，几个月内就有 5000 余名青年涌入部队，入伍新兵超过原来部队的人数。湖西各主力团和县大队都充实了大量新兵。1945 年 1 月，中共鲁南一地委在发动群众开展参军运动中，全区有 4000 人参军抗战，其中补充给主力三团 1000 人。

（三）护送刘少奇同志过湖

1942 年 7 月，刘少奇代表中共中央到山东视察并指导工作后，由山东分局驻地临沭县朱樊村返回延安，路过微山湖。当时微山湖周围都是敌占区，敌人的据点密布，碉堡林立，封锁沟、封锁线纵横交织，只有微山湖是山东通向延安的唯一交通线。为掩护刘少奇安全过湖，微湖大队大队长张新华奉湖西一军分区司令员邓克明、政委潘复生之命，负责在微山湖区接送刘少奇。

返途中，刘少奇（化名胡服）一行 18 人进入鲁南军区司令部所在地埠阳村。司令员张光中与铁道大队政委杜季伟、大队长刘金山等人制订了详细的护送方案：整个护送路程分为 2 段，第 1 段从军区驻地到津浦路东 10 余里的小北庄，近百里，由教导 2 队护送；第 2 段从小北庄到微山湖，虽只有二三十里的路程，但中间要经过津浦铁路，是铁道大队的重点戒备路段，杜季伟带队负责接应过路，刘金山带队与刘少奇一起过路。过路后在蒋集休息 1 天，将刘少奇交给微湖大队送到湖西。

刘少奇于黎明前到达小北庄。当天晚上，铁道大队副队长王志胜去伪军炮楼疏通关系，刘金山率 9 名队员护送，晚上 10 点多钟到达津浦路，从沙沟与姬庄之间的一个涵洞穿过津浦路，到达蒋集。这时联络员突然来报，说附近的临城（今枣庄市薛城区）、夏镇等几个敌据点又增加了兵力。杜季伟等人紧急磋商，取消在蒋集住宿的计划，马上启程到微山湖里的船上隐蔽，待第二天天黑后再去湖西。

微湖大队大队长张新华带 7 条小船来接刘少奇一行，乘船先来到微山湖中的大捐村（渭河、王楼河的交汇处，抗日模范村），接着换成小船驶向西南，来到刘钦田夫妇的大船上。

不料第二天晚上敌情又有变化，敌人在湖西一带疯狂"扫荡"，封锁严密。刘少奇在湖里秘密停留了4天，接见了沛滕边县（今枣庄市薛城区）县委书记张庆林。第五天，湖西形势好转，刘少奇同铁道大队辞行，在微湖大队的护送下西行，数小时后到达湖西岸的王楼村，湖西军分区的司令员邓克明和政委潘复生早已带着骑兵排在岸边翘首以盼。船靠了岸，刘少奇挥别了微湖大队护送队员，跨上战马，踏上新的征程。

（四）开辟湖上交通线

1942年之前，从华中去延安，都是从津浦路西彭雪枫部队的活动区跨越陇海铁路，经冀鲁豫抗日根据地再去延安。自从彭雪枫的部队撤离津浦鲁西，就改为由淮海区北过陇海铁路，经山东滨海、鲁南等地去延安；有时也从盐（城）阜（宁）区乘帆船绕过连云港，到山东滨海区的东海岸。这两条线都是曲折迂回，且被敌人重重封锁，尤其是海上交通线更不安全。

1942年，抗日战争进入最艰苦的岁月，在日寇的残酷扫荡、分割"蚕食"下，鲁南山区根据地被压缩成"南北十余里，东西一条线"的严重局面。湖滨平原上，敌人的碉堡林立，沟路纵横。从鲁南到湖西，从华中到延安，交通被切断，新四军为保证交通安全付出了不少代价，开辟新的交通线迫在眉睫。

刘少奇顺利通过微山湖后，新四军第4师政治部发现了微山湖地区交通枢纽的重要性，经过考察，决定与活动在鲁南一带的微湖大队、八路军运河支队、鲁南铁道大队等抗日队伍共同开辟新的湖上交通线。此线由华中新四军邳睢铜根据地，经运河支队活动的鲁南黄邱山套游击区，从沙沟附近跨越津浦铁路，去微山湖东岸，然后过微山湖，再经湖西的冀鲁豫根据地去延安，主要护送领导干部在华中与延安间往返。

山东的过路干部由鲁南军区移交给铁道大队，华中的过路干部则由运河支队移交给铁道大队。鲁南铁道大队负责把八路军、新四军的人员、物资从津浦路东护送至津浦路西微山湖东岸。微湖大队负责微山湖区的秘密交通线：此段起点为微山湖东岸的乔庙、蒋集一带村庄，在葫芦头上船，途经微山湖中的大捐，湖西岸的封大庄为此段终点。湖西段交通线则由湖西军分区保卫。

此交通线开辟后至抗日战争胜利，共护送1000余名营级以上的干部穿过微山湖，从未出过差错。

三、价值启示

抗日战争时期，我们党在山区建立的抗日根据地比较多，可是依据河湖港汊在水上建立的根据地并不多，微山湖抗日根据地就是成功的一个。微山湖抗日游击根据地是中共山东分局和罗荣桓同志创造性地运用毛泽东军事思想依据河湖港汊建立的一个水域根据地典范。

（一）充分利用水上优势，打好游击战、持久战

我党我军利用微山湖滩涂便于隐蔽的自然环境，用柳条棵、芦苇荡、蒲草丛创造了隐蔽自己的大兵营、运兵甬道等，我们的被服厂、兵工厂、印钞厂、医院等都可以隐蔽在那里。而且还利用渔民的捕鱼工具，大摆鱼鹰阵、鱼钩阵、渔网阵、芦苇荡迷魂阵，机动灵活地开展游击战争，击毁日军的巡逻快艇，重创日伪势力，有力地保护了人民群众的利益和秘密交通线的畅通。

微山湖根据地区域不大，也没有形成单独的战略根据地，可是战略地位十分重要。路经微山湖的交通线肩负着山东、华中与延安的秘密交通往来，刘少奇、陈毅、朱瑞、萧华等1000多名干部在这里经过。国民党军队的于学忠部、李仙洲部的调防也曾经过这里。侵华日军和国民党顽固派千方百计地企图占据这个地区，扼断共产党的这一要冲之地，但无论是他们的疯狂"扫荡"，还是步步紧逼的蚕食，都没有把这个抗日堡垒摧毁，反而使我们党的组织，在血与火的战斗中，越战越强大，微山湖根据地也越来越巩固。我们党依靠这里的人民群众，采取机动灵活的游击战术和正确的斗争策略，成为日军压不倒、打不破、摧不毁的战略屏障。

微山湖四周是日伪军重兵把守的要冲——徐州、贾汪（今徐州市贾汪区）、台儿庄（近枣庄市台儿庄区）、峄县（今枣庄市峄城区）、枣庄、藤县（今济宁市）、兖州（今济宁市兖州区）、鱼台、沛县等城镇和津浦铁路。所以，日军极为重视这一地区，敌、顽、我三方斗争极为激烈，该地成为各种政治势力角逐的前哨阵地。"我抗日健儿英勇无畏，辟我通途，神出鬼没遏敌冲要。"由于采取了正确的斗争策略，正确地运用了毛泽东主席关于游击战争的战略战术，使微山湖300里芦苇荡，成为我军后方休整基地，我们的高级领导干部多从这里路过，首长们运筹于芦苇荡中，指导抗战，拟定发展方略。

另外，微山湖区优越的自然条件，生产的湖田麦子、鱼虾、蒲草、藕等产品，给鲁南、湖西根据地以极大的经济支持和帮助。山区的同志还能进入

湖区隐藏，因而自从山湖地区划归鲁南区后，这里便很快成为鲁南抗日根据地的一个重要组成部分。

（二）主力部队地方化，地方武装群众化

日军占据微山岛后，不是不想消灭八路军，而是我们改变了斗争策略，部队改穿老百姓的衣服，日伪军也明明知道，微山湖区有八路军活动，可是，谁是八路军，谁是老百姓，他们搞不清楚。因为，我们的部队打仗时集中，平时分散隐蔽，做群众工作。我们和人民群众打成一片，在衣着打扮上，我们的干部、战士与渔民、农民没有什么两样，而且还有职业掩护。敌人出来打我们就好像老虎打跳蚤一样，根本找不着。我们的干部、战士，在陆地上看见日军来了，来不及躲避就和群众一起，或者抱着群众的孩子站在大街上，而日伪军像睁眼瞎一样在我们的战士面前通过。如在水域碰上日军，就和渔民一起打渔干活，观察日军快艇的行动。我们的部队不打无准备之仗，不过分刺激敌人。但是，当地下交通线受到日伪军威胁和破坏时，便坚决同其作战，不打则已，打则必胜。如伪军王楼据点，曾给我们来往过湖多次制造麻烦，我们经充分准备，突然夜袭，一举将其拔掉。

（三）发动群众，依靠群众，走群众路线、人民战争路线

发动群众是建立隐蔽根据地的重要因素。微山湖区的芦苇荡里尽管可以隐蔽千军万马，但若没有人民群众的支持、掩护，部队也很难立足。人民群众才是战胜日伪军真正的铜墙铁壁。

沛县县委群众发动做得好，从三孔桥到南庄十几里路的村庄，人民群众都拥护共产党八路军，绝大多数的民户，都是抗日军属或烈属，有的是双烈属，我们的同志在这一带开展工作也好，路过也好，只要发生了情况，无论认识不认识的，群众都照样掩护帮助脱离危险。由此可见，人民群众才是我们战胜日伪军的最强大的力量。

（四）重视情报工作和统战工作

我党十分重视城市地下和情报工作，强调每一个党员都要想办法找线索做敌伪军工作。由于我们情报工作做得好，日军一有行动，我们马上就能够知道。这也是我们战胜日军的重要因素。

对于日军，我们也注意进行瓦解。我们从多种渠道派人打进敌人内部，搞一些机密、绝密情报，如了解到日本人民如何反对侵华战争，和日军如何厌战、自杀、逃跑等情况。我们根据这些情况，特请日本反战同盟的鲁南负

责人高桥，向临城、沙沟的日军据点进行喊话，效果很好。这两个据点的日军就再也不出来了，我们的活动就更加方便了。我们对日伪军头目也进行了排列，分析他们的思想动态，分别争取和打击不同对象，成效很大。

模块五红色文化：大孙爱国主义教育展览馆

【教学导入】你知道大孙乡的地理位置吗？你了解大孙"千人坑"惨案吗？你了解余志远烈士吗？

【教学目的】通过本模块专题教学帮助大学生深入了解大孙乡"千人坑"惨案与日本帝国主义残暴本性，深入理解大孙乡人民的革命斗争实践，激发学生的爱国热情。

【教学重点】垄断资本主义与帝国主义的侵略本性；大孙"千人坑"惨案；大孙乡人民的革命斗争。

【教案正文】

一、背景介绍

地理位置：大孙乡隶属于山东省德州市乐陵市，位于乐陵市西北角，西邻德州市宁津县、北临漳卫新河与河北省隔河相望，是2省3县交接处。大孙爱国主义教育展览馆位于乐陵市大孙乡乡政府南。

大孙爱国主义教育展览馆是冀鲁边区革命纪念园的延伸项目。冀鲁边区革命纪念园位于乐陵市朱集镇枣林旅游路东侧，总建筑面积3000平方米，馆内设计突出重大事件、重大活动和著名人物，以图版、文字、实物及绘画、模型、场景、展柜、多媒体等形式，全面反映了边区军民在党的领导下波澜壮阔的革命历史。

为纪念抗战历史及大孙乡"千人坑"惨案，教育后人，大孙乡党委、政府于2012年多方筹资建设爱国主义教育展览馆。该馆总占地面积27亩，投资1160万元，建筑面积2380平方米，由展览馆主体、千人坑遗址、烈士纪念碑3部分组成，馆内共有6个展示区和1个影视多功能厅。该馆是对冀鲁边区革命纪念馆的延伸和有益补充，已成为爱国主义教育、革命传统教育、党史党性教育的重要基地。

展览馆内部包括4个展厅和1个影视多功能厅，第一展厅主要是介绍大孙乡的总体概况；第二展厅主要是用图片讲述乐陵人民抗击日军的情况；第三展厅用雕塑、刑具实物等，再现了日伪军残害百姓的残酷情形；第四展厅用模板形象地规划了大孙乡新时期的发展前景。

二、发展过程

抗战爆发以后，日伪军烧杀抢掠，无恶不作，在冀鲁边区制造了大小上百个惨案。

（一）"千人坑"惨案

抗日战争年代，大孙乡是冀鲁边区早期革命活动最为活跃的区域之一，日伪军曾在这里制造了惨绝人寰的"千人坑"惨案。

1938 年 6 月 28 日，南侵的日寇"进攻部队"由宫泽文雄率日伪军 400 余人，从济南返回乐陵。日军占领乐陵后，当地的一些汉奸恶霸、地痞流氓充当了日军的帮凶，在全县各重要村镇建据点、修岗楼、挖封锁沟、烧毁百姓房屋、砍伐百姓果树、抢粮抢牲畜、疯狂残害抗日军民和无辜百姓，制造了一起起前所未闻的屠杀惨案。

1940 年 12 月，日寇委命大汉奸王保俊部 300 多名皇协军驱赶着从河北抓来的数百名民夫来到乐陵县（今乐陵市，下同）大孙村修筑据点，筑下魔窟，将村子建成了一座鬼窟狼穴——大孙伪军据点。屯聚在这里的是伪军"皇协护民军独立第二团"，该团有 3 个大队，1 个特务队，头目就是王保俊。

当时的大孙村是个只有 140 多户人家的中等村庄，村外筑有寨墙，4 个寨门。日伪军进村以后，将居住在村西南角的 30 多户人家赶出家门，抢占了他们 100 多间平房。在这些平房的北面，利用一个宽约 60 米、长约 100 米的大水湾为鸿沟，东面筑起了一道高达 10 多米的寨内围墙，围墙外又挖掘了两条五六米深的沟堑，西、南两面则依托原有的环村寨墙为屏障，建成大孙据点。

这些十恶不赦的恶魔，用大刀砍、铡刀铡、剖腹挖心、倒挂肉钩、割耳断肢、火烙铁烫、大卸八块、五马分尸、打活靶子等 20 多种酷刑，残杀我抗日军民、无辜百姓。在不到两年的时间里，烧毁民房 420 多间，抢粮 4 万多斤，砍伐树木 14 万株，杀害我同胞 1004 人，制造了骇人听闻的"千人坑"事件。

屠杀惨景历历在目：

2015 年，大孙乡锉刘村人 78 岁的孙玉香老人这样讲述道："父亲孙文焕是一名共产党员，被叛徒告密后落入日伪军手中。1941 年的一天中午，父亲被好几个日伪军带到大孙据点，我们兄弟姐妹几人和母亲也一同被带了过去。那时年龄很小，很多事都记不得了，但是父亲在据点内被日伪军吊起来打的场景记得十分清楚，这个场景时常在我的脑海中浮现"，"父亲是被抓到据点三四天后去世的，当时家里人并不知道，尸体是被在大孙据点干活的附近村民发现的"。

大孙村村民孙学峰回忆说："我八九岁的时候，日伪军来这里修据点，当时村里的许多人都被抓去修据点，我父亲就是其中一个。"老人说，他见过日伪军残杀百姓的场景，场面相当残暴，那些场景"一辈子都忘不了"。

孙学峰说："1941年农历八月十三晚上，大孙村党支部书记孙海峰召开党员和进步群众会议时，因叛徒告密，被伪军包围。孙海峰为保护其他17名党员和群众，挺身而出，不幸被捕。伪军逼迫他交出党员名单，对他严刑拷打，威逼利诱，孙海峰坚决不说。最后他被敌人用铡刀铡死，牺牲时年仅23岁。"

张官庄村村长、八路军地下联络员张春亭被大孙据点的汉奸从外地抓回，路过本村时，汉奸逼着群众夹道欢迎。张春亭的老娘也在其中，不敢呼喊儿子，只是以泪洗面。张春亭暗示着娘亲，高喊着："娘，儿死后给儿糊个纸马，就在咱家院子里烧，儿回家骑马时，也好看一眼老家老娘。"最后，张春亭被枪杀，后又被五马分尸。

1942年3月，我八路军侦察员李喜不幸落入大孙据点伪军之手。伪军先把他的衣服脱光吊在树上，再用刚烧开的沸水从头顶浇下，接着再用冷水浇。李喜同志面对酷刑紧咬牙关。伪军头目王保俊气急败坏地大吼："我今天倒要看看你的心是不是肉长的！"随即命令护兵张书楼用尖刀对准李喜胸部一刀豁开，然后硬生生从烈士胸腔里掏出了一颗血淋淋的心脏。张书楼为讨好恶魔王保俊，竟然用我抗日战士的心脏，给王保俊这个魔鬼做了下酒菜肴。

据点内的日伪军几乎天天杀人。据点内操场南边的枣树上，寨墙外的榆树上，经常挂着人头。大孙村东南角的大坑里，每天都有新抛进的血肉模糊、肢体不全的尸体。挖几锨黄土掩埋后，又被填上新的尸体。

当时，大孙流传着这样一句话："阵阵枪声寒，天天有惨案；村村都戴孝，家家有哭声。"反映了在日伪军铁蹄蹂躏下，广大民众所遭受的巨大灾难。

据史料记载，除了在大孙据点，日伪军在其他据点也是十分凶残的。姚孙据点的日伪军，将大王家村9名青年抓进据点，打死1人，饿死1人。1940

年6月，日伪军又包围了该村，威逼村民跪在地上，当场杀死1人示众，后又将该村2613间民房全部扒毁，将财物、粮食抢劫一空。郑店据点的日伪军，在建据点时1次就杀死百姓17人。

据统计，日伪军在乐陵七年间，全县被杀害者7893人，其中妇女1296人、儿童1062人。致伤、致残7614人。逮捕、关押2.7万人次，烧毁房屋5.56万间，抢劫粮食2233万斤、花生14.98万斤、金银首饰162.48万件、树木47.22万棵。

大孙爱国主义教育展览馆对日伪在大孙据点的暴行进行了重点展示，对当年的铡刀铡人、铁蒺藜抽打鞭刑、剖腹取心下酒、二踢脚放肛门杀人、铁丝串妇女游行等酷刑，用雕塑、模型等手段作了展示。

（二）大孙乡人民的革命斗争

大孙乡人民面对日伪军的残酷暴行，进行了不屈不挠的斗争，出现了许多可歌可泣的英雄事迹。

在山东抗日战争史上，冀鲁边区始终扮演着重要的角色。

冀鲁边区作为抗日主战场之一，在见证历史的同时，留下了许多难以抹去的伤痕，无声地诉说着冀鲁边区人民的贡献与牺牲。

著名的"邢官庄反扫荡"就发生在大孙乡邢官庄村，乐陵县县长余志远（1917～1943年）同志就壮烈牺牲在此次战役中。

余志远，原名张汉卿，1917年出生于乐陵县黄夹镇邸家村。1936年6月，毕业于乐陵县师范附设班，后到黄夹镇西北的张牌家县立初级小学任校长。1937年投笔从戎，参加了杜步舟的抗日救国军第六团，转战于盐山、庆云、海兴、阳信等地。1938年夏，任乐陵县第七区（黄夹区）民众动员委员会主任。9月，加入中国共产党。

1939年6月，敌人把张汉卿的父母和弟弟抓到黄夹据点，妄图借此威逼他投降。张汉卿心急如焚，但坚决不投降。为保证他的安全，组织上把他调离，并谎称他已牺牲，为他出假殡、造假坟，迷惑敌人，诱使敌人放了他的亲人。从那时起，他取"志向远大"之意将自己的名字改为余志远，继续抗日。

1941年1月，上级委任余志远为乐陵县县长兼县大队长。1942年底，在他的带领下，乐陵县抗日工作成绩显著，余志远被冀鲁边区战时行政委员会评为"模范县长"。

1943年2月，日本侵略者调动沧州、盐山、惠民、宁津等地的敌人长途奔袭，对乐陵进行大规模的"铁壁包围"。4月，余志远带领部队转移到邢官庄时被敌人扫荡队包围。为了掩护同志们突围，他故意暴露自己，把敌人引到枣林深处的一座土房子里。余志远数了数剩下的子弹，又把身上带的文件和笔记本烧掉。有三个敌人冲进院内，端着刺刀往屋里冲，余志远连开三枪，敌人当场毙命。在院外的敌人声嘶力竭地叫喊："余志远，投降吧，皇军会给你个县长做！"余志远无动于衷。敌人从侧面爬上房子，扒开屋顶，举着手榴弹逼他投降。

余志远咬破手指，在墙壁上写下了泣血革命诗篇："生前不能孝父母，死后鲜血为国流。嘱我抗日众同志，踏我血迹报国仇。"然后将枪口对准自己的胸膛，以身殉国。那一年，余志远年仅26岁。

余志远给我们留下的是一种大义凛然的民族气节，一种视死如归的不屈精神。

抗日战争时期，冀鲁边区军民积极发展壮大抗日根据地和抗日武装力量，创建了以乐陵为中心的冀鲁边区革命根据地，涉及周边24个县市。冀鲁边区军民对日伪军作战近千次，消灭敌军数万人，有90多名县团级干部、10多万名战士群众英勇牺牲。

三、价值启示

勇敢的大孙乡人民用鲜血和生命生动地诠释了"敢为人先、大爱为国、不屈不挠、团结奉献"的冀鲁边区精神，为开创华北敌后抗战新局面，建立山东省抗日根据地，促进全国解放作出了突出贡献。

"千人坑"附近草木茂盛，坑内至今还埋着被害同胞的遗骨，这一堆堆的白骨，仿佛在无声地控诉着侵华日军的累累血债、滔滔罪行。侵略者制造的一桩桩惨案时刻提醒着人们勿忘历史，珍视和平。同时，这也在警示我们一个民族落后就要挨打，贫弱没有尊严，不断激励着广大干部群众为实现中华民族伟大复兴的中国梦努力奋斗。

纪念过去是为了更好地开辟未来。为了不让惨剧的历史重演，我们必须从站起来到富起来、强起来。大孙乡位于乐陵市的最西北，位置偏僻、交通不便，历史上是个出了名的"沙土窝子""穷乡"。可如今，这里的经济发展速度却让人对它刮目相看，全乡拥有华泰木业、盛达制衣、华昌菌业、青青木业等十几个投资过百万元的项目。

大孙乡地处黄河故道，属于沙性土壤，表层土料主要为亚砂土、亚粘土。这种土壤特别适合地瓜、花生、苹果、西瓜、梨、桃、柿子、山楂的生长，出产的瓜果品质优良，是远近闻名的瓜果之乡。现在的大孙乡站在可持续发展的角度，利用自己的特色，努力挖掘大孙乡这片沃土所具有的发展农业产业的巨大潜力。近年来在乡党委政府的引导之下，全乡生态农业产业经营已经初具规模，到目前为止主要形成了四大产业区：水果采摘观光园、红色旅游产业、奶牛养殖产业、农产品深加工产业。2014年大孙乡被评为"山东省旅游强乡镇"，吴官庄村被评为"山东省旅游特色村"等。

模块六红色文化：《共产党宣言》与红色刘集

【教学导入】你能回答下面的问题吗？红色刘集指的哪个地方？《共产党宣言》在中国传播的故事你知道哪些？《共产党宣言》与刘集之间又有哪些故事呢？

【教学目的】通过本模块专题教学，帮助大学生深入了解红色刘集的历史，在红色历史中理解英雄民众的爱国情怀，激励新时代青年大学生要勇担时代重任，为实现中华民族伟大复兴的中国梦贡献磅礴力量。

【教学重点】《共产党宣言》与红色刘集的渊源；红色刘集蕴含的价值与启示。

【教案正文】

一、背景介绍

刘集村，位于东营市广饶县域东南部的大王镇，该区域东接潍坊寿光，南邻青州市。在地理区域上，它看似毫不起眼，但90多年前这个村落就因滋养着党的火种，积淀了醇厚的红色精神，至今仍展现着红色星火的不朽魅力。

刘集村之所以被称为"红色刘集"，主要是因为这里不仅有着山东省乃至全国最早的农村党支部之一，还使用和保存了我国首版中文译本《共产党宣言》。正是因这里有着先进的党支部指导、有着厚重的爱国情怀，这个并不算大的村落还哺育了刘良才、刘子久、刘雨辉等一大批党的好儿女。据统计，仅从抗日战争到中华人民共和国成立，当时仅有百余户村民的红色刘集中就先后有28名人员壮烈牺牲，而有记录可查的参军、参干人员达192人。

今天的红色刘集，为继承发扬红色文化，在修缮中共刘集支部旧址的基础上建成了支部旧址纪念馆，建立了红色文化的宣传聚集区。广饶县政府先后投入 2000 多万元，在这片土地上修建了第一个共产党宣言纪念馆、中共刘集支部旧址纪念馆、张太恒上将纪念馆、中共延集支部纪念馆等多个红色景点，形成了红色文化集聚宣传的态势。在展馆运行中注重融入声、光、电等高科技元素，多维度灵活展现红色资源，将红色资源创新性开发。据了解，当前刘集红色资源的开发利用已较为完善。2005 年开馆的中共刘集支部旧址纪念馆至今已接待参观人员 10 万余次，已成为远近闻名的爱国主义教育基地。2009 年 10 月，胡锦涛同志来到刘集村视察，作出"让刘集支部这面旗帜高高飘扬、永远飘扬"的重要指示。目前中共刘集支部旧址已依托各级党校开发了"《共产党宣言》到刘集""《共产党宣言》与中国共产党人的初心使命"等课，通过打造精品课程，为前来参观学习的人员呈现思想盛宴，筑牢初心使命意识。此外，红色刘集还致力于红色文化资源的输出。2018 年山东省吕剧院全国巡演的吕剧《大河开凌》、以"一门九英""一门三烈"等革命烈士和李耘生等英雄模范的事迹为题材拍摄的《信仰的力量》的影视片以及《信仰的力量——〈共产党宣言〉在大王》《大王魂》等红色书籍的出版将刘集的红色文化传播各地，发挥着红色文化铸魂育人的功能。

二、发展过程

可从周恩来与陈望道的一段对话中导入《共产党宣言》与刘集的渊源：1975 年 1 月，四届全国人大一次会议召开时，周恩来总理见到了《共产党宣言》一书的最初译者、复旦大学老校长、全国人大时任常委陈望道。总理握住他的手，询问说："《共产党宣言》最早的译本找到没有？"并且讲到"这是马列'老祖宗'在我们中国的第一本经典著作，找不到它，是中国共产党人的心病啊！"陈望道先生何尝不想找到这部深具代表性的作品，但也只能遗憾地摇了摇头。通过故事，可引发学生思考，这个让周恩来总理和陈望道先生都牵肠挂肚的《共产党宣言》以及它的第一个中文译本到底有何重要意义呢？

《共产党宣言》是马克思和恩格斯为世界上第一个无产阶级政党"共产主义者同盟"起草的政治纲领。该宣言的发表标志着马克思主义的诞生，此后更是深刻地改变了人类历史的进程。于中国而言，面对列强侵略和民族危亡，中国先进知识分子始终在探索救国救民的道路，最终李大钊、陈独秀等先进知识分子在反复思考中确立了对马克思主义的坚定信仰，并开始了马克思主义在中国的早期传播。正是在这一背景之下，马克思主义的相关著作开始传入中国。早在 19 世纪末 20 世纪初，《万国公报》《民报》等刊物就曾刊印过《共产党宣言》的片段，但由于《共产党宣言》翻译难度较高，全文本一直未能译出。1920 年，陈望道接受了戴季陶、邵力子的邀请，决定回到浙江义乌水塘村的老家专心翻译《共产党宣言》。1920 年 8 月，在陈独秀和共产国际代表的支持下，《共产党宣言》的中文首译本出版，该版本当时一共印行了1000 册。当时由于排版工人疏忽，第一版的封面上的《共产党宣言》被错印为"共党产宣言"。正是因为这个错印，使得初版的《共产党宣言》与其他的版本容易区分开来。但也正因为当时只印了 1000 册，加之长期的革命战乱，这部首译本留存下来的极少。《共产党宣言》在中国的传播有着极为重要的意义，它不仅直接促进了中国共产党的成立和一大的召开，而且对早期共产党人而言，此书是宣传和学习马克思主义的宝典。因此，这部《共产党宣言》首译本在当时和今天都有着极为重要的意义。这也是为何周恩来总理和陈望道先生都对此译本念念不忘的原因。

1921 年 7 月 23 日，中国共产党第一次全国代表大会在上海召开，王尽美、邓恩铭作为代表参加，他们回到山东时带来了这部革命的火种，并在后来送给了山东第一个女共产党员王辩（黄秀珍），王辩又传给了广饶籍的女共产党员刘雨辉。1926 年，刘雨辉借回家探亲之际，把这本《共产党宣言》带回了刘集。从此，这部极具代表意义的首译本与刘集有了跨越一个多世纪的关联。

中共刘集支部是我国农村唯一一个从建立开始就未曾中断过的基层党组织，刘良才就是这个支部的重要成员。刘雨辉把首译本的《共产党宣言》交给了刘良才，并告诉刘良才，"共产党员都应该学一学，会让我们明白革命的目的，知道今后应该走的路"。这意味着刘集支部开始有了经典的支撑，能够更好地宣讲党的理论。

此后刘集党支部认真研读《共产党宣言》，并为适应农村宣传的需要，将《共产党宣言》内容转换为大众化的语言向群众传播。刘集党支部还秘密张贴印刷传单，传播山东抗日游击队第三支队编印的《血花》月刊和清河特委编辑的《群众报》《青年人》等革命刊物，扩大了对《共产党宣言》思想的宣传。

正是有着《共产党宣言》等马克思主义理论的指导，大革命失败后，刘集党支部能够较快吸取以往农民运动的经验教训，带领农民群众先后开展了"增资""掐谷穗"和"砸木行"等运动。此外，党支部还通过耐心细致的思想教育将民间组织"红枪会"中的骨干力量吸收为中共党员，将这一民间组织改造为革命武装，扩大了党的武装力量，使之在此后抗粮、抗捐、反暴敛的斗争中发挥了重要作用。1928 年，广饶县委成立，刘良才担任县委书记，在他的带领下，全县建立了 8 个党支部，党员发展到 70 多人，领导着 500 人的贫民会会员，并成立了青年团、少年队、工会等进步组织，彰显了农民群众中蕴藏的巨大革命力量。

《共产党宣言》带给了刘集理论的指导和革命的火种，而刘集人也用生命去守护和回报它。在国民党白色恐怖时期，《共产党宣言》等一大批党的理论著作都被定为"禁书"，不仅不能出版发行，而且还遭到焚毁。为了对付当时国民党的搜捕，当时的刘集党支部被迫转入地下。刘良才冒着生命危险将《共产党宣言》藏入自己家中，珍藏起来。等到 1931 年他被调任潍县（今潍坊市）县委书记时，刘良才又将此书交给了刘集村支部委员刘考文保存。20世纪 30 年代的广饶笼罩在白色恐怖下，不少党支部被破坏，许多共产党人入狱。作为党支部委员的刘考文意识到自己的危险，又将此书转交给了本村的党员刘世厚，嘱托他一定要好好保护。而刘考文一家则在后来的搜捕中入狱。一年后，刘良才也由于叛徒出卖英勇就义。两位保管人用生命践行了对《共产党宣言》的信仰。而第三位保管人在恶劣的条件下同样愿意以生命守护，刘世厚将《共产党宣言》用油纸层层包好，藏进了一个竹筒内，并不时地转换竹筒的地点，最终将其藏到了屋子山墙的雀眼里面，躲过了敌人的数次搜查。抗日战争爆发后，刘集因革命活动频繁，也成为侵华日军扫荡的重点。1945 年 1 月 18 日，1000 余人的军队突然包围刘集村，不仅杀害了 83 位村民，还烧毁了 500 余间房屋，酿成"刘集惨案"。刘世厚目睹了日军的暴行，他虽然侥幸逃了出来，但却没来得及取出藏着的《共产党宣言》。于是，他又奋不顾身地返回村里，取出了藏着的书。此后的动荡岁月里，刘世厚一直小心翼翼不断变换藏书地点，保存着这本书。中华人民共和国成立后，刘世厚将这本书从藏的地方取出，当作宝贝一样保存在自己的柜子里。一直到 1975 年，广饶县进行革命文物的征集活动，当时已经 84 岁高龄的刘世厚听闻后，将这本用半生时光保存的《共产党宣言》以及一些早期与党组织有关的书信、文件等一起捐献出来。就此，《共产党宣言》的首译本与刘集的渊源开始广为人知。

三、价值启示

据统计，印发1000册的《共产党宣言》历经战火后目前只有12本保存于世，而刘集的这一藏本是唯一一本在农村党组织中传播使用的首译本，因而意义重大，被认定为国家一级革命文物。

这部历经战火洗礼保存下来的译本不仅见证着中国共产党领导下的中国走向独立富强的光辉历程，也对今天我们青年大学生的成长成才有着重要启迪。

第一，《共产党宣言》所体现的人民立场与价值情怀历久弥新，魅力永恒，青年大学生要继续坚持马克思主义理论指导，努力做新时代具有远大理想和坚定信念的爱国者。《共产党宣言》指出共产党人没有任何同整个无产阶级的利益不同的利益，无产阶级运动本身就是为绝大多数人谋利益的运动。这体现了共产党人始终以人民为中心的初心。正是这份初心，才能够真正吸引无数青年才俊加入中国共产党，才能赢得人民群众的真心拥护和支持，也才能使得诸如刘良才、刘世厚等人将《共产党宣言》视若珍宝，甘愿冒着生命危险一次次地保护它。今天，中国特色社会主义已进入新时代，作为新时代的青年大学生，我们虽然不用经历战争年代的残酷，但同样面临着百年未有之大变局的挑战。《共产党宣言》体现出的人民立场和红色刘集对党的忠诚仍然是我们必须继承和发扬的。作为青年大学生，我们要勇立鸿鹄之志，将个人梦与中国梦结合起来，以实现中华民族伟大复兴为己任，不断将中国特色社会主义事业推向前进。

第二，树立历史唯物主义的群众观和英雄观，弘扬英雄精神，形成崇尚英雄的良好氛围。"天地英雄气，千秋尚凛然。"习近平总书记在颁发"中国人民抗日战争胜利70周年"纪念章仪式的讲话中指出，包括抗战英雄在内的一切民族英雄都是中华民族的脊梁。红色刘集自1921年以来就建立了党支部，开始接受马克思主义的指导，坚定了实现共产主义的信念，不少从刘集走出的子弟先后加入了中国共产党，在艰苦条件下为革命事业抛头颅、洒热血，涌现出一批英雄人物。如1905年出生的李耘生，自19岁经王尽美介绍加入中国共产党后，在山东、武汉、南京多地担任组织工作，1932年因叛徒出卖，被捕入狱。他面对敌人的引诱，坚定说道"为人民，头可断，血可流，志不屈。要在任何斗争中经得起考验",最终在南京雨花台英勇就义,年仅27岁。另外,还有在抗战中先后牺牲的"一门三烈士"——刘寿山、刘仁山和刘瑞智的英雄事迹。这些临危不惧、宁死不屈的青年们并非天生英雄,他们正是在马克思主义指导下认识到人民群众是历史的创造者这一科学的唯物史观,才更为坚定抗争的信念,在斗争中甘于奉献和牺牲,成为顶天立地的英雄模范。每个时代都有每个时代的英雄,在抗击疫情的斗争中,以"90后"为代表的青年中已涌现出不少英雄模范,成为新时代大学生的榜样。今天的大学生要坚定爱祖国、爱人民、爱社会主义的理想信念,树立正确的英雄观,在实现民族复兴中国梦的伟大事业中争当英雄。

第三循环　经典文献研读

"不畏浮云遮望眼,只缘身在最高层。"马克思主义是科学的世界观和方法论,是无产阶级和全人类解放的科学指南,它给予了我们观察当代世界的宏大视野。本循环旨在通过经典文献研读,引导学生了解马克思主义鲜明的科学性、革命性、实践性、人民性和发展性,自觉将马克思主义内化为信念,外化为行动。

模块一经典文献:《共产党宣言》

【教学导入】你知道中国第一个《共产党宣言》全译本是谁翻译的吗?你听说过"真理的味道有点甜"这个故事吗?你知道《共产党宣言》给我们阐述了哪些重要的真理性认识吗?

【教学目的】通过本模块专题教学,帮助大学生了解《共产党宣言》的写作背景与框架结构、重要思想及其当代价值。让学生在阅读《共产党宣言》原典中,体悟作者是如何运用辩证的历史的唯物主义的基本立场、观点和方法,在剖析资产者与无产者产生、发展的基础上,揭示"两个必然"的历史规律,进而指明共产党的性质、特点、纲领,以及共产党人对各种反对党派的态度与策略原则;感悟马克思主义的理论与逻辑魅力;帮助大学生坚定共产主义信仰,树立"四个自信",培养锻炼其辩证思维、批判性思维、历史思维等理论思维能力。

【教学重点】《共产党宣言》的重要思想;《共产党宣言》的时代价值。

【教案正文】

习近平总书记在 2018 年 4 月 23 日主持十九届中央政治局第五次集体学习时就曾指出："《共产党宣言》是一部科学洞见人类社会发展规律的经典著作，是一部充满斗争精神、批判精神、革命精神的经典著作，是一部秉持人民立场、为人民大众谋利益、为全人类谋解放的经典著作。……《共产党宣言》是一个内容丰富的理论宝库，值得我们反复学习、深入研究，不断从中汲取思想营养。"[1]那么，这部经典著作是如何诞生的？

一、《宣言》的写作背景

众所周知，《共产党宣言》（本模块以下简称《宣言》）发表于 1848 年 2 月。然而，《宣言》的发表并非是偶然的，它是马克思恩格斯对当时资本主义向何处去、人类向何处去这一时代课题的理论回应；是马克思、恩格斯在参加工人运动的实践中，自觉同资产阶级及各种非科学的社会主义思潮进行斗争，实现自身思想转变，并进行艰辛理论探索的成果。

（一）《宣言》是时代发展的产物

任何理论的产生都是时代的产物。19 世纪上半叶西欧资本主义和工人运动的发展，为《宣言》的横空出世提供了经济社会土壤和阶级基础。

19 世纪上半叶，资本主义生产方式在西欧已经有了相当的发展。以蒸汽动力为标志的工业革命的迅猛发展，极大提高了劳动生产率，促进了社会生产力的发展，人类社会进入工业化时代。然而，资本主义在促进社会化大生产迅速发展的同时，也带来了深重的社会灾难：自 1825 年英国爆发第一次经济危机以来，西方资本主义国家每隔一段时间就会爆发周期性经济危机，社会贫富差距不断扩大，无产阶级与资产阶级之间的矛盾不断加剧。为什么生产发展了，财富增加了，而贫困却在不断扩散，社会两极分化反而越来越严重？生产发展为什么会引发经济危机？资本主义将走向何处？人类将走向何处？已有的资产阶级经济理论无法回答资本主义发展所带来的这些新问题，迫切需要时人交出新的解决问题的答卷。

伴随着工业革命的滚滚车轮，整个资本主义社会都处于精神极度亢奋的

---

〔1〕 "习近平主持中共中央政治局第五次集体学习并讲话"，载 http://www.gov.cn/xinwen/2018-04/24/content_ 5285470. html，2019 年 4 月 16 日访问。

状态，资本家疯狂积累利润，无产者则失去思想和自由，沦为流水线上的一个零件。马克思在《宣言》中描述道："挤在工厂里的工人群众就像士兵一样被组织起来。他们是产业军的普通士兵，受着各级军士和军官的层层监视。他们不仅仅是资产阶级的、资产阶级国家的奴隶，他们每日每时都受机器、受监工、首先是受各个经营工厂的资产者本人的奴役。"〔1〕蒸汽机的轰鸣声淹没了无产者的苦难诉求，与此同时也唤醒了他们的政治要求。无产阶级与资产阶级之间矛盾的不断加剧，促使无产阶级反抗资产阶级的斗争逐步由自发走向自觉。1831 年，法国里昂工人走上街头，喊出了："不能劳动而生，毋宁战斗而死！" 1836 年，英国无产阶级走上历史舞台，开启了长达十余年全国性的轰轰烈烈的宪章运动。1844 年，德国西里西亚纺织工人怒斥资本家的剥削嘴脸……一场场运动，一次次诉求，无产阶级不断发出自己的声音。但是这三大工人运动都由于缺乏科学理论的指导而以失败而告终。无产阶级迫切需要科学的革命理论来指导自身解放斗争。

（二）《宣言》是马克思恩格斯在实践中实现思想转变与理论探索的产物

马克思恩格斯之所以能成为《宣言》的创造者，这有赖于他们先后于 1844 年完成思想上的两大转变：一是世界观的转变，即由唯心主义转向唯物主义；二是政治立场的转变，即由革命民主主义者转变为共产主义者。

马克思和恩格斯是怎样相互吸引，以至于能够终生合作的呢？这就要从 1843 年 9 月恩格斯给《德法年鉴》编辑部寄去的题为《国民经济学批判大纲》的稿件说起，当时负责审稿的正是马克思。恩格斯的这篇文章在历史上第一次将德国哲学、英国经济学和法国社会主义思想融合在一起，并将社会批判的矛头直接指向了资本主义私有制。马克思高度评价了恩格斯的这篇文章，称其为"天才大纲"。当时，马克思撰写的《〈黑格尔法哲学批判〉导言》和《论犹太人问题》两篇文章，与恩格斯的这篇文章同时发表在《德法年鉴》第一、二合刊号上，恩格斯在 1844 年 2 月底拿到杂志样刊并阅读了马克思的文章之后，从马克思的文章中领会了革命民主主义转向共产主义、唯心主义转向唯物主义的必要性。此后，马克思和恩格斯不断通信交换意见，两人发现彼此对基本理论问题与实际斗争策略的看法竟然高度一致。1844 年 8 月底，恩格斯在巴黎逗留了十天，与马克思深入交流。马克思建议两人合作

---

〔1〕《马克思恩格斯选集》（第 1 卷），人民出版社 1995 年版，第 279 页。

批判鲍威尔兄弟的思辨哲学，1844 年 9 月至 11 月，两人合作完成了《神圣家族》，1845 至 1846 年 5 月，两人又合作完成了《德意志意识形态》。

（三）《共产党宣言》的产生离不开"共产主义者同盟"嬗变的历程

因为《宣言》是"共产主义者同盟"的行动纲领，是第一个现代党纲。"共产主义者同盟"的前身是"正义者同盟"，"正义者同盟"是 1836 年在"流亡者同盟"（由侨居于巴黎的德国人于 1834 年组建）的基础上创建的，领导人是沙佩尔、鲍威尔和莫尔（恩格斯称他们为"三个真正的男子汉"）。"正义者同盟"十分重视同盟纲领的制定，于 1838 年在巴黎进行了关于同盟纲领的讨论，随后就委托魏特林起草纲领，魏特林借此写成了《现实的人类和理想的人类》，"正义者同盟"对此并不满意，沙佩尔于 1838 年写的《财产公有》也没有被"正义者同盟"采用。1839 年"正义者同盟"因有人参加了布朗基主义者在巴黎发动的武装暴动，沙佩尔等人被捕入狱。沙佩尔、鲍威尔等出狱后移居伦敦，同盟的革命中心也随之转移到英国。从 1840 年起，"正义者同盟"对共产主义的理解缓慢增长。

自 1842 年起，恩格斯与马克思先后同英法工人组织有了联系，他们的思想与"正义者同盟"产生了"交集"。马克思在《〈黑格尔法哲学批判〉导言》中曾经说过，"批判的武器当然不能代替武器的批判，物质的力量只能用物质的力量来摧毁"[1]，他已经认识到建立一个工人组织、拥有一支无产阶级的革命队伍的重要性。1845 年恩格斯出版了《英国工人阶级状况》，并和马克思一起通过思想交流影响了"正义者同盟"伦敦讨论会（1844 年底至1845 年）。"正义者同盟"成员对科学纲领的不懈追求，促使他们不断阅读研读各类书籍报刊，其中包括费尔巴哈的著作，以提高对共产主义思想的认识层次。马克思、恩格斯得知这一消息，他们意识到是时候和费尔巴哈以及整个德国观念哲学划清界限了，1846 年《德意志意识形态》一书的问世标志着历史唯物主义的创立，这为共产主义理论提供了全新的哲学基础。

1846 年 2 月，马克思、恩格斯在比利时建立了布鲁塞尔共产主义通讯委员会，以更好地和"正义者同盟"进行沟通和联系，并通过各种方式影响着"正义者同盟"成员思想的发展变化，为科学社会主义理论被"正义者同盟"成员接受打下了稳固的思想基础。1846 年 6 月 22 日，马克思、恩格斯通过布

---

〔1〕《马克思恩格斯选集》（第 1 卷），人民出版社 1995 年版，第 9 页。

鲁塞尔共产主义通讯委员会建议"正义者同盟"召开代表大会，沙佩尔等人听取了这个建议。1847 年 1 月，"正义者同盟"正式邀请马克思、恩格斯加入组织并帮助改组同盟。"正义者同盟"向马克思、恩格斯保证，如果马克思、恩格斯愿意加入同盟，他们的科学社会主义思想将被以会议宣言的形式在同盟的代表大会上阐述。

1847 年 6 月 2 日至 9 日，"正义者同盟"第一次同盟代表大会在伦敦召开。恩格斯代表布鲁塞尔支部参加了大会。经恩格斯提议，大会决定将"正义者同盟"改名为"共产主义者同盟"，用"全世界无产者，联合起来！"代替旧口号"人人皆兄弟"。在大会的讨论过程中，代表们提出了关于以问答方式拟定纲领的问题。恩格斯执笔拟定了《共产主义信条草案》，与此同时，同盟"一大"还接受了多份"信条式"的纲领草案，因此"一大"并未敲定同盟的纲领。

1847 年 10 月底至 11 月，恩格斯在驳倒了赫斯撰写的意欲取代《信条草案》的纲领草案之后，对《纲领草案》进行了删改、补充、扩充，并写成了《共产主义原理》。《共产主义原理》仍采用"问答式"的写作方式，由 25 组问答组成，通俗易懂地介绍了共产主义的基本原理。但是，马克思、恩格斯认为，用问答的形式作普及宣传是可以的，而作为宣言是"完全不合适的"。所以，恩格斯在 1847 年 11 月 23 日至 24 日给马克思的信中谈到，要抛弃陈旧的问答方式，改为"共产主义宣言"的形式来起草纲领。

1847 年 11 月 29 日至 12 月 8 日，马克思和恩格斯在共产主义者同盟第二次代表大会上捍卫了无产阶级政党的纲领的科学基础，大会委托他们以宣言的形式拟定纲领。

1847 年 12 月下半月，马克思、恩格斯在布鲁塞尔共同磋商理论内容并撰写《宣言》，1847 年底，马克思、恩格斯参加了各国经济学家讨论自由贸易的布鲁塞尔会议，马克思写下了《雇佣劳动与资本》，初步阐述了剩余价值理论，揭示了资本主义社会的尖锐矛盾和资本家剥削的秘密，预示了资本主义必将被共产主义社会所取代。这为《宣言》的写作奠定了经济理论基础。

1847 年 12 月底，恩格斯因同盟事务前往巴黎，《宣言》的写作任务落到了马克思身上。1848 年 1 月 24 日同盟中央委员会发函催促马克思交稿。1848 年 2 月初，马克思在布鲁塞尔将《宣言》最终定稿。至此《宣言》正式问世。[1]

二、《宣言》的框架结构

《宣言》逻辑结构可以划分为 3 个部分：7 篇序言、1 个引子和正文 4 章内容。

7 篇序言（其中，2 篇是马克思、恩格斯合著，5 篇是恩格斯撰写的）进一步阐发了《宣言》的基本思想和随着实践的发展对其所作的若干必要修正和补充。因此，后人一般把这 7 篇序言作为《宣言》不可分割的有机组成部分，是学习《宣言》不可缺少的重要文献。

1 个引子，形象地说明了《宣言》产生的历史背景、目的和任务。一个幽灵，共产主义的幽灵，在欧洲徘徊。一切旧势力深感恐慌，为了驱逐这个"幽灵"纷纷结成同盟。共产主义和共产党人到处遭到污蔑和咒骂。既然共产主义已经被欧洲的一切势力公认为一种势力，共产党人为了对抗旧势力关于"共产主义幽灵"的神话，必须以宣言的形式向全世界公开表明自己的观点、目的和意图。

正文 4 章内容，其中，第一章资产者和无产者，马克思、恩格斯运用历史唯物主义的基本观点和方法，深刻分析了资产阶级和无产阶级产生、发展及其相互斗争的历史过程，揭示了资产阶级的灭亡和无产阶级的胜利是同样不可避免的客观规律，科学地阐明了无产阶级的伟大历史使命。第二章无产者和共产党人，马克思、恩格斯指出，无产阶级要实现自己的历史使命，就必须有无产阶级政党的领导。为此，他们阐述了共产党的性质、特点和纲领，严正驳斥了资产阶级对共产党人和共产主义的种种责难，提出了无产阶级专政的基本思想。第三章主要批判了当时流行的各种社会主义，包括封建的社会主义、小资产阶级的社会主义、德国"真正的"社会主义、资产阶级改良主义的社会主义、空想社会主义等。第四章共产党人对各种反对党派的态度。马克思、恩格斯认为，无产阶级要完成自己的历史使命，共产党人要实现自己的纲领，除了要有一整套正确的理论原则来指导确立正确的革命道路，还应该有相应的斗争策略原则加以保证。为此，他们集中阐明了无产阶级政党

---

[1] 李锐：《〈共产党宣言〉的创作与思想——MEGA 视野下的文本、文献研究》，中国社会科学出版社 2013 年版，第 3~9 页。

的策略原则：共产党人要立足于现实，积极参加当时的革命斗争，在斗争中对资产阶级民主政党采取既联合又斗争的统一战线策略；坚持不断革命论与革命发展阶段论相统一的原则，正确处理当前利益与长远利益的关系；坚持无产阶级国际主义原则。

三、《宣言》的重要思想

《宣言》的发表标志着马克思主义的正式诞生，它向全世界公开说明了其观点、目的和意图。

（一）阐明了《宣言》的基本思想

在《宣言》1883 年德文版序言和 1888 年英文版序言中，恩格斯指出："贯穿《宣言》的基本思想：每一历史时代的经济生产以及必然由此产生的社会结构，是该时代政治的和精神的历史的基础；因此（从原始土地公有制解体以来）全部历史都是阶级斗争的历史，即社会发展各个阶段上被剥削阶级和剥削阶级之间、被统治阶级和统治阶级之间斗争的历史；而这个斗争现在已经达到这样一个阶段，即被剥削被压迫的阶级（无产阶级），如果不同时使整个社会永远摆脱剥削、压迫和阶级斗争，就不再能使自己从剥削它压迫它的那个阶级（资产阶级）下解放出来。"[1]

《宣言》的最大历史功绩，是向全世界公开宣传了历史唯物主义和科学社会主义学说。在《宣言》中，主要是阐明了历史唯物主义揭示的历史铁律。

1. 关于阶级斗争的基本观点

在第一章"资产者和无产者"中，马克思开宗明义，阐明了其阶级斗争观点，并指出：至今一切社会的历史（有文字记载的全部历史）都是阶级斗争的历史；阶级斗争是阶级社会发展的直接动力；各个阶级社会的阶级对立和阶级斗争都有不同的特点。资本主义社会不同于以往阶级社会的特点是使阶级对立简单化了，整个社会日益分裂成两大直接对立的阶级，即资产阶级和无产阶级。

2. 社会基本矛盾运动原理

在第一章"资产者和无产者"中，马克思在考察资产阶级产生与发展过程时，从生产方式内部矛盾运动的角度，即从生产力与生产关系之间矛盾运

---

〔1〕《马克思恩格斯选集》（第 1 卷），人民出版社 1995 年版，第 252 页。

动的角度阐明：物质资料生产方式是社会发展的决定力量，"每一历史时代的经济生产以及必然由此产生的社会结构，是该时代政治的和精神的历史的基础"[1]，"现代资产阶级本身是一个长期发展过程的产物，是生产方式和交换方式的一系列变革的产物"。[2] 生产力与生产关系、经济基础与上层建筑是资本主义社会的基本矛盾，其中生产力与生产关系之间的矛盾是更根本的矛盾，它会引起经济基础与上层建筑之间的矛盾。在资本主义生产方式内部，资本主义生产关系是适应生产力的发展而产生并不断向前发展的，当它适应生产力发展时，就对生产力发展产生巨大促进作用，反之，就会成为生产力发展的桎梏，阻碍生产力的发展。正如马克思在分析资产阶级的产生与发展历程时所指出的："资产阶级在它的不到一百年的阶级统治中所创造的生产力，比过去一切时代创造的全部生产力还要多，还要大。"[3] 但是，当资本主义"社会所拥有的生产力已经不能再促进资产阶级文明和资产阶级所有制关系的发展；相反，生产力已经强大到这种关系所不能适应的地步，它已经受到这种关系的阻碍；而它一着手克服这种障碍，就使整个资产阶级社会陷入混乱，就使资产阶级所有制的存在受到威胁。资产阶级的关系已经太狭窄了，再容纳不了它本身所造成的财富了"[4]。

（二）宣告了"两个必然"的历史趋势和规律

马克思在《宣言》中，运用历史唯物主义基本原理与方法，通过分析资产阶级和无产阶级的产生与发展的历史，揭示了资本主义生产方式的内在矛盾，宣告了"两个必然"的历史趋势和规律。

1. 科学论证了资产阶级产生、发展及其灭亡的历史趋势

马克思在《宣言》中，不仅为我们指出了正确看待西方资产阶级历史作用的基本观点和基本方法；还给我们指明了资本主义发展的历史趋势。

在"资产者和无产者"一章中，马克思客观辩证地评价了资产阶级的历史作用。一方面，高度评价了资产阶级在历史上的革命作用：①变革了社会关系。"在它已经取得了统治的地方把一切封建的、宗法的和田园诗般的关系

---

〔1〕《马克思恩格斯选集》（第1卷），人民出版社1995年版，第252页。

〔2〕《马克思恩格斯选集》（第1卷），人民出版社1995年版，第274页。

〔3〕《马克思恩格斯选集》（第1卷），人民出版社1995年版，第274页。

〔4〕《马克思恩格斯选集》（第1卷），人民出版社1995年版，第278页。

都破坏了。"〔1〕②改变了人们的观念。"一切固定的僵化的关系以及与之相适应的素被尊崇的观念和见解都被消除了，一切新形成的关系等不到固定下来就陈旧了。一切等级的和固定的东西都烟消云散了，一切神圣的东西都被亵渎了"。〔2〕③开辟了世界历史。④推进了城市化和现代文明的传播。⑤打破了延缓或妨碍经济政治发展的障碍，建立了统一的民族国家，以及与市场经济相联系的新的社会制度、政治制度、发展机制等。⑥创造了巨大的生产力。另一方面，指出了资产阶级的历史局限性。例如，资产阶级创造了巨大的物质财富，但却使人除了"冷酷无情的'现金交易'""赤裸裸的利害关系"和"利己主义打算"之外一无所有，它使剥削公开化了；资产阶级开辟了世界市场，却将"没有良心的"贸易竞争带到了各个角落；资本主义给予每个人以最大的能动性，可也把他们变成了受抑于市场和资本运动的畸形主体。

在客观评价资产阶级历史作用的基础上，马克思揭示了资本主义的灭亡是不可避免的历史规律。资产阶级在反对封建主义的斗争中曾充当过社会规律的执行者，但在资本主义生产关系下发展起来的生产力，最终必然同这一生产关系发生矛盾和冲突。"几十年来的工业和商业的历史，只不过是现代生产力反抗现代生产关系、反抗作为资产阶级及其统治的存在条件的所有制关系的历史。"周期性的经济危机表明：一种以现代生产力发展为条件的、消除资本主义生产关系的社会要求已经产生。"资产阶级用来推翻封建制度的武器，现在却对准资产阶级自己了。"〔3〕

2. 阐明了无产阶级产生与发展历程，得出了无产阶级必然胜利的结论

马克思运用历史唯物主义关于社会基本矛盾运动和阶级斗争的基本观点，用阶级分析方法和社会基本矛盾分析方法，指出消除资本主义生产关系的要求必须通过一种社会力量才能实现，这就是无产阶级。无产阶级反对资产阶级的斗争是和它的存在同时开始的。考察了无产阶级反对资产阶级斗争的不同阶段，即从单个人反抗到有组织的工人运动，从最初捣毁机器到对资本主义生产关系的反抗，从同专制残余、地主、非工业资产者和小资产者做斗争

---

〔1〕《马克思恩格斯选集》（第1卷），人民出版社1995年版，第274页。
〔2〕《马克思恩格斯选集》（第1卷），人民出版社1995年版，第275页。
〔3〕《马克思恩格斯选集》（第1卷），人民出版社1995年版，第278页。

到同资产阶级的阶级对抗,从经济斗争到组织成政党的政治斗争,从地方性的分散斗争到全国和国际性的斗争。通过以上考察,马克思、恩格斯总结了无产阶级从自在阶级到自为阶级,从自发斗争到自觉斗争的历史经验。通过与中间等级、流氓无产阶级等的比较,得出了"在当前同资产阶级对立的一切阶级中,只有无产阶级是真正革命的阶级"[1]的结论。因为,无产阶级是大工业本身的产物,是现代社会的基础,他们没有财产,"没有什么自己的东西必须加以保护,他们必须摧毁至今保护和保障私有财产的一切","过去的一切运动都是少数人的或者为少数人谋利益的运动。无产阶级的运动是绝大多数人的、为绝大多数人谋利益的独立的运动"。无产阶级作为现今社会的最下层,他们必须"用暴力推翻资产阶级而建立自己的统治",否则就不能抬起头、挺起胸来。[2]

《宣言》从生产力的社会化和无产阶级的发展壮大两方面论证了资本主义社会的发展趋势,指出:"随着大工业的发展,资产阶级赖以生产和占有产品的基础本身也就从它的脚下被挖掉了。它首先生产的是它自身的掘墓人",向全世界宣告"资产阶级的灭亡和无产阶级的胜利是同样不可避免的"。[3]

(三) 关于无产阶级实现自身解放的理论

《宣言》在深刻揭示了资本主义内在矛盾和历史趋势的基础上,在第二章、第四章从共产党人和无产阶级的关系出发,进一步论证了无产阶级的历史使命和共产主义的未来图景,阐述了无产阶级实现自身历史使命的具体条件和途径,为无产阶级实现自身解放提供了理论保证。

1. 阐明共产党的性质、特点和纲领

在"无产者和共产党人"一章中,马克思通过比较共产党人与其他无产阶级政党,旗帜鲜明地指出了共产党的性质和特点,即共产党是代表无产阶级的共同利益的政党,是秉持革命的彻底性和国际主义精神的先进政党,"在实践方面,共产党人是各国工人政党中最坚决的、始终起推动作用的部分;在理论方面,他们胜过其余无产阶级群众的地方在于他们了解无产阶级运动的条件、进程和一般结果"。作为指导共产党的理论原理,即马克思主义,是

---

〔1〕《马克思恩格斯选集》(第1卷),人民出版社1995年版,第282页。
〔2〕《马克思恩格斯选集》(第1卷),人民出版社1995年版,第283页。
〔3〕《马克思恩格斯选集》(第1卷),人民出版社1995年版,第284页。

在总结各国无产阶级解放斗争经验基础上产生的，代表了无产阶级解放的利益要求，具有掌握并说服群众的理论魅力。"决不是以这个或那个世界改革家所发明或发现的思想、原则为根据的……这些原理不过是现存的阶级斗争、我们眼前的历史运动的真实关系的一般表述。"[1]

2. 阐明了共产党的基本纲领，即共产党人的最近目的和最终目的

共产党人的最近目的是"使无产阶级形成为阶级，推翻资产阶级的统治，由无产阶级夺取政权"。共产党人的最终目的是"消灭私有制"[2]。

3. 批驳资产阶级对共产党人的种种攻击和污蔑，阐明共产党人的理论原则和无产阶级革命的任务

首先，驳斥资产阶级对共产主义物质产品的占有方式和生产方式的责备，阐明共产主义革命的最终目的是消灭资产阶级私有制，指出："共产主义并不剥夺任何人占有社会产品的权利，它只剥夺利用这种占有去奴役他人劳动的权利。"[3]其次，驳斥资产阶级批评共产主义者废除、终止资产阶级教育，即废止一切教育的谬论，指出：共产主义革命的两大基本任务是实现"两个最彻底的决裂"，即同传统的所有制关系实行最彻底的决裂，同传统的观念实行最彻底的决裂。

4. 阐述了无产阶级专政基本思想

无产阶级同资产阶级的斗争尽管形式多样，但最终必然发展成为夺取政权的政治斗争。无产阶级的政治统治是过渡到共产主义社会的必要条件。"工人革命的第一步就是使无产阶级上升为统治阶级，争得民主。""无产阶级将利用自己的政治统治，一步一步地夺取资产阶级的全部资本，把一切生产工具集中在国家即组织成为统治阶级的无产阶级手里，并且尽可能快地增加生产力的总量。"[4]

5. 无产阶级政党的策略

无产阶级要完成自己的历史使命，实现自己的纲领，除了要有一整套正确的理论原则作指导，确立正确的革命道路，还应有相应的斗争策略原理和原则来提供保障。《宣言》在第四章中阐述了无产阶级政党的策略原则：①提

---

〔1〕《马克思恩格斯选集》（第1卷），人民出版社1995年版，第285页。
〔2〕《马克思恩格斯选集》（第1卷），人民出版社1995年版，第285~286页。
〔3〕《马克思恩格斯选集》（第1卷），人民出版社1995年版，第288页。
〔4〕《马克思恩格斯选集》（第1卷），人民出版社1995年版，第293页。

出了不断革命论和革命发展阶段论相统一的策略，阐明了无产阶级长远利益和当前利益的辩证关系；②提出了共产党人对资产阶级民主政党应采取既联合又斗争的统一战线策略，坚持共产党人的革命原则性与策略灵活性相统一的原理；③阐明了无产阶级的国际主义原则。

（四）关于共产主义社会重要特征的基本观点

马克思在《宣言》中通过批判资本主义社会，指出了未来共产主义社会的特征。"在资产阶级社会里，活的劳动只是增值已经积累起来的劳动的一种手段。在共产主义社会，已经积累起来的劳动只是扩大、丰富和提高工人的生活的一种手段……因此，在资产阶级社会里是过去支配现在，在共产主义社会里是现在支配过去。"[1]在资本主义社会里，人受物支配，人只是资本实现价值增值的手段；而在共产主义社会里，物受人支配，为全体社会成员服务。"代替那存在着阶级和阶级对立的资产阶级旧社会的，将是这样一个联合体，在那里，每个人的自由发展是一切人的自由发展的条件"[2]，即代替资本主义社会的将是一个自由人的联合体，在那里，每一个人都是自由人，都能得到自由而全面的发展。

四、《宣言》的时代价值

正如习近平总书记于 2018 年 4 月 23 日在主持十九届中央政治局第五次集体学习时的讲话中指出的："《共产党宣言》是一个内容丰富的理论宝库，……值得我们反复学习、深入研究，不断从中汲取思想营养。"[3]

（一）深刻把握人类社会发展规律，坚定共产主义理想信念

《宣言》系统阐述了历史唯物主义的基本原理，并运用历史唯物主义的阶级分析方法和社会基本矛盾分析方法，通过分析资产阶级和无产阶级的产生与发展的历史，剖析了资本主义生产方式的内在矛盾，揭示出"两个同样不可避免"或"两个必然"的社会历史发展规律与必然趋势。马克思、恩格斯坚信：历史潮流奔腾向前，只要人民成为自己的主人、社会的主人、人类社会发展的主人，共产主义理想就一定能够在不断改变现存状况的现实运动中

---

〔1〕《马克思恩格斯选集》（第1卷），人民出版社1995年版，第287页。
〔2〕《马克思恩格斯选集》（第1卷），人民出版社1995年版，第294页。
〔3〕习近平：《学习马克思主义基本理论是共产党人的必修课》，2018年4月23日在十九届中央政治局第五次集体学习时的讲话。

一步一步实现。[1] 这为中国共产党人坚定共产主义理想信念奠定了坚实的理论基础。中国共产党自建党时就奉马克思主义唯物史观为圭臬，以实现社会主义和共产主义作为自己的理想信念，在实践中高举马克思主义旗帜，以马克思主义作为理论指导，不断深入传播、学习研究马克思主义，并将其与中国国情、革命、建设与改革开放实践相结合，不断推进实践创新与理论创新，实现了马克思主义中国化的两次历史性理论飞跃，领导中国人民实现了从站起来到富起来的美好愿望。习近平新时代中国特色社会主义思想作为马克思主义中国化的最新成果，将马克思主义发展到新境界，是 21 世纪的马克思主义，正在引领着中国人民向着强起来的新征程迈进。

习近平总书记一再强调：理想信念是共产党人的精神之"钙"，精神上"缺钙"就会得"软骨病"。新时代，站在新的历史与现实交汇点上，我们应以习近平新时代中国特色社会主义思想为理论指导，把共产主义远大理想与中国特色社会主义共同理想、与我们正在做的事情统一起来，始终坚守共产党人的理想信念，坚定"四个自信"，乘风破浪，砥砺前行。

（二）坚持以人民为中心发展思想，不忘初心，牢记使命

《宣言》旗帜鲜明地指出：无产阶级运动是绝大多数人的，是为绝大多数人谋利益的独立运动，无产阶级只有解放全人类才能最终解放自己。"马克思主义不是书斋里的学问，而是为了改变人民历史命运而创立的，是在人民求解放的实践中形成的，也是在人民求解放的实践中丰富和发展的"，"马克思主义第一次站在人民的立场探求人类自由解放的道路，以科学的理论为最终建立一个没有压迫、没有剥削、人人平等、人人自由的理想社会指明了方向"，"人民性是马克思主义最鲜明的品格"，"让人民获得解放是马克思毕生的追求"。[2]《宣言》所揭示的马克思主义的人民立场、为人类谋发展的世界眼光与人类情怀，也是中国共产党人一直坚守并践行的初心与使命——为中国人民谋幸福，为中华民族谋复兴。学习《宣言》，就要不忘初心，牢记使命，把人民对美好生活的向往作为我们党的奋斗目标，坚持以人民为中心发展思想，始终把人民放在心中最高位置，抓住人民最关心最直接最现实的利

---

〔1〕 中共中央党史和文献研究院编：《十九大以来重要文献选编》（上），中央文献出版社 2019 年版，第 428 页。

〔2〕 中共中央党史和文献研究院编：《十九大以来重要文献选编》（上），中央文献出版社 2019 年版，第 424、429 页。

益问题，不断保障和改善民生，促进社会公平正义，让发展成果更多更公平地惠及全体人民，不断促进人的全面发展，朝着实现全体人民共同富裕不断迈进。

（三）实践世界历史理论，构建人类命运共同体

马克思、恩格斯在《宣言》中指出："资产阶级由于开拓了世界市场，使一切国家的生产和消费都成为世界性的了。""物质的生产是如此，精神的生产也是如此。"[1]"各民族的原始封闭状态由于日益完善的生产方式、交往以及因交往而自然形成的不同民族之间的分工消灭得越是彻底，历史也就越是成为世界历史。"[2]历史和现实日益证明马克思、恩格斯当年的这个预言的科学价值。时至今日，经济全球化继续向纵深发展，各国间的相互联系和彼此依存比过去任何时候都更频繁、更紧密。人类生活在同一个"地球村"，生活在历史和现实交汇的同一个时空里，任何国家都不可能独自发展。我们要站在世界历史的高度审视当今世界发展趋势和面临的重大问题，坚持独立自主、和平发展，既不依附别人，也不掠夺别人，本着互利共赢、共同发展的原则，不断拓展同世界各国的合作，同各国人民一道努力构建人类命运共同体。

（四）践行马克思主义政党建设思想，全面从严治党

马克思在《宣言》中所阐述的关于共产党的性质、特点、纲领以及对待其他反对党派的策略原则等思想，为实践中区别马克思主义政党与其他政党提供了根本标准。党的十八大以来，我们党秉持马克思主义建党原则，持之以恒推进全面从严治党，坚持把党的政治建设放在首位，强调党政军民学、东西南北中，党是领导一切的，坚持维护党中央权威和集中统一领导，勇于自我革命，永保共产党人政治本色。

（五）坚持以科学态度对待马克思主义，不断开辟马克思主义新境界

如何正确对待马克思主义是一个重大的理论和实践课题。马克思、恩格斯早在《宣言》1872年德文版序言中就指出："不管最近25年来的情况发生了多大变化，这个《宣言》中所阐述的一般原理整个说来直到现在还是完全正确的。某些地方本来可以作一些修改。这些原理的实际运用，正如《宣言》

---

〔1〕《马克思恩格斯选集》（第1卷），人民出版社1995年版，第276页。

〔2〕中共中央党史和文献研究院编：《十九大以来重要文献选编》（上），中央文献出版社2019年版，第432页。

中所说的，随时随地都要以当时的历史条件为转移。"[1]他们认为，《宣言》阐述的一般原理是完全正确的，但原理的实际运用应该根据时间、地点、历史条件的变化而变化。因为，马克思主义不是教义，而是方法；它提供的不是教条，而是进一步研究的出发点和供这种研究使用的方法。马克思主义作为历史的产物，它也在不同的时代表现出完全不同的形式和完全不同的内容，会随着时代、实践和科学的发展而得到不断丰富和发展。这为我们正确对待马克思主义提供了科学的方法论指导。正如习近平总书记在《关于坚持和发展中国特色社会主义的几个问题》一文中指出的："中国特色社会主义是社会主义而不是其他什么主义，科学社会主义的基本原则不能丢，丢了就不是社会主义。中国特色社会主义，是科学社会主义理论逻辑和中国社会发展历史逻辑的辩证统一，是植根于中国大地、反映中国人民意愿、适应中国和时代发展进步要求的科学社会主义。""当代中国的伟大社会变革，不是简单延续我国历史文化的母版，不是简单套用马克思主义经典作家设想的模板，不是其他国家社会主义实践的再版，也不是国外现代化发展的翻版。"[2]理论的生命力在于不断创新。我们要坚持用马克思主义观察、解读、引领时代，用鲜活丰富的当代中国实践来推动马克思主义发展，用宽广视野借鉴吸收人类创造的一切优秀文化成果，在实践中不断深化对共产党执政规律、社会主义建设规律和人类社会发展规律的认识，不断推进马克思主义中国化、时代化、大众化，不断开辟当代中国马克思主义新境界。

模块二经典文献:《矛盾论》

【教学导入】《矛盾论》是毛泽东哲学思想的重要代表作之一。在马克思主义哲学史上，这部著作继承了马克思、恩格斯的辩证法思想特别是列宁的辩证法思想，参考了 20 世纪 30 年代苏联和中国马克思主义研究者的思想，结合中国革命的经验和教训，第一次对作为唯物辩证法实质和核心的对立统一规律进行了全面、系统和深入地论述，为马克思主义哲学的民族化、大众化和时代化作出了巨大的理论贡献。

---

〔1〕《马克思恩格斯选集》（第 1 卷），人民出版社 1995 年版，第 248 页。

〔2〕 中共中央党史和文献研究院编：《十九大以来重要文献选编》（上），中央文献出版社 2019 年版，第 432 页。

【教学目的】 通过本模块专题教学，帮助大学生了解《矛盾论》的写作背景、主要内容重大及理论价值，体悟作者是如何运用辩证唯物主义的基本立场、观点和方法，总结中国共产党领导中国革命斗争的实践经验，从两种宇宙观、矛盾普遍性、矛盾特殊性、主要矛盾和矛盾的主要方面、矛盾诸方面的同一性和斗争性、对抗在矛盾中的地位等方面，深刻地阐述了对立统一的规律；感悟马克思主义的理论与逻辑魅力；帮助大学生坚定共产主义信仰，树立"四个自信"，培养锻炼其辩证思维、批判性思维、历史思维等理论思维能力。

【教学重点】《矛盾论》的主要内容；《矛盾论》的理论价值。

【教案正文】

一、写作背景

《矛盾论》写于 1937 年 8 月，是毛泽东《辩证法唯物论（讲授提纲）》第三章的第一节《矛盾统一法则》。曾在延安抗日军政大学作过讲演。1937 年 9 月，在延安油印发表，书名是《矛盾论统一法则》。中华人民共和国成立后，重新发表时，毛泽东将其定名为《矛盾论》，并对内容作了补充、修改和删节。1952 年 4 月 1 日在《人民日报》上正式发表。1952 年 7 月，编入《毛泽东选集》（第 1 卷）。

《矛盾论》这篇哲学著作写作的目的，跟《实践论》一样，都是为了克服存在于中国共产党内严重的教条主义思想而写的，是毛泽东结合中国革命的实际，在研读各种哲学书籍特别是马恩列斯的原著以及阐述马克思主义哲学、经济学著作的基础上，从世界观和方法论的角度，对中国革命斗争经验的概括和总结。可以说，它是为了从哲学高度总结中国革命的历史经验和教训而作的，是为了批判和清算严重危害到中国革命发展主观主义及教条主义而作的，是为了论证马克思主义普遍真理同中国革命具体实践相结合而作的。

二、主要内容

《矛盾论》由引言、正文和结论三部分组成。引言简要概括了矛盾法则即对立统一规律的重要性、基本内容，以及研究矛盾法则的主要目的。正文包括六部分：两种宇宙观；矛盾的普遍性；矛盾的特殊性；主要的矛盾和矛盾的主要方面；矛盾诸方面的同一性和斗争性；对抗在矛盾中的地位。结论对全文进行概括总结。

毛泽东在《矛盾论》中，紧紧抓住矛盾的普遍性与特殊性的辩证关系这个精髓，对辩证法的实质和核心，即对立统一规律的各个方面，系统、完整地展开了论述。

（一）引言：阐述对立统一规律是唯物辩证法的实质和核心

事物矛盾的法则，即对立统一的法则，是自然和社会的根本法则，也是思维的根本法则。事物矛盾的法则是唯物辩证法最根本的法则。列宁称事物矛盾的法则为辩证法的本质与核心。"我们现在的哲学研究工作，应当以扫除教条主义为主要的目标。"

（二）正文：阐述两种根本对立的宇宙观和对立统一规律的基本内容

1. 两种根本对立的宇宙观

关于宇宙发展法则有两种见解：一种是形而上学的见解，另一种是辩证法的见解，这两种见解形成了互相对立的两种宇宙观。形而上学的或庸俗进化论的宇宙观，就是用孤立的、静止的和片面的观点去看世界。这种宇宙观把世界上的一切事物，一切事物的形态和种类，都看成是永远彼此孤立和永远不变化的。如果说有变化，也只是数量的增减和场所的变更。而这种增减和变更的原因，不在事物的内部而在事物的外部，即是由于外力的推动。和形而上学的宇宙观相反，唯物辩证法的宇宙观主张从事物的内部、从一事物对他事物的关系去研究事物的发展，即把事物的发展看作是事物内部的必然的、自己的运动，而每一事物的运动都和它周围的其他事物互相联系、互相影响。事物发展的根本原因，不在于事物的外部而是在事物的内部，在于事物内部的矛盾性。辩证法的宇宙观，主要是教导人们要善于去观察和分析各种事物的矛盾运动，并根据这种分析指出解决矛盾的方法。

2. 内因和外因及其辩证关系

按照唯物辩证法的观点，事物内部矛盾是事物运动变化和发展的根本原因，但唯物辩证法并不排除外部原因的作用。唯物辩证法认为，外因是变化的条件，内因是变化的根据，外因通过内因而起作用。

3. 对立统一规律的基本内容

（1）矛盾的普遍性和特殊性及其辩证关系

矛盾的普遍性或绝对性这个问题有两方面的意义：其一，矛盾存在于一切事物的发展过程中；其二，每一事物的发展过程中存在着自始至终的矛盾运动。矛盾是普遍的、绝对的，存在于事物发展的一切过程，又贯穿于一切过程的始终。这是矛盾的普遍性和绝对性。矛盾的特殊性是指矛盾着的事物及其每一个侧面都各有其特点。表现为：各种物质运动形式中的矛盾都带有特殊性；每个物质的运动形式在其发展过程中的特殊矛盾及其本质；事物发展的每个矛盾的两方面各有其特点；事物发展过程各个发展阶段上的矛盾及其特点。矛盾的特殊性是构成一事物区别于他事物的特殊本质，是世间诸种事物千差万别的内在根据。不论研究何种矛盾的特性——各个物质运动形式的矛盾，各个运动形式在各个发展过程中的矛盾，各个发展过程矛盾的各方面，各个发展过程在其各个发展阶段中矛盾，以及各个发展阶段上的矛盾的各方面。

矛盾的普遍性与特殊性的关系，就是矛盾的共性和个性的关系。共性存在于一切过程中，并贯串于一切过程的始终，矛盾即是运动，是事物，是过程，是思想。否认事物的矛盾，就是否认了一切。所以它是共性，是绝对性，然而这种共性，即包含于一切个性之中，无个性即无共性。假如除去一切个性，还有什么共性呢？一切个性都是有条件地暂时地存在，所以是相对的。这一共性-个性、绝对-相对的道理，是关于事物矛盾问题的精髓，不懂得它，就等于抛弃了辩证法。

矛盾普遍性和特殊性的相互关系。特殊的事物是和普遍的事物相联结的，由于每一个事物内部不但包含了矛盾的特殊性，而且包含了矛盾的普遍性，普遍性即存在于特殊性之中，特殊性中包含了矛盾的普遍性。由于事物范围的广大及发展的无限性，所以，在一定场合为普遍性的东西，而在另一场合则变为特殊性。反之，在一定场合为特殊性的东西，而在另一场合则变为普遍性。

（2）主要的矛盾和矛盾的主要方面

在矛盾特殊性的问题中，还有两个重要问题：主要矛盾和矛盾的主要方面。主要矛盾，是指在复杂事物的发展过程中，有许多矛盾存在，其中必有一种是主要矛盾，由于它的存在和发展规定或影响着其他矛盾的存在和发展。在事物发展的各个阶段中，只有一种主要的矛盾起着领导作用，是完全没有异议的。任何过程如果有多数矛盾存在的话，其中必定有一种是主要的，起着领导、决定作用，其他则处于次要和服从的地位。因此，研究任何问题，如果是存在两个以上矛盾的复杂过程，就要用全力找出它的主要矛盾。捉住了这个主要矛盾,一切问题就迎刃而解了。不能把过程中所有的矛盾平均看待,必须把它们区别为主要与次要两类,着重于捉住主要的矛盾。

无论什么矛盾,矛盾着的两个方面的发展都是不平衡的。矛盾着的两个方面中,必有一方面是主要的,起着主导的作用,而另一方面则是次要的事物的性质,主要是由取得支配地位的矛盾的主要方面所规定的。矛盾主要和次要方面不是固定的,其地位可以互相转化,这是由事物发展中矛盾双方斗争力量的增减程度决定的。事物的性质主要是由取得支配地位的矛盾的主要方面所规定的。取得支配地位的矛盾的主要方面起了变化,事物的性质也就会随之发生变化。

(3) 矛盾的同一性和斗争性及其关系

矛盾具有同一性和斗争性两种属性。矛盾的同一性是指:其一,事物发展过程中的每一种矛盾的两个方面,各以和它对立着的方面为自己存在的前提,双方共处于一个统一体中。矛盾着的各方面,不能孤立地存在,假如没有和它相对的矛盾的一方,它自己这一方就失去了存在的条件。矛盾双方互为存在的条件,双方之间有同一性,因而能够共处于一个统一体中。一切对立的成分都是这样,因一定的条件,一面互相对立,一面又互相联结、互相贯通、互相渗透、互相依赖。其二,矛盾着的双方,依据一定的条件,各向着其相反的方面转化。事情不是矛盾双方互相依存就结束了,更重要的,还在于矛盾着的事物的互相转化。事物内部矛盾着的两方面,因为一定的条件而向着和自己相反的方面转化,向着它的对立面所处的地位转化。这就是矛盾同一性的第二种意义。一切矛盾着的东西都互相联系,不但在一定条件之下共处于一个统一体中,而且在一定条件之下可以互相转化,这就是矛盾同一性的全部意义。

矛盾的斗争性则是指矛盾双方的互相排斥的对立。无论何种事物的运动都存在两种状态,相对静止状态和显著变动状态。事物总是不断地由第一种状态转化为第二种状态,而矛盾的斗争则存在于两种状态中,并经过第二种状态而达到矛盾的解决。

矛盾的两个方面是互相联结的。斗争性寓于同一性之中,没有斗争性就没有同一性;同一性中存在着斗争性,特殊性中存在着普遍性,个性中存在着共性。

对立的统一是有条件的、暂时的、相对的,而对立的互相排除的斗争则是绝对的。矛盾的斗争贯串于过程的始终，并使这一过程向着其他过程转化，矛盾的斗争无所不在，所以说矛盾的斗争性是无条件的、绝对的。有条件的相对的同一性和无条件的绝对的斗争性相结合，构成了一切事物的矛盾运动。

（4）对抗在矛盾中的地位

在矛盾的斗争性的问题中，对抗是矛盾斗争的一种形式，而不是矛盾斗争的一切形式。我们必须具体地研究各种矛盾斗争的情况。矛盾和斗争是普遍的、绝对的，但解决矛盾的方法，即斗争的形式，则因矛盾的性质不同而不同。有些矛盾具有公开的对抗性，有些矛盾则不是这样。根据事物的具体发展，有些矛盾是由非对抗性的发展为对抗性的；也有些矛盾则由对抗性的发展为非对抗性的。

（三）结论：概括总结全文基本观点

对立统一规律，对于人类的认识史是一个革命；矛盾的普遍性特殊性、共性个性、绝对性相对性的关系，是矛盾学说的中心内容。

三、重大价值

（一）毛泽东的《矛盾论》为对立统一规律理论的系统化作出了巨大理论贡献

在马克思主义哲学史上，马克思、恩格斯创立了唯物主义辩证法，实现了辩证法思想的革命性变革。马克思、恩格斯是在批判地继承西方哲学史中的辩证法思想、特别是德国古典哲学黑格尔辩证法"合理内核"的基础上创立的马克思主义唯物辩证法，马克思、恩格斯也在自己的著作中阐述和运用了唯物辩证法。马克思甚至还想写一部辩证法的专著，可惜没有实现。在马克思、恩格斯的辩证法思想中，对对立统一规律的实质及其作用，作出了重要的阐述，但并未深入。

列宁在继承马克思、恩格斯唯物辩证思想的基础上，不仅对唯物辩证法的理论体系作了探索，而且明确提出了对立统一规律是唯物辩证法的实质和核心的思想，并对这个思想作了初步的说明和发挥。列宁认为："统一物之分为两个部分以及对矛盾的部分的认识，是辩证法的实质（是它的主要的特点或特征之一，甚至是它的最主要的特点或特征）。"[1]列宁还强调："可以把

───────────

〔1〕《列宁全集》（第38卷），人民出版社1959年版，第407页。

辩证法简要地确定为关于对立面的统一的学说,这样就会抓住辩证法的核心,可是这需要说明和发挥。"列宁也想写一部辩证法的专著,并为此做了一些研究和准备,可惜因为种种原因,未能实现。

毛泽东继承了马克思、恩格斯特别是列宁的辩证法思想,参考了 20 世纪 30 年代苏联和中国马克思主义哲学研究者的思想,结合中国革命的经验和教训,从理论和实际的结合上,第一次对作为唯物辩证法实质和核心的对立统一规律进行了全面、系统和深入的论述,为马克思主义哲学的发展作出了重大贡献。在《矛盾论》中,毛泽东紧紧抓住矛盾的普遍性和特殊性的辩证关系这个精髓,对辩证法的实质和核心即对立统一规律的各个方面,进行了系统、完整地阐述。从某种意义上说,毛泽东的《矛盾论》,就是在完成马克思、列宁的遗愿。

(二)毛泽东的《矛盾论》对马克思主义哲学的民族化、大众化和时代化作出了巨大的理论贡献

《矛盾论》起源于毛泽东的《辩证法唯物论(讲授提纲)》。1937 年 4 月始,毛泽东在延安为抗日军政大学讲哲学。每周讲课 2 个上午,每个上午讲课 4 小时。在讲了 100 多个小时后,因卢沟桥事变后全民族开始抗战而中断。为在抗日军政大学讲哲学,毛泽东写了《辩证法唯物论(讲授提纲)》。《矛盾论》就是毛泽东《辩证法唯物论(讲授提纲)》第三章的第一节《矛盾统一法则》。1937 年 9 月,《辩证法唯物论(讲授提纲)》首次在延安油印发表,此后多次公开发表。中华人民共和国成立后,重新发表时,毛泽东定名为《矛盾论》,并对内容作了较大补充、修改和删节。1952 年 4 月 1 日在《人民日报》上正式发表。1952 年 7 月,编入《毛泽东选集》(第 1 卷)。正因为《矛盾论》来源于毛泽东的讲课提纲,因此语言非常中国化,而且通俗易懂。他对马克思主义哲学的民族化、大众化和时代化作了巨大的理论贡献。

(三)为对立统一规律的相关原理做出了独创性贡献

毛泽东在《矛盾论》中对对立统一规律原理的系统化进行了深入阐述,形成了我们今天对立统一规律原理的基本内容。不仅如此,毛泽东还对对立统一规律的一些原理,作出了独创性的解释。主要有:①对马克思主义辩证法的对立统一规律是唯物辩证法实质和核心的思想作了详细的说明和发挥。②吸取新的研究成果,详细阐述了两种宇宙观及其区别。③阐述了内因和外因及其辩证关系原理。这是毛泽东对马克思主义的矛盾是事物发展动力思想

的一个重大贡献，是迄今为止最全面、最科学的事物发展理论。④对矛盾特殊性和普遍性定义的创新。提出了与"矛盾的特殊性"概念相对应的"矛盾的普遍性"概念，并给"矛盾的普遍性"下了个科学的定义，赋予"矛盾的特殊性"概念以丰富和深刻的内涵。⑤提出"有条件的相对的同一性和无条件的绝对的斗争性相结合，构成了一切事物的矛盾运动"。这是毛泽东对马克思主义辩证法的矛盾是事物发展的动力思想的进一步深化和系统化。

模块三经典文献:《实践论》

【教学导入】观看《国宝档案:革命圣地延安——延安"心脏"杨家岭》。延安时期是我们党科学总结正反两方面经验，成功地推进马克思主义中国化、在理论上实现第一次历史性飞跃的时期。毛泽东同志的许多重要著作，如《中国革命战争的战略问题》《实践论》《矛盾论》《论持久战》《新民主主义论》《论联合政府》等，都是在延安时期完成的。毛泽东思想正是在延安时期逐步成熟并正式写入了党章。

【教学目的】通过本模块专题教学，帮助大学生深入理解《实践论》的主要思想，体悟延安精神。让学生结合延安精神阅读《实践论》原典，了解毛泽东是如何运用马克思主义的哲学立场、观点和方法分析问题和解决问题的，又是如何运用辩证唯物主义的认识论原理对长期在党内占统治地位的轻视实践的教条主义等错误思想展开批判的。帮助大学生培养锻炼辩证思维、批判性思维等理论思维能力，让他们进一步感悟毛泽东思想的魅力，坚定共产主义信仰，坚持和贯彻党的思想路线，坚持和弘扬延安精神。

【教学重点】《实践论》的重要思想;《实践论》与延安精神。

【教案正文】

延安是举世闻名的中国革命圣地，它既是红军长征胜利的落脚点，也是赢得抗日战争胜利，进而夺取全国胜利的解放战争的出发点。

从 1935 年 10 月 19 日，中共中央随中央红军长征到达陕北吴起镇（今吴起县），落户"陕北"到 1948 年 3 月 23 日，毛泽东、周恩来、任弼时在陕北吴堡县东渡黄河，迎接革命胜利的曙光，老一辈无产阶级革命家在延安生活、战斗了 13 个春秋。在这里，他们运筹帷幄，决胜千里，领导和指挥了中国的抗日战争和解放战争，孕育出伟大的"延安精神"，谱写了可歌可泣的伟大历史篇章。党中央在延安的 13 年，是我们党由弱变强、转败为胜的 13 年;是毛泽东思想日益成熟、丰富发展的 13 年；是延安精神孕育形成、发扬光大的 13 年。

一、延安是毛泽东思想从形成、发展到成熟的圣地

在延安，毛泽东以研究中国革命实际问题为中心，潜心创造中国化的马克思主义新理论。他关于中国革命的政治路线问题、军事问题、党建问题、哲学问题等一系列具有代表性的理论著作——《中国革命战争的战略问题》《实践论》《矛盾论》《论持久战》《新民主主义论》《论联合政府》等——大多是在延安撰写的，从而实现了马克思主义同中国实际相结合的历史性飞跃，诞生了伟大的毛泽东思想。在这里，党的七大把毛泽东思想确立为党的指导思想。

《实践论》是中国化的马克思主义哲学——毛泽东哲学思想的代表作，是马克思主义哲学中国化的重要标志，是反对主观主义特别是教条主义的思想武器。《实践论》就是毛泽东为纠正主观主义特别是教条主义错误思想而写的。任何真正的哲学都是自己时代精神的精华。要理解一个人的思想，就要了解他所处的社会与时代。学习哲学经典著作也是如此，要了解这部著作所产生的历史背景和时代特点。正如毛泽东在《读苏联〈政治经济学教科书〉的谈话》中所说："我们在第二次国内战争末期和抗战初期写了《实践论》《矛盾论》，这些都是适应于当时的需要而不能不写的。"

二、延安精神是中国共产党创造的一种革命精神

学界普遍认为，1968 年 5 月 3 日《人民日报》刊发的《延安精神永放光芒》社论，是对"延安精神"概念的首次提出和明确阐述。该社论指出："在长期斗争中用毛泽东思想培养起来的延安精神，代表了马克思列宁主义的彻底革命精神，代表了无产阶级的艰苦奋斗的精神。"延安精神无疑是延安红色文化的内核和基因，其凸显了延安红色文化和当时马克思主义中国化的重大成果——毛泽东思想，表明了其朴实无华、"接地气"的特征。

延安精神是中国共产党创造的革命精神，"是中华民族优良传统的继承和发展，是我们党的性质和宗旨的集中体现"。主要内容包括：实事求是、理论联系实际的精神，全心全意为人民服务的精神和自力更生艰苦奋斗的精神。其本质是解放思想、实事求是。它是中国革命精神的结晶，是我们克敌制胜

的坚强精神支柱，是中国特色社会主义现代化建设的强大精神动力，是共产党人永恒的精神家园。

三、延安精神——实事求是的思想路线

用实事求是来概括中国共产党的思想路线，是在延安时期。

中国共产党自 1921 年诞生之日起就运用马克思主义观察中国社会，探索革命道路。但是在中国这样一个半殖民地半封建的东方大国，各种矛盾错综复杂，要开创一条争取民族独立和人民解放的正确道路是相当艰难的。从中国共产党成立到 1935 年遵义会议，十几年的时间，党内相继出现了各种错误，致使中国革命也遭遇了多次失败和挫折。之所以会出现这种情况，其根本原因，就是没有解决好思想路线问题，对于中国国情的认识不清醒，马克思主义基本原理同中国实际结合得不好。"左"的错误和右的错误虽然表现不同，但两极相通，二者都是主观主义的，都是主观与客观相分裂、理论与实践相脱离。主观主义的思想路线、思想方法，是一切"左"的和右的错误的总根源。

主观主义反映到实际工作中，就表现为教条主义和经验主义：①把马克思主义的现成"文本"和共产国际的决议当作"圣旨"，导致"教条主义"——轻视"实践经验"，不深入了解实际情况，看问题总是从主观的见解出发，否认理性认识依赖于感性认识；②把苏联经验神圣化，导致"经验主义"——拘泥于"经验"，轻视理论、忽视理论对革命实践的重要性和指导作用，不了解感性认识上升到理性认识的必要性。

为了反对教条式的马克思主义，反对主观主义的思想路线，毛泽东于1930 年 5 月就撰写了《反对本本主义》（当时叫《调查工作》，1964 年收入《毛泽东著作选读》时，毛泽东亲自把其题目改为《反对本本主义》。1961年，毛泽东说："那时没有用'教条主义'这个名称，我们叫它做'本本主义'。"）一文，指出："马克思主义的'本本'是要学习的，但是必须同我国的实际情况相结合。我们需要'本本'，但是一定要纠正脱离实际的本本主义。"他强调"没有调查，就没有发言权"，必须自觉地把马克思主义哲学与中国革命实际相结合，探索一条通向胜利的中国式道路。《反对本本主义》是毛泽东最早的专门讲思想方法和工作方法的著作，是党的实事求是思想路线初步形成的重要标志。在《马克思主义哲学中国化的方法论问题研究》一书

中，我们把该文确定为马克思主义哲学中国化的"缘起点"之标志。

1935年1月，遵义会议纠正了"左"的军事路线，确立了毛泽东在党和红军中的领导地位，解决了最为迫切的军事问题和中央领导机构问题，在重大危急关头挽救了党和红军。但是，尚未从理论上彻底清算"左"倾教条主义错误。也就是说，思想路线问题还没有得到根本解决。

1935年10月，红一方面军长征到达陕北后，毛泽东为提高自己的马克思主义理论水平，在保安和延安等地广泛搜读马列著作，不分昼夜，发愤攻读了不少西方哲学著作，尤其是马克思主义的相关哲学书籍。

在1935年12月17日召开的瓦窑堡会议上，毛泽东尖锐地批评了党内的关门主义，认为马列主义如果不能被"活泼地运用到中国的特殊的具体环境中去"，就会变成死的教条。

1937年，中国正处于由国内战争向全民族抗日战争转变的重大历史关头，毛泽东鉴于中国革命因为重大理论和路线错误而造成的多次重大挫败，花了很大精力从理论上深刻反思和总结中国革命的经验教训，先后写下了一系列重要著作，剖析以教条主义为特征的"左"倾错误指导思想。1937年4月开始，毛泽东在延安中国人民抗日军事政治大学讲授哲学。为此，撰写了《辩证法唯物论（讲授提纲）》这一讲义，比较集中地对中国革命的历史经验进行了深入的理论思考和概括。

1937年7月，毛泽东写下《实践论》（《辩证法唯物论（讲授提纲）》第二章第十一节），其目的就是从理论上论述主观与客观、理论与实践、知与行的具体的历史统一，深刻揭示左、右倾错误的认识论根源，从而反对党内长期存在的经验主义，尤其是教条主义错误。因为文章重点是对看轻实践的教条主义这种主观主义进行揭露和批判，故题为《实践论》。《实践论》同《矛盾论》一起，从哲学世界观方法论的高度初步清理了党内的教条主义思想。

卢沟桥事变后，全民族抗战开始，毛泽东在延安的抗日军政大学的讲课被中断了。

中华人民共和国成立后，在编辑《毛泽东选集》时，《辩证法唯物论（讲授提纲）》的第二章第十一节《实践论》单独成篇，以原题"实践论"收入1951年10月出版的《毛泽东选集》（第1卷）。

（一）实践是认识的基础

马克思说："人的思维是否具有客观的（gegenständliche）真理性，这并不是一个理论的问题，而是一个实践的问题。人应该在实践中证明自己思维的真理性，即自己思维的现实性和力量，亦即自己思维的此岸性。"[1]

列宁指出："生活、实践的观点，应该是认识论的首要的和基本的观点。"

在此基础上，毛泽东强调了实践对认识的决定作用。

1. 实践是认识的来源

"马克思主义者认为人类的生产活动是最基本的实践活动，是决定其它一切活动的东西。人的认识，主要地依赖于物质的生产活动，逐渐地了解自然的现象、自然的性质、自然的规律性、人和自然的关系；而且经过生产活动，也在各种不同程度上逐渐地认识了人和人的一定的相互关系。一切这些知识，离开生产活动是不能得到的。在没有阶级的社会中，每个人以社会一员的资格，同其它社会成员协力，结成一定的生产关系，从事生产活动，以解决人类物质生活问题。在各种阶级的社会中，各阶级的社会成员，则又以各种不同的方式，结成一定的生产关系，从事生产活动，以解决人类物质生活问题。这是人的认识发展的基本来源。"[2]

2. 实践是认识发展的动力

"马克思主义者认为人类社会的生产活动，是一步又一步地由低级向高级发展，因此，人们的认识，不论对于自然界方面，对于社会方面，也都是一步又一步地由低级向高级发展，即由浅入深，由片面到更多的方面。在很长的历史时期内，大家对于社会的历史只能限于片面的了解，这一方面是由于剥削阶级的偏见经常歪曲社会的历史，另方面，则由于生产规模的狭小，限制了人们的眼界。人们能够对于社会历史的发展作全面的历史的了解，把对于社会的认识变成了科学，这只是到了伴随巨大生产力——大工业而出现近代无产阶级的时候，这就是马克思主义的科学。"

3. 实践是检验认识真理性的标准

"马克思主义者认为，只有人们的社会实践，才是人们对于外界认识的真理性的标准。……判定认识或理论之是否真理，不是依主观上觉得如何而定，而是依客观上社会实践的结果如何而定。真理的标准只能是社会的实践。"

---

〔1〕 [德] 马克思："关于费尔巴哈的提纲"，载《马克思恩格斯全集》（第3卷），人民出版社1962年版。

〔2〕 本模块引文无特殊说明，皆出自毛泽东著的《实践论》，后不说明。

4. 实践是认识的目的

"马克思主义的哲学认为十分重要的问题，不在于懂得了客观世界的规律性，因而能够解释世界，而在于拿了这种对于客观规律性的认识去能动地改造世界。"（和马克思的对比）"无产阶级和革命人民改造世界的斗争，包括实现下述的任务：改造客观世界，也改造自己的主观世界——改造自己的认识能力，改造主观世界和客观世界的关系。"

"然而马克思主义看重理论，正是，也仅仅是，因为它能够指导行动。如果有了正确的理论，只是把它空谈一阵，束之高阁，并不实行，那末，这种理论再好也是没有意义的。"

（二）认识的辩证发展过程

列宁说："从生动的直观到抽象的思维，并从抽象的思维到实践，这就是认识真理、认识客观实在的辩证途径。"[1]

毛泽东在《实践论》中发展和深化了列宁的这一思想，精辟地阐述了以实践为基础的认识辩证发展过程，把一个完整的认识过程概括为"两个飞跃"，认为人的认识是一个由实践到理论，再由理论到实践的辩证发展过程，是以实践为基础的由感性认识到理性认识，又由理性认识到能动地指导革命实践的过程。

1. 从感性认识到理性认识

（1）什么是感性认识和理性认识

（2）感性认识和理性认识的关系

"理性认识依赖于感性认识，感性认识有待于发展到理性认识，这就是辩证唯物论的认识论。"

"感性和理性二者的性质不同，但又不是互相分离的，它们在实践的基础上统一起来了。我们的实践证明：感觉到了的东西，我们不能立刻理解它，只有理解了的东西才更深刻地感觉它。感觉只解决现象问题，理论才解决本质问题。这些问题的解决，一点也不能离开实践。"

（3）认识过程的第一次飞跃

毛泽东举例论证了认识过程的第一次飞跃，包括：无产阶级对资本主义社会的认识；中国人民对帝国主义的认识；对军事规律的认识；对新工作、

---

〔1〕《列宁专论文集　论辩证唯物主义和历史唯物主义》，人民出版社 2009 年版，第 135 页。

新任务的认识。

（4）从感性认识飞跃到理性认识所需要具备的条件

"只有感觉的材料十分丰富（不是零碎不全）和合于实际（不是错觉），才能根据这样的材料造出正确的概念和论理来。"

"要完全地反映整个的事物，反映事物的本质，反映事物的内部规律性，就必须经过思考作用，将丰富的感觉材料加以去粗取精、去伪存真、由此及彼、由表及里的改造制作工夫，……"

（5）批判党内教条主义和经验主义

"哲学史上有所谓'唯理论'一派，就是只承认理性的实在性，不承认经验的实在性，以为只有理性靠得住，而感觉的经验是靠不住的，这一派的错误在于颠倒了事实。理性的东西所以靠得住，正是由于它来源于感性，否则理性的东西就成了无源之水，无本之木，而只是主观自生的靠不住的东西了。"

"如果以为认识可以停顿在低级的感性阶段，以为只有感性认识可靠，而理性认识是靠不住的，这便是重复了历史上的'经验论'的错误。这种理论的错误，在于不知道感觉材料固然是客观外界某些真实性的反映（我这里不来说经验只是所谓内省体验的那种唯心的经验论），但它们仅是片面的和表面的东西，这种反映是不完全的，是没有反映事物本质的。"

教条主义者和经验主义者的共同缺陷是：割裂了感性认识和理性认识的关系，都是主观主义者，都不可能正确地认识和指导中国革命。

2. 从理性认识到革命的实践

（1）认识过程的第二次飞跃

"认识的能动作用，不但表现于从感性的认识到理性的认识之能动的飞跃，更重要的还须表现于从理性的认识到革命的实践这一个飞跃。抓着了世界的规律性的认识，必须把它再回到改造世界的实践中去，再用到生产的实践、革命的阶级斗争和民族斗争的实践以及科学实验的实践中去。"

（2）为什么第二次飞跃更重要

"如果有了正确的理论，只是把它空谈一阵，束之高阁，并不实行，那末，这种理论再好也是没有意义的。"

"许多自然科学理论之所以被称为真理，不但在于自然科学家们创立这些学说的时候，而且在于为尔后的科学实践所证实的时候。马克思列宁主义之所以被称为真理，也不但在于马克思、恩格斯、列宁、斯大林等人科学地构成这些学说的时候，而且在于为尔后革命的阶级斗争和民族斗争的实践所证实的时候。辩证唯物论之所以为普遍真理，在于经过无论什么人的实践都不能逃出它的范围。"

（三）认识运动的总过程和总规律

1. 认识过程的反复性和无限性

认识的发展过程，是从感性认识到理性认识，又由理性认识到实践的两个飞跃过程。"说到这里，认识运动就算完成了吗？我们的答复是完成了，又没有完成。"如果人们从社会实践中得到感性认识，再由感性认识推移到理性认识，造就某种思想、理论、计划或方案，用来指导实践，达到了预期的目的，那么，对于这一具体过程的认识运动算是完成了。但是，客观世界的运动变化永远没有完结，人们在实践中对于真理的认识也就永远没有完结。

"客观过程的发展是充满着矛盾和斗争的发展，人的认识运动的发展也是充满着矛盾和斗争的发展。一切客观世界的辩证法的运动，都或先或后地能够反映到人的认识中来。社会实践中的发生、发展和消灭的过程是无穷的，人的认识的发生、发展和消灭的过程也是无穷的。根据于一定的思想、理论、计划、方案以从事于变革客观现实的实践，一次又一次地向前，人们对于客观现实的认识也就一次又一次地深化。"

2. 认识辩证运动的基本过程和总规律

"实践、认识、再实践、再认识，这种形式，循环往复以至无穷，而实践和认识之每一循环的内容，都比较地进到了高一级的程度。这就是辩证唯物论的全部认识论，这就是辩证唯物论的知行统一观。"

3. 主观与客观、理论与实践的统一是具体的、历史的统一

"我们的结论是主观和客观、理论和实践、知和行的具体的历史的统一，反对一切离开具体历史的'左'的或右的错误思想。"

"我们反对革命队伍中的顽固派，他们的思想不能随变化了的客观情况而前进，在历史上表现为右倾机会主义。这些人看不出矛盾的斗争已将客观过程推向前进了，而他们的认识仍然停止在旧阶段。一切顽固党的思想都有这样的特征。他们的思想离开了社会的实践，他们不能站在社会车轮的前头充任向导的工作，他们只知跟在车子后面怨恨车子走得太快了，企图把它向后拉，开倒车。"

"我们也反对'左'翼空谈主义。他们的思想超过客观过程的一定发展阶段，有些把幻想看作真理，有些则把仅在将来有现实可能性的理想，勉强地放在现时来做，离开了当前大多数人的实践，离开了当前的现实性，在行动上表现为冒险主义。"

（四）真理是一个发展过程

1. 相对真理与绝对真理

"马克思主义者承认，在绝对的总的宇宙发展过程中，各个具体过程的发展都是相对的，因而在绝对真理的长河中，人们对于在各个一定发展阶段上的具体过程的认识只具有相对的真理性。无数相对的真理之总和，就是绝对的真理。"

2. 真理永远没有完结

"客观现实世界的变化运动永远没有完结，人们在实践中对于真理的认识也就永远没有完结。马克思列宁主义并没有结束真理，而是在实践中不断地开辟认识真理的道路。"

四、延安精神——理论联系实际、不断开拓创新的精神

延安时期是中国共产党科学总结正反两方面经验，成功地推进马克思主义中国化、在理论上实现第一次历史性飞跃的时期。延安精神的一个重要内容就是理论联系实际的精神。理论并不能直接指导现实，理论要发挥指导现实的功能必须首先转化为方法。任何理论都蕴含着方法，而理论是显层次的，方法则是隐层次的，这就需要挖掘理论背后的方法论，然后用方法来关照现实问题。

恩格斯说："我们党有个很大的优点，就是有一个新的科学的世界观作为理论的基础。"恩格斯还说道："马克思的整个世界观不是教义，而是方法。它提供的不是现成的教条，而是进一步研究的出发点和供这种研究使用的方法。"

《实践论》是中国共产党人领导中国革命、建设和改革实践的科学的世界观方法论。《实践论》注释谈道："在中国共产党内，曾经有一部分教条主义的同志长期拒绝中国革命的经验，否认'马克思主义不是教条而是行动的指南'这个真理，而只生吞活剥马克思主义书籍中的只言片语，去吓唬人们。还有另一部分经验主义的同志长期拘守于自身的片断经验，不了解理论对于

革命实践的重要性，看不见革命的全局，虽然也是辛苦地——但却是盲目地在工作。这两类同志的错误思想，特别是教条主义思想，曾经在一九三一年至一九三四年使得中国革命受了极大的损失，而教条主义者却是披着马克思主义的外衣迷惑了广大的同志。"

毛泽东之所以能够成为伟大的无产阶级革命家、战略家、理论家，就是因为他高度重视马克思主义哲学的学习、研究和运用，善于以马克思主义的立场、观点、方法分析问题和解决问题，善于从哲学的高度总结历史经验。

马克思主义的创始人十分重视实践的作用，自觉地把实践作为自己哲学的基础，实现了哲学史上的伟大革命。在被恩格斯称为"包含新世界观天才萌芽的第一个文件"的《关于费尔巴哈的提纲》第1条，马克思指出："从前的一切唯物主义（包括费尔巴哈的唯物主义）的主要缺点是：对对象、现实、感性，只是从客体的或者直观的形式去理解，而不是把它们当作感性的人的活动，当做实践去理解，不是从主体方面去理解。因此，和唯物主义相反，唯心主义却把能动的方面抽象地发展了，当然，唯心主义是不知道现实的、感性的活动本身的。"[1]基于此，实践性是马克思主义区别于其他一切理论的最根本特征。

与马克思一样，毛泽东不是囿于书斋的学者，不是仅仅着眼于建构新哲学的概念体系，而是立足于中国现实的社会实践，对实践过程中的经验教训进行反思和总结，是为了解决中国革命的理论问题和策略问题，而到马克思主义哲学中去找立场、找观点、找方法。他真正把握了马克思主义哲学之"实践"的精神，不仅用马克思主义哲学去指导中国的革命实践，而且用中国革命实践经验去解读马克思主义哲学，创造出中国化的马克思主义哲学理论。

显然，毛泽东对马克思主义哲学之"实践"的认知，与教条主义者有着显著的不同。毛泽东把"实践"更直接地指向中国的现实、指向中国的革命实践，他强调马克思主义普遍理论要与中国革命实践进行一种具体的、历史的结合与统一，即把"实践"视为是一种认识世界和改造世界的——马克思主义哲学的立场、观点和方法，用以去解决中国现实中的各种重大问题，也包括马克思主义哲学如何中国化的问题，从而努力去实现真正意义的马克思

---

〔1〕［德］马克思："关于费尔巴哈的提纲"，载《马克思恩格斯全集》（第3卷），人民出版社1962年版。

主义哲学中国化。

五、《实践论》的意义价值

毛泽东的《实践论》是中国革命基本经验的哲学总结，是对马克思主义哲学的继承与发展，是对中国传统哲学积极成果的继承与发展，是一篇杰出的、具有创造性贡献的中国化的马克思主义哲学著作。它丰富和发展了之前《反对本本主义》一文的基本思想，它的发表标志着毛泽东哲学思想的成熟，为形成实事求是的思想路线提供了重要的理论依据。

毛泽东的《实践论》不是简单复述马克思主义哲学的一般原理，而是根据马克思主义同中国实际相结合的需要，突出强调了实践在认识过程中的基础地位和认识对实践的依赖关系。他以实践观点为基础，以认识和实践的辩证统一为中心，精辟地论述了认识发展的辩证过程，提出了"两次飞跃"的著名论断，全面系统地阐述了辩证唯物主义认识论的基本原理。在此基础上，毛泽东结合党的历史上的经验教训指出，教条主义和经验主义都是违背辩证唯物论及认识论的，从而对长期在党内占统治地位的轻视实践的教条主义等错误思想进行了有力批判。

认真学习毛泽东的《实践论》，坚持和发扬一切从实际出发、理论联系实际、实事求是精神，在实践中检验真理和发展真理的思想路线，把建设中国特色社会主义事业推向前进具有非常现实的指导意义。重温毛泽东的《实践论》，就是要学习运用其基本的哲学立场、观点和方法分析问题和解决问题，坚持和贯彻党的思想路线，这对于坚持和发展中国特色社会主义，实现国家富强、民族振兴、人民幸福的中华民族伟大复兴的中国梦，具有极为重要的意义。

模块四经典文献:《改革是中国的第二次革命》

【教学导入】习近平总书记指出："改革开放是我们党的一次伟大觉醒，正是这个伟大觉醒孕育了我们党从理论到实践的伟大创造。"[1]改革开放是伟大觉醒的产物，伟大觉醒催生了改革开放，改革开放发展了中国，发展了社会主义，发展了马克思主义。(播放改革开放40周年相关视频资料)

---

〔1〕 习近平:《在庆祝改革开放40周年大会上的讲话》(2018年12月18日)。

【教学目的】通过本模块专题教学，帮助大学生了解《改革是中国的第二次革命》的写作背景与框架结构、重要思想及其当代价值。让学生在阅读经典文献的过程中，深刻认识到在中国共产党的领导下，中国人民不仅能够站起来，而且能够富起来、强起来，实现中华民族的伟大复兴；进一步体悟中国共产党人光明磊落、襟怀坦荡、实事求是、坚持真理的优良传统和优秀品质；中国共产党能够在重大的历史决策中，摆脱以往一切政治力量追求自身特殊利益的局限，无私无畏，敢作敢为，修正错误，扭转危局，走出困境，开创新局面。

【教学重点】改革的历史定位；改革的重大意义。

【教案正文】

这篇讲话是邓小平于1985年3月28日会见日本自由民主党副总裁二阶堂进时谈话的一部分，篇幅不长，但涉及对中国改革的诸多重要认识，对于新时代的全面深化改革仍然具有重要的指导意义。

一、时代背景

邓小平为何在当时强调改革是"一件很重要的必须做的事，尽管是有风险的事"？我们需要回顾历史，梳理这篇讲话发表时的历史背景。1977年7月17日党的十届三中全会决定恢复邓小平的党政军职务。此后，邓小平在多个场合提出"改革"一词，对改革进行了系统的阐述和动员。邓小平是中国改革开放和社会主义现代化建设的总设计师，其改革开放思想源于对历史的反思和对当时国际国内形势的判断。

（一）国内形势背景

"文化大革命"结束后初期，中国经济发展缓慢，人民生活水平几乎没有提高，社会秩序混乱，党、军队和政府的情况都相当糟糕。"文革"后的中国应当向何处去，这是当时的一个亟待解决的重大课题。

（1）思想的僵化混乱。"文革"十年，家长制盛行，党的民主集中制遭到破坏。这不仅削弱了党的领导，而且造成党风和社会思想的混乱。粉碎"四人帮"以后，以华国锋为首的党中央，对四人帮的揭批是极其有限的。1977年2月7日，"两报一刊"（《人民日报》《解放军报》《红旗》杂志）同时刊发《学好文件抓住纲》的社论，指出"让我们高举毛主席的伟大旗帜，更加自觉地贯彻执行毛主席的革命路线，凡是毛主席作出的决策，我们都坚决维护，凡是毛主席的指示，我们都始终不渝地遵守"的方针。"两个凡是"的方针，在当时引起了人们思想的混乱。邓小平拒绝接受"两个凡是"，而主张要对毛泽东的思想有一个完整的认识，坚持党的群众路线，坚持实事求是，以改善党风。1978 年 12 月 13 日，邓小平在十一届三中全会闭幕会上作了题为《解放思想，实事求是，团结一致向前看》的报告，指出："一个党，一个国家，一个民族，如果一切从本本出发，思想僵化，迷信盛行，那它就不能前进，它的生机就停止了，就要亡党亡国。……只有解放思想，坚持实事求是，一切从实际出发，理论联系实际，我们的社会主义现代化建设才能顺利进行，我们党的马列主义、毛泽东思想的理论也才能顺利发展。"这为冲破"两个凡是"的思想禁锢，恢复党的实事求是的思想路线，实现工作重心的转移起到了至关重要的作用。十一届三中全会讨论了党的工作重心转移的问题，在邓小平的推动下，彻底摒弃了"以阶级斗争为纲"，确立"以经济建设为中心"。

（2）经济停滞不前，人民生活水平没有明显改善。邓小平曾指出："过去我们进行了新民主主义革命，建国后完成了土地改革，又进行了农业、手工业和资本主义工商业的社会主义改造，建立了社会主义经济基础，那是一个伟大的革命。那个革命搞了三十几年。但是在建立社会主义经济基础以后，多年来没有制定出为发展生产力创造良好条件的政策。社会生产力发展缓慢，人民的物质和文化生活条件得不到理想的改善，国家也无法摆脱贫穷落后状态。这种情况，迫使我们在一九七八年十二月召开的党的十一届三中全会上决定进行改革。"[1]这段话揭示了当时改革的历史背景，即经济濒临崩溃边缘，国家百业待兴。1957 年至 1976 年，长达 20 年的时间里，城市职工几乎没有涨过工资。很多基本生活消费用品供给不足，需凭粮票、布票、肉票等购买。农民的生活也很穷困。1977 年 6 月，安徽省时任省委第一书记的万里在对安徽多个农村进行实地调研后痛心地说："我真没想到，解放几十年了，农村还这么穷！农民的生活水平还这么低！1978 年全国农民每人年平均从集体分配到的收入仅有 74.67 元，其中两亿农民的年均收入低于 50 元。有 1.12 亿人每天能挣到 1 角 1 分钱，1.9 亿人每天能挣 1 角 3 分钱，有 2.7 亿人每天能挣 1 角 4 分钱。"当时的生产力状况和人民生活水平可见一斑。基于此，1978

---

〔1〕　邓小平："对中国改革的两种评价"，载《邓小平文选》（第3卷），人民出版社1993年版。

年12月13日，邓小平在中央工作会议闭幕会上所作的《解放思想，实事求是，团结一致向前看》的讲话指出："如果现在再不实行改革，我们的现代化事业和社会主义事业就会被葬送。"

（二）国际形势背景

20世纪50年代中期开始的第三次科技革命，以原子能、电子计算机和空间技术等的发明和使用为标志，极大地改变了人们的生产和生活方式，促进了社会生产力的提高。在科技革命的推动下，美国、欧洲、日本等国家和地区的经济迅速发展，世界经济力量对比发生变化。美国经济从1961年1月到1969年10月出现了长达106个月的持续增长，20世纪60年代被称为美国"繁荣的十年"。在整个20世纪60年代，苏联的经济发展也很快。西欧的经济力量进一步增强，成为挑战美国的资本主义世界第二大经济中心。日本在20世纪60年代实施了"国民收入倍增计划"，其经济实力大增。亚洲的新加坡、韩国、马来西亚、泰国等国家经济发展迅速。而中国"文革"十年对经济造成了很大的破坏。1978年3月，邓小平在全国科学大会开幕式上的讲话指出，"四人帮"对四个现代化的破坏，使中国国民经济一度陷于崩溃的边缘，科学技术与世界先进水平的差距愈拉愈大。我们落后了，需要学习先进，需要向外国学习。在这样的背景下，要解放和发展生产力，改善人民生活，唯一的出路就是实行开放政策，而关起门来就无法学习西方的先进科技。邓小平积极参与外交活动，曾频繁出国访问，强调中国需要向其他国家学习。

在此背景下，经济体制改革先从农村开始试点，逐渐向城市扩展。农村改革的起点是实施家庭联产承包责任制，调动了农民的生产积极性，农业产量和农民收入明显改观。从1978年到1984年，人均占有粮食产量年递增3.8%，棉花产量年增长17.5%，肉类年增长9%。从1965年到1978年，农村人均消费只增加了1/3，而从1978年到1986年几乎增长了3倍。城市改革从解决国家与企业，企业与职工的关系入手，打破吃"大锅饭"的弊端，调动了职工的积极性。但在改革过程中也暴露出了一些问题，比如经济活动中以次充好、擅自涨价、短斤缺两等损害消费者利益的行为，有些官员的贪污腐化现象。社会上开始出现对改革持否定态度的声音。面对质疑，邓小平明确表示，改革绝不能停止，更不能改变方向。他说："当然，在改革过程中，难免带来某些消极的东西。只要我们正视这些东西，采取针对性的坚决步骤，问题是不难解决的。"〔1〕1984 年 10 月 6 日，邓小平在会见参加中外经济合作问题讨论会全体中外代表团时指出："这几年进行的农村的改革，是一种带革命意义的改革。与此同时，我们开始了城市改革的试验。……即将召开的党的十二届三中全会的主题，就是城市和整个经济体制的改革。这意味着中国将出现全面改革的局面。"同年 10 月，他在会见联邦德国总理科尔时，指出"我们把改革当作一种革命"。在经济体制改革的同时，政治体制改革也在有序推进。1980 年 8 月，邓小平发表题为《党和国家领导制度的改革》的重要讲话，第一次对我国的政治体制改革问题进行了全面、深刻地论述，成为指导我国政治体制改革的纲领性文件。政治体制改革要与经济体制改革配套进行，不能滞后，不能超前。关于开放，邓小平于 1979 年 5 月 16 日指出："所谓开放，是指大量吸收外国资金和技术来加速我国的四个现代化建设……我们除了吸收国际资金、先进技术外，还要学习国际上的管理经验。"〔2〕1980年 1 月 7 日，他又指出："开放政策完全符合中国的实际，也符合中国人民的长远利益，中国人民是赞成的。"〔3〕

二、关于改革开放的历史定位和论点解读

革命有广义和狭义之分。从狭义上看，革命主要是指社会革命和政治革命，如中国的新民主主义革命和社会主义革命；从广义上看，革命泛指某种事物发生的根本变革，从量变产生质变，进而引起质的飞跃，如科技革命、信息革命等。邓小平同志最早把改革称为中国的第二次革命就是从广义角度讲的。在 1985 年 3 月 28 日会见日本自由民主党副总裁二阶堂进时，邓小平指出："现在我们正在做的改革这件事是够大胆的。但是，如果我们不这样做，前进就困难了。改革是中国的第二次革命。这是一件很重要的必须做的事，尽管是有风险的事。"〔4〕

---

〔1〕 中共中央文献研究室编：《邓小平年谱（1975—1997）》（上），中央文献出版社 2007 年版，第 514 页。

〔2〕 中共中央文献研究室编：《邓小平年谱（1975—1997）》（上），中央文献出版社 2007 年版，第 514 页。

〔3〕 中共中央文献研究室编：《邓小平年谱（1975—1997）》（上），中央文献出版社 2007 年版，第 590 页。

〔4〕 邓小平："改革是中国的第二次革命"，载《邓小平文选》（第 3 卷），人民出版社 1993 年版。

（一）历史定位

改革开放是第二次革命，是相对于第一次革命（新民主主义革命及与之相连的社会主义革命）而言的，即一次新的伟大革命。

回顾历史，建立中国共产党、成立中华人民共和国、推进改革开放和中国特色社会主义事业，是五四运动以来我国发生的三大历史性事件，是近代以来实现中华民族伟大复兴的三大里程碑。

以毛泽东同志为主要代表的中国共产党人，经过长期浴血奋斗，完成了新民主主义革命，建立了中华人民共和国，确立了社会主义基本制度，成功实现了中国历史上最深刻最伟大的社会变革，为当代中国的一切发展进步奠定了根本的政治前提和制度基础。这是中国共产党领导的第一次革命。

以邓小平同志为主要代表的中国共产党人，深刻总结我国社会主义建设正反两方面的经验，借鉴世界社会主义历史经验，作出把党和国家工作中心转移到经济建设上来、实行改革开放的历史性决策，明确提出建设中国特色社会主义社会，确立社会主义初级阶段基本路线，制定基本实现社会主义现代化的发展战略，成功开创了中国特色社会主义。这是中国共产党领导的第二次革命。

（二）邓小平同志关于改革开放的著名论点

改革开放是我们党的一次伟大觉醒，是决定中国命运的重大决策。邓小平是中国改革开放的总设计师，为中国步入改革开放建立了不可磨灭的历史功勋。邓小平关于改革开放的一系列话语，来源于人民，来源于生活，内容丰富，寓意深远，成为改革开放的经典"名言"。抚今追昔，我们从那些脍炙人口的改革开放话语中，可以领略以邓小平为代表的中国共产党人带领中国人民对改革开放的艰辛探索和卓越贡献。

1. "不改革开放，只能是死路一条"

在粉碎"四人帮"后，是实行改革开放还是固守僵化教条的体制，成为摆在中国共产党和中国人民面前一道生死攸关的选择题。此时的邓小平审时度势，以极大的政治勇气冲破"两个凡是"，力主改革开放。面对思想上的禁锢，邓小平怒斥道："现在发生了一个问题，连实践是检验真理的唯一标准都成了问题，简直莫名其妙！"用马克思主义的真理力量，解开了许多人内心的困惑。中共中央党校的《理论动态》第60期发表的《实践是检验真理的唯一标准》一文，作为《光明日报》特约评论员文章公开发表后，引发了全国性的具有历史意义的真理标准大讨论。对于这篇文章和这次大讨论，邓小平多次予以肯定和支持。在同胡耀邦谈话时他明确指出："真理标准这篇文章是马克思主义的，争论不可避免，争得好。"邓小平将这次大讨论上升到党和国家前途命运的战略高度来看待，指出："关于真理标准问题的争论，的确是个思想路线问题，是个政治问题，是个关系到党和国家的前途和命运的问题。"就这样，在邓小平的支持和倡导下，陆续开展了声势浩大的关于真理标准问题的大讨论，为改革开放作了充分的思想上的准备。

全党思想解放了，思维活跃了，还要把思想统一到改革开放上来。只有科学解答"为什么要改革开放"，才能坚定改革开放的决心和信心。邓小平从发展社会主义这一根本问题出发，探讨中国改革开放的必要性。他指出，"社会主义如果老是穷的，它就站不住"。又在总结历史教训的基础上，提出"贫穷不是社会主义"的著名口号。面对一些人担心的姓"资"姓"社"的问题，邓小平又多次使用犀利而睿智的话语强调改革开放的重要和正确。他指出："如果现在再不实行改革，我们的现代化事业和社会主义事业就会被葬送。"以此，将改革开放与社会主义的命运联系起来，便于人们理解和重视改革开放对于社会主义的巨大价值。在坚持改革开放的道路上，邓小平始终没有忘记自己的责任，他反复告诫人们："不坚持社会主义，不改革开放，不发展经济，不改善人民生活，只能是死路一条。"

2. "改革是中国的第二次革命"

"什么是改革开放"是邓小平向全党和全国人民解答的第二个重大历史问题，对这一问题的回答，体现了他高超的政治智慧和话语艺术。中国人民是在中国共产党的带领下，用革命推翻了三座大山，赢得了民族独立和人民解放。中国人民广泛参与并亲身经历了革命。因此，中国的老百姓对革命是熟悉的，对革命的作用是肯定的。邓小平紧紧抓住人们对革命的积极关注，使用简洁明了的话语将改革开放与革命进行类比和联系，有利于人们深入理解改革开放的含义。1984 年，邓小平提出了"把改革当作一种革命"的论断，之后又提炼出"改革是中国的第二次革命"的表述，向人民群众说明了改革开放的历史定位。

以革命为话语承载，邓小平详细阐述了改革开放的科学内涵，他指出："这是一场根本改变我国经济和技术落后面貌，进一步巩固无产阶级专政的伟大革命。这场革命既要大幅度地改变目前落后的生产力，就必然要多方面地改变生产关系，改变上层建筑，改变工农业企业的管理方式和国家对工农业企业的管理方式，使之适应于现代化大经济的需要。"[1]1992年，他通过与革命类比的方式，阐释了"革命是解放生产力，改革也是解放生产力"，指出："推翻帝国主义、封建主义、官僚资本主义的反动统治，使中国人民的生产力获得解放，这是革命，所以革命是解放生产力。社会主义基本制度确立以后，还要从根本上改变束缚生产力发展的经济体制，建立起充满生机和活力的社会主义经济体制，促进生产力的发展，这是改革，所以改革也是解放生产力。"[2]

根据邓小平的这些论述，党的十三大正式提出："改革是社会主义社会发展的重要动力，对外开放是实现社会主义现代化的必要条件。"

3. "大胆地试，大胆地闯""摸着石头过河"

中国的改革开放如同一张白纸，一切都是新的，没有成功的经验可以借鉴。邓小平指出："改革开放胆子要大一些，敢于试验，不能像小脚女人一样。看准了的，就大胆地试，大胆地闯。"[3]邓小平用"小脚女人"作比喻，批评了改革开放中的保守现象，将其畏首畏尾的形象刻画得淋漓尽致。同时，他极力推崇"试"和"闯"，以"杀出一条血路来"的决心和气势，鼓励和感染着身边的每一个人，点燃了人们在改革开放大潮中干事创业的热情。

"摸着石头过河——稳稳当当"是一句民间歇后语，为群众所首创，本意是过河时多去摸索才稳当。邓小平借用饱含民间话语智慧的歇后语，用来探索和表达改革开放的科学方法。摸着石头过河就是摸规律，从实践中获得真知。摸着石头过河，是富有中国特色、符合中国国情的改革方法和话语表达。

邓小平通过这种类比的方式和大白话式的叙述语言，向全党和全国人民阐释了改革开放的内涵和价值，起到了极好的宣传动员效果，在短时期内有效提高了人们对改革开放的思想认识，迅速凝聚起改革开放的磅礴之力。重温这一重要思想，对于我们继续解放思想、与时俱进，坚定不移地把改革开

〔1〕 邓小平："工人阶级要为实现四个现代化作出优异贡献"，载《邓小平文选》（第2卷），人民出版社1992年版。

〔2〕 邓小平："在武昌、深圳、珠海、上海等地的谈话要点"，载《邓小平文选》（第3卷），人民出版社1993年版。

〔3〕 邓小平："在武昌、深圳、珠海、上海等地的谈话要点"，载《邓小平文选》（第3卷），人民出版社1993年版。

放进行到底，具有重大而深远的意义。

（三）改革开放的重要地位与宝贵经验

1. 改革开放不仅是政策选择而且是制度上的革命

有观点认为，第一次革命属于制度选择，改革开放作为第二次革命则属于政策选择。这种观点并不完全正确。

诚然，改革是社会主义制度的自我完善和发展，而完全不同于以夺取政权为目标的、一个阶级推翻另一个阶级的革命。但是，改革不仅仅是对原有体制作细枝末节的修补，在一定程度上也需要革命性变化。它是对已经建立的社会主义制度的改进、变革和巩固。改革开放作为第二次革命，是量变中有质变。从马克思主义哲学的角度来看，"改革是社会主义制度的自我完善"体现的是量变，"在一定的范围内也发生了某种程度的革命性变革"则意味着量变基础上的部分质变。

作为一场新的伟大革命，改革开放是在社会主义基本制度基础上的自我调整、自我革新、自我提高。党的十七大报告提出，改革开放是党在新的时代条件下带领人民进行的新的伟大革命；党的十八届四中全会把全面推进依法治国界定为"国家治理领域一场广泛而深刻的革命"。从全面深化改革到全面推进依法治国，从推进国家治理体系和治理能力现代化到国家治理领域一场广泛而深刻的革命，是有机联系、层层递进的。其根本目的就是完善和发展中国特色社会主义制度，形成一套更加成熟、更加定型的制度体系。

改革不仅是政策选择，而且是制度上的一场革命。正如党的十九大报告所强调的，我们党团结带领人民进行改革开放的伟大革命，破除阻碍国家和民族发展的一切思想和体制障碍，开辟了中国特色社会主义道路，使中国大踏步赶上时代。

2. 改革开放是中国共产党的自我革命

改革开放作为第二次革命，也包含着中国共产党的自我革命。勇于自我革命，是我们党最鲜明的品格，也是我们党最大的优势。在纪念改革开放40周年之际，必须把执政党的自我革命提到议事日程上，并以此来推动社会革命。

勇于自我革命，本质上是一种自我牺牲，对象是执政党和执政者自身。马克思主义认为，内因是变化的根据，外因是变化的条件，内因起决定性作用。中国共产党的优势和长处，就在于能够主动进行自我更新和自我革命。

改革开放就是中国共产党人的主动抉择。面向新时代，我们党反复强调要勇于自我革命，体现了不变的责任担当。

新时代改革开放再出发，关键在于执政者要有自我革命和自我牺牲的勇气。改革开放40多年了，如果在一些关键领域依然不能取得突破、不能啃下硬骨头，就会动摇民众对改革的信心。信心一旦动摇，各种混乱思想、错误认识、模糊观点就会大行其道、扰乱视听。因此，必须勇于自我革命，必须高举改革开放旗帜，将改革进行到底，以自我革命推动社会革命。要敢于涉深水区、啃硬骨头，要以勇于自我革命的气魄、坚忍不拔的毅力推进改革，敢于向积存多年的顽瘴痼疾开刀，敢于触及深层次利益关系和矛盾，坚决冲破思想观念束缚，坚决破除利益固化藩篱，坚决清除妨碍社会生产力发展的体制机制障碍。

总之，我们要站在改革开放是第二次革命的高度，勇于变革、勇于创新，永不僵化、永不停滞，不为任何风险所惧，不被任何干扰所惑。要敢于拿自己开刀、勇于割自己的肉，以壮士断腕的勇气和决心将改革进行到底。

3. 改革开放形成的宝贵经验

改革开放40多年来，从开启新时期到跨入新世纪，从站上新起点到进入新时代。改革开放是我们党引领人民绘就的一幅波澜壮阔、气势恢宏的历史画卷，谱写了一曲感天动地、气壮山河的奋斗赞歌。其中积累的一些宝贵经验是党和人民弥足珍贵的精神财富，对新时代坚持和发展中国特色社会主义有着极为重要的指导意义，必须倍加珍惜、长期坚持，在实践中不断丰富和发展。

这些宝贵经验主要是：①必须坚持党对一切工作的领导，不断加强和改善党的领导。②必须坚持以人民为中心，不断实现人民对美好生活的向往。③必须坚持马克思主义指导地位，不断推进实践基础上的理论创新。④必须坚持走中国特色社会主义道路，不断坚持和发展中国特色社会主义。⑤必须坚持完善和发展中国特色社会主义制度，不断发挥和增强我国的制度优势。⑥必须坚持以发展为第一要务，不断增强我国的综合国力。⑦必须坚持扩大开放，不断推动共建人类命运共同体。⑧必须坚持全面从严治党，不断提高党的创造力、凝聚力、战斗力。⑨必须坚持辩证唯物主义和历史唯物主义世界观和方法论，正确处理改革发展稳定三者之间的关系。

三、改革的重大意义

改革开放 40 多年来，中国在经济、政治、文化、社会和生态等各个领域都取得了令人瞩目的成就。中国的改革开放不但改变了中国，也影响了世界。在中国改革进入新时代的重要节点，分析中国改革开放的意义，也是推进中国继续走改革开放之路的必然要求。

（一）改革从农村突破，进而推动了全面改革，从而使改革进入了新的时期

邓小平在《改革是中国的第二次革命》中指出："农村的改革三年见效，包括城市、农村在内的全面改革更复杂了，我们设想要五年见效。"[1]这句话实际上点明了，改革从农村率先突破具有伟大的意义。农村家庭联产承包责任制的实行，一方面，极大地调动了农民生产的积极性，粮食产量大幅度增长，一举解决了长期困扰农村的粮食短缺问题，基本解决了温饱。另一方面，使农村剩余劳动力从旧体制下解放出来，农民有了参与工业化的权利，推动了乡镇企业的兴起，一些地方对劳动力的需求大量增加，这引发了打破城乡二元体制的农民跨地区流动。改革逐步深入，从农村改革到城市改革，进而从经济体制改革到政治体制、科技教育体制改革，呈现出了一幅全面改革均衡推进的波澜壮阔的画面。回过头看，这实际上为我国建立社会主义市场经济体制奠定了基础。

（二）改革顺应了人类社会发展的基本规律，这是改革的基本出发点，有力促进了生产力的发展和社会的进步

依据唯物史观原理，马克思主义从社会生活的各种领域中划分出经济领域，从一切社会关系中划分出生产关系，并把它当作决定其余一切关系的基本的、原始的关系，进而将一切社会关系归结于生产关系，将生产关系归结于生产力发展的高度，从而破天荒地揭示了人类社会发展的规律。

人类社会发展的基本规律，就表现为生产力与生产关系、经济基础与上层建筑的矛盾运动，这一基本规律科学地确立了生产力发展是社会进步的最高标准，这也是马克思主义政党制定路线、方针和政策的重要依据。社会主义的根本任务是解放和发展生产力，在深化改革中，要把坚持发展作为解决我国所有问题的关键。"改革涉及人民的切身利害问题，每一步都会影响上亿

---

〔1〕 邓小平："改革是中国的第二次革命"，载《邓小平文选》（第3卷），人民出版社 1993 年版。

的人。"这实际上指出了，处理生产关系的实质就是理清人们的物质利益关系，所以一方面积极稳妥地深化经济体制改革，通过完善社会主义经济基础以促进生产力的发展。另一方面加快上层建筑的改革，以适应生产力发展和巩固经济基础的要求。总体上看，只有通过改革，才能解决社会基本矛盾，推动生产力发展和社会进步。所以，改革也是社会主义社会发展的真正动力。

邓小平认为，改革就其引起社会变革的广度和深度来讲，是一场革命，这种革命不同于传统意义上夺取政权的社会革命，而是由我们党自己发动的，旨在发挥社会主义制度优越性，发展社会生产力和提高人民群众的生活水平。从性质上讲，改革是社会主义制度的自我完善。

（三）中国的改革开放因其取得的辉煌成就而彰显出深远的世界意义

中国的改革和开放是联系在一起的，"改革需要继续开放"，自1978年十一届三中全会到今天，中国的改革开放走过了40多年的历程，在这40多年里，中国取得了辉煌的成就，产生了巨大的国际影响力，彰显出深远的世界意义。

其一，中国经济持续快速发展，为世界经济社会发展提供了新动力。改革开放以来，中国经济的增长速度明显高于世界平均水平，各项主要经济指标跃居世界前列，对世界经济增长的贡献率跃居世界首位，而且这种经济发展在国内外均取得了良好效果。其二，打破"西方中心论"，为人类社会现代化开辟了新道路。中国在改革开放中探索出了一条完全不同于西方的现代化之路。中国坚持走和平发展道路，坚定地维护世界和平与发展，完全不同于一些西方国家在崛起过程中的掠夺、征服和奴役。中国借鉴资本主义文明成果，但坚持社会主义方向，把对外开放与独立自主、自力更生相结合，为发展中国家实现现代化开辟了一条新道路。其三，走出苏联模式，为当代社会主义创造了新形态。中国吸取了苏联模式的教训，在科学判断时代主题的基础上，及时把国家工作重心转移到经济建设上来。进一步解放思想，认为中国长期处于社会主义初级阶段这个历史方位，在这一阶段的主要任务是解放和发展生产力。认为计划和市场都是资源配置方式，社会主义也可以实行市场经济。为吸取苏联高度集权的教训，中国一直强调依法治国，十八届四中全会对全面依法治国进行了系统的战略部署。这几个方面都反映了中国特色社会主义与苏联模式的区别，为当代社会主义创造了新形态。

（四）改革具有巨大的稳定意义，保持并且促进了政治稳定和社会稳定

改革的着眼点就在于为社会主义选择一个好的体制和政策，发挥其活力，增强其稳定性。改革选择了渐进式的策略，"摸着石头过河""价格双轨制"，商品经济逐步放开进而建立社会主义市场经济体制，这种改革策略由易到难、由点到线、由局部到全局，实际上是代价和风险相对较小的策略。改革是有风险的，先试点，取得经验后再逐步推开，因为改革是一项全新的事业，没有任何现成的经验可学，我们只能在实践中探索，"胆子要大，步子要稳"，这实际上也符合"实践—认识—再实践—再认识"的马克思主义认识论路线。渐进性的改革充分考虑了文化传统的约束和社会民众对改革的认同能力和心理承受能力，尽管也存在双重体制并存的"摩擦成本"，但却是代价相对较小的策略。

改革的成果也为保持稳定提供了重要条件，改革和发展是造成稳定的社会环境的物质基础。稳定不是死水一潭，不是缺乏生机和活力，而应该是党章所说的"一个又有集中又有民主，又有纪律又有自由，又有统一意志，又有个人心情舒畅、生动活泼，那样一种政治局面"。而要造成这样一种政治局面，就必须通过改革，使各种社会关系相互协调。随着改革开放深入人心，改革开放本身已经成为最具有号召力的一面旗帜，老百姓得到了实惠所以真心拥护它。同时，稳定的社会环境是在生产力日益发展和人民生活水平不断提高的基础上实现的，改革开放的成果也提高了承担和抵御风险的能力。在生产力发展缓慢、人民生活水平低下的基础上是很难实现真正意义上的社会稳定的。所以，只有通过改革大力发展生产力，增强了国家的综合国力，提高了人民的生活水平，社会的凝聚力和向心力才会更强，才能从根本上保持社会的稳定。

模块五经典文献：《共担时代责任 共促全球发展》[1]

【教学导入】"全球化"这个词想必大家都非常熟悉了，那么大家知道"全球化"这一概念是从什么时候开始有的吗？你能够从你的现实生活中举出全球化带来的影响吗？对于全球化的利弊你又是如何认识的呢？

---

〔1〕 习近平：《共担时代责任 共促全球发展——在世界经济论坛 2017 年年会开幕式上的主旨演讲》（2017 年 1 月 17 日，达沃斯），本模块中引文，除有注释外，皆引自本演讲，不再说明。

【教学目的】通过本模块专题教学，帮助大学生了解《共担时代责任　共促全球发展》的写作背景与框架结构、重要思想与当代价值。让学生在阅读文本的过程中，体悟到文本的理论基础与现实关怀，体会马克思主义对全球化的深刻理解以及习近平总书记对全球化、反全球化的辩证分析，正确认识全球化的客观性与必然性；鼓励大学生积极了解当代全球化的更多维度，为全球化的健康发展建言献策；培养大学生的时代意识、现实意识、问题意识，鼓励学生用马克思主义原理认识问题、分析问题。

【教学重点】《共担时代责任　共促全球发展》的基本观点和意义价值。

【教案正文】

一、背景介绍

（一）世界经济论坛

世界经济论坛（World Economic Forum，WEF）因在瑞士达沃斯首次举办，又被称为"达沃斯论坛"。其是以研究和探讨世界经济领域存在的问题、促进国际经济合作与交流为宗旨的非官方国际性机构。总部设在瑞士日内瓦，论坛前身是 1971 年由现任论坛主席、日内瓦大学教授克劳斯·施瓦布创建的"欧洲管理论坛"，1987 年时更名为"世界经济论坛"。论坛的会员囊括了全球顶尖创新者、市场塑造者、变革者、地区领导者等领军型企业，他们希望通过研究和探讨世界经济领域存在的问题，促进国际经济合作与交流，致力于通过公私合作改善世界状况。按照惯例，每年 1 月末会在瑞士达沃斯召开"世界经济论坛年会"（即"冬季达沃斯论坛"）；夏季则在中国（自 2007 年起）举办"新领军者年会"（即"夏季达沃斯论坛"），此外还会举办多场地区峰会。《共担时代责任，共促全球发展》一文便是习近平总书记在 2017 年 1 月 17 日在世界经济论坛 2017 年年会开幕式上的主旨演讲。这次年会也是中国国家主席首次出席的世界经济论坛年会。

（二）全球化内涵及历史进程

早在 20 世纪 40 年代，全球化（globalizing）作为词汇就已出现，到了 20 世纪 50 年代至 60 年代，这一词汇便时常见于各类文字报端。1985 年，美国经济学家西奥多·莱维特在《市场全球化》中提出了经济全球化的概念，使得"全球化"一词日益受到关注。1990 年时"globalization"一词开始在官方场合得到正式应用，因而也成为全世界范围内的"热词"。不过，对于它的内涵界定，学界尚是见仁见智，莫衷一是。西奥多·莱维特所说的全球化主要指的是经济全球化，注重于世界范围内商品、服务、资本等的流通和扩散。另外，还有学者从政治、社会、文化等多角度来解释全球化的内涵，将全球化的内涵扩充到方方面面。譬如，我们国家的费孝通先生就从文化角度，提出了一个"各美其美，美人之美，美美与共，天下大同"的文化"全球化"。从这个角度来讲，全球化实践就是我们当代人的活生生的存在方式。

马克思主义经典作家虽然没有直接提及"全球化"字眼，但他们从世界历史的角度，分析和论证了全球化是一种客观、必然的历史阶段和历史现象。在马克思、恩格斯的观点中，全球化形成的历史前提是 15 世纪的地理大发现。正如马克思所说的，"随着美洲和通往东印度的航线的发现，交往扩大了，工场手工业和整个生产运动有了巨大的发展。……冒险的远征，殖民地的开拓，首先是当时市场已经可能扩大为而且日益扩大为世界市场，——所有这一切产生了历史发展的一个新阶段"[1]。全球化以经济的全球化为发端，而经济的全球化与资本主义的兴起和资本的逐利性捆绑在一起。

正如马克思、恩格斯在《共产党宣言》中分析的那样，"资产阶级，由于一切生产工具的迅速改进，由于交通的极其便利，把一切民族甚至最野蛮的民族都卷到文明中来了……它迫使一切民族——如果它们不想灭亡的话——采用资产阶级的生产方式；它迫使它们在自己那里推行所谓的文明，即变成资产者。一句话，它按照自己的面貌为自己创造出一个世界"[2]。由于经济全球化的初期进程是由资本主义所主导的，那么作为利益占有方，资本主义在全球化发展过程中谋取了大部分利益，而且促使全球化的发展具有不可避免的不平衡性。

在我们的教材中主要从经济全球化的维度来分析全球化，从国际分工、贸易、金融、企业生产经营四个角度，描述了经济全球化的表现。就当前而言，全球化带来的益处有目共睹，同时，经济全球化过程中伴随而来的贫富差距、环境污染、地区紧张等也刺痛着不少国家的神经。因此，不少国家将发展中的问题归咎于全球化，一些资本主义国家开始通过建立贸易壁垒、打贸易战等方式走向"反全球化""逆全球化"的道路。全球化进程中弊端的

---

[1] 《马克思恩格斯选集》(第 1 卷)，人民出版社 1995 年版，第 110 页。
[2] 《共产党宣言》(第 3 版)，人民出版社 1997 年版，第 31~32 页。

显现是否意味着全球化即将终结？在未来是否还有出路？出路在何方？习近平总书记2017年在达沃斯年会开幕式上发表的这篇演讲便与全球化进程中的这些问题紧密相关。

二、框架结构

从文字上看，本篇演讲稿仅6000多字，篇幅并不算长。在结构上可大致分为如下几部分：

（1）习近平总书记开宗明义点明当今世界发展的现状和众人对此的疑虑，将经济全球化作为切入点探讨世界经济的过去、现在和未来。

（2）客观分析经济全球化进程中出现的"双刃剑"效应，指出经济全球化确实带来了负面影响，具体分析经济领域的突出矛盾，强调问题的可解决性。

（3）从创新、合作、与时俱进、公平包容等角度提出解决之道。

（4）表明中国在全球化中的贡献和积极担当，指出中国既是经济全球化的受益者，更是贡献者。

三、基本观点

习近平总书记对"经济全球化"这一话题曾在杭州G20峰会、亚太经合组织领导人利马会议等多种场合进行过阐述。对本篇演讲稿的分析不仅限于本篇中习近平总书记的讲话，而且将马克思主义有关全球化的论述、习近平总书记对他的经济全球化的现代认知融入进来，全面理解。在本篇演讲中，所提及的观点如下：

（一）强调经济全球化的客观性和必然性

在课本中，曾讲到导致经济全球化迅猛发展的三个主要因素：①科学技术的进步和生产力的发展提供的物质基础和推动力；②跨国公司的发展提供的合适的组织形式；③各国经济体制的变革提供的体制保障。这与第三章中讲到的生产力和生产关系、社会分工等内容是联系在一起的。

马克思、恩格斯虽然没有直接提及"全球化"的字眼，但他们在分析资本主义的形成、生产力和生产关系时早就阐述过"全球化"到来的必然性。他们指出，随着蒸汽机等技术的发明及资本主义工业的确立，将会推动人类历史走向"世界历史"。在资产阶级出现之前，由于生产力低下，社会分工不发达，世界各国之间的联系较为偶然，民族与民族之间的联系也具有极大的局限性，各民族之间是相对隔绝的。但当资本主义生产方式确立后，资本主义"首次开创了世界历史，因为它使每个文明国家以及这些国家中的每一个人的需要的满足都依赖于整个世界，因为它消灭了各国以往自然形成的闭关自守的状态"。[1]资本具有逐利性，这种逐利性促使资产阶级奔走于全球各地。"它必须到处落户，到处开发，到处建立联系。资产阶级，由于开拓了世界市场，使一切国家的生产和消费都成为世界性的了……过去那种地方的和民族的自给自足和闭关自守状态，被各民族的各方面的互相往来和各方面的互相依赖所代替了。物质的生产是如此，精神的生产也是如此。"[2]在近代以来，每一次科技革命都推动了生产的全球化。我们今天的全球化发展就得益于 20 世纪 70 年代信息技术的兴起。经济的全球化到来后，又促进了政治、文化等的全球化，整个世界在各个维度上联系起来，任何一个国家都难以置身于全球化之外。

因此，习近平总书记在演讲稿中指出"经济全球化是社会生产力发展的客观要求和科技进步的必然结果，不是哪些人、哪些国家人为造出来的"，表明了经济全球化的必然性和客观性，而且他还指出，当前的经济全球化的面貌已经是"经济全球化、区域一体化快速发展，不同国家和地区结成了你中有我、我中有你、一荣俱荣、一损俱损的关系"[3]。这就为我们勾勒出当今全球化的整体面貌和以后解决全球化进程中出现问题的基础。

（二）指出"困惑世界的很多问题，并不是经济全球化造成的"（对反全球化、逆全球化论调的回应）

"资本来到世间，从头到脚，每个毛孔都滴着血和肮脏的东西"，资本天生具有扩张性和逐利性，追逐剩余价值的最大化，这就会导致资本一方面会不断地扩大流通范围，另一方面则必然会将生产变为由资本推动的生产，使得生产走出一国之地，向世界扩张。这种扩张性必然会冲击其他国家的生产方式，导致国与国之间的竞争，在带来全球一体化的同时，导致全球发展的竞争性和不平衡性。逆全球化、反全球化的浪潮在全球化的进程中也逐渐受

---

〔1〕《马克思恩格斯选集》（第 1 卷），人民出版社 1995 年版，第 114 页。

〔2〕《共产党宣言》（第 3 版），人民出版社 1997 年版。

〔3〕习近平：《共创中韩合作未来　同襄亚洲振兴繁荣——在韩国立首尔大学的演讲》（2014 年 7 月 4 日，首尔）。

到关注。

反全球化运动的标志性事件可以追溯到 1999 年 11 月 20 日在美国西雅图举行的被称为 "千年回合" 的世界贸易组织部长会议召开期间。当时来自不同国家和地区的 5 万多人喊出 "关闭 WTO" 等反全球化口号，举行大规模的游行示威活动，这些抗议者还把象征着全球化的麦当劳餐厅捣毁。此后，反全球化的抗议活动在不同国家和地区都曾出现。

就反全球化的主体而言，有环保组织、有劳工组织、有无政府主义者，也有一些西方国家的政治精英。从观点来看，他们之所以反全球化，原因有以下几点：①他们认为全球化带来了日益悬殊的贫富差距问题。如根据国际发展与救援非政府组织乐施会的报告显示，从 1980 年到 2016 年，全球收入每增加 1 美元，最贫穷的 50% 的人口只能得到 12 美分，而顶层 1% 的富人却可以得到 27 美分。美国作为最发达资本主义国家，收入前 10% 的人口却占有全国 38% 的财富，贫富差距极大。②全球化加剧了各国家和地区间的发展不平衡；长期以来全球化的主导者是西方发达国家，他们享受了全球化带来的种种利好，形成了以西方国家为中心的全球化。但全球化的进程也为发展中国家带来了机遇，新兴国家在全球化过程中的群体性崛起使得西方发达国家倍感压力。③他们认为由于全球化带来了战争和灾难。资本的利益冲突导致诸多地区和平成为一种奢望，难民数量不断攀升。而难民向欧洲等国的涌入，又带来了欧洲本土的心理恐慌，产生了反移民的游行示威活动和反对接受难民的呼声。反全球化者认为正是全球化阻碍了世界和平的到来。

与上述这些基于全球化带来的弊端而选择反全球化的环保组织、劳工组织等主体不同，西方发达国家特别是美、英等作为全球化的主导者和推动者也走向了反全球化、逆全球化的道路。主要表现为发达国家贸易保护主义的抬头，实行各种歧视性贸易措施或单边保护主义，打击新兴市场国家在全球化中的利益获取。此外，他们还采取各种 "退群"、修改规则等措施，试图以修改制度维护自己利益。如特朗普上台后不仅宣布退出《跨太平洋伙伴关系协定》（TPP），而且还和众多国家大打贸易战，贸易摩擦不断。此外，一些发达国家还秉持强硬的反移民立场，加剧了欧美社会对外来移民的排斥情绪。

从总体上看，反全球化者所反的并不是 "全球化" 本身，而是在当今全球化进程中出现的各种各样的弊端。联合国时任秘书长安南曾在 2000 年 4 月发表的《千年报告》中指出："很少有人、团体或政府反对全球化本身。他们反对的是全球化的悬殊差异。"[1] 以上这些问题，习近平总书记在之前和本次的演讲中都有很多涉及和分析。诸如贫富差距问题，习近平总书记曾指出当前这种收入分配不平等、发展空间不平衡等的问题导致了全球仍有 7 亿多人口生活在极端贫困中。"富者愈富、穷者愈穷的局面不仅难以持续，也有违公平正义。"[2] 对于一些国家愈演愈烈的贸易保护主义，习近平总书记则持鲜明的反对态度，"搞保护主义如同把自己关进黑屋子，看似躲过了风吹雨打，但也隔绝了阳光和空气。打贸易战的结果只能是两败俱伤"。

他强调，从哲学上讲，世界上没有十全十美的事物，全球化在带来世界发展的同时也自然会有弊端的出现。这也是习近平总书记将经济全球化称之为"双刃剑"的重要原因。而且习近平总书记强调经济全球化中产生的种种问题"是前进中的问题，我们要正视并设法解决，但不能因噎废食"[3]。他在演讲中一针见血地指出："把困扰世界的问题简单归咎于经济全球化，既不符合事实，也无助于问题解决。"反全球化、逆全球化的核心问题是在将世界市场蛋糕做大的同时，却没有做好解决增长和分配、资本和劳动、效率和公平的矛盾问题的准备，现有的全球治理体系和相应的制度安排并不能解决全球化带来的新问题，反映了当前全球治理机制的失灵。也就是习近平总书记在演讲中所指出的当前经济领域内三大突出矛盾没有得到有效解决的问题。因此，习近平总书记指出，"让世界经济的大海退回到一个孤立的小湖泊、小河流，是不可能的，也是不符合历史潮流的。""我们不能就此把经济全球化一棍子打死，而是要适应和引导好经济全球化，消解经济全球化的负面影响，让它更好惠及每个国家、每个民族。"

（三）提出经济全球化健康发展的路径

习近平总书记在演讲中指出："人类历史告诉我们，有问题不可怕，可怕的是不敢直面问题，找不到解决问题的思路。面对经济全球化带来的机遇和挑战，正确的选择是，充分利用一切机遇，合作应对一切挑战，引导好经济全球化走向。"

面对经济全球化中出现的问题，习近平总书记从三个方面提出破解之道。

---

〔1〕　转引自高飞："'逆全球化'现象与中国的外交应对"，载《国际论坛》2017 年第 6 期。

〔2〕　习近平：《同舟共济、扬帆远航，共创中拉关系美好未来——在秘鲁国会的演讲》（2016 年 11 月 21 日，利马）。

〔3〕　习近平："共同构建人类命运共同体"，载《人民日报》2017 年 1 月 20 日。

（1）坚持创新。习近平总书记指出当前世界经济面临的根本问题就是增长动力的不足，而只有坚持以创新引领经济发展，才能突破当前世界经济的瓶颈问题。对此，中国坚持创新发展理念、创新政策手段。在理念创新方面，习近平总书记提出要构建人类命运共同体，该理念超越了意识形态的对立、国别、民族之间的差异，颠覆西方语境中"国强必霸"的逻辑误导，而是建立在人类这一共同群体下寻求共同利益、承担共同责任，共享全球化带来的发展成果，真正实现人类的和平共赢。在创新政策手段方面，为了营造良好的对外开放环境，中国制定了新的《外商投资法》和《优化营商环境条例》，建设良好的营商环境，塑造具有新引力的市场氛围。

（2）坚持开放共赢。面对一些发达资本主义国家反全球化、逆全球化的道路，中国坚持开放共赢的合作模式，在开放中推动贸易和投资的自由化便利化。自 2008 年金融危机以来，不少国家为维护自身利益选择走向反全球化、逆全球化，中国却始终全面推进和落实创新、协调、绿色、开放和共享的发展理念，持续扩大开放。从成果来看，中国已经设立了 11 个自由贸易区，与多个国家签署了双边自由贸易协定，实行"一带一路"，在与世界各国的开放中实现贡献，推动贸易国之间的良性互动。正如习近平总书记在党的十九大报告中所指出的，"中国开放的大门不会关闭，只会越开越大"〔1〕。

（3）打造新的全球经济治理体系。全球化在几百年的发展阶段中，长期处于以资本主义国家为主导的阶段。由于资本的逐利性，使得世界经济的蛋糕在做大的同时，难以实现分配的公平性，导致了不平衡、冲突现象的出现。以资本主义国家为主导的旧的全球化治理体系注重霸权、单边利益，随着新兴国家的崛起，全球化的秩序正在走向既讲秩序又讲公平的新型全球化。习近平总书记明确指出："过去数十年，国际经济力量对比深刻演变，而全球治理体系未能反映新格局，代表性和包容性很不够。全球产业布局在不断调整，新的产业链、价值链、供应链日益形成，而贸易和投资规则未能跟上新形势，机制封闭化、规则碎片化十分突出。"中国在推动全球经济治理体系上作出了重要贡献，我们一方面坚定的维护世界贸易组织的主渠道地位，另一方面则积极倡导新机制，为全球化的健康快速发展提供更多的公共产品，引导经济

〔1〕 习近平：《决胜全面建成小康社会　夺取新时代中国特色社会主义伟大胜利——在中国共产党第十九次全国代表大会上的报告》（2017 年 10 月 18 日）。

全球化的再平衡。习近平总书记在演讲中指出："我们既要有分析问题的智慧，更要有采取行动的勇气。"近年来，中国率先提出"一带一路"、共建"丝绸之路经济带"和"21世纪海上丝绸之路"的倡议，并积极将倡议落实于实践中，获得丰硕成果。截至2019年的最新数据显示，我国对"一带一路"沿线国家进出口总额已达92 690亿元，比上年增长10.8%。其中，出口增长13.2%，进口增长7.9%。双向投资深入发展。2019年，我国对"一带一路"沿线国家非金融类直接投资额150亿美元，占对外总投资比重比上年提高0.6个百分点；"一带一路"沿线国家对华直接投资金额84亿美元，增长30.6%。

（四）中国在经济全球化进程中的贡献与未来担当

中国是全球化的受益者，更是贡献者。习近平总书记指出："20年前甚至15年前，经济全球化的主要推手是美国等西方国家，今天反而是我们被认为是世界上推动贸易和投资自由化便利化的最大旗手，积极主动同西方国家形形色色的保护主义作斗争。这说明，只要主动顺应世界发展潮流，不但能发展壮大自己，而且可以引领世界发展潮流。"[1] 在今天，全球化格局的调整面临新契机，中国在全球化进程中的地位愈发凸显，但中国不会走上称霸的道路，中国传统文化中所蕴含的"天下大同""协和万邦""己所不欲勿施于人"的优秀美德都是中国对待世界发展的态度，也是今天习近平总书记提出构建人类命运共同体的文化基础，中国将始终做世界和平的建设者、全球发展的贡献者、国际秩序的维护者。

针对全球化的未来发展，习近平总书记在演讲中指出，中国于内将提升经济增长的质量和效益、不断激发增长独立和市场活力，于外则积极营造宽松有序的投资环境，放宽外商投资准入，促进中外之间的经济贸易往来，建设共同发展的对外开放格局。

四、意义价值

《共担时代责任 共促全球发展》的主旨演讲是习近平总书记对全球化的一次多维阐述，建立在他对全球格局的客观分析和审慎评判基础上，显露出

---

[1] 习近平：《在省部级主要领导干部学习贯彻党的十八届五中全会精神专题研讨班上的讲话》（2016年1月18日）。

习近平总书记对未来世界格局的清晰认识，具有鲜明的问题意识和深切的现时价值关照。其凸显出的意义价值有三：

（1）习近平总书记对全球化发展的必然性和客观性的认识是对马克思主义"世界历史"理论的现代运用，是马克思主义基本原理与经济全球化发展实际相结合的范例。马克思、恩格斯曾从"世界历史"和生产力、生产关系的角度阐述全球化形成的必然性和客观性，并曾对全球化发展的不平衡性作出预测。习近平作为坚定的马克思主义者，他在全球化发展进程中面对呈现出的新问题和新趋势，以辩证唯物主义和历史唯物主义的科学方法，再次辩证、全面分析了经济全球化在新的时代背景下也必将会继续前进的客观性和必然性。在他的全球化理论中，对全球化进程中出现的负面影响不隐瞒、不避讳，对反全球化、逆全球化背后深层的原因进行了澄清，强调不能因有弊端的出现就对经济全球化"一棒子打死"，重要的是运用智慧、勇气去行动，解决问题。为此，他在马克思主义"社会共同体"和中国传统文化的"大同理想"等基础上，提出了构建人类命运共同体的新理念，是对马克思主义基本原理的继承和发展。

（2）习近平总书记有关全球化的一系列重要论述为全球化的未来发展提供了新思路、新举措。党的十八大明确提出要倡导人类命运共同体意识，此后多个场合和十九大报告中都一再强调中国人民愿同世界一道，推动人类命运共同体的建设。人类命运共同体理念内涵丰富，在全球经济发展中，倡导建立平等、互惠、相互尊重、合作共赢的新型伙伴关系。当前全球化进程中出现的诸多弊端正是源于发达国家长期主导并掌控经济全球化的运行规则，压制新兴市场主体等的狭隘举措，这是与发达国家长期以来以竞争、博弈为主的思想意识相关联的。中国自古以来追求天下大同、崇尚和平，在深厚传统文化基础和马克思主义理论中形成的人类命运共同体理念从源头上就区别于西方的治理理念。习近平总书记在演讲中强调的是："人类已经成为你中有我、我中有你的命运共同体，利益高度融合，彼此相互依存。每个国家都有发展权利，同时都应该在更加广阔的层面考虑自身利益，不能以损害其他国家利益为代价。"实质上是对全球化未来发展的新思考，并对克服全球化进程中的弊端提供了新思路。中国在未来引导全球化的进程中将会维护人类整体利益，注重讲求效率、讲求公平，让不同国家、不同阶层、不同人群都能共享经济全球化的好处。让经济全球化更有活力，更可持续。

（3）新型冠状病毒肺炎疫情发生以来，党和国家迅速采取措施控制疫情，举全国之力，采取最全面、最严格、最彻底的防控举措，为国内及全球其他国家和地区做好疫情防控准备赢得了宝贵时间。但从客观而言，疫情的发生确实也造成了生命的消逝、经济发展的暂时放缓，带来了很多不方便。特别是随着疫情在全球范围的蔓延，一些人将原因归咎于全球化，认为正是全球化才导致了频繁的国际往来与人员流动。习近平总书记多次指出，全球化是一把双刃剑，它的前行是生产力和生产关系的结果，是客观的、不可逆的。此次疫情中出现的对全球化不满的各种情绪，归根结底则是反映了过去经济全球化的运行机制带来的诸多问题。全球化背景下，疫情的发生并不是第一次，也不可能是最后一次，全球传染性疾病的爆发和蔓延，任何国家都不能独善其身。习近平总书记提出的人类命运共同体理念倡导普遍安全、共同繁荣、实现人类整体利益，这决定了在习近平总书记领导下的中国不会采取以邻为壑的措施，而是及时通报疫情相关信息，努力向世界各国提供力所能及的各种帮助，分享最新的抗疫经验。截至 2020 年 3 月，中国政府已经向全球82 个国家和世界卫生组织、非盟等提供了包括检测试剂、口罩、防护服、医疗器械等的援助，向世界卫生组织捐款 2000 万美元，向伊朗、伊拉克、意大利等国派出了医疗专家组，深入各国疫情第一线提供帮助。这些都是中国在全球化背景下运用人类命运共同体理念指导下的具体举措，是中国为全球卫生治理作出的重要探索和贡献。

模块六经典文献：《共产主义原理》

【教学导入】你知道《共产主义原理》的写作背景吗？你知道《共产主义原理》的写作结构吗？《共产主义原理》以古希腊哲学中常用的对话问答方式写成，灵活而易读，简单而又不失思想的深刻性。《共产主义原理》作为《共产党宣言》的前奏已经包含了后者的全部理论核心。下面就让我们走进《共产主义原理》的思想海洋，挖掘其睿智的思想和伟大的精神。

【教学目的】通过本模块专题教学，帮助大学生了解《共产主义原理》的背景、框架、内容和时代价值。通过研读《共产主义原理》，理解马克思主义唯物辩证法的哲学理念在人类社会中的应用；坚定共产主义信仰并理解共产主义作为无产阶级解放条件的理论之主要内容；通过矛盾分析的辩证思维论证共产主义代替资本主义的必然性；理论结合实际探讨《共产主义原理》

的时代价值。

【教学重点】《共产主义原理》的核心精神；《共产主义原理》的时代价值。

【教案正文】

《共产主义原理》开篇伊始是对这样一个问题的回答"什么是共产主义？"它给出的答案是："共产主义是关于无产阶级解放条件的学说。"[1]我们知道，解放一直是启蒙运动的口号，启蒙运动意图使人从受宗教影响的蒙昧状态中解放出来，达到人的理性自主。但启蒙运动的失败人所共知，即启蒙运动中所追求的精神解放在解放了人的理性自由同时也解放了工具理性，这造成人的异化的自我理解。《共产主义原理》开篇即讲无产阶级的解放，至少说明两个问题：其一，启蒙运动的解放理想未能成功；其二，即使成功也并未促成无产阶级的解放。我们不妨以"解放"为核心来解读《共产主义原理》，通过解读，可以更好地认识到共产主义精神在何种意义上突破了启蒙运动的解放局限，又在何种意义上科学制定了无产阶级实现解放的路径以及这种解放所带来的对全人类精神提升的积极意义。

一、《共产主义原理》的写作背景

人是社会性的动物，在自我与社会的互动中，人逐渐建立起自我同一性的社会认知，人的精神、意识、价值观念都由社会塑造而成，并非生而既有。同样，《共产主义原理》的产生亦受一定社会条件的制约，它是历史的产物，是应时代发展而产生出来的具有历史效果的文本。

第一，资本主义的飞速发展。资本主义作为相比于封建制度而言的社会制度，在其创立之初，确实具有巨大的优越性。通过自由竞争极大地促进了社会生产力的发展，"资产阶级在它的不到一百年的阶级统治中所创造的生产力，比过去一切世代创造的全部生产力还要多，还要大"[2]。资本主义为科学技术的飞速发展准备了制度条件，提高了人对自然的介入程度。同时资本主义的自由、平等理念也极大地带来了人类思想的解放。科学思维的发展，促使马克思、恩格斯在社会领域内引入科学思维，从而创立了历史唯物主义，为分析资本主义社会的发展趋势提供了理论工具。

---

〔1〕《马克思恩格斯选集》（第1卷），人民出版社1995年版，第295页。

〔2〕《马克思恩格斯选集》（第1卷），人民出版社1995年版，第405页。

第二，社会矛盾日渐突出。随着社会化大生产的深入，资本主义的基本矛盾日渐突出，社会也逐渐出现两大对立的阶级——资产阶级和无产阶级。两者的矛盾进一步激化，无产阶级为了自身生存以及维护自身利益，逐渐开始自我觉醒，开始了有组织的对资产阶级的政治斗争，最为著名的便是发生于 19 世纪 30、40 年代的三次工人起义。这表明无产阶级作为一个独立的力量开始登上历史舞台，并追求自身解放。

在这样的背景下，马克思和恩格斯在 19 世纪 40 年代开始科学共产主义理论的创立工作。马克思和恩格斯认为，需要通过政党的力量领导无产阶级革命。为此，他们对逐渐具有国际性特点的曾流亡于法国的德国秘密革命团体"正义者同盟"进行了改造，并于 1847 年 6 月建立起世界上第一个国际性的无产阶级共产主义政党组织——共产主义者同盟。在共产主义者同盟第一次代表大会期间，恩格斯曾为同盟起草过同盟纲领的第一个稿本，即《共产主义信条草案》。这一草案曾在 1847 年 6 月 9 日同盟一大的最后一次全会中得到肯定，并充分发到同盟各支部进行讨论，其讨论意见要等到同盟二大最后批准纲领和章程时给予考虑。但在同盟一大结束后，同盟伦敦中央委员会的沙佩尔等人提出了带有空想社会主义色彩的纲领草案，而法国巴黎同盟支部则由"真正的社会主义者"赫斯又提出了一个《共产主义信条简答》修正草案，这给同盟造成了极大的思想混乱。为了拨乱反正，区部委会委托恩格斯为同盟起草新的纲领草案。在这样的背景下，恩格斯用了一周时间，于 1847 年 11 月初用问答形式写出了《共产主义原理》。在 1847 年 11 月召开的共产主义者同盟第二次代表大会上，马克思和恩格斯受大会委托，在恩格斯起草的前两个纲领稿本基础上，由马克思执笔合写了共产主义者同盟的正式纲领——《共产党宣言》。《共产主义原理》作为《共产党宣言》的前奏，其诞生的过程已经决定了它在马克思主义理论中的地位和意义。共产主义是关于无产阶级解放的学说，无产阶级的解放就是全人类的解放，其获得解放的标准是人是否自由而全面地发展。

二、《共产主义原理》的核心精神

恩格斯的《共产主义原理》是马克思主义的经典文本，《共产主义原理》采用了问答的写作形式，总共对 25 个问题进行了回答。通过发掘这 25 个问题的内部逻辑，可以发现恩格斯对无产阶级的解放作了科学的设想。通过哲学的历史与逻辑集合的方法，以政治经济学为主要的研究手段，阐释了科学社会主义的基本理念，从而实现了对启蒙悖论的超越，完成了对共产主义精神的科学界定。

西方的启蒙运动是人类历史上著名的文化运动，启蒙运动的解放思想针对的是当时基本的社会状况，其时基督教把持着世俗社会一切制度、文化、价值的解释权。启蒙精神代表着人理性精神的自我觉醒，并以此在思想领域造就了一次文化革命。通过这种文化革命，人作为有理性者从神那里获得了自主的权利，开始走向自我论证、自我负责的理性自觉道路。对此，著名哲学家康德在其为启蒙运动所做的带有总结性意义的《回答这个问题——什么是启蒙?》一文中给予了明确说明，康德指出："启蒙就是人从他咎由自取的受监护状态走出。"〔1〕启蒙所昭示的资产阶级的自我解放精神，具有重要的时代意义。启蒙运动解放了理性，也意味着打开了潘多拉的魔盒，由此启蒙就像希腊神话中的雅努斯一样，具有两副面孔：一副是善的面孔，一副是恶的面孔。就善的面孔来说，启蒙运动让有理性者认识到其是自我设定、自我追寻意义的存在物因而要获得自主。就恶的面孔来说，启蒙运动也开启了工具理性受目的导控而不顾价值尊严的方便之门。借由启蒙运动所开启的基于工具理性的科学精神，科学技术迅猛发展，工业革命也如火如荼地发展起来，由此商品经济取代自然经济成为基本的经济形态，利益的交换，价值的增值都在工具理性思维之下在社会中越来越占据统治地位。启蒙所希冀的解放精神越来越成为一种利益和效能进行计算的工具理性。

著名学者萨莱诺说："启蒙运动导致了对自然界的活体解剖，以失去人性为代价强化了专业化及系统性。可以确信的是，这些并非启蒙运动的原初规划的一部分；然而，那些看似对知识的追求将会堕落为对事实的崇拜；那些被看作理性理想化的一切将会被转变为对有限的合理性以及工具性思想的赞赏。"〔2〕萨莱诺正确揭示了启蒙运动的负面效应，即启蒙运动的解放精神成为异化他者的工具。启蒙反对神话追求解放，最终却将自己塑造成了另一种神话。经历从物的异化到人的异化，康德的不要把人当作工具而始终要当作目

---

〔1〕［德］康德："回答这个问题——什么是启蒙?"，载李秋零主编：《康德著作全集》（第8卷），中国人民大学出版社2008年版，第40页。

〔2〕［美］R. A. 萨莱诺：《超越启蒙时代——社会理论家的生活和思想》，傅永军、刘岱译，山东人民出版社2009年版，第8~9页。

的的"绝对命令"越来越背离其理想。在被启蒙运动所解放了的工具理性作用下，工业革命的大机器工业逐渐占据了主导型地位，"工业革命是由蒸汽机、各种纺织机、机械织布机和一系列其他机械装备的发明而引起的。这些价钱很贵，因而只有大资本家才能买得起的机器，改变了以前的整个生产方式，挤掉了原来的工人"〔1〕。具有更高生产效率的机器逐渐取代人，而原先的手工业者则逐渐沦为无产者，而且成为大多数。无产者所谓被启蒙运动解放抛弃的那部分人恰恰是未能通过启蒙运动而得到解放的。随着工业革命的深入，科学技术的发展，无产阶级失去了其赖以谋生的生产资料，只能靠出卖自己的劳动力换取微薄的生活资料，维持最基本的生存。

所以，启蒙运动在人的解放问题上的悖论是双重的：一方面是实质理性和工具理性的悖论，后者宰制了前者；另一方面是人的解放的悖论，追求人的解放的启蒙精神，造就了大批未获得解放的无产阶级。启蒙运动的解放最终是少数资产阶级的解放，而在这个社会中占据绝大部分的无产阶级却被排除在解放之外。所以，毫无疑问，启蒙运动的解放工程是失败的。它的失败根源于其视野的狭隘，专注于精神而忽视了决定精神的生产力的发展。其失败主要表现在以下几个方面：

（1）没有认识到人的解放的物质基础。马克思主义认为社会存在决定社会意识，社会意识是对社会存在的反映。而在整个社会结构中，生产力是最核心的能动要素。启蒙运动虽然意识到精神的巨大作用，但是却颠倒了决定和被决定的顺序，因而无法给出科学的解释。人的解放的前提是生产力的发展所造成的社会化大生产而造就的物质基础，舍此空谈解放造就的只能是宰制的存在。科学技术的巨大发展使得人类改造自然的能力逐步增强，但在这一过程中，人也逐渐被科学技术所宰制。科学就像一把双刃剑，在带来人类财富巨大增长同时，也带来了环境的破坏。

（2）没有对解放的过程进行科学分析。无产阶级的解放是一个具体的社会工程，而不是空洞的人性乌托邦。无产阶级只能解放全人类才能最终寻求自我解放。无产阶级的解放是为大多数人谋求利益的社会运动，其最终目的是整个人类的解放。而寻求这种普遍解放必须形成属于这个阶级的阶级意识，并通过无产阶级政党领导的无产阶级革命在特定的社会制度即共产主义之中

---

〔1〕《马克思恩格斯选集》（第 1 卷），人民出版社 1995 年版，第 295~296 页。

完成全面解放。

（3）没有认识到人的解放的经济根源。私有制是人类一切罪恶和异化的根本，私有观念和私有制才是人类各种不平等的根源，这一点卢梭早就"先知"般的予以揭示。恩格斯正确地认识到了这一点，在《共产主义原理》中的问题 14 到问题 20 都是对这一问题的集中回答。在问题 14 中，恩格斯给出了这一回答："私有制必须废除，而代之以共同使用全部生产工具和按照共同的协议来分配全部产品，即所谓财产公有制。废除私有制甚至是工业发展必然引起的改造整个社会制度的最简明扼要的概括。所以共产主义者完全正确地强调废除私有制是自己的主要要求。"〔1〕启蒙运动空洞地谈论理性自主和解放，却并未将分析的矛头指向私有制，这是它的另一个重要的局限。

所以，启蒙运动并未如其所意愿的那样带来人的解放，也并未切实找到其自身悖论的根本性原因，更没有找到科学的理论支持其解放精神，由此造成了启蒙运动的解放潜能逐渐枯竭。恩格斯对共产主义的论述，接续了这一问题意识，并通过科学的分析，找到了实现解放的道路、措施和最终的结果。

三、《共产主义原理》的思想框架

恩格斯从思想体系的高度阐明了共产主义的科学内涵：论证了无产阶级的产生、境遇、历史使命；指出了新的社会制度以废除私有制为核心，并论证了废除私有制的措施；通过对资本主义私有制和大工业的批判，论证了资本主义被共产主义替代的必然性以及共产主义革命的阶段性，并描绘了共产主义制度的大致轮廓。

（一）无产阶级的定义及其产生过程

1. 无产阶级的产生

"无产阶级是完全靠出卖自己的劳动而不是靠某一种资本的利润来获得生活资料的社会阶级……无产阶级是由于工业革命而产生的，这一革命在上个世纪下半叶发生于英国，后来，相继发生于世界各文明国家。"〔2〕

无产阶级为什么靠出卖劳动力来谋生呢？因为资产阶级占有了所有的生活资料，"大资本家阶级，他们在所有文明国家里现在已经几乎独占了一切生

---

〔1〕《马克思恩格斯选集》（第1卷），人民出版社1995年版，第302~303页。
〔2〕《马克思恩格斯选集》（第1卷），人民出版社1995年版，第295页。

活资料和生产这些生活资料所必需的原料和工具（机器、工厂）。这就是资产者阶级或资产阶级"[1]。因为没有了生产资料，无产阶级为了谋生不得不把自己的劳动卖给资本家。

2. 无产阶级的境遇

无产阶级靠出卖自己的劳动力谋生，他们从资本家那里取得的工资是劳动力的价格。"劳动的价格也是和劳动的生产费用相等的。而劳动的生产费用正好是使工人能够维持他们的劳动能力并使工人阶级不致灭绝所必需的生活资料的数量。工人的劳动所得不会比为了这一目的所必需的更多。因此，劳动的价格或工资将是维持生存所必需的最低额。"[2]恩格斯把无产阶级的境遇和奴隶、农奴、工场工人做了对比。"奴隶能够比无产者生活得好些，但无产者属于更高的社会发展阶段，他们本身处于比奴隶更高的阶段。在所有的私有制关系中，只要废除奴隶制关系，奴隶就能解放自己，并由此而成为无产者；无产者只有废除一切私有制才能解放自己。"[3]和中世纪的农奴相比较而言："农奴可以通过不同的办法加入有产阶级的队伍并进入竞争领域而获得解放。无产者只有通过消灭竞争、私有制和一切阶级差别才能获得解放。"[4]无产阶级的境遇是极其糟糕的，无产阶级解放的唯一途径是废除私有制。

3. 无产阶级的历史使命

18世纪60年代以来，工人阶级的悲惨境遇以及反抗斗争，引起了思想家们的广泛注意，他们比较深刻地认识到了资本主义制度的一些弊端，也提出了许多改良的措施。但是由于他们大都是幻想能够通过说服统治者和资产者来实现理想的社会制度，并没有依靠和重视无产阶级这一庞大的群体。而马克思和恩格斯作为坚定地共产主义者，他们认为，必须全面考察工人阶级的社会地位、总结其斗争经验，从而通过以科学理论指导下的无产阶级革命运动来实现共产主义理想。

"随着工业革命的发展，随着挤掉手工劳动的新机器的不断发明，大工业把工资压得越来越低，把它压到上面说过的最低额，因而无产阶级的处境也就越来越不堪忍受了。这样，一方面由于无产阶级不满情绪的增长，另一方面由

---

〔1〕《马克思恩格斯选集》（第1卷），人民出版社1995年版，第296页。
〔2〕《马克思恩格斯选集》（第1卷），人民出版社1995年版，第297页。
〔3〕《马克思恩格斯选集》（第1卷），人民出版社1995年版，第298页。
〔4〕《马克思恩格斯选集》（第1卷），人民出版社1995年版，第298页。

于他们力量的壮大，工业革命便孕育着一个由无产阶级进行的社会革命。"〔1〕

（二）废除私有制

与以往空想社会主义者对私有制抽象的、空洞的评判与否定不同，恩格斯从生产力与生产关系的矛盾运动中来寻求私有制灭亡的现实性基础。随着工业革命的进一步开展，资本家对于利润的无止境追求使自由竞争的发展越来越畸形化。为了攫取更多的利润，资产阶级近乎疯狂地压榨工人的劳动成果，使得社会财富越来越集中在少数大资本家的手中。贫富差距飞速扩大。"由于生产变得这样容易，这种大工业必然产生的自由竞争很快就达到十分剧烈的程度。大批资本家投身于工业，生产很快就超过了消费。结果，生产出来的商品卖不出去，所谓商业危机就到来了。工厂只好关门，厂主破产，工人挨饿。到处出现了极度贫困的现象。过了一段时间，过剩的产品卖光了，工厂重新开工，工资提高，生意也渐渐地比以往更好起来。但这是不会长久的，因为很快又会生产出过多的商品，新的危机又会到来，这种新危机的过程和前次危机完全相同。"〔2〕

（1）废除私有制的时机已经到来。整个马克思主义是建立在唯物主义历史观的基本原理之上的。恩格斯对私有制的分析也不例外。私有制的产生和消灭都是与生产力的一定发展阶段相适应的。体现了生产力发展的客观要求。在《共产主义原理》中恩格斯是这样说的："社会制度中的任何变化，所有制关系中的每一次变革，都是产生了同旧的所有制关系不再相适应的新的生产力的必然结果。私有制本身就是这样产生的。私有制不是一向就有的；在中世纪末期，产生了一种工场手工业那样的新的生产方式，这种新的生产方式超越了当时封建和行会所有制的范围，于是这种已经超越旧的所有制关系的工场手工业便产生了新的所有制形式——私有制。对于工场手工业和大工业发展的最初阶段来说，除了私有制，不可能有其他任何所有制形式，除了以私有制为基础的社会制度，不可能有其他任何社会制度。"〔3〕私有制的灭亡也是由生产力发展的客观要求决定的。由于大工业的发展，废除私有制不仅必要而且可能。恩格斯指出了三点原因："第一，产生了空前大规模的资本和生

---

〔1〕《马克思恩格斯选集》（第1卷），人民出版社1995年版，第301页。

〔2〕《马克思恩格斯选集》（第1卷），人民出版社1995年版，第301页。

〔3〕《马克思恩格斯选集》（第1卷），人民出版社1995年版，第303页。

产力，并且具备了能在短时期内无限提高这些生产力的手段；第二，生产力集中在少数资产者手里，而广大人民群众越来越变成无产者，资产者的财富越增加，无产者的境遇就越悲惨和难以忍受；第三，这种强大的、容易增长的生产力，已经发展到私有制和资产者远远不能驾驭的程度，以致经常引起社会制度极其剧烈的震荡。"〔1〕

（2）怎样废除私有制？废除私有制要逐步进行。"第十七个问题：能不能一下子就把私有制废除？答：不，不能，正像不能一下子就把现有的生产力扩大到为实行财产公有所必要的程度一样。因此，很可能就要来临的无产阶级革命，只能逐步改造现社会，只有创造了所必需的大量生产资料之后，才能废除私有制。"〔2〕恩格斯提出了12个具体措施并指出："它们将一个跟着一个实行……当全部资本、全部生产和全部交换都集中在国家手里的时候，私有制将自行灭亡，金钱将变成无用之物，生产将大大增加，人将大大改变，以致连旧社会最后的各种交往形式也能够消失。"〔3〕

（三）对未来社会的设计

人类经历了几千年的文明历史，从古希腊的柏拉图到中国的孔子，从16、17世纪的莫尔、康博内拉到19世纪的圣西门、傅立叶、欧文为代表的空想社会主义者，思想家们从未放弃过对理想社会的追求。但是直到1847年马克思与恩格斯共同创立科学社会主义理论，即共产主义理论体系，共产主义社会这一人类最理想的社会形态才具有了现实性而不再是乌托邦。

1. 共产主义实现的历史必然性

社会形态的更替是由社会基本矛盾推动的。共产主义社会的实现也不例外。大工业和私有制之间的矛盾决定了共产主义社会（恩格斯在《共产主义原理》中将其称之为新的社会制度）大工业及其所引起的生产无限扩大的可能性，使人们能够建立这样一种社会制度，在这种社会制度下，一切生活必需品都将生产得很多，使每一个社会成员都能够完全自由地发展和发挥他的全部力量和才能。由此可见，在现今社会中造成一切贫困和商业危机的大工业的那种特性，在另一种社会组织中正是消灭这种贫困和这些灾难性的波动

---

〔1〕《马克思恩格斯选集》（第1卷），人民出版社1995年版，第303~304页。

〔2〕《马克思恩格斯选集》（第1卷），人民出版社1995年版，第304页。

〔3〕《马克思恩格斯选集》（第1卷），人民出版社1995年版，第306页。

的因素。这就完全令人信服地证明：①从现在起，可以把所有这些弊病完全归咎于已经不适应当前情况的社会制度；②通过建立新的社会制度来彻底铲除这些弊病的手段已经具备。

2. 恩格斯对未来共产主义社会的描述

由社会来统一使用和管理社会生产，经济危机消失。"由于社会将按照根据实有资源和整个社会需要而制定的计划来管理这一切，所以同现在的大工业管理制度相联系的一切有害的后果，将首先被消除。危机将终止。"[1]生产力获得发展，发展起来的生产力能够充分满足社会成员的需要，阶级差别消失。最终建立一个没有剥削、没有压迫，人人平等的美好社会！不仅如此，个人还获得了全面的发展。恩格斯批评了由分工引起人的片面发展。"他们每一个人都只隶属于某一个生产部门，受它束缚，听它剥削，在这里，每一个人都只能发展自己才能的一方面而偏废了其他各方面，只熟悉整个生产的某一个部门或者某一个部门的一部分。"[2]在共产主义社会中每个人将获得自由而全面的发展。"教育将使年轻人能够很快熟悉整个生产系统，将使他们能够根据社会需要或者他们自己的爱好，轮流从一个生产部门转到另一个生产部门。因此，教育将使他们摆脱现在这种分工给每个人造成的片面性。"[3]能够根据自己的爱好去从事不同的工作，多么令人向往。社会分工导致我们每个人都被固定在某一个工作岗位上，日复一日甚至终生都在重复单一的工作。

3. 马克思、恩格斯的共产主义理论超越了以往任何一位思想家的理论

共产主义社会是人类历史上最进步、最合理、最美好的社会制度，是人类发展的方向。按照马克思、恩格斯的共产主义理论，它不仅是最美好的最重要的，还是现实的。共产主义是经由生产力的高度发展和无产阶级的革命运动来实现的。有人说马克思主义哲学是人学，马克思恩格斯所有的研究都为了人类的解放。作为马克思的战友，恩格斯一生都没有放弃对共产主义的追求，1894 年，在他生命的最后阶段，他引用了《共产党宣言》里的一句话，再次明确地表达了自己对未来社会的看法，他认为，所谓共产主义社会，就是"代替那存在着各种阶级以及阶级对立的资产阶级旧社会的，将是一个

---

〔1〕《马克思恩格斯选集》（第 1 卷），人民出版社 1995 年版，第 307 页。

〔2〕《马克思恩格斯选集》（第 1 卷），人民出版社 1995 年版，第 308 页。

〔3〕《马克思恩格斯选集》（第 1 卷），人民出版社 1995 年版，第 308 页。

以各个人自由发展为一切人自由发展的条件的联合体"。

四、《共产主义原理》的时代价值

恩格斯超越了启蒙运动的解放，而走向了更高层级的无产阶级的解放，进而进入全人类的解放，最终在人道主义理念之下，实现了人的全面解放。具体而言，其意义可以做如下三方面表述：

（1）理论意义。在整个马克思主义理论体系中，共产主义思想是很重要的内容。这一理论的正确性不断被社会运动所证实，恩格斯作为马克思主义的创始人之一，为共产主义思想的创立和发展做出了巨大贡献。为后来《共产党宣言》的撰写打下了良好的基础。这篇草案被认为是马克思主义的经典著作之一，具有很高的研究价值。

（2）实践意义。在实践方面，共产主义理论不仅仅是一种学说，它更是推翻资本主义的无产阶级革命运动。《共产主义原理》原本就是恩格斯为德国社会主义者同盟撰写的纲领草案。《共产党宣言》是马克思、恩格斯为国际共产主义者同盟撰写的纲领。20世纪初期，中国在探索救亡图存道路的时候，共产主义学说为我们指明了道路。经过几代共产党人的艰苦奋斗，中国建设取得了辉煌成果。如今，重温恩格斯的《共产主义原理》中的共产主义思想对今后坚持社会主义方向和道路，继续坚持共产主义信仰有着重要的实践意义。

（3）现实意义。共产主义的人的全面解放精神对于指导现阶段我们的思想政治教育具有非常重要的意义。无产阶级的大无畏精神以及毫不利己专门利人的无私奉献精神都是共产主义解放精神的具体体现。对于思政教育而言，具体到白求恩精神、雷锋精神以及新型冠状病毒肺炎疫情中白衣天使的逆行者精神都深刻体现了共产主义的精神实质。

《毛泽东思想和中国特色社会主义理论体系概论》"三循环"基本内容

通过"三循环"教学，助力大学生对马克思主义中国化进程中形成的理论成果有更加准确的把握；对中国共产党领导人民进行的革命、建设、改革的历史进程、历史变革、历史成就有更加深刻的认识；对中国共产党在新时代坚持的基本理论、基本路线、基本方略有更加透彻的理解；提升运用马克思主义立场、观点、方法认识问题、分析问题、解决问题的能力。

第一循环 主题教案讲授

本循环通过主题教案讲授，助力学生了解马克思主义中国化理论成果的主要内容、精神实质、历史地位和指导意义，了解中国共产党不断推进马克思主义基本原理与中国具体实际相结合的历史进程和基本经验。

模块一主题教案：马克思主义中国化

本模块对应《毛泽东思想和中国特色社会主义理论体系概论》前言，重点解决三个问题：第一，马克思主义中国化是怎么提出来的？第二，马克思主义中国化的科学含义是什么？第三，马克思主义中国化经过了一个怎样的过程，在这个过程中取得了哪些重要的理论成果？

【教学导入】史上最牛创业团队。

【教学目的】 通过教学，使学生了解马克思主义中国化提出的过程，理解马克思主义中国化的必然性和中国共产党把马克思主义基本原理与中国实际结合起来进行革命、建设、改革的历史，掌握马克思主义中国化的科学内涵和理论成果。

【教学重点】 马克思主义中国化的历史进程和理论成果。

【教案正文】

有人说，中国共产党用两个外国人发明的思想理论来指导中国的建设和发展，这个理论他们自己国家为什么都不用呢；也有人说，中国共产党用一个 170 年前产生的理论来指导今天的发展，言语间充满质疑甚至否定。

这些说法乍听起来有些道理，但它们最多只说对了一半。马克思主义是外来文化，但中国共产党并没有照搬它，而是从中国社会的实际出发，把这一理论与中国的实际结合起来，实现了马克思主义的中国化，是用中国化的马克思主义解决中国问题；马克思主义产生于 170 年前，但中国共产党不是照搬照抄，而是结合时代的发展，以新的实践不断发展马克思主义，实现马克思主义的时代化，是用发展着的马克思主义解决中国问题。所以，中国共产党是如何解决中国问题的？答案是：以马克思主义为指导，把马克思主义与中国实际结合起来，即运用马克思主义又发展马克思主义，实现马克思主义中国化。今天我们来学习马克思主义中国化。

一、马克思主义中国化的由来

马克思主义是外来的。要说清楚马克思主义中国化，就需要从马克思主义传入中国开始说起。马克思主义是如何传入中国的？中国先进分子为什么选择了马克思主义？这个问题同学们在《中国近现代史纲要》中已经学过了。那么，请你根据材料回答。

谭嗣同：四万万人齐下泪，天涯何处是神州 ——民族危机深重，救亡图存的努力。

洋务运动（技术救国；失败，技术是落后，但不仅仅是技术问题）——维新变法、辛亥革命（制度救国，失败，制度是好制度，在中国却无效能）——新文化运动（文化救国：无政府主义、实用主义、新村主义，理想都很美好，但进行不下去——马克思主义）。

马克思主义哪里好？中国先进分子为什么选择了马克思主义？

马克思说:"理论在一个国家实现的程度,总是取决于这个理论满足这个国家的需要的程度。"[1]

马克思主义对资本主义的批判激起了中国人民强烈的内心共鸣。马克思主义是关于无产阶级解放的学说,代表了被剥削被压迫的广大劳动人民的利益;社会主义和共产主义社会的美好前途,没有剥削和压迫,人人劳动,共有共享,社会平等,代表了贫苦劳动人民对美好生活的愿望。马克思主义揭示了社会发展的客观规律,为中国人民指明了斗争的方向。它在俄国的成功实践让中国人民看到了胜利的希望。求索中的中国人从这一理论中看到了中国的前途和希望,它们要用这一科学理论来改造中国,拯救中国。

马克思主义能够在中国传播开来,产生很大的影响,有真理本身的力量,还有天时地利人和。天时——巴黎和会中国外交失败,一直以来,中国都在向西方学习,这一次失败沉重打击了中国先进分子,对西方国家产生怀疑、失望的情绪,这时候,十月革命送来了马克思主义;地利——中国内忧外患,矛盾重重,迫切需要救亡图存的良方;人和——一批先进的中国人被马克思主义真理的力量所吸引,成为马克思主义的信仰者,苏联方面给予这支力量以积极帮助,促成了这股力量的成长和壮大。

所以,中国人民选择马克思主义,不是一个单纯的理论选择问题,更是一个实践选择。马克思主义回应了近代中国面临的现实问题,指出了解决中国问题的方向和路径,中国人民对马克思主义的选择是基于中国的需要,也因为其他救亡图存方式的失败,所以这种信仰是在中国革命斗争的实践中形成和确立起来的。

马克思主义有了,中国化又是怎么回事呢?中国化是在运用马克思主义的过程中产生的一个新问题。我们说马克思主义是一个理论武器,这个武器怎么用?这是需要研究和学习的,是选择了马克思主义后的又一个问题,一个新问题。

这个武器怎么用? 1920 年 5 月,李大钊认为自己和陈独秀对于马克思主义的研究都不深刻,对俄国的情况也知道的很少,因此主张首先致力于对马克思主义的研究。陈独秀则说,我们不必做中国的马克思和恩格斯,我们只

---

〔1〕 [德] 马克思:"《黑格尔法哲学批判》导言",载《马克思恩格斯选集》(第 1 卷),人民出版社 2013 年版。

要做边学边干的马克思主义的学生。中国共产党对马克思主义是边学边干的，学马克思列宁主义，学苏联。

中国共产党是在共产国际的帮助下成立的。共产国际的帮助对中国共产党和中国革命起到了重要作用。组织上帮助共产党成立，经济方面提供活动经费，还有对中国革命的指导，比如帮助中国共产党正确分析和认识了中国革命的性质、任务，促成了国共合作，推动了国民革命等。但是，共产国际远在莫斯科，对中国的了解非常有限，在处理中国革命问题上曾出现过许多错误，给中国革命造成了重大损失。

共产国际不是专门来帮助中国的马克思主义者，他们要寻找和培养中国的革命力量。中国共产党力量太小，共产国际更信任国民党。正是因为这一点，国共合作期间，出现矛盾和问题的时候它总是要求共产党向国民党妥协退让。从一些材料中可以看出，开始时共产党对于接受苏联援助是非常谨慎的。陈独秀强调，要独立自主搞革命，不要雇佣革命。他甚至不想加入共产国际。这一态度一度非常明确，非常坚持。但是没有钱是搞不了革命的。共产党员人数的增加和革命活动的开展越来越需要钱，没有钱许多革命工作都无法开展。特别是 1921 年 10 月陈独秀被捕入狱，是共产国际代表花钱聘请律师，最终才得以释放。由此，陈独秀的态度才发生了改变，中共二大通过了加入共产国际的决议，也开始接受共产国际的经济援助。中共早期的经费绝大多数都来自苏联的援助。开始用苏联的钱的时候，就很难做到独立自主了，就需要向共产国际汇报工作、听共产国际的指示。我们注意到，陈独秀本人曾经有许多自己的意见——在开始酝酿国共合作时，陈独秀是反对共产党员加入国民党的，而主张国共两党党外合作，但共产国际主张党内合作。合作期间，陈独秀在给共产国际代表的信中指出，不能无条件无限制地支持国民党。在蒋介石集团破坏国共合作，制造中山舰事件、整理党务案时，陈独秀几次提出共产党员退出国民党，由党内合作变为党外合作，执行共产党的独立政策，甚至提出要准备一直独立的军事理论与蒋介石对抗，希望苏联把给蒋介石的枪支分一些给共产党武装工人和农民。但这些都遭到了共产国际的反对。在这种情况下，陈独秀选择了服从共产国际，对于党内的不同意见，他采取压制和批判，要求执行共产国际的决议。所以，在中国共产党成立初期是按照共产国际的指示开展工作的，是在照搬共产国际的决议。这么做的后果很严重。

大革命失败后，毛泽东带着队伍上了井冈山，在大革命失败后的革命低潮中，在农村为共产党打下了一片天地。陈独秀虽然有独立自主搞革命的观念，但没有钱、没有枪、没有斗争经验，最后只能照共产国际的指示做。但在农村革命根据地，中国共产党通过"打土豪、分田地"不但解决了经济独立问题，还建立了自己的政权、自己的军队，拥有了自己的地盘，自己制定政治经济军事政策。正是在这个意义上，我们说，最终给中国共产党开辟出独立发展道路的是毛泽东。但毛泽东工农武装割据的路子是马克思主义书籍中没有的，是苏联经验中没有的，所以始终伴随着各种质疑、否定和批判。1930年左右，王明等一批人从苏联回国，掌握了中国革命的领导权。

陈独秀主观上并不想依附共产国际，想要独立自主搞中国革命，实际上却一直在执行共产国际的决议。王明则不同，他一方面熟读马列经典，理论功底深厚，同时又全心全意追随共产国际。（人物点击：王明，原名陈绍禹，1925年到莫斯科中山大学学习。资料链接：莫斯科中山大学（1925年为纪念孙中山，为中国革命培养干部）。

王明是莫斯科中山大学的第一批学生，因为对马列主义理论课的浓厚兴趣和过人的记忆力，深得副校长米夫的赏识。1930年米夫被任命为共产国际执委会远东局负责人来到中国。1931年，中国共产党召开六届四中全会，米夫代表共产国际远东局参加并主导了会议，补充王明为政治局委员，后又升为常委委员。后来向忠发叛变，王明代理总书记，取得了中共中央的领导权。王明路线开始取得支配地位。这一时期，毛泽东正在建立农村革命根据地和打游击战。这很入不了王明的眼，在他看来这也太土了。王明说"山沟沟里出不了马克思主义"，批评毛泽东是"狭隘的经验主义"，有"游击习气"，搞"富农路线"。毛泽东遭到排挤，失去了兵权。王明路线包括了城市中心论，只承认工农和下层小资产阶级是革命力量，其他的地主、富农、资产阶级、上层小资产阶级等都是革命对象，主张打击一切。政治上搞关门主义，军事上搞冒险主义，城市暴动。这一路线给红军造成了严重危害。冒险主义的城市暴动使党在城市的地下组织被严重破坏，许多党员干部被捕牺牲；政治上打击一切造成革命阵营缩小，共产党陷于孤立。第五次反围剿失败，中共中央和红军被迫长征。湘江战役后，红军由出发时的86 000多人锐减到30 000多人。失败使领导层出现分化。周恩来、王稼祥、张闻天等人逐渐认识到了这样不行。王稼祥、张闻天都是从苏联回来的，是"二十八个布尔什维克"成员，他们曾经都是坚持王明路线的，批判毛泽东的做法。但国内革命斗争的残酷现实使他们认识到，虽然他们学的马列理论比毛泽东多，可是对国内情况和现实斗争的了解比不了毛泽东。在中国干革命，毛泽东更有办法。有了他们认识上的转变，才有了遵义会议。重新确立了毛泽东在党和红军中的领导地位。遵义会议是我党认识马克思主义中国化中的一个重要里程。张闻天、王稼祥等一批党的领导人对这个问题开始有了比较深刻的认识。遵义会议在危急关头挽救了党和红军，挽救了中国革命。1936 年，红军结束长征落脚陕北。

遵义会议上毛泽东只是进了常委，没有成为最高领导。遵义会议确定的总负责人是洛甫（张闻天）。张闻天是一个不争权力的谦谦君子，刚从苏联回国的时候他执行王明路线，批判过毛泽东。在长征路上，他亲历了王明路线的错误。在与毛泽东的接触和交流中他逐渐认识到，在中国革命，毛泽东更有办法，他的思想发生转变，并促成了遵义会议的召开。遵义会议后他取代博古成为最高领导，但遇到事情的时候都找毛泽东商议，尊重毛泽东的意见和建议。所以我们说，遵义会议在事实上确立了毛泽东在党和红军中的领导地位。毛泽东的领导地位是在实践中形成的，是在历史中形成的。

1937 年抗日战争爆发，为了全面抗战，国共实现第二次合作。11 月王明从共产国际回国。在统一战线等工作中与党中央存在重大分歧，并通过会议报告、报刊文章等形式阐述自己的主张，批评党中央的路线和主张，使党内分歧公开化，撇开中央另搞一套。在这种情况下，1938 年 3 月，中共中央派任弼时出使共产国际。向共产国际说明中国国内情况，并寻求共产国际对毛泽东的支持。1938 年 6 月，共产国际执委会主席召开专门会议，赞成中共路线和政策，支持毛泽东为中共领袖。8 月，中共驻共产国际代表王稼祥带着共产国际对毛泽东的支持回国。1938 年 9 月，中共六届六中全会召开。

毛泽东在会上作的题为《论新阶段》的政治报告，他说："没有抽象的马克思主义，只有具体的马克思主义。所谓具体的马克思主义，就是通过民族形式的马克思主义，就是把马克思主义应用到中国具体环境的具体斗争中去，而不是抽象地应用它。成为伟大中华民族之一部分而与这个民族血肉相连的共产党员，离开中国特点来谈马克思主义，只是抽象的空洞的马克思主义。因此，马克思主义的中国化，使之在其每一表现中带有中国的特性，即是说，按照中国的特点去应用它，成为全党亟待了解并亟须解决的问题。"在这个报告中，毛泽东第一次明确提出了"马克思主义中国化"这个命题。

1941年，中国共产党开展延安整风。延安整风的根本目的是从根本上解决党内长期存在的教条主义问题，让共产党人学会自己思考。毛泽东做《改造我们的学习》《整顿党的作风》的报告，阐述我们对待马克思主义的正确态度，使全党深刻认识到了照搬照抄路线的严重错误。经过延安整风，马克思主义必须中国化成为全党的共识。

这就是马克思主义中国化问题提出的过程。大家看到，马克思主义需要中国化、马克思主义必须中国化，我们党对这个问题的认识经过了一个艰难的过程。是什么让共产党人形成了这样的认识，是革命实践。中国革命斗争的实践告诉我们，没有马克思主义是不行的，但只有马克思主义还是不够的，重要的是要把马克思主义与中国实际结合起来，实现马克思主义中国化。

马克思主义是一种成熟的科学理论，为什么不直接拿来用，为什么必须要中国化才行？归根到底，这是由中国社会和中国革命的特殊性决定的。

马克思主义诞生于19世纪中叶的欧洲，它是以当时欧洲发达的资本主义社会为研究对象，揭示人类社会发展规律的。中国是一个落后的东方国家，与马恩生活的西方资本主义社会相比，中国社会在社会性质、发展程度、阶级结构、社会矛盾、革命任务等方方面面都有着显著的不同，表现出很大的特殊性和复杂性。

这些特殊性决定了在中国进行革命和建设必然会遇到许多复杂而又特殊的问题，比如怎么教育和发动农民，怎么处理与资产阶级的关系等，我们不能从马克思主义经典作家那里找到解决这些问题的现成答案。要解决中国的问题，就必须从中国社会的实际出发，针对中国革命的现实问题制定革命的方针和政策，实现马克思主义的中国化。所以，实现马克思主义中国化，是解决中国问题的需要。

二、马克思主义中国化的科学内涵

毛泽东指出："所谓马列主义中国化，就是马克思主义的普遍真理跟中国革命具体实践的统一，一个普遍一个具体，两个东西的统一就叫中国化。"对马克思主义中国化这个概念最简单而又最本质的理解就是马克思主义与中国实际和中国实践的结合。这种结合是在中国革命的实践中实现的，并随着实践的发展不断被推进。事情应该是这样的：首先是中国共产党用马克思主义来指导中国革命，解决中国的问题。例如，用马克思主义阶级分析的方法来观察和分析中国社会，启发工人、农民的阶级意识，使分散的农民作为一个阶级组织起来、行动起来；再比如，马克思主义的阶级斗争理论、无产阶级领导权理论、革命联盟思想、社会主义学说等都成为中国共产党领导中国革命的理论武器和理论指导。用马克思主义分析和解决中国革命问题是对马克思主义的运用，是理论实践化的过程。

中国共产党在领导中国革命的过程中逐渐积累了丰富的实践经验，比如怎么组织和发动农民，怎么处理与资产阶级的关系等。这些实践经验来自中国革命的特殊实践，中国共产党把这些特殊的实践经验进行理论总结和提升，它为马克思主义增添了新的内容，是对马克思主义的丰富和发展，这个过程就是毛泽东说的"中国经验的马克思主义化"。

形式上的结合：植根于中国文化。马克思说过，理论只有掌握群众才能变为现实的物质力量。共产党人要发动群众、组织群众的话，得跟群众讲革命道理。但是，马克思主义太难懂了。且不说劳动价值论、剩余价值论等，唯物主义、唯心主义、阶级斗争、剥削、资本主义、雇佣劳动、剩余价值，这些词原来都没有。要跟中国人民讲革命道理，必须要切近群众、通俗易懂，改造成容易被人民群众理解、让群众喜欢的形式。毛泽东说，"马克思主义必须和我国的具体特点相结合，并通过一定的民族形式才能实现"，要使它具有"新鲜活泼的、为中国老百姓所喜闻乐见的中国作风和中国气派"。要有中国作风、中国气派，要通俗易懂、为中国老百姓喜闻乐见，就要借助中国文化。

中国早期对马克思主义著作的翻译。把全世界无产者联合起来翻译成"四海之内皆兄弟"，把社会主义翻译成"大同"；把消灭私有制译成"等贵贱均贫富"。能这样翻译吗？早期的翻译就是这样的。这种释义可能不够科学准确，但却是宣传马克思主义基本观点的有效途径。

读毛泽东的著作我们发现，中国的成语、典故、古典文学、民间传说、群众性的谚语俗语随处可见，例如，他用"实事求是"来概括马克思庞杂的辩证唯物主义和历史唯物主义理论，用"相反相成"来概括矛盾双方对立统一的规律；用"知己知彼、百战不殆""兼听则明、偏信则暗""吃一堑长一智""不入虎穴，焉得虎子"来说明实践对认识的决定性作用。我们翻阅《毛泽东选集》（四卷）发现，毛泽东对《左传》《史记》《论语》《孟子》《水浒传》《西游记》等中国文化典籍的引用星罗棋布，数不胜数。他非常善于把马克思主义的精深理论用中国人熟悉的语言概括出来，用符合中国人习惯的思维方式解读出来，把马克思主义植根于中国文化。毛泽东还特别会使用群众性语言，如"打土豪、分田地""没有调查，就没有发言权""枪杆子里面出政权""战略上藐视敌人，战术上重视敌人""伤其十指不如断其一指""又联合又斗争，以斗争求联合""星星之火，可以燎原""百花齐放百家争鸣"等；许多马克思主义的思想、观点、方法，我们党的许多路线、方针、政策都成为家喻户晓甚至妇孺皆知的大众话语深入人心。这对于向广大人民群众宣传我们党的方针政策是极为重要的。老百姓知道了中国共产党是干什么的，它要干什么，知道了红军是穷人的队伍，从而愿意跟着共产党干革命。

总之，马克思主义中国化就是用马克思主义的立场、观点、方法解决中国革命、建设、改革的问题；总结和提炼中国革命、建设、改革的实践经验，丰富和发展马克思主义；用中国人民喜闻乐见的文化形式阐述马克思主义理论，使之具有中国特色、中国风格、中国气派。

三、马克思主义中国化的历史进程及其理论成果

马克思主义中国化是一个动态的过程，这个过程就是马克思主义的基本原理与中国实际相结合的过程。马克思主义基本原理与中国实际的结合是中国共产党在中国革命、建设和改革的实践中逐步实现的。在这个过程中取得了几个重大理论成果：

（1）毛泽东思想。在革命时期，以毛泽东为代表的中国共产党人把马克思主义的普遍原理与中国革命和建设的具体实际结合起来，找到了中国自己的革命道路，解决了"什么是中国革命，怎样进行中国革命"的问题，取得了新民主主义革命和社会主义革命的胜利，形成了新民主主义革命和社会主义革命的理论。它的主要创立者是毛泽东，我们把它叫毛泽东思想。是马克思主义中国化的第一个理论成果。

第一代领导集体领导了最初的社会主义建设，但后来背离了中国社会的实际，违背了经济规律，所以没能解决中国的社会主义建设问题，直到1978年党的十一届三中全会。十一届三中全会形成了以邓小平为核心的新的领导集体，我国社会主义建设也从此进入了新的时期。

（2）邓小平理论。在社会主义建设新的历史时期，以邓小平为代表的中

国共产党人，把马克思主义的基本原理与中国建设的具体实际结合起来，以搞清楚"什么是社会主义、怎样建设社会主义"为首要的基本理论问题，阐明了在中国建设社会主义、巩固和发展社会主义的基本问题，创立了邓小平理论，开辟了建设中国特色社会主义的正确道路，推进了马克思主义的中国化。

（3）"三个代表"重要思想。进入20世纪90年代，以江泽民为核心的党的第三代领导集体，反映时代的新变化和新要求，抓住"建设什么样的党、怎样建设党"的问题，以马克思主义的巨大理论勇气进行理论创新，创立了"三个代表"重要思想，深化了对中国特色社会主义的认识，进一步推进了马克思主义的中国化。

（4）科学发展观。进入新世纪，十六大以来，胡锦涛同志结合新世纪新阶段国际国内发展的新形势，提出了树立和落实科学发展观等重大战略思想，回答了"实现什么样的发展、怎样发展"等重大问题，在新的历史起点上继续推进了马克思主义中国化的进程。

（5）习近平新时代中国特色社会主义思想。十八大以来，以习近平为总书记的党中央提出了许多治国理政的新思想、新理论，继续在新的实践中推进着马克思主义中国化的历史进程。

毛泽东思想、邓小平理论、"三个代表"重要思想、科学发展观都是马克思主义中国化过程中取得的重大理论成果，都是中国化的马克思主义理论。毛泽东思想主要解决的是中国革命的基本问题，是马克思主义中国化取得的第一个理论成果；从邓小平开始，我们党提出了建设中国特色的社会主义的历史任务，邓小平理论、"三个代表"重要思想和科学发展观解答的都是在中国如何建设社会主义的问题，是关于中国特色社会主义建设的理论，我们把它们统称为中国特色社会主义理论体系，它是马克思主义中国化所取得的第二大理论成果。

马克思主义同中国实际相结合有两次历史性飞跃，产生了两大理论成果。第一次飞跃的理论成果是毛泽东思想。第二次飞跃的理论成果是中国特色社会主义理论体系，包括邓小平理论、"三个代表"重要思想、科学发展观和习近平新时代中国特色社会主义思想。它们既一脉相承又与时俱进。

模块二主题教案：社会主义改造的历史必然性

本模块对应《毛泽东思想和中国特色社会主义理论体系概论》第三章，重点解决两个问题：①中国为什么走上了社会主义道路，为什么不是资本主义道路？②中国为什么会在 20 世纪 50 年代走上社会主义道路，为什么不是更晚一些？

【教学导入】毛泽东说，中国革命必须要分两步走：第一步是新民主主义革命，第二步是社会主义革命。新民主主义革命的任务是实现民族独立和人民解放；社会主义革命的任务是要在中国确立社会主义制度，把中国建成一个社会主义国家，这是中国共产党的社会理想，是中国共产党的初心。1949 年 10 月中华人民共和国成立标志着新民主主义革命的任务完成了。毛泽东说，中华人民共和国的成立只是万里长征走完了第一步。中国共产党不忘初心，开始把社会主义革命的任务提上日程，向着社会主义的理想目标迈进。

【教学目的】通过教学，使学生解除有关中国社会主义改造的思想困惑，理解中国走上社会主义道路的历史必然，理解在 20 世纪 50 年代进行社会主义改造的必要性和迫切性，树立正确的历史观，坚定社会主义的理想信念。

【教学重点】中国走社会主义道路的历史必然；中国在 20 世纪 50 年代进行社会主义改造的历史必然。

【教案正文】

一、资本主义还是社会主义？——新中国走向社会主义的历史必然性

马克思说："人们自己创造自己的历史，但是他们并不是随心所欲地创造，并不是在他们自己选定的条件下创造，而是在直接碰到的、既定的、从过去承继下来的条件下创造。"中国走上社会主义道路，不仅仅是中国共产党的主观选择，更是各种社会历史条件综合作用的结果。

（1）这与中国资本主义和资产阶级自身的状况直接相关。（中国资本主义先天不足，力量弱小，没有能力担负起资产阶级民主革命和发展资本主义的历史任务。）

从世界范围看，从 17 世纪中叶到 18 世纪末，英国、美国、法国先后发生资产阶级革命、推翻封建统治走上资本主义道路，此时的中国情况怎么样呢？1640 年到 1688 年英国资产阶级革命胜利走上资本主义发展道路，此时的

中国还处在清朝康熙时期；美国大革命（1783～1785 年），法国大革命（1789～1794 年），它们通过革命走上了资本主义发展道路，此时的中国还是清朝乾隆时期。可以看到，当西方国家完成资产阶级革命走上资本主义发展道路的时候，中国还处在康乾盛世，还是封建社会的鼎盛时期，是提不出变革封建制度的要求的。所以，中国仍然延续封建统治，也就是从这个时候起，注定了中国后来落后挨打的命运。

鸦片战争后，帝国主义野蛮入侵，中国开始出现变革封建制度的声音，这就是戊戌变法，但很快被镇压。直到辛亥革命推翻封建王朝，才开始发展资本主义。但已经太晚了，因为世界帝国主义列强已经扩张和掠夺到中国来了。帝国主义的入侵构成了中国近代资本主义发展的基本背景。这种入侵对中国资本主义发展的影响是两方面的：一方面，在外来入侵的刺激下，近代中国萌生了发展资本主义的因素；另一方面，这种入侵又使中国失去了发展资本主义的有利条件。

帝国主义入侵如何使中国失去发展资本主义的有利条件呢？我们来看这一组资料：马关条约，赔款白银合计 2 亿两，是清政府年财政收入的 2.5 倍；辛丑条约，赔款白银本息合计 9.8 亿两，是清政府年财政收入的 11 倍。这样的条约还有很多。巨额的战争赔款使黄金白银大量外流，中国因此无力完成发展资本主义所需要的资本原始积累，所以中国资本主义都是些轻工业和商业，没有重工业，力量弱小。

除了战争赔款，帝国主义国家还获取了在中国的种种特权，开设通商口岸、割地、协商关税、最惠国待遇、投资设厂等，使得外国资本能凌驾于中国社会之上，占尽发展优势，中国的民族资本只能在缝隙中艰难求生存。事实上，大部分行业早在中国资本主义企业成形以前就已被外国所控制，中国民族资本生长环境极为恶劣。

资料 1：一国之利权，不外铁路、矿产、航路诸大端，今皆操于外人之手；其心以为未足，又盘踞其税关、操纵其财政、钳制其商业。中华商人虽竭力与之竞争，然税关一端已足以致其死命，而无自拔之一日。

——1921 年，著名学者杨荫杭：《老圃遗文辑》，长江文艺出版社 1993 年版，第 897 页。

资料 2：据 1936 年的统计，外国在华产业资本占中国产业资本总额的

57%，他们已控制了中国生铁产量的 97%、钢产量的 83%、机器采煤量的 66%、纱锭数的 46%、织布机数的 56%、铁路运输量的 90%。在财政金融上，殖民者通过索取战争赔款、政治贷款和设立银行，使中国的财政破产，金融混乱，进而控制了中国的财政、关税大权和金融市场。这一切都直接制约着中国本身的早期现代化进程，正如一些华商纱厂资本家所感受到的："中国纱厂业的唯一致命伤，在于帝国主义对中国的压迫。"

资料3："外国人在中国的任何地方都享有治外法权，他们确实在中国法律——不管是民法还是刑法——的管辖之外；外国公司不必向中国政府缴税，外国银行则自行发行货币；外国军事力量与传教士能够、事实上也已经在中国境内自由通行。在很多问题的处置上，中国政府甚至连商讨权都没有。列强相互间的协议能够决定铁路的走向与所有者，以及势力范围的运作方式。而在那些老大的清帝国还能自主控制并且在文化上属于非汉族的区域，大片（绝大部分不可耕种）土地被廉价攫取：英国控制了西藏，俄国则侵入了蒙古。"

——［美］沙培德：《战争与革命交织的近代的中国（1895—1949）》，高波译，中国人民大学出版社 2016 年版，第 10 页。

除了受到帝国主义压迫，近代中国还长期处于战乱状态。军阀混战、抗日战争。没有一个稳定的政治环境。国民党的官僚资本借着战争需要迅速膨胀，形成垄断，进一步积压了民族资本的发展空间。本来就弱小的民族资本主义受到洋货倾销、官僚资本排挤压制、战乱、苛捐杂税、通货膨胀等多方面因素打击，风雨飘摇。

在半殖民地半封建条件下生长起来的中国民族资本主义，先天不足，后天生长环境又极为恶劣，力量弱小。在经济上，民族资本主义从来没能成长为中国主要的经济力量，没有能力担负起中国现代化和国家富强的历史任务；政治上中国的民族资产阶级没有能力担负起近代中国民族民主革命的历史任务；中国资产阶级民主革命的任务是由中国共产党领导完成的。

（2）中国走上社会主义道路，是各种阶级力量斗争的结果。抗日战争胜利后，中国有一次选择什么样的发展道路的机会，当时摆在中国人面前的有三条道路：第一条道路是国民党代表的官僚资本主义的发展道路，其前景在农村是大地主的统治，城市是大财阀的统治；第二条道路是中国共产党代表的无产阶级社会主义的发展道路；第三条道路是民主党派代表的资本主义发展道路,其前景是欧美式的自由民主资本主义。这三种力量并不是均衡的。官僚资本主义力量最强,因为它有权、有势、有钱,在中国也有土壤。第二条道路也有可能性,因为当时的共产党有统治地区、有军队、有政权、有群众基础。最没有可能实现的就是第三条道路。因为这个阶级没有政权、没有军队、没有财力,没有力量推动中国走上这条道路,它事实上也只是一支依附性力量,所以三条道路的选择实际上最后就是国民党和共产党两种政治力量的对决。最后,中国共产党赢了,毛泽东说:"一切共产主义者的最后目的,则是在于力争社会主义社会和共产主义社会的最后完成。"[1]实现社会主义是中国共产党的社会理想,是中国共产党的初心。从中国共产党赢得中国革命的那一天起,中国走上社会主义发展道路就成为必然,问题只是时间的早晚。所以,中国最终走上社会主义道路,这是中国几种主要政治力量角逐的结果,是历史发展的结果。

中国为什么没有走上资本主义的发展道路,而是走上了社会主义道路?是因为近代中国的社会历史条件使资本主义始终没有获得良好的发展。

二、先建设还是先改造?——20世纪50年代社会主义改造的历史必然性

虽说中国共产党从取得政权的那一天起,走社会主义道路就成为中国的必然,但在中华人民共和国成立之初,中国共产党并没有立刻进行社会主义改造,而是提出先有一个过渡,即建设新民主主义社会,然后再由新民主主义社会过渡到社会主义社会。毛泽东说,中国革命必须分为两个步骤,第一步是以"建立新民主主义的社会和建立各个革命阶级联合专政的国家为目的"[2]。

(一)一个过渡性的社会——新民主主义社会

新民主主义社会指的是从中华人民共和国成立到社会主义改造完成前的时期。

1. 新民主主义的经济

引导学生回顾新民主主义革命的经济纲领:

"没收封建阶级的土地归农民所有,没收蒋介石、宋子文、孔祥熙、陈立

---

〔1〕《毛泽东选集》(第2卷),人民出版社1991年版,第651页。
〔2〕《毛泽东选集》(第2卷),人民出版社1991年版,第668页。

夫为首的垄断资本归新民主主义国家所有，保护民族工商业。"

实施这三大经济纲领，相应地分别形成三种经济成分，"没收封建阶级的土地归农民所有形成个体农业经济"；"没收垄断资本归新民主主义国家所有"，形成国营经济；"保护民族工商业"形成私人资本主义经济和个体手工业经济。这是中华人民共和国初期经济的主要构成，国营经济是社会主义性质的，个体经济和私人资本主义经济是非社会主义性质的。除此之外还有合作社经济和国家资本主义经济。合作社经济和国家资本主义经济是半社会主义性质的。所以中华人民共和国初期的经济构成是：既有社会主义因素又有非社会主义因素。

2. 新民主主义的政治

引导学生回顾新民主主义的政治纲领：

建立无产阶级领导的，以工农联盟为基础的，几个革命阶级的联合专政。

中华人民共和国初期就是几个革命阶级联合的政权：

在政治上，新民主主义社会是无产阶级领导的、以工农联盟为基础的，这是社会主义的；还有小资产阶级和民族资产阶级，这是非社会主义的。

3. 新民主主义社会的性质

新民主主义社会无论在经济上还是政治上都兼有社会主义和非社会主义两种因素，因此，这是一个具有过渡性质的社会阶段。

新民主主义社会是我们党为解决落后的中国如何走上社会主义道路这一难题而做出的战略性安排。新民主主义社会的最终前途是过渡到社会主义，这个过程就是对新民主主义社会中的非社会主义因素进行改造，经济上消灭私有制，政治上改造和消灭资产阶级。那么，我们要在什么时候采取这些社会主义步骤，向社会主义社会转变呢？对于这个问题的设想，我们党经历了由"先建设，后改造"到"边建设，边改造"的转变。

（二）从"先建设，后改造"到"边建设，边改造"

1. "先建设，后改造"

中华人民共和国成立前后我们党的想法：1949年7月，毛泽东说："20年后，我们的工业发展到一定程度，看其情况即转入社会主义。"1950年6月，毛泽东说：实行私营工业国有化和农业社会化，"这个时候还在很远的将来。在将来，在国家经济事业和文化事业大为兴盛了以后，在各种条件具备了以后，在全国人民考虑成熟并在大家同意了以后，就可以从容地、妥善地进入社会主义的新时期"。1951年，刘少奇说："在三年准备之后，我们来一个十年计划。到十年以后，新中国的面貌就要改变，那时我们不但有强大的农业，而且有我们自己强大的工业，使中国变成一个富足的国家。到那时，我们的国家才可以考虑到社会主义去的问题。"他说，"在中国，采取相当严重的社会主义的步骤，还是相当长久的将来的事情"。任弼时说："单有军事上的条件、政治上的条件，没有经济上的条件，没有工业的发展，转向社会主义是不可能的。所以，全国革命胜利以后，我们仍需要有二三个五年计划才可转到社会主义。"

可以看到，在中华人民共和国成立初期，关于向社会主义过渡的问题，我们党的基本想法是：在过渡时间上，考虑要在15到20年以后过渡；在这15年里为过渡准备条件，特别是工业化条件。考虑在各种条件具备以后，"采取向社会主义的全线进攻，一步进入社会主义"，过渡方式是突变。它的基本思路是"先建设、后改造"，或者先工业化后集体化。

在这一思想指引下，从1949年至1952年，我们党没有开展大规模的社会主义改造工作，而是继续完成民主革命的遗留任务，巩固新生政权；整顿经济秩序，恢复国民经济。

经过了三年努力，到1952年，国民经济的恢复工作和政权的巩固工作基本完成，中华人民共和国当时的政治、经济和社会面貌发生了巨大改变。接下来，经济建设的任务提上日程。面对新的形势，毛泽东和党中央开始重新思考向社会主义过渡的问题，并形成了新想法。

2. "边建设，边改造"

1952年，毛泽东提出：我们现在就要开始，用10年到15年的时间基本上完成向社会主义的过渡，而不是10年到15年以后才开始过渡。这是一个战略部署上的重大转变，开始过渡的时间提前了，原先的构想过渡是在10年到15年以后，新的想法过渡从"现在"就要开始。这就意味着，我们一边进行工业化建设，一边要进行社会主义改造。从过渡的方式看，原来是"采取向社会主义的全线进攻，一步进入社会主义"，是突变；在新的构想中，是从"现在"开始过渡，用10年到15年的时间完成过渡，是逐步过渡。用毛泽东的话说："类似过桥，走一步算是过渡一年，两步两年，三步三年……十年到十五年走完。……在十年到十五年或者还多一些的时间内，基本上完成国家工业化及对农业、手工业、资本主义工商业的社会主义改造。"

原来思路是"先建设、后改造",新的思路是"边建设、边改造"。毛泽东的这一新的设想,逐渐在党内达成共识。根据这一新的构想,1953年党制定了过渡时期的总路线。

(三) 党在过渡时期的总路线

从中华人民共和国成立,到社会主义改造基本完成,这是一个过渡时期。党在这个过渡时期的总路线和总任务,是要在一个相当长的时期内,逐步实现国家的社会主义工业化,并逐步实现国家对农业、对手工业和对资本主义工商业的社会主义改造。

"从中华人民共和国成立,到社会主义改造基本完成,这是一个过渡时期",这反映了"从现在起就开始过渡"的思想;两个"逐步实现"是"逐步过渡"思想的体现。任务有两个方面,实现国家的社会主义工业化,并实现对农业、手工业和资本主义工商业的社会主义改造,所以总路线被简称为"一化三改"。这种社会主义工业化和社会主义改造同时并举的思想,体现的正是"边建设,边改造"的思路。

我国的社会主义改造就是在这一路线的指引下进行的。

那么,为什么在1952年以后,我们党改变了当初的构想,把社会主义改造的工作提前了呢? 这是因为,到1952年之后,中国社会的发展一方面提出了改造的要求,另一方面又初步具备了改造的条件。社会主义改造因此成为客观必然。

三、主观愿望还是历史必然? ——社会主义改造是中国社会发展的历史必然

我们从必要性和可能性两个方面分析。

(一) 社会主义改造是当时中国社会发展的必然要求 (必要性)

(1) 无产阶级同资产阶级的矛盾成为国内的主要矛盾,要顺利开展大规模经济建设,必须对资本主义进行改造。

社会的主要矛盾和主要任务发生变化,使社会主义改造成为必要。社会主要矛盾:1840年至1949年,基本完成,但还遗留了一些任务。所以,1949年至1952年,社会的主要矛盾是广大人民群众同帝国主义、封建主义、国民党残余势力之间的矛盾,主要任务是彻底完成民主革命遗留下来的任务,并

恢复国民经济。这一时期，我们对私人资本主义经济的政策是利用和限制，但是有限制就有反限制。资产阶级中的一些人看不起共产党，特别是原来国民党统治区的那些大城市的资本家，认为共产党都是些"土包子"，只会打仗，不懂经济；只能治理农村，不能治理城市。宣扬"共产党打仗能打 100分，政治能打 80 分，经济只能打 0 分"。他们不愿意接受共产党的领导，更不愿意受共产党政权的限制。为了摆脱限制，他们一再抗争，甚至与人民政府公然对抗，展开了一次又一次的较量。他们利用国家经济困难的机会，投机倒把、囤积居奇、哄抬物价，腐蚀党员干部。在资本主义势力集中的上海，更发生了银元之战、米棉之战，喊出口号"解放军进得了上海，人民币进不了上海"，"只要控制了两白一黑就能置上海于死地"，与人民政府公然对抗。这些行为严重扰乱了当时的生产和市场秩序，影响人民生活。

资料：银元之战　米棉之战

上海银元的价格从刚解放时的每枚折合人民币 650 元，开始飙升，6 月 2日以来的一个星期，银元从 660 元涨到 2000 元以上；黄金（每两）从 39 100元涨到 110 000 元。在证交所内外，乃至上海市区的街头巷尾，到处可见银元贩子的叫卖声。老百姓的生活必需品如大米、面粉、食用油的价格均在几天内上涨了 2 倍至 3 倍，致使工薪阶层的生活受到严重影响；另一方面，也严重损害了人民币的信誉和权威，阻碍着人民币进入市场。进而影响新社会的稳定和新生人民政权的巩固。

与资产阶级的矛盾原来也有，但在中华人民共和国成立初期的时候还不是主要矛盾，1952 年底，民主革命遗留任务完成，那个矛盾解决了，这个矛盾就凸现出来了。特别是，1952 年我们开始制定国家建设的第一个五年计划，工作重点开始转向大规模的经济建设。资产阶级的恶劣表现以及由此造成的混乱的经济秩序与大规模经济建设的要求不相符，无产阶级同资产阶级的矛盾开始突出起来，成为国内的主要矛盾。不改造，大规模建设就无法顺利开展。对私人资本主义的改造因此被提上了日程。

（2）要实现社会主义工业化，必须对个体农业和私营资本主义工商业进行社会主义改造。

中华人民共和国成立初期社会主义建设的任务是实现工业化。中华人民共和国成立初期，我国的工业化水平非常低。像毛泽东所说的："一辆汽车、一架飞机、一辆坦克、一辆拖拉机都不能造。"所以新中国面临的工业化建设的任务迫切而又艰巨。

搞工业化建设有资本主义和社会主义两条路。资本主义的情况怎样呢？

资料： 民族资本主义工业主要是轻纺工业和食品工业。据解放初期的统计，雇工在500人以上的工厂在民族资本主义的工厂中只占0.1%，69.7%的工厂只有不到10个工人，79.1%的工厂是工场手工业。

靠私营资本主义经济是无法实现中国工业化的历史任务的。中国的工业化建设要靠国家的力量来搞、要走社会主义道路，因此要进行社会主义改造。

另外，工业化建设是需要条件的，需要资金、粮食、原料、市场。我们是在农业国搞工业化建设，这些条件只能由农业提供。但是，当时中国的农业是分散的个体农业。

资料： 个体农户耕地很少，一般每人3亩，一户十来亩，经营规模极度狭小；生产工具严重不足，贫雇农每户平均仅有耕畜0.47头，犁0.41部；资金十分短缺，一个农户一年用来购买生产资料的支出仅52.3元，其中用于购买生产工具的为6.5元。在这种情况下，农民要兴修农田水利设施、平整土地和改良土壤，使用改良农具以至机器来进行耕作、播种、收获，实行分工制度来发展多种经营等，都有很大的困难。许多农户不仅无力进行扩大再生产，就是连简单再生产也难以维持。由于力量单薄，遇到自然灾害，更是没有抗御的能力。

规模小，生产方式落后，生产能力极低，不能满足工业化建设对粮食、原料的需求；贫困的农民购买力极低，分散的小农经济也没有对机械的需求，不能为工业发展提供市场和资本积累。毛泽东说："我们的商品粮食和工业原料的生产水平，现在是很低的，而国家对于这些物资的需要却是一年一年地增大，这是一个尖锐的矛盾。如果我们不能在大约三个五年计划的时期内基本上解决农业合作化的问题，……我们就不能解决年年增长的商品粮食和工业原料的需要同现时主要农作物一般产量很低之间的矛盾，我们的社会主义工业化事业就会遇到绝大的困难，我们就不可能完成社会主义工业化。"[1]

个体农业不能为大规模工业化建设提供必要的条件，对个体农业进行社会主义改造成为新中国工业化建设的必然要求。

刚才我们讲到，过渡时期总路线简称为"一化三改"，它还有另一种简称叫"一体两翼"。毛泽东说："好比一只鸟，它要有一个主体，这就是发展社会主义的工业；它又要有一双翅膀，这就是对农业、手工业的改造和对私营工商业的改造。"[2]这种"一体两翼"的概括表明：我们主要的任务是工业化建设，工业化是主体；而为了实现国家工业化就必须进行三大改造，三大改造是为工业化建设插上翅膀、准备条件的。

所以，党提出社会主义改造这个任务，并不是出于抽象的社会主义信念，它是国家工业化建设的实际需要。

有一种观点认为，我国的社会主义改造进行得过早了，我们应该用更长的时间进行新民主主义建设，社会生产发展到一定水平、具备一定的条件以后再改造。应该承认，"先建设、后改造"是更为稳妥的改造方案，但好不好是一回事，能不能是另一回事。事实是，当我们遵循这样的思路着手进行建设的时候却发现，不改造，大规模的建设无法开展；先工业化后集体化的方案很好，事实是，当我们开始工业化建设的时候却发现，不改造，工业化建设就缺乏必要的条件，搞不了。所以社会主义改造的必要性说到底在于国家工业化建设。

（二）向社会主义过渡的有利条件（可能性）

（1）社会主义国营经济的建立和壮大，为向社会主义过渡提供了经济条件。

资料：中华人民共和国成立后不久，我们没收了占全国工业资本2/3、交通运输业固定资产80%的2800多个官僚资本企业，建立了社会主义国营经济，掌握了国民经济的命脉。到1952年，国营工业产值在全国工业总产值中所占的比重，由1949年的34.2%上升到1952年的56%，社会主义性质的国营经济成为整个国民经济的领导力量。

（2）共产党领导的国家政权的巩固和加强，为向社会主义过渡提供了政

---

〔1〕《毛泽东文集》（第6卷），人民出版社2004年版。

〔2〕中共中央文献研究室编：《建国以来重要文献选编》（第5册），中央文献出版社1992年版。

治保证。

（3）中华人民共和国成立初期的农业互助合作运动及对资本主义工商业的利用和限制，为向社会主义过渡积累了实践经验。

（4）中苏结盟为中国向社会主义过渡提供了有利的国际环境。

通过上面的分析我们看到，当历史走到 20 世纪 50 年代中期，社会的发展既提出了社会主义改造的迫切要求，又具备了社会主义改造的有利条件。所以，中国在 20 世纪 50 年代进行社会主义改造、走上社会主义道路，反映了中国社会发展的客观必然。建设与改造同时并举的思路也符合当时中国社会发展的客观实际，是中国走社会主义道路的最佳选择。

历史是人创造的，但人类不是随心所欲地创造历史。中国走上社会主义道路，是由近代中国的社会历史条件决定的；中国在 20 世纪 50 年代进行社会主义改造，既有客观必要，又有现实可能，是中国社会发展的客观必然。

模块三主题教案：什么是社会主义

本模块对应《毛泽东思想和中国特色社会主义理论体系概论》第五章，重点包括两个问题：一是世界社会主义 500 年；二是邓小平社会主义本质理论的科学内涵。

【教学导入】观看视频《乌托邦》。

【教学目的】通过教学，使学生了解社会主义的发展历程，理解掌握邓小平社会主义本质理论的科学内涵和重要意义；培养学生学习实事求是的思想方法和工作方法，提高运用历史唯物主义理论认识问题的能力；引导青年学生确立对社会主义的信仰，确立为社会主义事业而奋斗的理想信念。

【教学重点】邓小平社会主义本质理论的科学内涵。

【教案正文】

要回答什么是社会主义，我们需要先搞清楚社会主义是怎么来的。

一、社会主义 500 年

（一）世界社会主义思想的产生

《乌托邦》成书于 1516 年，作者是英国人托马斯·莫尔。这本书描述了这样一个社会：没有私产，没有剥削，没有压迫，财富公有，人人劳动，社会平等，按需分配。这些思想的提出标志着世界社会主义思想的诞生。从

1516 年到现在，已经 500 多年了。《乌托邦》问世引爆了流行。继莫尔之后，意大利的康帕内拉写作了《太阳城》，描写了一个充满阳光和温暖的光明国度——太阳城。在此后 300 多年时间里，先后产生了托马斯·闵采尔、让·梅叶、摩莱里、马布里、巴贝夫、温斯坦莱等一大批杰出的空想社会主义者。到 18 世纪、19 世纪，空想社会主义发展至顶峰，产生了空想社会主义最重要的代表人物：克劳德·昂利·圣西门、夏尔·傅立叶和罗伯特·欧文。

早期的社会主义者批判了资本主义制度，对未来社会提出积极的、有价值的主张：没有剥削和压迫、消灭城乡、脑力和体力劳动、阶级三大差别、人人劳动、按需分配、社会和谐等。有些社会主义者还倾其所有进行了各种大胆的实验。遗憾的是他们都失败了。

列宁曾说，空想社会主义者"既不会阐明资本主义制度的雇佣奴隶制的本质，又不会发现资本主义发展的规律，也不会找到能够成为新社会的创造者的社会力量"。指出了早期社会主义思想的主要缺陷：它批判资本主义社会不公平、不合理、不正义，却不能揭示资本主义社会的基本矛盾，因而不能解决资本主义灭亡的必然性问题；他们通常是通过宣传、道德说教、实验，把希望寄托在统治者或资本家身上，没有找到能够成为新社会创造者的社会力量，因而不能解决社会主义取代资本主义的现实可能性问题。所以终究只能是一种空想。

（二）社会主义从空想到科学

1848 年，马克思和恩格斯发表《共产党宣言》，这标志着科学社会主义的诞生。

马克思、恩格斯解决了空想社会主义没能解决的两大问题：一个问题是资本主义被社会主义取代的历史必然性。用生产力和生产关系的矛盾运动规律对资本主义社会进行分析，认为资本主义的生产力是社会化大生产，生产关系是生产资料资本主义私人占有，这之间的矛盾是资本主义制度本身无法克服的，这一点决定了资本主义制度必然被一种新的、实行生产资料社会化占有的社会所取代，从而揭示了资本主义灭亡、社会主义胜利的历史必然性。另一个问题是社会主义取代资本主义的现实可能性。马克斯、恩格斯在对资本主义社会的剖析中发现了一个秘密，这就是剩余价值。这一发现揭露了资产阶级对无产阶级的剥削和压迫。两大阶级的对立有深刻的经济根源，所以无产阶级必然与资产阶级进行斗争，成为资本主义的掘墓人和新社会的创造者。这就找到了推翻资本主义制度，创造社会主义新社会的现实力量。随着历史必然性和现实可能性两个问题的解决，社会主义由空想变为了科学。从此有了科学社会主义。

（三）社会主义国家的产生

列宁运用科学社会主义理论作指导，领导俄国无产阶级取得了社会主义革命的胜利，建立了世界上第一个社会主义国家，使社会主义从理论变成了实践。从此有了社会主义国家。

从战时共产主义到新经济政策，列宁领导了社会主义建设的初步探索，提出了社会主义的许多新思想，在实践中发展了马克思主义。从社会主义建设的早期实践中，马克思主义者也明白了一个道理，社会主义理论必须与实际条件相结合，必须在实践中寻找最合适的实现方式，不可能一步建成纯而又纯的社会主义社会。

（四）苏联模式及其经验与教训

斯大林在领导苏联社会主义建设中形成了苏联模式。单一的生产资料公有制、自上而下的指令性计划经济体制和权力高度集中的政治体制是苏联模式的典型特征。

苏联模式在特定历史条件下促进了经济社会快速发展，对巩固社会主义制度、夺取反法西斯战争胜利发挥了重要作用，显示出巨大的制度优势。在苏联社会主义的鼓舞下，从 1944 年到 1949 年，南斯拉夫、阿尔巴尼亚、波兰、捷克斯洛伐克、朝鲜、罗马尼亚、保加利亚、越南、民主德国、匈牙利和中国等 11 个国家先后走上了社会主义道路，实现了社会主义由一国道路到多国道路的发展。

但是另一方面，苏联模式不尊重经济规律，体制僵化，弊端日益暴露。进入 20 世纪 80 年代，社会主义国家经济社会发展遇到困难，最终导致东欧剧变、苏联解体，世界社会主义运动遭受重大挫折，陷入低潮。

（五）中国共产党对社会主义的艰辛探索

社会主义是中国共产党的社会理想。中华人民共和国成立后，经过社会主义改造，中国建立起社会主义制度，走上了社会主义的发展道路。在对社会主义建设道路的初步探索中，取得了重要的理论成果和巨大的建设成就。这个时期，我们党团结带领人民全力推进社会主义建设，建立了独立的比较完整的工业体系和国民经济体系，各方面建设取得了巨大成就。为新的历史时期开创中国特色社会主义提供了宝贵经验、理论准备及物质基础。但是，由于实践水平和认识水平的限制，我国社会主义建设也出现了重大失误，遭遇了严重挫折。

（六）中国特色社会主义开创和发展

党的十一届三中全会实现了伟大转折，以邓小平为主要代表的共产党人，深刻总结国内外社会主义建设的经验教训，提出"把马克思主义的普遍真理同我国的具体实际结合起来，走自己的道路，建设有中国特色的社会主义，这就是我们总结长期历史经验得出的基本结论"。在改革开放和社会主义建设新的实践中，科学地回答了中国特色社会主义建设的一系列基本问题，开创了中国特色社会主义。

总之，从空想社会主义到科学社会主义、从社会主义理论到社会主义国家、从传统社会主义到中国特色社会主义。这就是社会主义 500 年的发展，社会主义的前世今生。

二、社会主义的本质

"文化大革命"结束以后，邓小平反思我国社会主义建设的经验教训，他说："问题是什么是社会主义，如何建设社会主义。我们的经验教训有许多条，最重要的一条，就是要搞清楚这个问题。"[1]"什么是社会主义，怎样建设社会主义"是邓小平理论中的基本理论问题。邓小平对什么是社会主义做出的回答是："社会主义的本质是解放生产力，发展生产力，消灭剥削，消除两极分化，最终达到共同富裕。"[2]

（一）主要内容

"社会主义的本质是解放生产力，发展生产力，消灭剥削，消除两极分化，最终达到共同富裕。"

（二）科学内涵

1. "解放生产力，发展生产力"是社会主义的根本任务，抓住了中国社会的主要矛盾

发展生产力是马克思主义的一个基本原则。马克思主义认为，生产力是

---

〔1〕《邓小平文选》（第3卷），人民出版社1993年版，第115~116页。

〔2〕《邓小平文选》（第3卷），人民出版社1993年版，第373页。

社会发展的最终决定力量，马克斯、恩格斯在讲到生产力的重要作用时曾经深刻地指出："生产力的这种发展，……之所以是绝对必需的实际前提，还因为如果没有这种发展，那就只会有贫穷、极端贫困的普遍化。而在极端贫困的情况下，必须重新开始争夺必需品的斗争，全部陈腐污浊的东西又要死灰复燃。"〔1〕这就揭示了生产力对社会发展和社会进步的基础性作用。《共产党宣言》明确提出，无产阶级取得政权以后，要利用自己的政治统治，把生产工具集中到国家手中，尽可能快地增加生产力的总量。

把解放和发展生产力作为社会主义的本质是邓小平理论中有关社会主义本质论断的突出的特点。邓小平说："讲社会主义，首先就要使生产力发展，这是主要的。"〔2〕"不发展生产力，不提高人民生活水平，不能说是符合社会主义要求的。"〔3〕"社会主义的任务很多，但根本一条就是发展生产力。"〔4〕

解放和发展生产力是人类社会一个永恒的任务。人类社会进程中，不同社会形态的更迭交替都体现了生产力的发展。

【思考与讨论】

生产力有高低之分，有主义之别吗？怎么理解邓小平把解放生产力、发展生产力纳入社会主义本质？

（1）邓小平对社会主义本质的论断是一个整体。邓小平没有只说"社会主义的本质是解放生产力，发展生产力"。邓小平说的是"社会主义的本质，是解放生产力，发展生产力，消灭剥削，消除两极分化，最终达到共同富裕"，这是一个整体。解放和发展生产力是人类社会一个永恒的任务，单讲解放生产力、发展生产力可能无法体现社会主义与资本主义的区别。邓小平并不是单讲解放和发展生产力，而是把解放和发展生产力与消灭剥削、消除两极分化联系在一起，与实现共同富裕的价值目标联系在一起。邓小平说："共产主义是没有人剥削人的制度"〔5〕，"是'各尽所能，按需分配'的社会……没有生产力的极大发达，没有物质产品的极大丰富，怎么搞按需分配？"〔6〕先富带动

〔1〕《马克思恩格斯文集》（第1卷），人民出版社2009年版，第538页。
〔2〕《邓小平文选》（第2卷），人民出版社1994年版，第314页。
〔3〕《邓小平文选》（第3卷），人民出版社1993年版，第116页。
〔4〕《邓小平文选》（第3卷），人民出版社1993年版，第137页。
〔5〕《邓小平文选》（第3卷），人民出版社1993年版，第137页。
〔6〕《邓小平文选》（第3卷），人民出版社1993年版，第228页。

后富是邓小平发展生产力的重要手段，"我的一贯主张是，让一部分人、一部分地区先富起来，大原则是共同富裕。一部分地区发展快一点，带动大部分地区，这是加速发展、达到共同富裕的捷径"〔1〕。可以看到，邓小平总是把解放和发展生产力与实现共同富裕这个价值目标联系在一起。在邓小平关于社会主义本质的论断中，解放和发展生产力是生产力的规定性，消灭剥削、消除两极分化、达到共同富裕是生产关系的规定性，他是从生产力和生产关系统一的角度出发揭示社会主义的本质的。所以，要把邓小平对社会主义本质的论断看作一个整体，不能断章取义。

（2）解放和发展生产力与社会主义有着内在的、必然的联系。马克思主义是怎样论证社会主义必然性的？生产资料私有制不适应生产力的发展，造成对生产力的束缚。只有实行生产资料公有制的社会主义才与社会化的大生产相适应，这决定了社会主义必然取代资本主义。也就是说，在马克思主义那里，社会主义作为一种最终取代资本主义的社会制度，优越性不仅在于公有制、按劳分配，最根本的在于，它能够使生产力从资本主义私有制的束缚下获得解放，能够使生产力获得比资本主义更快的发展，这才是社会主义能够取代资本主义的必然性所在。如果没有了这一点，社会主义就没有来由；如果不能使生产力获得比资本主义更好更快的发展，社会主义就失去了存在的依据。因此，对于社会主义来说，能否解放和发展生产力，是一个生死攸关的问题，它关乎社会主义的来由，关乎社会主义存在的合法性，关乎社会主义的存亡，因此，它与社会主义有着内在的、必然的联系。谈社会主义必须讲生产力。所以，生产力与社会主义的关系可以表述为：只讲解放和发展生产力不能体现社会主义的本质；但是讲社会主义的本质必须讲解放和发展生产力。

（3）邓小平强调解放和发展生产力有鲜明的问题针对性。邓小平不是从抽象的理论出发，而是从我们遇到的现实问题出发、是为解决现实问题而思考社会主义问题的。是什么样的现实促使邓小平思考"什么是社会主义"？邓小平提社会主义本质是为解决什么问题的？一方面，邓小平是针对离开生产力的发展抽象地谈论社会主义的经验教训而提出社会主义本质的。中华人民共和国成立了，社会主义基本制度确立了，公有制有了、按劳分配有了、计

---

〔1〕《邓小平文选》（第3卷），人民出版社1993年版，第166页。

划经济有了，但是，人民还是贫穷，国家还是落后。邓小平深刻认识到，离开生产力的发展抽象地谈论社会主义不能体现社会主义的优越性，无法保证科学社会主义的实现。正是汲取这一历史教训、针对生产力落后这一现实，邓小平高度重视生产力，把发展生产力作为社会主义的根本任务。另一方面，邓小平是针对对改革的质疑和社会主义问题上的模糊认识而提出社会主义本质论断的。改革开放中，有些人拘泥于社会主义的传统认识，认为改革措施背离了社会主义，质疑改革、批判改革，每一项改革措施出台都遇到"姓社姓资"的争论，造成思想混乱，形成改革阻力。邓小平提醒人们思考"什么是社会主义"的问题，提出社会主义本质理论，不是单纯从制度形式上认识社会主义，把对社会主义的理解着重放在发展生产力和人民富裕上，澄清了在社会主义问题上的模糊认识，回应了人们对改革的质疑，解放了思想，统一了认识。

邓小平讲社会主义要重视发展生产力，是总结了历史经验教训，反映了现实的要求，具有鲜明的针对性，这是邓小平实事求是精神的体现。

2. "消灭剥削，消除两极分化，最终达到共同富裕"指出了社会主义的发展目标

这是从生产关系方面对社会主义本质的界定。邓小平讲："社会主义不是少数人富起来，大多数人穷，不是那个样子。社会主义最大的优越性就是共同富裕，这是体现社会主义本质的一个东西。"[1]"社会主义与资本主义不同的特点就是共同富裕，不搞两极分化。"[2]可见，在邓小平这里，"消灭剥削，消除两极分化，最终达到共同富裕"体现着社会主义与资本主义及一切剥削制社会的质的区别。

【思考与讨论】

在邓小平对社会主义本质的概括中，没有提公有制，也没有提按劳分配，怎么理解？

（1）这与邓小平社会主义本质问题的认识路径有关。邓小平是怎么提出社会主义本质问题的？他探讨的是社会主义的本质而不是别的本质。首先得是社会主义，然后社会主义的本质是什么？是在社会主义的前提下，对社会

---

〔1〕《邓小平文选》（第3卷），人民出版社1993年版，第364页。

〔2〕《邓小平文选》（第3卷），人民出版社1993年版，第123页。

主义进行"再认识"而提出社会主义本质的论断的，是在社会主义的认识前提下接着往下讲，而不是从头讲。"社会主义的本质"，这是邓小平社会主义本质论的认识路径。是社会主义就意味着：以公有制为基础的基本经济制度、按劳分配制度、共产党领导的人民民主专政的基本政治制度、马列主义毛泽东思想的社会意识形态。公有制和按劳分配是邓小平阐述社会主义本质问题的前提性存在。讲社会主义，首先是公有制，这在托马斯·莫尔那里就解决了。公有制不等于社会主义，但没有公有制就不是社会主义。邓小平强调过："一个公有制占主体，一个共同富裕，这是我们所必须坚持的社会主义的根本原则。"[1]公有制和按劳分配作为社会主义的基本经济制度，是邓小平探讨社会主义本质的前提性条件。

（2）这与邓小平社会主义本质的目的有关。如前所述，邓小平思考"什么是社会主义"，提出社会主义本质理论，针对的是传统社会主义认识在生产力方面的缺失和不足。社会主义本质理论对社会主义的新认识，不是否定公有制、按劳分配，而是强调只有这是不够的，是已经实行了公有制和按劳分配，却仍然不能实现社会主义的目的、体现社会主义的优越性。

（3）社会主义本质理论虽然没有讲公有制和按劳分配，但讲到了消灭剥削、消除两极分化、最终达到共同富裕。而公有制和按劳分配是消灭剥削、消除两极分化、实现共同富裕的经济基础与制度保证。而在私有制和按资分配的条件下，是不可能消灭剥削、消除两极分化的。邓小平说："只要我国经济中公有制占主体地位，就可以避免两极分化。"[2]"坚持社会主义，实行按劳分配的原则，就不会产生贫富过大的差距。"[3]所以，在邓小平对社会主义本质的论述中，对公有制和按劳分配虽然只字未提，但这两个方面却是始终包含在社会主义的本质规定性中的。

概而言之，社会主义社会发达富裕、按需分配、共有共享；社会主义没有剥削、没有压迫、人人劳动、社会平等，这些主张是社会主义的基本价值和原则，这样的社会光明、美好、崇高，有价值合理性，它值得追求。

社会主义社会是生产力和生产关系矛盾运动的结果，是无产阶级和资产

---

〔1〕《邓小平文选》（第3卷），人民出版社1993年版，第111页。
〔2〕《邓小平文选》（第3卷），人民出版社1993年版，第149页。
〔3〕《邓小平文选》（第3卷），人民出版社1993年版，第64页。

阶级两大阶级斗争的结果，符合人类历史的发展规律，代表了人类历史的发展方向，具有科学合理性，所以我们坚守。

社会主义思想已经有500年了，但社会主义制度还是人类社会的新事物，社会主义社会仍然是人类追求的一种理想状态。社会主义建设不会是一帆风顺的，会有困难，会遇到挫折，会经历失败，需要一代一代人向着梦想而努力，充满活力地走下去。

历史学家刘大年曾提道，社会主义制度，在今天不过是人类历史新时期的黎明。某些景物迷蒙混杂，乍隐乍现，陌生的人难免要睁大眼睛费力去辨认。但是，既然黎明到来了，时光就不会倒退回去，重度午夜的黑暗。历史给中国选择了社会主义道路，如何尽快学会在这条道路上充满活力地走下去，以及如何善于征服前进征途上必定要碰到的崎岖不平，这是要靠当代人和后来者去解决的问题。

模块四主题教案：新时代、新思想、新征程

本模块对应《毛泽东思想和中国特色社会主义理论体系概论》第八章和第九章，重点解决三个问题：①新时代的历史性定位；②新思想的科学内涵；③新征程的发展愿景。

【教学导入】思想是时代的光芒。伟大的时代孕育伟大的思想，伟大的思想照亮时代的航向。党的十九大以如椽巨笔书写了民族复兴的"未来简史"，"新时代"是坐标，"新思想"是灵魂，"强起来"是底色。如何理解新时代？如何把握新思想？如何实现新目标？本模块将一一为你解答。

【教学目的】通过教学，使学生了解新时代的历史定位，理解习近平新时代中国特色社会主义思想的科学内涵，明确中华民族伟大复兴进入发展的新征程，坚定中国特色社会主义的理论自信、道路自信、制度自信和文化自信。

【教学重点】新时代的历史定位；习近平新时代中国特色社会主义思想；两个一百年发展战略。

【教案正文】

一、新时代：中国特色社会主义进入新时代

（一）历史性成就和历史性变革

（1）新成就。党的十八大以来，以习近平同志为核心的党中央以巨大的

政治勇气和强烈的责任担当，提出了一系列新理念、新思想、新战略，出台了一系列重大方针政策，推出了一系列重大举措，推进了一系列重大工作，解决了许多长期想解决而没有解决的难题，办成了许多过去想办而没有办成的大事，推动党和国家事业取得了全方位的、开创性的历史性成就，发生了深层次的、根本性的历史性变革。主要表现在经济建设取得重大成就；全面深化改革取得重大突破；民主法治建设迈出重大步伐；思想文化建设取得重大进展；人民生活不断改善；生态文明建设成效显著；强军兴军开创新局面；港澳台工作取得新进展；全方位外交布局深入展开；全面从严治党成效卓著，等等。

（2）新变化。这些历史性成就带来了中国社会的全方位变革，主要表现在：党的领导得到全面加强；坚定不移贯彻新发展理念，发展观念不正确、发展方式粗放的状况得到明显改变；坚定不移全面深化改革，各方面体制机制弊端阻碍发展活力和社会活力的状况得到明显改变；坚定不移全面推进依法治国，有法不依、执法不严、司法不公问题的状况得到明显改变；加强党对意识形态工作的领导，社会思想舆论环境的混乱状况得到明显改变；坚定不移推进生态文明建设，忽视生态环境保护、生态环境恶化的状况得到明显改变；坚定不移推进国防和军队现代化，人民军队中一度存在的不良政治状况得到明显改变；坚定不移推进中国特色大国外交，我国在国际力量对比中面临的不利状况得到明显改变；坚定不移推进全面从严治党，管党治党"宽、松、软"状况得到明显改变。

（二）社会主要矛盾的变化

（1）党对社会矛盾的认识历程。对中国社会主要矛盾的科学判断，是制定党的路线方针政策的基本依据。党对我国社会主要矛盾的认识根据社会发展变化而不断调整和深化。1956年社会主义改造基本完成后，党的八大指出："我们国内的主要矛盾，已经是人民对于建立先进的工业国的要求同落后的农业国的现实之间的矛盾，已经是人民对于经济文化迅速发展的需要同当前经济文化不能满足人民需要的状况之间的矛盾。"然而，由于各种主客观原因，党的八大关于社会主要矛盾的正确认识，未能很好地坚持下去。1978年十一届三中全会决定把党和国家的工作重点转移到社会主义现代化建设上来。1981年十一届六中全会通过的《关于建国以来党的若干历史问题的决议》对我国社会主要矛盾作了科学表述："在社会主义改造基本完成以后，我国所要解决的主要矛盾，是人民日益增长的物质文化需要同落后的社会生产之间的矛盾。"

（2）党对社会矛盾的新认识。党的十九大明确指出，我国社会主要矛盾已经转化为人民日益增长的美好生活需要和不平衡不充分的发展之间的矛盾。主要依据有以下三个方面：一是经过改革开放 40 年的发展，我国社会生产力水平总体上显著提高，很多方面进入世界前列；二是人民生活水平显著提高，对美好生活的向往更加强烈，不仅对物质文化生活提出了更高要求，而且在民主、法治、公平、正义、安全、环境等方面的要求日益增长；三是影响满足人们美好生活需要的因素很多，但主要是发展的不平衡不充分问题。

（3）新矛盾提出新要求。我国社会主要矛盾的变化是关系全局的历史性变化，对党和国家的工作提出了许多新要求。我们要在继续推动发展的基础上，着力解决好发展不平衡、不充分的问题，大力提升发展质量和效益，更好地满足人民在经济、政治、文化、社会、生态等方面日益增长的需要，更好地推动人的全面发展、社会的全面进步。

（4）正确认识新矛盾。我国社会主要矛盾的变化，没有改变我们对我国社会主义所处历史阶段的判断，我国仍处于并将长期处于社会主义初级阶段的基本国情没有变，我国是世界最大发展中国家的国际地位没有变。我国目前人均国内生产总值只相当于世界平均水平的 80% 左右，按国家和独立经济体排位，大体处在世界中列，在创新能力、产业层次、公共服务等方面与发达国家相比，仍有相当大的差距。距实现建成富强民主文明和谐美丽的社会主义现代化强国目标，还有很长的路要走。我们要牢牢把握社会主义初级阶段这个基本国情，牢牢立足社会主义初级阶段这个最大实际，牢牢坚持党在社会主义初级阶段的基本路线。

（三）新时代的内涵和意义

（1）新时代新定位。经过长期努力，中国特色社会主义进入了新时代，这是我国发展新的历史方位。作出这个重大政治判断，是改革开放以来特别是党的十八大以来我国社会所取得的历史性成就和发生的历史性变革的必然结果，是我国社会主要矛盾运动的必然结果，也是党团结带领人民开创光明未来的必然要求。这个新时代，是中国特色社会主义新时代，而不是别的什么新时代。

（2）新时代新内涵。深刻把握中国特色社会主义新时代的内涵和特征，有利于进一步统一思想、凝聚力量，在新的起点上把中国特色社会主义事业推向前进。第一，这个新时代是承前启后、继往开来，在新的历史条件下继续夺取中国特色社会主义伟大胜利的时代；第二，这个新时代是决胜全面建成小康社会、进而全面建设社会主义现代化强国的时代；第三，这个新时代是全国各族人民团结奋斗、不断创造美好生活、逐步实现全体人民共同富裕的时代；第四，这个新时代是全体中华儿女勠力同心、奋力实现中华民族伟大复兴中国梦的时代；第五，这个新时代是我国日益走近世界舞台中央、不断为人类作出更大贡献的时代。从世界性来看，中国梦与世界各国人民祈和平、求发展的梦是相通的，实现中国梦也离不开世界和平发展的国际环境，世界的发展也需要中国。作为世界上最大的发展中国家和第二大经济体，作为安理会常任理事国，新时代的中国既有责任、也有能力为人类繁荣与进步作出更大贡献。

（3）新时代新意义。中国特色社会主义进入新时代，在中华人民共和国发展史上、中华民族发展史上具有重大意义，在世界社会主义发展史上、人类社会发展史上也具有重大意义：第一，从中华民族复兴的历史进程看，中国特色社会主义进入新时代，意味着近代以来久经磨难的中华民族迎来了从站起来、富起来到强起来的伟大飞跃，迎来了实现中华民族伟大复兴的光明前景；第二，从科学社会主义发展进程看，中国特色社会主义进入新时代，意味着科学社会主义在 21 世纪的中国焕发出强大生机活力，在世界上高高举起了中国特色社会主义伟大旗帜；第三，从人类文明进程看，中国特色社会主义进入新时代，意味着中国特色社会主义道路、理论、制度、文化不断发展，拓展了发展中国家走向现代化的途径，给世界上那些既希望加快发展又希望保持自身独立性的国家和民族提供了全新选择，为解决人类问题贡献了中国智慧和中国方案。

二、新思想：习近平新时代中国特色社会主义思想

（一）主要内容

（1）核心要义。坚持和发展中国特色社会主义，是改革开放以来我们党全部理论和实践的鲜明主题，也是习近平新时代中国特色社会主义思想的核心要义。围绕这一核心要义形成了习近平新时代中国特色社会主义思想的基本问题，即坚持和发展什么样的中国特色社会主义、怎样坚持和发展中国特色社会主义。

（2）核心内容（"八个明确"）。八个明确回答了新时代坚持和发展什么样的中国特色社会主义的问题。①明确坚持和发展中国特色社会主义，总任务是实现社会主义现代化和中华民族伟大复兴，在全面建成小康社会的基础上，分两步走在本世纪中叶建成富强、民主、文明、和谐、美丽的社会主义现代化强国。②明确新时代我国社会主要矛盾是人民日益增长的美好生活需要和不平衡不充分的发展之间的矛盾，必须坚持以人民为中心的发展思想，不断促进人的全面发展、全体人民共同富裕。③明确中国特色社会主义事业总体布局是"五位一体"、战略布局是"四个全面"，强调坚定道路自信、理论自信、制度自信、文化自信。④明确全面深化改革总目标是完善和发展中国特色社会主义制度、推进国家治理体系和治理能力现代化。⑤明确全面推进依法治国总目标是建设中国特色社会主义法治体系、建设社会主义法治国家。⑥明确党在新时代的强军目标是建设一支听党指挥、能打胜仗、作风优良的人民军队，把人民军队建设成为世界一流军队。⑦明确中国特色大国外交要推动构建新型国际关系，推动构建人类命运共同体。⑧明确中国特色社会主义最本质的特征是中国共产党领导，中国特色社会主义制度的最大优势是中国共产党领导，党是最高的政治领导力量，提出新时代党的建设总要求，突出政治建设在党的建设中的重要地位。这"八个明确"，高度凝练、提纲挈领地点明了习近平新时代中国特色社会主义思想的主要内容，构成了系统完备、逻辑严密、内在统一的科学体系。

（3）基本方略（"十四个坚持"）。十四个坚持回答了新时代怎样坚持和发展中国特色社会主义的问题。其中三个总的方略，即坚持党对一切工作的领导，坚持以人民为中心，坚持全面深化改革；六个五位一体，即坚持新发展理念，坚持全面依法治国，坚持人民当家作主，坚持人与自然和谐共生，坚持在发展中保障和改善民生，坚持社会主义核心价值体系；三个国家层面，即坚持"一国两制"和推进祖国统一，坚持党对人民军队的绝对领导，坚持总体国家安全观；国际和政党，即坚持全面从严治党，坚持推动构建人类命运共同体。

（4）把握内涵。习近平新时代中国特色社会主义思想内容十分丰富，涵盖改革发展稳定、内政外交国防、治党治国治军等各个领域、各个方面，构成了一个系统完整、逻辑严密、相互贯通的思想理论体系。"八个明确"是指导思想层面的表述，重点讲的是怎么看，回答了新时代坚持和发展什么样的中国特色社会主义的问题；"十四个坚持"是行动纲领层面的表述，重点讲的是怎么办，回答的是新时代怎样坚持和发展中国特色社会主义的问题。"八个明确"和"十四个坚持"体现了习近平新时代中国特色社会主义思想理论与实践的统一。

（二）历史地位

（1）理论地位。习近平新时代中国特色社会主义思想是马克思主义中国化的最新成果。习近平新时代中国特色社会主义思想与马克思列宁主义、毛泽东思想、邓小平理论、"三个代表"重要思想、科学发展观既一脉相承又与时俱进，是马克思主义中国化的新飞跃，是当代中国马克思主义、21世纪马克思主义。习近平新时代中国特色社会主义思想开辟了马克思主义新境界；习近平新时代中国特色社会主义思想开辟了中国特色社会主义新境界；习近平新时代中国特色社会主义思想对人类文明进步具有重要意义。

（2）时代地位。习近平新时代中国特色社会主义思想是新时代的精神旗帜。旗帜问题至关重要，事关党的正确方向，决定着党的凝聚力、引领力、战斗力，关乎着国家前途命运和人民的根本利益。习近平新时代中国特色社会主义思想是新时代党和人民共同奋斗的精神旗帜。党的十九大通过的党章修正案，把习近平新时代中国特色社会主义思想确立为党的指导思想，第十三届全国人民代表大会第一次会议把这一思想载入宪法。

（3）实践地位。习近平新时代中国特色社会主义思想是实现中华民族伟大复兴的行动指南。习近平新时代中国特色社会主义思想是党和国家必须长期坚持的指导思想，是全党全国各族人民团结奋斗的共同思想基础，是决胜全面建成小康社会、建设社会主义现代化强国、实现中华民族伟大复兴中国梦的行动纲领。

三、新征程：开启全面建设社会主义现代化强国的新征程

（一）从历史走来

改革开放之后，我们党对我国社会主义现代化建设作出战略安排，提出"三步走"战略目标。经过全党全国各族人民共同努力，我们先后提前实现了第一步、第二步战略目标，2002年党的十六大正式宣布了人民生活总体达到小康水平。在此基础上，党的十六大提出了全面建设小康社会的奋斗目标，党的十七大、十八大对全面建成小康社会提出了新的要求，作出了新的部署。

这就是"两个一百年"的奋斗目标，即到建党 100 年时建成惠及十几亿人口的更高水平的小康社会；到中华人民共和国成立 100 年时基本实现现代化，建成社会主义现代化国家。

（二）战略新规划

综合分析国际国内形势和我国发展条件，习近平总书记在党的十九大报告中提出，我们要全面建成小康社会、实现第一个百年奋斗目标，然后再乘势而上开启全面建设社会主义现代化国家新征程，向第二个百年奋斗目标进军。全面建设社会主义现代化国家的进程分两个阶段来安排：第一个阶段，从 2020 年到 2035 年，在全面建成小康社会的基础上，再奋斗 15 年，基本实现社会主义现代化。第二个阶段，从 2035 年到本世纪中叶；在基本实现现代化的基础上，再奋斗 15 年，把我国建成富强民主文明和谐美丽的社会主义现代化强国。

从全面建成小康社会到基本实现现代化，再到全面建成社会主义现代化强国，是新时代中国特色社会主义发展的战略安排。这一战略安排，是在综合分析国际国内形势和我国发展条件之后作出的重大决策，也是我们党适应我国发展实际作出的必然选择，还可以保持"四个全面"战略布局的连续性，对动员全党全国各族人民万众一心实现中华民族伟大复兴的中国梦具有重大意义。

（三）目标新要求

1. 从 2020 年到 2035 年，基本实现社会主义现代化的目标要求

在经济建设方面，我国经济实力、科技实力将大幅跃升，跻身创新型国家前列。我国经济将保持中高速增长、产业迈向中高端水平，经济发展实现由数量和规模扩张向质量和效益提升的根本转变。社会主义市场经济体制将更加完善，全面开放新格局加快构建，经济活力明显增强。基本建成现代化经济体系。基础设施体系更加完备，城市品质明显提升。科技创新能力持续增强，跃升至创新型国家前列。

在政治建设方面，人民平等参与、平等发展权利得到充分保障，法治国家、法治政府、法治社会基本建成，各方面制度更加完善，国家治理体系和治理能力现代化基本实现。党的领导、人民当家作主、依法治国达到高度有机统一。人民民主更加充分发展，人民代表大会和人民政协制度更加完善，民主选举、民主协商、民主决策、民主管理、民主监督得到有效落实，人权

得到充分保障，人民积极性、主动性、创造性进一步发挥。政府公信力和执行力大为增强，人民满意的服务型政府基本建成。依法治国得到全面落实，科学立法、严格执法、公正司法、全民守法的局面基本形成。

在文化建设方面，社会文明程度达到新的高度，国家文化软实力显著增强，中华文化影响更加广泛深入。中国梦和社会主义核心价值观深入人心，爱国主义、集体主义、社会主义思想广泛弘扬，全体人民的文化自信、文化自觉和文化凝聚力不断提高。重视社会公德、职业道德、家庭美德、个人品德的社会风尚基本养成，人民思想道德素质、科学文化素质、健康素质明显提高。公共文化服务体系、现代文化产业体系和市场体系基本建成，中外文化交流更加广泛，中华文化走出去达到新水平。

在民生和社会建设方面，人民生活更为宽裕，中等收入群体比例明显提高，城乡区域发展差距和居民生活水平差距显著缩小，基本公共服务均等化基本实现，全体人民共同富裕迈出坚实步伐。实现幼有所育、学有所教、劳有所得、病有所医、老有所养、住有所居、弱有所扶的美好愿景，实现更高质量和更充分就业。我国进入高收入国家行列，人口预期寿命和国民受教育程度达到世界先进水平。现代社会治理格局基本形成，社会充满活力又和谐有序。政府治理和社会调节、居民自治良性互动，公平正义充分彰显，人民获得感、幸福感、安全感更加充实、更有保障、更可持续。

在生态文明建设方面，生态环境根本好转，美丽中国目标基本实现。清洁低碳、安全高效的能源体系和绿色低碳循环发展的经济体系基本建立，生态文明制度更加健全。绿色发展的生产方式和生活方式基本形成，能源、水等资源利用效率达到国际先进水平。大气、水、土壤等环境状况明显改观，生态安全屏障体系基本建立，生产空间安全高效、生活空间舒适宜居、生态空间山青水碧的国土开发格局形成，自然生态系统质量和稳定性明显改善。我国在应对全球气候变化和促进绿色发展中发挥重要作用。

2. 从 2035 年到 2050 年，建成社会主义现代化强国的目标要求

这一阶段的目标要求是：①我国将拥有高度的物质文明，社会生产力水平大幅提高，核心竞争力名列世界前茅，经济总量和市场规模超越其他国家，建成富强的社会主义现代化强国。②我国将拥有高度的政治文明，形成又有集中又有民主、又有纪律又有自由、又有统一意志又有个人心情舒畅、生动活泼的政治局面，依法治国和以德治国有机结合，建成民主的社会主义现代

化强国。③我国将拥有高度的精神文明，践行社会主义核心价值观成为全社会自觉行动，国民素质显著提高，中国精神、中国价值、中国力量成为中国发展的重要影响力和推动力，建成文明的社会主义现代化强国。④我国将拥有高度的社会文明，城乡居民将普遍拥有较高的收入、富裕的生活及健全的基本公共服务，享有更加幸福安康的生活，全体人民共同富裕基本实现，公平正义普遍彰显，社会充满活力而又规范有序，建成和谐的社会主义现代化强国。⑤我国将拥有高度的生态文明，天蓝、地绿、水清的优美生态环境成为普遍常态，开创人与自然和谐共生新境界，建成美丽的社会主义现代化强国。

总之，党的十八大以来，我国取得了历史性成就和历史性变革，中国特色社会主义进入了新时代，社会主要矛盾转化为人民日益增长的美好生活需要和不平衡不充分的发展之间的矛盾。习近平新时代中国特色社会主义思想围绕新时代坚持和发展什么样的中国特色社会主义、怎样坚持和发展中国特色社会主义，提出了"八个明确"核心观点和"十四个坚持"基本方略。习近平新时代中国特色社会主义思想是马克思主义中国化最新的成果，是中国特色社会主义理论体系的重要组成部分，是当代中国马克思主义、21世纪马克思主义，是党和国家必须长期坚持并不断发展的指导思想，是全党全国人民为实现中华民族伟大复兴而奋斗的行动指南。

从2020年到2035年，基本实现社会主义现代化，从2035年到2050年，建成富强民主文明和谐美丽社会主义现代化强国。从全面建成小康社会到基本实现现代化，再到全面建成社会主义现代化强国，是新时代中国特色社会主义发展的战略安排。

模块五主题教案：总体布局和战略布局

本模块对应《毛泽东思想和中国特色社会主义理论体系概论》第十章和第十一章，主要包含两个方面的内容，具体为总体布局与战略布局的形成、"五大发展理念"的战略指南。

【教学导入】习近平新时代中国特色社会主义思想明确中国特色社会主义事业总体布局是"五位一体"、战略布局是"四个全面"、战略指南是"五大发展理念"，强调坚定道路自信、理论自信、制度自信、文化自信。这个明确，不仅使我们对推进新时代中国特色社会主义事业发展的任务有了全面而清晰的认识，而且为我们在实践中不断增强实现任务的精神动力提供了理论指导。

【教学目的】通过教学，使学生了解总体布局和战略布局形成发展的过程，深刻理解"五大发展理念"提出的背景及其重要性。确立对新时代中国特色社会主义思想的自觉自信。

【教学重点】五大发展理念。

【教案正文】

一、总体布局思想与战略布局的形成

马克思主义经典作家揭示了人类社会是由生产力和生产关系，经济基础和上层建筑构成的有机整体，它们之间的矛盾运动推动着社会历史发展。在马克思、恩格斯看来，社会发展应当包括由生产力进步所引起的生产关系、社会形态以及一切社会生活领域的变革、完善和发展。中国共产党在领导中国革命、建设和改革的历史进程中，依据马克思主义的社会有机体理论，高度重视社会的全面发展和人的全面发展，最终确立了中国特色社会主义事业"五位一体"总体布局的思想和"四个全面"的战略布局。

（一）"五位一体"总体布局进化史

早在中华人民共和国成立前，毛泽东就明确提出，要使中国能自立于世界民族之林，不因落后而挨打，就必须实现工业化。中华人民共和国成立后，中国共产党提出要实现农业、工业、国防、科学技术四个现代化，奠定了从总布局的战略高度认识和推进社会主义建设事业的重要思想基础。改革开放和现代化建设新时期，党不断丰富和完善对中国特色社会主义事业总布局的理论思考和战略部署。中共十二大鲜明地提出了物质文明和精神文明一起抓的战略方针；中共十三大把"富强、民主、文明"作为建设中国特色社会主义"三位一体"的奋斗目标；中共十五大把社会主义物质文明、政治文明、精神文明协调发展和促进人的全面发展纳入总布局之中；进入新世纪、新阶段，党提出了构建社会主义和谐社会重大战略思想；中共十七大按照经济、政治、文化、社会建设"四位一体"总布局，论述中国特色社会主义道路和基本纲领。随着生态文明建设的地位和作用日益凸显，中共十八大把生态文明建设放在突出地位，纳入总布局的设计当中，从而使中国特色社会主义事业总体布局从"四位一体"拓展为"五位一体"。

中国特色社会主义事业总布局,从"两个文明"到"三位一体",再到"四位一体""五位一体",展现了中国特色社会主义建设实践不断丰富、日趋完善的生动历程,是党对社会主义建设规律的认识不断深化的结果。"五位一体"总布局思想和战略的确立,推动了在新的历史条件下马克思主义中国化的进程,必将对我国经济、政治、文化、社会、生态文明建设的全面协调发展,对全面建成小康社会进而实现社会主义现代化和中华民族伟大复兴的中国梦发挥强大引领作用。

"五位一体"总布局是一个有机整体,其中经济建设是根本,政治建设是保证,文化建设是灵魂,社会建设是条件,生态文明建设是基础。只有坚持"五位一体"建设全面推进、协调发展,才能形成经济富裕、政治民主、文化繁荣、社会公平、生态良好的发展格局,把我国建设成为富强民主文明和谐的社会主义现代化国家。十八大报告对下一阶段工作提出经济持续健康发展、人民民主不断扩大、文化软实力显著增强、人民生活水平全面提高、资源节约型和环境友好型社会建设取得重大进展。这是党中央根据我国经济社会发展实际,对全面推进五位一体建设提出的新要求。

(二)"四个全面"战略布局与时俱进

2014年8月,在就《中共中央关于全面推进依法治国若干重大问题的决定》听取各民主党派中央、全国工商联领导人和无党派人士意见和建议时,习近平总书记明确阐述了全面推进依法治国与全面建成小康社会和全面深化改革的关系,提出文件要把握好这"三个全面"的逻辑联系。在十八届四中全会上,在对《中共中央关于全面推进依法治国若干重大问题的决定》作说明时,习近平总书记明确说明了"体现建成小康社会、深化改革、依法治国的联系"的指导思想。2014年11月,在福建省考察调研时,习近平总书记再次列举了"三个全面",要求"协调推进全面建成小康社会、全面深化改革、全面推进依法治国进程"。2014年12月,在江苏省考察调研时,习近平总书记又在"三个全面"后增加了一个"全面从严治党",要求"推动四个全面战略布局,不断建设社会主义"。这是在公开报道中,习近平总书记第一次把"四个全面"并提。由此,"三个全面"进一步上升成了"四个全面"。这"四个全面"意味着什么?怎么定位?2015年2月2日,在省部级主要领导干部研讨班开班式上,习近平总书记明确肯定"四个全面"是"战略布局",并且第一次亲自用"战略布局"这个词来概括十八大以来党中央治国理政的总体框架，这说明这"四个全面"具有非同寻常的意义。2020年11月，在十三五收官与十四五开局之年，党的十九届五中全会提出"协调推进全面建设社会主义现代化国家、全面深化改革、全面依法治国、全面从严治党的战略布局"，这是"四个全面"与时俱进的最新表达。

"四个全面"战略布局不是简单的并列、平行关系，而是一个有机联系、环环相扣的整体。从大的关系看，是目标引领举措。全面建设社会主义现代化国家是战略目标，全面深化改革、全面依法治国、全面从严治党是一个都不能缺的三大战略举措，为全面建设社会主义现代化国家提供动力源泉、法治保障和政治保证。从每一个"全面"之间的具体关系看，也都是彼此联系的。全面深化改革，既为全面建设社会主义现代化国家提供强大动力，也是全面依法治国、全面从严治党的需要。全面依法治国，本身就是全面建设社会主义现代化国家的重要内容，同时又为全面建设社会主义现代化国家提供法治保障，无论全面深化改革还是全面从严治党，都需要在法治的轨道上、框架下来进行。全面从严治党，是推进"四个全面"战略布局的关键，全面建设社会主义现代化国家、全面深化改革、全面依法治国，都必须坚持党的领导。

二、战略指南："五大发展理念"

思想是行动的先导和指南。在新的历史条件下，坚持和发展中国特色社会主义，为了努力实现我们中国的同一个梦想，"四个全面"需要稳步和谐地被发展，并始终保持其战略地位，还必须确立中国特色社会主义事业发展思路、趋势、发力点等重要的关键要素。以习近平总书记为核心的国家领导在党的十八大以来，始终坚持传承、发扬并兼顾统筹，不仅逐步形成和确立了"四个全面"战略布局，而且面临新形势新任务，习近平总书记做到了以理论出发，创新性地以"创新、协调、绿色、开放、共享"作为理念来指导发展。"五大发展理念"是我党对规律的深刻认识和把握，是贯彻以人为本的马克思历史唯物主义思想的具体体现，是具有规律性和人民性的指导思想。"十三五"期间，甚至可以说很长一段时间，中国都在以"五大发展理念"作为发展思路、趋势、发力点的指导思想，这一思想不仅指导了全局和根本，也使我国未来的发展方向在这一理论框架下得以确定。这"五大发展理念"是一场彻彻底底，自上而下的发展改革。"五大发展理念"既是中国共产党的又一次理论升华和实践指南，也是习近平治国理政思想的重要内容。

（一）树立"创新"发展理念，提供经济社会发展动力

一个国家、一个民族想要不断地发展壮大，就离不开创新精神，而我们中国最核心的属性就是创新。习近平总书记从党的十八大以来，就一直在不断地将创新作为重要的战略指导思想。发展和创新相互联系，相辅相成，有了创新才有发展，有了创新才有未来。目前，我国已经进入最为重要的时期，决胜于否，在此一搏，这就意味着，创新意识和创新的实施都是势在必行的。创新所需要始终处于最重要的战略地位，创新不是单指一个方面，而是各个方面，举个例子，无论是理论还是实践，无论是制度还是科技文化，都需要进行创新，要使创新的理念深入到所有党员的脑海中，要使创新的策略在各行各业得以实践，要在中国共产党对国家进行领导的一切事项中进行创新，唯有如此，才能使我国的发展始终保持活力，充满干劲。

（二）树立"协调"发展理念，促进社会全面发展

习近平总书记对协调发展的理念进行了深入的阐释，他认为，目前中国的经济社会发展存在着很多问题，比如发展不协调，发展不平衡以及做不到持续性发展等，协调发展理念的提出正是为了处理这些问题而来的，主要目标就是查缺补漏，全面协调地增加发展效能，最终使中国社会得到和谐的发展，使我国能够真正成为一个全面小康的社会主义国家。就中国目前的状况，要以整体的中国特色的社会主义建设作为基础布局，对于一些发展进程中产生的主要矛盾和重要的关系问题要保证深刻地认知和正确地处理，只有如此，才能做到使局部地区的经济能够协调发展，使全国的经济和国防的发展壮大都得以协调。与此同时，协调发展又有利于城乡一体化进程，尤其是在工农业差距的拉近、城市乡镇共融，以及工农业互利互惠三个方面贡献很大。协调发展理念不仅为创新科技、建设精神和物质文明共进发展作出了贡献，而且也为中国整体国力的提升和整体全面发展添砖加瓦。

（三）树立"绿色"发展理念，实现民族永续发展

随着经济社会的不断发展，人们对人与自然的关系以及良好的居住环境有了更高的要求，同时，中国乃至世界，都看到了资源和环境对长远发展的重要影响。习近平总书记对绿色发展的理念进行了深入的分析，他认为，绿色发展不仅仅是一个口号，要切实做到资源的节约和环境的保护，要把它当成一项基本的国策来看待，为了实现我国经济的可持续发展，就需要时刻保

持文明发展准则，要将生产扩大、生活水平提高与环境生态保护统一起来，要将中国建设成一个山美水美的适宜人民居住的美丽国家，要使人和自然和谐共生，建设出一个节约资源，环境友好，自然生态的社会主义国家。他还强调，建设中国的社会主义要秉承"五位一体"原则，放眼全局，时刻凸显绿色理念的重要地位，要将改变粗放型发展方式为集约型发展方式作为重点，同时要规定整改时间，保证时效性，保证整个社会发展的绿色低碳和可持续发展。

（四）树立"开放"发展理念，助推世界共同繁荣

习近平总书记对开放发展的理念进行了全面的解释，他认为，开放是由我们目前的经济发展水平决定的，也是由我国发展前景决定的。只有按照目前经济全球化的大方向去发展，始终秉承"开放"的理念，才能真正将开放落到实处；唯有如此，才能实现经济的高层次开放，能够在全球化经济活动中有立足之地，成为规则的制定者，掌握话语权，从而成为能够影响全球经济的国家经济体；一旦实现这些目标，中国必将使全球经济的整个格局重新构建，使全球经济实现公平公正。中国的经济发展不只是中国自己的问题，习近平总书记认为，中国的经济发展关系着全球经济，他为此提出的"开放"观点，是中国在向世界展示中国彻底贯彻改革开放的决心，也是在阐述中国的发展不会威胁他国，是与世界各国的经济发展互利互惠的。

（五）树立"共享"发展理念，人民同享发展成果

习近平总书记对共享的理念进行了深入探讨，他认为，改革发展是为了全体人民群众可以享受到胜利的果实。共享理念不仅是指在发展的目标是为了人民，发展的过程中要依赖人民，更是发展的最后成果要分享给人民，所以发展要体现公平公正的原则，人人都有机会，要时刻将人民的利益放在前面，让人民的生活水平得以提高，全都奔小康。要据此对发展进行更合理的布置，要使人民群众能够深刻地体会到发展的好处，享受发展的红利，唯有如此，才能使人民群众更有干劲，更有激情，才能使人民群众朝着一个共同的目标努力。在十八届五中全会上，习近平总书记再次对共享的理念进行了论述，他认为，从国家和人民的角度出发，所有的发展都是为了人民，尤其是处于贫困状态的人民，让所有人都富裕起来，这才是社会主义的真谛，这才是社会主义的本质，这才是社会主义区别于其他社会制度的根本优势。

五大发展理念，是在深刻总结国内外发展经验教训、分析国内外发展趋

势的基础上形成的，是针对我国发展中的突出矛盾和问题提出来的，是"十四五"乃至更长时期我国发展思路、发展方向、发展着力点的集中体现，是关系我国发展全局的一场深刻变革。

模块六主题教案：民族复兴的保障

本模块对应《毛泽东思想和中国特色社会主义理论体系概论》第十二至十四章，主要包含三个方面的内容，具体为全面推进国防和军队现代化建设、中国特色大国外交、坚持党对一切工作的领导。

【教学导入】面对某些国家的冷战思维及冷战行为，我国该如何应对？

【教学目的】通过教学，使学生了解中国特色大国外交、新时代军队国防建设和党的建设的主要内容，理解中国坚定走和平发展道路、构建新兴国家关系和人类命运共同体思想的主要内容及其重要意义。深刻理解加强和改进党的领导的重要性。确立坚定不移跟党走的信念。

【教学重点】中国特色大国外交的主要内容；坚持党对一切工作的领导权

【教案正文】

日前，乌干达第一大报《新愿景报》刊登"发展观察中心"创始人兼研究员阿拉维·塞曼达发表的题为《美国突然要求中方关闭驻休斯敦总领馆的背后：特朗普政府企图转移美选民视线》的文章。文章说，在对特朗普政府的种种把戏进行梳理分析后可以看出，特朗普政府当前对中国敌意满满的真实意图是，寄希望于通过拿中国说事来转移美选民视线、拉抬自身选情并最终实现胜选连任。

布基纳法索争取进步人民运动主席孔波雷表示，在中国共产党的有力领导下，中国快速发展，国际影响力不断上升，并致力于全球合作，促进互利共赢。某些国家固守冷战思维，企图重拾遏制政策。我们呼吁全世界摒弃冷战思维和意识形态偏见，共同应对新型冠状病毒肺炎疫情以及气候变化等问题，共同维护世界和平、促进人类进步。

埃及共产党政治局表示，美国一些反华政客企图阻碍中国的发展进程，在世界上制造紧张氛围，危害世界各国特别是发展中国家发展经济、摆脱贫困的努力。

南非独立传媒集团外事主编香农在南非第二大新闻网站独立传媒发表题为《美国恃强凌弱政策暴露出其缺乏远见》的评论文章，指出美国施压盟友和伙伴禁用华为，这种霸凌行径充分暴露了美国的虚伪本质和战略短视，也违背了其倡导的自由贸易理念。

请思考，面对某些国家的冷战思维及冷战行为，我国该如何应对？

内容涉及：中国必须有自己特色的大国外交，中国必须推进国防和军队现代化建设，这些都离不开坚持和加强党的领导作为保障。

一、中国特色大国外交

中国建设现代化强国，实现民族复兴，必将对世界产生深远影响，国际格局也会发生重大变化。在走向复兴的过程中，有信任、有猜疑。为了更好地和平实现中华民族的伟大复兴，离不开中国特色大国外交的助力。

（一）坚持和平发展道路

冷战结束后，尤其是进入 21 世纪以来，国际形势发生了广泛而深刻的变化，但和平与发展仍然是时代主题，和平、发展、合作、共赢成为不可阻挡的时代潮流。世界多极化、经济全球化、文化多样化、社会信息化深入发展，全球治理体系和国际秩序变革加速推进，各国相互联系和依存日益加深，国际力量对比更趋平衡，和平发展大势不可逆转。

实现和平发展，是中国人民的真诚愿望和不懈追求。中国坚定不移地奉行独立自主的和平外交政策，是由我国的社会主义性质和在国际上的地位所决定的，是从历史、现实、未来的客观判断中得出的结论，是思想自信和实践自觉的有机统一。走和平发展道路，对中国有利，对亚洲有利，对世界也有利。

坚持和平发展道路，就要推动建设相互尊重、公平正义、合作共赢的新型国际关系。这是党中央立足时代发展潮流和我国根本利益作出的战略选择，反映了中国人民和世界人民的共同心愿。新型国际关系，"新"在合作共赢。强调把本国利益同各国共同利益结合起来，努力扩大各方共同利益的汇合点，积极树立双赢、多赢、共赢的新理念，摒弃赢者通吃的旧思维。

（二）推动构建人类命运共同体

构建人类命运共同体思想，是一个科学完整、内涵丰富、意义深远的思想体系，其核心就是"建设持久和平、普遍安全、共同繁荣、开放包容、清洁美丽的世界"。构建人类命运共同体既是中国外交的崇高目标，也是世界各国的共同责任和历史使命。世界各国应携手合作，共同努力构建人类命运共同体，建设一个更加美好的世界。

二、全面推进国防和军队现代化建设

历史有力证明，落后就要挨打，没有国防和军队的现代化，就不会有国家的现代化，就不会有中华民族的伟大复兴。中国走和平发展道路，也需要国防和军队现代化的保驾护航。

（一）坚持走中国特色强军之路

习近平强军思想深刻回答了"新时代建设一支什么样的强大人民军队、怎样建设强大人民军队"的时代课题，其主要内容有：强国必须强军；强军目标是建设一支听党指挥、能打胜仗、作风优良的人民军队；党对军队的绝对领导；军队是要准备打仗的；作风优良；坚持政治建军、改革强军、科技兴军、依法治军；改革是强军的必由之路；创新；构建中国特色军事法治体系；军民融合。党对军队的绝对领导是中国特色社会主义的本质特征，是党和国家的重要政治优势。推进强军事业，必须毫不动摇地坚持党对军队的绝对领导，确保人民军队永远跟党走。中华民族实现伟大复兴，中国人民实现更加美好生活，必须加快把人民军队建设成为世界一流军队。

（二）推动军民融合深度发展

坚持富国和强军相统一是经济建设和国防建设协调发展规律的内在要求。走军民融合式发展路子，是实现富国和强军统一的重要途径。积极推动军民融合实践，必须坚持全国一盘棋、健全体制机制、强化战略规划、突出重点领域。全党全军全国各族人民要大力弘扬军爱民、民拥军的光荣传统，不断发展坚如磐石的军政军民关系，为实现中华民族的强国梦、强军梦而奋斗。

三、坚持和加强党的领导

实现中华民族的伟大复兴，不仅要走和平发展道路，推动国防和军队现代化，更要坚持和加强党的领导。坚持和加强党的领导就是战胜艰难险阻，不断取得胜利的制胜法宝。

（一）实现中华民族伟大复兴关键在党

中国共产党的领导是中国特色社会主义最本质的特征，这是由科学社会主义的理论逻辑所决定的；这是由中国特色社会主义产生与发展的历史逻辑所决定的；这是由中国特色社会主义迈向新征程的实践逻辑所决定的。

中国共产党的领导是中国特色社会主义制度的最大优势。党是中国特色社会主义制度的创建者，党的领导是中国特色社会主义制度优势发挥的根本保障，党的优势是中国特色社会主义制度的优势之源。

新时代中国共产党的历史使命，就是统揽伟大斗争、伟大工程、伟大事业、伟大梦想，在全面建成小康社会的基础上全面建成社会主义现代化强国，实现中华民族伟大复兴。

（二）坚持党对一切工作的领导权

党是最高政治领导力量，这是马克思主义政党学说的基本原则，是对历史经验的深刻总结，是推进伟大事业的根本保证。

坚持党总揽全局、协调各方的领导核心地位，是党作为最高政治力量在治国理政中的重要体现。确保党始终总揽全局、协调各方要求：必须增强政治意识、大局意识、核心意识、看齐意识，自觉维护党中央权威和集中统一领导，自觉在思想上政治上行动上同党中央保持高度一致；必须坚持和完善党的领导的体制机制；必须坚持党的民主集中制原则。

全面增强党的执政本领，要增强学习本领；增强政治领导本领；增强改革创新本领；增强科学发展本领；增强依法执政本领；增强群众工作本领；增强狠抓落实本领；增强驾驭风险本领。

第二循环 红色文化融课

忘记过去，就意味着背叛。走得再远、走到再辉煌的未来，也不能忘记走过的过去，不能忘记为什么出发。只有回看走过的路，比较别人的路，远眺前行的路，弄清楚我们从哪里来、往哪里去，才能看得准、把得准问题。本循环实施红色文化融课的本意即在于此。

模块一红色文化：胶州市"胶高魂" 胶北革命历史纪念馆

【教学导入】你知道胶高县吗？你了解"胶高魂"吗？

【教学目的】了解抗日战争和解放战争期间，发生在胶北的红色记忆，感怀革命精神。了解日本帝国主义对我国的侵略，铭记历史，不忘国耻。激发青年的爱国主义情感，培养他们的历史责任感。

【教学重点】"胶高魂"的历史价值。

【教案正文】

一、"胶高魂"胶北革命历史纪念馆简介

在抗日战争和解放战争时期，胶北指的是胶州地域胶济铁路以北大片区域，是著名的革命根据地。胶北革命历史纪念馆位于胶州市胶北街道办事处玉皇庙村西部，建筑面积 400 平方米，于 2015 年 5 月开始建设，历时 3 个月建成。胶北革命历史纪念馆院内有一座"胶高魂"雕塑，"胶高"二字取自当年胶高县（后并入胶州、高密两市，下同）的名字。雕塑由四个人物组成，代表军民一心、同仇敌忾的寓意。该纪念馆呈如意形状，四周围墙呈波浪形，体现一种长江后浪推前浪、滔滔不绝的寓意。展馆中 230 余张图片展示了抗日战争时期和解放战争时期的胶北历史，展示了胶州"花木兰"冷恩成、宁死不屈与两岁儿子惨遭活埋的孙兰芝等，太多浴血奋战的动人故事铸就了"胶高魂"丰碑。

胶北街道玉皇庙村位于胶州西北部，村庄先后获得全国自驾游营地、国家 AAA 级景区、山东省旅游特色村、山东省"乡村文明家园"建设示范村等荣誉称号。该村由于其战略地位、政治地位、历史地位，一直以来是兵家必争之地，抗战时期一直是共产党的游击根据地。据胶州历史记载，抗战时期，胶州党组织、地下民主政权、地下武装组织在玉皇庙村这一带设立了很多民主机构，在抗战中发挥了巨大作用。依托于其深厚的文化底蕴，胶北街道办事处在纪念反法西斯战争胜利 70 周年之际，在玉皇庙战役遗址上建立了革命历史纪念馆。

二、"胶高魂"铸成背景

战争期间，胶北人民创造的不朽业绩，所表现出的坚持革命、不畏艰险的英雄主义气概，为党为人民的英勇献身精神，永远值得人们尊敬和纪念。

（一）点燃抗日烽火

1937 年 7 月 7 日，卢沟桥事变爆发，日本发动全面侵华战争。在这场全民族抗日救国的伟大战争中，胶县（今胶州市，下同）地方党组织广大党员前仆后继，浴血奋战，团结和带领人民群众，同日本侵略者进行了不屈不挠的斗争。1937 年 9 月，山东抗日民族统一战线正式形成。1937 年 12 月，在胶县西南乡建立起一支 200 多人的抗日游击队。1938 年 1 月，日军在青岛登陆，侵占青岛。日军陆军鲤城支队则沿胶济铁路西进，日本法西斯的铁蹄踏进了

胶县地域。

由于党在胶东半岛和鲁东南地区创建了两大抗日根据地，1939 年 3 月至 11 月，胶县地方先后建立起两个县级工委，即中共鲁东南特委胶县工委和中共胶东区党委胶县工委。1942 年 9 月，在胶北建立起一支由县委直接领导的抗日武装——胶县独立营。独立营刚刚建立，就遇上日军的拉网式"扫荡"。为避开强大的敌人，胶县独立营几乎夜夜行军，天天换防。1943 年 11 月，胶县独立营改为县大队。1944 年 12 月，县大队恢复独立营称号。

（二）夺取抗战胜利

随着抗日战争的发展，胶县铁路南北两块抗日根据地和游击区区级、村级抗日救国群众团体组织机构基本健全。这些群众团体成立后，按照抗战的需要，自觉参加生产和斗争，相互支持配合，为夺取抗战的胜利作出了贡献。一方有敌情，多方支援，四面合击，是这一时期胶北抗日根据地人民战争的一大特点。在中共胶县县委领导下，抗日战争时期胶北人民注重根据地的文化建设和文艺宣传活动，各区和较大村镇建立了文艺宣传队，有的还建立了文化社团，开展以抗日为主要内容的宣传演出，鼓舞了人们的斗志。

1943 年秋冬，世界反法西斯战争取得重大进展。在中共胶县县委和胶县抗日民主政府的领导下，胶北人民还对敌人展开了经济上的斗争。1945 年 8 月，毛泽东发表了《对日寇的最后一战》的声明，八路军总司令朱德发布关于受降和对日展开全面反攻等七道命令。中共胶东区委和中共滨海区委加紧了里应外合解放青岛和解放胶济铁路沿线各重要城镇的准备。1945 年 8 月 19 日，攻城战斗打响。8 月 20 日傍晚，胶县县城获得解放。

抗日战争时期，中共胶东党组织坚持党在统一战线中的领导权，放手发动群众，开展敌后游击战争，建立抗日民主政权，创建了以大泽山、昆嵛山、牙山等为中心的抗日民主根据地，为夺取胶东地区抗日战争的最后胜利以及支援全国的解放战争，作出了重大贡献。反"扫荡"、反"蚕食"，坚持和巩固抗日民主根据地。为保卫根据地，坚持敌后抗战。胶东军民以主力部队与地方武装相结合，充分发挥民兵的作用，积极开展群众性的反"蚕食"斗争，保卫和巩固了胶东抗日民主根据地，为局部对敌反攻奠定了基础。从局部反攻到全面反攻，发展和扩大抗日民主根据地。胶东抗日民主根据地，不仅在夺取胶东地区抗日战争的最后胜利中发挥了重要作用，而且在支援山东乃至全国的抗日战争和解放战争，夺取中国新民主主义革命的胜利中，作出了重要贡献。

（三）支援青岛解放

抗日战争胜利后，国际国内形势发生了根本变化，内战全面爆发。胶县地方党组织响应中共中央号召，发动群众壮大自己的武装，配合主力部队，多次粉碎了国民党军队的进攻。

按照中共山东分局部署，胶县以铁路为界，铁路以南设立中共胶县县委和胶县民主政府，铁路以北设立中共胶高县县委和胶高县民主政府。胶高县设立后，按照上级指示，不失时机开辟新区，建立村级民主政权。并组织各村建立农会、青年、民兵和妇女、儿童等群众组织。1946年6月8日夜间，攻打胶县县城的战斗打响。攻城部队在胶高支队和胶县各地方武装的配合下到6月9日傍晚第二次解放了胶县县城。1947年3月，国民党军队对山东解放区实施重点进攻。中共胶高县县委率领县、区武装，运用灵活机动的战术，配合胶东军区主力部队频频打击敌人，组织发动群众，坚壁清野，就地坚持斗争，粉碎了国民党军的大举进攻。1947年3月11日，在滨北军分区主力部队及胶县、胶南、诸城县地方部队配合攻打下，胶县县城获得第三次解放。

为取得解放战争胜利，民工运输队手推小车支援前线，广大妇女、老幼则积极担负起各种后勤工作和生产任务。给伤员和民工赠送鸡蛋、大饼、慰问袋等慰问品，每逢伤员住下，他们就问寒问暖，送水送饭，自动腾出热炕给伤员。许多农民还将自家的猪、羊、鸡、蛋和粮食、蔬菜无偿送给部队。1948年春夏，胶高地区发生特大旱灾，1949年夏又发生涝灾。为战胜旱涝灾害，县委带领胶北人民采取互助互济、节约度荒，发放救济粮款、组织以工代赈、兴修水利设施、生产自救等措施，战胜了灾荒，渡过了难关，有力地支援了全国的解放战争。

1948年4月胶高县武装指挥部成立，在县委县政府统一领导下，指挥协调胶高支队、胶高武工大队、胶高县武装部5个连队700余人的武装行动，加强青岛外围、大沽河东岸边缘地区的军事武装斗争。经多次战斗，国民党军的袭扰被打退，武装匪股全被消灭。1949年5月3日，华东野战军发起青即战役，驻守大沽河东岸的国民党军队溃退青岛近郊。胶县地方全境解放。9月，胶高县撤销。胶莱等5个区划归胶县。为配合解放青岛，按照胶东行署部署，胶县负责修复芝兰庄至大沽河桥24.5公里的铁路。全县出动民工22 130人，9天时间保质保量地完成了任务，有力地支援了青岛解放。

三、"胶高魂"胶北革命历史纪念馆意义

(一)历史观教育意义

欲知大道,必先为史。革命精神孕育于波澜壮阔的革命历史中,了解革命历史,是正确认识和理解革命精神的第一步。"历史是最好的教科书、历史是最好的老师、历史是最好的清醒剂,对我们共产党人来说,中国革命历史是最好的营养剂。多重温这些伟大历史,心中就会增加很多正能量""学习党史、国史,是坚持和发展中国特色社会主义、把党和国家各项事业继续推向前进的必修课。这门功课不仅必修,而且必须修好",革命纪念馆就是进行党的历史和基本国情教育的重要基地,记录中国共产党 100 年来紧紧依靠和紧密团结全国各族人民争取民族独立、人民解放和实现国家富强、人民富裕伟大事业的不平凡奋斗历程,是对全党进行党史和国史教育的宝贵资源。例如,以展示青岛共产党员为追求和平正义、捍卫民族独立自由、不畏强暴、不怕牺牲的抗战精神的"胶高魂"胶北革命历史纪念馆等,是了解青岛地区革命历史和革命人士的精神风向标。

(二)培养家国情怀教育意义

从一定程度上来说,"家国情怀"虽具有抽象化色彩,但这四字的背后却饱含着丰富的价值理念和人生追求。古往今来的先贤、革命者们,通过自身言行深刻形象地向我们诠释了家国情怀的核心内涵与深意。家国情怀,即将"家"与"国"两大维度紧密结合。这一理念与传统儒家所提倡的"修身齐家治国平天下"有异曲同工之妙。《大学》有云:"古之欲明明德于天下者,先治其国;欲治其国者,先齐其家;欲齐其家者,先修其身。"这段论述便深刻诠释了"家国同构"理念的历史意义。"家国同构"的思想理念注重爱家与爱国的统一性以及对国家、对家庭的责任感与个人担当。强调人需要不断完善并提高自身修养品性,以提高个人修养为起点,过渡为对家庭的治理与付出,而国家安定的前提便是家庭关系的和睦。因此"家国同构"便是通过人、家、国三者的相互融合将国家认同、社会共识与家庭自律和个人追求有机结合,在个人、家庭、国家和社会四大维度之间构建起良好的互动关系。胶州市"胶高魂"胶北革命历史纪念馆向世人展现的是国家、民族生死存亡之际,革命者们舍小家为大家,为了国家的统一、民族的振兴和人民的幸福,鞠躬尽瘁,死而后已。

四、当代青年人的使命启示〔1〕

历史赋予使命，时代要求担当。习近平总书记在纪念五四运动100周年大会上号召，"新时代中国青年要珍惜这个时代、担负时代使命，在担当中历练，在尽责中成长"，并对青年担当尽责、成长成才提出了六点期望和要求。对照习近平总书记的期望和要求，通过亲历感悟革命纪念馆背后的教育意义，青年人要切实承担起推进新时代中国特色社会主义事业的使命，努力成长为新时代德智体美劳全面发展的社会主义建设者和接班人。

作为新时代的青年，应志存高远、忠于祖国，努力做新时代具有远大理想和坚定信念的爱国者。"志不立，天下无可成之事。"习近平总书记勉励广大青年"要励志，立鸿鹄志"，并指出，"热爱祖国是立身之本、成才之基"，是"立德之源、立功之本"。一个人的理想只有同国家的前途和民族的命运相结合才有价值，一个人的追求只有同社会的需要和人民的利益相一致才有意义。新时代青年只有胸怀忧国忧民之心、爱国爱民之情，才能准确定位自己的人生目标和奋斗方向。"信念决定事业成败。没有理想信念，就会导致精神上'缺钙'。"〔2〕新时代青年只有用习近平新时代中国特色社会主义思想武装头脑，不断增强"四个自信"、持续坚定中国特色社会主义信念，才能在推进新时代中国特色社会主义事业的爱国奋斗中不断实现人生理想和价值。

作为新时代的青年，应敢于担当、勇于奋斗，努力做新时代具有责任意识和创新精神的建设者。国家命运与个人前途休戚相关，民族振兴与个体发展紧密相连。习近平总书记指出，"新时代中国青年处在中华民族发展的最好时期，既面临着难得的建功立业的人生际遇，也面临着'天将降大任于斯人'的时代使命"〔3〕，希望"新时代中国青年要担当时代责任"。在中国迎来从站起来、富起来到强起来的伟大飞跃新时代，广大青年应深刻认识自身所面临的时代际遇和历史责任，将个人梦与中国梦结合起来，以实现中华民族伟大复兴为己任，不辜负党的期望、人民的期待和民族的重托，不断将中国特色社会主义事业推向前进。但是，中华民族伟大复兴绝不是轻轻松松、敲锣

---

〔1〕 袁宗虎："新时代青年的使命与担当"，载《光明日报》2019年5月24日。

〔2〕 习近平：《在同各界优秀青年代表座谈时的讲话》（2013年5月4日）。

〔3〕 习近平：《在纪念五四运动100周年大会上的讲话》（2019年4月30日）。

打鼓就能实现的,需要靠一代又一代人的接续奋斗。"奋斗是青春最亮丽的底色",广大青年要积极响应习近平总书记的号召,"青春是用来奋斗的",要有"锐意创新的勇气、敢为人先的锐气、蓬勃向上的朝气","勇于创业、敢闯敢干,努力在改革开放中闯新路、创新业,不断开辟事业发展新天地"。

作为新时代的青年,应勤奋学习、锤炼身心,努力做新时代具有过硬本领和高尚品格的接班人。习近平总书记教育广大青年,"梦想从学习开始、事业靠本领成就"。追求梦想、担当使命需要依靠过硬的本领,而练就过硬本领则要依靠勤奋学习。青年时期是学习的黄金期,青年要把学习作为首要任务,不仅要学书本上的知识,更要学实践中的知识。要在面向现代化、面向世界、面向未来的大局中不断提升体能、技能和智能,要在感悟新时代、紧跟新时代、引领新时代的新际遇中持续提高自身的素质和能力,通过学习使自己成为新知识、新观念和新思维的集成体。与此同时,要注重修炼品德。新时代青年要不断用社会主义核心价值观涵养自身的言行品格,自觉按照党和人民要求不断锤炼自己、完善自己。自身的提高是为了成为建设国家的有用之材,而这一价值的最终体现则要通过实践来实现,广大青年要积极投身于新时代中国特色社会主义的伟大实践,努力在新时代改革开放事业的奋斗中成为可堪大用、能担重任的栋梁之材。

模块二红色文化:徂徕山抗日武装起义

【教学导入】你能回答下面三个问题吗?徂徕山抗日武装起义在哪一年?徂徕山抗日武装起义发生在哪个城市?在山东首次打出了八路军的旗号,打响了山东省委独立领导山东抗战的第一枪,揭开了山东省党组织独立自主领导抗战的序幕的是哪次武装起义?

【教学目的】弘扬徂徕山抗日武装起义精神,让学生从光辉革命历史中汲取源源不断的前进动力,凝聚起攻坚克难、矢志奋斗的强大力量。

【教学重点】弘扬徂徕山抗日武装起义的历史地位。

【教案正文】

一、历史背景

(一)星星之火

1925 年 8 月,受中共山东地方执行委员会的委派,马守愚回到泰安,在成立铁路工会后，于1926年建立了泰安第一个党支部——中共泰安支部；后与王撝青（今泰安市岱岳区大汶口镇卫家庄村人）建立了第一个农村党支部——中共大汶口特支，并随之形成星火燎原之势。不久，徂徕山下良庄镇的山阳村、茅茨村、薛庄村、石楼村，徂徕镇的北望村，房村镇东南望村相继建立了8个党小组。遍撒了革命的火种，使处在水深火热中的泰安人民看到了光明和希望。

（二）准备阶段

1937年7月7日，卢沟桥事变爆发后，中共中央发出了《中国共产党为日军进攻卢沟桥通电》，中共北方局发出了“每一名优秀共产党党员，脱下长衫，到游击队去”的号召，抗日烽火燃遍华夏大地。在全国抗战形势的影响下，泰安党组织积极投入抗战洪流，带领泰安人民迅速掀起了抗日救亡运动。中共山东省委时任书记黎玉从延安返回泰安。黎玉传达了党的有关精神，研究了山东的抗战形势。为了指导全省的抗日斗争，山东省委决定在泰安徂徕山举行抗日武装起义。鲁宝琪回泰安建立临时县委，进行起义准备工作。

1937年10月下旬，泰安县（今泰安市岱岳区，下同）委在篦子店召开自卫团代表会议，成立了泰安县人民抗敌自卫团，与会人员按照分工各自回乡，实施徂徕山抗日武装起义的各项准备工作。这次会议的召开，意味着徂徕山抗日武装起义的举行正式进入实质性的筹备阶段。12月，洪涛由鲁西北来到泰安，洪涛找到省委后，进一步加强了对徂徕山起义的领导。为做好即将开展的游击战争准备工作，省委组织人员举办了两期游击战术训练班，由洪涛重点讲解了毛泽东的游击战术16字诀和开展游击战争的基础知识。

1937年12月24日，韩复榘数万大军弃险南逃，日军分两路渡过黄河，占领济南。27日，省委在篦子店召开紧急会议，黎玉、洪涛、金明、刘居英、林浩、马馥塘、程照轩、孙陶林、武中奇、武思平等10人参加会议（当时被称作“十人会议”）。会议根据急剧变化的形势，研究确定了起义的具体部署，决定在泰城沦陷时正式举行起义。

二、起义过程

（一）揭竿而起

1937年12月30日，日军逼近泰安。山东省委机关和平津流亡学生以及当地党员、自卫团员分两批撤离篦子店村。洪涛、林浩率领的一部分人员携仅有的三支枪，首先赶往徂徕山西麓的四禅寺，准备迎接各路起义人员。在等待的过程中，林浩、武中奇等成功地争取了韩复榘部溃散的李怀英、韩德等全副武装的 5 个大兵，为这支武器奇缺的队伍生色不少。上山前，在箆子店村做好了带有镰刀、斧头的红旗，旗上绣有武中奇书写的"游击"二字，他还刻了印章。另一部分由黎玉、景晓村带领去山阳村，与程照轩、赵杰、封振武、冯平、李镇卿等在山阳、封家庄、楼德一带发动的人员汇合。与此同时，泰安县委也立即通知全县各地参加起义人员，迅速赶到徂徕山集合。

1938 年 1 月 1 日，160 余名抗日志士聚集在徂徕山四禅寺，举行起义誓师大会。大会由"民先"省队部负责人孙陶林主持。山东省委时任书记黎玉宣布"八路军山东人民抗日游击队第四支队"正式成立，洪涛任四支队司令员，黎玉兼政治委员，赵杰任副司令员，林浩兼政治部主任。黎玉在讲话中还阐述了在山东开展抗日游击战争的意义，强调了起义部队要严格执行红军"三大纪律，八项注意"。参加起义的人员被编为两个中队。省委机关、平津、济南流亡学生和泰安县委、泰安县人民抗敌自卫团等共 90 余人编为第一中队，李怀英任中队长，鲁宝琪任指导员。赵杰等在山阳、封家庄一带发动的 50 余人编为第二中队，封振武任中队长，程照轩任指导员。参加起义的 10 位妇女组成宣传队。1 月 4 日，部队移驻徂徕山东麓光华寺。

（二）发展壮大

1938 年 1 月 8 日，莱芜县委发动，刘居英、程绪润、秦云川等带领在莱芜县莲花山起义的部队 60 余人也集结于光华寺，编为第三中队。新泰县（今新泰市，下同）委发动，由孙汉卿、董琰、单昭洪等率领的新泰县起义部队 50 余人也陆续分批前来会合，并与原韩复榘部队的 40 余名流散官兵编成第四中队，部队迅速发展为 400 余人。经短期整训后，开赴良庄茅茨等地开展抗日宣传，扩大政治影响。起义部队整训两周后，随即开始对日伪军作战。部队分为两路：一路向东南新泰、蒙阴、黄县、泗水地区发展；一路向东北莱芜、淄川、博山地区发展。1 月下旬，部队主动出击，26 日在寺岭伏击日军，毙伤 4 人，首战告捷，宁阳、泗水等地抗日武装相继加入四支队，不到一个月起义部队即发展到 5 个中队。2 月 18 日，四槐树战斗又获胜利，在四槐树村用地雷炸毁日军汽车 2 辆，毙伤其 40 余人，从此军威大振，其后历经整编，转战鲁中各地。4 月中旬，到博山一带的部队，与从清河区南下的第五军一部会合，协同淄博地方起义部队，袭入淄川、博山。随后，淄博、十字路（今莒南县城）、沂水等地的起义武装亦编入第四支队。截至 4 月，部队发展到 4000 余人，成为鲁中地区的一支主要抗战力量。1938 年 12 月，八路军山东纵队成立，第 4 支队编为八路军山东纵队第 4 支队；1939 年 3 月，第 4 支队取消团级机构，第 1、2、4 三个团缩编为三个基干营；1940 年 5 月，第 4 支队三个基干营恢复为第 4 支队第 1 团，又相继发展成立了第 4 支队第 2 团、第 3 团；1940 年 9 月，第 4 支队主力第 1 团编为山东纵队第 1 旅第 2 团，第 2 团编为第 1 旅第 3 团，第 4 支队后方司令部改称第 4 支队并兼泰山军分区；1941 年 8 月，第 4 支队兼泰山军分区主力编建为山纵第 4 旅，第 4 支队番号撤销。徂徕山抗日武装起义，是抗日战争时期山东影响较大的一次起义，创建了两支革命队伍，随后，还召开了南上庄会议，为建立山东抗日根据地奠定了坚实基础，无论是在中共党史还是军史上，都具有极其重要的历史地位。

（三）历史地位

1. 为山东人民抗日战争积累了丰富经验

抗战爆发后，山东省委为指导全省的抗日斗争，从战争中摸索出一条开展敌后游击战争的路子，便直接领导了这次武装起义，也是抗日战争时期在山东影响较大的一次起义。他既揭开了山东党组织自主领导抗战的序幕，也为今后陆续发动的鲁东南地区抗日武装起义、鲁南地区抗日武装起义和湖（微山湖）西地区抗日武装起义等影响较大的起义积累了宝贵经验。

2. 为创建山东根据地打下了坚实基础

徂徕山抗日武装起义、泰西起义，不但建立了八路军山东人民抗日游击队第四支队、山东西区人民抗敌自卫团两支革命队伍，成为山东抗战的重要军事力量，还为坚持当时及此后泰安地区以至鲁中、鲁中南、鲁西广大地区的抗日战争，创造了重要条件；为建立鲁中抗日根据地以及鲁南、滨海抗日根据地作出了巨大贡献，奠定了坚实基础。

3. 南上庄会议开创了山东抗日根据地

南上庄会议制定的《发展和坚持山东游击战争的战略计划》，得到了在延安中央的肯定，毛泽东、刘少奇还批示回复：战略计划尚妥，照此去做。这无疑肯定了南上庄会议取得的成果，更重要的是以此计划确立的创建山东各根据地的计划，那就是创立以鲁中沂蒙山区为中心的根据地；向北以淄博山区为依托，开创清河地区平原游击根据地；向南开创抱犊崮抗日根据地；向北发展开创沿海地区抗日根据地；在津浦铁路以西，创立以梁山泊和微山湖为中心的两块抗日根据地；在胶东创立以大泽山为中心的抗日根据地。

4. 促进了泰安党组织的发展壮大

泰安地区这一阶段的抗日斗争，是在中共山东省委的直接领导下进行的。省委在领导抗日斗争的过程中，依靠了泰安党组织的工作和较好的群众基础，因为当时泰安党组织不但发展早，跟其他地区比力量还相对较强，这是成功的重要条件。这两个条件有机结合，使泰安地区的抗战形势迅猛发展。

四、历史纪念

（一）徂徕山起义遗址

1938 年 1 月 1 日，中共山东省委组织发动泰安、新泰、莱芜、泗水等地群众和平津沦陷区的流亡学生，在此誓师，宣布抗日武装起义，编为八路军山东抗日游击第四支队。洪涛任队长，赵杰任副队长，黎玉任政治委员。队伍以徂徕山为根据地，转战于鲁中南地区，给敌人以沉重打击，为山东抗日根据地的建设和抗日战争的胜利作出了贡献。

四禅寺原为古刹，后毁。中华人民共和国成立后，徂徕山林场在旧址上建办公室。1977 年公布为省级重点文物保护单位。1987 年，为纪念徂徕山抗日武装起义 50 周年，在附近建起高 23 米的纪念碑，徐向前题写"徂徕山抗日武装起义纪念碑"，武中奇题写隶书碑文。

（二）徂徕山抗日武装起义纪念碑

徂徕山抗日武装起义纪念碑位于徂徕山起义旧址前马头山，1988 年立。碑高 23 米，用 573 块泰山花岗岩石精砌而成。寓意 50 周年的 5 段 50 级盘道从山下直通碑前。纪念碑正面镌刻中国人民解放军元帅徐向前题写的"徂徕山抗日武装起义纪念碑" 12 个镏金大字；背面刻有当年参加徂徕山武装起义的老战士、全国著名书法家武中奇撰书的 769 字碑文。

（三）泰安徂徕山抗日武装起义博物馆

泰安徂徕山抗日武装起义博物馆是以磨山峪抗日旧址为基础，兴建起的一处进行革命优良传统教育和爱国主义教育的红色文化教育基地。旨在传承、弘扬中华传统文化、优秀民族文化和红色革命文化，实现"铭记历史、缅怀先烈、珍爱和平、开创未来"的目标。

博物馆坐落在泰安市岱岳区房村镇磨山峪村北的徂徕山南麓。现已建成占地面积 19 800 平方米的多功能展厅、教育培训室、文物藏品库房等博物馆主体及配套设施。馆内有磨山峪旧址、徂徕山抗日烈士墓群等市级重点保护文物单位两处、珍贵文物藏品 1500 余件。陈列展览按照尊重历史、再现历史的原则，重点展示 1938 年 1 月 1 日由中共山东省委直接领导的徂徕山抗日武装起义，打响了中国共产党领导山东人民抗战的第一枪；展示了罗荣桓元帅当年率领第 115 师浴血奋战的抗战历程及山东抗日根据地创建巩固发展的历史，弘扬了徂徕山起义精神。2015 年底，徂徕山抗日武装起义博物馆由山东省文物局备案确认为非国有博物馆；磨山峪抗日旧址由泰安市人民政府公布为第四批市级重点文物保护单位。

五、当代青年的历史使命

（1）大力弘扬徂徕山抗日武装起义精神，与弘扬井冈山精神、延安精神、西柏坡精神、红船精神、沂蒙精神等革命精神贯通起来，与"不忘初心、牢记使命"主题教育结合起来，从光辉革命历史中汲取源源不断的前进动力，凝聚起攻坚克难、矢志奋斗的强大力量。

（2）徂徕山抗日武装起义精神是革命事业取得胜利的保证，也是建设事业取之不尽、用之不竭的力量源泉。这种宝贵的精神和品质是革命先辈留给我们的"精神富矿"，值得深入发掘、保护传承和大力弘扬。

模块三红色文化：杨柳雪精神

【教学导入】你到过杨柳雪村吗？你了解杨柳雪精神吗？

【教学目的】弘扬杨柳雪精神，扛好红旗、传好红旗、护好红旗。

【教学重点】"战天斗地、艰苦创业、敢为人先、为民造福"的杨柳雪精神。

【教案正文】

在渤海平原，黄河北岸有一座小村庄，她就是滨州市滨城区杨柳雪镇杨柳雪村。20 世纪 60 年代，杨柳雪人在党的带领下，在盐碱地上实现了粮棉双高产、双贡献。1970 年杨柳雪大队被周恩来总理誉为"棉区的一面红旗"。从此，这面红旗在神州大地高高飘扬。历史的画卷，总是在砥砺前行中铺展；时代的华章，总是用奋斗的汗水书写。近半个世纪以来，"战天斗地、艰苦创业、敢为人先、为民造福"的杨柳雪精神已经融入当地人的血脉，成为引领大家开拓创新、克难奋进的一面旗帜。新时代扛好红旗、传好红旗、护好红旗是我们每个人的责任与使命，这面红旗必将鼓舞我们在新征程中披荆斩棘、阔步前行。

一、靠天吃饭——"碱雪"上的穷乡僻壤

相传，明初洪武二年（1369 年），来自河北枣强的移民"垦荒"山东。其中，有移民迁到滨县，组成了若干村庄，其中在滨北有个叫"豆腐杨"的村庄，后改名"九户杨"。该村杨姓村民发现这片盐碱地上挺立的唯有几株红柳，于是根据柳、杨姓、雪花似的盐碱地，给村庄取名"杨柳雪村"。当年，这里好像区位不错，离着老滨县县城只有 1.5 公里，可城里大宅门的富贵跟杨柳雪没一点关系。因为地势低洼，加上黄河多次改道、决口，于是非旱即涝，土地盐碱化也越来越厉害，没几个好年成，被称为"十年九灾"。于是，"春天白茫茫，夏天水汪汪"。村头光秃秃的，只有几墩荫柳棵。土地泛碱，春天一片霜，远看就像白花花的雪。有民谣称："杨柳雪的地，高处像座山，低处蛤蟆湾，既怕涝，又怕旱，夹杂着'二八碱'。"估计"杨柳雪"这名字是乡村的文化人想出来的，能从那么艰苦的生活里想象出诗意，多厉害！可村民顾不上诗意，只能对着地里的碱咯馇掉泪。解放前，这杨柳雪有三多：乞丐多、长工多、光棍多。村里只有三个所谓的"文化人"，如生于 1923 年的杨秉坤曾在外公家读了几年私塾，日后在学习、推广农业技术方面发挥了带头作用。那时候，"两亩地一头牛，老婆孩子热炕头"对于普通百姓来说，都是奢望。全村只有 19 户人家，15 户贫下中农总共只有 14 亩半土地，还都是坟盘或盐碱涝洼子。他们吃的是糠，咽的是野菜，喝的是"被窝子水"。没钱买盐，就刮下墙上的白碱当盐吃。啥叫"被窝子水"？就是坑水。人少村穷的杨柳雪根本打不起砖井，只得在村北挖了口土窝子，叫"北窝子"，靠它积攒雨水，外村人戏称它为"被窝子水"。这雨水又脏又少不说，杨柳雪村民连提水的东西都没有！他们穷得买不起水桶，就用破破烂烂的瓷罐子来打水。因而，杨柳雪就被戏称为"杨瓷罐家"。对这么个名字，杨柳雪人感觉羞耻又无可奈何。"谁叫咱是出了名的穷呢！"这是旧社会杨柳雪村人生活的真实写照。这种靠天吃饭、吃糠咽菜的穷日子到了中华人民共和国成立后才得以改变。

二、深切眷恋——小村庄与一代伟人的不了情

1970 年，国民经济遭到严重破坏，关系到国计民生的粮棉生产形势十分

严峻。党中央、国务院对此高度关注，周恩来总理更是心急如焚，努力寻找粮棉双高产的先进典型，以推动全国农业的健康平稳发展。当时，隶属惠民地区的杨柳雪大队通过大力实施农田水利工程，采取黄河水压碱的方式，亩产皮棉达到了 132 斤，粮食亩产达到了 1100 斤，取得了粮棉双高产的效果，成为山东省向中央推报的先进典型，参加了全国棉花会议。杨柳雪村的事迹很快引起了党中央、国务院以及周恩来总理的重视。

1970 年 2 月 13 日晚 7 时，周恩来总理等中央领导同志，在人民大会堂小会议厅接见了出席全国棉花会议的全体人员，并与杨柳雪村大队主任杨秉利亲切握手，听他介绍了有关情况：

周恩来："山东滨县杨集公社杨柳雪大队……请杨秉利同志上来。"

杨秉利上前，总理握手后问："你在队里做什么？"

杨秉利："过去是民兵连长，现在是革委会主任。"

周恩来："你队种多少棉花？"

杨秉利："205 亩。"

周恩来："种多少粮食？"

杨秉利："1969 年是 88 亩，过去是 70 多亩。"

周恩来："总共多少土地？"

杨秉利："321 亩。"

周恩来："你以前种多少亩棉花？"

杨秉利："220 多亩地。"

周恩来："为什么少了？"

杨秉利："公路和沟渠占地。"

周恩来："今后还增加不增加？"

杨秉利："今年种 210 亩。"

周恩来："你那个大队在什么地方？"

杨秉利："在惠民，山东的北三区。"

周恩来："你那里过去就是碱地吗？"

杨秉利："是花碱，一块块的。"

周恩来："你怎么搞的？"

杨秉利："高地方用碱土推出来，引黄河水灌溉。"

周恩来："你那里有沟没有沟？"

杨秉利："原来有沟。"

周恩来："是条田还是台田?"

杨秉利："是平原。"

李焕文："他们利用原来的沟，又加工挖深，筑了地上渠，提水灌溉，改造碱地。"

周恩来："产多少棉花?"

杨秉利："1969 年亩产皮棉 132 斤。"

周恩来："产多少粮食?"

杨秉利："亩产 1100 来斤。"

周恩来："这个产量几年了?"

杨秉利："棉花 7 年，粮食 4 年了。"总理一一记下，这时，纪登奎拍拍李焕文的肩膀说："你听明白了吗? 总理提倡粮棉双高产。"

周恩来："了不起啊，是红旗啊!"说完，周恩来与杨秉利握手，并带头鼓掌。

周恩来："你们公社多少人?"

李焕文："2 万人。"

周恩来："多少土地?"

李焕文："4 万亩。"

周恩来："条件和杨柳雪差不多嘛。杨柳雪办到的，他们也应该办到。"

周恩来："你们亩产一千多斤粮食够吃了吗?"

杨秉利："够了，今年还卖给国家 2 万多斤。"

周恩来："双贡献，了不起。你们（山东）要把杨柳雪的经验在全省推广。你们这么高的产量，是怎么搞的?"

杨秉利："我们学大寨。"

周恩来："大寨光粮食，你们还有棉花，你们是双贡献，超过了大寨。杨柳雪是碱地，他们把雪打掉了，都向杨柳雪看齐，你们山东达到亩产千斤粮，百斤棉，那就了不起。70 年代就达到这个水平，他是我们学习的模范，向你学习!"

说着，周恩来站起来，与杨秉利再次握手，并带头鼓掌。接着，他对带队的省军区副政委彭嘉珠说："山东 900 万亩棉田，要树立雄心壮志，不要下来。你们是支农的，工作要做好。棉花亩产第一步赶上 70 斤，1975 年达到

80斤以上，那就好了。你们要拿杨柳雪当个旗帜，我们提倡粮棉两个都高产。粮棉双丰收，难就难在双丰收……"

杨秉利回忆，接见那天，72岁的周恩来虽然忙碌，却精神矍铄，风度翩翩。他面前放着两只铅笔，边问边记。到了夜间10点多，才遵医嘱结束会谈。

次日下午，周恩来在国务院小会议室召集各省市参加全国棉花生产会议的负责同志开会，对山东作了如下指示：

"杨柳雪这个典型抓对了。都像杨柳雪一样，山东就翻身了。杨柳雪的经验，你们过去宣传了没有？不要嫌这个队小，就轻视了，是棉区的一面红旗嘛！"

"……惠民地区是最落后的地方，有了杨柳雪这个好典型。钱正英同志，你们水电部和八机部的同志去看一下，树个样板嘛。山东没有粮棉都上《纲要》的县，不像个山东大汉的样子！"

不久，杨柳雪经验在《人民日报》重磅刊出，题为《棉区的一面红旗!》，此后，人民画报分别用八种语言向全世界讲述了杨柳雪故事。

在周总理的关照下，杨柳雪村的代表，自1970年至1974年，连续五年出席了全国农业和棉花工作会议。为支持杨柳雪发展农业机械化，周恩来总理还亲自安排为杨柳雪村送来了东方红拖拉机。

1974年冬，中央再次召开全国棉花会议。那时，周恩来因病不能出席。当大会领导小组去医院向他汇报时，他问："杨柳雪来了没有？"小组领导答："来了，今年粮棉生产有点减产，没想让他们大会发言。"周恩来说："还是让他们发言，没有经验也讲讲教训嘛！"

1975年，周恩来在医院还翻阅杨柳雪的材料，看到上面写着棉花亩产140斤，粮食亩产1400斤，他说："杨柳雪上来了。"

总理一心为民，人民也爱戴、怀念着总理。

1976年1月15日，周恩来总理逝世的第7天，一架编号为7225的安-2型飞机，经密云水库、天津，然后到达黄河下游北镇黄河大桥附近上空，把周总理的部分骨灰从空中洒向此地，散落在大桥附近的河水中、河滩上。从那时起，杨柳雪的村民们便经常到这个地方用不同方式，表达他们对周总理的思念之情。每年的1月8日和周总理的诞辰日3月5日，杨柳雪人还举行各种形式的悼念活动。

为了更好地寄托对周总理的深切思念，自 1995 年开始，杨柳雪村通过民间筹资的方式开始规划建设周恩来纪念馆，1999 年 11 月正式建成，取名"怀周祠"，2001 年被命名为"山东省爱国主义教育基地"。

怀周祠一期工程投资 60 万元，占地 3.5 亩，建筑面积 1100 平方米，四合院式民族建筑。正厅安放着周总理的白玉雕像，左侧陈列着周总理一生的光辉事迹照片，右侧陈列着周总理树立的"一面红旗"的纪实图片以及中央和各级领导到杨柳雪参观指导的照片；东大厅展览着杨柳雪村的奋斗历程；西大厅张贴着领导和著名书画家纪念周总理的书画；院中心摆放着两米高的心型巨石，象征着人民与周总理心连心。

"怀周祠"共展出从 1919 年至 1976 年近 60 年来体现周总理革命历程和丰功伟绩的图片 192 幅、书法 86 幅，陈列的《周恩来选集》《周恩来年谱》《周恩来军事文选》《周恩来的历程》等书籍都详细记载了作为一代伟人的卓越成就和重大贡献。

每逢周总理诞辰日、逝世日和重大传统节日，当地高校、中小学以及党政机关都会以不同方式到"怀周祠"组织开展爱国主义教育活动，追忆周总理的丰功伟绩，表达对周总理深深的敬仰之情。

三、红色基因——重整山河的密钥

遍地盐碱的杨柳雪是怎么干出来的？它怎么会引得周总理如此重视？

（1）党员带头艰苦奋斗。红旗立得牢，全靠扛旗人。当地党员干部用一生践行中国共产党党员的职责，敢为人先，敢于担当，把自己一辈子的心血挥洒在杨柳雪这片土地上，带领群众一起战山斗水，靠自己的双手改变命运。

那时，数九寒天，千里冰封。老支书杨文奎身先士卒，带领社员冒着严寒上了工地。他们按照统一的规划，破土动工了。社员们抡起镐头往下劈，可镐头下去，只能砸出个小窝窝。几十个人干了一整天，只拿下了几方土。看到这种情景，有人摇头了。杨文奎说："愚公一家能搬山，咱杨柳雪人就不能挖几条沟？只要有决心，就没有过不去的火焰山！"

党员的干劲鼓舞着乡亲们。厚厚的冻土，铁镐劈不动，他们找来了钢钎；积雪覆盖了工地，他们扫去积雪照样干。有人腿累肿了，手冻裂了，坚持不下火线。乡亲们说："杨柳雪无冬天，地冻三尺照样干；为了棉粮双高产，脱皮碎骨也心甘。"

1964 年，国家非常重视农业生产，杨柳雪人战天斗地的奋斗精神更足了。他们坚持农闲大干，农忙小干，见缝插针。经过连续 6 年的苦战，挖成了 3 条引水沟，筑起了 20 条灌溉渠，削去了土疙瘩，填平了蛤蟆湾，整平了土地。

"前后六年，共挖土六万多立方米。黄河水终于被引来了。加上年年刮碱土，土地碱害大大减轻了。全队的土地变成了遇旱能灌、遇涝能排的稳产高产田。那时候，只要天气允许，俺大队早晨五点、下午三点在十字路口敲钟，招呼大家伙儿干活。"杨玉秋说。

（2）坚定走社会主义共同富裕之路，团结协作实现集体利益最大化。杨柳雪的改变从土地改革开始，贫苦农民有了土地，生产热情就得以迸发。1951 年，村民杨文泉带头成立了第一个互助组；1953 年，杨文泉、杨文奎、杨秉义成立了全县第一个初级社；1954 年，转为高级社；1957 年，杨文泉赴京参观全国学习苏联社会主义集体农庄展览会……杨柳雪大队的乡亲们笃定一个信念：一不为名，二不为利，就图个社会主义。

1963 年，杨柳雪大队平均亩产皮棉 156 斤。因为他们的棉花种得好、产量高，上级在 1964 年交给他们一项繁育良种的任务，并交代说："高密九三三"棉花，产量虽高，但质量差，国家用处少；"徐州一八一八"棉花，虽然产量低，但质量高，国家用处大。上级按每亩 6 斤"一八一八"种子配发给杨柳雪大队，可问题接踵而来，改种的产量要降低，集体收入一定会减少。这个算盘应该怎么个打法？时任大队党支部书记杨文奎，领着党员们和社员代表进行一番争论，一致认为，算账要算方向账、政治账，不能算自己的小账。"种棉花是为了国家的需要，不是为了钱。我们是中国共产党党员，党交给的任务一定要完成。最后决定，全部种'一八一八'，一粒不能掺假，一棵不能混杂。"杨玉秋回忆道。之后，全队男女老少齐动手，每墩卜 4 粒种子，7 天点种了 150 多亩，播种了 70 多亩，完成了棉花种植任务。可天公不作美，正当棉花即将露头时，一场大雨把棉花拍了。大队党支部决定动员社员扒了土救棉花。此时，一股股质疑迎面袭来："放着'九三三'不种，这不是找不利索吗？""这个扒法还不得扒到明年腊月！""嘿！这可真是一扒一扒（一八一八）啊！"当时的大队党支部委员、大队长杨秉义斩钉截铁地说："不能让人看笑场、钻空子。咱们扒也要扒出个棉花全苗来。"就这样，党员、干部带领群众，日夜奋战，果真扒出了个棉花全苗，一亩也没有毁掉，保证了国家繁育良种计划的实现。

1964 年 3 月 27 日，在《大众日报》第 2 版上，有一则题为《滨县杨柳雪大队大力增产棉花 去年亩产皮棉一百五十六斤》的消息，当时这样报道杨柳雪取得的成绩："棉花生产集中的滨县杨柳雪大队的社员，立足本队，面向全国，积极响应国家多种棉花、支援社会主义建设的号召，去年种了 181 亩棉花（占耕地面积的 62%），平均亩产皮棉 156 斤。同时，粮食亩产也达到 451 斤。提前实现了全国农业发展纲要（修正草案）规定的黄河以北地区的棉、粮单产指标，为渤海平原产棉区树立了一个榜样。"

1966 年，杨柳雪大队又经历了一场公与私的考验。这年春天，国家提出"备战、备荒、为人民"的口号。杨柳雪大队虽向国家贡献棉花，可是年年靠国家供应粮食，不符合"备战、备荒、为人民"的精神。因此，不靠国家供应粮食，做到棉粮双贡献的倡议在大队里流传开来。可有人不情愿地说："咱向国家卖棉花，国家供咱吃粮食，合情合理。""打起仗来咋办呢？遇到灾荒咋办呢？"党员们立刻把这种意见顶了回去。又有人说："要做到棉粮双贡献好办，那就多种粮、少种棉！"大队党支部明确指出："棉田不能少，还要双贡献！"又有人说怪话："又要好，又要巧，这不是向槐树要枣吃吗？"这时，执着能干、老实木讷的"老愚公"杨会恩说："咱这棉花可是上了国家计划的。和织布一样，少一根线就织不成一匹好布呵！"这一席话解开了众人的心结，大家你一言我一语地讨论起来。有的说："我们种田不能光想到自己，心里要经常想到全国人民吃饭穿衣这件事。"有的说："对，咱不能坐在炕头上，光看到自己的鼻子尖。"有的说："少种棉花多种粮食，那是懒汉的办法，不是硬骨头精神。"最后，大家一致决定，学习老愚公，拿出大寨向虎头山要粮的拼搏劲头，向四分半粮田要高产，做到棉粮双贡献。

（3）把火热的干劲与科学的态度融合起来。杨柳雪变化的秘诀还在于尊重科学，钻研、运用农业技术。

比如，党支部书记杨秉义带领全村群众战天斗地、奋发图强，利用靠近黄河的优势，大力推广大水压碱、开沟躲碱、深沟台田，摸索出一套成功压碱的好办法，并实行科学种田，增加复种植数、提高产量，推广粮棉间作、粮粮间作、冷床育苗、营养钵育苗、地膜覆盖、小苗移栽等科学技术。

又如大队"土专家"杨秉坤从 1951 年就跟着县里的农业技术员学习，并成为公社的一名专职农作物植保员。他率先为杨柳雪大队引进了美国"斯字棉"并进行试种，率先用喷粉器给棉花喷药。1958 年，杨秉坤还被滨县保送至泰安农学院进修一年。杨秉坤等人对待庄稼的名句是："种庄稼就得像抚养小孩一样，知冷知热，知饥知饱，不能稀里糊涂。"

"有一次，杨秉坤发现一棵歪脖子棉花结桃多，他深入分析、研究，发现棉花开花现蕾期，斩断部分棉根，就能减轻棉花疯长落蕾。他由此找到一些棉花增产的规律，总结出一套'促—控—促'的棉田管理措施，也就是初期多施肥、松土，适当浇水，促使棉苗早发；中期深锄、修棉，控制棉花疯长；后期再追肥浇水，促使秋桃早熟，保证丰收。"杨玉秋说。

"那时为解决肥料不足的问题，杨秉坤带头把自己家的三间老北屋扒倒，把墙土和炕洞土坯当作土杂肥，上到小麦和玉米地里，全家却无处居住。能做到棉粮双高产、双贡献，是我们依靠集体、自力更生、艰苦奋斗的结果。"杨玉秋说。

在杨柳雪的奋斗史中，有一抹姹紫嫣红令人铭记。当年生产中比较突出的杨秀珍、杨秋荣、杨秋华、杨翠萍、张玉枝，被称为"五姊妹"。"当时虽然很辛苦，干活很累，但很高兴，那时候大队里人心齐，像个大家庭。连记者来了都跟着干活，有句话叫'进了杨家门，没有闲着的人'。"68 岁的杨秋华说。

1968 年春，五姊妹一同跟村里要了 3 亩地。她们平时在大队里干活，休息时五姊妹就到试验田去干活。秋冬天的晚上，她们就夜里起来拾粪，有的背着筐，有的抬着担，有的拿着锨锄粪。

"那时候虽然干活那么多，但一点也不累，我们拾粪回来，他们男人们挖沟去了，我们再去挑水，一点也不闲着。那时躺下睡一觉，就能休息过来。"杨秋华说。

当时，五姊妹年纪小，也不懂太多的技术，靠着"用心"，逐步摸索，在第二年就把产量提上去了。"真的不输给大老爷们儿，大队经常举行比赛，喷药治虫、拾棉花、打棉花柴，经常是俺们胜出。试验田产量评比，俺们也以亩产 150 多斤皮棉的高产而胜出。"杨翠萍回忆道。

"那时候社员都积极。村虽然小，但人心齐，可能跟老书记领着大家多学习有关。"杨秋华说。"那时候大家互助、团结，感情非常深。"杨翠萍也回忆说。

四、赓续接力——继续建设"棉雪"上的美丽乡村

改革开放以后，杨柳雪人依旧扛着红旗往前冲。1981 年，村里较早地推行承包经营责任制。一年实行下来，全村皮棉亩产达到 90 公斤，粮食亩产 600 公斤，人均收入超过 230 元。改革的大潮，使杨柳雪人的时间观念、价值观念、商品经济观念都发生了变化。到 1995 年前后，棉区"红旗"上写着"社会主义市场经济"八个大字。村民的商品意识一下被催发出来，他们在种好粮棉的情况下，大力调整种植业和产业结构。村里先开辟了 20 亩鱼塘、30 多亩葡萄园和 40 亩苹果园，以及 20 亩菜地，并推行粮、棉、果、菜间作套种。同时，村里先后办起骨粉厂，与景芝酒厂联营办了一个小酒厂，还搞了一个股份制钢砂厂。全村 70% 的农民从事养殖、运输和加工业，形成了农、牧、渔、工、副等多业并进的经营格局。1999 年时，杨柳雪村植棉面积仅 5 亩，且是 10 户村民分散种植的。杨柳雪人不仅改变了过去一地棉、一片白的单一种植模式，更可喜的是思想观念、思维方式发生了变化。

而今，杨柳雪人的思路更为开阔。"我们村流转了周围村庄的土地，现在种植了 200 多亩棉花，成立了一个棉花合作社。下一步，我们准备在村里建设一个棉花主题的博物馆，把棉花的历史、品种、传说故事都展示出来，并依托滨州纺织产业这个强项，把一二三产业融合起来，打造一个园区。"45 岁的杨柳雪村党支部书记杨红新介绍道。

在村民自发捐款筹建的"怀周祠"基础上，杨柳雪村又进一步深入挖掘红色资源，启用了杨柳雪"不忘初心党性教育基地"，搭建起红色基因传承的新平台。前来学习的人一批又一批。很多游客表示，这些丰富、崭新而富有历史感的场馆、资料给了他们很大的冲击，是他们接受党性教育、品味乡愁与回忆童年的极好选择。杨柳雪村依托不忘初心党性教育基地不断加快产业结构调整，流转 255 亩耕地精心打造乡村振兴鲁商集团齐鲁样板项目，统筹推进现代农业示范区、乡村旅游精品区和品质生活体验区，全村经济呈现多元化发展态势。村集体收入由不到 2 万元到现在突破 20 万元，人均纯收入增收 1 万元以上。

目前，杨柳雪村依托红色教育基地，发展红色旅游业和相关产业，在乡村振兴上狠下功夫。村里与寿光三元朱村合作，建设集蔬果采摘和休闲观光于一体的现代农业示范园。村民建起大棚，搞起水果采摘等休闲农业。

"现在乡亲们的凝聚力越来越强。村里只要有事，不管再忙，都会回来"，杨红新说，"我们将结合红色党性教育基地建设，早日把村庄建成红色文化旅游村"。杨红新说："当前，俺们准备通过红色文化延伸产业链，村集体流转部分民居开发建设红色餐厅、红色民宿等；利用村内闲置农房，以红色文化为主题，积极发展极具特色的红色文化民宿精品小村，争取让老少爷们儿过上更好的日子。"

模块四红色文化：朱彦夫的极限人生

【教学导入】在淄博有这样一位老人，他是一位老兵，却退役不退志，坚守信念，带领家乡百姓打败"贫困"这一最大敌人，过上温饱殷实的好日子；他重度伤残，却生命不息，冲锋不止，挑战生命极限，书写无悔人生，被称为"中国的保尔·柯察金"。2014年3月31日，他被中宣部授予"时代楷模"荣誉称号，2019年9月17日，又被授予"人民楷模"荣誉称号。同时，他获得了习近平总书记的高度评价："朱彦夫精神，就是我们民族的精神，时代的精神!"是的，这位老人就是"最美奋斗者"朱彦夫。

【教学目的】弘扬朱彦夫精神，引导学生书写无悔人生。

【教学重点】朱彦夫的传奇人生及当代价值。

【教案正文】

一、朱彦夫党性教育基地详情介绍

为再现朱彦夫英雄事迹，学习他"对党忠诚、一心为民、勇于担当、自强不息"的精神，朱彦夫党性教育基地于2014年2月在淄博市沂源县西里镇张家泉村建设成立，后于2017年重新改造提升，2018年6月29日正式对外免费开放。自开馆以来，该基地共接待各培训团队969个、31 652人，其教育影响力持续扩大。

基地是国家AAA级景区，占地2.5平方公里。主要包括朱彦夫事迹展馆和实地教学点两大部分。朱彦夫事迹展馆面积700平方米，布展面积415平方米。展馆共分六个展区，分别是：序厅（前言），第一部分（保家卫国　身残志坚），第二部分（不忘初心　勇于担当），第三部分（中国保尔　极限人生），第四部分（时代楷模　光耀千秋），尾厅（结束语）。展馆内不仅展品内容翔实，展出图片2200余幅，实物860件，还采用声、光、电等现代化的表现手法，利用雕塑、微缩景观、场景还原、动漫视频、同期视频，电子翻页书屏、触摸屏等展现形式将展品内容完美呈现。内容和形式相契合的组合体像一位位亲历者向人们生动诉说和再现朱彦夫在解放战争和抗美援朝战场上英勇杀敌；回村后带领群众战天斗地、脱贫致富；为教育激励后人，用嘴衔笔、残肢抱笔，顽强创作的一个个动人场景。另外，展馆内还有一个多功能报告厅，面积220平方米，可容纳120人。现阶段，诸如主题演讲等多彩活动在报告厅轮番上演，像播种机一样将朱彦夫精神播撒在越来越广袤的土地，使它的正能量远远传播，久久影响和激励着我们每一个人。

实地教学点由夜校、旧居、棚沟造地、友谊机灌站、红山梯田、大寨田等组成。通过实地的"触摸"，朱彦夫不忘为民初心、勇于担当奉献的时代精神和攻坚克难、带领群众脱贫攻坚、提升村治理水平的先进事迹跃然"心"上，强烈的震撼感触动心弦，使参观者深受教育，思想境界得以升华。

近年来，基地一手抓提质改造升级，实施基础配套设施、教学点承载等"五大提升工程"。一手抓基地政治功能和教育辐射带动作用发挥，大力挖掘朱彦夫精神的新时代内涵，凸显"人民楷模"的典型引领作用。目前基地正在建设一处占地面积3500平方米、建筑面积1000平方米、可容纳400余人的接待中心，建设科技农业示范区、劳动体验区，同时着眼发展红色乡村游，打造独具特色的"红色+旅游"发展之路，努力建设功能完备的新时代思想政治教育阵地、就业创业实训基地。

二、极限人生——朱彦夫

朱彦夫，1933年7月出生于淄博市沂源县西里镇张家泉村，1947年9月入伍，是抗美援朝战场上的一位老兵。获全国模范伤残军人、全国自强模范、全国优秀共产党员、全国首位"时代楷模"、全国道德模范、中国消除贫困奖感动奖、第一届全国文明家庭等称号，被誉为"永远的战士""当代中国的保尔·柯察金""最美奋斗者"。

有人说，他的一生与天斗、与地斗、与命斗，虽然饱经磨难却从不认输。他参加过淮海、渡江等上百次战斗，在抗美援朝战场十次负伤，三次立功，却失去四肢和左眼，成了一个"肉轱辘"；1956年，主动放弃荣军休养所特护待遇回乡，时隔一年担任村党支部书记，一干就是25年，拖着伤残之躯带领群众治山治水，使群众过上了温饱殷实的好日子；1982年，为弘扬革命传统，他以超常毅力，克服常人难以想象的困难，历时 7 年，创作完成两部自传体长篇小说《极限人生》和《男儿无悔》。

（一）少年从军，抗美援朝保家卫国

1947 年沂源解放后，年仅 14 岁的朱彦夫，怀着对党的无限忠诚，毅然报名参加了解放军。他 14 岁入伍，16 岁就入党，先后参加淮海战役、渡江战役、抗美援朝等上百次战斗，负伤十多处，舍生忘死，三次荣立战功。1950年 12 月，在异常惨烈的长津湖战役中，朱彦夫所在连打退敌人多次进攻后，在争夺 250 高地的战斗中，与装备精良的敌人激战三天三夜，全连伤亡殆尽，仅剩下一个弹伤遍体的朱彦夫。他虽一息尚存却也在生死线上垂死挣扎，历经 47 次手术、93 天昏迷后，朱彦夫终于醒了过来，但膝盖以下、肘部以下和左眼珠全没了，成了一根名副其实的"肉轱辘"。

长津湖战役成为中美两国军人一直都无法遗忘的惨烈记忆，曾任中央军委副主席兼国防部部长的迟浩田上将就经历过这场冰封长津的苦战，他说道："已经 60 年了，已经过去那么长时间，但是长津湖战役对我来说是刻骨铭心的……"长津湖战役之所以让老将军一直难以忘怀源于它的特殊重要性——整个朝鲜战场的拐点。因此，九兵团司令宋时轮制定了将美军装进预设伏击圈再一举歼灭的作战计划。各师团以最快速度到达长津湖一带潜伏，并占据有利地形。就在这个关键时刻，一场几十年未见的大雪不期而至，整个朝鲜东部地区气温急剧下降，一下子打乱了第 9 兵团的作战计划。为将敌人包围在口袋形的伏击圈里，中国人民志愿军第 9 兵团的将士悄无声息地在朝鲜东部的崇山峻岭中迂回包抄，但行军的速度却没有预想的那么快。因为这些官兵大部分来自江南水乡，有的甚至还是人生中第一次见到雪。在零下 30 多摄氏度的气温下，他们完全没有一点御寒的经验。九兵团司令部里陆续接到了各部队的汇报，第 27 军自临江出发就发生手足冻伤，不能行走的 500 余人，冻死 2 人。第 20 军遭遇相同，行军 3 天就冻伤 1000 余人，因部队白天黑夜均在野外，冻死冻伤人数还在急剧上升。而更为急迫的是各军因隐蔽行动无法生火做饭煮熟食物，战士所带的口粮只够 7 天的用量……1000 多位战士在各自的战斗位置伏兵卧雪之后再也没有站起来，当冲锋号响起的那一刻他们已经凝固成了永远的雕塑。而更让人揪心的是，除了要面对如此严峻的环境，等待战士们的还有"武装到牙齿"的美军。就是在这样的境遇下，朱彦夫倒下了。后来，他回忆说："当时我觉得战友们不可能都牺牲了，我搜索了一遍，找到了三个手榴弹，刚抓起来往敌人那边扔，炮弹就炸了。我这个左眼就一热，完全没有知觉了。"不知过了多久，昏厥的朱彦夫渐渐醒来，由于零下40多摄氏度的严寒，他并未感觉到疼痛，只是口渴得很，迷迷糊糊中他感觉一坨黏黏糊糊的东西从左脸滑下来，他想都没想就张开了嘴巴吞了下去，后来，他才知道他吞掉的正是自己的左眼……朱彦夫最终被兄弟部队从雪堆里扒了出来，经过47次手术，93天昏迷，失去了小腿和两只前臂与左眼的他顽强地活了下来。

（二）身残志坚，带领乡亲建设家园

"这样的命我不要！没手没脚，活着又有什么用……"历经万苦从死亡边缘被拉回的铁血男儿发现自己没有了双手双脚，一只眼睛也没有了。再乐观的人也有撑不住的时候，他绝望了，想要放弃。可悲的是，他发现自己连自杀的能力都没有，他就这样无力地、绝望地躺在病床上。

转机源于一次报告会。那是1952年清明节，朱彦夫受邀跟学生分享自己的战斗经历，来自现场热烈的掌声和孩子崇拜的目光，让朱彦夫看到了生的希望，他明白了，一个战士，一个重度伤残的人，仍然可以发挥巨大的价值。"这么多人理解我们的壮举，并把深深的爱和尊敬给予我，我有什么理由不好好活着？"

1. 第一所农民夜校的建立

为了减轻国家负担，他自愿放弃在休养所的治疗，回到家乡。离开了他人的照顾，便要重拾自理能力，而这其中的艰辛又一次超出了常人的想象。朱彦夫躲开众人将自己封闭在一间破旧的小屋一次次独自练习。他一次次全身心投入喝水、吃饭的锻炼中，每"吃"一次饭、"喝"一次水，都要大汗淋漓，在回家8个月，砸碎饭碗141个、菜碟盘子23个、茶碗7个，泼掉饭菜上百次后，他终于再次成了胜者。用同样的毅力他实现了装卸假肢，从生到熟，他站了起来。

实现了自理的朱彦夫又开始"不安分"了。"一个大活人，学会了吃喝拉撒，有什么可以炫耀和骄傲的！我要做一些更有意义的事情！"看到村民们连自己的名字都不会写，朱彦夫拿出自己的残疾金，办起了第一所农民夜校。在老村长和村民的支持帮助下，夜校初具模样，但在离开学还有5天的时候，朱彦夫突然意识到一个严峻问题——怎样在黑板上写字。前臂抱着粉笔、将粉笔绑在竹筷上、把粉笔装在青霉素药瓶里……他尝试各种方法都不满意，直到将粉笔插入子弹壳内，不松不紧，正好装上。夜校就这样红红火火地办了起来，使村民受益颇多。个体户老张说："俺现在生意兴隆，多亏了老朱那时候教俺学的文化。"村会计也说："我现在的知识，都是当年跟着老朱学的。"

2. 八名党员的举荐

火车跑得快，全靠车头带。但张泉村的"车头"软弱无力，领导班子换了又换，都没有带领村民消除贫困，遇到棘手的问题，还没有指责他们，他们就自动"伸腿"不干了。1957年新年刚过，几个小伙子乘着酒劲来找书记的"麻烦"，一气之下，书记又"伸腿"了。谁来当这个"车头"，谁有能力当好这个"车头"？在讨论中，有人提议让朱彦夫来挑这个重担。一时间大家七嘴八舌都推举朱彦夫。最后主持选举的刘书记来了一个一锤定音，让大家举手表决。党员们齐刷刷地举起了手。就这样，朱彦夫成了村党支部书记，这一干就是25年。期间他带领群众完成了"三大战役"，使全村群众逐步摆脱了贫穷落后状态，过上温饱殷实的好日子。

第一战役：整山造地。

要吃饭，先造地。张家泉过去的山坡上横卧着3条很深的大沟，把全村的土地分割得七零八散。受赵州桥结构的启发，朱彦夫响亮地提出棚沟造地，用锄头和独轮车，向荒山和沟壑要土地！他带领乡亲填平3条大沟，平整出近200亩旱涝保收的小平原，年增产粮食数万公斤。

第二战役：打井引水。

张家泉，原名张家庄，是个有名的缺水村，直到20世纪60年代末，别说浇地灌溉，就连吃水都是难题。为了挑水吃，村民得跑几里山地，去晚了只能舀点泥汤。张家泉村西南面，从前有个龙王庙，庙旁有个泉眼，但存不住水。朱彦夫决定在这里向龙王要水！他带领群众在石山中打出3眼深水井和3个大口井，修建引水渠，彻底解决了祖祖辈辈吃水难问题。

第三战役：高山架电。

20世纪70年代，张家泉村几乎没人见过电灯。架电，需要从10公里外的公社驻地扯电，当时架电材料奇缺，供电部门也爱莫能助，只能自己想办法。他先后79次外出，行程7万多里，历尽千辛万苦，终于备齐了价值20多万元的架电材料。1978年12月，全长10万多公里的高压线路跨过一道道山梁、一道道沟壑，终于接到了村里。通电当天，张家泉村村民都守在电灯下，守了整整一夜。

3. 第一次报销

由于朱彦夫个人情况的特殊性，他的家变成了办公场所。这样给朱彦夫工作带来便利的同时，也给他和他的家庭带来了负担。有时候办公到饭点，朱彦夫便招呼公务人员在家吃饭。在招待来人一事上，朱彦夫和妻子陈希永配合得很默契。每到饭点儿，陈希永就会到房间来，需要安排饭菜招待时，朱彦夫就点点头，她便出去厨房去操办。当然，也有一次，他们配合的不那么默契。家里来人了需要安排招待，看到朱彦夫点头后，陈希永却没有出去操办，而是摊开了双手，示意朱彦夫家里已无饭菜，朱彦夫却装作看不到，陈希永只得赊来肉菜，招待客人。

朱彦夫担任村支书 25 年，只报销过一次。那年村民买不到化肥，朱彦夫在外出做报告时，联系了几车化肥。出于对朱彦夫的尊敬厂家便派人将化肥送到了村里。朱彦夫自然是接待了送化肥的工作人员。但是来人较多，招待费用自然就多了，在村干部和村民的"督促"下，朱彦夫让村里给报销了 50 元的招待费。

朱彦夫不仅不报销费用，还从不贪一分钱的便宜。据朱彦夫的四女儿朱向欣回忆，有一次，正在地里干活的大婶掰给她 4 个青玉米，玉米还没煮熟，朱彦夫拄着拐杖进了家门。"谁给的玉米？集体的东西为啥给咱？"朱彦夫的语气很严肃，"我家有特等残废，但不允许出特等公民。如果我家出了特等公民，我哪里还有脸管别人？"最后，硬是从锅里捞出 4 个湿漉漉的玉米，还给了公家。

（三）残肢抱笔，书写无悔人生

1982 年，身患多种疾病的朱彦夫辞去村支书，乡亲们以为他要颐养天年了，不料他又开辟了另一个战场：传播我党我军光荣传统。14 年间，他到军营、企业、学校，作传统报告 1000 多场，听众超过百万人次。期间，没有上过一天学的朱彦夫，翻烂了 4 本字典，阅读大量经典名著，用嘴含笔、用残臂夹笔，撰写出版了 33 万字的自传体小说《极限人生》。1996 年，他作传统报告时突发脑梗死，从此半身瘫痪。出院后，他又口述了 24 万字的传记文学《男儿无悔》。

中央政治局时任委员、中央军委时任副主席、国防部时任部长迟浩田亲笔题字："铁骨扬正气，热血写春秋。"朱彦夫用坚定的信念、坚强的意志，书写了一部感人至深、催人奋进的"极限人生"。

（四）像朱彦夫一样对待人生

朱彦夫，一名永远的战士，一位保尔式的英雄。尽管对手和战场在变化，但他始终保持着冲锋的姿态，留下了无惧无畏、舍命冲锋的深深足迹。朱彦夫是一团火，常常温暖着别人；朱彦夫是一盏灯，时刻照亮着别人；朱彦夫是一面旗，永远召唤着人们。"对党忠诚、一心为民、勇于担当、自强不息"的朱彦夫精神，花开沂源，香飘中华大地。我们敬仰这位共产党员和革命军人，敬仰这位践行社会主义核心价值观的"时代楷模"。

在敬仰的同时，更为重要的是我们要学习朱彦夫精神，像朱彦夫一样对待人生，像战士一样冲锋在生命的战场。朱彦夫一生历经坎坷，他却挑战生理极限、战胜生命极限、书写极限人生，始终像战士一样冲锋，完美诠释了"生命不息，冲锋不止"的意义。而他源源不断的冲劲儿来自于内心坚定的信念。正如朱彦夫所说："只要信念不倒，精神不垮，什么都能扛过去！"

面对朱彦夫，我们不得不重新思考关于担当、关于信念、关于奉献的真正含义。在实现中华民族伟大复兴中国梦的路上，我们应像朱彦夫那样义无反顾地拼搏，将个人梦熔铸于中国梦，向着伟大的梦想发起冲锋。

三、他们都是中国挺立起来的"脊梁"

在淄博，有一位与朱彦夫命运相似同是身体伤残但从未向命运屈服的原山人，他就是孙建博。他3岁时因病致残，青年时期曾卖过酒瓶子，收过破烂，干过临时工。1986年调入原山林场，1996年被任命为淄博市原山林场场长。当时，原山林场亏损严重，负债4009万元，职工13个月开不出工资。他大胆改革，勇于开拓，发扬"身残志坚、自强不息"的精神，带领原山林场千名职工，经过十年的艰苦奋斗，逐步走上了一条林业产业化道路，一举甩掉了"要饭林场"的帽子，使原山林场发展成为拥有固定资产4.6亿元、年收入过亿元，集林业、副业、旅游业、房地产开发等多产业并举的企业集团。朱彦夫和孙建博两人都是身体伤残但不屈不挠、坚定信念、心系群众、甘于奉献、艰苦奋斗带领群众摆脱贫困过上了好日子。他们是中国挺立起来的"脊梁"。

（一）他们都是中国精神的践行者

中华民族历经五千多年的历史积淀，形成了以爱国主义为核心的民族精神和以改革创新为核心的时代精神。朱彦夫和孙建博作为中华儿女深受中华传统文化影响，继承了热爱祖国、艰苦奋斗、自强不息、勤劳勇敢的民族精神，并使这种精神随着时代发展不断充实和丰富。

（二）他们都是坚定理想信念的守护者

理想信念，是一个国家、一个民族的精神支柱，是中国共产党人的灵魂和特质，是中国共产党人的精气神。崇高而坚定的理想信念是战胜一切困难的力量源泉，正是因为有了坚定的理想信念，朱彦夫和孙建博才经受住了命运的万般考验，才取得了一次又一次的胜利，他们都是坚定理想信念的守护者。

（三）他们都是群众路线的践行者

众所周知，中国共产党之所以能够取得革命和建设的胜利非常重要的原因是得到了老百姓的支持。而能够得到老百姓支持的前提是心系群众，切切实实为群众着想。朱彦夫和孙建博一心为民，甘于奉献，一切为了群众，是群众路线的践行者。

（四）他们都是艰苦奋斗者

长久以来，艰苦奋斗一直是我们中华民族的传统美德，同时也是中国共产党人的优良传统和作风。朱彦夫和孙建博都是在极其艰难困苦的条件下通过艰苦奋斗带领群众摆脱贫困过上好日子的，其中蕴含了艰辛和酸楚的历程。他们不屈不挠，通过自身努力、自强不息、艰苦奋斗，实现了一次又一次的发展。

模块五红色文化：时代楷模赵志全

【教学导入】你会唱《忘忧草》这首歌吗？有这样一个沂蒙汉子，用毕生心血制药、造福民众，自己却积劳成疾、英年早逝。遗嘱中他把企业交付给社会和"外人"而没有留给女儿。你知道他是谁吗？

【教学目的】通过本模块专题教学，帮助大学生树立艰苦创业回馈社会的事业观、财富观和生死观，诠释一个共产党人的初心、使命和家国情怀。

【教学重点】①赵志全的艰苦创业历程；②赵志全的奉献精神和家国情怀；③概括总结出"鲁南精神""沂蒙精神"的内涵。

【教案正文】

一、背景介绍

赵志全，中共党员，1956年11月24日生于费县，生前任鲁南制药集团股份有限公司董事长、党委书记、总经理，第十届、第十一届、第十二届全国人大代表，第四届全国杰出青年企业家，全国"五一劳动奖章"获得者，"全国劳动模范"，全国"时代楷模"，山东省有突出贡献的中青年专家，山东省"优秀共产党员"，"山东省一百位为新中国成立、建设做出突出贡献的英雄模范人物"，享受国务院政府特殊津贴。2014年11月14日因胸腺癌去世，年仅57岁。在他的遗嘱后面留了几首歌曲的名字，其中一首就是他最喜欢的《忘忧草》——忘忧草，忘了就好！在生命的尽头，他把这首歌唱给了自己和这片他深深热爱的沂蒙热土。

二、发展过程

1987年10月25日，30岁的赵志全以比标的额更高的承诺签了承包合同，在临沂地区首家企业承包经营试点中中标担任工厂郯南制药厂（鲁南制药前身）厂长。他从2万元贷款起步，用27年的时间把一个净资产只有19万元，流动资金为0，原材料只能维持3天的校办小工厂，建设成为净资产60亿元、年缴税9.2亿元、具有国际竞争力的现代化制药集团公司，为促进地方经济发展、带领群众脱贫致富作出了突出贡献。

创业之初，赵志全凭借一股拼劲，用筹集来的38 000元钱，艰难的启动了制药厂。为了打开企业销售市场，他在桑塔纳车上备了一箱沂蒙大煎饼、炒咸菜，两个司机替换开车，挨个城市跑，9天跑了东北三省的18个城市。"九六决战"大获全胜，销售额达1.5亿元。"不怕困难，挑战困难，战胜困难"的鲁南精神诞生了。在这期间，鲁南制药先后有78个项目获得国家和省科学技术进步奖。到2014年，公司已经拥有净资产60亿元，等于再造了三万两千个郯南制药厂。企业成为位列中国大企业集团竞争力500强、山东省纳税100强、临沂市纳税第一大户、国家重点高新技术企业。温凉河穿过鲁南时代药业厂区，污染成了政府和社会的共同担忧，赵志全提出"宁愿鲁南亏，不让温河浑"。企业投入巨资进行环保工程，重金招聘环保学博士、硕士，成立了"污染控制与资源化研究中心"，投资4亿多元建设万吨污水处理站，排放的污水全部达到国家 A 级标准，厂区绿化率达到 68%，厂区内有 300 多种花木，200 多万株树木，数千亩大的厂区治理得如同公园。因原材料价格暴涨，治疗脉管炎的老牌药"脉络舒通"生产越多则亏损越大，企业却一直坚持药物的生产供应，仅此一项十几年下来亏损额就高达 7500 万元。

赵志全名下没有一处房产，对待自己和家人近乎苛刻，一辆普通桑塔纳轿车跑了 60 万公里，40 平方米旧房住了近 20 年，他的父母借住在集团早年修建的房子里。他却先后投资 8 亿元，建了 4000 套楼房，免费分给员工，博士住房面积 136 平方米，本科生 116 平方米，他给他的销售人员"业务将士们"配奥迪车。27 年来，赵志全和他的鲁南制药救助和捐赠的资金已经超过了 1 亿元。他给员工办婚礼、购置房子、解决困扰员工的后顾之忧，他深深热爱着生他养他的故土，热爱着他的企业和每一位员工。

在企业全面发展的时候，2002 年赵志全查出身患绝症胸腺癌。赵志全与癌症抗争的 12 年，正是鲁南制药快速发展的 12 年。在身患癌症的 12 年里，仅有几名公司高管和身边工作人员知晓他的病情，他与病魔顽强抗争了 12 年。直到追悼会上，大家才从他的女儿赵龙的悼词中得知这一惊人真相。赵志全留给员工的永远是一张笑脸，一种奋发有为朝气蓬勃的精神面貌。他常有时不我待的紧迫感，他忘我的工作，用生命跟死神赛跑，无惧病魔，蜡炬成灰建功勋。他经历了三次开胸手术，从未长期住院休养，短暂住院后他又开始忘我的工作。2014 年 11 月 14 日深夜 11 点，当赵志全批阅完最后一份关于企业改革与发展的文件想要起身休息时，却在猝然而至的呼吸骤停中去世，倒在了办公桌前。在整理遗物时，人们发现了他临终前留下的几份文件：一份公司领导班子人事提名书，一份提高职工待遇的计划书，一份科研项目的审批书，一封留给妻女的遗书，一张写着《忘忧草》等五首歌名的便条。

作为民营企业家，赵志全在权力交接问题上违背了多数人的常规，他献身改革、舍己为公。妻子龙广霞跟随赵志全创业数十年，在企业发展的许多历史关头都是重要参与者，将企业管理的接力棒交给她是在情理之中的事，然而赵志全没有这样做。赵志全的独生女赵龙毕业于北京大学法学院，是留美法学博士，精明能干。父亲去世时赵龙已经是而立之年，女承父业也是顺理成章的事，但是赵志全遗嘱中也没有安排她接班。他把承包经营了 27 年，资产超过百亿元人民币的鲁南制药集团交给了新的领导班子管理，这里面没有一个人与他有血缘关系。在赵志全指定的新任领导班子带领下，鲁南制药集团每年利税以 20% 多的速度稳定增长，2017 年纳税达到 13.6 亿元，2018 年纳税额 23.9 亿元，2019 年度排名中国医药工业百强榜第 22 名，2020 年排名中国制造业民营企业 500 强第 392 位。他为沂蒙老区脱贫攻坚、改革发展作出了重大贡献。事实证明赵志全选人选对了，交权交对了。鲁南制药集团的权力交接显示出，在如今全球化、国际化的平台，企业的传承是靠文化和制度，而不是靠血缘。

他的葬礼，有接近 2 万人自发来为他送行，送葬的队伍排起长龙。蒙山流悲泪，沂水泣哀声。赵志全深深爱着鲁南和每一名员工，执着追求着鲁南富强的不灭梦想。多少次风雨兼程，多少个不眠之夜，多少酸甜苦辣，多少悲欢离合。不论风雪严寒，不论炎炎盛夏，一年一年，一天一天，一时一刻，期盼着明天会更好，期盼着鲁南会更好，期盼着每一名员工会更好。这是赵志全留给鲁南制药最殷切的期望。

三、价值启示

赵志全同志用生命书写了一名共产党人、一位民营企业家的担当与追求，回答了"怎样做人，怎样做企业家，怎样做共产党员"等深层问题，留下了宝贵的精神财富。赵志全一心改革只为公，塑造了企业改革发展中优秀共产党员的光辉形象，是新时代企业家和建设者的楷模，他用自己的一生生动地诠释了新时代"沂蒙精神"和"鲁南精神"。

（一）事业观

事业观是指人们对事业的根本看法和对待工作的根本态度，是人生观的重要组成部分。树立正确的事业观必须符合科学发展观要求，树立正确的事业观必须坚持想干事、能干成事是硬道理的理念，树立正确的事业观必须全身心投入事业，以事业为重，树立正确的事业观必须有对待工作的责任感。

赵志全严于律己，不畏困难，敢于挑战，带领职工艰苦创业，改革创新，鲁南制药的创业过程集中体现了他的事业观。他对待工作兢兢业业，一丝不苟，不计较个人名利得失，一心为公，造福家乡、回馈社会。他不仅做大做强了一家制药企业，更把这个企业的发展当作毕生的事业来对待。他强烈的家国情怀，奋发有为、敢为人先、无私坦荡的高尚品格，他对事业的理解和认知把这家企业带入了一种很高的发展境界和社会定位。

（二）财富观（义利观）

财富观是指人们对财富价值的理解和认识，财富观亦是价值观的重要组成部分。财富观包括三层：①追求财富是人的本性；②获取财富应有正当合法的途径；③重义轻利，宁愿缺财也要仁义。财富观也是义利观，社会主义义利观主要包括以下几点：①在道德与物质利益的关系上，不仅肯定利益是道德的基础，而且强调道德对物质利益关系的调节作用。②在公与利的关系上，社会主义义利观强调"把国家和人民利益放在首位，而又充分尊重公民个人合法利益"。③强调义与利的统一，倡导以义导利、以义取利、见利思义。

赵志全仁义敦厚，对待财富的态度积极豁达。他对财富和公义的理解充分体现了作为一名共产党员民营企业家"天下为公"的价值观。"穷则独善其身，达则兼济天下"，他弘扬了中国自古至今的道义传统，把社会主义社会的核心价值观落实在自己的行动中。在公与私、义与利、个人与集体、小我与大我的选择中，赵志全淬炼了自我，把他的名字和财富汇入了民众和时代的洪流，历史和沂蒙人民将永远记住这个闪闪发光的名字。

（三）生死观

生死观是指人们对生与死的根本看法和态度，是人生观的一种具体表现和重要组成部分。不同的人生观，对生与死就会有不同的价值评价，从而形成不同的生死观。

在得知自己身患绝症之后，赵志全没有消极悲观，他以更加昂扬的精神状态对待疾病和工作，把自己有限的生命和时间投入到企业的发展中，投入到无限的为人民服务中。在他眼中生与死的界限变得模糊，他的生命将以另外一种方式延展。在万人为他送别的葬礼上，涌动的人潮，痛哭的人群，就是对他生命价值的最高评语。死亡只是物质形体的消失，赵志全达观的生死观和视死如归的乐观精神震撼人心，他把自己刻在千千万万群众的心中和记忆里。

（四）鲁南精神和沂蒙精神

鲁南精神的主要内涵是"不怕困难，挑战困难，战胜困难"，集中体现了在面对困难时个体和群体的精神状态和实践行动。在赵志全艰苦创业的过程中，他就是凭借这种精神风貌，不畏创业路上的阻力和风险，用近乎执拗的精神克服了无数的困难，最终把企业做大做强，体现了一个共产党员高尚的精神境界和大无畏的乐观主义精神。赵志全敢于直面问题和困难，不逃避不回避，积极寻求解决方法，挑战困难的同时也挑战了自己的人生极限，把生命的厚度无限拓展。他以撸起袖子加油干的拼劲，不计较个人生死、得失和利益，在困难面前冲在第一线，全力以赴解决难题，战胜困难；他把建设成果回馈社会，造福人民，充分体现了新时代下的共产党人的使命和初心。

沂蒙精神是中国红色革命精神之一，是临沂地区民众在新民主主义革命和社会主义建设实践中形成的先进群体意识的总结，是中华民族优秀文化的重要组成部分和宝贵的精神财富，是中国共产党人的精神谱系之一。沂蒙精神要点可以概括为"吃苦耐劳、勇往直前、永不服输、敢于胜利、爱党爱军、开拓奋进、艰苦创业、无私奉献"。2013 年 11 月，习近平总书记在视察临沂时，就弘扬沂蒙精神发表重要论述，把沂蒙精神的特质高度概括为"水乳交融、生死与共"。深刻揭示"水乳交融、生死与共"是沂蒙精神最鲜明的特质，特别强调"沂蒙精神与延安精神、井冈山精神、西柏坡精神一样，是党和国家的宝贵精神财富，要不断结合新的时代条件发扬光大"。

在沂蒙大地上，诞生了革命时期的"红嫂精神""支前精神"，社会主义建设时期的"厉家寨精神"，改革开放时期的"九间棚精神""沈泉庄精神""经济开发区精神""兰田商城精神""鲁南精神"等，他们共同汇成了沂蒙精神，随着时代一起脉动，不断为沂蒙精神增加新的时代内涵和价值要义，使沂蒙精神保持蓬勃旺盛的生命力，不断开拓出社会发展的新境界，为时代精神增加浓墨重彩的一笔。赵志全缔造的"鲁南精神"是新时代沂蒙精神的继承和发展，是在改革开放建设中国特色社会主义实现中华民族伟大复兴的历史背景下，沂蒙民众继承革命老区优良传统，奋力拼搏战胜困难，对共同建设美好新生活的精神和实践的总结；集中体现了沂蒙精神的时代性、实践性和先进性，要在学习和工作中大力弘扬这种精神，始终同人民想在一起、干在一起，就一定能够引领承载着中国人民伟大梦想的航船破浪前进，胜利驶向光辉的彼岸！

模块六红色文化：时传祥精神

【教学导入】你听说过时传祥吗？你知道时传祥精神吗？
【教学目的】弘扬时传祥精神，助力大学生形成正确的价值观。
【教学重点】时传祥精神的当代价值。

【教案正文】

一、主要经历及荣誉

（一）主要经历

时传祥（1915 年 9 月 20 日～1975 年 5 月 19 日），男，汉族，山东齐河人，1956 年 11 月加入中国共产党，曾在北京市崇文区（今东城区，下同）清洁队当淘粪工人，中华人民共和国第一代劳动模范，中国工人阶级的杰出代表。

时传祥出生在一个贫苦农民家庭。他 14 岁逃荒流落到北京城郊宣武门一家私人粪场，受生活所迫当了淘粪工。在旧中国，淘粪工不仅受到社会的歧视，还要受行业内部一些恶势力的压榨和盘剥。时传祥在这些"粪霸"手下一干就是 20 年，受尽了压迫与欺凌。

中华人民共和国成立后，时传祥被工友选为崇文区"粪业工人工会"委员。1952 年，他加入了北京市崇文区清洁队，继续从事城市清洁工作。此时，北京市人民政府为了体现对清洁工人劳动的尊重，不仅规定他们的工资高于别的行业，而且想办法减轻淘粪工人的劳动强度，把过去送粪的轱辘车全部换成汽车。运输工具改善之后，时传祥合理计算工时，挖掘潜力，把过去 7 个人一班的大班，改为 5 个人一班的小班。他带领全班由过去每人每班背 50 桶增加到 80 桶，他自己则每班背 90 桶，最多每班淘粪背粪达 5 吨。管区内居民享受到了清洁优美的环境，而他背粪的右肩却被磨出了一层厚厚的老茧。他赢得了人们的普遍尊敬，也赢得了很多荣誉。

他以主人翁的姿态，以"搞好环境卫生，美化人民首都"为己任，肩背粪桶，走家串户，利用公休日为居民、机关和学校义务清理粪便，整修厕所。1955 年，他被评为清洁工人先进生产者，1956 年当选为崇文区人民代表，同年 6 月加入中国共产党。1958 年被邀请担任北京市政协委员。1959 年被选为全国劳动模范。

1959 年，时传祥作为全国先进生产者参加了在北京召开的全国"群英会"，10 月 26 日，国家主席刘少奇在人民大会堂湖南厅握着他的手，说道："你掏大粪是人民勤务员，我当主席也是人民勤务员，这只是革命分工不同。"时传祥也表示："我要永远听党的话，当一辈子淘粪工。"

从此，时传祥成为载誉全国的著名劳动模范。《人民日报》、中央人民广播电台等新闻单位都对他的事迹作了报道。他更加努力，更加热爱本职工作。

1964 年，北京环保局分配部分青年学生作淘粪工。时传祥时任崇文区清洁队青工班班长，为转变部分青工怕脏怕丑的思想，年近半百的时传祥，脏活累活抢在前，对青年工人言传身教，以"工作无贵贱，行业无尊卑；宁愿一人脏，换来万人净"的职业道德观，教育影响青年一代安心本行业工作。

1966 年国庆观礼，时传祥作为北京市观礼团副团长受到毛泽东主席的接见，周恩来总理在招待宴会上为其敬酒。"文化大革命"期间，时传祥惨遭迫害，被诬为"工贼"。1971 年被遣送回原籍。1973 年 8 月，毛泽东主席、周恩来总理得知此事后，立即指示有关部门将他接回北京，政治上予以平反，恢复名誉，生活上照顾安排。1975 年 5 月 19 日病逝于北京。去世之前他还反复叮嘱，让儿子继承父志，也当一名称职的环卫工人。

（二）主要荣誉

1949 年 10 月被选为北京市前门区粪业工人工会委员；1954 年被选为前门区淘粪工人先进生产者；1956 年加入中国共产党；1958 年当选为北京市政协委员；1959 年当选为全国劳动模范，出席全国群英会，同时被选为主席团成员，并受到国家主席刘少奇的亲切接见；1964 年当选为全国第三届人大代表。为弘扬时传祥"宁愿一人脏，换来万家净"毫不利己、专门利人的精神，经中共中央办公厅"中秘文发（1999）84 号"文件批准在山东省齐河县建立"时传祥纪念馆"。2019 年 9 月 25 日，被评选为"最美奋斗者"。

二、相关事迹

国庆节前，毛泽东请时传祥到中南海去住，并把他当贵宾请上天安门，参加国庆观礼。当年担任副市长的万里、崔月犁也曾背起粪桶，跟着时传祥学习背粪；清华大学的一些学生曾拜时传祥为师。

时传祥的工作虽然普通，事迹却很感人，成了享誉京城的知名人物。在1959 年全国"群英会"期间，国家主席刘少奇和总理周恩来接见了他，热情地握住他粗糙的手，询问他的工作情况。刘少奇说道："我们都要好好地为人民服务。你当清洁工是人民的勤务员，我当主席也是人民的勤务员。这只是革命的分工不同，都是革命事业中不可缺少的一部分。"刘少奇得知他没有文化时，还特意送给他一支钢笔，鼓励他好好学文化。

1959 年 10 月 29 日，《人民日报》刊登了刘少奇与时传祥的合影，对全国从事清洁工作的劳动者都是巨大的鼓舞。时传祥说："我已经干了 30 年的淘粪工，只要党需要，我还要再干它 30 年、60 年！党需要我干到什么时候，我就干到什么时候。"

时传祥为了干好淘粪工作，动了不少脑筋，也付出了比常人多的辛劳。老北京平房很多，老四合院里人口密度非常大，茅坑浅，粪便常常溢出来，气味非常难闻。他遇到这种情况，总是不声不响地找来砖头，把茅坑砌得高一些。他干的这行是没有节假日的，哪里该淘粪，不用人来找，他总是主动去。不管坑外多烂，不管坑底多深，他都想方设法掏干扫净。茅坑里掉进了砖头瓦块，他就弯下腰去，用手一块块地拣出来。

时传祥曾在淘粪时捡到一个弃婴，他立即把弃婴送到福利院并为她起名为石解放。石解放长大成人后，时传祥勤劳朴实的精神影响了她的一生，她立志为人民服务一辈子，并将百万财产投入了北京的环保事业。

三、人物价值

时传祥是在中国新旧社会交替的时代涌现出的典型人物。受尽苦难与翻身解放的巨大反差，更加坚定了他加入共产党，全心全意为人民服务的决心。当时社会虽然变了，人们的传统观念却不是一朝一夕所能改变。刚解放的时候，一些人认为自己当家做主了，再也不用干低贱伺候人的淘粪工作。时传祥却认为，再脏再累的活也得有人去干，能以一人脏，换来万家净，这是十分光荣的。当年，有些青年人不安心清洁工作，嫌淘粪工丢人，总想转到工厂去。时传祥开导他们："北京城如果一个月没有人去淘粪，粪便就会流得满大街都是。你也愿意上重工业，我也愿意上重工业，不行啊，总得有人清理粪便呀！"

社会学家艾君认为，从时传祥身上以及在他的鼓舞感召下的同事们身上所体现出来的全心全意为人民服务的精神，勤劳朴实、自强不息的民族精神，爱岗敬业、吃苦耐劳的奉献精神，这也正是文明社会赋予了"时传祥精神"的时代内涵。艾君将"时传祥精神"归纳为三个方面：①"时传祥精神"包含着一种爱的奉献，这是一种把所有的爱都汇织成对事业的不求回报和全身心地为社会、为他人付出上的人生追求。这是"时传祥精神"的时代性。②"时传祥精神"包含着一种"毫不利己、专门利人"的崇高人生境界和思想情操。这是"时传祥精神"的社会性。③"时传祥精神"包含着新中国"劳动者的爱岗敬业的奉献精神"。这是"时传祥精神"所体现出来的中华传统美德。

新的时代需要"时传祥精神"。爱是人类普适的文明价值，时传祥身上体现的正是这样的一种价值观和人生的追求。当我们以时空的角度认识解剖"时传祥精神"时则会发现，倡导与时俱进地学习时传祥精神，对构建和谐社会，树立公民社会的责任心、正义感和奉献精神，倡导公平公正、关爱他人的社会和谐环境有着重要的时代意义。"时传祥精神"所折射出来的人与人之间的相互关爱，人与社会之间的相互融合，人与社会之间的和谐共生的内涵，这与建设社会主义和谐社会的实质是相统一的，这也正是"时传祥精神"的时代内涵所在。艺术家吕远曾评价说：时传祥这个终身在粪便中劳动的人，实在是一个纯洁的人，是一个像莲花一样出淤泥而不染的品格高尚的人。在21世纪，时传祥精神依然如莲花般绽放着洁净而纯粹的魅力。

四、传承时传祥精神

1974 年，时传祥刚刚 20 岁的小儿子时纯利扛起铁锹，进入北京使馆清洁运输管理处，成了时家第二代中第一个进入环卫行业的人。本来一心想成为一名技术工人的时纯利却成了一名垃圾分拣工。工作不久，他又被安排负责垃圾装卸。1976 年，队里更新设备，时纯利被抽调当了一名清洁车司机。只要车一停，他不管分内分外，下车就抢着帮工人们装卸垃圾。

1990 年，从小看着父亲刷粪勺的时纯利凭着实干荣获全国"五一"劳动奖章。那一年的清明，时纯利扫墓时告诉父亲："爸，儿子没给你丢脸。"继小儿子率先入行，时传祥的其他子女也陆续全部进入环卫战线工作，他临终前的第一个愿望实现了。因为工作需要，1999 年，时传祥的孙女时新春成为山东省胜利油田滨南社区胜滨环卫绿化队的一名普通职工，新春工作第一天，同队的年轻女孩因为怕丢面子，戴上大口罩和大墨镜，天暗了才悄悄出来清扫。她自己却大大咧咧无所谓，她说："怕什么，三百六十行，哪行都得有人做。"直到一个接孩子放学的妈妈刺伤她的自尊："宝宝，你将来如果不好好学习就像她一样！"时新春哭了。但是她没有因此再哭，她说："不理解是个别的，环境好了对更多的人有利，值。"

时传祥的可贵之处在于，他认识到为人民服务没有高低贵贱之分，都是光荣的，并发自内心地做好在一些人眼中认为是低贱的工作。党和政府对清洁工人的关心，也是他干好工作的重要动力。毛泽东、刘少奇、周恩来、朱德等中央领导都曾亲切接见时传祥，鼓励他做好这一与人民日常生活息息相关的工作。

在如今的现代化的大都市中，淘粪工是个已经消失了的行业，但只要存在着社会分工，行业之间就必然存在着差异，也仍然会存在着苦、累、脏的工作，这些工作同样要有人去从事。因此，时传祥"宁愿一人脏换来万家净"的精神在今天来说，也没有过时。

第三循环　经典文献研读

方向决定道路，道路决定命运。本循环通过对相关经典原著的研读，助力大学生坚定马克思主义信仰，始终坚定中国特色社会主义"四个自信"，努力成为中国特色社会主义事业的建设者和接班人，自觉为实现中华民族伟大复兴的中国梦而奋斗。

模块一经典文献:《星星之火， 可以燎原》

【教学导入】90 多年前，毛泽东写了《星星之火，可以燎原》这篇文章。九十年后的今天，当我们重温这篇经典文献时，我们依然由衷地钦佩毛泽东当年科学务实的革命态度，仍能感触到历史深处革命激情跳动的脉搏。

【教学目的】引导学生了解文章的写作背景、基本内容、意义，培养学生立足实际，敢于创新的价值取向。

【教学重点】《星星之火，可以燎原》一文的历史意义。

【教案正文】

90 多年前，毛泽东写了《星星之火，可以燎原》[1]这篇文章。在这篇文章中，毛泽东运用马克思辩证唯物主义和历史唯物主义的基本原理，科学地分析了中国革命的具体国情，阐明了中国革命的基本规律，指明了中国革命的正确道路，展望了中国革命的未来并坚定了中国革命必将胜利的信心，体现了马克思主义真理的科学性和理想信念坚定性的高度统一。

一、写作背景

选择一条什么样的道路才能把中国革命引向胜利成为首要问题，也是马

---

〔1〕 该文收录于《毛泽东选集》（第 1 卷），本模块中引文，除有注释外，皆引自该文，不再说明。

克思主义发展史上前所未有的难题。1927 年大革命失败以后，中国革命暂时进入低潮，党的工作重点由城市转入农村。毛泽东在秋收起义后，历经文家市决策和三湾改编，带领军队来到了湘赣边界罗霄山中段的井冈山地区，在艰苦的革命斗争中领导开辟建立了中国第一个农村革命根据地——井冈山根据地。但是，当时党内有"左"倾盲动主义思想的人，仍幻想着学习苏俄革命道路模式，以大城市为中心举行武装起义，迅速夺取政权取得革命成功；与此同时，在党内还存在具有悲观消极的"右"倾思想，一些人对建立巩固的农村根据地的作用产生怀疑，对农村革命根据地发展乃至中国革命的前途信心不足。以上这两种错误思想在党内同时存在，并且在党内都产生了相当严重的消极影响。相对而言，当时红军党内最紧迫的也是直接的问题是党内悲观主义情绪的弥漫，严重影响党和红军革命斗争的信心、意志和行动。毛泽东在古田会议上曾批评了红四军党内的各种非无产阶级错误思想，但并没有解决党内的悲观主义思想。应该说，党内的悲观主义思想在红四军党内和不少指战员中确实存在，而且还具有一定的代表性。

1930 年年初，林彪写了一封信向毛泽东陈述他对中国革命前途的看法。在信中，他对在农村建立巩固的革命根据地、开展土地革命缺乏信心，对中国革命的"红旗到底能够打多久"表示怀疑；反对毛泽东提出的用一年时间争取江西的战略计划，建议红军分散去打游击，各自寻找出路。林彪的这封信字里行间流露出一股消极悲观的思想情绪。毛泽东看了林彪的这封信，感觉到这并不单单是他个人的观点，还代表着红四军内不少指战员的悲观主义思想倾向，反映出在反革命力量不断对红区进行"围剿"、中国革命正处于低潮的背景下，有些同志没有看到中国革命的希望，却被当前的困难所吓倒的悲观情绪和思想倾向，并且这种思想和情绪在党和红军中仍有一定的影响。因此，能不能回答和怎样回答中国革命根据地和中国红军的存在和发展问题，关系到中国革命能不能继续前进的重大课题。

面对中国革命处于低潮，如何解决中国革命发展道路问题，共产国际也没有给出一个正确的答案，但共产国际是不赞成中国共产党领导开辟农村根据地、建立红色政权、开展土地革命和发动游击战争的做法的。共产国际认为，中国共产党领导建立小块农村根据地，分布是零散的，力量是弱小的，失败是不可避免的；反对中国共产党领导的游击战术；反对中国共产党领导农村斗争而强调城市斗争，并要求中国共产党领导主动配合城市斗争，等等。

共产国际关于中国革命的基本观点直接影响到中国共产党中央关于中国革命问题的判断和认识。而当时中央关于中国革命发展的一些思想认识、情绪倾向、主要观点以及行动策略在很大程度上又辐射影响到红四军。

纵观当时党内和军内存在的各种错误思想问题，从根本上说，就是对我们要走什么样的革命道路，为什么要走这样的革命道路以及如何走这样的革命道路等基本问题认识不清。这些问题涉及革命的性质、道路、前途、策略、信心等方面。《星星之火，可以燎原》这篇著作就是以毛泽东为代表的共产党人在把马克思列宁主义同中国革命的具体实际相结合的实践过程中，探索一条符合中国实际的革命道路，解决了关于中国革命道路的一系列重大问题。

二、内容解析

要对《星星之火，可以燎原》这篇文献有一个相对透彻明晰的理解就必须认真把握其基本逻辑结构及其逻辑演进。这篇文献的基本逻辑结构和逻辑演进是：先从分析党内关于中国革命道路问题的一些错误认识入手，剖析其产生的原因：客观上是对近代中国国情的认识不足，主观上是对敌我力量对比及其发展的认识偏颇，从根本上说是对中国近代矛盾发展的把握程度不够；毛泽东紧接着分析了中国近代社会矛盾的运动变化发展状况，得出的结论是"星星之火，可以燎原"，而这个"燎原"是需要条件的，主观上包括对政治路线、群众基础、领导力量、工农联盟等的正确认识，客观上要有正确的战略战术，就是要处理好游击战中分兵与合兵之间的辩证关系；至于当前的军事计划和革命任务，毛泽东分析了夺取江西所具备的相对优势和有利条件；文章最后展望了革命发展的美好前景，有力地回驳了文章一开始提到的党内悲观消极的机会主义错误观点。根据上述分析的逻辑结构和演进方式，这篇文章大体可以从提出革命道路、认清政治形势、分析革命条件、明确军事策略、制定近期计划和展望革命未来等六大板块进行解析。

第一板块，分析党内悲观消极的错误来源，提出中国革命的正确道路（第一自然段）。

毛泽东高度概括了党内悲观消极错误认识集中在是先建立红色政权还是通过流动游击方式争取群众的问题上，指出"他们这种全国范围的、包括一切地方的、先争取群众后建立政权的理论，是于中国革命的实情不适合的"。这里不仅仅包括党内的悲观消极情绪，同时党内也存在着不愿意在农村根据地红色政权上做艰苦细致工作的机会主义错误倾向，而两者在本质上是一致的。毛泽东在文中分析这种错误产生的源头，即"他们的这种理论的来源，主要是没有把中国是一个许多帝国主义国家互相争夺的半殖民地这件事认清楚"。而认清近代中国国情的意义在于有助于理解中国长期混战造成社会动荡的根源，明白农民问题和建立工农政权的重要性，理解"红军和游击队的存在和发展，以及伴随着红军和游击队而来的，成长于四围白色政权中的小块红色区域的存在和发展（中国以外无此怪事）"，即武装斗争和农村根据地建设的必要性，认识"红军、游击队和红色区域的建立和发展，是半殖民地中国在无产阶级领导之下的农民斗争的最高形式"，最终才能认清中国革命的正确道路，即"朱德毛泽东式、方志敏式之有根据地的，有计划地建设政权的，深入土地革命的，扩大人民武装的路线是经由乡赤卫队、区赤卫大队、县赤卫总队、地方红军直至正规红军这样一套办法的，政权发展是波浪式地向前扩大的"必然性。因为，只有这样，才能有效发动革命群众、动摇反动阶级统治基础、发展壮大革命武装力量，从而促进革命高潮到来。

第二板块，指出党内两种错误思想，认清中国革命的政治形势（第二至六自然段）。

很显然，毛泽东分析党内的错误思想不仅仅局限于其中悲观消极的一面，党内还有"左倾"盲动主义的错误。这两种错误的出现都是主观上对于敌我力量对比的认识走上了极端化。那么如何正确认识当时的政治形势以及敌我双方力量的发展变化呢？作者在文中分析：①从静态看，敌我力量相对均衡。革命力量与反革命力量都处于相对弱均衡状态，即"现时中国革命的主观力量虽然弱，但是因为反革命力量也是相对地弱的"。据此，作者判断：中国革命走向高潮，一定会比西欧革命走向高潮要快些。②从动态看，中国革命具备发展的条件。依据科学分析判断问题的方法，从中国革命发展的事实出发，中国革命的主观力量"在中国的环境里不仅是具备了发展的可能性，简直是具备了发展的必然性"，中国革命定会"星星之火，可以燎原"。③从分析问题的方法看，毛泽东认为要透过现象看本质。毛泽东分析了党内在 1928 年至 1929 年中国革命形势判断问题上出现"左"倾和右倾两种错误的客观事实，提出了判断革命政治形势，特别是对反革命力量的估量，要主观判断与客观事实相符合，"决不可只看它的现象，要去看它的实质"，否则就会产生认识上的错误；并且，在作者看来，这两种错误认识之间并没有截然的界限，往往往会从一种错误极端滑向另一种错误极端。④抓住主要矛盾变化。尽管作者提出了科学判断革命形势的方法，但作者仍然担心党内还是容易出现悲观消极的错误情绪。作者从马克思主义的矛盾学说入手，通过分析国内外的内在矛盾变化来认识当前革命形势发展的状况和趋势。"如问中国革命高潮是否快要到来，只有详细地去察看引起革命高潮的各种矛盾是否真正向前发展了，才能作决定。"毛泽东分析，由于帝国主义国家之间、中华民族和帝国主义之间、国内各反动派之间、劳资之间、广大农民与地主阶级之间、士兵与雇佣者之间、破产者和城市贫民以及学生等与反对政府之间的矛盾交织在一起并不断激发，因此，"如果我们认识了以上这些矛盾，就知道中国是处在怎样一种惶惶不可终日的局面之下，处在怎样一种混乱状态之下。就知道反帝反军阀反地主的革命高潮，是怎样不可避免，而且是很快会要到来。……'星火燎原'的话，正是时局发展的适当的描写"。作者的结论是："只要看一看许多地方工人罢工、农民暴动、士兵哗变、学生罢课的发展，就知道这个'星星之火'，距'燎原'的时期，毫无疑义地是不远了。"

第三板块，委婉批评中央来信的悲观倾向，正确认识中国革命发展的主观条件（第七至八自然段）。

在正确认识革命力量发展、科学分析中国革命的矛盾运动变化规律的基础上，毛泽东批评了中央的消极悲观思想，"中央此信（去年二月七日）对客观形势和主观力量的估量，都太悲观了"。中央的这种悲观认识主要还是没有认清革命高潮和反革命的高潮之间的辩证发展变化关系，而主导这种辩证发展变化的恰恰是中国革命的主观力量和因素的发展。这些主观力量和因素主要包括：①坚实的群众基础。"群众是一定归向我们的。屠杀主义固然是为渊驱鱼，改良主义也再不能号召群众了。群众对国民党的幻想一定很快地消灭。在将来的形势之下，什么党派都是不能和共产党争群众的。"②正确的政治路线。"党的六次大会所指示的政治路线和组织路线是对的：革命的现时阶段是民权主义而不是社会主义，党（应加'在大城市中'五个字）的目前任务是争取群众而不是马上举行暴动。"③积极的工作态度。"在大混乱的现局之下，只有积极的口号积极的态度才能领导群众。党的战斗力的恢复也一定要在这种积极态度之下才有可能。"④党的领导、红色政权建立和红军队伍扩大的"三位一体"革命格局的形成。"无产阶级领导是革命胜利的唯一关键。党的无产阶级基础的建立，中心区域产业支部的创造，是目前党在组织方面的重要任务（领导力量）；但是在同时，农村斗争的发展，小区域红色政权的建立，红军的创造和扩大，尤其是帮助城市斗争、促进革命潮流高涨的主要条件。"⑤正确的城乡斗争观。毛泽东认为，应该抛弃城乡斗争矛盾的观点，只有辩证地看待城市斗争和农民斗争的关系，同时壮大工人力量和农民力量才能推动革命高潮的到来。这里，毛泽东已经很明显地阐明了工农联盟在民主革命中的地位和作用，标志着毛泽东工农联盟思想的初步形成。

第四板块，批评错误的分兵策略，提出正确的军事策略思想（第九至十四自然段）。

如果说党的八七会议初步解决了为什么要武装斗争的问题，文家市决策解决了在哪里进行武装斗争，三湾改编则解决了谁来领导革命军队问题，而古田会议则解决了要把我们的红军建设成什么性质的军队问题。应该说，以上这些基本上从宏观建构了中国共产党领导的革命军队建设的主要框架，至于具体的军事行动策略问题只有在革命斗争的实践过程中逐步加以解决。经过两年的革命斗争的实践，毛泽东逐渐找到了中国革命军事斗争策略的一些规律。毛泽东在信中首先批评了军事行动中的机械消极的分兵思想。毛泽东从近两年的军事斗争实践的经验教训中证明了消极分兵的军事策略是失败的，分析失败的原因主要包括四个方面：群众基础不牢、领导不力、力量不足、环境恶劣等。概括起来，从根本上说就是消极分兵的军事策略不切合中国农村革命斗争的实际。既然机械的、消极的分兵策略在实践上被证明是错误的，那么我们军事行动策略的选择就是合兵，即集中兵力。毛泽东分析了合兵的相对优势主要表现在：消灭更多敌人、占领一些城镇、发动更多群众、扩大政治影响、推动革命高潮到来。毛泽东以这两年军事斗争的实践结果加以证明，"我们前年干的湘赣边界政权，去年干的闽西政权，都是这种兵力集中政策的结果"。按理说，合兵比分兵有优势，是不是我们就单纯地采用集中兵力的军事策略？很显然，毛泽东并不仅仅局限于此。毛泽东并不简单地推崇合兵而否定分兵。毛泽东运用马克思主义的唯物辩证法，科学分析了积极的分兵与集中兵力的辩证关系。这个辩证关系就是毛泽东发明创造的、独特的游击战术。毛泽东这样概括游击战术，"我们的战术就是游击的战术。大要说来是：'分兵以发动群众，集中以应付敌人。''敌进我退，敌驻我扰，敌疲我打，敌退我追。''固定区域的割据，用波浪式的推进政策。强敌跟追，用盘旋式的打圈子政策。''很短的时间，很好的方法，发动很大的群众。'这种战术正如打网,要随时打开,又要随时收拢。打开以争取群众,收拢以应付敌人。三年以来,都是用的这种战术。"在这里,毛泽东科学区分了积极分兵和消极分兵的不同之处,而游击战的军事策略需要的是积极的分兵和集中兵力的相结合。这是毛泽东的游击战术和当时党内弥散的流动游击战术的根本区别之所在。另外,从分兵所展示的空间范围来看,毛泽东又把分兵分为近距离的分兵和远距离的分兵两种模式,而能和集中兵力相结合的分兵是近距离的积极分兵模式,它构成游击战的重要组成部分。毛泽东列举了近两年一系列军事斗争实践的事实证明了近距离的、积极分兵战术的正确性。至于远距离分兵,毛泽东结合分兵的目的谈了其所具备的必要条件。"分兵的目的,是为了更能争取群众,更能深入土地革命和建立政权,更能扩大红军和地方武装。"而要达到这个目的,必须具备相应的条件,"要在好一点的环境和在比较健全的领导机关两个条件之下才有可能"。如果具备了上述两个条件,那就无疑地应该分兵,这样,分散比集中更有利。

第五板块,明确提出近期的军事计划,分析夺取江西的有利条件(第十五至十七自然段)。

毛泽东根据革命形势发展变化结合敌我力量对比,提出近期的军事计划是"在国民党军阀长期战争期间,我们要和蒋桂两派争取江西。同时兼及闽西、浙西。在三省扩大红军的数量,造成群众的割据"。毛泽东分析提出这个计划的理由:一是在反动统治内部矛盾的扩大,新军阀即将爆发混战之际,敌人无暇顾及革命力量的发展;二是相对而言,这三省敌人相对偏弱,而我们党和群众基础相对较好,党的左倾错误相对较少,革命的影响力相对较大,具备进行军事活动的主客观条件。除了上述分析夺取江西的主观条件外,毛泽东还分析了夺取江西的客观条件:一是江西的经济条件较弱;二是江西没有本省的军队;三是帝国主义影响江西较小。综合以上分析,毛泽东认为计划夺取江西,同时兼及闽西、浙西,进而扩大革命影响是有可能实现的。至于实现夺取江西的时间,毛泽东认为,"除开江西的本身条件之外,还包含有全国革命高潮快要到来的条件。因为如果不相信革命高潮快要到来,便绝不能得到一年争取江西的结论"。从这里我们可以看出,毛泽东对于夺取江西,兼及闽西、浙西的军事计划还是采取了比较谨慎的态度。

第六板块,秉承科学务实的革命态度,坚信即将到来的革命前景(第十八自然段)。

毛泽东运用马克思辩证唯物主义和历史唯物主义的基本观点科学分析了中国革命发生发展的历史规律，阐述了中国革命道路选择的客观必然性。毛泽东以严谨务实的科学态度指出，"马克思主义者不是算命先生，未来的发展和变化，只应该也只能说出个大的方向，不应该也不可能机械地规定时日"。既然中国革命的发展具有历史的必然性和不以人的意志为转移的发展趋势，尽管当前革命的力量还比较弱小，但作为马克思主义者，作为中国革命的推动者和参与者，我们应当坚信革命高潮的到来，应当以革命的激情欢迎革命高潮的到来。毛泽东以无产阶级革命家的豪情预言中国革命，"它是站在海岸遥望海中已经看得见桅杆尖头了的一只航船，它是立于高山之巅远看东方已见光芒四射喷薄欲出的一轮朝日，它是躁动于母腹中的快要成熟了的一个婴儿"。

三、历史意义

毛泽东同志是明确提出"马克思主义中国化"的第一人。他将马克思主义基本原理与中国革命的具体实际相结合探索和开辟了独具特色的"农村包围城市、武装夺取政权"的革命道路，对中国革命及当下的中国特色社会主义建设都具有极其重要的历史和现实意义。

（一）对中国民主革命及世界无产阶级革命的影响

在马克思主义中国化的进程中，毛泽东非常重视理论与实际相结合，反对将马克思主义教条化，他以马克思主义基本原理为理论指导，从中国的具体国情出发，回答了关于中国革命的若干问题，开创了新民主主义革命道路的新局面。历史证明，这条"农村包围城市、武装夺取政权"的革命道路是符合中国国情和革命实际需要的，是新民主主义革命取得胜利的关键性探索和理论保证，丰富和发展了马克思主义的理论宝库，谱写了具有中国特色的新民主主义革命的辉煌篇章。对于革命形势的变化，他指出："马克思主义者不是算命先生，未来的发展和变化，只应该也只能说出个大的方向，不应该也不可能机械地规定时日。"结合马克思主义基本原理把握革命的规律，便能很好地把握革命发展的趋势。同时，他对于中国革命道路的探索，为当时亚洲及世界其他国家无产阶级进行革命争取和解救自身提供了经验借鉴，以此鼓励其运用马克思主义基本原理独立探索适合本国国情的无产阶级革命道路。

（二）对马克思主义暴力革命学说的丰富和发展

马克思主义认为，暴力革命是无产阶级夺取政权的普遍规律。列宁根据马克思主义关于无产阶级夺取、建立政权的思想，总结了俄国和其他国家无产阶级革命的经验，明确提出了无产阶级革命的首要问题是夺取政权，建立无产阶级专政。他依据 20 世纪初的世界和俄国当时的政治经济新情况，提出无产阶级革命可以在某些薄弱环节上突破它，"社会主义可能首先在少数或者甚至在单独一个资本主义国家内获得胜利"，并领导俄国无产阶级取得了十月革命的胜利，开辟了人类历史的新纪元。列宁主义关于暴力革命的学说，是对全世界无产阶级革命经验的科学总结，是已经被历史反复证明，并将继续得到证明的普遍真理。但是，在半殖民地的中国，能不能采用苏联的革命经验，采取夺取中心城市来武装暴动，这在很长一段时间一度成为党内领导人之间争论的焦点。王明等人把俄国的革命经验神圣化，对于中国的国情不加调查研究，不了解中国的历史状况和社会状况，顽固的坚持"城市中心论"，使革命力量遭受了严重损失。毛泽东同志不唯上、不唯书，以马克思主义为指导，并将它与中国革命实际紧密结合，进行了创造性的探索。在中国这样一个国情特殊化的国家，要想在反革命力量非常集中的大城市取得武装胜利，是不可能的，中国的无产阶级只有先争取农民阶级的支持，从农村起步，实现工农结合，建立农村革命根据地和红色政权，创建红军，扎实革命力量，从而以游击战等形式逐步攻克反革命的围剿，最终夺取政权，实现无产阶级专政。毛泽东在继承马克思、列宁的暴力革命学说的基础上，将它紧密与本国实情相结合，对此进行了丰富和发展，是人类革命史上的一次伟大尝试和理论创新。

（三）中国革命道路探索是新民主主义革命理论的重要组成部分，标志着毛泽东思想开始形成

《星星之火，可以燎原》一文标志着毛泽东"农村包围城市、武装夺取政权"这一革命道路的初步形成。在此文中，毛泽东系统而深入地运用马克思主义哲学观点分析了中国的现状和中国的革命形势，坚持一切从实际出发、实事求是的唯物主义思想路线，创造性地将马克思主义基本原理同中国的具体革命实践相结合，逐步探索出了符合中国革命需要的"农村包围城市、武装夺取政权"的革命道路。在此著作中，毛泽东解决了在中国革命实践中遇到的革命形式、革命方向、革命根据地等一系列新的问题，有力批判了以教

条主义为主要特征的"左"倾冒险主义，使毛泽东思想在思想路线、政治路线、组织路线等方面为中国共产党人所接受。中国革命道路的探索是新民主主义革命理论的重要组成部分，也是毛泽东思想体系不可或缺的一个关键部分。毛泽东同志坚定马克思主义的辩证立场，以过人的智慧和卓越的思维才能，在总结苏联模式于中国革命实践中失败的原因之时，冷静而敏锐地分析中国的特殊国情，创造性地开辟了决定中国革命命运的革命道路。所以从这一方面看，可以说是毛泽东同志关于中国革命该如何走的独创性理论。毛泽东同志关于中国革命理论和实践的研究，是毛泽东思想的主要内容，是毛泽东思想研究的重点。《星星之火，可以燎原》不仅为中国大众指明了革命方向和革命道路，而且为毛泽东思想的日益成熟和丰富奠定了最基本的立场和准则。在该文中，毛泽东将马克思主义普遍原理同中国革命的具体实践相结合，所体现出来的一切从实际出发、实事求是、理论联系实际的思想路线，正是毛泽东思想的活的灵魂和思想精髓，是毛泽东思想的根本观点。毛泽东以马克思主义哲学为理论根据，坚持一切从实际出发，着眼于中国的特殊国情，创造性地把马克思主义的普遍原理同中国革命具体实际相结合，探索出了一条崭新的决定中国革命命运的道路，发展了马克思主义暴力革命学说，也标志着毛泽东思想开始形成。

模块二经典文献：《在中国共产党第七届中央委员会第二次全体会议上的报告》

【教学导入】 你到过西柏坡吗？你了解在西柏坡召开的七届二中全会吗？你读过《在中国共产党第七届中央委员会第二次全体会议上的报告》吗？

【教学目的】 引导学生了解《在中国共产党第七届中央委员会第二次全体会议上的报告》的基本内容和价值意义，培养学生的问题意识和赶考精神。

【教学重点】 《在中国共产党第七届中央委员会第二次全体会议上的报告》的基本内容和价值意义。

【教案正文】

一、背景介绍

1949 年，"三大战役"胜利，国民党军队的主力已基本被消灭，中国共产党即将取得全国革命的胜利，并承担起建设新中国的任务。这意味着中国共产党政治地位即将实现由革命党向执政党的转变，工作重心即将实现由乡村向城市的转变。能否实现上述转变，直接关系到中国共产党的未来及新中国的建设。基于此，中共七届二中全会适时召开。

（一）中国共产党政治地位转变的需要

中国共产党自 1921 年成立至 1949 年"三大战役"取得胜利，一直以革命党的身份活跃在中国的政治舞台上。中国共产党历经 28 年的积累，即将取得全国革命胜利，实现由革命党向执政党的转变。这一转变意味着中国共产党的政治任务、党群关系及党的建设都要有所转变，以此来稳固中国共产党的执政地位。

（1）关于政治任务：革命党与执政党的政治目的和任务有着明显的区别，在革命战争时期，中国共产党的目的是采取暴力革命的方式推翻旧的反动政权的统治，这决定了其政治任务是进行阶级斗争，一切工作都是为了满足阶级斗争的需要。在领导人民群众取得革命胜利之后，中国共产党的政治地位由革命党转变成为执政党，其政治目的就由暴力夺权转变为运用和平的方式来维持政权、巩固政权，政治任务也就转变为"以生产建设为中心"，一切工作都要围绕着这个中心，并服务于这个中心。而中国共产党近 28 年的革命武装斗争，致使中国共产党内部分成员伴有阶级斗争的惯性思维，并且对生产建设的重要性认识不够。再加上近代中国遭受战争的严重摧残，导致各项建设均停滞不前。因此，如何恢复和发展生产，以稳固中国共产党执政的基础，是中国共产党在中华人民共和国成立前夕，急需考虑的现实问题。

（2）关于党群关系：在革命战争时期，中国共产党是扎根人民群众，依靠人民群众的力量发展壮大的。中国共产党在成为执政党之后，难免会出现某些党员放松警惕、忘记革命使命、忘记党性疏远人民的情况，再加之各种因素的影响以及权力自身的腐蚀性，不可避免地会使部分党员产生骄傲、蛮横和浮躁的情绪，出现脱离群众的危险。中国共产党若想长期执政，就必须时刻与人民群众保持密切联系。因此，中国共产党在政治地位转变之前，就需打好"预防针"，以免党员干部发生脱离群众的危险。除此之外，由于中国国情和中国共产党政治任务的变化，中国共产党成为执政党之后，不再是发动或者组织人民群众进行革命斗争，而是要解决人民群众的衣食住行、教育、就业等方面的问题，这些问题对中国共产党来说将是一个新的课题，亟待中国共产党召开会议探讨有关事宜，务必将恢复和发展生产任务提到工作日程上来，以建立良好的党群关系，稳固执政基础，从而满足革命战争胜利后人民群众的基本需求。

（3）关于党的建设：在革命战争时期，由于战争环境的恶劣，中国共产党在长期的革命战争中形成了不怕艰难困苦、不怕流血牺牲、甘于吃苦、甘于奋斗的革命精神，并造就了高尚的共产主义精神品格；在中国共产党取得全国革命胜利之后，社会环境趋于和平，政治地位发生了质的转变，这些变化极易使部分领导干部贪图安逸、不求进步甚至消极腐败，同时，中国共产党成为执政党之后，不仅要进行政治建设、军事建设，还要进行经济建设、文化建设和外交建设等新的建设。这些现实考验和"新"的建设，要求中国共产党要不断提高自身的理论水平和执政能力，也就暗示着中国共产党急需召开会议，商讨如何使全体党员保持初心、保持先进。

（二）中国共产党工作重心转移的需要

城市作为国家政权的象征，作为全国政治、经济、文化的中心，聚集社会发展的动力。因此，这就要求中国共产党在接管城市之后，务必将工作重心由乡村转移到城市，以城市领导乡村、带动乡村发展。

关于城市工作问题，中国共产党于 1948 年就提出要注意引导城市工作，《中共中央关于注意总结城市工作经验的指示》明确提出，要将"党的注意力不偏重于战争与农村工作，而引导到注意城市工作"。从"引导"一词，可以推断出，实现工作重心转移需要一定的过程：第一步，中国共产党要在思想上重视城市工作，这样才能逐步实现工作重心的转移；第二步，中国共产党要在实践工作中具备管理城市的能力，这样才能切实掌管城市、扎根城市。在城市工作的认识上，由于当时战争环境所限，中国共产党难以引起全体党员对城市工作的重视，致使部分党员仍将取得革命战争的胜利作为当时最大的目标，忽视城市工作的长远目标；也有部分领导干部误以为只是暂时地占领城市、接管城市。这些思想上不重视城市工作，加大了中国共产党工作重心转移的难度。在城市接管过程中，由于中国共产党未提前对领导干部进行城市政策和城市纪律的相关教育，以至于城市工作中出现一些问题：在城市工作方法上，仍有部分领导干部以小生产者的眼光看待城市，以阶级斗争的思维处理城市工作问题，以清算地主的经验作为城市建设的经验，以批判地主的方法批判资本家，使城市陷入混乱状态；在处理劳资关系上，部分领导干部完全站在无产阶级的立场去思考问题，彻底忽视资产阶级在恢复和发展生产中的积极作用，苛刻要求城市企业经营者，使部分城市企业家难以进行正常的生产经营活动，难以供给社会的日常需求；在城市工作的重点上，部分领导干部在接管城市后，仍把城市工作的重点放在救济贫民、失业工人和公教人员身上，忽略了恢复和发展城市生产工作的重要性；在城市依靠力量上，长期与城市相隔离的中国共产党，对依靠工人阶级发展生产的认识不够，对团结其他劳动群众、知识分子、民族资产阶级还存在"糊涂"思想。除此之外，在城市建设过程中还出现了物资短缺、技术落后等问题。

中国共产党在接管城市过程中所出现的一系列问题，严重阻碍了城市工作重心转移的进程。这就迫切要求中国共产党召开会议，统一全党对工作重心由乡村到城市的思想认识，明确城市工作的中心任务，总结城市工作中的经验教训，制定开展城市工作的方针政策，以保证城市正常的生产经营活动，满足社会的基本需求，进而使中国共产党在城市中扎下根基。

（三）从毛泽东计划访苏到米高扬访问西柏坡

苏联作为社会主义阵营的"老大哥"，有着丰富的建设经验，对于欠缺建设经验的中国共产党来说，无疑是提供了一本"活"的"教科书"。因此，当1947年，解放战争进入战略反攻阶段，毛泽东就提出要向苏联"请教"建国经验，苏联鉴于紧张的国际形势和中国国内形势一再推脱，直至1949年1月斯大林派米高扬访问西柏坡。

此次米高扬访问西柏坡是一次重大而特殊的访问：一是根据斯大林的指示，对中国社会的过渡问题以及新中国的建设提出一些建议，也为苏联自身的发展团结一部分力量，进而为两国的结盟作下铺垫；二是了解中国共产党在一些重大问题上的立场和原则，考察中国共产党对两国结盟的真正态度，避免诸如南斯拉夫事件的再次发生。带着目的和任务的米高扬，开启了西柏坡的10天访问之旅。

在西柏坡期间，米高扬与中国共产党领导人共正式会谈了12次。会谈的内容涉及中国共产党的军事形势、政治问题、经济问题、国家政权问题、党的建设问题、外交方针政策等，其中外交方针政策是此次会谈的重点。

在军事形势和军队问题上，中国共产党军队的数量和质量虽明显优于国民党，但如若一举取得全国革命胜利，仍需苏联提供相应的武器装备与资金援助；革命胜利之后，要调整、改造、改编解放军，为新中国的建设储备干部；在国家政权问题上，毛泽东根据中国社会各阶级在国家中的地位，提出要建立以工农联盟为基础的人民民主专政；在经济问题上，提出中国共产党当时的任务是要实现工作重心由乡村到城市的转移，革命胜利后的主要任务是进行经济建设，并预设了在经济建设过程中可能遇到的难题，希望苏联能够提供相应的资金、技术和专家等方面的援助；在党的建设问题上，提出要用马克思主义教育中共干部，并列举了领导干部需要读的十二本马克思主义著作（《共产党宣言》《社会主义从空想到科学》《国家与革命》《列宁主义问题》等），提出中国共产党领导人不能与马、恩、列、斯并列；在对待犯错误的同志问题上，如王明、李立三，虽然给中国共产党"抹了黑"，但仍将其选入中央委员会，体现了中国共产党以"惩前毖后，治病救人"的方针对待犯错误同志的态度；在中国共产党当时的任务上，提出要召开中共中央全会、政治协商会议等。

中国共产党领导人与米高扬着重探讨了外交方针政策的问题。在外交原则上，中国共产党强调要在平等互助的基础上与其他国家建立外交关系，同苏联和其他民主国家奉行友好政策；在中华人民共和国承认的问题上，中国共产党提出了两种方案："一是中国共产党争取让主要的外国大国立即承认新政府。在这种情况下应让苏联第一个承认新政府"；"二是不急于立即承认新政府，这样的战略我们准备持续一年，以后再争取他们承认"。[1]在对外方针政策上，一是提出要"打扫干净屋子再请客"，限制外国电讯和外刊的权利；二是强调要公开表示亲苏，指出："中国应该站在以苏联为首的反帝国主义阵营中，我们没有中间道路。"[2]斯大林在回复米高扬的电报中，作出了将给予中国共产党军事援助、经济援助和专家援助，帮助中国共产党管理中华人民共和国的承诺。毛泽东听到米高扬的转达之后，产生欣喜之情，更加确定了亲苏的外交政策。

总之，此次米高扬访问西柏坡，有助于苏联了解中国国情，有针对性地对中国共产党提供建议和帮助；有助于中国共产党了解苏联对其正在或者即将实行的方针和政策的态度，进而明确接下来工作的重心和重点。特别是在

---

〔1〕 沈志华主编：《俄罗斯解密档案选编：中苏关系》（第1卷·1945.1—1949.2），东方出版中心2015年版，第384页。

〔2〕 沈志华主编：《俄罗斯解密档案选编：中苏关系》（第1卷·1945.1—1949.2），东方出版中心2015年版，第425页。

此次交谈中所谈及的经济问题、政权问题、外交方针政策等问题，对中国共产党召开七届二中全会确定新中国建设的各项方针政策具有一定的理论指导作用。

1948 年 9 月政治局会议和 1949 年 1 月政治局会议的会前筹备，明确了中共七届二中全会召开的主要任务，为中共七届二中全会确定中华人民共和国建设的各项方针政策作了理论准备。再加之细致的会前通知工作、文件准备工作以及相应的安保工作，中国共产党于 1949 年 3 月 5 日至 13 日在河北省平山县西柏坡中央机关食堂，召开了第七届中央委员会第二次全体会议。出席这次全会的有中央委员 34 人，候补中央委员 19 人。列席会议的 11 人。会议由毛泽东、刘少奇、周恩来、朱德、任弼时组成的主席团主持。这是中国共产党为建立新中国奠基的一次具有深远历史意义的会议。

毛泽东主持了开幕会议，并于 1949 年 3 月 5 日代表中央政治局作了《在中国共产党第七届中央委员会第二次全体会议上的报告》。朱德、刘少奇、周恩来、任弼时等 27 人在会上发了言。会议听取并集中讨论了毛泽东的报告，批准 1945 年 6 月党的七届一中全会以来中央政治局的工作，批准由中国共产党发起的关于召开新的政治协商会议及成立民主联合政府的建议，批准毛泽东关于以八项条件作为与国民党南京政府进行和平谈判的基础的声明，并根据毛泽东的报告通过了相应决议。

二、框架结构

毛泽东在七届二中全会上的报告共有十个部分，从内容上可分为四个部分：

第一部分：报告中的一、二部分。就如何"促进革命迅速取得全国胜利和组织这胜利"提出了一系列方针。在如何解决消化国民党军队这一问题上提出了"天津、北平、绥远"三种方式。人民解放军要从战斗队向工作队转变。

第二部分：报告中的三、四、五部分。阐述了"党的工作重心必须由乡村转移到城市"的问题，在此过程中要用极大的努力去学习如何管理和建设城市。

第三部分：报告中的六、七、八、九部分。规定了全国胜利之后，党要在政治、经济、外交方面采取何种政策，以及"使中国由农业国转变为工业国,由新民主主义社会转变为社会主义社会"的总任务和主要途径。

第四部分:报告中的十部分。针对革命胜利前夕部分党员思想松懈,缺乏马克思主义理论教育的情况,毛泽东在报告中提醒全党戒骄戒躁,警惕来自资产阶级"糖衣炮弹"的袭击,加强党建工作,保持我党的良好作风和优良传统。

三、价值意义

在绵延千里的太行山中,平山历来是兵家必争之地。该县县志中记载:"平山,北岳控其东,太行揖其西,北依林峰,南对光禄;右襟冶水,左带滹沱;万山峨峨,百川浩浩;钟灵毓秀,物华天宝。"西柏坡位于滹沱河北岸、平山县中部,正处于华北平原和太行山交汇处。一片向阳的马蹄状山坳里,百十来户人家的西柏坡三面环山,一面临水,西去径入太行山腹地,东下沿河大道直达大平原。平山县城距华北交通枢纽石家庄仅 40 公里,交通方便,易守难攻,不远处即是汉代名将韩信"背水一战"之古战场,战略地位十分重要。[1]

1948 年 5 月,中共中央、中国人民解放军总部移驻西柏坡,建立了解放全中国前的最后一个农村指挥所。中共中央在这里领导全国的土地改革运动,指挥了震惊中外的辽沈、淮海、平津三大战役,并于 1949 年 3 月召开了具有深远历史意义的七届二中全会。西柏坡时期,党所面临的革命形势是:即将最后夺取全国政权以建立中华人民共和国,党的工作重心将由农村向城市转移;党的主要任务是由革命战争向和平建设转变;党所面临的全新课题是由革命党和局部执政向掌握全国政权的执政党转变。正是在这样一个特殊而又重要的历史转折时期,我们党形成了西柏坡精神。

谦虚谨慎、艰苦奋斗的精神。在党的七届二中全会上,毛泽东同志提出了著名的"两个务必"。他指出,夺取全国胜利,这只是万里长征走完了第一步,革命以后的路程更长,工作更伟大、更艰苦,因此"务必使同志们继续地保持谦虚、谨慎、不骄、不躁的作风,务必使同志们继续地保持艰苦奋斗的作风"。"两个务必"的提出,既是毛泽东同志在总结历史经验教训后对全

---

〔1〕 参见"解读西柏坡'历史悬念'——纪念中共中央、解放军总部移驻西柏坡 51 周年暨党中央从西柏坡进京 50 周年特稿"。

党的告诫，又是由党所领导的革命即将在全国取得胜利、党即将领导人民掌握全国政权的历史课题所决定的。在长期的革命斗争中形成的"两个务必"，不仅是我们党的优良传统和作风，也是对党的思想作风建设的基本要求，更是对执政党建设规律的深刻揭示，从而成为西柏坡精神最为重要的内涵。

毛泽东喜欢读历史书籍，即便是在转战的过程中也不例外。他在封建王朝的兴衰成败当中读出了智慧。一个政权如何跳出"其兴也勃焉，其亡也忽焉"的历史周期律，毛泽东的思考一刻也没有停止过。早在延安时期，郭沫若写出著名的史论《甲申三百年祭》后，毛泽东就要求全党认真学习这篇文章，让大家不要犯李自成的错误。在给郭沫若的信中，他写道："小胜就骄傲，大胜更骄傲，一次又一次吃亏，如何避免这种毛病，实在值得注意。"

预见到革命胜利后的政权巩固问题，毛泽东在七届二中全会上向全党发出了"两个务必"的警示。这一警示是中国共产党人总结历史上政权更迭的经验教训而得出的结论，也是中国共产党长期革命实践的结晶。"两个务必"反映了中国共产党的执政目的和严格标准，确立了中国共产党的执政观。正是凭着两个"务必"，中国共产党抵制住了资产阶级思想的侵蚀，保持了党的本色，没有被"糖衣炮弹"打败。也正是凭着"两个务必"，顺利实现了工作重心由农村向城市的转变，由革命战争向和平建设的转变。

敢于斗争、敢于胜利的精神。这是中国共产党人在长期的革命战争中特别是在全国解放战争时期的战略决战中所表现出来的革命精神。当革命胜利即将到来时，毛泽东同志强调要将革命进行到底，"不动摇地坚持打倒帝国主义，打倒封建主义，打倒官僚资本主义，在全国范围内推翻国民党的反动统治"。

这种敢于斗争、敢于胜利的精神，不仅表现在革命战争中，而且表现在党的工作的各个方面。在党的七届二中全会上，毛泽东同志指出，党必须用极大的努力去学会管理城市和建设城市，学会在城市中向帝国主义者、国民党、资产阶级作政治斗争、经济斗争和文化斗争，并向帝国主义者作外交斗争。他号召全党要学经济、学管理、学文化，学会一切不懂的东西，并激励全党克服困难，为建设自己的美好国家而付出艰辛与努力。也就是要用事实回击国内外敌对势力所谓的共产党只会打仗、不会搞建设的预言。这种敢于斗争、敢于胜利的精神，是我们党不断取得一个又一个胜利的重要法宝。

伟大的时代需要伟大的精神，伟大的时代孕育伟大的精神。在国民党军队仍占有明显优势的形势下，党中央为了完成民主革命的任务，不失时机地作出了与国民党进行战略决战的决策。"三大战役"大大加速了解放战争在全国胜利的进程。国民党集团为了挽救其摇摇欲坠的局面，企图以"和谈"的骗局瓦解中国人民的斗志。中国共产党为了维护人民的根本利益，表现出了彻底革命的精神，以"宜将剩勇追穷寇，不可沽名学霸王"的气概，一举突破长江天险，解放了全中国。为了推动革命继续向前发展，毛泽东创造性地提出了半殖民地半封建的中国从新民主主义向社会主义转变的理论，做出了将工作重点从农村转移到城市，从革命战争转移到经济工作，迅速恢复和发展国民经济，逐步地使中国由农业国转为工业国，努力把中国建设成一个伟大的社会主义国家等一系列重大决策。面对一些人对我们建设一个新中国能力的怀疑，毛泽东在党的七届二中全会上铿锵有力地说："我们不但善于破坏一个旧世界，我们还将善于建设一个新世界。"展望未来，他语重心长地告诫全党："建设一个新世界，要比破坏一个旧世界，路程更长，工作更伟大，更艰苦。全党同志对此要有清醒的头脑，经受住胜利和执政的考验，不要因为胜利而骄傲，以功臣自居而腐化堕落。"

依靠群众、团结统一的精神。坚持依靠群众，坚持团结统一，是长期以来党的群众路线与民主作风在西柏坡时期的继续与发展。低矮的土房，狭小的院落，中国共产党就是在这样的条件下，指挥了"三大战役"，完成了筹建新中国的准备工作。站在西柏坡的旧址上，你不能不思绪万千。难怪淮海战役中被俘的原国民党将领黄维，被特赦后所做的第一件事，就是要到西柏坡看一看，他想知道西柏坡是个何等神奇的地方，毛泽东居然在短短几个月的时间内，打败了用美国装备到牙齿的国民党部队。在无比恶劣的环境中，是什么力量推动着中国革命不断前行？是什么力量使中国共产党从弱小到强大不断发展？实际上，取得中国革命的胜利，中国共产党并没有得天独厚的条件，相反他所面临的常常是敌人的围剿、装备的落后和物资的贫乏。中国共产党之所以能够一次次战胜困难，是因为他深深地植根于民众之中，因而有无尽的民气为之所用。党离不开人民，人民离不开党，这是一个不可改变的历史结论。只要彰显了人民的伟大力量，就没有战胜不了的困难，是中国共产党在西柏坡时期的斗争实践再次证明了的真理，也是这一时期留给我们的重要精神财富之一。

土地改革运动在解放区的开展使广大农民第一次当上了土地的主人，农民高兴得称"土地回家了"。这是翻身农民写给毛泽东的一封信："毛主席啊，没有你我们真得饿死啦，这回我们都翻了身，分了地，分了马，分了衣服粮食，都有吃有穿。也都抱团了，一定打倒大地主，打倒反动派。冬天到了，你那里很冷吧？我们都想看看你，离得又这样远，也见不着你。请你把最近的照片给捎一张来吧。"由于交通阻隔，信送达西柏坡时，寒冬已经过去了。农民的语言是朴实的，农民的感情是真挚的。在这泛黄的信笺上，我们看到了中国共产党的力量之源。战略决战中，广大人民群众自觉配合解放军作战，掀起了参军参战支援前线的热潮，军队打到哪里，人民群众就支援到哪里，为战略决战的胜利做出了伟大的贡献。解放战争的胜利再次证明，谁赢得人民，谁就会赢得中国。西柏坡时期，是党与人民群众联系最紧密的时期之一。党在西柏坡开展了土地改革运动，解放了广大贫苦农民，团结了倾向革命的广大知识分子、工商业人士、民主人士等。在党的七届二中全会上，毛泽东同志明确指出，中国共产党必须认真地团结全体工人阶级、全体农民阶级和广大的革命知识分子，同时"团结尽可能多的能够同我们合作的城市小资产阶级和民族资产阶级的代表人物"；中国共产党同党外民主人士长期合作的政策，必须在全党的思想上和工作上确定下来。这些都充分体现了中国共产党坚持依靠群众、坚持团结统一的精神。这是我们党始终得到人民群众拥护和支持的重要原因。

得民心则兴，失民心则衰。一个政党也好，一个政权也好，其前途与命运最终取决于人心向背，不能赢得最广大人民群众的支持，就必然垮台，只有深深植根于人民群众的沃土之中，彰显人民的神圣与伟大，才能得到人民的支持与拥护，才能无往而不胜。[1]

《在中国共产党第七届中央委员会第二次全体会议上的报告》的问题意识就是我们党在重大的历史转折关头是否以及如何经得住考验。1949年3月，党中央即将离开西柏坡前往北京。临行时，毛泽东意味深长地对周恩来说："进京赶考去。"周恩来回答道："我们应当都能考试及格。"毛泽东自信地说："我们决不学李自成，我们会考出好成绩。"虽然全国胜利的大局已定，但以毛泽东为代表的中国共产党人是清醒的，他们知道前面等待着的将是另一场考试——能不能经受得住执政的考验。

---

〔1〕　王聚英、尤秀斌："深刻认识西柏坡精神的主要内涵"，载《人民日报》2015年4月13日。

七届二中全会针对党员干部作风有六条规定：①不做寿；②不送礼；③少敬酒；④少拍掌；⑤不以人名作地名；⑥不要把中国同志同马恩列斯平列。2013年7月11日，习近平总书记在西柏坡这块展板前驻足良久，一一对照："不做寿，这条做到了；不送礼，这个还有问题，所以反'四风'要解决这个问题；少敬酒，现在公款吃喝得到遏制，关键是要坚持下去；少拍掌，我们也提倡；不以人名命名地名，这一条坚持下来了；第六条，我们党对此有清醒的认识……"[1]

是的，不管走出多远，都不能忘记自己从哪里来，到哪里去。七十多年前，中国共产党人带着对历史治乱规律的深刻借鉴，对艰苦奋斗历程的深刻总结，对国家长治久安的深刻忧思，对党的根本宗旨的深刻认识，走出西柏坡这个中国革命最后的"农村指挥所"，踏上了执掌全国政权，领导人民建设新中国的伟大征程。

从一个带领人民开展武装斗争、夺取政权的革命党，转变为引领人民励精图治、建设国家的执政党，中国共产党始终牢记为了谁、依靠谁、我是谁，秉持赶考心态，恪守为民情怀，开拓进取、不辱使命，团结带领人民取得了现代化建设的辉煌成就，我们的国家以前所未有的雄姿巍然屹立于世界东方。

成就举世瞩目，经验弥足珍贵。不管从搞经济建设一少经验、二缺知识，到依靠人民、发动群众使国民经济很快从战争废墟中恢复并发展起来；从在社会主义实践的严重曲折中汲取深刻教训，到以高度的政治勇气和智慧推动改革开放，走上新时代的康庄大道，正因为我们党始终怀着"赶考"心态勇毅笃行，坚持走自己的路、走符合国情的路，才能在实践中创造"中国经验"，在开拓中走出"中国道路"。

不管形势怎样发展、地位如何变化，"两个务必"的警示始终萦绕耳际，执政为民的追求从不懈怠，这是党永葆"赶考"心态的必然要求。"每次来西柏坡，我想得最多的是，毛泽东同志当年提出'两个务必'，主要基于哪些考虑？我们学的还有没有不深不透的？'两个务必'耳熟能详，但在当前形势下我们能不能深刻领会'两个务必'，使之更好指导当前党的建设？今天如何结合新的形势弘扬？"习近平总书记提出的问题，包含着新一届中央领导集体对

〔1〕李从军等："面向未来的赶考——习近平总书记指导河北省党的群众路线教育实践活动回访记"，载 http://www.xinhuanet.com/politics/2014-03/23/e-1/9899428_3.htm，2020年4月5日访问。

如何答好新形势下治国理政考题的深邃思考。

　　这是未雨绸缪的远见，也是切中要害的卓识。改革开放使中国经历历史性变革，市场经济给执政环境带来深刻变化。在鲜花和掌声中，在利益和诱惑面前，一些干部谦虚谨慎的意识有所淡薄，骄傲自满的情绪有所抬头，追求享乐的风气有所滋生，和人民群众一起吃苦、一同奋斗的意志有所削弱。"四风"之弊，犹如"疾在腠理，不治将恐深"。如果对作风问题视而不见、听之任之，则会积小成大，最终积重难返。在全党深入开展群众路线教育实践活动，以整风精神开展批评和自我批评，自觉把党性修养正一正、把党员义务理一理、把党纪国法紧一紧，就是要见微知著，防患于未然，对思想作风和行为做一番仔细检查，发现问题早吃药、早治病、早治愈，革除"四风"之害，夯实作风之基，党员干部的身体才会通泰，党的组织肌体才能强健。

　　心态决定状态，状态关系成败。有了"赶考"心态，就拥有了自我警示的意识、自我反省的本领及自我提升的动力。在全面深化改革开局起步的关键阶段，实现"两个一百年"奋斗目标、实现中华民族伟大复兴中国梦还会面临很多未知的困难和风险。新形势、新任务、新挑战，考验我们的决心，更检验我们的能力。谦虚谨慎、戒骄戒躁，始终坚持群众观点，站稳群众立场，走好群众路线，我们就能不断从人民群众的无穷智慧中汲取丰富养分，凝聚全党全社会的力量，获得攻坚克难的磅礴之力，打赢全面深化改革的攻坚战。

　　治国理政是一道没有句号的"考题"，是一张随着社会发展而不断延展的"考卷"。不断行进在"赶考"路上的中国共产党人，定能以过硬的作风和本领，带领人民砥砺奋进，书写更加优异的历史答卷。[1]

模块三经典文献:《解放思想，实事求是，团结一致向前看》

【教学导入】《解放思想，实事求是，团结一致向前看》是邓小平在1978年11月10日至12月15日中央工作会议闭幕会上的讲话（本模块以下简称《讲话》）。这次中央工作会议为随即召开的中共十一届三中全会作了充分准备。邓小平的这个《讲话》实际上是党的十一届三中全会的主题报告。

---

〔1〕　新华社评论员："永葆赶考心态　成就伟大梦想——三论'赶考'永远在路上"，载 http://www.xinhuanet.com/politics/2014-03/23/e-1/9899428_3.htm，2020年4月5日访问。

【教学目的】通过研读，引导学生了解《讲话》的背景、内容和重大意义，培养学生解放思想，与时俱进的意识。

【教学重点】《讲话》的内容和价值。

【教案正文】

一、《讲话》背景

江泽民同志在党的十五大报告中指出："一九七八年邓小平《解放思想，实事求是，团结一致向前看》这篇讲话，是在'文化大革命'结束以后，中国面临向何处去的重大历史关头，冲破'两个凡是'的禁锢，开辟新时期新道路、开创建设有中国特色社会主义新理论的宣言书。"[1]在这里，我们能够体会出《讲话》的深刻背景。

（1）这是对"文化大革命"结果反思的需要。长达十年之久的"文化大革命"，给我国经济和社会发展造成了严重影响。中外本来就已存在的经济和科技上的差距被进一步拉大，思想和政治上的混乱局面积重难返，各项事业百废待兴。

从经济上看，"文化大革命"推行极左政策，违背经济规律，严重阻碍了生产力发展。社会主义建设的许多正确原则，如发展生产力，发展商品经济，实行按劳分配，引进国外先进技术等，统统被当作修正主义和资本主义加以批判。在生产关系上，不允许个体经济发展，轻视物质利益，分配上搞平均主义；在对外政策上，批判"洋奴哲学"和"爬行主义"，使我国对外引进工作遇到重重阻力。由于"文化大革命"的破坏，仅1974年到1976年，全国就损失工业总产值1000亿元、钢产量2800万吨、财政收入400亿元，整个国民经济几乎到了崩溃的边缘。从城镇居民的生活状况看，1957年全国职工平均货币工资624元，而1976年则下降至575元。

中国社会从1958年到1978年，20年间基本上处于停滞和徘徊的状态。国家的经济和人民生活没有得到太大发展和提高。在这种情况下，不改革能行吗？"文化大革命"的一个重要作用就是直接教育了我们必须改革开放。这就是邓小平在《讲话》中一再提出我们必须改革的深刻背景。

---

〔1〕 江泽民《高举邓小平理论伟大旗帜，把建设有中国特色社会主义事业全面推向二十一世纪——在中国共产党第十五次全国代表大会上的报告》（1997年9月12日）。

（2）这是肃清"两个凡是"错误思想的需要。1976 年 10 月，我国粉碎了"四人帮"反党集团，开始了揭批"四人帮"的斗争。随着斗争的深入，一个难以回避的重大敏感问题出现了。这就是必须同时对"文化大革命"的"左"倾错误进行全面彻底清理。

1977 年 2 月 7 日《人民日报》《红旗》杂志和《解放军报》同时发表社论，正式提出了"两个凡是"的方针。即"凡是毛主席做出的决策，我们都要维护；凡是毛主席的指示，我们都始终不渝地遵循"。由于"两个凡是"的钳制和阻碍，"文化大革命"之后的两年，尽管各项工作有所进步，但因党的指导思想没有发生根本转变，使党和国家的工作在总体上仍受到严重阻碍。

对此，邓小平等老一辈革命家，对"两个凡是"提出了异议，认为这不是马克思主义，不是毛泽东思想。自 1977 年 2 月至 1978 年 12 月，邓小平在多种场合，一直同"两个凡是"进行针锋相对的斗争。

与此同时，从 1978 年 5 月开始，中国的哲学界围绕着真理标准问题，展开了一场影响深远的思想大讨论。1978 年 5 月 10 日，中共中央党校《理论动态》第 60 期发表了《实践是检验真理的唯一标准》一文，第二天《光明日报》就公开发表了这篇文章，新华社也在当天全文转载了这篇文章。这篇文章虽然没有点名"两个凡是"，但其锋芒直指"两个凡是"，并击中了它的要害。后来，在邓小平的支持下，从 6 月到 11 月，这场讨论高潮涌起，全党范围内的大讨论局面逐步形成。这场讨论大大促进了人们思想的大解放，为推动历史大转折，酝酿和决策改革开放，做好了重要的思想和舆论上的准备。

在《讲话》中，邓小平首先提出要解放思想，坚持实事求是，就是要人们从"两个凡是"的束缚中解放出来，要人们敢想敢干。通过拿起实事求是的思想武器，去正确地评价毛泽东一生的功过及对各种冤假错案的甄别和平反，正确地解决事关"文化大革命"这样的重大历史遗留问题。这是邓小平发表《讲话》的另一个重大背景。

（3）这是克服"左"倾错误遗毒的需要。坚持把马克思主义基本原理和中国革命与建设的具体实践相结合，这是我们的事业取得胜利的思想保证。但在长期的实践中，我们党一直受到来自"左"与右错误思想的干扰。其中，"左"的倾向根深蒂固，危害最大。

在粉碎"四人帮"到十一届三中全会召开的两年多时间里，"左"倾错误思想继续存在。这不仅表现在"两个凡是"方针的提出之中，而且也表现在这两年所出现的"洋跃进"之中。为了完成经五届人大一次会议通过的《1976—1985年发展国民经济十年规划纲要》确定的高指标，这两年内我国进一步扩大对外引进技术和设备的规模；不断追加基本建设的投资。我国刚刚经历了十年内乱的严重破坏，国民经济亟须休养生息，此时要求大干快上，发动新的跃进，这无异于让大病初愈之人极速快跑，结果只能事与愿违。在实际工作中，必然造成比例失调等严重后果。

因此，如何真正克服"左"倾错误思想的影响，引导我国一步一个脚印地去实现四个现代化，自然是第三次复出后的邓小平要认真思考和解决的问题。在《讲话》中，他提出："只有解放思想，坚持实事求是，一切从实际出发，理论联系实际，我们的社会主义现代化建设才能顺利进行，我们党的马列主义、毛泽东思想的理论也才能顺利发展。"[1]"实事求是，是无产阶级世界观的基础，是马克思主义的思想基础。过去我们搞革命所取得的一切胜利，是靠实事求是；现在我们要实现四个现代化，同样要靠实事求是。不但中央、省委、地委、县委、公社党委，就是一个工厂、一个机关、一个学校、一个商店、一个生产队，也都要实事求是，都要解放思想，开动脑筋想问题、办事情。"其目的就是要从根本上铲除"左"倾错误思想的影响。这是邓小平发表《讲话》的另一个深刻背景。

（4）这也是顺利实现党的工作重点转移的需要。"文化大革命"结束后，及时把党的工作重点转移到现代化建设上来，这是早在中央工作会议召开之前的8月、9月，邓小平就提出来的。后来，它成了中央工作会议中的重要议题和"中心思想"。

讨论中，与会者普遍认为将党的工作重点转移到现代化建设上来，是具有历史意义的根本转变。中华人民共和国建立以来，毛泽东多次强调要把建设社会主义作为中心任务。但是，由于种种原因和干扰，特别是林彪和"四人帮"两个反党集团的破坏，一直没能稳定、系统地进行这一转变。从而，使社会主义建设没能实现持久高速地发展。并且，发生了两次大的挫折和停滞。因此，这次提出党的工作重点转移意义重大。

把党的工作重点从"文化大革命"时期的"以阶级斗争为纲"，转向

---

〔1〕 本模块引文，如无说明，皆出自《讲话》，后不赘述。

"以现代化建设为中心"，势必要对长期以来妨碍我国现代化建设的僵化体制，以及各种不合时宜的观念和做法进行调整和变革。在《讲话》中，邓小平之所以要重点谈论经济民主的问题，就是要为将来我国经济的发展创造宽松的政治环境；之所以强调要扩大企业和生产队的自主权，就是要为我国现代化建设培育微观市场的主体。同样，在《讲话》中，邓小平针对我们的经济管理工作，机构臃肿，层次重叠，手续繁杂，效率极低的弊端，大声疾呼"如果现在再不实行改革，我们的现代化事业和社会主义事业就会被葬送"，目的也是为完成党的工作重点转变创造良好的体制条件。从这里可以看出，《讲话》的背景也是着眼于党的工作重点的转变。

二、结构内容

从结构看，这篇《讲话》是围绕一个方针，即"把全党工作的重心转到实现四个现代化上来的根本指导方针"，全面论述了当时我国需要努力做好的四个方面的主要工作，即解放思想、发扬民主、解决历史问题和加快我国改革等。从而，为促进党的工作重心转变创造必要的条件。

针对当时阻碍人们思想解放的"两个凡是"，邓小平着重分析了思想僵化、不解放的危害和原因。他指出："不打破思想僵化，不大大解放干部和群众的思想，四个现代化就没有希望。"

由于"民主是解放思想的重要条件"，如果不大力发展社会主义民主，人们"好的意见不那么敢讲，对坏人坏事不那么敢反对，这种状况不改变，怎么能叫大家解放思想，开动脑筋？四个现代化怎么化法？"为此，在《讲话》中邓小平重点探讨了影响我国未来发展的经济民主、政治民主，以及民主与法制等重大问题。

由于十年"文化大革命"造成了大量的冤假错案，毛泽东错误发动的"文化大革命"对我国也造成了严重的负面影响，如何评价毛泽东及"文化大革命"，能否解决好这些重大的历史遗留问题，就成为开启我国现代化建设新征程中必须解决的历史问题。解决这些问题"正是为了顺利实现全党工作重心的转变"。为此，邓小平在《讲话》中提出处理遗留问题要向前看；坚持的原则是"有错必纠"；对过去错误的处理可以从宽，但对今后发生的问题则要从严，特别是对高级干部要更加从严。

另外，"在实现四个现代化的进程中，必然会出现许多我们不熟悉的、预想不到的新情况和新问题。尤其是生产关系和上层建筑的改革，不会是一帆风顺的，它涉及的面很广，涉及一大批人的切身利益，一定会出现各种各样的复杂情况和问题，一定会遇到重重障碍"。所以，我们必须通过不断学习，去"研究新情况，解决新问题"，这就是《讲话》的基本结构。

围绕怎样实现党的工作重心转变，《讲话》提出了一系列影响我国长远发展的基本观点。从实践看，这些观点成为指导未来我国发展的行动指南。

1. 关于解放思想

（1）解放思想是当前重大的政治问题。因为，"只有思想解放了，我们才能正确地以马列主义、毛泽东思想为指导，解决过去遗留的问题；解决新出现的一系列问题，正确地改革同生产力迅速发展不相适应的生产关系和上层建筑"。

（2）思想僵化的原因。一是十多年来林彪、"四人帮"大搞禁区、禁令的结果；二是权力过分集中的官僚主义束缚了人们的头脑；三是干和不干一个样的体制机制使人们不愿意去动脑筋；四是小生产习惯势力对人们的影响。

（3）思想僵化的危害。一是导致条条、框框多了起来；二是让随风倒的现象多了起来；三是不从实际出发的本本主义也严重起来；四是这会导致亡党亡国。邓小平指出："一个党，一个国家，一个民族，如果一切从本本出发，思想僵化，迷信盛行，那它就不能前进，它的生机就停止了，就要亡党亡国。"因此，"不打破思想僵化，不大大解放干部和群众的思想，四个现代化就没有希望"。

（4）实践是检验真理的唯一标准。这一问题的讨论是个思想路线问题，是个重大的政治问题，是关系党和国家前途和命运的大问题。

（5）必须坚持实事求是。"实事求是，是无产阶级世界观的基础，是马克思主义的思想基础。过去我们搞革命所取得的一切胜利，是靠实事求是；现在我们要实现四个现代化，同样要靠实事求是。"任何单位和个人都要实事求是，都要解放思想，都要勇于思考、勇于探索、勇于创新，开动脑筋想问题、办事情。

2. 关于发扬民主

（1）必须发扬民主。由于过去很长时间我国民主发扬的不够，所以，当前特别需要强调民主。我们要创造民主的条件，"在党内和人民内部的政治生活中，只能采取民主的手段，不能采取压制、打击的手段"。"对于思想问题，无论如何不能用压服的办法，要真正实行'双百'方针。"

（2）当前必须大力发扬经济民主。"现在我国的经济管理体制权力过于集中，应该有计划地大胆下放，否则不利于充分发挥国家、地方、企业和劳动者个人四个方面的积极性，也不利于实行现代化的经济管理和提高劳动生产率。应该让地方和企业、生产队有更多的经营管理的自主权。"

（3）当前最迫切的是扩大企业和生产队的自主权。"使每一个工厂和生产队能够千方百计地发挥主动创造精神。"

（4）应该重视物质利益。"为国家创造财富多，个人的收入就应该多一些，集体福利就应该搞得好一些。不讲多劳多得，不重视物质利益，对少数先进分子可以，对广大群众不行，一段时间可以，长期不行。革命精神是非常宝贵的，没有革命精神就没有革命行动。但是，革命是在物质利益的基础上产生的，如果只讲牺牲精神，不讲物质利益，那就是唯心论。"

（5）要切实保障广大人民的民主权利。这包括民主选举、民主管理和民主监督等。

保障人民民主必须加强法制。"必须使民主制度化、法律化，使这种制度和法律不因领导人的改变而改变，不因领导人的看法和注意力的改变而改变。"要通过不断地加强法制，做到"有法可依，有法必依，执法必严，违法必究"。

3. 关于遗留问题

（1）解决历史遗留问题的必要性。纠正冤假错案，这是解放思想的需要，也是安定团结的需要。

（2）对于过去搞错了的东西要尽快实事求是地解决。要干脆利落地解决，不要拖泥带水，要"有错必纠"。对于犯错误的同志，要给他们总结经验教训、认识和改正错误的时间。

（3）要科学历史地认识毛泽东。对毛泽东及"文化大革命"的评价，要从国际和国内的大局出发，从历史的角度来看。"毛泽东同志在长期革命斗争中立下的伟大功勋是永远不可磨灭的。""没有毛主席就没有新中国。""没有毛泽东思想，就没有今天的中国共产党。"当然，"毛泽东同志不是没有缺点、错误的，要求一个革命领袖没有缺点、错误，那不是马克思主义。我们要领导和教育全体党员、全军指战员、全国各族人民科学地、历史地认识毛泽东同志的伟大功绩。"

4. 关于经济改革

（1）我们要研究新情况和解决新问题。尤其要注意研究和解决管理方法、管理制度、经济政策三方面的问题。

（2）在管理方法上当前要特别注意克服官僚主义。"现在，我们的经济管理工作，机构臃肿，层次重叠，手续繁杂，效率极低。政治的空谈往往淹没一切。这并不是哪一些同志的责任，责任在于我们过去没有及时提出改革。但是如果现在再不实行改革，我们的现代化事业和社会主义事业就会被葬送。"要学会用经济方法管理经济。

（3）如何评价一个地方的领导好不好？"看一个经济部门的党委善不善于领导，领导得好不好，应该主要看这个经济部门实行了先进的管理方法没有，技术革新进行得怎么样，劳动生产率提高了多少，利润增长了多少，劳动者的个人收入和集体福利增加了多少。各条战线的各级党委的领导，也都要用类似这样的标准来衡量。这就是今后主要的政治。"

（4）当前要特别注意加强责任制。要使责任制真正发挥作用，一要扩大管理人员的权限；二要善于选用人员，量才授予职责；三要严格考核，赏罚分明。

（5）要允许一部分地区和一部分人先富起来。"在经济政策上，我认为要允许一部分地区、一部分企业、一部分工人农民，由于辛勤努力成绩大而收入先多一些，生活先好起来。"

（6）全党一定要善于学习。实现四个现代化是一场深刻的伟大革命，全党同志一定要善于学习，善于重新学习。当前，主要学习经济学、科学技术和管理。

很显然，在上述观点中，无论是突破思想僵化、大力倡导解放思想，还是努力发扬民主、不断扩大厂矿企业和生产队的自主权；不管是纠正冤假错案、解决重大的历史遗留问题，还是研究和解决管理方法、管理制度、经济政策等方面存在的问题，提出要加快我国生产关系和上层建筑的改革等，这都对日后我国 40 多年的改革开放、综合国力的提高产生了重大的影响。

三、意义和价值

邓小平在中央工作会议闭幕会上的讲话，具有多重意义和价值。

（1）它奠定了党的十一届三中全会的思想基础。这篇《讲话》既是在

"文化大革命"结束后，中国向何处去的历史关头，冲破"两个凡是"禁锢，开辟新时期新道路、开创建设有中国特色社会主义新理论的宣言书；也是具有强烈的危机意识、发展意识、开拓意识、进取意识，意在激发全党全国人民摆脱僵化或半僵化的状态，敢闯敢干、敢为人先，强力倡导改革创新精神的政治呼吁书。它为即将召开的党的十一届三中全会提供了指导思想，实际上也是十一届三中全会的主题报告。从下面十一届三中全会所作出的决定内容与《讲话》内容之间的联系中，我们就能够知道这篇讲话对三中全会的影响。

全会决定：①及时结束揭批林彪、"四人帮"的群众运动，从 1979 年开始把党的工作重点转向社会主义现代化建设。②全会原则同意 1979 年和 1980 年国民经济计划安排。③全会原则同意关于加快农业改革发展的两个文件。④全会在深入总结新中国建立以来经济建设经验教训的基础上清醒地认识到，实行工作重点转移后，绝不能再沿用过去的管理体制和管理方法。必须根据现代化建设的需要，对传统的僵化体制进行大胆改革，探索新的发展道路。⑤全会审查和纠正了对一些重要领导人的错误结论；讨论了民主与法制问题；高度评价了真理标准讨论对全党全国人民解放思想的历史意义；肯定了毛泽东的历史功绩和毛泽东思想；决定适时对"文化大革命"进行总结。

1998 年 12 月，在党的十一届三中全会召开 20 周年之际，江泽民这样评价这次全会："党在思想、政治、组织等领域的全面拨乱反正，是从这次全会开始的。伟大的社会主义改革开放，是由这次全会揭开的序幕的。建设由中国特色社会主义的新道路，是以这次全会为起点开辟的。"[1] 在党的十一届三中全会对我国未来的影响中，我们也能间接感知《讲话》对我国未来的影响。

（2）它是邓小平理论产生的历史与逻辑起点。1978 年的真理标准大讨论，和年底召开的中央工作会议，这是邓小平理论形成的必要准备和有力推动。党的十一届三中全会之后，党在社会主义初级阶段基本路线的形成，是邓小平理论形成的重要标志。从这一脉络中我们能够明显地看出，《讲话》是邓小平理论产生的历史起点。

如果我们回顾邓小平理论的全部内容，我们会发现，其中的主要内容早

---

〔1〕　江泽民："在中共十一届三中全会 20 周年纪念大会上的讲话"，载 http://union.china.com.cn/gaige/txt/2008-02/27/content_ 2082791. htm，2021 年 10 月 10 日访问。

在《讲话》中已经蕴含了。由此也能看出，《讲话》也是邓小平理论产生的逻辑起点。

比如，邓小平理论的精髓是"解放思想、实事求是"，这恰恰是《讲话》的主题，是第一部分重点论述的内容。在邓小平理论有关社会主义本质的论断中，有一个先富带后富，最后走向共同富裕的思想，其源头就是《讲话》中要允许一部分地区和一部分人先富起来的思想。改革开放理论是邓小平理论的重要内容。在《讲话》中邓小平围绕改革所阐述的一系列思想都是其中重要的内容。同样，如民主与法制、如何解决重大的历史遗留问题等，都是邓小平理论中的重要内容。

（3）它是我国改革开放 40 多年取得巨大成就的逻辑起点。40 多年我国的改革开放波澜壮阔，成就斐然。这与邓小平理论、"三个代表"重要思想、科学发展观和习近平新时代中国特色社会主义思想的正确指引密不可分。但这头功应该记在邓小平的头上，记在《讲话》之上。因为，如果没有当时邓小平大讲特讲解放思想，如果没有邓小平当时推动党的工作重点转移，如果没有邓小平力推中国的改革开放，应该说就没有 40 多年后今天我们所取得的一切成就。

从 40 多年我们所取得的成就中，我们应该知道《讲话》的价值。十一届三中全会以来的 40 多年，是我们党团结带领全国各族人民解放思想，锐意进取，进行中国特色社会主义历史性创造活动的 40 多年；是激情澎湃、日新月异的 40 多年；是给中国带来历史性巨变、令世界为之惊叹的 40 多年；也是中华民族赶上时代潮流，迎来民族复兴光明前景的 40 多年。这 40 多年，国内生产总值从 1978 年的 3679 亿元，达到 2020 年超过 100 万亿元，经济总量跃居世界第二位；国家的治理体系和治理能力现代化水平明显提高，民主法治建设迈出重大步伐；中国特色社会主义文化发展道路越走越宽，文化强国建设稳步迈进；全国人民的家庭财产由无到有，由少到多，实现了从温饱到全面小康的历史性跨越；中国正前所未有地走进世界舞台的中央，正在为人类作出自己更大的贡献。

模块四经典文献：《决胜全面建成小康社会　夺取新时代中国特色社会主义伟大胜利》

【教学导入】中国共产党第十九次全国代表大会于 2017 年 10 月 18 日在北京召开，这次大会是在全面建成小康社会决胜阶段、中国特色社会主义进入新时代的关键时期召开的一次十分重要的大会。大会主题是"不忘初心，牢记使命，高举中国特色社会主义伟大旗帜，决胜全面建成小康社会，夺取新时代中国特色社会主义伟大胜利，为实现中华民族伟大复兴的中国梦不懈奋斗"。习近平总书记做了题为《决胜全面建成小康社会夺取新时代中国特色社会主义伟大胜利》的报告（本模式以下简称《报告》）[1]，报告回顾了过去五年来取得的巨大成就、发生的历史性变革，科学判断当前中国特色社会主义发展所处的历史方位，科学规划新时代中国特色社会主义的基本方略，创立了习近平新时代中国特色社会主义思想，是新时代中国特色社会主义发展的行动指南。

【教学目的】引导学生了解《报告》的基本内容、价值意义，确立为实现中华民族伟大复兴中国梦而尽职担责的信念。

【教学重点】《报告》的基本内容和价值意义。

【教案正文】

一、历史背景

（一）过去五年，党和国家取得了全方位的、开创性的成就

十八大以来，我们党以巨大的政治勇气和强烈的责任担当，提出了一系列新理念新思想新战略，出台了一系列重大方针政策，推出了一系列重大举措，推进了一系列重大工作，解决了许多长期想解决而没有解决的难题，办成了许多过去想办而没有办成的大事，推动党和国家事业发生历史性变革。五年来，党勇于面对面临的重大风险考验和党内存在的突出问题，以顽强的意志品质正风肃纪、反腐惩恶，消除了党和国家内部存在的严重隐患，党内政治生活气象更新，党内政治生态明显好转，党的创造力、凝聚力、战斗力显著增强，党的团结统一更加巩固，党群关系明显改善，党在革命性锻造中

---

〔1〕　本模块中，如无特别说明，引文皆出自《报告》，后不赘述。

更加坚强，焕发出新的强大生机活力，为党和国家事业发展提供了坚强的政治保证。

（二）过去五年，党和国家全面深化改革并取得重大突破

党的十八大以来，党和国家统筹推进"五位一体"总体布局、协调推进"四个全面"战略布局，"十二五"规划胜利完成，"十三五"规划顺利实施，党和国家事业全面开创新局面。改革全面发力、多点突破、纵深推进，着力增强改革系统性、整体性、协同性，拓展改革的广度和深度，推出一千五百多项改革举措，重要领域和关键环节改革取得突破性进展，主要领域改革主体框架基本确立。

（三）世界正在经历百年未有之大变局

世界多极化、经济全球化、社会信息化、文化多样化继续发展，世界处于大变革、大调整、大转换时期，正在经历百年未有之大变局。党在复杂形势下要实现带领人民建设社会主义现代化强国和实现中华民族伟大复兴的历史伟业，把中国特色社会主义事业继续向前推进。

（四）当代中国迎来最好的发展时期

党的十八大以来，我国经济建设、民主法治建设、思想文化建设、生态文明建设、军队建设、港澳台工作、全方位大国外交工作、全面从严治党工作均取得重大进展。人民生活不断改善，就业、教育、社会保障、收入等获得巨大改善，人民获得感、幸福感显著增强。社会治理体系更加完善，社会大局保持稳定，国家安全全面加强。党团结带领中国人民高举中国特色社会主义伟大旗帜，戮力一心，推动我国经济实力、科技实力、国防实力、综合国力、国际地位不断跃升，跻身世界前列。党的面貌、国家的面貌、人民的面貌、军队的面貌、中华民族的面貌发生了更加积极的变化，中华民族正以崭新的姿态屹立于世界之林，迎来历史上最好的发展时刻。

中国共产党坚定走在时代前列，不断进行自我革命，不断进行理论创新，适时召开党的第十九次全国代表大会，发布《报告》，总结经验、规划未来，孕育新思想，指导新实践。

二、内容结构

《报告》围绕着"不忘初心，牢记使命，高举中国特色社会主义伟大旗帜，决胜全面建成小康社会，夺取新时代中国特色社会主义伟大胜利，为实

现中华民族伟大复兴的中国梦不懈奋斗"这个主题，通过阐述党的初心使命、历史任务和奋斗目标，在科学定位中国特色社会主义发展新的历史方位的基础上，提出了"八个明确"和"十四个坚持"，提出了战略规划和战略重点，形成了习近平新时代中国特色社会主义思想，科学回答了在新时代坚持和发展什么样的中国特色社会主义、如何坚持和发展中国特色社会主义这个重大理论问题。

（一）科学定位中国特色社会主义发展新的历史方位

《报告》指出："经过长期努力，中国特色社会主义进入了新时代，这是我国发展新的历史方位。"这是党对我国发展阶段的新的政治判断和科学定位，是对我国国情新的科学认识，它赋予党的历史使命、理论遵循、目标任务以新的时代内涵，是党科学制定路线方针政策的时代依据和现实基础。

1. 中国特色社会主义进入新时代是我国社会主义发展新的历史方位

中国特色社会主义新时代，"是承前启后、继往开来、在新的历史条件下继续夺取中国特色社会主义伟大胜利的时代，是决胜全面建成小康社会、进而全面建设社会主义现代化强国的时代，是全国各族人民团结奋斗、不断创造美好生活、逐步实现全体人民共同富裕的时代，是全体中华儿女勠力同心、奋力实现中华民族伟大复兴中国梦的时代，是我国日益走近世界舞台中央、不断为人类作出更大贡献的时代"。

2. 新时代中国特色社会主义的社会主要矛盾发生根本转变

《报告》指出："中国特色社会主义进入新时代，我国社会主要矛盾已经转化为人民日益增长的美好生活需要和不平衡不充分的发展之间的矛盾。"社会主要矛盾的转换是我国发展进入新阶段的重要标志，是党带领人民由站起来到富起来再到强起来的重要表现，是中国特色社会主义走向进一步辉煌的新的起点。

3. 我国仍将长期处于社会主义初级阶段

我国社会主要矛盾的变化没有改变我国社会主义所处的历史阶段，"我国仍处于并将长期处于社会主义初级阶段的基本国情没有变，我国是世界最大发展中国家的国际地位没有变。全党要牢牢把握社会主义初级阶段这个基本国情，牢牢立足社会主义初级阶段这个最大实际，牢牢坚持党的基本路线这个党和国家的生命线、人民的幸福线，领导和团结全国各族人民，以经济建设为中心，坚持四项基本原则，坚持改革开放，自力更生，艰苦创业，为把我国建设成为富强民主文明和谐美丽的社会主义现代化强国而奋斗。"

（二）科学明确新时代党的历史使命

实现中华民族伟大复兴是近代以来中华民族最伟大的梦想。中国共产党一经成立，就把实现共产主义作为党的最高理想和最终目标，义无反顾肩负起实现中华民族伟大复兴的历史使命。

1.《报告》阐述了党的初心和使命的科学内涵

《报告》指出："中国共产党人的初心和使命，就是为中国人民谋幸福，为中华民族谋复兴。这个初心和使命是激励中国共产党人不断前进的根本动力。"不忘初心、牢记使命，始终同人民在一起，为人民利益而奋斗，是马克思主义政党的鲜明品格。党和人民一定要永远同呼吸、共命运、心连心，党要永远把人民对美好生活的向往作为奋斗目标，继续朝着实现中华民族伟大复兴的宏伟目标奋勇前进。

2.《报告》明确了新时代中国特色社会主义的总任务

《报告》指出，新时代中国特色社会主义的总任务是"实现社会主义现代化和中华民族伟大复兴"。实现中华民族伟大复兴，必须坚持走中国特色社会主义道路，坚定"四个自信"、强化"四个意识"、做到"两个维护"。实现伟大梦想，必须进行伟大斗争，建设伟大工程、推进伟大事业，始终高举中国特色社会主义伟大旗帜，更加自觉地增强中国特色社会主义自信，始终坚持和发展中国特色社会主义，紧紧依靠人民，从根本上改变中国人民和中华民族的前途命运，建设社会主义现代化强国，实现中华民族伟大复兴。

（三）确立习近平新时代中国特色社会主义思想是党的指导思想

1. 习近平新时代中国特色社会主义思想是党的指导思想

围绕着坚持和发展什么样的中国特色社会主义、如何坚持和发展中国特色社会主义这个重大时代课题，我们党坚持以马克思列宁主义、毛泽东思想、邓小平理论、"三个代表"重要思想、科学发展观为指导，坚持解放思想、实事求是、与时俱进、求真务实，坚持辩证唯物主义和历史唯物主义，紧密结合时代条件和现实要求，以全新的视野深化对党执政规律、社会主义建设规律、人类社会发展规律的认识，取得新的伟大理论成果，创立了习近平新时代中国特色社会主义思想。

习近平新时代中国特色社会主义思想坚持马克思主义基本观点和方法，坚持社会主义基本原则，科学总结世界社会主义发展的经验教训，从中国新的发展实际和世界新的发展趋势出发，实事求是、锐意创新，对坚持和发展中国特色社会主义的总目标、总任务、总体布局、战略布局、发展方向、发展方式、发展动力、发展步骤、发展条件、政治保证等基本问题给出了科学回答，形成了系统而科学的理论体系，是对马克思主义的丰富和发展，是新时代的马克思主义。

2. 习近平新时代中国特色社会主义思想的核心内容

习近平新时代中国特色社会主义思想的科学内容非常广泛，包括政治、经济、军事、教育、文化、民生、民族、宗教、社会、生态、科技、国家安全、国防军队和国家统一等，主要体现在《报告》中提到的"八个明确"和"十四个坚持"。

（1）"八个明确"

①明确坚持和发展中国特色社会主义，总任务是实现社会主义现代化和中华民族伟大复兴，在全面建成小康社会的基础上，分两步走在本世纪中叶建成富强民主文明和谐美丽的社会主义现代化强国。

②明确新时代我国社会主要矛盾是人民日益增长的美好生活需要和不平衡不充分的发展之间的矛盾，必须坚持以人民为中心的发展思想，不断促进人的全面发展、全体人民共同富裕。

③明确中国特色社会主义事业总体布局是"五位一体"、战略布局是"四个全面"，强调坚定道路自信、理论自信、制度自信、文化自信。

④明确全面深化改革总目标是完善和发展中国特色社会主义制度、推进国家治理体系和治理能力现代化。

⑤明确全面推进依法治国总目标是建设中国特色社会主义法治体系、建设社会主义法治国家。

⑥明确党在新时代的强军目标是建设一支听党指挥、能打胜仗、作风优良的人民军队，把人民军队建设成为世界一流军队。

⑦明确中国特色大国外交要推动构建新型国际关系，推动构建人类命运共同体。

⑧明确中国特色社会主义最本质的特征是中国共产党领导，中国特色社会主义制度的最大优势是中国共产党领导，党是最高政治领导力量，提出新时代党的建设总要求，突出政治建设在党的建设中的重要地位。

（2）"十四个坚持"

①坚持党对一切工作的领导。党政军民学，东西南北中，党是领导一切的。必须增强政治意识、大局意识、核心意识、看齐意识，自觉维护党中央权威和集中统一领导，自觉在思想上政治上行动上同党中央保持高度一致，完善坚持党的领导的体制机制，坚持稳中求进工作总基调，统筹推进"五位一体"总体布局，协调推进"四个全面"战略布局，提高党把方向、谋大局、定政策、促改革的能力和定力，确保党始终总揽全局、协调各方。

②坚持以人民为中心。人民是历史的创造者，是决定党和国家前途命运的根本力量。必须坚持人民主体地位，坚持立党为公、执政为民，践行全心全意为人民服务的根本宗旨，把党的群众路线贯彻到治国理政全部活动之中，把人民对美好生活的向往作为奋斗目标，依靠人民创造历史伟业。

③坚持全面深化改革。只有社会主义才能救中国，只有改革开放才能发展中国、发展社会主义、发展马克思主义。必须坚持和完善中国特色社会主义制度，不断推进国家治理体系和治理能力现代化，坚决破除一切不合时宜的思想观念和体制机制弊端，突破利益固化的藩篱，吸收人类文明有益成果，构建系统完备、科学规范、运行有效的制度体系，充分发挥我国社会主义制度的优越性。

④坚持新发展理念。发展是解决我国一切问题的基础和关键，发展必须是科学发展，必须坚定不移贯彻创新、协调、绿色、开放、共享的发展理念。必须坚持和完善我国社会主义基本经济制度和分配制度，毫不动摇巩固和发展公有制经济，毫不动摇鼓励、支持、引导非公有制经济发展，使市场在资源配置中起决定性作用，更好发挥政府作用，推动新型工业化、信息化、城镇化、农业现代化同步发展，主动参与和推动经济全球化进程，发展更高层次的开放型经济，不断壮大我国经济实力和综合国力。

⑤坚持人民当家作主。坚持党的领导、人民当家作主、依法治国有机统一是社会主义政治发展的必然要求。必须坚持中国特色社会主义政治发展道路，坚持和完善人民代表大会制度、中国共产党领导的多党合作和政治协商制度、民族区域自治制度、基层群众自治制度，巩固和发展最广泛的爱国统一战线，发展社会主义协商民主，健全民主制度，丰富民主形式，拓宽民主渠道，保证人民当家作主落实到国家政治生活和社会生活之中。

⑥坚持全面依法治国。全面依法治国是中国特色社会主义的本质要求和

重要保障。必须把党的领导贯彻落实到依法治国的全过程和各方面，坚定不移走中国特色社会主义法治道路，完善以宪法为核心的中国特色社会主义法律体系，建设中国特色社会主义法治体系，建设社会主义法治国家，发展中国特色社会主义法治理论，坚持依法治国、依法执政、依法行政共同推进，坚持法治国家、法治政府、法治社会一体建设，坚持依法治国和以德治国相结合，依法治国和依规治党有机统一，深化司法体制改革，提高全民族法治素养和道德素质。

⑦坚持社会主义核心价值体系。文化自信是一个国家、一个民族发展中更基本、更深沉、更持久的力量。必须坚持马克思主义，牢固树立共产主义远大理想和中国特色社会主义共同理想，培育和践行社会主义核心价值观，不断增强意识形态领域主导权和话语权，推动中华优秀传统文化创造性转化、创新性发展，继承革命文化，发展社会主义先进文化，不忘本来、吸收外来、面向未来，更好构筑中国精神、中国价值、中国力量，为人民提供精神指引。

⑧坚持在发展中保障和改善民生。增进民生福祉是发展的根本目的。必须多谋民生之利、多解民生之忧，在发展中补齐民生短板、促进社会公平正义，在幼有所育、学有所教、劳有所得、病有所医、老有所养、住有所居、弱有所扶上不断取得新进展，深入开展脱贫攻坚，保证全体人民在共建共享发展中有更多获得感，不断促进人的全面发展、全体人民共同富裕。建设平安中国，加强和创新社会治理，维护社会和谐稳定，确保国家长治久安、人民安居乐业。

⑨坚持人与自然和谐共生。建设生态文明是中华民族永续发展的千年大计。必须树立和践行绿水青山就是金山银山的理念，坚持节约资源和保护环境的基本国策，像对待生命一样对待生态环境，统筹山水林田湖草系统治理，实行最严格的生态环境保护制度，形成绿色发展方式和生活方式，坚定走生产发展、生活富裕、生态良好的文明发展道路，建设美丽中国，为人民创造良好生产生活环境，为全球生态安全作出贡献。

⑩坚持总体国家安全观。统筹发展和安全，增强忧患意识，做到居安思危，是我们党治国理政的一个重大原则。必须坚持国家利益至上，以人民安全为宗旨，以政治安全为根本，统筹外部安全和内部安全、国土安全和国民安全、传统安全和非传统安全、自身安全和共同安全，完善国家安全制度体系，加强国家安全能力建设，坚决维护国家主权、安全、发展利益。

⑪坚持党对人民军队的绝对领导。建设一支听党指挥、能打胜仗、作风优良的人民军队，是实现"两个一百年"奋斗目标、实现中华民族伟大复兴的战略支撑。必须全面贯彻党领导人民军队的一系列根本原则和制度，确立新时代党的强军思想在国防和军队建设中的指导地位，坚持政治建军、改革强军、科技兴军、依法治军，更加注重聚焦实战，更加注重创新驱动，更加注重体系建设，更加注重集约高效，更加注重军民融合，实现党在新时代的强军目标。

⑫坚持"一国两制"和推进祖国统一。保持香港、澳门长期繁荣稳定，实现祖国完全统一，是实现中华民族伟大复兴的必然要求。必须把维护中央对香港、澳门特别行政区全面管治权和保障特别行政区高度自治权有机结合起来，确保"一国两制"方针不会变、不动摇，确保"一国两制"实践不变形、不走样。必须坚持一个中国原则，坚持"九二共识"，推动两岸关系和平发展，深化两岸经济合作和文化往来，推动两岸同胞共同反对一切分裂国家的活动，共同为实现中华民族伟大复兴而奋斗。

⑬坚持推动构建人类命运共同体。中国人民的梦想同各国人民的梦想息息相通，实现中国梦离不开和平的国际环境和稳定的国际秩序。必须统筹国内国际两个大局，始终不渝走和平发展道路、奉行互利共赢的开放战略，坚持正确义利观，树立共同、综合、合作、可持续的新安全观，谋求开放创新、包容互惠的发展前景，促进和而不同、兼收并蓄的文明交流，构筑尊崇自然、绿色发展的生态体系，始终做世界和平的建设者、全球发展的贡献者、国际秩序的维护者。

⑭坚持全面从严治党。勇于自我革命，从严管党治党，是我们党最鲜明的品格。必须以党章为根本遵循，把党的政治建设摆在首位，思想建党和制度治党同向发力，统筹推进党的各项建设，抓住"关键少数"，坚持"三严三实"，坚持民主集中制，严肃党内政治生活，严明党的纪律，强化党内监督，发展积极健康的党内政治文化，全面净化党内政治生态，坚决纠正各种不正之风，以零容忍态度惩治腐败，不断增强党自我净化、自我完善、自我革新、自我提高的能力，始终保持党同人民群众的血肉联系。

（五）《报告》科学规划了新时代中国特色社会主义发展战略

1. 新时代中国特色社会主义的战略安排

（1）提出决胜全面建成小康社会的思想。全面建成小康社会是"两个一百年"奋斗目标的第一个百年目标，是党向人民、向历史作出的庄严承诺，是十四亿中国人民的共同期盼。全面建成小康社会，标志着我国向社会主义现代化强国迈出了至关重要的一步。"决胜"的含义在于，现在到了一鼓作气、决战决胜的历史时刻，必须坚定信心、攻坚克难，确保到 2020 年全面建成小康社会。全面建成小康社会，强调的是"全面小康"，是指不仅发展水平达到了小康，而且发展水平达到了平衡性、协调性和可持续性。全面小康是政治经济社会文化生态全面进步的小康，是惠及全体人民的小康，是城乡区域共同的小康。

（2）提出"两步走"全面建成社会主义现代化强国的战略步骤。《报告》提出从 2020 年到本世纪中叶，在全面建成小康社会的基础上，分两步走全面建成社会主义现代化强国。《报告》指出，从全面建成小康社会到基本实现现代化，再到全面建成社会主义现代化强国，是新时代中国特色社会主义发展的战略安排。

第一个阶段，从 2020 年到 2035 年，在全面建成小康社会的基础上，再奋斗 15 年，基本实现社会主义现代化。到那时，我国经济实力、科技实力将大幅跃升，跻身创新型国家前列；人民平等参与、平等发展权利得到充分保障，法治国家、法治政府、法治社会基本建成，各方面制度更加完善，国家治理体系和治理能力现代化基本实现；社会文明程度达到新的高度，国家文化软实力显著增强，中华文化影响更加广泛深入；人民生活更为宽裕，中等收入群体比例明显提高，城乡区域发展差距和居民生活水平差距显著缩小，基本公共服务均等化基本实现，全体人民共同富裕迈出坚实步伐；现代社会治理格局基本形成，社会充满活力又和谐有序；生态环境根本好转，美丽中国目标基本实现。

第二个阶段，从 2035 年到 21 世纪中叶，在基本实现现代化的基础上，再奋斗 15 年，把我国建成富强民主文明和谐美丽的社会主义现代化强国。到那时，我国物质文明、政治文明、精神文明、社会文明、生态文明将全面提升，实现国家治理体系和治理能力现代化，成为综合国力和国际影响力领先的国家，全体人民共同富裕基本实现，我国人民将享有更加幸福安康的生活，中华民族将以更加昂扬的姿态屹立于世界民族之林。

新时代"两步走"战略安排把基本实现现代化的时间提前了 15 年，把到 21 世纪中叶基本实现现代化提高到全面建成社会主义现代化强国，目标更高、要求更高、丰富了"三步走"战略和"两个一百年"战略，是当代中国共产党和中国人民发出的实现中华民族伟大复兴千秋伟业的最强音。

（六）《报告》明确了坚持和发展中国特色社会主义的战略重点

实现"两个一百年"战略目标，实现中华民族伟大复兴、建设社会主义现代化强国，必须坚持全面深化改革，紧紧抓住实现发展的战略重点。

1. 贯彻新发展理念，建设现代化经济体系

发展是解决中国一切问题的总钥匙，必须遵循"创新、协调、绿色、开放、共享"新发展理念，加快推进我国经济由高速增长阶段转向高质量发展阶段，加快转变发展方式、优化经济结构、转换增长动力，建设现代化经济体系。《报告》提出要在深化供给侧结构性改革、加快建设创新型国家、实施乡村振兴战略、区域协调发展战略、加快完善社会主义市场经济体制、推动形成全面开放新格局等方面发力，努力建设现代化经济体系，激发全社会创造力和发展活力，努力实现更高质量、更高效率、更可持续的发展。

2. 健全人民当家作主制度体系，发展社会主义民主政治

人民当家作主是社会主义民主政治的核心，《报告》指出："发展社会主义民主就是要体现人民意志、保障人民权益、激发人民创造活力，用制度体系保证人民当家作主。"《报告》提出通过坚持党的领导、人民当家作主和依法治国的有机统一、加强人民当家作主制度保障、发挥社会主义协商民主重要作用、深化依法治国实践、深化机构和行政体制改革、巩固和发展爱国统一战线等，不断完善中国特色社会主义政治制度。

3. 坚定文化自信，推动社会主义文化繁荣兴盛

《报告》指出，"以马克思主义为指导，坚守中华文化立场，立足当代中国现实，结合当今时代条件，发展面向现代化、面向世界、面向未来的，民族的科学的大众的文化"。具体措施是：牢牢掌握意识形态工作领导权，培育和践行社会主义核心价值观，加强思想道德建设，繁荣发展社会主义文艺，推动文化事业和文化产业发展，形成强大的文化软实力，建设社会主义文化强国。《报告》要求，"当代中国共产党人和中国人民应该而且一定能够担负起新的文化使命，在实践创造中进行文化创造，在历史进步中实现文化进步"。

4. 提高保障和改善民生水平，加强和创新社会治理

民生是人民幸福之基、社会和谐之本，提高和改善民生水平就是要抓住

人民最关心最直接最现实的利益问题，既尽力而为，又量力而行，形成体系，完善制度。《报告》指出，保障和改善民生要优先发展教育事业，提高就业质量和人民收入水平，加强社会保障体系建设，坚决打赢脱贫攻坚战，实施健康中国战略，打造共建共享的社会治理格局，有效维护国家安全。《报告》指出，"党的一切工作必须以最广大人民根本利益为最高标准"，为人民创造美好生活，是党奋斗的根本目标。

5. 加快生态文明体制改革，建设美丽中国

《报告》指出，我国要建设的现代化是人与自然和谐共生的现代化，必须尊重自然、顺应自然、保护自然，与自然和谐共生，以实现生态可持续发展为前提，形成节约资源和保护环境的空间格局、产业结构、生产方式、生活方式。《报告》提出，要推进绿色发展，着力解决突出环境问题，加大生态系统保护力度，改革生态环境监管机制，形成生态文明与经济文明协调发展体制。

6. 坚持走中国特色社会主义强军之路，全面推进国防和军队现代化

强国必须强军，强军才能国安。《报告》提出建设中国特色社会主义军事强国，全面贯彻新时代强军思想，努力建设强大的现代化的人民军队，构建起中国特色社会主义现代军事体系、指挥体系、作战体系和国家安全体系，担当起保家卫国、振兴中华的时代使命。适应世界新军事革命发展趋势和国家安全需要，提高建设质量和效益，确保2020年基本实现机械化，推进信息化、军事理论现代化、军队组织形态现代化、军事人员现代化、武器装备现代化，力争到2050年基本实现国防和军队现代化，到本世纪末把人民军队建设成世界一流军队。

7. 坚持"一国两制"，推进祖国统一

解决台湾问题、实现祖国统一，是全体中华儿女共同愿望，是中华民族根本利益所在。《报告》指出："必须继续坚持'和平统一、一国两制'方针，推动两岸关系和平发展，推动祖国和平统一进程。"台湾是中国的一部分，台湾问题是中国的内政。一个中国原则是两岸关系的政治基础，我们坚决维护国家主权和领土完整，绝不容许任何分裂国家的活动和任何干扰我国国家统一的活动。

8. 坚持和平发展道路，推动构建人类命运共同体

中国共产党是为中国人民谋幸福的政党，也是为人类进步事业而奋斗的

政党。《报告》指出，当今世界深层次矛盾突出，正处于百年未有之大变局，中国坚定奉行独立自主的和平外交政策，积极发展全球伙伴关系，坚持对外开放基本国策，秉持共商共建共享的全球治理观，愿同各国人民同心协力，共建人类命运共同体。

9. 坚定不移全面从严治党，不断提高党的执政能力和执政水平

党要团结带领中国人民建设社会主义现代化强国，努力实现中华民族伟大复兴，必须要有新气象新作为，必须得有坚强的领导能力。《报告》指出，全面从严治党，就是要把党的政治建设摆在首位，用新时代中国特色社会主义思想武装全党，建设高素质专业化干部队伍，加强基层组织建设，持之以恒正风肃纪，健全党和国家监督体系，夺取反腐败斗争压倒性胜利，全面增强执政本领。

三、伟大意义

中国共产党第十九次全国代表大会是在我国社会主义建设进入新阶段的条件下召开的，十九大报告总结了中华人民共和国成立以来，尤其是改革开放以来党团结带领中国人民建设社会主义的经验教训，回顾了近代以来中国人民为实现中华民族复兴而付出的巨大努力和牺牲，概括了改革开放以来尤其是十八大以来取得的巨大成就，科学规划了未来三十年的发展战略，是一次承前启后、继往开来的大会，具有重大的历史意义。

（1）把习近平新时代中国特色社会主义思想确立为党必须长期坚持的指导思想并写入党章，实现了党的指导思想的与时俱进。

（2）科学明确了党的历史使命，提出"不忘初心、牢记使命"的政治主张，充实了党的建设的价值内涵。

（3）科学定位中国特色社会主义发展新的历史方位，为坚持和发展中国特色社会主义，为建设社会主义现代化强国、实现中华民族伟大复兴确立了新的历史前提。

（4）科学规划新时代中国特色社会主义发展战略和发展重点，为实现"两个一百年"奋斗目标指明了前进的方向。

习近平新时代中国特色社会主义思想是全党全国各族人民团结奋斗的共同思想基础，是决胜全面建成小康社会、建设社会主义现代化强国、实现中华民族伟大复兴中国梦的行动指南，是党和国家必须长期坚持的指导思想。

模块五经典文献:《坚定对中国特色社会主义政治制度的自信》

【教学导入】1954 年 9 月 15 日，第一届全国人民代表大会第一次会议在北京召开，标志着人民代表大会制度在全国范围内建立起来。60 年后，2014 年 9 月 5 日，纪念人民代表大会制度 60 周年大会在北京隆重举行。习近平总书记发表大会讲话，回顾近代以来中华民族道路探索和制度探索的艰难历史，回顾人民代表大会制度走过的辉煌历程，提出了新时代坚持和完善人民代表大会制度的基本要求。《坚定对中国特色社会主义政治制度的自信》一文就是习近平这一讲话的一部分，是这一讲话的核心思想。

【教学目的】通过研读，增进学生对中国政治制度的理解和认知、确立对中国政治制度的自信，进而坚定对中国特色社会主义的自信。

【教学重点】《坚定对中国特色社会主义政治制度的自信》一文的基本内容和价值意义。

【教案正文】

一、讲话背景

习近平总书记强调对中国政治制度的自信问题，有着深刻的现实背景。

（1）中国政治制度建设发展到一定阶段，为确立制度自信奠定了制度基础。1992 年，邓小平在南方谈话中提出，"恐怕再有 30 年的时间，我们才会在各方面形成一整套更加成熟、更加定型的制度"[1]。可以告慰小平同志的是，经过努力，我国在社会主义制度建设方面取得了重大进展，已经建立起一套符合中国国情、体现社会主义国家性质、能够有效解决中国实际问题的较为定型的政治制度。这套制度为党和国家事业的发展、为人民的幸福安康、为社会和谐稳定、为国家长治久安提供了坚实的制度保障。中国发展举世瞩目的巨大成就彰显出中国特色社会主义政治制度的优势，对中国制度进行系统的总结，做出权威说明，把中国制度立起来，正当其时。

（2）全面深化改革，完善和发展中国特色社会主义制度对确立制度自信提出了要求。党的十八届三中全会作出了全面深化改革的决定，提出全面深化改革的总目标是完善和发展中国特色社会主义制度、推进国家治理体系和

─────────────

〔1〕《邓小平文选》（第 3 卷），人民出版社 1993 年版，第 372 页。

治理能力现代化。到 2013 年，我国的改革已经走过了 30 多年。如果我们对这 30 多年的改革历史作一个阶段划分，改革的第一个阶段（大致是十一届三中全会到 20 世纪 90 年代初期）主要是破除原有体制机制的弊端；改革的第二个阶段（大致是 20 世纪 90 年代到 2012 年）主要是建立新制度，新的体制机制在建立中，还不定型；今天，我们进入全面深化改革阶段，中国特色社会主义的一套制度已经基本形成，改革的目的是制度完善和发展，发挥制度优势，释放制度红利。全面深化改革是在前两个阶段改革成果的基础上进行的，是实现制度优化，把制度优势转化为治理优势，推进国家治理的现代化。坚持包括政治制度在内的中国特色社会主义制度是全面深化改革的基础，也是方向。这是我们全面深化改革的逻辑。所以，确立对中国制度特别是政治制度的自觉、自信，是全面深化改革的前提和基础，也是全面深化改革的指南针。

（3）建设社会主义现代化强国、实现中华民族伟大复兴的中国梦是坚定制度自信的时代背景。中国制度是中国发展取得历史性成就的重要原因，是我国社会主义建设事业走向发展壮大的重要保障。中国特色社会主义进入新时代，我们全面建成小康社会的目标即将实现，即将开启向第二百年目标迈进的新征程，我们前所未有的接近实现中华民族伟大复兴的梦想，中国有理由自信。坚定中国特色社会主义的道路自信、理论自信、制度自信和文化自信，首先是坚定对中国特色社会主义政治制度的自信。确立制度自信，是实现中国梦的坚强保障，也是中华民族伟大复兴的标志，我们也必须自信。

（4）政治思潮的斗争依然复杂尖锐，确立制度自信关乎国运。在过去的几十年里，中国发展取得了举世公认的巨大成就，中国人终于开始丢弃近代以来的民族自卑感，开始有底气地谈论经济总量世界第二、制造业规模世界第 。但是，与经济建设成就得到普遍认同、一致赞誉不同，中国政治建设的成就、中国的政治制度，并没有受到同样的关注，更没有得到普遍的认同和赞誉。事实上，由于西方思想文化的渗透，很多人受西方自由民主思潮、宪政思潮等政治思想的影响，迷信西方政治制度，对中国的政治制度缺乏认同和自信，质疑中国政治制度，宣扬西方制度，幻想搬用西方制度，并试图左右中国政治制度改革的方向，把中国引向西方的所谓自由民主制度，这种政治制度选择上的迷信从近代一直延续到今天。另一方面，怀念改革开放以前的制度和政策、对改革开放以来的政策、制度持批判态度的各种"左"的政治思潮，也一直存在，对中国的改革、发展、稳定同样危险。增进国人对中国政治制度的认知，确立对中国政治制度的认同和制度自信，是关系国家稳定和发展的重大政治问题，关系长远、影响重大。

习近平总书记关于坚定政治制度自信的讲话，对增进人们对中国特色社会主义政治制度的认知、坚定对中国特色社会主义政治制度的自觉自信、明确中国特色社会主义的前进方向起着重要作用。

二、基本内容

这篇文章由 11 个段落组成，从内容上可以分为三大部分：第一部分是设计和发展国家政治制度的原则；第二部分是中国政治制度建设取得的成就；第三部分是如何完善和发展社会主义民主政治。文章围绕为什么要坚定对中国特色社会主义政治制度的自信，以及如何坚定对中国特色社会主义政治制度的自信这一基本问题，从理论和实践的结合上回答了：国家制度设计应遵循什么样的原则、评价一国国家制度应该以什么为标准、中国政治制度的自信从哪里来、如何推进制度完善和发展等问题。

（一）"三个统一"：政治制度设计遵循的原则，解答中国为什么是这样的制度不是那样的制度

政治发展道路的选择对于国家发展极为重要，"以什么样的思路来谋划和推进中国社会主义民主政治建设，在国家政治生活中具有管根本、管全局、管长远的作用"。古今中外，由于政治发展道路选择错误而导致社会动荡、国家分裂、人亡政息的例子比比皆是。"中国是一个发展中大国，坚持正确的政治发展道路更是关系根本、关系全局的重大问题。"因此，中国社会主义政治建设，首先必须选对路。

那么，政治道路的选择、政治制度的设计，应该遵循什么样的思路和原则呢？文章指出："设计和发展国家政治制度，必须注重历史和现实、理论和实践、形式和内容有机统一。"

国家制度都是在历史中形成和发展起来的，是用来解决调节政治关系、建立政治秩序、推动国家发展、维护国家稳定等实际问题的。在国家发展的历史过程中，反映现实需要、为解决现实问题、总结政治治理的经验，逐步形成一国的政治制度。不同国家历史不同，面对的现实问题不同，所以政治制度也各不相同。人们往往注意到中国的制度与西方国家的政治制度不同，

实际上，在西方国家，美国的政治制度不同于英国、德国的政治制度不同于美国。英国实行议会制的君主立宪制度，这种制度是王室和议会长期斗争的结果，是旧的封建势力和新兴资产阶级权力和利益博弈的结果。美国实行联邦制的国家结构、总统制的民主共和制，这种制度是与美国十三个州联合反对英国殖民统治、通过立宪方式建立联邦政府的历史紧密相关的。德国和日本的制度则是第二次世界大战的结果。所以，一个国家的政治制度是与这个国家的历史联系在一起的，历史不同、走过的道路不同、需要解决的实际问题不同，往往形成不同的政治制度。

中国之所以形成这样的制度而不是那样的制度，是与中国的历史发展联系在一起的。近代以来，中国人民为选择能使中国富强起来的政治制度进行了长期的苦苦思考、艰辛探索。我们尝试过君主立宪制、帝制复辟、议会制、多党制、总统制等各种形式。这些制度的制度理念、制度设计是好的，在他们的国家制度运行也是好的，但搬到中国来，却不能解决中国的问题。且不说实现国家富强，就是政治秩序、社会稳定、国家统一都不能实现。事实表明，幻想搬来一座政治制度的"飞来峰"，这条路是走不通的。

是中国共产党领导中国人民对外推翻了帝国主义的剥削和压迫，对内推翻了封建阶级和官僚资产阶级的统治，建立了中国新政权。在这样的历史中形成了中国共产党的领导地位、人民当家作主的政权，决定了我国政权的社会主义性质。只有联系近代中国的历史，才能知道中国的政治制度是怎么来的，才能知道为什么是这样的制度而不是那样的制度，才能深刻理解中国的政治制度。

照搬外国的政治制度解决不了中国的问题，100多年前中国的历史已经对此给出了答案。橘生淮南则为橘，橘生淮北则为枳，邯郸学步，这些道理也看似简单明了。但是今天，仍然很多人还在盲目迷信西方制度，还在幻想制度的"飞来峰"。"看到别的国家有而我们没有就简单认为有欠缺，要搬过来；或者，看到我们有而别的国家没有就简单认为是多余的，要去除掉。"习近平总书记的话一语中的，道出了一些人自觉或不自觉的崇外心态。

"物之不齐，物之情也。"世界没有完全相同的政治制度，也不存在适用于一切国家的政治制度模式。每个国家的政治制度都是在这个国家历史传承、文化传统、经济社会发展的基础上长期发展、渐进、内生性演化的结果。中国特色社会主义政治制度是从中国的社会土壤中生长起来的，它符合中国国情，行得通、有生命力、有效率。中国制度的未来成长，也必须深深扎根于中国的社会土壤。不能脱离本国实际照搬外国的制度，否则即便制度能照人家的样子搭建起来，它也运作不了，无效能，结果画虎不成反类犬。

（二）"八个能否"：评价政治制度的标准，解答中国政治制度是不是好制度

一个国家政治制度是不是民主、有效的，采用的标准不同，得出的结论就不同。西方国家以他们的制度模式为标准，与他们的制度模式不同的，往往被定义为非民主国家或专制国家。

政治制度的评价标准怎么定，这要看人们建立政治制度的目的是什么。习近平总书记指出：政治制度是用来调节政治关系、建立政治秩序、推动国家发展、维护国家稳定的。因此，评价一种政治制度好不好，关键要看它能不能解决这些实际问题。习近平总书记提出了政治制度"管用"说，"管用"是个实践标准。评价政治制度的标准应该是具体的，不能抽象地谈论政治制度好还是不好。

具体地说，该以什么样的标准评价一个国家的政治制度是不是民主、有效的呢？对这一问题，习近平总书记提出了"八个能否"的标准，这就是："主要看国家领导层能否依法有序更替，全体人民能否依法管理国家事务和社会事务、管理经济和文化事业，人民群众能否畅通表达利益要求，社会各方面能否有效参与国家政治生活，国家决策能否实现科学化、民主化，各方面人才能否通过公平竞争进入国家领导和管理体系，执政党能否依照宪法法律规定实现对国家事务的领导，权力运用能否得到有效制约和监督。"

"八个能否"的标准注重政治制度的实际效用，而不是抽象的理念和形式。用"八个能否"的标准衡量中国政治制度，我们看到了中国在解决这些重大问题上都取得的决定性进展。中国政治制度做到了，它是有效的，是好制度。

（三）"四个能够"：中国政治制度的优势，解答中国政治制度的自信从
　　　　哪里来

在中国共产党领导中国人民争取独立、解放和社会主义建设的历史中形成了中国的政治制度。"中国实行工人阶级领导的、以工农联盟为基础的人民民主专政的国体，实行人民代表大会制度的政体，实行中国共产党领导的多党合作和政治协商制度，实行民族区域自治制度，实行基层群众自治制度，具有鲜明的中国特色。"

人民民主专政是我国的国体。我国《宪法》规定，中华人民共和国是工人阶级领导的、以工农联盟为基础的人民民主专政的社会主义国家。国家的一切权力属于人民。

人民代表大会制度是我国的政体。人民代表大会制度是人民通过选举产生人民代表，代表人民行使当家作主权利的制度，是人民行使当家作主权利的最高形式。

共产党领导的多党合作和政治协商制度是有中国特色的政党制度。中国共产党和各民主党派长期共存、互相监督、肝胆相照、荣辱与共。

民族区域自治制度是我国的民族制度。"国家根据各少数民族的特点和需要，帮助各少数民族地区加速经济和文化的发展。各少数民族聚居的地方实行区域自治，设立自治机关，行使自治权。"

基层群众自治制度是基层群众自我管理、自我服务、自我教育、自我监督的制度安排，是我国最直接、最广泛的民主实践。

这是中国的制度体系。这套制度好在哪，我们的制度自信从哪里来？制度自信源于中国特色社会主义制度具有优越性，是个好制度。

从制度安排上说，这套制度具有鲜明的中国特色，能实实在在地解决中国的实际问题。对中国政治制度的优势，习近平总书记用"四个能够"做了精彩概括，即：能够有效保证人民享有更加广泛、更加充实的权利和自由，保证人民广泛参加国家治理和社会治理；能够有效调节国家政治关系，发展充满活力的政党关系、民族关系、宗教关系、阶层关系、海内外同胞关系，增强民族凝聚力，形成安定团结的政治局面；能够集中力量办大事，有效促进社会生产力解放和发展，促进现代化建设各项事业，促进人民生活质量和水平不断提高；能够有效维护国家独立自主，有力维护国家主权、安全、发展利益，维护中国人民和中华民族的福祉。

从制度实践成效看，改革开放以来，中国经济实力、综合国力、人民生活水平不断跨上新台阶。中国用几十年的时间，从世界最贫穷的国家之一发展成为世界第二大经济体，十几亿人口的生活实现从温饱不足向全面小康迈进。

我们战胜了前进道路上种种艰难险阻。1989 动乱、东欧剧变的政治危机、1997 年的亚洲金融风暴、1998 年特大洪水、2003 年 SARS 事件、2008 年汶川地震，2008 年以来的世界性金融危机，等等。这些困难，桩桩件件都可称得上世所罕见。中国人民成功地走过来了。

民族问题是许多国家和地区面临的复杂难题，因为民族问题导致的国家分裂、政治动荡、地区战争的悲剧从未停止。中国是一个多民族国家，中国各民族长期保持了共同团结奋斗、共同繁荣发展，中国社会长期保持了和谐稳定。

尽管中国还有很多的问题，尽管有些国家抹黑中国、诋毁中国，但是，在过去几十年里，中国是世界发展最成功的国家之一，这应该是没有疑义的。中国制度是中国成功最重要的原因之一，为中国发展提供了坚强的制度保障。看不到中国成功背后的制度因素，就不能真正理解中国的发展成就。

中华人民共和国成立 70 年来的伟大实践已经充分证明，中国社会主义民主政治具有强大生命力，中国特色社会主义政治发展道路是符合中国国情、保证人民当家作主的正确道路。

中国政治制度是个好制度，所以，我们有理由自信！

（四）"六个坚持、六个防止"，中国政治制度的建设方向，解答怎样扩
　　　大制度优势，坚定制度自信

经过上面的分析我们看到，从政治制度设计的原则看，中国政治制度是在中国的土壤上形成和发展起来的，符合中国国情；从制度的评价标准看，中国政治制度是民主的、有效的；从制度安排和政治实践看，中国政治制度是有优越性的，是成功的。所以，中国政治制度值得我们自信，对中国政治制度我们有理由自信。

政治制度在国家制度中处于极为重要的地位，因此确立政治制度自信是一个极为重要的问题。习近平总书记强调，一个国家的政治制度决定于这个国家的经济社会基础，同时又反作用于这个国家的经济社会基础，乃至于起到决定性作用。在一个国家的各种制度中，政治制度处于关键环节。

没有对中国政治制度的自信，迷信西方制度，就不可能有对中国特色社会主义的自信，就不会坚定不移走中国特色社会主义道路。因为丧失制度自信，放弃原有的政治制度套用西方政治制度，结果造成国家分裂、政治动荡、经济后退、人民生活水平下降，这样的事例在一些国家发生，给我们提供了深刻教训。所以，我们必须坚定对中国特色社会主义制度的自信，坚定对中国特色社会主义政治制度的自信。

强调坚定制度自信，不是自视清高、自我满足，更不是裹足不前、故步

自封。中国政治制度的自信来源于中国政治制度具有的优势，坚定制度自信要求我们能够更好发挥制度优势、增加制度优势。好，才有自信；更好，才能增强自信、坚定自信。因此，坚定制度自信，要求我们改革创新，推进中国政治制度进一步完善和发展，发展社会主义民主政治。

坚持和完善中国特色社会主义制度、推进国家治理体系和治理能力现代化是我们全面深化改革的总目标。深化政治制度改革是为了增加和扩大我们的制度优势，而不是相反。为保障我们的制度改革和民主建设的正确方向，习近平总书记提出了"六个坚持、六个防止"。这就是：要坚持发挥党总揽全局、协调各方的领导核心作用，提高党科学执政、民主执政、依法执政水平，保证党领导人民有效治理国家，切实防止出现群龙无首、一盘散沙的现象。我们要坚持国家一切权力属于人民，既保证人民依法实行民主选举，也保证人民依法实行民主决策、民主管理、民主监督，切实防止出现选举时漫天许诺、选举后无人过问的现象。我们要坚持和完善中国共产党领导的多党合作和政治协商制度，加强社会各种力量的合作协调，切实防止出现党争纷沓、相互倾轧的现象。我们要坚持和完善民族区域自治制度，巩固平等团结互助和谐的社会主义民族关系，促进各民族和睦相处、和衷共济、和谐发展，切实防止出现民族隔阂、民族冲突的现象。我们要坚持和完善基层群众自治制度，发展基层民主，保障人民依法直接行使民主权利，切实防止出现人民形式上有权、实际上无权的现象。我们要坚持和完善民主集中制的制度和原则，促使各类国家机关提高能力和效率、增进协调和配合，形成治国理政的强大合力，切实防止出现相互掣肘、内耗严重的现象。

"六个坚持"着眼于增加和扩大中国政治制度的优势，"六个防止"针对有些国家政治制度暴露出的弊病。按照"六个坚持、六个防止"推进民主政治建设，就能更好保证人民当家作主，更好增强党和国家活力，更好调动人民积极性，从而增加和扩大我们的制度优势，增强人民对于中国政治制度的自信。

三、重要意义

习近平总书记关于坚定政治制度自信的重要论述，深刻阐述了设计政治制度的原则和评价政治制度的标准，概括了中国特色社会主义政治制度的特色及其优势，指出了中国民主政治建设的方向。对于增进人们对中国政治制度的理解和认知、确立对中国政治制度的自信，进而坚定对中国特色社会主义的自信具有重要意义。

（1）提出了政治制度设计的原则和判断政治制度的标准，开始构建中国对政治制度的话语权。在政治领域，西方国家作为民主理念和制度的起源地，长期把持和垄断民主概念的定义权和民主标准的评判权，并且利用话语霸权对西方政治制度进行包装、美化、宣传、推销，造成我们国家一些人有意无意地以西方的评判标准来评判本国的政治制度，质疑或否定中国的政治制度。西方国家对政治制度的话语权垄断对我国的意识形态安全和政治安全造成了极大威胁。习近平总书记指出："如果我们用西方资本主义价值体系来剪裁我们的实践，用西方资本主义评价体系来衡量我国发展，符合西方标准就行，不符合西方标准就是落后的陈旧的，就要批判、攻击，那后果不堪设想！最后么么就是跟人家后面亦步亦趋，要么就是只有挨骂的份。"习近平总书记关于坚定制度自信的思想，强调一个国家政治道路选择和政治制度设计应遵循的原则、制度评判的"八个能否"标准，开始构建中国在制度建设中的话语权，有助于打破西方对政治制度话语权的垄断，破除对西方标准和西方制度的迷信。

（2）概括了中国政治制度的特点及其制度优势，立起了中国特色社会主义政治制度的旗帜。文章肯定了我国政治建设取得的决定性进展，用四个"能够"概括了我国政治制度的显著优势，用中国巨大的发展成就为中国政治发展道路的正确性提供有力证明。在我国全面建设社会主义现代化强国、走向中华民族伟大复兴的道路上高高举起了中国特色社会主义政治制度的旗帜。文章对中国政治建设成就和政治制度优势的概括让我们确信，中国人民在政治制度建设中取得成就也是世界政治文明发展的重要成果，在世界政治制度的大舞台上立起了中国政治制度的旗帜。

（3）指明了政治发展和制度改革的方向，为社会主义民主政治建设提供了基本遵循。我们已经建立起了一整套符合中国国情、具有明显优势的政治制度，但这套制度还有待完善和发展，还需要改革创新。政治制度的改革历来是一个极为复杂的问题，我们已经看到很多国家在制度变革中翻船。所以，制度改革的方向是一个极为重要的问题，关系改革成败、关乎国家命运。习近平总书记在讲话中提出的"六个坚持、六个防止"为我国深化政治体制改革指明了方向，为我国社会主义民主政治建设提供了基本遵循。

模块六经典文献:《中国必须有自己特色的大国外交》

【教学导入】2014 年 11 月 28 日至 29 日,中央外事工作会议在北京举行。这次会议是党中央为做好新形势下对外工作召开的一次重要会议,这次会议明确了新形势下对外工作的指导思想、基本原则、战略目标、主要任务。中共中央总书记、国家主席、中央军委主席习近平在会上发表重要讲话,为开创对外工作新局面指明了方向。《中国必须有自己特色的大国外交》则是这次会议上的讲话要点。

【教学目的】引导学生树立战略思维和大国意识,了解当前的复杂国际局势,明晰中国特色大国外交在我国抓住战略机遇期,加快发展中国特色社会主义,朝着中华民族复兴的伟大梦想稳步前进中的重要作用。

【教学重点】《中国必须有自己特色的大国外交》的意义价值。

【教案正文】

一、讲话背景

总结外交经验,正确认识国际力量对比,准确把握世界发展大势,历来是中国制定对外战略和策略的重要依据和前提。当前,世界上新旧格局转换和力量对比变化引发的地缘政治大变局持续发酵,各种各样的矛盾和冲突此起彼伏,中华民族实现伟大复兴重重困难险阻。中国走出一条有自己特色的大国外交路线,形成中国特色的大国外交新局面,助力中华民族伟大复兴,既有重大机遇,也有复杂挑战。

(一)中国对世界经济的影响力显著增强

目前,世界经济新旧动能转换还未完成,南北发展不平衡等问题依然存在。2008 年金融危机后,作为全球经济增长重要引擎的国际贸易增速大幅放缓,贸易保护主义随之抬头。2012 年以来,全球贸易增速连续四年低于世界经济增速,2015 年增速为 3%,与 1990 年至危机前年平均 7%增速相比有很大差距。同时,国际直接投资增长缓慢,全球债务持续积累。其他可预见的挑战还有许多,比如世界经济回暖的基础还不稳固,逆全球化趋势和贸易投资保护主义倾向抬头,支持国际贸易高速增长的长期因素还没有形成,美国财政货币政策对世界经济将有较大的负面溢出效应等。美国政府奉行"美国第一"原则,重视现实利益,不信任多边合作。恐怖主义、网络安全、重大传染性疾病、气候变化等非传统安全问题日趋加剧，发展前景的不稳定性不确定性日益突出。

改革开放 40 年取得的巨大成就，显著提升了中国的国际影响力。中国国内生产总值由 3679 亿元增长到 2020 年的 100 万亿元，年均实际增长 9% 左右，同期世界经济年均增速只有 2.9% 左右，中国经济增长对世界经济增长的贡献率超过 30%；40 年来中国有 7.4 亿人口摆脱贫困，2020 年已完成脱贫任务。中国的良好发展事实，吸引了众多发展中国家将中国作为研究与借鉴的对象。

中国已与全球 67 个国家、5 个地区或组织建立了 72 对不同形式的伙伴关系。中国对国际投资的吸引力越来越强，外商投资企业在中国的新增数量，仅在 2018 年前 8 个月就超过了 2017 年的全年数据。而 2017 年中国的外商直接投资流入额，已跃居世界第二。中国并没有陶醉于已有外交成就，对于中国自身的定位，十九大报告也明确，中国将"始终做世界和平的建设者、全球发展的贡献者、国际秩序的维护者"。

（二）未来我国发展仍然处于可以大有作为的重要战略机遇期

从外部环境看，虽然世界面临的不稳定性不确定性突出，世界经济增长动能不足，地区热点问题此起彼伏，霸权主义和强权政治依然盛行，贸易保护主义和逆全球化思潮抬头，但这只是一个方面。另一方面，我们更要看到，和平与发展的时代主题并未改变，世界多极化、经济全球化、社会信息化、文化多样化深入发展，全球治理体系和国际秩序变革加速推进，各国相互联系和依存日益加深，多个发展中心在世界各地区逐渐形成，国际力量对比继续朝着有利于世界和平与发展的方向发展，和平与发展的大势不可逆转。这就意味着在可以预见的未来一段时间内，我国依然可以争取总体和平的国际环境，集中精力搞现代化建设，继续实施全面深化改革开放的战略决策，不断加强与世界各国的经济合作，实现与世界各国的互利共赢。

从内部发展看，虽然我国发展仍面临不少困难和挑战，当前经济运行稳中有变，经济下行压力有所加大，部分企业经营困难较多，长期积累的风险隐患有所暴露，但这只是一个方面。另一方面，我们更要看到，我国已经是世界第二大经济体，经济继续保持中高速增长。当前，我国供给侧结构性改革深入推进，经济结构不断优化，数字经济蓬勃发展，高铁、公路、桥梁、港口、机场等基础设施建设快速推进，我国巨大的市场对经济发展的拉动效应正在不断显现。这些都说明，我国经济发展健康稳定的基本面没有改变，支撑高质量发展的生产要素条件没有改变，长期稳中向好的总体发展势头没有改变。尽管当前世界经济发展和我国经济发展还面临诸多不确定因素，我国经济已不可能重回过去那种高速增长轨道，但我国经济的体量在不断增大，仅每年新增长的部分就相当于一个中等国家的经济总量，在世界经济格局中的分量还会进一步加重。更重要的是，我国经济增长的质量在稳步上升，经济结构在持续优化，国际竞争力在逐步增强。

"全球市场已经形成一个整体，我国经济和世界经济深度融合，你中有我，我中有你。"从内外互动关系看，随着经济实力、科技实力、国防实力、综合国力进入世界前列，我国正日益走近世界舞台的中央，国际地位和国际话语权已经得到前所未有的提升。在构建人类命运共同体理念的引领下，中国致力于开展中国特色大国外交，与世界各国建立各种形式的伙伴关系，积极倡导并推动"一带一路"建设，大力推动经济全球化朝着更加开放、包容、普惠、平衡、共赢的方向发展。中国主动塑造国际环境的重要举措有利于世界和平与发展，也有利于维护和延长我国发展的重要战略机遇期。

（三）我国已进入实现中华民族伟大复兴的关键阶段

习近平总书记指出，我国已经进入了实现中华民族伟大复兴的关键阶段。中国与世界的关系在发生深刻变化，我国同国际社会的互联互动也已变得空前紧密，我国对世界的依靠、对国际事务的参与在不断加深，世界对我国的依靠、对我国的影响也在不断加深。我们观察和规划改革发展，必须统筹考虑和综合运用国际国内两个市场、国际国内两种资源、国际国内两类规则。

世界正处于百年未有之大变局，我国面临的机遇和挑战都前所未有，机遇大于挑战。新的历史条件下，中国必须有自己特色的大国外交。对外工作要以运筹大国关系和经略周边环境、塑造互惠格局为重点，展现新气象，实现新作为，奋力开创新时代中国特色大国外交新局面。

（四）十八大以来对外工作取得了巨大成绩

（1）确立习近平外交思想，开启中国特色大国外交新征程。习近平外交思想体现了我们党的治国理念和执政方略，是中国特色社会主义理论体系的重要组成部分，是马克思主义中国化在外交领域的最新成果，是新时期我国外交事业的宝贵精神财富和制胜法宝。

（2）联结遍布全球的"朋友圈"，外交战略布局实现新拓展。广交深交朋友是中国外交的优良传统。习近平总书记指出，要在坚持不结盟原则的前提下广交朋友，形成遍布全球的伙伴关系网络。

（3）构筑健康稳定的大国关系框架，携手共促世界和平与发展。中美元首多次会晤，推动中美新型大国关系建设取得重要成果。中俄高层交往频密，战略互信加深，"一带一路"与欧亚经济联盟建设对接合作有序推进，大项目合作取得突破性进展。中欧共同建设和平、增长、改革、文明四大伙伴关系，我国同欧洲国家、次区域及欧盟机构合作全面深入发展。我国同新兴力量和发展中大国合作迈上新台阶。

（4）秉持亲诚惠容周边外交理念，打造周边命运共同体。推动全球治理体系变革，中国国际地位和影响力得到新跃升。

（5）探索中国特色热点和全球性问题解决之道，为维护国际和地区和平作出新贡献。洞察世界发展潮流，着眼促进各国共同繁荣进步，全力推进"一带一路"建设，打造共同发展新平台。

（6）坚定维护国家主权、安全，捍卫国家和人民利益取得新成效。在党中央坚强领导下，我们对涉及国家主权、安全的核心利益问题划出红线、亮明底线，在尊重历史事实和国际法的基础上进行了一系列必要和有力斗争。

（7）大力开展经济外交，服务国家发展迈出新步伐。讲好真实精彩的中国故事，国家软实力获得新提升。

这些对外工作取得的巨大成就，不仅为中国特色大国外交之路奠定了良好的基础，而且这些成就也正是中国特色大国外交之路的开启之作。

二、结构内容

从结构上看，《中国必须有自己特色的大国外交》，全文只有 2000 多字，虽然字数不多，却是一个系统的理论体系。这个理论体系包含了中国特色大国外交思想的方方面面，各组成部分之间逻辑清晰、层次分明，它们围绕着"中国必须有自己特色的大国外交"这个核心命题，共同构成了新时代中国特色大国外交的理论框架。

第一部分，首先阐明我国外交政策的近期目标，直奔主题。目标明确是分析问题展开论述的前提条件，起了引领全文的作用，纲举目张，为后面论述的具体展开奠定了良好的基础。

第二部分，对以往的外交工作加以回顾评价。回顾过去是为了更好地前进，起了承上启下的作用。

第三部分，交代分析外交问题乃至国际问题的方法。这为下文对国内外各种问题的分析做铺垫。

第四部分，对国内外各种实际问题的分析，从实际出发解决问题是马克思主义的基本工作态度。为下文提出中国特色大国外交作实践基础的准备。

第五部分，即该文的主要内容，详细论述了中国特色大国外交的一般性具体内容。

第六部分，也是该文的主要内容，详细论述了中国特色大国外交的当前具体安排。

第七部分，即该文的最后一部分，提出了中国特色大国外交落实的制度措施保障。

从以上分析中，我们可以看出，习近平总书记关于中国必须有自己特色的大国外交的讲话，脉络是非常清晰的，各组成部分之间环环相扣，密切联系，相互支撑，共同构成了一个系统的外交理论体系。在整篇讲话要点中，体现了辩证唯物主义和历史唯物主义的哲学基础，贯穿了为人民谋利益的社会主义外交的性质，展望了打造人类命运共同体的终极目标。这些哲学思想、站位立场等恰如一条条红线贯穿在各组成部分当中，串联起了整个理论体系，这使得本篇讲话稿不仅具有较强的实践意义，而且也具有很强的理论意义和学术价值。

讲话要点围绕中国特色大国外交，提出了一系列指导新形势下我国外交工作的基本观点，这些基本观点对于指导我国未来如何在复杂的国际格局变换中开展外交工作具有重要的实践意义。

《中国必须有自己特色的大国外交》基本观点有：

（1）我国近期外交政策的目标：为和平发展营造更加有利的国际环境，维护和延长我国发展的重要战略机遇期，为实现"两个一百年"奋斗目标、实现中华民族伟大复兴的中国梦提供有力保障。

（2）党的十八大以来，我们在外交方面取得的成就：积极推动对外工作理论和实践创新，注重阐述中国梦的世界意义，丰富和平发展战略思想，强调建立以合作共赢为核心的新型国际关系，提出和贯彻正确义利观，倡导共同、综合、合作、可持续的安全观，推动构建新型大国关系，提出和践行亲诚惠容的周边外交理念、真实亲诚的对非工作方针。

（3）分析、认识国际问题的基本方法：要树立世界眼光、把握时代脉搏，端起历史规律的望远镜去细心观望；要从林林总总的表象中发现本质，认清长远趋势；要充分估计国际格局发展演变的复杂性；要充分估计世界经济调整的曲折性；要充分估计我国周边环境中的不确定性；同时也要坚持世界多极化向前推进的态势不会改变；经济全球化进程不会改变；和平与发展的时代主题不会改变；亚太地区总体繁荣稳定的态势不会改变。

（4）从整体上把握国内和国际问题的思路：我国同国际社会的互联互动也已变得空前紧密，我国对世界的依靠、对国际事务的参与在不断加深，世界对我国的依靠、对我国的影响也在不断加深。我们观察和规划改革发展，必须统筹考虑和综合运用国际国内两个市场、国际国内两种资源、国际国内两类规则。

（5）中国特色大国外交的具体内容：

坚持中国共产党领导和中国特色社会主义；

坚持我国的发展道路、社会制度、文化传统、价值观念；

坚持独立自主的和平外交方针，走和平发展道路，主张通过对话协商以和平方式解决国家间的分歧和争端，反对动辄诉诸武力或以武力相威胁；

坚持把国家和民族发展放在自己力量的基点上，坚定不移走自己的路，尊重各国人民自主选择的发展道路和社会制度；

坚持国际关系民主化，坚持和平共处五项原则，坚持国家不分大小、强弱、贫富都是国际社会平等成员；

坚持世界的命运必须由各国人民共同掌握，维护国际公平正义，特别是要为广大发展中国家说话；

坚持合作共赢，推动建立以合作共赢为核心的新型国际关系；

坚持互利共赢的开放战略，把合作共赢理念体现到政治、经济、安全、文化等对外合作的方方面面；

坚持正确义利观，做到义利兼顾，要讲信义、重情义、扬正义、树道义。

（6）当前和今后一个时期的阶段性重点工作：

要贯彻落实总体国家安全观，增强全国人民对中国特色社会主义的道路自信、理论自信、制度自信，维护国家长治久安；

要争取世界各国对中国梦的理解和支持，中国梦是和平、发展、合作、共赢的梦，我们追求的是中国人民的福祉，也是各国人民共同的福祉；

要坚决维护领土主权和海洋权益，维护国家统一，妥善处理好领土岛屿争端问题；

要维护发展机遇和发展空间，通过广泛开展经贸技术互利合作，努力形成深度交融的互利合作网络；

要在坚持不结盟原则的前提下广交朋友，形成遍布全球的伙伴关系网络；

要提升我国软实力，讲好中国故事，做好对外宣传；

要切实抓好周边外交工作，打造周边命运共同体，秉持亲诚惠容的周边外交理念，坚持与邻为善、以邻为伴，坚持睦邻、安邻、富邻，深化同周边国家的互利合作和互联互通；

要切实运筹好大国关系，构建健康稳定的大国关系框架，扩大同发展中大国的合作；

要切实加强同发展中国家的团结合作，把我国发展与广大发展中国家共同发展紧密联系起来；

要切实推进多边外交，推动国际体系和全球治理改革，增加我国和广大发展中国家的代表性和话语权；

要切实加强务实合作，积极推进"一带一路"建设，努力寻求同各方利益的汇合点，通过务实合作促进合作共赢；

要切实落实好正确义利观，做好对外援助工作，真正做到弘义融利；

要切实维护我国海外利益，不断提高保障能力和水平，加强保护力度。

（7）对外交工作要加强党的领导和宏观统筹：全面推进新形势下的对外工作，必须加强党的集中统一领导，改革完善对外工作体制机制，强化对各领域各部门各地方对外工作的统筹协调，加大战略投入，规范外事管理，加强外事干部队伍建设，为开创对外工作新局面提供坚强保障。

这些基本观点，从不同的角度分析了中国特色大国外交工作的有关问题，为未来我国开展中国特色的大国外交实践活动提供了非常明确的指导。

三、意义和价值

习近平总书记的这篇讲话高屋建瓴、意义重大，在外交领域乃至国际关系领域解决了许多长期困扰我们的复杂问题。这对于我们更好地应对当前的复杂国际局势，抓住战略机遇期，加快发展中国特色社会主义，朝着中华民族复兴的伟大梦想稳步前进起着定海神针的重要作用。

（一）有助于我们讲好中国故事、传播好中国声音、展现好中国风貌

中国人民在伟大的中国共产党的领导下，经过长期的抗战迎来了胜利，建立了社会主义的新中国，从此中国人民终于站立起来了，屹立于世界民族之林。之后，我们又经过几十年改革开放的快速发展，综合国力已跃居世界前列，成为具有重要影响的世界大国。

然而，有些国家或敌对势力并不愿意看到一个强大的中国，或者是出于主观的故意揣测，或者是将基于西方国家侵略历史基础上得出的结论强加于中国，从而提出了对中国抹黑的各种观点。其中，比较具有杀伤力的有：多年前，美国著名学者约翰·米尔斯海默著有《大国政治的悲剧》，他在著作中经过详细的看似严密的理论推理后得出结论，认为具有人口优势和经济发展速度优势的中国，会为了追求自己的绝对安全而称霸世界，从而会威胁到美国的霸权。最近几年，在中国"一带一路"的倡议下，中国不但和许多发达国家加强了经济合作，而且和广大发展中国家，特别是非洲国家也加强了经济合作，双方受益很大。但是这些合作在某些西方国家的眼中，却成了新的"殖民主义"，并大肆攻击"一带一路"倡议。当前，在我们奋力抗击国内疫情并对其他国家抗击疫情进行无私援助的过程中，又出现了一些杂音，对中国进行污蔑，造谣中国"威胁"了其他国家安全。在我们实现中华民族伟大复兴的过程中，其他国家出于各种原因，对中国有所质疑，实属正常。但是，我们任由其质疑则不正常，我们"要围绕我国和世界发展面临的重大问题，着力提出能够体现中国立场、中国智慧、中国价值的理念、主张和方案"，为此必须讲好中国故事、传播好中国声音、展现好中国风貌。

习近平总书记的这篇讲话告诉我们，中国可以在新安全观指导下，通过共同安全实现自己的安全，而不是通过争夺霸权获取安全；中国外交的目的是为国内发展创造良好的外部环境，而不是对外掠夺；中国坚持合作共赢的新型国际关系，而不是国际竞争的零和游戏；更为关键的是中国的外交是从中国的国情出发，特别是从中国是社会主义国家，是为中国人民和世界人民的根本利益着想的立场出发，而不是为少数人利益着想的立场出发。因此，预测中国对外政策未来的发展趋势，如果从西方国家历史实践得出的结论出发必然会走入误区，只有从中国实际出发，才是预测中国未来发展趋势的正途。习近平总书记的这篇讲话是我们批判西方错误观点，展现中国未来良好形象的有力武器。

(二) 有助于我们构建具有中国特色的外交道路

外交不但是内政的延续,而且反过来也要服务于内政。当前,国内正在进行大刀阔斧的全面深化改革,建设中国特色社会主义现代化,朝着中华民族伟大复兴的目标奋勇前进。因此,我国的对外政策就要为这些国内任务的实现创造良好的外部环境。这就要求,在外交政策的指导理念层面必须具有中国特色,而对于国外已有的国际关系理论成果,特别是已有外交理论成果的借鉴必须慎重。

理论是对一定实践行为的总结和升华,反映的是特定实践行为的规律,国外已有的国际关系理论或者是外交理论也是符合这一诞生规律的。西方国家,过去的国际关系史,在一定程度上就是对外战争史,这是由资本主义生产方式的特点决定的。资本主义生产是一种建立在生产资料私有制基础上的大规模的商品生产,生产的主要目的是为了获取利润而非满足人民群众的需要。在利润的驱使下其生产规模不断扩大,这势必和人民群众的购买力相去甚远,最终只能不断扩大国外市场。于是,各资本主义强国为了争夺国际市场,进行着野蛮的战争。这些战争不仅有对殖民地的侵略,也有资本主义强国之间为争夺市场而进行的直接冲突。而我国是社会主义国家,生产的目的主要是为了人民满足对美好生活的向往和解决发展的不平衡不充分问题,外交也要服务于这一目标。因此,诞生于西方对外侵略史基础上的国际关系理论或者是外交理论是难以直接拿到中国来用于指导中国的外交实践的。

为此,我们必须创立马克思主义指导下的符合中国自身实践需要的具有中国特色的外交理论,而国外相关理论成果只能是仅供参考,不能照搬照抄。习近平总书记《中国必须有自己特色的大国外交》的讲话,全面阐述了我国外交的指导方针、对国际形势的新判断、外交政策的具体要求以及相关制度保障等。这就为我国外交政策研究提供了相关理论框架,为外交政策的落实提出了宏观安排。而且,习近平总书记提出的这些有关外交方面的判断、要求等,是建立在对国际局势的科学分析基础之上的,也是建立在对国内社会主义现代化建设的实际情况和未来发展需要的准确分析基础之上的。这些判断和要求反映了中国外交的实际情况和现实需要,是具有中国特色的外交思想,这也为形成具有中国特色的外交道路奠定了基础。中国特色外交道路最大特色就是为中国人民和世界人民的根本利益着想。

（三）有助于丰富马克思主义的外交学说

我们是在马克思主义理论指导下，建设具有中国特色的社会主义国家，外交方面同样也离不开马克思主义的指导。但是由于受当时革命环境和时代发展的限制，马克思关于外交方面的相关理论主要是集中于对资本主义外交的批判。列宁时期在面临资本主义的包围封锁、国内战争以及资本主义向帝国主义转变的特殊历史时期，外交方面经历了由世界革命到和平外交的转变。中华人民共和国建立后，我国的外交政策面对特殊的外部环境和国内建设的需要，也经历从"打扫干净屋子再请客""另起炉灶""一边倒"到"两个拳头打人"，再到"一条线""一大片"的转变。这些特殊历史时期取得的外交思想成果，对于当时的外交实践发挥了巨大的指导价值，而且对于当前的外交也具有一定的借鉴意义。但是，当前国内外的客观形势已发生了巨大变化，这就需要我们在借鉴已有马克思主义外交理论成果的基础上，结合当前国际局势的风云变幻和国内社会的深刻变革，不断丰富和发展马克思主义外交理论的原有成果。

习近平总书记在这篇讲话中指出，要认识世界发展大势，跟上时代潮流，要把当今世界的风云变幻看准、看清、看透；当今世界是一个变革的世界，是一个新机遇新挑战层出不穷的世界；中国与世界的关系在发生深刻变化，等等。根据这些关于国内外形势的新观点、新判断，习近平总书记进一步指出中国必须有自己特色的大国外交。我们要在总结实践经验的基础上，丰富和发展对外工作理念，使我国对外工作有鲜明的中国特色、中国风格、中国气派。从而，对马克思主义外交思想的进一步丰富和发展提出了新要求。在具体成果方面，也提出了大量的新思想、新观点，例如"新型国际关系""总体安全观""命运共同体"等。这些新的理论成果，在其为人民服务的基本立场、马克思主义哲学观点方法等方面和已有马克思主义外交理论成果是基本一致的，是和原有马克思主义外交理论思想一脉相承的，是结合国内外变化了的新形势对原有理论成果的进一步丰富和发展，是马克思主义外交思想在新时代的新体现。

（四）为国际关系理论研究增添了新的内容

国际关系理论自从其成为一门专门学科后，经历了快速发展繁荣时期，取得了大量的理论研究成果，现实主义、理想主义以及建构主义等主流思想迅速发展壮大起来。这些研究成果对于指导各国的外交实践发挥了一定的积极意义，但是其消极作用也不同忽视。尽管这些主流思想抓住了国际问题的某一方面，并进行深入的专门研究，取得了很高的学术成就，但是都忽视了问题的其他方面。这种忽视在实践方面，对于一国的外交会带来巨大的消极影响甚至是致命影响。例如，一个国家如何维护自己的安全，根据现实主义观点来看，那就是依靠权力，特别是依靠最终的霸权，其结果会是怎样，就是各强国之间陷入历史上已有的争夺霸权的世界战争。理想主义给世界安全开出的药方就是世界政府，如果一国把自己的安全寄托于世界政府或相应某种国际组织，其结果可想而知，而且像南斯拉夫、伊拉克等国的实践已经证明其效果。建构主义则极有可能会使各国陷入相互猜疑的尴尬境地。这些国际关系理论是对西方国家相关历史的总结、升华，反映了西方国家的外交规律。作为东方的社会主义国家，中国的历史和实践也需要总结和升华，并寻找规律，用于指导自己的外交实践。

习近平总书记《中国必须有自己特色的大国外交》的讲话，提出了许多不同于西方外交理念的新思想，令人耳目一新，而且具有非常强的现实指导价值。例如，在理念层面，习近平总书记指出，对于国际问题的观察要从林林总总的表象中发现本质、认清长远趋势，在处理国家间关系时要树立正确的义利观和采取协商对话的和平方式，世界命运必须由各国人民共同掌握等；在实践层面，习近平总书记指出，打造"命运共同体"，积极推进"一带一路"建设，提升"软实力"等。在这些新思想、新判断中处处充满着大局意识、人民意识，富含大智慧。正确义利观要求合作共赢，认清长远趋势要求发展有定力、外交有谋划，国家平等、人民掌握命运反映为中国人民和世界人民谋利益。这种包含大局意识、人民意识的外交智慧，为旧有的外交思想乃至国际关系思想增添了中国特色、贡献了中国力量，这也使得原有的国际关系理论展现出新的生机和旺盛的生命力。

目前，我国正处于实现中华民族伟大复兴的重要战略机遇期，外交政策的选择对于能否如期实现这一重要战略目标具有重要意义。习近平总书记关于中国必须有自己特色的大国外交的讲话，为我国未来较长一段时期的外交政策提出了科学的基本思路和实践框架，对于我们更好地利用国内国外两个市场，推进全面深化改革，如期实现"两个一百年"奋斗目标和中华民族的伟大复兴具有重要战略价值。

本书写作分工说明

（按照写作顺序排列）

沈大光　第一章

黄维元　第二章第一循环模块一，第二章第三循环模块一

闫　杰　第二章第一循环模块二、模块六，第二章第二循环模块一、模块六，第二章第三循环模块六，第三章第二循环模块一，第五章第二循环模块六

李　兰　第二章第一循环模块三、模块四，第二章第三循环模块三

郑金香　第二章第一循环模块五，第二章第二循环模块三，第二章第三循环模块五，第四章第二循环模块一

张高臣　第二章第二循环模块二，第三章第一循环模块一，第三章第三循环模块一

苏　颖　第二章第二循环模块四

刘东方　第二章第二循环模块五，第四章第一循环模块一，第四章第一循环模块三

岳彩新　第二章第三循环模块二

高凤敏　第二章第三循环模块四

徐　莹　第三章第一循环模块二

毛玉美　第三章第一循环模块三，第三章第二循环模块六

郑小娟　第三章第一循环模块四，第三章第二循环模块三（合），第三章第三循环模块五

王　敏　第三章第一循环模块五、模块六，第三章第二循环模块四，第三章第三循环模块三，第五章第二循环模块四、模块五

滕淑娜　第三章第二循环模块二，第三章第三循环模块四

李国选　第三章第二循环模块三（合），第三章第三循环模块六，

汪　洋　第三章第二循环模块五

范子谦　第三章第三循环模块二

陈太明　第四章第一循环模块二（合）

王迎春　第四章第一循环模块二（合）

郭志俊　第四章第一循环模块四，第四章第三循环模块四（合）

田洪星　第四章第一循环模块五，第四章第三循环模块四（合）

王　广　第四章第一循环模块六，第四章第三循环模块五

王　静　第四章第二循环模块二、模块三、模块六，第四章第三循环模块六

苏晓晗　第四章第二循环模块四，第四章第三循环模块二

侯继迎　第四章第二循环模块五，第四章第三循环模块三

蔺淑英　第四章第三循环模块一

谢新雷　第四章第三循环模块四（合）

许艳华　第五章第一循环模块一、模块二、模块三，第五章第三循环模块五（合）

葛　宁　第五章第一循环模块四，第五章第三循环模块一

王真真　第五章第一循环模块五，第五章第二循环模块一，第五章第三循环模块六（合）

王暖春　第五章第一循环模块六，第五章第三循环模块六（合）

张尧智　第五章第二循环模块二（合），第五章第三循环模块二（合）

朱玉周　第五章第二循环模块二（合）

尉　浩　第五章第二循环模块三，第五章第三循环模块二（合）

孟新超　第五章第二循环模块四

黄忠伟　第五章第三循环模块三（合）

岳远尊　第五章第三循环模块三（合）

刘　炜　第五章第三循环模块四（合）

陈　凌　第五章第三循环模块四（合）

谷士刚　第五章第三循环模块五（合）